谨以此书

纪念黎昔非先生 120 华诞

本书主编简介

黎虎（1936.8.22—2022.7.6），广东省兴宁市人，黎昔非次子，北京师范大学历史学院教授、博士生导师，是海内外有重要影响的著名历史学家。其主要学术成就与贡献：一、中国古代史方面。1.开创并构建了中国古典外交制度研究的学术体系，为这一新学科之开创者和集大成者，代表作《汉唐外交制度史》（兰州大学出版社1998年初版，中国社会科学出版社2019年再版）、《汉代外交体制研究》（商务印书馆2014年）。2.开创并构建了长沙走马楼三国吴简"吏民"问题研究的学术体系，代表作《先秦汉唐史论》（下册《吏民篇》，北京师范大学出版社2016年）。3.提出并构建了中国古史分期暨社会性质问题研究的全新学术体系，代表作《中国古史分期暨社会性质论纲——兼论中国传统社会的主要矛盾问题》（《文史哲》2020年1月）。二、中国近代史方面。开创并构建了黎昔非问题研究的学术体系，以黎昔非问题为切入点，揭开了胡适篡改、伪造《独立评论》历史和戕害黎昔非的黑幕，还历史以本来面目和黎昔非应有的历史地位，为黎昔非问题研究的拓荒者和集大成者。代表作为先后主编的《黎昔非与〈独立评论〉》（学苑出版社2002年10月）和即将出版的《黎昔非的学术与人生》。

黎昔非的学术与人生

黎 虎 主编

学苑出版社

图书在版编目（CIP）数据

黎昔非的学术与人生 / 黎虎主编 . — 北京 ：学苑出版社，2023.5
　ISBN 978-7-5077-6217-4

　Ⅰ . ①黎… Ⅱ . ①黎… Ⅲ . ①黎昔非－人物研究－文集 Ⅳ . ① K825.6-53

中国版本图书馆 CIP 数据核字（2021）第 149202 号

责任编辑：乔素娟
出版发行：学苑出版社
社　　址：北京市丰台区南方庄 2 号院 1 号楼
邮政编码：100079
网　　址：www.book001.com
电子邮箱：xueyuanpress@163.com
联系电话：010-67601101（营销部）　　010-67603091（总编室）
印 刷 厂：廊坊市印艺阁数字科技有限公司
开本尺寸：787mm×1092mm　　1/16
印　　张：36.75
字　　数：750 千字
版　　次：2023 年 5 月第 1 版
印　　次：2023 年 5 月第 1 次印刷
定　　价：360.00 元

目 录

绪 论

荆山玉碎，合浦珠毁：黎昔非的学术与人生 …………………… 李文才 / 003

一、《独立评论》的"总管"

"忠心的看护妇"
　　——记《独立评论》经理人黎昔非 …………………………… 黎　虎 / 149
《黎昔非与〈独立评论〉》的史料价值 …………………………… 唐志勇 / 159
论《独立评论》的另一个核心
　　——黎昔非主持的发行部 ……………………………………… 马寒梅 / 168
中国近代新闻史视野下的黎昔非与《独立评论》周刊
　　——兼论学人论政期刊的经营特色 …………………………… 齐　辉 / 175
评耿云志先生的《黎昔非先生与〈独立评论〉》一文 ………… 李文才 / 186
评《黎昔非先生与〈独立评论〉》
　　——兼与耿云志先生商榷 ………………………… 任　重　陈　仪 / 202
关于《黎昔非先生与〈独立评论〉》的两点说明 ……………… 黎　虎 / 212
近三十年来国内《独立评论》研究综述（节录） ……………… 黄波郯 / 215
《独立评论》：胡适"掩盖"黎昔非 ……………………………… 向华梁 / 220
历史的见证：一份"独立评论报费收据" ……………………… 陈棣芳 / 226

二、诗学研究的先驱者

唐以前的七言诗 ·· 黎昔非 / 233
20世纪七言诗源、诗史研究的开山之作
　　——黎昔非先生《唐以前的七言诗》·· 徐宝余 / 246
20世纪30年代对七言诗起源与演进的有益探索
　　——黎昔非和他的《唐以前的七言诗》·· 马鸿雁 / 256
《唐以前的七言诗》读后 ·· 李　山 / 265
读新发现的黎昔非佚文《唐以前的七言诗》·· 梁德林 / 268

三、文学创作

一朵被遗忘的小花
　　——黎昔非主编的《昙华》文艺半月刊·· 黎　虎 / 275
黎昔非和《昙华》文艺半月刊·· 卢斯飞 / 294
黎虎主编《黎昔非与〈独立评论〉》
　　——日本"中国文艺研究会"的"阅读自传和回忆录"解题···[日]大久保洋子 / 302
吴晗为《昙华》写的一篇小说·· 习　之 / 308

四、非常人生

沧海遗珠的璀璨本色
　　——黎昔非论略·· 方尤瑜 / 313
从《独立评论》经理到《昙华》主编的黎昔非······································ 王天根 / 322
只因"师恩"误平生
　　——黎昔非与胡适关系探释··· 刘佐泉 / 339
《独立评论》的"看护妇"黎昔非·· 朱伟杰 / 353
《独立评论》经理人黎昔非的非常人生·· 眉　睫 / 365
闻一多为黎昔非题《耕夫谣》··· 黎　虎 / 368
吴晗两度"害"了学长黎昔非··· 唐　山 / 370

平反受"三家村"株连的冤案，阻力在哪？⋯⋯⋯⋯⋯⋯⋯⋯⋯⋯⋯⋯⋯黎　导 / 375
万里逃亡归故乡（节录）
　　——纪念先父罗尔纲逝世十周年⋯⋯⋯⋯⋯⋯⋯⋯⋯⋯⋯⋯⋯罗嘉骦 / 378
忆先师黎昔非先生（二则）⋯⋯⋯⋯⋯⋯⋯⋯⋯⋯⋯⋯⋯⋯⋯⋯⋯袁伟时 / 381
黎昔非先生二三事⋯⋯⋯⋯⋯⋯⋯⋯⋯⋯⋯⋯⋯⋯⋯⋯⋯⋯⋯⋯⋯刘彦章 / 383
兴宁一中教我们做人
　　——忆"一日为师，终身为父"的恩师黎昔非⋯⋯⋯⋯⋯⋯⋯⋯朱增麟 / 388
缅怀恩师黎昔非先生⋯⋯⋯⋯⋯⋯⋯⋯⋯⋯⋯⋯⋯⋯⋯⋯⋯⋯⋯⋯谭新贤 / 390
怀念语文老师黎昔非先生⋯⋯⋯⋯⋯⋯⋯⋯⋯⋯⋯⋯⋯⋯⋯⋯⋯⋯陈福谦 / 392
黎昔非先生故居丕显围记⋯⋯⋯⋯⋯⋯⋯⋯⋯⋯⋯⋯⋯⋯⋯⋯⋯⋯黎　虎 / 394

五、历史的评判

略论黎昔非在中国现代文化史上的作用和地位⋯⋯⋯⋯⋯⋯⋯⋯⋯刘佐泉 / 401
胡适何如人
　　——以黎昔非个案为中心⋯⋯⋯⋯⋯⋯⋯⋯⋯⋯⋯⋯⋯⋯⋯⋯王炜民 / 411
胡适在人才问题上的言与行
　　——以黎昔非个案为中心⋯⋯⋯⋯⋯⋯⋯⋯⋯⋯⋯⋯⋯⋯⋯⋯马寒梅 / 436
历史的篡改与真相
　　——以《独立评论》"经理人"黎昔非个案为中心⋯⋯⋯⋯⋯⋯王炜民 / 444
历史的困惑与复原
　　——《黎昔非与〈独立评论〉》的前前后后⋯⋯⋯⋯⋯⋯⋯⋯⋯黎　虎 / 458
还原历史真相：论近代文化人黎昔非
　　——《黎昔非与〈独立评论〉》一书读后⋯⋯⋯⋯⋯⋯郑永福　吕美颐 / 465
"胡适是欠债的"
　　——《黎昔非与〈独立评论〉》读后⋯⋯⋯⋯⋯⋯⋯⋯⋯⋯⋯⋯彭绍云 / 484
独立的知识分子
　　——读《黎昔非与〈独立评论〉》⋯⋯⋯⋯⋯⋯⋯⋯⋯⋯⋯⋯⋯刘　丽 / 489
广东省兴宁市第一中学百年校庆碑志二篇（2006年10月）⋯⋯⋯⋯⋯⋯　 491
昔非今更是
　　——北京师范大学历史学院教授黎虎先生访谈实录⋯⋯⋯⋯⋯⋯蒋　晔 / 494

六、补遗

中国公学大学部文理学院庚午级毕业纪念刊（节选）……………………… 508
赠言………………………………………………………………… 胡　适 / 515
唐以前的七言诗…………………………………………………… 黎昔非 / 516
《北大日刊》所登黎昔非被录取为北京大学研究生的公告 ……………… 522
沈从文两封信中的黎昔非与胡适………………………………… 沈从文 / 523
胡不归《胡适之传》中的黎昔非与胡适………………………… 胡不归 / 525
1956年胡适《丁文江的传记》之十五《独立评论（1932—1935）》（节录）… 胡　适 / 526

附　录

黎昔非问题学术研究系年…………………………………………… 曹万青 / 531

后　记 ……………………………………………………………………… 574

绪 论

荆山玉碎，合浦珠毁：黎昔非的学术与人生

李文才

编者按：扬州大学社会发展学院李文才教授，主要从事汉唐史研究，兼涉中国近代学术史研究，故对于黎昔非问题一直非常关注。我在编撰此书时约请他写一篇关于黎昔非问题研究的总结性文章，他欣然应允，在繁忙的教学科研工作之余，广泛搜罗相关史料和论著，孜孜矻矻，数易寒暑，终于完成此鸿文。读者通过阅读此文即可获得关于黎昔非问题的梗概。对于李文才教授的鼎力支持，谨表示衷心的感谢！兹特置于卷首，以为本书之代序。

一、黎昔非对中国近代文化的贡献

作为一位在中国近代文化史上做出过重要贡献而又被长期掩盖的历史人物，黎昔非展现于世人面前，始于 2002 年出版的《黎昔非与〈独立评论〉》[1]一书。该书出版以后的十多年间，黎昔非引起了社会各界的广泛关注，他的成就、业绩和品德日益得到了普遍的认同和肯定。经过众多学者十余年的研究和社会各界人士的积极参与，如今已经可以对有关黎昔非问题的研究成果进行一个初步的总结了。[2]黎昔非在中国近代文化史上的重要贡献，最为学术界和社会各界所公认者，是他在《独立评论》的创办和成功运作方面所做出的卓越成就。除此而外，黎昔非在诗学研究方面虽然被胡适扼杀于发轫阶段，但这些残存的研究成果仍然得到学术界广泛的、高度的赞誉；他在文学创作方面，也取得了颇具特色的成就。作为一位曾经被长期埋没而今又被重新"发现"的历史人物，黎昔非这桩历史公案不能不令人深思，揭示这桩历史公案中的隐情和秘密，总结其中的经验和教训，尤论对于中国近代文化史还是对于中国近代学术史来说，都具有必要性和积极意义。

---

[1] 黎虎主编：《黎昔非与〈独立评论〉》，北京：学苑出版社，2002。
[2] 本文主要吸收和综合学术界已有研究成果写成，除了少数情况，一般不再一一注明引用篇目。

(一)《独立评论》的"总管"

黎昔非对中国近代文化史的卓越贡献,集中体现于他出任《独立评论》"经理人"。作为中国20世纪30年代最有影响的政论刊物之一,《独立评论》从1932年5月22日创刊于北平,至1937年7月25日终刊,之所以能够长期出版发行并取得极大成功,完全得益于黎昔非的"辛苦经营"。《独立评论》的幕前人物胡适举世皆知,幕后人物黎昔非却长期鲜为人知,直到近年来,这个被掩盖了的历史人物及其真相,才渐渐大白于天下。

1. 黎昔非是如何出任《独立评论》经理人的

黎昔非(1902.5.31—1970.12.16),广东省兴宁市罗岗镇甘村人,1930年7月毕业于上海中国公学大学部中国文学系。其时胡适正在担任中国公学校长兼文理学院院长,故黎昔非与胡适也就有了师生关系。1930年8月,黎昔非从上海赴北平,并于1931年春考取北京大学研究所国学门的文学研究生,指导教授为黄节,研究课题为"诗经学史"。凑巧的是,1930年11月胡适也从上海赴北平,出任北京大学文学院院长,于是黎昔非与胡适之间,再度有了师生关系。1932年3月,胡适在筹办《独立评论》之初,即一再邀请黎昔非帮助他办理这份刊物,从此之后,黎昔非便开始了与《独立评论》相始终、长达五年有余的"经理人"生涯,并因此而丧失了他在北京大学研究所的学业,改变了他的人生道路。

黎昔非是如何进入独立评论社的呢? 1932年4月24日吴晗致胡适的一封信,提供了这方面的线索。信中说:

> 今午同蒋廷黻先生谈话,他说他正在发愁,因为《独立》周报预备在下下星期出版,第一期稿件已齐,却还找不到一个合适的经理人。生因此想起五星期前同黎昔非君到协和来看先生的时候,先生曾提过此事,并问黎君愿否帮忙,就把这话告诉蒋先生,他很高兴,叫生即刻写信,请先生决定并征求昔非同意(他住银闸大丰公寓)。①

吴晗是黎昔非在上海中国公学晚三届的校友,其时已转至清华大学历史系本科上学。1932年3月20日,黎昔非与吴晗一同前往协和医院,看望住院的胡适,适逢胡适正在为拟议创办的《独立评论》物色"经理人",于是便向黎昔非提出帮忙的请求。但是,时间过去一个多月,直到4月24日吴晗写这封信的时候,黎昔非并未答应胡适的请求而去就任《独立评论》"经理人"的职位,胡适等人自然仍没有为独立评论社物色到"合适的经理人"。从考虑了一个多月而未明确答复胡适的请求来看,可知黎昔非对于是否出任《独立评论》经理人,是相当犹豫的,因为当时他正在北京大学研究所读研究生,而且他

---

① 按,该信函原件藏于中国社会科学院近代史研究所,《人民日报》1966年6月3日曾有转载。

到北平的目的,又是"想在学术上搞出点成绩"①来,而非谋一个什么"经理人"的职位。

然而,黎昔非最后还是答应了胡适的请求,到独立评论社就职了。对于当初答应胡适的请求而到独立评论社就任"经理人"一事,据黎昔非多年以后的回忆,大致是这样一个过程:吴晗这封信寄出之后不久,4月的"一天,胡适突然派人送来一函,要我到他家谈谈。第二天我去了,他说:'我们几个朋友打算办一种杂志,你可否替我帮忙一下,房子已经租好了,你可搬到那里去。'我答应了,搬了去,只数间空房,什么都没有,连喝水都不便,心里颇感不舒服。这样过了数礼拜,他要我准备出版发行上应准备的工作,并说,杂志名称已商定为〈独立评论〉——意思即是文责自负——而定期出版了"②。黎昔非之所以最后答应了胡适的请求,原本打算只是短期帮忙,而且他也没有想到杂志社的事务会那样繁忙,据他回忆说:"本来,我打算只干他半年至一年,藉以维持生活,期完成自己的论文便罢了;没想到那种工作这么烦忙,有时忙到连报纸都要到夜深才得闲来看,也没想到一再推辞,直到北京沦陷前夕都还没和它完全绝了关系。""再三推却,都以不易找到相当接替的人而被留住了!"③由此可知,黎昔非出任《独立评论》"经理人",完全是在胡适的一再邀请下,迫不得已而答应的。而且,黎昔非的打算是,顶多干半年至一年便离职以继续完成自己的学业。但是,令他始料不及的是,进入独立评论社之后,他就再也不能够脱身了,尽管他曾再三推却,但都被胡适以找不到"接替的人"为由而强迫留住了,从而与《独立评论》相始终。直到1937年"七七事变"爆发,在坚持出版了《独立评论》242号(7月11日)、243号(7月18日)、244号(7月25日)之后,黎昔非这才于7月27日离开北平南回故里。

2.《独立评论》是胡适与黎昔非通力合作的产物

长期以来,人们提起《独立评论》,必然联想起胡适,却根本无人提到黎昔非。然而,历史事实却是,《独立评论》乃是胡适与黎昔非通力合作的产物。对于这一点,我们可以从如下几个方面加以说明。

(1)黎昔非是独立评论社的"总管"

独立评论社作为一个期刊出版机构,实际上是由以胡适为首的编辑部和以黎昔非为首的"发行部"两个部分构成。

黎昔非负责的"发行部",亦即独立评论社的社务部门,"社址在后门慈慧殿北月牙胡同2号"④,这个社址又被称为"发行部"。其成员组成情况是,从1932年创办至1935年

---

① 黎昔非:《自传》(1958年4月30日),原件藏于广东省兴宁市教育局档案室,后收入《黎昔非与〈独立评论〉》,第469页。
② 黎昔非:《自传》(1951年7月),《黎昔非与〈独立评论〉》,第443—445页。
③ 黎昔非:《自传》(1951年7月),《黎昔非与〈独立评论〉》,第443—444页。
④ 罗尔纲:《师门五年记·胡适琐记》(增补本),北京:生活·读书·新知三联书店,1998年,第137页。以下引用本书,简称"《师门五年记》",特此说明。

春，社中只有黎昔非作为经理人负全盘责任，另外配有一位负责杂务的工友老宋①。1935年春，增加了黎昔非的同乡、上海中国公学肄业的陈晋祺担任会计，至1937年4月陈晋祺离职，从戎抗日②。于是，社中依然只有黎昔非和老宋二人。

"发行部"的工作和任务，是除编辑之外"包办一切"，实相当于独立评论社之"总管"③。其具体运作情况，据黎昔非回忆说："每星期出版一次。稿子多是他们自己写的，外稿也由编的人选择，不给稿费。编辑多由胡适负责。他一度赴美，任鸿隽、战犯蒋廷黻也编过。他们编好送我，我负责付印及校对，复校多由他们。印好后由我负责发行。"④黎昔非的同乡林钧南，于1932年5月至1937年7月在北平求学，先后就读于大同中学、辅仁大学和北京大学历史系，恰好与《独立评论》存在时间相始终，而且他与黎昔非交往频繁，关系密切，因而对于《独立评论》的办理情况甚为了解，他说："创办初期，只有昔非办公，另有工友老宋。胡适编好后，即派人送给昔非，由昔非送至印刷所。然后经过两次校对，才正式排印出版。出版后，本市的由老宋送去，外地的还是昔非分别包扎好，叫老宋送往邮局。所以，他是总其成的，包括财务、校对、发行等在内。"⑤黎昔非的中国公学同班同学、曾在胡适家中担任家庭教师的罗尔纲，也回忆道："我于'九一八事变'前几天回广西。到1934年3月才再来北平。那时《独立评论》已经出版将两年了。社址在后门慈慧殿北月牙胡同二号。经理为黎昔非，广东兴宁人，中国公学同学，同吴晗和我都是熟人。他从《独立评论》出版至抗日战争停刊时止都是他主持排印、发行工作。我每星期天都去看他。他很忙，从来没有工夫去玩。"⑥胡适在1935年纪念《独立评论》创刊三周年的总结中，写道："在这贺周岁的日子，我们不要忘了这个孩子还有一位忠心的看护妇。我们创办这刊物的时候，就请黎昔非先生专管发行所的事务。说也惭愧，我是实行我的无为政治的，我在三年之中，只到过发行所一次！这三年的发行、校对、杂务，全是黎昔非先生一个人支持。每到星期日发报最忙的时候，他一个人忙不过来，总有他的许多青年朋友赶来尽义务，帮他卷报，装封，打包，对住址。"⑦上述资料披露了三个基本历史事实：一、当时《独立评论》有一个非常得力的社务部门——发行部⑧；二、这个社务部门的负责人为黎昔非；三、这个"发行部"实际上负责除编辑之外的全部社务工作。

---

① 林钧南：《1998年8月11日致黎虎》，《黎昔非与〈独立评论〉》，第57—58页。
② 陈晋祺：《我与〈独立评论〉的关系》，《黎昔非与〈独立评论〉》，第44—45页。
③ 黎昔非：《黎昔非日记》，《黎昔非与〈独立评论〉》，第526页。
④ 黎昔非：《自传》（1958年4月30日），《黎昔非与〈独立评论〉》，第469页。
⑤ 林钧南：《忆昔非兄与〈独立评论〉——致黎虎书简九通》《黎昔非与〈独立评论〉》，第58页。
⑥ 《师门五年记》，第137页。
⑦ 胡适：《又大一岁了》，《独立评论》三周年纪念特大号，第151号。
⑧ 新发现的1932年8月4日"独立评论报费收据"实物证明，独立评论社务部门的正式名称应该是"发行部"，所谓"发行所"是胡适后来径自改称的。本书将恢复历史本来面目，以"发行部"为称。参见本书第231页所附"独立评论报费收据"照片。

绪　论

　　由于现在人们对于中国近代报刊史的隔膜，多不理解"经理人"在报刊中的地位和作用，故有必要略加说明。"经理人"一词源于英文中的 manager，在传统英文中有这样两个释义：① someone responsible for the work of others，汉语意思为"对其他人的工作负有责任的人"；② someone who controls resources and expenditures，汉语意思为"控制资源和支出的人"。上述两个释义，无论哪一个均可说明黎昔非在独立评论社中所具有的不可替代的地位。如果说这个源自英文词语 manager 的释义还不能让人很明白的话，那么，著名报人戈公振的说法则更为直截了当，他说经理人为报刊中"一馆之领袖"①。黎昔非作为《独立评论》的经理人，其"包办一切"的实际职责，正表明他是独立评论社中的"领袖"，是与胡适并驾齐驱的两位领袖人物之一。用现代人容易理解的语言来说，黎昔非与胡适在独立评论社的级别是相同的。不能因为黎昔非与胡适在社会上的名声和地位不相对等，而否认这个历史事实②。

　　与"发行部"相对应的"编辑部"，其主要工作是主编胡适在其家中所进行的编辑活动。胡适在《独立评论》中的角色，实际上就是"主笔"。按，中华人民共和国成立前中国报刊界普遍实行主笔制度，作为报刊主笔，其主要工作内容为统筹主持报刊的编辑出版业务，包括撰写评论、处理新闻、设计版面等，类似中华人民共和国成立后新闻单位实行的总编辑负责制。③对于自己在《独立评论》所承担的工作，据1934年4月9日胡适日记中说："近几个月来，《独立》全是我一个人负责，每星期一总是终日为《独立》工作，夜间总是写文字到次晨三点钟，冬秀常常怪我，劝我早早停刊。我对她说：'我们到这个时候，每星期牺牲一天做国家的事，算得什么？不过尽一份心力，使良心上好过一点而已。'"④其中所谓"《独立》全是我一个人负责"，实指由他负责《独立评论》稿件的编辑；所谓"每星期一总是终日为《独立》工作"，并非这一天的时间全部用于编辑稿件，而是包括他自己撰写文章在内；所谓"近几个月来，《独立》全是我一个人负责"，表明《独立》的编辑工作，只是"近几个月来"全由胡适负责，而非五年之中全部由他负责，因为他是一位"大忙人"，故常需别人代理。这方面的实际情况，正如黎昔非多年后的回忆中所说："编辑多由胡适负责。他一度赴美，任鸿隽、战犯蒋廷黻也编过。"⑤不仅"主笔"工作曾一度由其他人代为办理，即便是"复校"（或称"末校"）工作，尽管名义上也是由胡适负责，但实际上只要罗尔纲或章希吕住在他家时，他便将这一工作交由他们代劳。因此，胡适所谓

---

①　戈公振：《中国报学史》，北京：生活·读书·新知三联书店，1955年，第245页。
②　某位自诩研究胡适几十年的专家，在得知《独立评论》经理人黎昔非的事情之后说："这个不是什么重要的事情。"作为胡适和《独立评论》研究专家居然对于"经理人"在报刊中的作用与地位、对于近代报刊史如此无知，遑论一般读者了。
③　刘建明、王泰玄等：《宣传舆论学大辞典》，北京：经济日报出版社，1993年。
④　胡适著，曹伯言整理：《胡适日记全编》，合肥：安徽教育出版社，2001年，第361页。
⑤　黎昔非：《自传》（1958年4月30日），《黎昔非与〈独立评论〉》，第469页。

"《独立》全是我一个人负责""总是终日为《独立》工作"云云,不免言过其实。

(2)《独立评论》由"编辑部"与"发行部"共同构成

根据以上所述可知,以胡适为首的"编辑部"和以黎昔非为首的"发行部",共同构成《独立评论》不可分割的两个有机组成部分。与中国近现代报刊史上的其他刊物或出版社一样,"发行部"作为独立评论社的社务部门,与以胡适为首的编辑部一起,皆为不可或缺的组成部分,如同车之两轮、鸟之双翼,共同推动《独立评论》的高效运转,保证了《独立评论》的顺利创办及其成功运作。

现将独立评论社的组织构成图示如下:

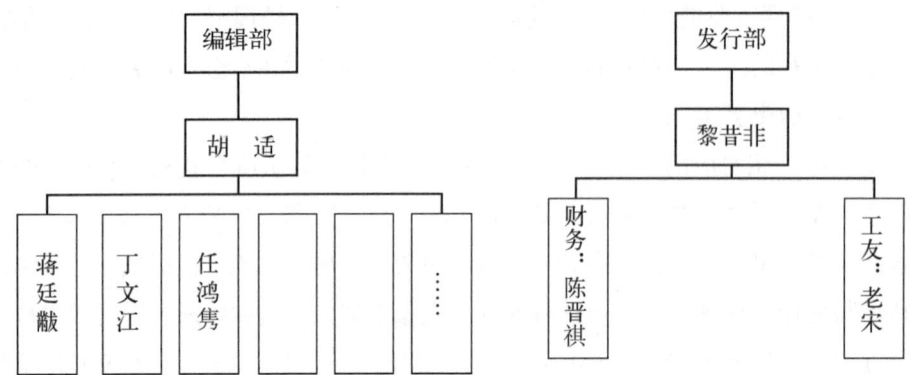

根据学界的相关研究,我们已经可以大致厘清《独立评论》的运作流程,兹简述如下:①胡适(或他人)编辑好的稿件,由黎昔非派工友老宋取来,交付印刷所排字;→②排印好的校样取回发行部,由黎昔非进行初校,是为一校稿;→③黎昔非将一校稿发回印刷所修改;→④修改后的校样再送回发行部,由黎昔非进行二校,是为二校稿;→⑤黎昔非二校稿经印刷所改正之后,将校样送胡适审查,由胡适进行"复校",是为"末校";→⑥胡适"末校"稿送回发行部,由发行部交印刷所付印;→⑦印好之后,将成品运到发行部;→⑧运回发行部的《独立评论》,由黎昔非负责分发胡适等人以及全国各地订户。

上述8个步骤,大致就是《独立评论》的运作与发行流程,其中胡适主要就是负责第一个环节的"编辑稿件",和第五个环节的"末校",其余6个环节,皆由黎昔非亲力亲为。这里需要特别说明的是,1935年春夏之交,陈晋祺出任《独立评论》会计之后,亦曾参与一些校对工作,但绝大部分的工作还是由黎昔非独力承担的。这也就是说,胡适"每星期有一晚编辑《独立评论》",编好之后的一切工作,基本上都是黎昔非先生的了,一个星期之后,一份新出版的《独立评论》就摆在了胡适的案头并发往全国乃至世界各地。我们这里之所以说"基本上",是因为其中还有"复校"一环尚需经过胡适之手。

实际上,即便是"复校"("末校")这一环节,也不全是胡适一人承担,而大体包括三种情况:①"复校"原则上,应当由胡适或其他编辑者(如蒋廷黻、丁文江、任鸿隽等)负责;②如果章希吕或罗尔纲住在胡适家中时,则一般是由他们代劳的;③如果胡适外出的同时而又无人代替他时,则连复校也由黎昔非负责。以上三点,才是前揭黎昔非回忆中所说"复校多由他们"一语的真实内涵。

因此，按照中国近代报刊的通行制度进行衡量，《独立评论》应该说是由主笔胡适与经理人黎昔非共同创办的。

《独立评论》的运作流程图示如下：

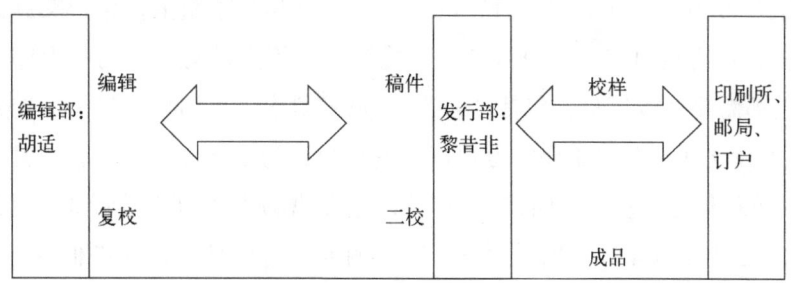

（3）"发行部"在《独立评论》运作中的作用与地位

胡适将《独立评论》的社务部门改称为"发行所"，但这种称呼并不规范，当时的正式称呼是"发行部"而非"发行所"。"发行所"称呼很容易造成误解，令人以为只是负责发行事务，有如一个单位或部门的"收发室"而已，实际上，"发行部"不仅负责刊物的发行，还负责除编辑以外的全部社务，因此，它就是完全意义上的《独立评论》社务部门。关于这一点，我们可以从1934年12月23日黎昔非日记中的相关记载找到直接的证明，该日记记述了黎昔非在协和医院办理住院手续时与收费处余先生的一段对话：

"你在那里做什么？"

这，天呀！我说什么好？被他问得没法，我含乎（糊）其辞（词）："包办一切，除编辑。"于是那家伙毫不迟疑的赐给我一个"总管"的头衔。①

从中可知，这个"发行部"，是除了编辑以外"包办一切"的社务部门，而黎昔非则是这个社务部门的"总管"，仅胡适所列举的就有"发行，校对，杂务"等工作。林钧南在关于黎昔非的回忆中也说："他是总其成的，包括财务、校对、发行等在内。"②林钧南的这个说法，进一步印证了黎昔非"总管"《独立评论》社务的历史事实。

除了编辑以外的其他所有社务工作既然均由"发行部"负责，则这个"发行部"实际上就是总管《独立评论》全部社务的部门，乃独立评论社的一个专门的、常设的办公场所和机构。这个办公场所和机构是租来的一处民房，当时设在后门慈慧殿北月牙胡同2号，也就是每期《独立评论》上面必登的那个"社址"的所在地。对于一个每月出版四期，每期一万字左右，发行量经常逾万，遍布全国各地乃至世界一些国家和地区，基本上连续正

---

① 黎昔非：《黎昔非日记》，《黎昔非与〈独立评论〉》，第526页。
② 林钧南：《忆昔非兄与〈独立评论〉——致黎虎书简九通》，《黎昔非与〈独立评论〉》，第58页。

常出版五年的大型刊物来说，没有这样一个常设的社务机构，是完全不可想象的。"发行部"除了装有电话等必需的办公设备之外，还是工作人员住宿、用餐和昼夜值班的地方。事实上，就《独立评论》出刊的全部过程来看，除编辑业务在胡适家中处理之外，其他一切事务都是在这里处理和完成的，而操持这一切事务的则是黎昔非。从现在遗存的"独立评论报费收据"可知，仅其中"发行"的工作量就是相当繁重的，订户交款之后报社需开具收据并将收据寄送订户。收据共7栏，除第一栏不必填写，只需贴上印花税票据之外，其余六栏都需要加以填写，包括"号次""阅户姓名""住址""期限""报费""年月日"等六项。《独立评论》多年保持万户以上的订户，为了保证每一个订户都能够收到这样的收据，其工作量之繁重可想而知。现存的这张收据就是经理人黎昔非填写的，收据开具的时间是1932年8月4日，当时"发行部"的人员情况是"只有昔非办公，另有工友老宋"①，仅有二人，老宋负责跑邮局、跑本市订户等，故这些单据只能是黎昔非填写；再从这张单据的字迹看也是黎昔非的笔迹②。黎昔非被胡适禁锢于《独立评论》五年有余，不许辞职，导致他进行学术研究的大好才具和黄金时间就这样被耗费了，本来处于其同学罗尔纲、吴晗之前的黎昔非，五年之后被他们二人远远抛在后面，良有以也！可以说，"发行部"乃是与胡适及其他作者，与印刷所、邮局、广告商、银行，与全国各地乃至国外的读者、订户、寄售处、代派处进行联系、沟通的枢纽。作为《独立评论》的枢纽性部门，"发行部"承担着排印、校对、发行、资料、广告、财务、公共关系等各个方面的工作，的确是囊括了除编辑以外的所有社务，可谓名副其实的"包办一切"。众所周知，近代以来中国的报刊出版运作中，一般均设置相应的社务部门，如经营部、编辑部、服务部、发行部、财务部、广告部等，有的部门之下还设置分部以司其职。③揆诸史实，《独立评论》"发行部"实际上就是一个除编辑部之外的，集经营部、服务部、发行部、财务部、广告部等工作于一身的"总管"部门。作为独立评论社的"总管"部门，"发行部"对上联系胡适和其他编委；横向则与印刷所、邮局、银行、广告部门、业界同行等联系；向下与代派处、寄售处、订户、读者联系。"发行部"内部的机构组成虽限于编制而并不复杂，但其行政管理的范围却也涉及财务、工友、义务协助人员、办公用品采购等多个方面，可谓事无巨细，全赖黎昔非一人董理。

然而，黎昔非担任《独立评论》"经理人"的这一事实，长期以来却鲜为人知，其原因何在呢？其中最主要的原因，除了胡适刻意掩盖之外，还在于独立评论社用人不多，从而导致"经理人"及与之相关的人事管理等史实不为外人所知晓。实际上，细绎史实，

---

① 林钧南：《忆昔非兄与〈独立评论〉——致黎虎书简九通》，《黎昔非与〈独立评论〉》，第58页。
② 此"独立评论报费收据"的收藏者为陈棣芳博士，订阅者为燕京大学的洪煨莲（洪业）先生。收据开具时间为1932年，当时独立评论社只有黎昔非"一人办公"，又据收据上的文字与"黎昔非自传"的文字进行比对，可以确认为黎昔非的笔迹。
③ 前揭戈公振《中国报学史》，第199、266页。

黎昔非作为"经理人",对于独立评论社的人事管理工作,还是有一定权力的,当然这也是他作为经理人的职责之一。例如,1935年黎昔非原中公同学陈晋祺突然来到北平,"昔非很高兴,当即请示胡适取得同意让晋祺担任《独立》的财务工作。胡适还说,他家乡也来了个叫章希吕的,一时找不到合适的工作,想安排他在《独立》协助校对文稿,昔非立即表示同意"①。由此可见,陈晋祺之担任《独立评论》会计、章希吕之"协助校对文稿",实际上是由主笔胡适和经理人黎昔非双方同意之后决定的,特别是章希吕到《独立评论》协助校对文稿,尽管出于胡适的"安排",但也须由黎昔非"表示同意"方可落实。

黎昔非在《独立评论》的工作,被称为"经理人",也就是负责人,正是得益于他总管了独立评论社的全部社务,因而胡适这样的"大忙人"才得以实行"无为政治"。黎昔非的工作情形,除了上述胡适在1935年纪念创刊三周年的总结中所说之外,黎昔非本人在办理《独立评论》期间所残存下来的一些材料,也印证了胡适的上述说法和评价。黎昔非致胡适的信函,现在仍有七通保存于中国社会科学院中国近代史研究所资料室,其中有三通是他在办理《独立评论》期间所写,信笺左下侧均有"独立评论社用笺"字样,其中一通全文如下:

适之先生:

第六期报卅五册,照收。

送上一期三册,四期五册,七、八期各十册,乞查收。三期已无存书,——二、四所存也不过数十册——现在写信问各代派处收回一些,想是可能。

寄报的封袋,据沙滩一个铺子说,那种大的每万份二五元,小的二四元。现在打算明天到前门去问问,看看如何。

赠阅的,当照寄。

敬候

早安

学生
昔非覆上
十一日早②

---

① 林钧南:《清白做人　奉献毕生——忆故友黎昔非同志》,兴宁市政协文史资料研究委员会编《兴宁文史》第26辑,2001年,第264—285页。

② 黎昔非:《致胡适书简七通》,《黎昔非与〈独立评论〉》,第14页。

另一通全文如下：

适之先生：

丁先生的原稿，那天因排字工人不在，没取回。当时即嘱印刷所的杨君保留，如要用，明早取回送上。

即问

晚安

学生
昔非呈覆

杨本贤广告部的价目，附。①

以上两份函件，均没有标示写于何年何月。但依据书信内容，第一通可以推知应为《独立评论》创办初期的1932年8月11日。从中我们可以直观地看到黎昔非当时管理《独立评论》社务的一些具体情况。

现在仍然保存于中国社会科学院中国近代史研究所资料室的罗尔纲致胡适的信件，有几封也涉及了黎昔非与《独立评论》的关系，其中一封与《独立评论》直接有关，云：

胡师：

九月间上师一函后，至今，又三个月了。为了功课的忙碌，不曾给师请安，乞师恕我！

三月来在昔非兄处寄来的《独立评论》上，时时得拜读吾师的言论……

学生罗尔纲敬上
十二月十七日 ②

这封信写于1932年12月17日，当时罗尔纲正在家乡广西贵县任教。从中可以知道，罗尔纲于当年的9月至12月间一连三个月收到过黎昔非寄来的《独立评论》杂志。虽然黎昔非与罗尔纲是同学、朋友，但将《独立评论》长期连续寄赠，似不会是黎昔非私自所为，以胡适与罗的亲密关系推测，这应当是胡适吩咐寄赠的。

《独立评论》社员周炳琳在1932年11月23日致胡适的信中，有一段话也提到了黎昔非，云：

---

① 黎昔非：《致胡适书简七通》，《黎昔非与〈独立评论〉》，第16页。
② 罗尔纲：《致胡适书简三通》，《黎昔非与〈独立评论〉》，第34页。

> 先生日内即将南行，若能倩社中黎君今日即去取得此项空白交先生补填一纸，当较为迅捷。

周炳琳信中所提到的黎君，当即黎昔非。

此外，罗尔纲在多年以后，写过一段涉及《独立评论》以及黎昔非的回忆性文字，云：

> 我于"九一八"事变前几天回广西。到1934年3月才再来北京。那时《独立评论》已经出版将两年了。社址在后门慈慧殿北月牙胡同2号。经理为黎昔非，广东兴宁人，中国公学同学，同吴晗和我都是熟人。他从《独立评论》出版至抗日战争停刊时止都是他主持排印、发行工作。我每星期天都去看他。他很忙，从来没有功夫去玩。我就坐在他办公室里翻看那些交换来的乱七八糟的刊物，竟然有一篇启发了我后来在中央研究院以"兵为将有"作主题来研究有清一代的兵制的。北平沦陷后，黎昔非同吴晗和我一同在天津南归。①

又，黎昔非在中国公学的另一位同学、胡适的同乡胡不归，写过一本《胡适之传》，其中写道：

> 绩溪同乡中，要算汪孟邹、汪原放叔侄，章希吕、程仰之、程万孚和我，比较与适之先生最接近。但我所知，不及他们清楚。适之先生的朋友、学生遍天下，但中国公学的同学，只有罗尔纲、黎昔非和我，比较跟随适之先生最久。胡适于民国二十一年五月，与蒋廷黻、丁文江、翁文灏、傅斯年、吴景超等合办了一个《独立评论》，他一手主编，我的同学黎昔非先生替他负出版校对和发行的责任。②

黎昔非的同乡、朋友，1934年5月至1937年7月期间先后在北平大同中学、辅仁大学历史系、北京大学历史系上学的林钧南，在1998年8—10月间致黎虎的四封信中，曾有关于《独立评论》的回忆性文字，云：

> "我当时还在补习，有时间抢先看《评论》等，所以内幕也清楚。"
>
> "晚上经常到《独立评论》社与令先尊和晋祺聊天。"
>
> "他（黎昔非）全心全意在搞《评论》的除编辑以外的所有工作，如财务、校对、发行等。"
>
> "（陈）晋祺到北平，才由昔非提出让晋祺任财务人员，经胡同意才到社的。"

---

① 《师门五年记》，第37页。
② 胡不归等著：《胡适传记三种》，合肥：安徽教育出版社，2002年，第5页。

章希吕先生"不在独立评论社住宿和吃饭,文化程度不高,没有合适的工作,可能是胡先生叫他帮忙校对,但是他校对过的,令先尊不放心,还要亲自再校对。记得晋祺有时也参加校对,令先尊同样不放心,一定要自己再校对。所以,当时的《评论》印出来,是极少有错字的。"

"我听晋祺说,某次校对'独评',他和章(希吕)先生已经校对过了,而昔非还要亲自校对,自找麻烦。我听了后,劝告昔非兄不必过于操劳……而令尊却说,他们粗心大意,我非亲自校对不可。"①

以上资料,皆为当时的当事人、知情人、见证人或是独立评论社社员留下的文字或回忆,乃是研究黎昔非与《独立评论》关系的第一手资料。中国近代报刊史的事实证明,一个报刊之成败兴衰,实与"经理人"之优劣有着直接而重要的关系,民国初元《中外新报》的盛衰兴亡即其显例,它从"销售逾万……之最盛时期"跌入深谷,最后不得不停刊,主要是因为"经理无方",导致此"资格最老之《中外新报》""唯有停版"。②而《独立评论》则由于有了黎昔非这样得力的"经理人",办得风生水起,长盛不衰,与之形成了鲜明的对照。张太原对《独立评论》进行过专题研究,他指出:由于黎昔非的"能干使胡适的'无为政治'在办刊物中得以实现,这表明黎昔非对于《独立评论》的存在及发行量的扩大起着至关重要的作用。尤其对于胡适这个'大忙人'办刊物来说,找到一个合适的人选做事务性工作是非常重要的。在20年代,《努力周报》停刊以后,胡适一直'努力'使之复刊,但是最终却没有实现,原因之一就是没有找到承担相关工作的合适人选"。③

实际上,在最初打算经办《独立评论》的时候,胡适等人对于能否办好是缺乏信心的,如1932年4月17日胡适在致丁文江的信中,就说:"总觉得此次办报没有《努力》时代的意兴之十分之一!怎么好?"④为何胡适当时信心不足呢?原来他和丁文江"都有过创办《努力周报》的经验,知道这件事不是容易的,所以都不很热心……所以在那个时期我真没有创办一个新刊物的热心"⑤。然而,在《独立评论》经办三年以后的1935年,胡适却不无得意地说:"我办过三次刊物,《每周评论》出到36期被封,《努力》到75期停刊,

---

① 林钧南:《忆昔非兄与〈独立评论〉——致黎虎书简九通》,《黎昔非与〈独立评论〉》,第54—66页。
② 戈公振:《中国报学史》,上海:上海古籍出版社,2003年,第85页。
③ 张太原:《〈独立评论〉与20世纪30年代的政治思潮》,北京:社会科学文献出版社,2006年,第69页。
④ 胡适:《致丁文江》,《胡适书信集》,北京:北京大学出版社,1996年,第568页。
⑤ 胡适:《丁文江的传记》,《胡适文集·7》,北京:北京大学出版社,1998年,第501页。

《独立》居然出到180期，总算长寿了！"①甚至于"七七事变"后，已经身在南京的胡适于1937年7月31日致蒋廷黻的信中，还在惦记"'独立'不知还在出版否"？②不过，这里需要特别强调的是，胡适关心的只是《独立评论》还能不能坚持出版，至于当时身处沦陷区仍在坚守岗位的《独立》"经理人"——黎昔非的境遇如何，胡适在实际上却是不闻不问、漠不关心的。及至抗战胜利后，当有人提议重新办理《独立评论》时，胡适列举了不可能再办的种种理由，却唯有一条重要的理由他没有说，那就是他再也找不到而且也不敢再去找像黎昔非这样"合适的"经理人了。

对于《独立评论》社务部门的存在及其作用问题，有些研究者或采取无视其存在的错误看法，或持即使有这样一个部门也并不重要的立场。我认为上述这些不无偏见性的观点，既不符合独立评论社的历史事实，也是对于20世纪20—30年代中国报刊史缺乏了解的一种反映。众所周知，对于一个成功的刊物来说，编辑部尤其是名家编辑固然非常重要，但社务工作也很关键，其作用的重要性并不亚于编辑部，二者犹如鸟之双翼、车之两轮，缺一不可。就《独立评论》的办刊历史而言，独立评论社除了以胡适为首的编辑部以外，还存在着以黎昔非为首的社务部门——"发行部"，编辑部和"发行部"共同组成了独立评论社的两翼两轮，从而保证了《独立评论》之成功创办与长期正常运作，共同推动《独立评论》取得了成功。如果说胡适是《独立评论》总编的话，那么黎昔非就是独立评论社的"社长"。还需要特别指出的是，在《独立评论》的办刊历史过程中，唯有主编胡适与经理人黎昔非两位先生是与独立评论社相始终的负责人，这一层级人员的长期稳定有利于刊物的长期维持和发展，成为《独立评论》在当时出版行业的激烈竞争中脱颖而出、行稳致远的根本保证，从而使《独立评论》连续出版五年有余，不仅发行于全国各地，而且远及欧洲各国及美、日等国，其销售量最高时达一万三千份，比历史上《新民丛报》《新青年》等刊物的销量还要大，从而成为在中国近现代历史上影响最大、最重要的刊物之一。除了编辑工作之重要性之外，经理其出版、发行等社务工作同样是厥功甚伟。学术界现在已经认识到"《独立评论》的成功是合力甚至是牺牲了黎昔非的毕生"③而取得的。一言以蔽之，《独立评论》是以胡适为首的编辑部和以黎昔非为首的社务部"通力合作的产物"④。

（二）黎昔非的诗学研究

诗学研究是黎昔非对中国近代文化的贡献之一。黎昔非的诗学研究，主要体现于"诗

---

① 胡适：1935年12月5日"致张季鸾信"，《胡适书信集》，第666页。
② 胡适：《致蒋廷黻》，《胡适书信集》，第729页。
③ 黄波粼：《近三十年来国内〈独立评论〉研究综述》，《民国档案》2008年第4期，第141页。
④ 唐志勇：《〈黎昔非与独立评论〉的史料价值》，《江汉论坛》2005年第6期，第103页。

经"研究和七言诗源研究两个方面。

1. 黎昔非的"诗经"研究

黎昔非的"诗经"研究成果,到目前为止,我们能够找到的仅有以下几种:①《〈采芑〉时代的质疑》(1929年《中国文学季刊》创刊号);②《从"其军三单"说到古代兵农之分》(1937年1月24日天津《益世报·史学周刊》46期);③《读〈诗〉札记》三则①。

尽管上述遗稿的数量并不多,却得到了先秦史、古文字学、《诗经》、中国古代史等不同学术领域研究专家的肯定,如李学勤、朱杰人、费振刚、王冠英、朱绍侯、安作璋等人,均从不同角度对这些遗稿进行了深度解读和高度评价,从而使得这些隐没于历史烟云中七八十年的剩简残编,得以重放异彩,并引起了学术界的瞩目。以下分而述之。

(1)《〈采芑〉时代的质疑》

《〈采芑〉时代的质疑》是黎昔非在中国公学大学部文史学系三年级学生时代所作的论文,发表于中国公学大学部《中国文学季刊》创刊号(1929年夏出版),其时他刚从上海持志大学转入中国公学不久。

先秦史、古文字学著名专家李学勤对此文有高度评价,云:"他在《〈采芑〉时代的质疑》文中,不同意陆侃如先生根据《汉书·古今人表》以方叔为厉王时人之说,举《诗》称'方叔元老''是宣王时以他为先朝的年纪高大的老成人的称呼',作为内证,又引《后汉书·南蛮传》载'宣王中兴,乃命方叔南伐蛮方',作为外证。由此说明,《诗序》'《采芑》,宣王南征也'是正确的。这一考证,可谓实事求是,方法完全是史学的。"②

《诗经》及朱子学研究专家、华东师范大学教授朱杰人评论道:"《〈采芑〉时代的质疑》是对陆侃如先生授课内容的质疑,主要是对陆先生认定《采芑》一诗作于厉王时提出商榷。黎先生的驳议先从陆先生立论的依据着手。陆先生的立论依据是什么呢?是《汉书·古今人表》,因为方叔在表中列于厉王时,故陆先生据此把《采芑》定为厉王时诗。但是,黎先生认为,《汉书·古今人表》人名的排列是以时代先后为序的,方叔位列厉王末年,这就有可能他到了宣王时依然活着。接着黎先生以诗证诗,《采芑》诗曰'方叔元老',既称'元老'那就证明不会是厉王时的称呼,而只能是对前朝老臣的尊称。既然《汉书·古今人表》把他列在厉王末年,那就说明他绝不是厉王朝的元老,而是后一个朝代宣王时的元老。最后,黎先生以史为证:《后汉书·南蛮传》曰:'宣王中兴,乃命方叔南伐蛮方。'足见《采芑》所记乃宣王时事。"③

先秦史、古文字学专家,中国历史博物馆研究员王冠英评论说:"《诗经》众多问题的

---

① 黎昔非:《致胡适书简七通》,《黎昔非与〈独立评论〉》,第22—26页。
② 李学勤:《〈诗经〉研究的吉光片羽》,《黎昔非与〈独立评论〉》,第174页。
③ 朱杰人:《黎昔非的〈诗经〉研究》,《黎昔非与〈独立评论〉》,第182页。

研究中，议论最多、分歧最大者，莫过于诗篇主旨和《诗经》创作年代的把握。诗歌创作年代理解有误，解题就难免出错，因此，研究诗篇创作年代是研究诗篇主旨的前提。在《诗经》研究史上，从东汉的郑玄到近代的大学问家梁启超，不管他们的历史观点如何，对诗的理解和资料的掌握怎样，都把对《诗经》创作年代的考辨放在第一位。黎老先生《〈采芑〉时代的质疑》就是一篇考证诗篇创作年代的文章。文中对陆侃如先生依据《汉书·古今人表》记载方叔是厉王时人而把《小雅·采芑》定为厉王时诗提出质疑，指出：《后汉书·南蛮传》有'宣王中兴，乃命方叔南伐蛮方'的记载。再则诗中有'方叔元老，克壮其犹'的话，诗中叫他'元老'，是'宣王时以他为先朝的年纪高的老年人的称呼。如果在厉王时已叫他为'元老'，那《古今人表》断不致把他列在末年呢。'因此他认为方叔是厉王末年的人，到了宣王的时候仍然任职，并且北征猃狁、南伐蛮方取得了胜利，因此他认为《小雅·采芑》是周宣王时的诗。这个判断是非常准确的。《小雅》诗中以西周末年厉、宣、幽时期的诗篇最多，现代学者公认，《鹿鸣之什》中的《采薇》《出车》，《彤弓之什》中的《六月》《采芑》《车攻》《吉日》等都是宣王时的作品，反映的都是宣王征伐猃狁和蛮夷的作品。由此可见老先生治学之功力。"①

中国古代史著名专家、河南大学历史系教授朱绍侯写道："在黎昔非先生的遗文中，有一篇名为《〈采芑〉时代的质疑》，发表于中国公学大学部《中国文学季刊》创刊号上。该文文字不多，却是一篇论据可靠、论证有力的文章。《采芑》本是《诗经·小雅》中的一首诗，开头第一句就说：'宣王南征也。'即歌颂宣王命方叔讨伐蛮荆的诗，其时代没问题。但当时有位学者'根据《汉书·古今人表》以方叔为厉王时候的人，就以这诗为厉王时候的诗'。黎昔非先生对此提出质疑，认为'《古今人表》所排列的人名，想必是顺着次序的，他把方叔列在厉王末年，那方叔之伐蛮荆，就不一定是厉王时，在宣王时也是有可能性了'，并提出两个论点予以论证。一、'方叔为厉王末年的人，他到了宣王的时候仍然活着、任职，是很寻常的事体'；二、'这篇诗里说："方叔元老，克壮其犹。"叫他为"元老"想不是厉王时的称呼……如果在厉王时已叫他为"元老"，那《古今人表》断不致把他列在末年呢'。除以上两点理由外，黎先生还提出一个更有力的证据，即《后汉书·南蛮传》中所说的'宣王中兴，乃命方叔南伐蛮方'。《后汉书》的资料可以说是'一锤定音'，把《采芑》的时代确定下来，从而结束了有关《采芑》时代问题的争论。"②

中国古代史著名专家、山东师范大学和山东大学历史系教授安作璋说："《〈采芑〉时代的质疑》发表于1929年《中国文学季刊》创刊号上。其时他正在中国公学读书，任课老师陆侃如先生以为诗中的方叔是周厉王时人，即认为此诗为厉王时诗。黎先生对此表示

---

① 王冠英：《读黎昔非先生〈诗经〉研究剩简札记》，《黎昔非与〈独立评论〉》，第201—202页。
② 朱绍侯：《不迷信名人不固执己见的学者风度——黎昔非先生遗著读后感》，《黎昔非与〈独立评论〉》，第212—213页。

怀疑，他根据《汉书·古今人表》排列的名次和《后汉书·南蛮传》中'宣王中兴，乃命方叔南伐蛮方'的记载，进行认真的考辨，结论是《采芑》一诗应为周宣王时期的作品，从而否定了陆侃如先生的观点。这充分体现了黎先生不囿于权威成见，勇于创新、实事求是和'吾爱吾师，吾尤爱真理'的治学态度与精神。"①

中国著名古代文学专家、《诗经》研究专家、中国诗经学会常务理事、北京大学中文系教授费振刚评议说："黎先生《〈采芑〉时代的质疑》一文，其功效并不只在于其对《采芑》年代的考证，前面我已经说了，《采芑》的年代是早有定论的事，与黎先生几乎同时的陆侃如、冯沅君二位先生在比此文稍晚的《中国诗史》中亦持此论，不知这其中有没有黎先生此文的作用。这无法明确指出，但陆先生是黎昔非先生中国公学的老师，黎先生这篇文章又明显的是针对陆先生的论述而写。《中国文学季刊》是中国公学大学部编辑发行的刊物，陆先生是能读到这篇质疑文章的，更何况在这创刊号上也登有陆先生的文章《山海经考证》的。遗憾的是我没有找到陆先生的原文，只能以臆测来评说。然而不管其对陆、冯二位先生的影响如何，这篇文章都有它自身的意义和功效。这种意义和功效在于'它行文的紧密，逻辑的清晰，内、外证相结合，以史证诗的方法，以及从中折射出的黎先生严谨的学风和扎实的古典文化功底。"②

（2）《从"其军三单"说到古代兵农之分》

《从"其军三单"说到古代兵农之分》一文，发表于天津《益世报·史学周刊》46期（1937年1月24日）。《独立评论》于1936年11月底至1937年4月间曾停刊四个多月，此文恰恰发表于此期间，表明被《独立评论》拖累了五年的黎昔非，总算有了一段喘息时间来从事他所热爱的学术研究，从而有这一成果之问世。

朱杰人在《黎昔非的〈诗经〉研究》一文中评论曰："《从"其军三单"说到古代兵农之分》是一篇讨论古代兵制的长文。兵制是古代社会的一项重要社会、政治制度，这篇文章的核心是为了论证在先秦时代兵和农的关系并非如传说的那样是合一的，恰恰相反，在古代兵农是相分的。文章从《诗·大雅·公刘》五章'其军三单，度其隰原'中'其军三单'的'单'字的训诂入手。黎先生首先排比了从毛传、郑笺、孔疏到王肃、王夫之、曾钊、焦循对'单'和'三单'的训释，指出他们的共同错误在于未能跳出毛、郑的窠臼。由于跳不出毛郑，所以历代的训释都在强作说辞，总是围着兵、军和丁夫打转。为了自圆其说，又不得不拿出《周礼》作理论依据，证明在公刘的时代，兵、农是合一的。

"在《诗经》的研究史上，维护和沿袭毛郑是一个非常顽固的传统，很少有人能够突破毛郑的樊篱，博学如朱子，也未能完全挣脱这一束缚。打开一部《诗经》研究史，曲为之说的例子比比皆是。所谓的'诗无达诂'恰为附会毛郑提供了理论依据。在这一问题

---

① 安作璋：《学习黎昔非先生》，《黎昔非与〈独立评论〉》，第228—229页。
② 费振刚、林晓雁：《黎昔非先生〈诗经〉研究述评》，《黎昔非与〈独立评论〉》，第187—197页。

上,黎昔非采用的是一种批评的和科学的、实事求是的态度。他不迷信毛郑,而且敢于向毛郑挑战。他看出了毛郑在训释'三单'时的逻辑错误,又看出了历代说《诗》者在附会毛郑时发生的史料和史实错误。于是大胆发难。他的攻击非常巧妙,他从考证史实和辩证史料入手,证明在公刘的时代'一定是兵农实分的'。这样毛郑及其他说《诗》者的结论就被推翻了。结论站不住脚,那么他的前提——关于'三单'的训释——也就不攻自破了。"

朱杰人教授最后指出:"黎昔非并没有为'单'字提出一个最后的训释,他只是提出了自己的假设,同时又引用郭沫若的解释,供读者自己判断,表现了一个真正的学者的认真负责和实事求是的治学态度。

"这篇论文写得非常严谨,颇得胡适之'大胆假设,小心求证'之真谛。史料的运用博杂而精练,考证的过程缜密而富于逻辑性。尤其值得称道的是作者行文的机智和巧妙,以子之矛攻子之盾,举重若轻地把一个重大的古代制度问题解决了。"①

王冠英评论道:"老先生《从"其军三单"说到古代兵农之分》则是一篇探讨诗歌创作年代和当时社会性质的大作。'其军三单'是《诗·大雅·公刘》中的一句诗。《公刘》是西周初年的作品,具有周民族史诗的性质,历来治诗者对这句诗的解释差异很大,因此也就导致了对《公刘》所反映的社会生活、社会制度和名物典章理解的分歧,一直到目前,大家的理解仍是众说纷纭。为什么这句诗这么不好解释?有语言文字变迁的原因,也许还有传抄错讹的原因,但主要的是解经者为之曲解而造成的治丝益棼的问题。黎老先生在文中明确地指出了这一点:'"其军三单"这句诗,自汉以来,说者纷纷,无虑数十,然综观诸说,大抵不出毛郑范围,很少有不为他们所囿、敢"独抒己见"的。'正因为如此,他在解释这句诗之前首先把批判的矛头直指'毛郑而略诸家',因为他认为,毛郑的问题解决了,'源洁而流自清,毛郑二说已辩证,余说便失所附丽',批判了毛郑的错误,也就解决了祖述毛郑或为毛郑所囿的其他错误。这个做法无疑是正确的。

"为了把问题说得更清楚,黎先生把毛郑诸儒关于'其军三单'的主要观点都开录出来,然后一一批驳。黎先生指出,毛传解释'其军三单':'三单,相袭也''原属简略不明',其后遵毛者如郑玄、王肃、王夫之、曾钊、焦循为了申毛,竟相根据《周礼》等书的记载任加曲解,或说'大国之制三军,以其余卒为羡。今公刘迁于豳,民始从之,丁夫始满三军之数。单者,无羡卒也''三单相袭者,止居则妇女在内,老弱次之,强壮在外也''三单相袭者,谓三行皆军而相重为军也。此谓发郑在道及初至之时,未得安居,虑有寇钞,故三重为军,使强壮外,所以备御之也',或说'单者',董仲舒所谓'口军'也。相袭相代也。百亩八口之家,率可任者三人,三丁而用其一。单即一也,其上役充五,则又更番罢休以相代',或说'相袭犹言相重,以重训单,犹乱为治,徂为存之

---

① 朱杰人:《黎昔非的〈诗经〉研究》,《黎昔非与〈独立评论〉》,第182—184页。

比。……故诗言单,传则以袭显之也',把问题说得玄而又玄,甚至信口胡诌,如同梦呓,只能愈解释愈使人糊涂。

"黎先生指出:从诸种文献的记载看,公刘的时代'大概是当夏末',那时周人是不会有'三军'之设,也不会实行后世儒家'理想化'的寓兵于农的制度的。一、'周民族那时所占的疆域能否有百里尚属疑问。因为邰豳相距不过百有余里,而豳原属狄人的地方,它的西北也为戎族所居,洛东渭南却为夏民族的势力范围,即沮水东南周家势力想亦尚未能及。故它的疆域四至恐犹未足百;纵有百里,若照《汉书·刑法志》所记井田的办法来计算,……百里的封疆,提封万井,除去了山川池沼城郭邑居园圃道路所占的地方,余六千四百井,只能出戎马四百匹,兵车百乘,总共不过有甲士三百,步卒七千二百人而已,一军的人数尚且不足,何况三军?'二、'考周民族僻处在邰豳的时候,国力是非常弱小的……到了纪元前一一九八年迁岐以后,大王王季文王三代相继,励精图强,才把国家的基础立稳'。武王'壹戎衣而有天下',据《史记》《牧誓》则才不过有戎车三百,虎贲三千及'甲士四万五千'而已。三、'"周王于迈,六师及之"……周民族到了奄有天下而称"王"的时候,尚没有三军。'所以毛郑以三军解释'其军三单'是根本站不住脚的。黎先生还认为,从兵农的关系上讲,古代是兵农相分的。他以《管子·小匡》篇记载的齐'(管子)乃作内政而寄军令焉,三分其国为二十一乡:工商之乡六;士乡十五,……公将其一,国十帅五乡焉,高子帅五乡焉'和《左传》宣公十二年随武子说'楚军……昔岁入陈,今兹入郑,民不罢劳,君无怨讟,政有经矣。荆尸而举,商农工贾,不败其业,而卒乘辑睦,事不奸矣'为例,说春秋齐楚'如韦昭所说国内无农,其六乡为工商,其十五则为兵而已,五属之地则农民居之。四民之外,特有所谓士卒——即西周以前想亦莫不如是'。作者还引用卜辞和《尚书·牧誓》《诗·豳风·七月》等材料说明,'古代各民族攘夺的战争是非常剧烈的……战争的结果自然形成了征服与被征服的两个阶级。前者为要保持他们优胜的权利当然就得保持他们武力,无形中当兵便成了他们的事业。……后者是被削去了爪牙的虎狼,只得由他们摆布,做他们的奴隶',因此,作者认为'其军三单'的解释应与战争有关,而跟'寓兵于农''丁夫适满三军之数'等没有关系。

"批判了毛郑的观点,作者在最后提出:'《左传》襄公二十七年传:"单毙其死",杜林二氏均训单为"尽",按诗的意思,单字也当作"尽",即是说公刘的军队三次全遭覆没,因为"度其隰原,彻田为粮"的缘故。盖豳原是狄人的地方,公刘用武力占据了后,复派兵去按田地的好坏而诛求粮食,想因是激起了土著民族的反抗,致使他所派去的军队三次都全覆没了。'作者文末还附记了郭沫若先生《中国古代社会研究》对'其军三单'的解释:'三单'当读为三战,金文公伐徐钟'战攻无敌',战作单'其军三单'犹言其军百战,盖古人以三为众,同时指出郭的解说'是比那些自诩"毛郑功臣"的高明得多',颇有些惺惺惜惺惺的意味。"

王冠英最后评论道:"黎老先生对'其军三单'的解释和郭老的解释不大一样,但他们都从战争的角度强调了周人部族对豳的争夺和开辟，立论严实，徵而后信，很给人以启发。王念孙、于省吾也有类似的解释。应该指出的是，老先生这篇考释文字，不但立论严实，行文亦汪洋恣肆，举重若轻，大量的文献资料，旁征博引，信手拈来，表现出相当深厚的功力。现在，关于'其军三单'的争论还在继续，我觉得，如果大家的论文都能像黎老先生的文章这样严谨立论、徵而后信，一定会使《诗经》的研究更加深入。"①

费振刚写道："黎先生之《从"其军三单"说到古代兵农之分》是其现存的较为长篇的关于《诗经》的论文。先生从《诗·大雅·公刘》第五章之'其军三单'说开去，首先廓清毛、郑两个系统对'三单'的解释；然后以人情、事理度之，考证公刘的年代，度其时周之实力，再考证当时'兵农之分'的问题，认为当时周不可能有'三军'；最后援引郭沫若先生的解释以束全文。

"关于'其军三单'的解释，《毛传》：'三单，相袭也。'《诗经注析》：'单，禅的假借，轮流代替。'以人情、事理、诗意度之，此说比较合理。然'诗无达诂'，黎先生的说法也自有其合理之处。且黎先生此文的价值，并不只在于其对'三单'的解释，而在于其整个的论述过程；在于其对毛、郑以降'三单'解释的析清、梳理，对于其中明显错误者的否定；在于其对公刘年代的考辨和其对中国古代'兵农之分'的解析。

"对于'三单'之解释，毛传以下多所讹误，黎先生言：'大抵不出毛郑范围，……盖源洁而流自清'，乃从检讨毛、郑始。言'毛郑以相袭训三单，原属简略不明'，其后人，名曰'申毛'，反多忤《毛传》之意；《郑笺》乃其错之始，黎先生以人情、事理度之，指出其不合理之处；又兼论后学之为合毛、郑意，牵强附会，愈解愈乱。

"此析清、梳理，提纲挈领，简单明了，从源头说起，而其流自清，于我们今日研究《诗经》仍有借鉴意义。关于《诗经》之著作、论述虽然很多，然其大体不外毛郑的'汉学'体系和朱熹的'宋学'体系，源洁流清，纲举目张，即是此理，黎先生深得其中之妙。

"黎先生对于公刘年代的考证，也有一定的意义。公刘，周人先祖。司马迁《史记·周本纪》云：'后稷卒，子不窋立。不窋末年，夏后氏政衰，去稷不务，不窋以失其官而奔戎狄之间。不窋卒，子鞠立。鞠卒，子公刘立。公刘虽在戎狄之间，复修后稷之业，务耕种，行地宜，自漆、沮度渭，取材用，行者有资，居者有畜积，民赖其庆。百姓怀之，多徙而保归焉。周道之兴自此始，故诗人歌乐思其德。公刘卒，子庆节立，国于豳。'言公刘乃稷之曾孙，迁豳者非'公刘'，而是其子'庆节'。其于《史记·三代世表》也说：'后稷生不窋，不窋生鞠，鞠生公刘。'计有周，稷至文王共十五代。关于公刘的年代，《毛诗正义》引韦昭《国语》注，复以事理度之，认为不窋、公刘不当同处太康之世，稷至文王也必不只十五世。

---

① 王冠英：《读黎昔非先生〈诗经〉研究剩简札记》，《黎昔非与〈独立评论〉》，第202—206页。

"黎先生注引孔疏,又引《史记·刘敬叔孙通列传》:'周之先自后稷,尧封之邰,积德累善十有余世。公刘避桀居豳。'认为稷至公刘当已历十余世;迁豳乃避桀之乱,当已至夏末之世;继而指出《史记》迁豳之说前后不一(前《周本纪》云:'公刘卒,子庆节立,国于豳。')。然后以诗证史,说'试问"爰方启行"是说公刘何往?"豳居允荒""于豳斯馆"又将何所指呢?'①指出言庆节迁豳,当是史迁之误。于是,黎先生援引古注,复指出《史记》内之异说,最后以诗证史,说明公刘距后稷当已十余世,迁豳者当为公刘,其时在夏末。其言虽简明,论证却丝毫不显单薄,具有相当的说服力。

"说完了公刘的年代,黎先生又对中国古代的'兵农之分'作了简要的论述:其援引《管子·小匡》篇'三分其国为二十一乡:工商之乡六;士乡十五;……',又引林氏所引之语:'齐……在十五乡者专使之为士卒,……若其工商之六乡,为农之五属,则皆不以为兵。'然后又引《左传·宣公十二年》'楚军……昔岁入陈,今兹入郑,民不罢劳,……农、工、贾不败其业',以齐、楚为例说明春秋时中国的'兵''农'是分制的,'兵'取自'士',而'农'不为'兵',进而认为早于春秋的公刘时代当亦是'兵''农'相分的。这对于我们了解古代的征兵制度有一定的意义。"

费振刚最后指出:"黎先生论证公刘之年代,论证公刘迁都于豳,阐述中国古代的'兵农之分',皆是为了说明毛、郑及其后学'三单'解释的不当之处,为了我们更好地理解'三单'之解释,其论述、解说可谓清楚、透彻、明了。而黎先生论文的价值还不仅于此,其对公刘年代的考证,对公刘迁豳的说明,对中国古代'兵农之分'的阐述,本身就是很有价值的。或者这种价值还有甚于前者之处。黎先生引郭沫若先生对'三单'的解释也是一家之言,并非定论,但黎先生论文中所论证的完全有超越其最后结论的意义。"②

朱绍侯评论道:"黎昔非先生另一篇遗作为《从"其军三单"说到古代兵农之分》……这篇文章要比《〈采芑〉时代的质疑》所要解决的问题复杂得多,而且难度也相当大。

"'其军三单'见于《诗经·大雅·公刘》第五章。黎先生说:对于这句诗,'自汉以来,说者纷纷,无虑数十,然综观诸说,大抵不出毛郑范围,很少有不为他们所囿、敢"独抒己见"的'。这里所说的'毛郑',即汉代大经学家毛亨、郑玄,是经学领域最权威学者,因此他们对经文的解释,都奉为圭臬,但黎先生却不迷信名人,敢于攻毛、郑之谬误,而独抒己见。

"毛、郑对'其军三单'的解释如下:

毛传曰:三单相袭也。

---

① 黎昔非:《从"其军三单"说到古代兵农之分》,天津《益世报》"史学周刊",1937年1月24日。
② 费振刚、林晓雁:《黎昔非先生〈诗经〉研究述评》,《黎昔非与〈独立评论〉》,第187—197页。

> 郑笺曰：大国之制三军，以其余为羡，今公刘迁于豳，民始从之，丁夫适满三军之数，无羡卒也。

"在毛、郑之后，如王肃、孔颖达、王夫之、曾钊等历代注释名家，多沿袭毛、郑之说，而略作发挥。如王肃发挥'相袭'之说：'三单相袭者，谓止居则妇女在内，老弱次之，强壮在外，言自有备也。'孔颖达则进一步发挥说：'三单相袭者，谓三行皆军而相重为军也，此谓发邰在道及初至之时，未得安居，虑有寇钞，故三重为军，使强壮在外，所以备御之也。'对于这些借题发挥，望文生义的解释，黎先生斥之为'信口胡柴'，是'梦呓'。为了批倒那些'梦呓'和'胡柴'，黎先生对公刘所处的年代，公刘迁豳的出发地点，公刘时代周族的势力范围，兵农之分等问题，进行了认真翔实的考证，特别是根据《周礼》大国三军，一军五师，一师二千五百人，一军一万二千五百人，三军三万七千五百的编制为依据，认为处于夏末的公刘时代，周族不可能拥有三军的实力。同时还指出周直到武王伐纣时，其军力也不过有戎车三百，虎贲三千，甲士四万五千人，而说公刘时代就已有三军，实不可信。黎先生认为公刘如有三军，'乃不遗夏人以一矢便弃国远窜，那公刘简直是幽厉之不如的了，而说者反说此诗是美公刘的，岂非怪事？'笔者认为黎先生以上的论证及对旧说的批判，有理有据，令人信服。

"黎昔非先生不仅批驳了历代名家对'其军三单'的解释，而且提出了自己的见解：

> 《左传》襄公二十七年：'单毙其死'，杜林二氏均训单为'尽'，按《诗》的意思，单字也当作'尽'（姚际恒、王闿运等均训作'尽'，惟尚本三军之说，非），即是说公刘的军队三次全遭覆没，因为'度其隰原，彻田为粮'的缘故。盖豳原是狄人的地方，公刘用武力占了后，复派兵按田地的好坏而诛求粮食，想因是激起了土著民的反抗，致使他派去的军队三次全都覆没了。

"黎先生以上的立论，应该说确有新义，但是否准确，还有待于进一步深入研究。笔者认为最难能可贵的是，黎先生并不固执己见，而是择善而从。这种精神完全体现在该文的《后记》中。

> 昨晚检查旧日笔记，发现了郭沫若先生对'其军三单'这句诗，曾有一种很好的解释，特附录在下面：'三单'当读为三战。金文《公伐徐钟》：'攻战无敌'，战作单。'其军三单'，犹言其军百战，盖古人以三为众。（《中国古代社会研究》页一二〇）此种解说，是比那些自诩'毛郑功臣'的高明得多的，如果读者以我的解释为毫无道理，则我也愿意把他取消而从此说。

"这段《后记》使笔者深受感动。在我读黎先生批驳毛、郑及其后继者对'其军三单'

的解释时,非常敬佩黎先生不迷信名人所具有的渊博学识和功力。在读《后记》时,又看到了黎先生实事求是,不固执己见的科学态度。这才是真正学者的风度,学者的胸怀,令人肃然起敬!"①

李学勤评论此文并指出:"在《从"其军三单"说到古代兵农之分》文里,黎昔非先生对《公刘》'其军三单'一句的毛传、郑笺,由历史发展的背景出发,做了详细的驳正。他指出,周人于夏末'僻处在邰豳的时候,国力是非常弱小的',揆之当时制度,断不能'丁夫适满三军之数'。他更说明,毛传说公刘迁豳时'从者十八国'也不符合夏末的历史条件。由此足见,黎昔非先生的《诗经》研究,是以他对古代历史的探讨为基础的,而且他研究的目的正在于加深历史的了解。"②

(3)《读〈诗〉札记》三则

《读〈诗〉札记》三则,见于黎昔非1945年1月12日致胡适信,信中略云:"生对于诗经的研讨,本妄想将整部诠释,近来觉得那不单是艰巨不易的工作,且往袭旧说,亦没有多大意思,于是采用札记式,只将那些认为不很满意或有疑义的加以讨论。现摘录数则于下,未敢云当,惟[唯]乞吾师不弃,详加指示,俾不致入迷途,实为衷心所最希望啊!"由此可知,此三则《读〈诗〉札记》是从其诸多札记中摘录下来的。

对此《读〈诗〉札记》,朱杰人评论云:"1945年在写给胡适的信中有三段关于《诗经》文字训诂的论述。一篇是《召南·羔羊》'素丝五紽',黎先生以为'五'当训为'午'。一篇是《召南·驺虞》'五豝''五豵'和《齐风·南山》'葛屦五两'之'五'。黎先生认为,此'五'字亦当作'午',前者训为'毋',后者训为'交午'之'午'。一篇是《召南·江有汜》'其后也处',黎先生以为,'处'借为'癙','癙,病也'。必须指出,黎先生札记中考释的几个字,历来是《诗经》研究中众说纷纭而无定论的'老大难'问题。黎先生的训释旁征博引,发前人所未发,是一种非常独到的见解。训诂,是解读《诗经》和研究《诗经》的敲门砖,却又是最为困难和深奥的学问。这三篇短文,显示出黎先生深厚的小学功底以及音韵学的素养。"③

费振刚评论云:"'札记'者,读书时摘记的要点和心得,是最见作者思考的东西。黎先生的'札记'文简而意深,没有繁复的解释,让人一目了然,其中多有创见。正如其自己所言:'生对于诗经的研讨……采用札记式,只将那些认为不很满意或有疑义的加以讨论。'(1945年1月12日,致胡适信中)。

"《〈羔羊〉'素丝五紽'》,'素丝五紽'就是'用白丝线将羔羊皮交叉缝制成的皮衣'。

---

① 朱绍侯:《不迷信名人不固执己见的学者风度——黎昔非先生遗著读后感》,《黎昔非与〈独立评论〉》,第213—216页。
② 李学勤:《〈诗经〉研究的吉光片羽》,《黎昔非与〈独立评论〉》,第174—175页。
③ 朱杰人:《黎昔非的〈诗经〉研究》,《黎昔非与〈独立评论〉》,第184页。

黎昔非先生训'五'之解，言：'按"五"借为"午"，《周礼》故书《壶涿氏》"五贯象齿"，杜注："五贯"当为"午贯"。……素丝五紽，即以素丝交午羔裘的缘边。'①其以'五借为午'，否定了《正义》以来训'五'为数的解释（《正义》：'此言"紽数"，下言"总数"，谓"紽""总"之数有五，非训"紽""总"为数也'）。训'五'为'午'，并非始于黎昔非先生，清陈奂在其《毛诗传疏》中就说'当读为"交午"之"午"。《周礼·壶涿氏》"午贯象齿"，故书"午"为"五"，此五、午相通之例'。但黎先生说得更详细、更清楚。《说文》曰：'五，五行也。从二，阴阳在天地间交午也。凡五之属，皆从五。✕，古文五如此。'以是知训'五'为'午'更合理，其与诗意也更合。黎先生又说：'紽，音释作它，它借为袘，即袘。《仪礼·士昏礼》："缥裳缁袘。"注："袘，缘也。"'否定《毛传》训'紽'为'数'的解释（《毛传》：'紽'，数也。），也很讲得通。

"《〈驺虞〉'五豝''五豵'及〈齐风·南山〉'葛屦五两'的"五"》，《驺虞》言'壹发五豝''壹发五豵'，当指：射箭中猪，以'午'解'五'，作'交叉'讲，指：箭射中猪。《传》云：'虞人翼五豝，以待公之发。'太过牵强。黎先生所说甚是。'（五）意亦当作午。'且先生也指出了《传》曲解'驺虞'为"虞人"的穿凿附会。先生接着又说到《齐风·南山》'葛屦五两'的'五'，指出其亦应作'午'讲，意为'交错'。言'此诗果如旧说是指齐襄公与文姜私通的事，则葛屦交错，亦形容更恰。'而《郑笺》训'五'为数，言'五人为奇'实穿凿不可信。

"黎先生这几处打破陈规，训'五'为'午'，都是极有创见的，且说的简单、明了，数行之间，即见深厚的功底和睿智的思考。

"《〈江有汜〉'其后也处'》，'小序'曰：'《江有汜》，美媵也。勤而无怨，嫡能悔过也。文王之时，江沱之间，有嫡不以其媵备数，媵遇劳而无怨，嫡亦自悔也。''毛传'云：'处，止也。''郑笺'云：'嫡悔过自止。'还是讲得通的。然，黎先生训'处'为'癙'，言：'按"处"借为"癙"，亦作"鼠"。《小雅·正月》"癙忧以痒"。《尔雅》释诂："癙，病也。"《（小雅）·雨无正》"鼠思泣血"。"笺"训"鼠"为"忧"。《吕览·爱士》"阳城胥渠处"，注："处，病也。"此诗之"处"亦应解作"忧"或"病"，因它是一层深一层的写法，首章言"悔"，由"悔"而"忧"或"病"。……'也是一种不错的解释，所谓'诗无达诂'，我们没有必要非得求一个统一的解释。且先生遍引《诗经》内之旁证，《尔雅》之诂，《吕览》之注，为我们研究《诗经》提供了可资借鉴的方法。

"黎先生的三篇'读诗札记'，每则说一两个问题，简明，但很清楚，有启发性。这都表现了先生深厚的古代文化功底，和对于传统研究方法的精确把握。"②

王冠英评论曰："《读〈诗〉札记》三则是黎老先生遗稿中一组有关《诗经》文字训诂

---

① 黎昔非：《读〈诗〉札记三则》，1945年1月12日致胡适信中辑出。
② 费振刚、林晓雁：《黎昔非先生〈诗经〉研究述评》，《黎昔非与〈独立评论〉》，第187—197页。

的剩简。三则文字都是对《诗经·召南》的解释,一为《羔羊》中的'素丝五紽',一为《驺虞》中的'壹发五豝''壹发五豵',一为《江有汜》中的'其后也处'。

"《羔羊》:'羔羊之皮,素丝五紽',毛传:'紽,数也。'正义:'此言紽数,下言总数,谓紽总之数有五,非训紽总为数也。'按照传统的说法,'素丝五紽'是素丝(洁白的平纹丝织品)五缕的意思。'羔羊之皮,素丝五紽',大意是说羔羊皮下边缝上五缕素丝做成大夫穿的礼服。黎老先生认为这个解释是很让人迷惑的。他认为,'素丝五紽'的'五'应该是'午'的假借(午是一纵一横互相交叉的意思),而'紽'是'袉'即'袘'的假借,其义为袍。'周礼故书壶涿氏五贯象齿,杜注:"五贯当为午贯。"……仪礼士昏礼:"缫裳缁袍"注:"袍,缘也。"素丝五紽,即以素丝交午羔裘的缘边。'——老先生认为'羔羊之皮,素丝五紽',是指在羔裘边缘交叉缝上素丝做成礼服,该诗次章之'素丝五緎''素丝五总'也是相同的意思,是指'以素丝交午成文采及如网之文'。按:老先生这个解释很有见地。王引之《经述闻义》等释'紽'为'缝'。如果'紽'释为'缝','五'似当如黎老先生释为'午'为恰。

"《驺虞》:'彼茁者葭,壹发五豝',黎先生亦以为'五'当读为'午','午,毋也'。传统解释说《驺虞》是歌颂虞人的诗歌,诗中的'豝'和'豵'是'义兽'。黎先生认为,既然'豝'和'豵'是'义兽',歌颂虞人就不能赞扬他发一箭就能射中五头'豝'或'豵'。所以他把'五'解释为'毋',说虞人打猎从不射杀'豝'或'豵',这才是真正的赞扬。先生还认为《齐风·南山》中的'葛屦五两,冠緌双之'中的'五'也当读为'午',为交午、交叉、'履舄交错'的意思。因为该诗记'齐襄公与文姜私通的事,则"履舄交错",亦形容更恰'。按:黎先生'葛屦五两,冠緌双之'中的'五'为'午'是正确的。闻一多先生《风诗类钞》引此诗亦释'五'为'午',谓'葛屦午纳'为'纳,屦綦也,交午结之',可作参照。

"《江有汜》:'不我与,其后也处。'黎先生以为此句之'处',当'借为"瘉",亦为鼠'。并引《小雅·正月》'瘉忧以痒',《尔雅·释诂》'瘉,病也',《雨无正》'鼠思泣血',笺训鼠为忧,《吕览·爱士》'阳城胥渠处'注'处,病也'为证。作者认为'此诗之处亦应解作忧或病,因它是一层深一层的写法,首章言悔,由悔而忧或病'。末章'"其啸也歌"……盖郁结心中的忧思不可得解,于无可奈何时而发为悲歌,以歌当哭,亦是人之常情呢'。按:此诗黎先生释'处'为'瘉'非常正确,尤其老先生对该诗'一层深一层的写法,首章言悔,由悔而忧或病'的分析入木三分。旧注牵强附会,使人越读越糊涂。"①

(4)关于《诗经》研究佚稿问题

黎昔非的《诗经》研究,除了上述子遗的三篇研究论文和札记之外,尚有《〈诗〉

---

① 王冠英:《读黎昔非先生〈诗经〉研究剩简札记》,《黎昔非与〈独立评论〉》,第206—208页。

地理考》《〈诗经〉学史》等研究佚稿。黎昔非于1951年7月《自传》中写道：1937年"七七事变"后，"当我离平时，将数年来草成的诗经学史初稿及曾经发表和未发表的诗、史论文约四五万言，小说约十万字——其中有刚草成约五万字的中篇，是描写小资产阶级青年男女的生活颓废，思想动摇的，拟修改后与出版商接洽印行的——为避免日寇检查，邮寄广州齐平①代收，不料付邮时候他已别往，致在平所写的稿就这样下场而无复存留了！"②又，1945年黎昔非在昆明国立中国医药研究所时曾填写"大学及独立学院教员资格审查履历表"，其中有"早完成之诗经学史及诗地理考因七七事变遗失"③之语。由此可知，黎昔非的《诗经》研究尚有未曾发表而丢失的《〈诗经〉学史》《〈诗〉地理考》等。

王冠英对此评论曰："《诗经》之研究从来尚矣！孔子曾为它的传播做出过很大的贡献。自汉奉《诗》为经典以来，一直是儒者学人研究和关注的热点，从成书时间、内容分类到诗歌主旨都有很多的议论、分歧和争辩。这些议论、分歧、争辩，从纵的线条上说，传承版本有齐、鲁、韩、毛之分；从诗歌的内容和形式上分，有风、雅、颂之别；从创作年代上分，颂最早，系周初作品。大、小雅次之，系周代中晚期作品。风则大部分是春秋时期的作品；从经义即诗歌内容的概括研究上，则又有大、小序之说，或以为是子夏所作，或以为是毛公、卫宏所作。毛诗的注本，传统以《毛诗诂训传》为最古，郑玄笺，孔颖达疏，唐以前的说诗者，多以毛传为圭臬而不敢妄议毛郑。宋儒解经，多异汉儒，不为毛郑所囿，反而往往能得诗人主旨。明清以降，考据盛行，学者从文字、音韵、训诂方面研究《诗经》多所创获。辛亥革命尤其是'五四'以后，学者渐渐冲破'经'的樊篱而从文学、史学、社会学、文字、音韵各个角度研究《诗经》，实事求是地肯定它在中国文学史和学术史、文化史上的地位，由此《诗经》研究进入了一个崭新的局面。不过，实事求是地讲，一直到二十世纪三四十年代，旧经学研究的影响还有相当势力。自然，《诗经》研究从孔夫子算起到'五四'，迤逦两千年之久，系统总结两千多年《诗经》研究的历史成果，披荆导款继往开来，没有深厚的经学功底和明断的学识是难以完成的。黎老先生三十年代即著有《诗经学史》，应当说是一个了不起的成就。据我所知，从'五四'到解放前，专门研究诗经学史的著作并不多，有些研究经学史的著作包括了诗经学史，篇幅也并不大（如蒋伯潜先生的《十三经概论》等），而一些诗经学的著作，重点在'学'，而不在勾勒'史'（如胡朴安先生的《诗经学》、金公亮先生的《诗经学ABC》等），一些零散篇章，如白云藩先生《诗经学史目录说明书》、万曼先生《诗经底史的研究》、徐英先生《诗经学纂要序旨》《诗经学纂要论诗教》《诗经学纂要论诗乐》等，重点则在于介绍诗经

---

① 按，齐平，即潘齐平，广东惠阳人，比黎昔非低一级的中国公学同学，1933年二人于北平合作创办《昙华》文艺半月刊。
② 黎昔非：《自传》（1951年7月），《黎昔非与〈独立评论〉》，第445页。
③ 黎昔非：《大学及独立学院教员资格审查履历表》，《黎昔非与〈独立评论〉》，第488—489页。

的历史或研究诗经必读书目,其中有些著作和文章的观点还很陈旧,没有超出皮锡瑞《经学历史》和《经学通论》的窠臼。从残存黎老先生遗稿剩简来看,黎老先生的诗经研究批毛非郑,注重引用新资料来进行史学和社会学的研究,观点比较新,因此我觉得黎老先生《诗经学史》的遗失是一个很大的遗憾。老先生还有《诗地理考》一书,可能是对《诗经》国名、地名、山名、水名等的考释集汇,这个工作没有相当功力是不敢问津的。宋王应麟著有《诗地理考》六卷,其体例是把《尔雅》《说文》《地志》《水经》中有关《诗经》涉及的山川分布、政区建置、疆域范围等详加考证。黎老先生的《诗地理考》与王著同名,疑其在登录时有所简化,我想可能全文是《诗经地理考》。"①

朱杰人评论曰:"在中国公学、北大及《独立评论》期间,黎昔非完成了《诗经学史》及《诗地理考》。前者可以补《诗》学研究史之缺,而后者则是继清代朱佑曾《诗地理考》后又一部研究《诗》地理学的专著。可是,非常遗憾,这两部重要的著作都遗失在1937年的'七七事变'中。"在分析评论黎昔非《诗经》研究遗稿之后,朱杰人写道:"现在,我们可以一窥黎昔非先生《诗经学史》和《诗地理考》的面貌了。

"一、黎昔非先生具有深厚的史学功底,不但熟悉先秦史料,而且对先秦史料的辨伪、考订、诠释有很深的功力和独到的见解,由他来作《诗经》学史的研究,应该在史识上不落俗套,在史料的运用上完备而准确,在史实的考订上有所突破。

"二、黎先生应该对《诗》的年代问题有比较深入的研究,我们可以期望在这一领域有比较突出的进步,应该相信,他的《诗经学史》,必定会纠正前人研究的失误。

"三、在《诗经》研究的重要领域——文字、音韵、训诂研究上,黎先生的大著应该会有很多出人意料的发现,这当然植根于他的学养,但更重要的还在于,他能将文字、音韵、训诂整合贯通,以及将这三者与古文献的融通。

"四、黎先生对先秦的典章制度非常熟悉,了然于胸,这有助于他对此类问题的研究和考订,相信《诗地理考》可以是他此一专长的用武之地。"②

朱绍侯评论曰:"拜读过黎昔非先生的有关资料之后,对黎老前辈的一生我感到有三个惋惜和遗憾……第二个惋惜和遗憾,就是《诗经学史》和《诗地理考》二部专著的遗失。黎昔非先生受老师胡适先生的委托去主办《独立评论》,担任经理,干的虽然是与学术无关的事务性工作,但黎先生并没有完全放弃学术研究,仍然尽力挤出时间去研究他最关心的学术问题。胡适先生为弥补黎昔非先生在学术研究方面的损失,在1937年7月,特意给黎昔非先生在北京大学研究院安排一个助理研究员职务,这就给黎昔非先生专心研究学术创造了一个有利条件。由于黎昔非先生的刻苦努力,勤奋钻研,他虽然仍把主要精力放在主办《独立评论》上,但还是挤时间写出了考据性力作《诗经学史》和《诗地理

---

① 王冠英:《读黎昔非先生〈诗经〉研究剩简札记》,《黎昔非与〈独立评论〉》,第199—201页。
② 朱杰人:《黎昔非的〈诗经〉研究》,《黎昔非与〈独立评论〉》,第184—185页。

考》。这两部著作由于没有传世,其学术价值不敢妄评,但从黎先生保存下来的遗作来看,知道黎先生把研究的注意力主要放在《诗经》和地理历史考证方面,而且功力深厚,颇有所获。由此可以推断,黎先生的《诗经学史》《诗地理考》必有独到之处。可惜这两部专著在'七七事变'后,不幸遗失。这对黎先生当然是终生憾事,对学术界也是一个很大的损失。"①

李学勤对于黎昔非《诗经》研究佚稿问题,曾发出了如下感叹:"黎昔非先生致力《诗经》的研究,历经多年。关于《采苢》的一篇,刊在1929年夏中国公学大学部出版的《中国文学季刊》创刊号上,那时他才是大三学生。此后他奋力撰著《诗经学史》《诗地理考》二书,业已完成,不幸在抗战爆发的战乱中迷失(遗失)。四十年代他陆续写作读《诗》札记,又因'文革'未能保存。看黎昔非先生的研究着手处,不难知道他已对《诗经》及历代《诗》学进行了系统的整理论述,功力甚深,可惜如今只剩下吉光片羽,其整理成就我们只有徒存想象了……直到今天,我们还没有一部内容完备的《诗经学史》,真希望黎昔非先生这一书稿尚在人世,有再被发现的日子。"②

(5)黎昔非《诗经》研究的评价和地位

李学勤评论黎昔非《诗经》研究时,写道:"我在反复绎读黎昔非先生《诗经》论作及其自传等有关资料之后,景仰的心情油然而生……黎昔非先生遗留下来的《诗经》研究作品,只有《〈采苢〉时代的质疑》、《从"其军三单"说到古代兵农之分》及《读〈诗〉劄[札]记》三篇,末一种还是从书信中辑录的。其篇幅都不长,可以说都是笔记的形式,然而尝鼎一脔,还是能够从中窥见黎昔非先生研究《诗经》的路数和深度。"③

李学勤将黎昔非先生的《诗经》研究置于近百年《诗经》研究的历史背景之下进行考察,说:"众所周知,《诗经》是我国最早的诗歌总集,在孔子以前已长久流传。《左传》《国语》等书所见春秋时人赋诗,已常离开诗篇本旨,别有寓意。经过孔子整理,儒门《诗》学更多自政治、伦理角度说《诗》。看最近发表的上海博物馆藏楚简《诗论》中孔子的话,很清楚地表现出这种取向,如由治国察民的用心来讲风、雅、颂,就是显例。此后,两汉毛、齐、鲁、韩四家《诗》说,以及历代注疏,都不能摆脱经学的框架,即在一定程度上突破《诗序》的朱子《诗集传》也非例外。

"对《诗》的真正重新考察,只有在经的神圣光轮被剥除后才有可能,这特别是'五四'新文化运动以来的重大成果。新的研究主要有两种途径:一是文学的,还《诗》以文艺作品的本貌;一是史学的,视《诗》为古代历史的遗存。通过好多学者的努力,

---

① 朱绍侯:《不迷信名人不固执己见的学者风度——黎昔非先生遗著读后感》,《黎昔非与〈独立评论〉》,第210—211页。
② 李学勤:《〈诗经〉研究的吉光片羽》,《黎昔非与〈独立评论〉》,第175—176页。
③ 李学勤:《〈诗经〉研究的吉光片羽》,《黎昔非与〈独立评论〉》,第173页。

《诗经》的研究终于全面更新。"①

李学勤对于黎昔非《诗经》研究价值和意义的解读、分析，是在系统梳理《诗经》研究的历史，尤其是近代《诗经》研究的新方向、新方法的基础上而进行的，李学勤认为："黎昔非先生的《诗经》研究，是以他对古代历史的探讨为基础的，而且他研究的目的正在于加深历史的了解。"其考证"可谓实事求是，方法完全是史学的"，李学勤进而深刻指出："读前述几篇作品可以知道，黎昔非先生是从史学途径创新《诗经》研究的先驱者之一。"②

李学勤最后写道："黎昔非先生的大量工作已经被战争动乱湮灭了，但他残存的《诗经》研究篇章以及他孜孜不倦研究《诗经》，阐扬传统优秀文化的精神，得到人们的怀念。将来新撰《诗经学史》，必当有黎昔非先生的大名。"③显然，在李学勤看来，黎昔非完全应当在《诗经》研究史上占有一席之地。

与李学勤不谋而合，朱杰人也是从《诗经》研究历史的考察中，审视黎昔非《诗经》研究的价值和地位，他说："纵观20世纪20—30年代的《诗经》研究，我们可以看到非常鲜明的时代特征：以新方法和新视野重新审视这部已经流传了两千年之久，又众说纷纭的古代经典。

"但是，很遗憾的是，从纵向看，那个时代还缺少一种整体把握《诗经》研究史的力作。从横向看，就某一特定层面加以深入研究的著作也并不多见。于是，我们不得不提起一位已经被人们遗忘了的学者——黎昔非。"④

朱杰人还特别强调了黎昔非《诗经》研究的功力，他说："为了纪念这位对中国文化和学术做出过特殊贡献的学者，我想就黎先生现存的几篇有关《诗经》的文稿，对他《诗经》研究的有关问题做一点评述……

"黎先生的文章不长，但论证严整，推理缜密，史料运用娴熟，得心应手，证明他有着非常扎实的史学功底。"⑤

朱杰人最后总结道："一代学人，因时代的错误而使自己的研究成果化为乌有，这应该是一种刻骨铭心之痛。从我们仅见的资料看，这是一位完全可以有大成的学者。但是，为了更大、更重要的事业，毅然放弃自己的学业，心甘情愿地为他人作嫁衣，这实在是一种可歌可泣的牺牲精神、奉献精神。以上所论，表示了我对黎先生的敬意，虽有一些推测之词，但绝非无根之谈，也是为了试图帮助这位可敬的学者弥补他在《诗经》研究上的永远的缺憾，抚平他终身的苦楚。"⑥

---

① 李学勤：《〈诗经〉研究的吉光片羽》，《黎昔非与〈独立评论〉》，第173—174页。
② 李学勤：《〈诗经〉研究的吉光片羽》，《黎昔非与〈独立评论〉》，第174—175页。
③ 李学勤：《〈诗经〉研究的吉光片羽》，《黎昔非与〈独立评论〉》，第175—176页。
④ 朱杰人：《黎昔非的〈诗经〉研究》，《黎昔非与〈独立评论〉》，第180—181页。
⑤ 朱杰人：《黎昔非的〈诗经〉研究》，《黎昔非与〈独立评论〉》，第181—182页。
⑥ 朱杰人：《黎昔非的〈诗经〉研究》，《黎昔非与〈独立评论〉》，第185页。

王冠英写道:"在拜读黎昔非先生关于《诗经》研究的剩简和有关材料之后,不禁肃然起敬。"① 王冠英特别强调指出,黎昔非《诗经》研究虽然遗留下来的数量并不多,但是仍然可以从中窥见其深度和力度,他说:"从这些剩简,我们可以看到黎老先生的文字音韵训诂功力深厚,力透纸背。诗无达诂,评量一个学问家的成就,并不仅仅是看他著作的数量,管中窥豹,亦往往能窥见其学问的深度和力度。从黎老先生给他的老师胡适先生的信中我们知道,黎老先生原是想对《诗经》做整体的学术研究的,除了上述《诗经学史》《诗地理考》等重要著作,他还曾想将《诗经》'整部诠释',只是后来觉得工作条件不允许,'近来觉得那不单是艰巨不易的工作,且往袭旧说,亦没有多大意思,于是采用札记式,只将那些认为不很满意或有疑义的加以讨论'。可惜,这些读诗札记文稿又在另一场民族大灾难——'文革'中遗失。众所周知,学问家的精粹往往是汇集在读书札记之中的,远的不说,王引之的《经义述闻》、钱大昕的《十驾斋养新录》、钱钟书先生的《管锥编》,即都是以读书笔记的形式汇集的,因此我们也十分痛惜老先生《诗经》研究原稿之一失再失。"②

朱绍侯也写道:"拜读黎昔非先生的遗著和有关传记资料之后,对黎老前辈的一生业绩,不觉肃然起敬。"③ 朱绍侯主要是从黎昔非《诗经》研究所体现出来的学风的角度,给予高度的肯定和赞许,云:"由于黎昔非先生较早的[地]离开学术研究阵地,更由于黎先生的《诗经学史》《诗地理考》《本草纲目之本草产地考释》三部力作的遗失,因此黎老先生的传世之作也就不多了,但我在拜读了黎先生硕果仅存的几篇遗作之后,仍然对黎先生治学严谨,不迷信名人,不固执己见的学者风度,感到由衷的敬佩。以下准备用两个实例来说明我的认识。"④ 随后,朱绍侯就通过对《〈采芑〉时代的质疑》《从"其军三单"说到古代兵农之分》两篇《诗经》研究文章的分析评价,表达了自己的上述感受和认识。

附:关于《读史札记》五则

黎昔非于1937年留在北平的遗物中有一本笔记,其中残存《读史札记》五则,札记的写作时间为1936年。学者们经过上述研究,认为黎昔非先生是"从史学途径创新《诗经》研究的先驱者之一",其《诗经》研究是以探讨古代历史为基础的,其方法完全是史学的,因此,其在《诗经》研究中所表现出来的,不仅有文字、音韵、训诂等方面的扎实功力,而且有着深厚的史学功底,并将两者结合融通而得心应手。残存的读史札记,印证

---

① 王冠英:《读黎昔非先生〈诗经〉研究剩简札记》,《黎昔非与〈独立评论〉》,第198页。
② 王冠英:《读黎昔非先生〈诗经〉研究剩简札记》,《黎昔非与〈独立评论〉》,第208页。
③ 朱绍侯:《不迷信名人不固执己见的学者风度——黎昔非先生遗著读后感》,《黎昔非与〈独立评论〉》,第210页。
④ 朱绍侯:《不迷信名人不固执己见的学者风度——黎昔非先生遗著读后感》,《黎昔非与〈独立评论〉》,第212页。

了学者们对于黎昔非《诗经》研究特点的这种认识。

黎昔非对于札记的意义和重要性，有着深刻的认识并身体力行。例如，他在1945年1月12日致胡适的信中写道："生对于诗经的研讨，本妄想将整部诠释，近来觉得那不单是艰巨不易的工作，且往袭旧说，亦没有多大意思，于是采用札记式，只将那些认为不很满意或有疑义的加以讨论。"① 是以，我们从黎昔非在《诗经》研究中重视札记这一形式，就可以窥知其做读史札记的意图。

费振刚在论及黎昔非读《诗》札记时，写道："'札记'者，读书时摘记的要点和心得，是最见作者思考的东西。黎先生的'札记'文简而意深，没有繁复的解释，让人一目了然，其中多有创见。"②

王冠英也指出："众所周知，学问家的精粹往往是汇集在读书札记之中的，远的不说，王引之的《经义述闻》、钱大昕的《十驾斋养新录》、钱钟书先生的《管锥编》，即都是以读书笔记的形式汇集的。"③

北京大学教授、著名秦汉史专家张传玺撰文《读黎昔非先生"札记"残稿的体会》，专门就黎昔非先生读史札记残稿的学术价值进行深刻的分析和阐述。他写道："黎昔非先生的'读书札记'残稿只有五条，约有400字，为他在青年时代利用工作的余暇读《史记》《汉书》《后汉书》时所作札记的一部分。内容以两汉的史事为主，有的涉及先秦和后代。文字虽不多，但都非信手随笔，而有意义、深度和目的，是份研究性记录。"

张传玺先生认为，这短短的几则残稿首先是体现着他"刻苦上进的精神"。"黎先生在担任经理的五年中，研究生已不读了，正常的学习与研究也中断了，所付出的代价巨大。虽是这样，但从现存的资料来看，黎先生还是于繁忙之中，抓紧早晚，研究了不少学术问题。""'读书札记'一类的写作更具体表现了黎先生刻苦上进的精神。如五条残稿中，有三条记有写作时间，为'二五、四、二九晚''五、四''五、九日早'。据此，可以看出黎先生是在坚持早晚学习、研究，尽可能不使间断。其刻苦坚毅的精神可以想见。"其次，张先生还通过讲述当年自己在北京大学所受名家的有关教诲，以论述札记的重要性，云："'小札记中有大文章'——此话是北京大学历史系教授邓广铭先生的名言。1957年春，我们北京大学历史系几位研究生向时任中国古代史教研室主任的邓广铭先生和副主任汪篯先生请教有关'怎样写文章'的问题。汪先生说：'你们可参考顾炎武的《日知录》和赵翼的《廿二史札记》，找个题目写写，锻炼锻炼。'邓先生见我们面面相觑，便笑了笑说：'你们不要看不起写札记，小札记中有大文章。'他接着说写札记是一种做学问的方法，也是文体的一种，多用于校勘、考证、答疑、心得等方面。他又说许多札记的学术水平很

---

① 黎昔非：《致胡适书简七通》，《黎昔非与〈独立评论〉》，第22、25页。
② 费振刚，林晓雁：《黎昔非先生〈诗诗〉研究述评》，《黎昔非与〈独立评论〉》，第193页。
③ 王冠英：《读黎昔非先生〈诗经〉研究剩简札记》，《黎昔非与〈独立评论〉》，第208页。

高,内容质量也很重,短文章更难写,等等。我拜读黎先生的遗著,回忆邓、汪两师的教导,更感到写札记很重要。"另外,在此基础上,张传玺通过释读黎昔非先生的两条札记,以试探其中的学术内涵。其一"束脩"条,黎昔非札记文曰:

> 《论语》:"自行束脩以上。"朱子训"束脩"为"干脯"以后,即变为弟子奉先生学费的名词。《汉书·王莽传》:"安汉公自初束脩。"师古注:"束脩谓初学官之时。"

张传玺认为:"此条提出了三个值得注意的问题:1.朱熹虽说'脩,脯也。十脡为束',但并未将'束脩'简单地说成是'学费',后人对朱熹注的理解有失偏颇;2.朱熹说:'古者相见,必执贽以为礼,束脩其至薄者。……苟以礼来,则无不有以教之也。'据此说以理解'束脩',其'礼'的意义重于'钱'的意义。3.'束脩'还有与'学费'毫无关联的含义,黎先生特别提出,以警世人,即'安汉公自初束脩',师古注:'束脩谓初学官之时',即'开始做官的时候'。"

黎昔非"三年之丧"条,文曰:

> 《后汉书》卷七,桓帝永兴二年二月,"初听刺史、二千石行三年丧服。"同书永寿二年正月,"初听中官(常侍以下)得行三年服。"据此,三年之丧,在汉桓帝以前似尚为专制君主所专有,未尝普行。但《论语》《孟子》亦有三年丧的记载,抑其时平民阶级也未曾遵行呢?还是至汉代才中废呢?

张传玺说:"这是一个涉及近千年间的各个社会阶层的丧葬制度问题。在札记中所提出的问题亦为三个。如按照历史次序:1.先秦普行'三年之丧'的状况? 2.汉末桓帝以前'普行''三年之丧'的状况? 3.先秦时期的平民阶级已遵行'三年之丧',是否至汉代又'中废'了呢?"

张传玺进而指出:"黎先生提出的这三个问题都是重要的、关键性的。如此三个问题都得到解答,近千年的'三年之丧'的基本状况及其演变也可大致明确了。札记的文字显示,黎先生似有自己的心得,但未明说。我体会:黎先生认为'三年之丧'在先秦应当是'普行'的,但主要限于君主和士大夫阶层;平民阶级虽有遵行者,但不一定'普行'。如是这样,我认为此看法是正确的。"①

华中师范大学教授、著名秦汉史、中国古代文化史专家熊铁基写道:"我在拜读了有关黎昔非先生的资料之后,对这位平凡而伟大的先辈不禁肃然起敬。黎昔非先生的事迹,正好与我目前思考的一个问题联系起来了。

---

① 张传玺:《读黎昔非先生"札记"残稿的体会》,《黎昔非与〈独立评论〉》,第218—221页。

"我正在思考的是：中国学术及其发展的特点，包括什么是学术？什么是学术的载体？精英与基层以及时代、社会与思想等等许多相关的问题。简而言之，社会的进步，文化的发展，学术思想起着指导的作用。而学术的发展，有一个形象的恰当的比喻，叫作'薪火相传'，靠的是古往今来的众多学人和他们留下来的著作。从人来说，可以叫作精英，历史上不只几个、几十个精英，而是成百上千、成千上万。不过有一些名扬四海、青史留名，有一些在当时是幕后英雄，后来则成为无名英雄，后人很难知情了，乃至历史留下不少遗憾。如此说来，黎昔非先生算是有幸的了，幸有朋友和后人还怀念他。"

熊铁基还指出："黎昔非先生对中国的文化事业是有贡献的，其主要贡献就是自始至终经办出版发行《独立评论》的工作。"

"黎先生的老师胡适，黎先生的同学吴晗、罗尔纲等，都先后成为著名学者，他们的学术不断精进，有大量的著作传世。黎先生则因为烦琐的事务工作，因经历的不同，传世的作品不多。但仅从留下的读书札记等情况看，他并未荒废学业，而且学习也是很勤恳的，学问的功底非常之深。"

熊铁基也是着重从黎昔非读史札记残稿论述其学术和他自己的感受。关于"束脩"条，熊铁基指出："干肉（脯）之说流传至今，无人怀疑，杨伯峻《论语译注》作如是解，时下的中国教育史亦无新意。《辞源》《辞海》虽有其他解释，如'约束整饬''收拾行装'之类，均未注意到《汉书·王莽传》及师古注这一记载，从'安汉公自初束脩'注'初学官之时'看，恐非仅仅是一个'入学'的问题，这就颇值得再作探讨，如果有时间深究下去，黎先生完全可能写出像《从"其军三单"说到古代兵农之分》①的学术论文。这样的札记，对于我们了解黎先生读书之精细、学与思之结合，真是可以窥一斑而知全豹。"

熊铁基认为：黎昔非"做读书笔记，就是提出问题，并且解决问题"。

例如黎昔非札记中的"章甫"条，文曰："章甫——殷冠……是则章甫乃殷人之冠，并非儒者所有之儒冠也。"就是属于这种情况。

关于"三年之丧"条，熊铁基写道："在读到《后汉书》关于三年之丧的记载后，与《论语》《孟子》的记载相比较，提出'抑其时平民阶级也未曾遵行呢？还是至汉代才中废呢？'的问题。在读到《汉书》广川王'画屋为男女裸交接'等记载后，提出'为春宫之所自欤？'和'裸舞之作俑耶？'的问题。"

此外，"他的读书札记，既有提出深研的问题，可作为发明或发现，又有一定的针对批判性"。例如"犬子"条，文曰：

> 汉书司马相如传，"始"名犬子，因"慕蔺相如之为人也，更名相如"。而一般国粹学家对于名字为"狗儿"之类者，不知以为"古已有之"而列在"保

---

① 《从'其军三单'说到古代兵农之分》，天津《益世报》"史学周刊"，1937年1月24日。

存""发扬"之数否欤?

熊铁基据此认为,这"表现了对所谓的'国粹学家'的嘲讽。由以上例子可见黎先生学问精深,思维敏锐"①。

2. 七言诗源研究

黎昔非的诗学研究,除上述《诗经》研究之外,尚有七言诗研究。其七言诗研究,今存有《唐以前的七言诗》,系黎昔非于中国公学大学部读书期间所撰。中国公学大学部主办之《中国文学季刊》第二号出版时,所附第三号"预告"目录中有《唐以前的七言诗》。今南京图书馆收藏有《中国文学季刊》创刊号和第二号,但《中国文学季刊》第三号却付之阙如。又,今上海档案馆藏有《中国公学大学部文理学院庚午级毕业纪念刊》(1930年5月印行)②,在这个《毕业纪念刊》中有"论著"一栏,发表了文理科论著8篇,其中就有黎昔非的《唐以前的七言诗》。本文所列《唐以前的七言诗》,即从这里复制而来。

《唐以前的七言诗》尘封了70多年之后重见天日,引起了学术界的重视,于是纷纷进行研读并撰写研究论文,先后已发表的有:徐宝余的《20世纪七言诗源、诗史研究的开山之作——黎昔非先生〈唐以前的七言诗〉》、马鸿雁的《20世纪30年代对七言诗起源与演进的有益探索——黎昔非和他的〈唐以前的七言诗〉》、李山的《〈唐以前的七言诗〉读后》、梁德林的《读新发现的黎昔非佚文〈唐以前的七言诗〉》。

综合上述专家学者的研究论著,可将黎昔非《唐以前的七言诗》的学术价值和意义,归纳为如下几个方面。

(1) 20世纪七言诗源、诗史研究的开山之作

徐宝余从20世纪三四十年代七言诗源、诗史研究论文的排序中,论证了黎昔非《唐以前的七言诗》实为最早探讨这一问题的文章。

龚慕兰 《七言诗概谈》,《晨报副刊》1925年5月20日。

黎昔非 《唐以前的七言诗》,中国公学大学部《中国文学季刊》第三号及《中国公学大学部文理学院庚午级毕业纪念刊》(1930年5月印行)。

王耘庄 《七言诗起源考》,《两周评论》1931年6月,第1卷第1期。

张长弓 《七言诗的兴起说》,《文艺月报》(开封)1931年,第1卷第56期。

陶嘉根 《五七言诗体成立考》,《文学丛刊》1933年11月,第1卷。

罗根泽 《七言诗之起源及其成熟》,《师大月刊》1933年1月,第2期。

---

① 熊铁基:《缅怀先辈黎昔非先生》,《黎昔非与〈独立评论〉》,第231—234页。
② 《中国公学大学部文理学院庚午级毕业纪念刊》承蒙罗尔纲先生女公子罗文起先生于2009年7月初提供收藏于上海档案馆的信息,于是黎虎委托时在上海师范大学历史系任副教授的张兴成先生前往查找,他于7月6日找出该刊复制(馆方规定不能全部复印,只能复印部分)。

王盈川 《七言诗发生时期考》,《学艺杂志》1934年6月,第13卷第5期。

宋文瀚 《五七言诗的起源是怎样的?》,《文学百题》1935年7月。

林庚 《四言诗与七言诗》,《大公报文学副刊》1935年6月30日,第158期。

王利器 《一句一章之东汉七言歌谣说》,《制言》1936年11月,第29期。

余冠英 《七言诗起源新论》,《国文月刊》第18、19期,1942年12月—1943年2月(收入其所著《汉魏六朝诗论丛》,棠棣出版社1952年版;《古代文学杂论》,中华书局1987年版)。

李嘉言、余冠英 《关于七言诗起源问题的讨论》,《国文月刊》第28—30期(51—56),1944年11月(后收入二人论文集时分别题作《与余冠英先生论七言诗起源书》《关于七言诗起源问题答李嘉言先生》)。

逯钦立 《汉诗别录·考源第二》乙《七言》,写于1945年8月(收入《汉魏六朝文学论集》,陕西人民出版社,1984年版)。

徐宝余对早于黎昔非《唐以前的七言诗》的两篇文章进行了辨析,一则指出:龚慕兰《七言诗概谈》,"只是对七言诗所做的一篇概述性文字,故开山之作当以黎文为是"。二则指出:"当代学人在探讨七言诗渊源问题时,常常会追溯到梁启超《中国之美文及其历史》一书对于七言诗的判断。然则此书稿虽写于1924年(属未完稿),出版印行却是在1936年,先有单行本,后收入《饮冰室合集》。而其影响大概也在1936年而后。"基于此,徐宝余最后得出结论,说:"故黎先生此文实为探讨七言诗起源的近代开山之作,亦是对七言诗体发展做出系统描述的最早文章。"①

马鸿雁也认为,黎昔非《唐以前的七言诗》"开启了学界对七言诗起源的热议。作为20世纪30年代的开端之作,此文促进了这一时期七言诗研究热潮的到来,此后学术界对七言诗的起源、演进以及相关问题的研究逐渐重视开来……这种对七言诗研究的重视和研究领域的不断拓展,都是和黎先生等民国学者的先期研究探索分不开的"。②

综合徐、马二位学者所论,我们可以确认这样一个事实,即:黎昔非的《唐以前的七言诗》,实为20世纪中国古代文学研究史领域中的七言诗源、七言诗史研究的开山之作。

(2)用辨伪方法对七言诗进行历史追溯,奠定七言诗探源的基本架构

徐宝余说:"《唐以前的七言诗》一文采用辨伪方法,对七言诗的写作进行了历史追

---

① 徐宝余:《20世纪七言诗源、诗史研究的开山之作——黎昔非先生〈唐以前的七言诗〉》,《扬州大学学报》2013年第3期,第101—102页。
② 马鸿雁:《20世纪30年代对七言诗起源与演进的有益探索——黎昔非和他的〈唐以前的七言诗〉》,该文压缩稿原载《嘉应学院学报》2011年第7期,第97—100页。收入本书时,为其原作全文。特此说明。

溯，奠定了后来七言诗探源的基本架构。"徐宝余强调指出："黎昔非先生对于七言渊源的探讨是建立在辨伪与考辨的基础之上的，并非凡是七言便加认定收录。"①

徐宝余论述道："黎文首先考察了任昉《文章缘起》、顾炎武《日知录》中的两种说法。黎先生认为《文章缘起》柏梁联句说不可靠，因为其中的一些人名和官名非汉武帝时所有，这是采用了顾炎武的考辨结论；而对顾炎武所提出的楚骚说及《灵枢经》问题又持异议，认为楚骚不是纯为七言，而《灵枢经》所载又为晚出。

"文章在列出陆侃如七言源于曹丕《燕歌行》、张为祺七言源于《吴越春秋》所载《穷劫》之后，认为《诗三百》中就已经有七言单句，如《周颂·敬之》《大雅·召旻》《韩非子》中亦有七言谚语，如'奔车之上无仲尼，覆舟之下无伯夷'。但是它们或是单句，或是谚语，还不是诗。"

徐宝余指出："这一辨伪的工作在罗根泽《七言诗之起源及其成熟》一文中得到了充分开展，罗文专列一节'伪七言之考辨'，并且说'这一段把古书里边不可依据的七言诗，无论有没有人认为是七言诗的起源，都逐条驳正'。共有16条之多，其中第三条是谈《灵枢经·刺节真邪篇》的，认为顾炎武所举《灵枢经》乃伪书，'他的著作年代，即便认为是出于《汉书·艺文志》所载的《内经》18篇，也不能超过秦、汉以上，否则更晚了'。在这一点上，黎、罗二人的观点是一致的。罗文辨伪的第八条便是驳《饭牛歌》，虽然认为《饭牛歌》不可能是战国时期的作品，但是其并没有否定是《淮南子》时期的作品，这一点于黎文并没有构成冲突，在辨伪的前提下他们所做的工作只是各有侧重。"②

马鸿雁说：黎昔非先生《唐以前的七言诗》"以继承和批判相结合的质疑精神梳理学界观点：任昉的柏梁联句说、顾炎武的楚骚说、陆侃如的曹丕《燕歌行》说、顾炎武的《灵枢经·刺节真邪篇》说、张为祺的《吴越春秋·穷劫》说。前三种观点直至黎先生生活的30年代仍居主导地位。在同辈时人继续沿袭其说的情况下，黎先生依据了三个否决标准进行批驳：后代伪托之作除外，如柏梁联句说、《灵枢经·刺节真邪篇》说；非'纯七言'作品除外，如楚骚说；时间上晚出者除外，如曹丕《燕歌行》说、《吴越春秋·穷劫》说。这种敢于向传统学说质疑的做法是学术创新的第一步"。

马鸿雁进一步指出：黎昔非先生《唐以前的七言诗》"收录诗歌以整齐的七言为主，包括杂谣、徒诗、乐府。骚体七言诗歌被排除在外，偶杂有'兮'字的七言诗歌收入其中时也一一强调其特例。这和文中多次强调的诗骚不同体是一致的，从这个角度来说，在当时学界黎先生对七言诗的概念已经有着比较明确的认识。这是他对起源、演进问题进行科

---

① 徐宝余：《20世纪七言诗源、诗史研究的开山之作——黎昔非先生〈唐以前的七言诗〉》，《扬州大学学报》2013年第3期，第101—102页。
② 徐宝余：《20世纪七言诗源、诗史研究的开山之作——黎昔非先生〈唐以前的七言诗〉》，《扬州大学学报》2013年第3期，第101—102页。

学探究的一个前提。……其中，黎先生用顾炎武《日知录》中的辨伪成果指出《柏梁》是后人伪托，又从时代角度指出其所提《灵枢经·刺节真邪篇》是后人伪托，也非七言之祖。这正可谓对传统学说继承与批判的典型结合。对《燕歌行》《穷劫》的否定，则是对其师所提说法的勇敢质疑，二位老师可以说是当时学术界的代表，黎先生在怀疑传统观点的同时，对当下学术观点也做出了自己的判断"①。

李山也指出："任何关于古代的研究，起手处都有一个材料真伪辨别问题。"黎昔非先生《唐以前的七言诗》"一开始在这方面就给读者留下突出的印象。如对顾炎武《日知录》关于七言起源说法的辩驳，就是。文章的审慎，还表现在选取材料上。如文章中认为不能因为《离骚》中有七个字的句子，就当成'七言诗'来看待，因为其中的'些''兮'都是语气词，忽略这一点就会混同六言与七言的分别"。李山进一步指出：其"观点的可取，完整的七言诗的开始，前人也有诸多的说法。古人认为汉武帝的'柏梁联句'，当时的学者如陆侃如主张起源于曹丕《燕歌行》，张为祺则认为始于后汉赵晔《吴越春秋》所记《穷劫》。对这些说法，文章都进行了辩驳，认为'柏梁联句'是伪托（这是当时流行的看法），而在这些作品之前，实际'已有不少七言诗了'。除了《诗经》雅颂中就有七言句子之外，黎先生检索文献，发现在《韩非子》和《淮南子》中就有'纯七言'作品。这些说法表明本文在检讨七言诗的起源上，其达到的水准起码不比时贤差"②。

梁德林也说：黎昔非先生"赞成明末清初著名学者顾炎武《日知录》对汉武帝柏梁联句的辨伪，但不同意顾氏将中医理论著作《灵枢经》和宋玉《神女赋》中的七言韵语称为'七言之祖'；同时认为自己的老师陆侃如将七言诗的起源归于曹丕《燕歌行》'固是不当'，而对张为祺将其归于赵晔《吴越春秋》中的《穷劫》也表示'不敢赞同'，'因前于《穷劫》已有不少七言的作品了'"③。

上述学者皆为中国古代文学研究领域的著名学者，他们从七言诗创作历史源头的考察出发，通过对相关文学史料的精细考辨，对黎昔非《唐以前的七言诗》的学术旨趣与学术价值，进行了深入的讨论，最后得出较为一致的看法，即认为《唐以前的七言诗》一文采用了学术辨伪的方法，不仅令人信服地追溯了中国古代七言诗的创作历史，而且奠定了后来学术界七言诗探源的基本架构。

（3）提出七言诗源于《饭牛》说，促进了日后歌谣说的形成

对于七言诗的源头，黎昔非在考辨诸家说法之后，提出了自己的见解。黎昔非认为：

---

① 马鸿雁：《20世纪30年代对七言诗起源与演进的有益探索——黎昔非和他的〈唐以前的七言诗〉》。

② 李山：《〈唐以前的七言诗〉读后》，《励耘学刊·文学卷》2010年第2辑，北京：学苑出版社，2011年。

③ 梁德林：《读新发现的黎昔非佚文〈唐以前的七言诗〉》，《宜春学院学报》2013年第4期，第105页。

七言诗渊源于《诗经》，而以《饭牛歌》为纯七言诗的雏形。略云：

> 《淮南子》里的《饭牛歌》："沧浪之水白石粲，中有鲤鱼长尺半。敝布单衣裁至骭，清朝饭牛至夜半。黄犊上坡且休息，吾将舍汝相齐国"，这不是已具了七言古体的雏形吗？故纯七言的起源，怕以这篇还较为近了。至于宁戚干齐桓的是不是事实，我虽不敢决定，但这歌已然收在《淮南子》里，则它至少也与淮南王安同时的了。且《楚辞》也有："宁戚歌而饭牛"的话，纵使这"惜往日"不是屈原所作，但王逸已为它注，则这歌无论如何也定先于《穷劫》了。

黎昔非对于七言诗起源的探讨及其相关论点，得到了相关领域学者的一致认可，认为黎昔非的这一探讨具有诸多价值。

马鸿雁认为，黎昔非先生《唐以前的七言诗》："提出《饭牛》说作为自己的学术见解，促进了歌谣说的提出。早在明代徐祯卿《谈艺录》中已有：'七言始起，咸曰《柏梁》。然宁戚《饭牛》，已肇《南山》之篇矣。'徐师曾《文体明辨序说》也赞同把七言诗源头锁定在《饭牛歌》上。此后，清人田雯《古欢堂集杂著》、王玮庆《沧浪诗话补注》、赵翼《陔余丛考》都把其与古歌谣、汉时楚歌同作为七言之滥觞。但是，他们没有去考证《饭牛歌》的时代问题……黎先生在提出《饭牛歌》之后，对宁戚干齐桓是否真实提出质疑，并推算其至少与刘安同时，这种对作品时代的考辨思路是走在他们之前的。黎先生把《饭牛歌》追为纯七言的起源性作品，认为时间上最晚不迟于东汉。这一论断对于此后民间歌谣说的正式提出，是有益的先期探索。此后二十年间，余冠英等人的文章相继问世……黎先生把起源问题归结到《饭牛歌》这一具体作品，余先生则断定为委巷歌谣这一类中，从类别划归上来说二者是从属关系。歌谣说已成为时至今日的一种学界主体性观点，由此可以肯定黎先生在此问题上的先导性研究。"[①] 显然，在马鸿雁看来，黎昔非对七言诗起源问题的探讨，乃是一种具有引领学术风尚的"先导性研究"。

梁德林则认为，黎昔非的观点是值得注意的"新观点"，他说：黎昔非先生"认为纯七言诗的最早出处，当数《淮南子》所载宁戚《饭牛歌》……这在当时可以是说探讨七言诗起源的一种值得注意的新观点"。[②]

徐宝余指出，黎昔非在七言诗源及诗史的探讨上，具有"重要的启发意义"，他说：《唐以前的七言诗》"注意到先秦七言单句，除《诗经》、楚骚外，还有诸子方面的内容，如《淮南子》《荀子》等书的引用，这在七言诗源及诗史的探讨上，也有其重要的启发意

---

① 马鸿雁：《20 世纪 30 年代对七言诗起源与演进的有益探索——黎昔非和他的〈唐以前的七言诗〉》。

② 梁德林：《读新发现的黎昔非佚文〈唐以前的七言诗〉》，《宜春学院学报》2013 年第 4 期，第 105 页。

义,尽管七言句与七言诗之间还有一段距离。当代学者在探索七言起源时,也注意到了子书中的七言成句,并进而扩展到四部图籍,如《论语》《战国策》《韩非子》《吕氏春秋》等书"。①

尽管黎昔非也注意到并搜集了大量的杂谣,他之所以没有将杂谣视为七言诗的主要来源,在于其从诗歌与杂谣分类的观点出发,徐宝余认为:《唐以前的七言诗》"注意到了杂谣,依黎先生的初意,应该是将七言作品分为两大部类——诗歌和杂谣,进行收录,'不过杂谣这类的东西,太半都是零零碎碎三句两句的,五六句以上的就很少了。在量上来说,自春秋至隋代,计全七言的都百有五篇,不可说是不多,然在文学上来说,则除了"敕勒川,阴山下。天似穹庐,笼盖四野,天苍苍,野茫茫,风吹草低见牛羊。"的《敕勒歌》以外,差不多都是没有些意思的,所以现在为免多占篇幅起见,就把牠省去只论诗歌'。虽然黎先生将杂谣这一部分加以省去,从而错过了对于七言起源探讨的重要参照物,但是其对于杂谣的初始关注,却能够引起后之学者的关注。如余冠英先生写于1942年的《七言诗起源新论》便是从歌谣角度出发来考察七言诗的渊源问题,从而得出结论:'我们承认楚辞句法有近于七言诗之处,楚辞体未尝无蜕变为七言诗体的可能,但虽有此可能,并未产生此事实。事实上七言诗体的来源是民间歌谣。七言是从歌谣直接或间接升到文人笔下而成为诗体的,所以七言诗体制上的一切特点都可在七言歌谣里找到根源。'"②

虽然现在学术界把歌谣说视为主体性观点,但是学者指出黎昔非以诗歌和歌谣区分的观点也是有道理的,如李山认为《唐以前的七言诗》"把一切七言的'歌谣'排除在讨论之外了。这也是可取的。七言诗是文人作,其演进也是文人在对前代文人作品学习借鉴之后的后出转精。如是,把歌谣放进来就反觉搅扰。这都体现了作者的用心细腻"。③

(4)注意到了杂七言问题,为七言诗源流发展提供了一个可资利用的宝贵视角

黎昔非在《唐以前的七言诗》一文中,还注意到了"杂七言"的问题,尽管他并未就此作更深入的探讨,但是他对"杂七言"的关注,为学术界进一步探讨中国七言诗源流发展的问题,不仅具有启发意义,而且还提供了一个新的观察视角。对此,徐宝余曾有论述,云:"黎昔非先生《唐以前的七言诗》所录汉代以前的七言,收有荀子的《成相篇》:'请成相,世之殃,愚暗愚暗堕贤良。人主无贤,如瞽无相何伥伥。请布基,慎听之,愚而自专事不治。主忌苟胜,群臣莫谏必逢灾。……'共有59句七言句,这些基本结构是'三三七,四七'的句式,它们便是杂七言的句式。又如所录汉代七言,《饭牛歌》、《汉郊

---

① 徐宝余:《20世纪七言诗源、诗史研究的开山之作——黎昔非先生〈唐以前的七言诗〉》,《扬州大学学报》2013年第3期,第102页。
② 徐宝余:《20世纪七言诗源、诗史研究的开山之作——黎昔非先生〈唐以前的七言诗〉》,《扬州大学学报》2013年第3期,第102页。
③ 李山:《〈唐以前的七言诗〉读后》,《励耘学刊·文学卷》2010年第2辑,北京:学苑出版社,2011年。

礼歌》、司马相如《琴歌》、《相和歌》中的《王子乔》等都是杂七言。根据作者所列汉至隋七言诗统计表格所列,全部为七言的有245篇,不完全七言的有298篇,而这298篇不完全是七言,基本上可以归为杂七言,从而为七言诗源流发展提供了一个可资利用的宝贵视角。

"从七言与杂言的关系中可以寻求到七言早期的语音节奏形态,并且在这一节奏形态中发现七言的渊源所自及其成熟程度。尽管黎昔非先生未能就此做出深入研究,但于七言诗的源流探讨无疑是有启发意义的。"①

(5)最早对七言诗史作总览式的归纳与描述,对七言诗史的研究具有开拓意义

在《唐以前的七言诗》中,黎昔非不仅对七言诗的起源进行了探索,还对七言诗的发展历史做了一番梳理。在一一罗列七言作品之后,在文章的收尾处,黎昔非列出一个各代七言作品的数量统计表格,并对七言作品在历代的演进情况加以概述:

> 照右表的数量上来看,好像七言的演进从汉到三国而中衰,宋至齐及梁至隋而又低降。其实这是不然,因为朝代有长短的不同,汉有天下历四百余载,而三国历年不过当其十分之一左右,自晋以降的各朝代都只是几十年的辰光,短促得像一现昙花,然它的演进却未尝停顿,这种理由,我们以时间上试一比较便可明了,盖自《三百篇》开了七言句的先河,到了两汉,全七言的歌辞便产生不少。降及有魏,而文帝超越前代的《燕歌行》就接之而兴,但有晋一代,虽除了无名氏《白纻舞歌》以外,多半是没有足述,然其作者也未尝不多,宋代晋有天下,虽享国不满六十年,而其作品较晋为多。齐朝有国,不过二十余载,没有特殊作品固其宜了。迨及梁陈,它的进步殆有突飞之势,至于北朝庾信也有足数,隋炀一统天下,以九重之尊而任情作乐,其《嘲罗罗》《迷楼歌》等也是不俗的之作,它的演进情形大概这样。②

对于黎昔非所关注的历史时段与诗歌发展过程之间对应关系的问题,徐宝余予以充分肯定,认为:"黎先生注意到了数字统计与诗史描述之间的复杂关系,一定的创作数量与朝代更迭之间,并非存在着简单的对应关系;与'朝代—诗史'之关系相较,他更注重时段与诗史之间的演进关系,从而避免了朝代分割对于诗史演进描述所产生的误差和偏失,从而能够做到描述更具有客观性。"进而,他还从现当代学术史发展路径的角度,肯定了黎昔非这一探索的学术价值和意义,云:"在七言诗史的梳理描述中,特别是在唐前这一

---

① 徐宝余:《20世纪七言诗源、诗史研究的开山之作——黎昔非先生〈唐以前的七言诗〉》,《扬州大学学报》2013年第3期,第103页。

② 衍文一处,即"不俗的之作""的"字衍。后同。

重要区段给予七言诗史以足够的关注,现当代学术史所揭示的路径足以证明其意义和价值。20世纪30年代以来人们对于七言诗源及其诗史的关注,便是很好的证明。"①

马鸿雁则重点关注了黎昔非学术探索过程中的研究方法问题,对黎昔非逐一搜索唐代以前诗歌,并按朝代顺序列出含有七言或全为七言的诗歌、乐府,并以图表形式呈现相关数据的做法,予以了肯定,她指出:"这其中的研究方法在现在仍有借鉴的意义",进而马氏将黎昔非研究方法的意义概括为四个方面。

"其一,严谨的作品选录标准。文章中只收唐前诗歌,楚辞、杂谣均不入此列。黎先生以为楚辞含有'兮''只''些'语气词,与诗歌体裁不同,不可混为一谈;杂谣多为零星之句且文学性不高,故在文中皆省去不列。对于唐前诗歌,分为纯七言篇和含有七言句的不完全七言篇两大类分别统计。从文章中的统计数字可以看出,即使诗篇全为七言句,如果其中某句含有'兮'字,依然归入不完全七言篇,可见黎先生对于纯七言的界定标准非常严格。

"其二,采用穷尽式检索。这是七言诗研究中的首例。此前学者们在探讨七言诗问题时,大多选取部分诗歌来分析取证。与清人王士禛《渔洋山人古诗选》中所收七言诗相比,黎先生的整理辑录更为审慎、客观、全面。王士禛在卷一中收录了《击壤歌》等26种共29首古歌作为汉以前七言诗,其中只有《皇娥歌》《白帝子歌》判定王嘉伪撰而附录卷末。黎先生则在文章的余说部分表明《击壤歌》《禹玉牒辞》《楚聘》《获麟》《巴谣歌》等皆伪作,所以不收入文中,而这些古歌谣是王士禛卷一中一一收录在内的。被王士禛收入古歌谣的《饭牛歌》,黎先生考辨其时代后则置之汉代作品中,这种做法相比较而言是非常谨慎的。王士禛从古诗欣赏的角度选取了一部分他认为堪为代表的七言诗作,齐、陈、北魏、隋朝皆无作品入选,这种筛选带有一定的主观性。黎先生从研究七言诗演进的目的出发,汉隋间七言诗的搜检尽量客观而无所遗漏……黎先生共计搜检出唐前完全七言诗245首、不完全七言诗298首,涉及有名氏的诗人128人。这种'穷尽式'普查不仅体现出其治学态度上的严谨,也为后续研究提供了一份较全面的基础性资料,文献价值不可忽略。另外,在编排这些诗作时,虽然依照《全汉三国晋南北朝诗》的体例,但不录全诗,每一诗名下列出诗歌总数、句数、是否全七言,对于部分七言的诗作则进一步列出七言句的数量或在全诗中的位置。这样既照顾到了文章容量问题,又便于其后分析演进情形时的数字统计。

"其三,随文附注按语,述中有论。黎文按语简洁清晰,丝毫不影响诗歌的次第排列。从内容上可以归结为五类:一是考辨之语,考证诗篇年代和作者,以决定是否收录及其编排次序。如《吴越春秋》的《穷劫》下言:'这篇作者赵晔的生卒没有考出,不过

---

① 徐宝余:《20世纪七言诗源、诗史研究的开山之作——黎昔非先生〈唐以前的七言诗〉》,《扬州大学学报》2013年第3期,第103页。

在《后汉书》本传:"诣杜抚受韩诗,究竟其术,积二十年,……抚卒乃归,……著《吴越春秋》……"昔非按杜抚卒于建初年间,下篇作者张衡生于建初二年,以他为先于张,所以把他插写在这里(《汉魏丛书》里的《吴越春秋阖闾内传》)。'二是评点作品,如《燕歌行》下有'这篇自有诗以至魏代,为最好的统七言作品',这就突出了543首诗中的重点篇目,以明其特点和意义。三是标明体例,如昭帝《淋池歌》下言'以下凡见此书者,只注某朝诗某卷',对每一首诗均注明出处,确保了资料的可靠性,并为研究者提供资料检索的路径。四是记录校语,如文帝《燕歌行》下言:'在《八代诗选》作一首,句三十,而在这里却分为二首,第一首句十五,第二首句十三,在"披衣出户步东西"句下缺"悲风清厉秋气寒,罗帏徐动经秦轩"两句。'这就把丁、王二人书中对同一诗的不同辑录作了校勘,以示读者。五是暂付存疑,如'自西周以至秦末这一时期,除上面所述的三种外,还有好些作品,不过它们的真伪还没有断定,暂且阙疑'。

"其四,在七言诗研究中首次使用数字统计法。这既包括对搜检到的单篇诗作逐一进行七言句数的统计,又包括按照朝代统计其完全七言篇、不完全七言篇和二者相加的总句数。到目前为止,此法在当时学者中被使用过的例子尚未被确认,由此看来,黎文可谓最早使用计量之法研究七言诗的人。从李立信等后继学者以此法取得的成绩来看,计量之法对于七言诗研究是有着科学性和生命力的。黎昔非能较早地把它运用到七言诗的研究中,对后来者的研究有相当裨益。从统计表中,我们可以得出七言诗数量上的升降曲线。然而,黎昔非并未由此直接为其演化进程定性,'照右表的数量上来看,好像七言的演进从汉到三国而中衰,宋至齐及梁至隋而又低降。其实这是不然'。这说明,文学问题的研究不像纯粹数学公式的推导,科学统计得出的数据必须与文学发展的历史背景相结合才能找到七言诗真正的演进脉络。黎昔非在文中指出要从各朝代的存亡时间上作一比较,之后再来看这张表,七言的演进'却未尝停顿',这就区别于之前貌似正确的七言诗'中衰''低降'之论。"①

李山则重点强调了黎昔非《唐以前的七言诗》一文所具有的"丰富的资料"这一特点,他说:"文章的学风是朴实的,这主要表现为它的用材料说话。为了表示七言诗体的演进历程,文章对唐前各种文献有关记载进行了广泛的搜罗,从《诗经》到隋代诗篇,共列举150余条资料,各材料下加以简要的按语,以此来条分缕析地展示七言诗从萌芽到成型、成熟的过程。今天的读者或有人会感觉析论不足,其实文章是寓论于述,材料的列举实际已清晰显出七言体随时代推移而上进的大势了。而且,这样的文章本身还具有特定的文献价值,后人继续研究,此文所提供的信息可以省去许多的材料功夫。"②

---

① 马鸿雁:《20世纪30年代对七言诗起源与演进的有益探索——黎昔非和他的〈唐以前的七言诗〉》。
② 李山:《〈唐以前的七言诗〉读后》,《励耘学刊·文学卷》2010年第2辑,北京:学苑出版社,2011年。

(6) 关于唐以前七言诗演进的相关结论，为后来的研究者提供了拓展空间

黎昔非在《唐以前的七言诗》一文之末，勾勒了七言诗在唐代以前的发展曲线，略云：

> 盖自三百篇开了七言句的先河，到了两汉，全七言的歌辞便产生不少。降及有魏，而文帝超越前代的《燕歌行》就接之而兴，但有晋一代，虽除了无名氏《白纻舞歌》以外，多半是没有足述，然其作者也未尝不多，宋代晋有天下，虽享国不满六十年，而其作品较晋为多。齐朝有国，不过二十余载，没有特殊作品固其宜了。迨及梁陈，它的进步殆有突飞之势，至于北朝庾信也有足数，隋炀一统天下，以九重之尊而任情作乐，其《嘲罗罗》《迷楼歌》等也是不俗之作，它的演进情形大概这样。

黎昔非对唐以前七言诗发展演变的论述，也引起了学者的关注，有学者从文学发展史的角度，将其与包括古代和民国前期学者在内的相关论述，进行了纵向的比较研究。

例如，马鸿雁首先对包括六朝、隋唐以至明清诸朝的学者关于七言发展演变的各种说法，进行了纵向的梳理和分析，云："一般来说，古人七言之论本少于五言，涉及发展演变者更少。从仅有的几家之说，我们可以看出他们或者评点重要的七言诗作，或者略加言及几个朝代。这种研究倾向至民国时期基本依旧如此。明人徐祯卿《谈艺录》言：'要而论之：《沧浪》擅其奇，《柏梁》弘其质，《四愁》坠其隽［隽］，《燕歌》开其靡。他或杂见于乐篇，或援格于赋系，妍丑之间，可以类推矣。'这只是提及几部具体作品，没有论及七言诗在各代的发展。明代学者胡应麟《诗薮内篇·卷三·古体下·七言》云：'歌行可法者，汉《四愁》，魏《燕歌》，晋《白纻》。宋、齐诸子，大演五言，殊寡七字。至梁乃有长篇，陈、隋浸盛，婉丽相矜，极于唐始，汉、魏风骨，殆无复存。'缺少七言诗汉晋间的发展述论。清人王士禛《渔洋山人古诗选·七言诗凡例》自汉至隋作一简括，即：'七言始于《击壤歌》……《大风》《垓下》，肇自汉音；至武帝《秋风》《柏梁》，其体大具。曹子桓《燕歌行》、陈孔璋《饮马长城窟行》，皆唐作者之所本也。六朝惟鲍明远最为适宕，七言法备矣。……梁陈隋长篇颇多，而气不足以举其辞；沿及唐初益崇繁缛，余均无取焉。'这少了晋、南齐、北朝的评说。沈德潜《说诗晬语》中亦有类似简论。"

在此基础上，马鸿雁接着又分析了民国之初至黎昔非所在时代的学者们对于七言诗演变的说法和做法，指出："从民国之初到黎文之前，众多学者是如何对待七言诗演进这一问题的？当时的学界大多是对张衡《四愁诗》、王逸《琴思楚歌》、曹丕《燕歌行》等的评说考释，对上述诗歌是否标志着七言诗成熟争议不下。其中对于七言诗发展的理论总结，有的与蜻蜓点水式的古评相类，如陈去病《诗学纲要》、李维《诗史》、黄节《诗学》、段凌辰《中国文学概论》、郑宾于《中国文学流变史》、日本学者盐谷温《中国文学概论》

等；有的则只把注意力放在汉魏这一历史区间，汉隋间的整体演进情形无详论者，如钱振东《中国文学史》把两汉作为七言酝酿期，在此之上又分成三步，陈钟凡《汉魏六朝文学》也明确把七言诗在汉魏的发展分成三期。"

在系统梳理和比较包括古代、民国的相关论述，并将之与黎昔非的论述进行比较以后，马鸿雁得出结论认为，黎昔非所勾勒的唐代以前七言诗的演进曲线尽管还是粗线条的，但是这条"演进曲线"却充分关注了历史的前后相继性，从而为后续研究者提供了进一步拓展的学术空间，略云："黎文从《诗经》开始溯源，以各代七言诗数量为主要依据，通论汉、魏、晋、宋、齐、梁、陈、北朝、隋代的发展，兼及重点诗作，以此说明七言诗在唐代之前是持续发展，没有中衰和停顿的。笔者从这一结论中能够看出：《诗经》是远源，两汉产生的不少全七言歌辞促进了七言诗的兴起，曹丕的《燕歌行》具有转折性。两晋时期，七言诗虽然数量不少，除了无名氏的《白纻舞歌》皆不足为论。南北朝至隋，梁陈两朝有突飞猛进之势，如梁代的三萧有近30首，北朝庾信有13首，隋炀帝有7首全七言诗。由此，七言诗在唐代以前的推进之势清晰呈现出来。另外，这一演进曲线还可以有所丰富，如从黎文列举的众多鲍照七言作品来看，结合其七言诗在文学史上的历史地位，在提到有宋一代时，除了肯定这一时期的作品数量外，可以把鲍照作为刘宋七言诗的代表。从这一角度来说，黎文的勾勒为后来的研究者提供了拓展空间，断代的七言诗演进及其成因调查等有待后人继续探索。"①

（7）《唐以前的七言诗》的学术价值与学术定位

如何定位黎昔非《唐以前的七言诗》一文的学术价值，也是一个必须回答的问题。学者们在比较评析近百年七言诗源诗史研究代表性成果之后，对该文的学术价值给予了很高的评价，从而为之做出了准确的学术定位。

如前揭徐宝余认为，黎昔非此文实为奠定七言诗源诗史研究基本框架的"开山之作"，云："如果将七言诗源诗史研究放在20世纪以来百年学术史的视野中来考察，则有几篇论文无疑是非常值得注意的，他们在七言研究领域内的开拓具有划时代的意义。他们分别是：黎昔非《唐以前的七言诗》（1930），罗根泽《七言诗之起源及其成熟》（1933），余冠英《七言诗起源新论》（1942），逯钦立《汉诗别录·考源第二》乙《七言》（1945），王运熙《七言诗形式的发展和完成》（1956），陈允吉《中古七言诗体的发展与佛偈翻译》（1993），刘跃进《七言诗渊源辑考》（1996），葛晓音《论汉魏三言体的发展及其与七言的关系》（2006）、《早期七言的体式特征和生成原理——兼论汉魏七言诗发展滞后的原因》（2007）、《中古七言体式的转型——兼论"杂古"归入"七古"类的原因》（2008）。黎文作为开山之作，奠定了七言诗源诗史研究的基本框架，功不可没。"

---

① 马鸿雁：《20世纪30年代对七言诗起源与演进的有益探索——黎昔非和他的〈唐以前的七言诗〉》。

徐宝余的这个结论性认识，是在经过对上述具有代表性的重要著述进行逐一评介之后所得出的，例如，对于其中所提到的罗根泽文，徐氏指出："罗文继续了黎文的考辨工作，对历史上先秦伪七言进行了细致的辨析，并在对七言探源中将其排除"，认为"罗文的价值有数点：（一）辨伪工作做得十分细致；（二）材料搜罗十分丰富；（三）注意到了汉代镜铭，并对之做了非常详细的考察；（四）注意到了七言与楚骚、歌谣二者的关系，特别是对七言与歌谣关系的考察，凸显了歌谣在七言诗源中的重要性。"很显然，在徐氏看来，罗根泽文所做的相关研究，乃是对黎昔非一文考辨工作的继续，因此，罗文所取得的研究成果是建立在黎文的基础之上的。而对余冠英文的评价，徐宝余指出：余文在肯定"七言楚骚蜕变说不可靠"的同时，对七言与歌谣的关系"做出了比罗文更为详尽的考察，从而认定七言源于歌谣"。这表明余文的研究思路，应当也以黎文为基础展开，只不过较诸罗根泽的文章，余文的相关考察更为详尽，并最终得出七言源于歌谣的结论。

关于逯钦立文，徐宝余说："逯文也是着重梳理七言与楚骚、歌谣的关系，与罗、余二先生单一源头的认定相比，逯先生的结论要来得更为全面，兼顾到了诸方面的因素……逯先生的辨析建立在衷集《先秦汉魏晋南北朝诗》文献材料基础之上，从而得出了令人信服的结论，也使歌谣、骚体之辨进入了七言诗源诗史的深层辨析中。其对于汉代七言三体及其源流变体所进行的考辨工作，在今天依然有其不可动摇的地位。"

关于王运熙文，徐宝余认为："王文在逯文基础上，进一步就七言诗形式问题进行了细致分析。文章认为七言诗存在着三种押韵方式，即每句押两韵、句句押韵和隔句押韵，很明显地可以看到受王文思路的影响。但该文避开了源头之争，而是直接进入对七言诗形式问题的归纳与梳理上……由于王先生对于乐府的深入研究，所以能够从乐府角度来论七言诗解与音节节拍，实是行家内手，而角度亦为一般学者所难以捕捉，其创获在今天依然具有其重要意义。"

关于陈允吉文，徐宝余说：这是"受到王文的启发"而"从宗教经籍中寻找到了七言成句，从而解开了七言发展过程中的一个关节点，即从句句押韵到隔句用韵的诗史进程中，佛偈翻译采用七言四句、两句两句衔接转递的形式，对梁末文人七言诗的成熟起到了促进的作用。其中最为关键的一环即是王融《净住子颂》11首，从中可以见出文人仿照佛经歌赞新偈撰写佛理诗歌的大致情况"。从而"注意到了梁陈七言在偶对上的作用之功"。

关于刘跃进文，徐宝余说："刘文是在罗文基础之上所做的补证工作……注意到了道教经籍中的七言成句问题，可以与陈允吉先生从佛教经籍中寻找七言问题相映成趣。"

关于葛晓音的系列文章，徐宝余说：或"旨在论证三言体与七言体之间的关系，认为在'三三七'节奏中，七言节奏是服从三言的，但是三言节奏对七言的产生还是起到了促进的作用"。或"注意到了七言节奏中的三言词组与四言词组相对独立和组合关系，及其对七言早期形态和格局的影响"。或"指出七古在杂言的催化下由句句韵到隔句韵的发展变化，即由单句成行到双句成行的问题"。最后指出："从中我们可以发现，葛先生对于七言诗研究的开拓乃是基于前人对七言诸多问题的探讨之上。而葛先生之所以能够又将七言诗研究推进深入，乃是基于对于唐前七言材料的穷尽掌握上，以及对于七言诗史的准确判断上，还有就是对于七言研究史的熟谙于胸。"

在分析评判七言诗源诗史诸家递进研究的基础之上，徐宝余指出："综观以上有关七言诗源诗史的研究，可以见出，在学术史的发展进程中，许多问题得到了解决，而且解决的途径往往是从方法和角度的突破而得以完成的。但是对于研究史的熟练程度，无疑也决定了对问题把握的精度和深度。如伪七言问题、镜铭问题、单句成行问题、四三节奏问题、隔句用韵问题等，每一个问题的提出，都启发和促进了七言诗源诗史的深入探讨。无论七言诗源诗史研究在未来走向如何，在现代学术史上，黎昔非先生的《唐以前的七言诗》一文应该具有其开拓疆域的作用。"[①]

在纵向梳理七言诗源诗史研究学术史的基础上，徐宝余得出了最后的结论："在现代学术史上，黎昔非先生的《唐以前的七言诗》一文应该具有其开拓疆域的作用。"应该说，徐氏的这个结论完全经得起历史的检验，因为综观其研究思路，不仅对学术史的梳理全面而周到，而且对相关学术问题的剖析亦深入而客观。

马鸿雁的基本观点，与徐宝余不谋而合，在提醒学界应该重视黎文"严谨的学术态度和扎实的学术功底"的同时，还在最后强调黎文的发现乃是对民国学术史的"一项非常重要的史料补充"，她说："综观黎氏之文，可以看到这是七言诗研究很好的起步点，遗憾的是，黎先生因为长期忙于《独立评论》的日常工作，未能进一步深入研究。抗战爆发后，其所积累的资料和文稿被遗失，更对研究造成了不可估量的损失。这篇重新面世的佚文让我们看到20世纪30年代的学者对七言诗起源、演进等问题的探索历程，很明显，他们受到'西学'的影响，在学术视野和研究方法上已经和以前的传统学术有很大差异。虽然有些内容仍有争议，如是否应把七言诗的起源限定在某一具体作品上、是否应把非以七言为主的杂言诗歌纳入七言诗之列等，但我们应该重视黎文这种严谨的研究态度和扎实的学术功底，正是因为有着黎昔非等民国学者对学术的积极探索，20世纪七言诗史研究才能得以逐渐丰富，在文学史上地位很重要、但被忽视的唐前七言诗研究得以传承和发展，黎昔非的文章不仅是弥补缺失的重要一环，对于民国学术史的研究角度来说，黎文的发现和解读是一项非常重要的史料补充。"[②]

---

① 徐宝余：《20世纪七言诗源、诗史研究的开山之作——黎昔非先生〈唐以前的七言诗〉》，《扬州大学学报》2013年第3期，第103页。

② 马鸿雁：《20世纪30年代对七言诗起源与演进的有益探索——黎昔非和他的〈唐以前的七言诗〉》。

（三）文学创作

黎昔非对中国近代文化的又一贡献，是他的文学创作。黎昔非的文学创作，主要体现为《昙华》文艺半月刊的创办，还有他所发表的相关文学作品。

1.《昙华》创办始末

《昙华》文艺半月刊，1933 年创办于北平，1 月 1 日出版了创刊号第一卷第一期，此后则每逢 1 日、16 日出版一期，至同年 4 月 1 日出版第七期之后停刊，一共出版了七期。这份刊物是怎样创办起来的，为什么如此来去匆匆，有如昙花一现呢？欲知其中的缘由，还得从《昙华》主编及其核心人物黎昔非谈起。

《昙华》文艺半月刊的主编黎昔非，1930 年 7 月毕业于上海中国公学大学部中国文学系，同年 8 月从上海赴北平，1931 年春考取了北京大学研究所研究生，指导教授为黄节先生，研究课题为"诗经学史"。[①] 正当黎昔非一心一意从事学术研究时，1932 年 3 月胡适邀请他主持《独立评论》，从此改变了他的人生道路。黎昔非从上海来到北平的目的，原本是"想在学术上搞出点成绩"[②]来的，当然文学创作曾经也是他的人生奋斗目标之一。黎昔非对于文学创作的追求，是在 1929 年春从上海持志大学文史系转学到中国公学之后的事情。据黎昔非多年以后的回忆："直到转入中公，才开始注意到新文艺，喜看翻译小说，尤其是鲁迅的翻译。对做学问的看法，也有了转变：觉得从事创作也是条路，不一定要专搞古代的东西。不过认识不足，以为创作是轻而易举的，要保证将来有饭吃，就要有实学，即是对古代的东西要有点研究才可。"[③] 在中国公学求学期间，黎昔非之所以一度立志从事文艺创作，一方面是出于喜欢，另一方面是受到了沈从文的影响和鼓励，当时沈从文担任其创作课程的教学老师。据黎昔非后来的回忆："我所以想从事创作，一固然是由自己喜欢它，一也是受沈从文的鼓励：因我来自农村，深知农民大众的痛苦，每所暴露的都是当时社会的黑暗面。他认为这比那些坐在上海亭子间里的'普罗作家'所写的还较真切，故极力怂恿我走创作这路。"可见，黎昔非后来创办《昙华》并进行文学创作，都与沈从文的"极力怂恿"有很大关系。不过，黎昔非的最大愿望还是将来能够从事学术研究，于是怀着这种"想新旧兼为"[④]的抱负，黎昔非在中国公学毕业后，随即转赴北平。来到北平以后，黎昔非一开始在究竟选择"学术研究"还是"文学创作"这两条道路上进行着激烈的思想斗争，据他多年以后的回忆："从事创作好呢？还是搞古代的东西的两种思想，便在我的思想深处时在斗争着，结果竟想二者得兼，即以研究古代东西为主，暇则从事于创作。主意既定，便不管三七二十一，毅然只身到北京去，满以为专搞一二年，总能

---

① 黎昔非：《自传》（1951 年 7 月），《黎昔非与〈独立评论〉》，第 441—442 页。
② 黎昔非：《自传》（1958 年 4 月 30 日），《黎昔非与〈独立评论〉》，第 469 页。
③ 黎昔非：《自传》（1958 年 4 月 30 日），《黎昔非与〈独立评论〉》，第 466—467 页。
④ 黎昔非：《自传》（1951 年 7 月），《黎昔非与〈独立评论〉》，第 445 页。

搞出一点东西来,便不难跻身于教授、学者之列了。"① 在经过一番辗转反侧之后,黎昔非决定还是以"研究古代东西为主",即以"学术研究"为主,而利用研究的闲暇再"从事于创作"。黎昔非为何在决定"学术研究"为主之后,还想"暇则从事于创作"从而"二者兼得"呢?我以为其中原因,还是和沈从文有关系,原来在黎昔非"离沪前晚,沈从文曾写了几封介绍信,抵平后曾按址去访一位清华教授林宰平,一个作家黎锦明"②,沈从文对黎昔非的欣赏和关心,以及希望他从事文学创作的动机与用心,都无须怀疑,否则也不会为其写介绍信以资推荐。然而,到北平以后,黎昔非最终还是决定以"学术研究"为主,并且很快将"创作"的事搁置一边,则还是因为沈从文所介绍的那位作家黎锦明,据黎昔非后来的回忆,说:"因那作家给我有一句没一句的态度,便把其余的函压在箱角里,不愿让它们再见世面了!我于是整天沉醉在北平图书馆的经史籍中,把'创作'这事搁在一边了。"③

经过半年多的努力,黎昔非以第一名的优异成绩考入北京大学研究院文学门研究生,果然一条学术研究的康庄大道就展现在他的面前了。不幸胡适的介入,使他的人生旅途改变了,因为不久之后,黎昔非就受胡适之邀,出任《独立评论》的经理人了。1932年秋,正当黎昔非经理《独立评论》的时候,他的中国公学同学、同乡、朋友丁白清,携女友陈菲村来北平找到了他。陈菲村,江苏太仓人,也是中国公学中国文学系学生,比他们二人低两个年级。不久,另一位中国公学中国文学系同学潘齐平(广东惠阳人)也来到北平。再加上当时在北平大学法学院读书的、黎昔非的同乡刘在海,一共五人,他们一起成立了《昙华》文艺社,并决定创办《昙华》文艺半月刊,公推黎昔非主持。黎昔非在追忆此事时写道:"同时'作家'这二字也时在脑海里晃荡着"④,"追求'名'的思想仍是很剧烈的,于1933年春曾和丁白清、陈亚菲、潘齐平、刘在海四人,共同出钱出力,办一'昙华'文艺半月刊,竟想由此而成为一个作家"⑤。黎昔非的同乡、朋友林钧南(1931年5月至1937年7月先后就读于北平东城大同中学、辅仁大学历史系、北京大学历史系)曾目睹他们五人创办《昙华》半月刊的情况,对此他回忆道:"1932年9月,同乡、同学丁白清突然与同学陈菲村小姐一起从上海来看昔非,并说中公同学潘齐平过几天也要来北平。他们商议决定组织一个文艺社,出版一个文艺刊物,以发表中短篇小说、散文和诗歌为主。该社目前人数虽少,但可以逐步吸收热衷文艺的青年参加。当时就读于北平大学的同乡刘在海也前来参加。大家委托昔非去请求胡适题签,并推举昔非担任主编,出版费用大家来

---

① 黎昔非:《自传》(1958年4月30日),《黎昔非与〈独立评论〉》,第466—467页。
② 黎昔非:《自传》(1951年7月),《黎昔非与〈独立评论〉》,第441—442页。
③ 黎昔非:《自传》(1951年7月),《黎昔非与〈独立评论〉》,第441—442页。
④ 黎昔非:《自传》(1951年7月),《黎昔非与〈独立评论〉》,第444页。
⑤ 黎昔非:《自传》(1958年4月30日),《黎昔非与〈独立评论〉》,第470页。文中提到的陈亚菲,即陈菲村。

分担。由于筹备出版琐碎费时，至翌年1月1日才出版了创刊号。其后就按时每月出版两期。"①《昙华》同人丁白清1958年给组织写的一份材料中对此追述道：黎昔非"是我大学里的一个要好同学，过从是很密的，我叫未生，他叫悔生，我常叫他悔生哥，他叫我未生弟。他对中国文学，是造诣很深的；尤其是对《诗经》这一门，他特别有研究。1930年，在吴淞母校分别后，我即回梅县学艺中学任教，他即继续升学，考入北京大学研究所……我们在1933年春，在北平举办昙华社，出版昙华文艺半月刊，是事出很偶然的，原因也简单：我们昙华文艺社社员，根本不多也不少，就只有五个：昔非、潘齐平、刘在海、陈菲村和我。五人中，除刘在海外，我们都是上海吴淞中国公学大学部的同学：我和昔非同班，齐平比我们低一班，菲村比我们低两班。而且，五人中，除刘在海读法律系外（北平大学法学系毕业），我们都是读文学的，甚至都是中国文学系。谁都知道，在旧中国时代，办刊物是吃力不讨好的事，就是销路问题，无名小卒，是不吃香的，何况又要自己掏腰包来办呢！可是，又为什么要搞它呢？因为我们都是读文学的，又是青年，求知欲，创作欲，都很强；同时，又在万里的他乡遇故知，心情特别舒畅，于是，我们的'昙华'就出现了"。②据林钧南给黎虎的信中说："据我所知，这是丁白清、陈菲村到北平旅行结婚时，住在'独评'社附近，其后又来了潘齐平，然后他们提议创办（按：指《昙华》半月刊）的。你爸爸工作忙，并不热心，迫于同学关系，只好答应。"③

《昙华》之所以能够创办起来，主要是由于黎昔非等人的努力，但与胡适和《独立评论》也有一定关系，这种关系主要是通过黎昔非而得以实现的。首先，《昙华》文艺社的社址就是利用后门慈慧殿北月牙胡同2号《独立评论》社址和它的办公室，这对于经费并不宽裕的《昙华》同人来说是有帮助的。其次，胡适为刊物题签，对于提高这份刊物的身价也有一定的意义，故当时社会上误认为此刊是胡适所创办的。再次，《独立评论》与《昙华》互登对方的广告，对于宣传推广《昙华》也有一定的作用。《独立评论》第34号（1933年1月8日出版）刊登广告："昙华文艺半月刊创刊号出版了"，并登载了其"本期目次"、出版时间、定价及通信地址等。此后，《独立评论》第36号、第41号、第46号，又分别刊登了《昙华》第1卷第2期、第3期、第4期、第7期出版的广告。与此同时，《昙华》第1期、第2期、第3期，也分别刊登了《独立评论》第32号、第35号、第36号出版的广告。《昙华》与胡适及《独立评论》的这种关系，对于《昙华》的创办及其传播起了一定的作用。据林钧南回忆：黎昔非"请胡先生题书名，发行人也是他，社址也是'独评'的地址，还在'独评'登广告，因而外界不了解内情者都以为是胡先生参与创办

---

① 林钧南：《清白一世 奉献毕生——忆故友黎昔非同志》，原载广东省兴宁市政协文史委员会主办《兴宁文史》第21辑（2001年11月），今据《黎昔非与〈独立评论〉》，第497页。
② 丁白清：《黎昔非学友二三事》，《黎昔非与〈独立评论〉》，第46—47页。
③ 林钧南：《忆昔非兄与〈独立评论〉——致黎虎书简九通》，《黎昔非与〈独立评论〉》，第66页。

的。故第一期很快就销售一空。还有汇款来订购的"。① "因是胡适题字，加上地址又与独立评论社址相同，故外人也说昙华是胡适主办的，办了三期都畅销，订户也多。"②

黎昔非是《昙华》的核心人物，上述《昙华》与胡适及《独立评论》的这种特殊关系，都是因黎昔非才有可能发生，此外，这份刊物的编辑、出版、发行也是黎昔非在具体负责和操持的，黎昔非在1958年写的《自传》中谈及办理《昙华》半月刊时说："编辑、写稿、校对、发行全由我一人负责。"③ 林钧南在致黎虎信中也说：当时办理《昙华》"令先尊是主要负责人是肯定的"。④ 又说："令先尊早在北平晨报发表过一些短小说、散文。"⑤ 又"以笔名在《昙华》各期发表了一些文章"。⑥ 由于黎昔非当时是以笔名发表文章，所以我们不知道他究竟在《昙华》发表了多少文章，现在能够确认是他的作品，有《昙华》创刊号上的《发刊词》⑦。他的小说有载于第4期上的《活财产》，因为这篇小说所署名字为"甘村"，而这五位同人中只有黎昔非是兴宁县罗岗镇甘村人，显然他是以其乡贯作为笔名的。署名艮心的《南旋》、署名胡谭的《友谊》，也是黎昔非先生的作品⑧，这两篇小说的主人公都叫作"苓"。还有一篇署名为罗岗的小说《爱与仇》也应当是黎昔非先生的作品。虽然籍贯罗岗的《昙华》同人，除黎昔非先生之外还有刘在海先生，但是刘在海先生作为法律系的学生长于评论文章，《昙华》一、三、四、五期上连载的以刘枕涛为笔名的评论文章《灯下谈丛》，应该是他的大作。

《昙华》其他三位同人的作品，其可知者为：潘齐平小说五篇（小平《祖母的怨望》、潘小平《先生的儿子》、潘小平《偷走》、潘小平《先生，写信吧》、徐平《考试日记》）；陈菲村小说两篇（《某日》《迟了》），署名小姑娘的小说《会客》可能也是陈菲村的作品，因为在昙华同人中她是唯一的女性，而且年龄较小⑨、年级较低；丁白清诗三首（未生《光明的太阳》、未生《无聊？惆怅！》、丁未《时光老人》⑩）。

《昙华》虽然主要发表同人作品，但是也发表了一些外稿，署名辰仲的小说《还愿》，

---

① 林钧南：《忆昔非兄与〈独立评论〉——致黎虎书简九通》，《黎昔非与〈独立评论〉》，第66页。
② 林钧南：《忆昔非兄与〈独立评论〉——致黎虎书简九通》，《黎昔非与〈独立评论〉》，第58页。信中所说"三期"，应是七期。
③ 黎昔非：《自传》（1958年4月30日），《黎昔非与〈独立评论〉》，第470页。
④ 林钧南：《忆昔非兄与〈独立评论〉——致黎虎书简九通》，《黎昔非与〈独立评论〉》，第62页。
⑤ 林钧南：《忆昔非兄与〈独立评论〉——致黎虎书简九通》，《黎昔非与〈独立评论〉》，第60页。
⑥ 林钧南：《清白一世 奉献毕生——忆故友黎昔非同志》，原载广东省兴宁市政协文史委员会主办《兴宁文史》第21辑（2001年11月），今据《黎昔非与〈独立评论〉》，第497页。
⑦ 黎鸦：《忆父亲往事历历》，《黎昔非与〈独立评论〉》，第702页。
⑧ 黎虎：《黎昔非与〈独立评论〉》，第240—241页。
⑨ 陈菲村，生于民国元年（1912），《黎昔非与〈独立评论〉》，第336页。
⑩ 丁白清在1958年给"组织上"写的材料中说：黎昔非"是我大学里的一个要好同学，过从是很密的，我叫未生，他叫悔生，我常叫他悔生哥，他叫我未生弟"。他生于丁未年（清光绪三十三年，公元1907年），故自名"未生"。参见丁白清：《黎昔非学友二三事》，《黎昔非与〈独立评论〉》，第46页。

就是黎昔非的同学吴晗的作品①。

《昙华》五位同人中，1991年唯一尚在人世的陈菲村于4月4日给黎虎寄来一帧《昙华》同人于1932年在北平的合影，她在信中说："最近我翻阅旧照相簿，发现了1932年在北平出版昙花文艺杂志时，与您爸②及刘在海、潘齐平和白清照的相。我们五个同人，他们四位，先先后后离开了人间，最先是刘在海，以后是您爸，再后是白清③，最后是齐平。只我一人还在人间。看了照片总不是④满怀惆怅！这张照片，是齐平在生前向我索去复印了几张，又寄回给我两张。不知您爸留给您没有？现我给您寄一张。您看，您爸坐在椅上多英俊呵！……虎侄！我们编的昙花文艺杂志，您爸留下没有？我在土改时，放在石马家中⑤，给没收了！十分可惜，齐平生前也没有呢！"⑥

关于《昙华》的停刊，《昙华》同人及林钧南都有一些相关的回忆。黎昔非在1951年的《自传》中谈到《昙华》的停刊时写道："出了数期，因人员星散，经济困难而告停刊，不然，我们可能被压出些东西来，虽然能值一读与否是不敢必的。"⑦1958年的《自传》中写道："不久人员星散，款项无着，且编辑、写稿、校对、发行全由我一人负责，也有点应付维艰而宣告夭折。"⑧这里列举的原因有三个，一是人员星散，二是经济困难，三是主编黎昔非的负担太重，应付维艰。

《昙华》同人星散的原因，首先是大的时代背景，或曰是当时的形势使然，林钧南回忆道："《昙华》于4月1日出版了第七期后突然停刊了，这是由于日寇侵占我热河省之后，又进攻长城各口，与我守军商震部、宋哲元部激战，原驻北平的中央军黄杰师和关麟征师也参加抵御敌军，因而北平形势非常紧张，人心惶惶，大批知识分子纷纷南下。"⑨其次，在这一大的时代背景之下，《昙华》同人的星散也还各有不同的具体原因和情况。丁

---

① 这是北京市吴晗研究学会副秘书长习之先生发现的，据他研究："吴晗曾经多次使用'辰仲'这一笔名。例如：一年多后的1934年9月9日，吴晗发表在第一百一十七号《独立评论》上的《苦旱的故乡》一文署名'吴辰仲'；1935年3月24日，吴晗发表在第一百四十三号《独立评论》上的《怎样把科学知识输入民间》一文署名'吴辰仲'；从1936年11月1日至1936年12月30日，在《清华周刊》第四十五卷第一期至第九期上每期连续发表的六篇时事评论，有五篇署名'辰仲'，一篇署名'吴辰仲'。"（详见《吴晗为〈昙华〉写的一篇小说》。）

② 即黎昔非先生。

③ 这两句有误，丁白清先生逝世于1963年，黎昔非先生逝世于1970年。

④ "不是"当为"不免"之笔误。

⑤ 陈菲村女士的丈夫丁白清先生，故乡在广东省兴宁市石马镇。

⑥ 原信复印件载于《黎昔非与〈独立评论〉》丙编《文学创作》，第336页。

⑦ 黎昔非：《自传》(1951年7月)，《黎昔非与〈独立评论〉》，第444—445页。

⑧ 黎昔非：《自传》(1958年4月30日)，《黎昔非与〈独立评论〉》，第470页。

⑨ 林钧南：《清白一世　奉献毕生——忆故友黎昔非同志》，原载广东省兴宁市政协文史委员会主办《兴宁文史》第21辑（2001年11月），今据《黎昔非与〈独立评论〉》，第497页。按：林钧南最初回忆《昙华》只出版了3期，后来黎虎告诉他实际上有7期。

白清的回忆较为详细,他说:"昙华文艺半月刊,我记得只出刊了7期。在1933年,4月1日出刊了七期后,就停刊了。原因是:最先,齐平转学厦门大学,录取了,他到厦门去;跟着母校复办了,迁上海汶林路,她又回去就读①;最后,时局紧张,热河沦陷,喜峰口、古北口告急,北平时出现日机,时闻高射炮声,人心惶惶,同时我家催我速即南下,我即于5月中旬离开北平。这样,在北平,同人只剩下昔非和在海,人力、财力都成问题,'昙华'便真成'一现'了。"②五位同人中有两人(潘齐平、陈菲村)是因上学而离开北平,一人(丁白清)因北平形势紧张而南下,留在北平的二人中,有一人为在读学生(法商学院学生刘在海)。在这种情况下,只靠黎昔非一人势必难以为继,《昙华》因而不得不宣告停刊。

2.《昙华》的办刊宗旨和美学追求

《昙华》从1933年1月1日创刊号出版,至同年4月1日第7期停刊,一共出刊7期,如今在国家图书馆和北京大学图书馆所能够找到的,只有1、2、3、4、5、7期,其中第6期两馆均未能找到。刊物为16开本,每期16页。未设单独的封面,第1页右侧的长条黑框内,上部为竖写的刊头"昙华"二字,字的左下方,钤有一枚篆字阴文方形图章:"胡适之印"。下面分别为出版时间、刊期、定价(每期三分)、通信地址(北平 北平大学法学院第二院号房转)及"本期目次"等。左侧即开始出现第一篇文章的内容③。

《昙华》半月刊各期的作品篇目如下。

第一期　发刊辞　　　　　　　　菲村《某日》
　　　　小平《祖母的怨望》　　　鹤子《战区之一角》
　　　　零零《快乐的结局》　　　艮心《南旋》
　　　　刘枕涛《灯下谈丛》
第二期　菲村《迟了》　　　　　　零零《宴会》
　　　　潘小平《先生的儿子》　　申伯《一个女理想家的懊悔》
第三期　罗岗《爱与仇》　　　　　胡谭《友谊》
　　　　夏蒂《孩子们》　　　　　朱无挂《猎名作家与成名作家》

---

① 她,指陈菲村女士,1935年"中公"毕业后与丁白清先生结为夫妻。据《学府纪闻·私立中国公学》一书所载樊振邦《回忆中的中国公学》:"(民国)二十一年校舍设备尽毁于日军,该校因以停办,二十二年三月,租赁法租界贝当路临时校舍,重行开学。"(第370—371页)又据同书中的《校史缀补》:"(民国)二十二年春……于法租界汶林路租屋开学,各地借读同学纷纷返校复学。"(第18—19页)据此可知陈菲村是在1932年秋中国公学停办之后赴北平参与昙华文艺社的,1933年3月中国公学复办后离开北平。
② 丁白清:《黎昔非学友二三事》,《黎昔非与〈独立评论〉》,第48页。
③ 《昙华》文艺半月刊影印件,载《黎昔非与〈独立评论〉》丙编《文学创作》,第242—335页。

	刘枕涛《灯下谈丛》		
第四期	夏蒂《电报》	潘小平《偷走》	
	辰仲《还愿》	甘村《活财产》	
	刘枕涛《灯下谈丛（续）》		
第五期	朱无挂译《歌德与音乐》	徐平《云姑》	
	潘小平《先生，写信吧》	刘枕涛《国难声中之科学贡献》	
	申伯《现代青年》	亦明《温情与热爱》（诗）	
	丁未《时光老人》（诗）	未生《光明的太阳》（诗）	
	方桥《归车》（诗）	小姑娘《会客》	
第七期	飞灵《廿四夜》	零零《克复以后》	
	亦明《脚病》	夏蒂《期待》	
	未生《无聊？惆怅！》（诗）	徐平《考试日记》	

现存的6期《昙华》，共发表作品36篇，其中小说25篇，评论5篇，诗歌5首，译文1篇。显然，小说是《昙华》的主要内容。"这些作品里，没有一些青年人柔情似水的风花雪月，没有某些逃避现实者的无病呻吟，也没有过分超前性的艺术实验。他们能将朴素简练的笔致，伸进30年代社会与个人生活的许多角落，以充满人道与抗争者的一颗热心，密切关注于国家与民族的命运，鞭挞揭露黑暗与丑恶，同情下层人与弱者的命运，于一篇篇有些粗糙然而真实的文字里，默默中给人们唱出渴望人性的'真'与'美'的歌来。"[1]

《昙华》的办刊宗旨和美学追求，在创刊号所载的《发刊辞》里作了宣示，他说：

> 当朝阳初升时候，散在天上的几抹锦霞是鲜艳的罢？当细雨新晴，拱在空中的一弯彩虹是美丽的罢？然而像闪电一样，只一会儿就消灭了；小鸟儿婉转的歌声是悦耳的罢？梵娥琳扬抑的音调也是醉人的罢？然而像风一样，吹过就失踪了；什么东西都是"暂"的啊！——不过这又有什么关系？只要它在某一瞬间真实地存在过，且曾给了人们的心中留下一个清晰的印象，并传达过一点所谓"情感"的作用：这就够了。
>
> 昙花的取义近乎此。我们只知向"美"（不要误会这个美字，丑恶的描写，黑暗的暴露，也都可以表现美的。）向"真"的路上走，努力着走，其他我们就无暇顾及了。

---

[1] 孙玉石：《一首永远活着的诗——黎昔非及其主编的〈昙华〉半月刊》，《黎昔非与〈独立评论〉》丙编《文学创作》，第351页。

绪 论

我们不标榜什么漂亮的主义。因为，我们以为与其空洞地大吹大擂，不如着实地去做出一点事情来。

希望我们的昙花能开！咱们都来培植她罢！①

对于《昙华》在中国近现代文学史上的地位，学者给予了很高的评价，如孙玉石就认为，在当时先锋性文艺探索很浓郁的气氛下，这份刊物乃是一个"坚持独立着实的精神，追求人生与艺术的'美'与'真'"，而不随波逐流的"超世拔俗的纯文艺杂志"，他说："从这个发刊辞的内容来看，在20世纪30年代北京先锋性文艺探索很浓的气氛下，《昙华》并不是一个随波逐流超世拔俗的纯文艺杂志。这些办刊同人，都有一种富于良知的青年人响应时代呼唤的清醒与坚实。他们坚持文艺应该弘扬'真'和'美'，而且认为，世界上所有美丽的东西，都只是一种暂时的存在。文艺创造也应是如此。但它在这'短暂'而'真实'的存在中，却会因'情感'的作用，留给人们以深刻的影响。这可能就是他们理解的文艺的陶冶人们精神与性情的作用吧。从这个观念出发，《昙华》注重文艺与社会及人生的密切关系：不标榜什么漂亮的主义，不大吹大擂什么轰动一时的口号，而是坚持独立着实的精神，追求人生与艺术的'美'与'真'。他们追求的'善'，他们的责任与良知，也就隐含于其中了。《昙华》本身与胡适，与《独立评论》，思想上并没有什么密不可分的关系，然而创刊号《发刊辞》里公布的这样一些话，与《独立评论》提出的'我们都希望永远保持一点独立的精神。不倚傍任何的党派，不迷信任何成见，用负责任的言论来发表我们各人思考的结果：这是独立的精神'（见《独立评论》第1号《引言》)，其社会信念与精神操守，倒可以说是一致的。它所坚持的不［是］'空洞地大吹大擂'，而是要'着实地做出一点事情来'，与胡适历来倡导的少谈些空洞的'主义'，多关注一些社会实际问题的思想之间，确然是有着一种隐在的精神联系的。"②

卢斯飞则将《昙华》置于"1927—1937年"这一现当代文学史上特定的时期，对其进行评价，在肯定《昙华》坚持"独立和着实的"文艺精神的同时，高度赞扬了《昙华》"以情感人，以弘扬'真'和'美'为己任"的办刊指导思想，并认为《昙华》的创办不仅是"一群有教养、有良知、有责任感的文学青年面对着风云变幻的时代郑重写下的诺言"，而且他们以短暂的文学创作"实践了自己的承诺"。他说："在1927—1937这一时期，就对文学的态度和文学思想的倾向而言，当时除左翼文艺所代表的革命文学思潮外，同时存在着一种自由主义文学思潮。前者认为文学是革命事业的一部分，是革命的工具和武器；后者（包括'京派''论语派''新月派''自由人'和'第三种人'等）则强调文

---

① 黎昔非主编：《〈昙华〉文艺半月刊》（影印件），《黎昔非与〈独立评论〉》，第242页。
② 孙玉石：《一首永远活着的诗——黎昔非及其主编的〈昙华〉半月刊》，《黎昔非与〈独立评论〉》丙编《文学创作》，第350—351页。

艺的独立品格，文艺和政治应保持距离，或强调文学脱离政治的自由。以沈从文为代表的'京派'作家关注人生，讲求'纯正的文学趣味'，并以'和谐''节制'与'恰当'为基本原则。黎昔非和沈从文在上海中国公学时即有师生情谊，因此他们在文学本体观和审美意识上更有共同点。我们不妨再注意一下《独立评论》第1号的《引言》，文中说道：'我们都希望永远保持一点独立的精神。不倚傍任何的党派，不迷信任何成见，用负责任的言论来发表我们各人思考的结果：这是独立的精神。'这与昙华社同人在社会信念和操守上是一致的。如果我们再注意一下《昙华》创刊号上枕涛写的《灯下谈丛》，就会发现：文中既有对高唱辩证法唯物论实则理论脱离实际的'实际家'的批评，也有对不关心民瘼的高蹈派文艺家的讽刺。总之，昙华社认为文艺应该坚持独立和着实的精神，以情感人，以弘扬'真'和'美'为己任。这是一群有教养、有良知、有责任感的文学青年面对着风云变幻的时代郑重写下的诺言。他们短暂的文学创作的确实践了自己的承诺。"①

那么，学者所说《昙华》对于"美"和"真"的追求，有哪些具体表现呢？我们认为，这主要集中体现在《昙华》对社会现实的关注和批评方面。这一点已为学者所指出，例如孙玉石就以《昙华》创刊号中的杂文《灯下杂谈》为例，对此加以论述，云："在《昙华》的创刊号里，就刊有一篇杂文《灯下谈丛》，共二则。一则，是批评现实社会中一些高唱'改造周遭环境'的实行家，但却不肯下力气去解决社会里的许多实际问题……另一则，是讽刺不关心人民疾苦的或一种高蹈派的文艺家。"孙玉石进而指出："这些非常富有现实性的论述，虽然是作者个人的议论，但在创办伊始，即能见诸刊物，应该说多少还是体现了这个文学团体里几个人的理论观与文学创作思想的。他们反对理论脱离实际的'改造周遭环境'的'实际家'，反对无视社会底层的'农工劳苦人民'的愤怒与抗争的所谓'人生艺术化'的超然理论。这也就直接指向了那些配合当权者鼓吹'新生活运动'的粉饰现实的文学理论。他们的小说与杂文创作，从生活题材的选择，到情感的批判趋向，都是与这种为社会人生不平则鸣的现实关注分不开的。"②

3.《昙华》对社会现实的关注和批评

尽管《昙华》是一个"超世拔俗的纯文艺杂志"，但基于"坚持独立着实的精神，追求人生与艺术的'美'与'真'"的办刊指导思想，因此，《昙华》始终坚持关注社会现实、批评社会现实的文艺创作方向。《昙华》对社会现实的关注和批评，具体表现为：《昙华》所刊登的乡土小说、抗战题材小说、青年问题小说，直接关注了当时中国社会所面临的各种问题；而刊登的评论和杂文，则对当时社会所存在的问题进行了严肃的批评。以下

---

① 卢斯飞：《黎昔非和〈昙华〉文艺半月刊》，《北京社会科学》2005年第4期，第105—111页。中国人民大学复印资料《中国现代、当代文学研究》2006年第1期全文转载。

② 孙玉石：《一首永远活着的诗——黎昔非及其主编的〈昙华〉半月刊》，《黎昔非与〈独立评论〉》丙编《文学创作》，第351—352页。

分而述之。

（1）乡土小说

《昙华》所刊登的短篇小说中，以"乡土小说"最为引人瞩目。众所周知，中国最大的社会现实就是农村、农民以及与他们相关的问题。由于《昙华》同人多来自农村，比较熟悉和了解农村，因而农村和农民问题的题材在《昙华》的小说作品中最为引人瞩目。属于这方面的小说有《某日》《祖母的怨望》《南旋》《迟了》《先生的儿子》《偷走》《还愿》《活财产》《云姑》《廿四夜》等。

孙玉石对于《昙华》所刊登的"乡土小说"给予了极高的评价，认为它们"最富有思想深度与社会意义"，并分析了其创作成功的原因，乃在于昙华文艺社的成员大多来自农村，对于农村生活有直接的体验，同时又因受到新文学思潮的启蒙，"对于那个社会阶层生活里的劳苦者的悲剧性命运，都有新的体验与认识"，因此，他们在创作中可以尽情展露对现实的深度关注，也就成了必然。他说："《昙华》中的短篇小说，最富有思想深度与社会意义的，还是那些直接描写农村生活，揭示农民贫穷与苦难，特别是接触到处在农村最底层的贫苦妇女命运的作品。昙华文艺社的成员，大都是来自农村的知识青年，他们有一定的生活底蕴，又受到新文学思潮的启蒙，对于那个社会阶层生活里的劳苦者的悲剧性命运，都有新的体验与认识。'五四'以来现代乡土小说展示的写作范式与艺术魅力，也给他们的创作以直接的刺激与启示。当他们涉笔于创作的时候，更多地在这样的生活领域中展露自己的现实关注，人道情怀，并达到一定的深度，也就是必然的了。"[①]

陈改玲则认为，读《昙华》中的小说，很容易让人联想起鲁迅所说的"乡土文学"，并认为这是《昙华》小说的一大特色。她说：人们在"读《昙华》中的小说，很容易想起鲁迅先生所说的'乡土文学'。对农村（包括城镇）生活的呈现，尤其是暗淡破败生活的呈现，是《昙华》小说的一大特色……这里有对惨淡人生的审视，以写实的笔法描写乡村生活的残酷。丈夫去请接生婆了，妻子却忍痛把新生儿闷死在马桶里。看着被妻子闷死的婴儿，丈夫只能痛苦感叹：'迟了，迟了。'极端贫穷，丈夫连接生婆都请不来，又怎能责怪妻子怕养不活孩子而把新生儿闷死呢（《迟了》）；嗜吸鸦片的男人，为债所逼犹豫着卖老婆还是卖孩子，在他眼里老婆孩子都是财产，是活财产。老婆还能伺候他，于是决定把儿子卖掉（《活财产》）；勤快听话的丫头，与相好一起逃跑，抓回后被打个半死（《偷走》）。如果说这些悲剧都发生在旧中国儿女身上的话，受新思潮影响的年轻人也同样难逃死亡与不幸：他们社交聚会的行为方式在乡人看来是伤风败俗，他们或被当作'×党'遭到枪杀，或找不到伴侣郁郁而死（《云姑》）。这些作品基本上都以批判为主，揭露乡村

---

① 孙玉石：《一首永远活着的诗——黎昔非及其主编的〈昙华〉半月刊》，《黎昔非与〈独立评论〉》，第376页。

的贫穷、麻木与落后"。①

孙玉石还以专门篇幅对黎昔非的小说《活财产》进行了评论,认为这部小说不仅表达了作者对社会现实中的美丑、爱憎的关注之情,而且小说的艺术构思,也体现出了作者"独有的匠心与视角",从中"可以窥视出作者刻画人物性格与心理的能力"。他说:"《活财产》是一个描写农村题材的短篇小说。它在现实政治与农民生活的题材里,传达自己现实关注中的美丑与爱憎的感情。小说的艺术构思和生活选择,也体现了他自己独有的匠心与视角。K 城是与 H 乡接壤的一个县分。那里因为人们多为'重利'的商人,男子到星加坡、泗水、爪哇等地方去赚钱,成为'南洋客',家里只剩下年纪轻轻的太太,生育很少,慢慢这里就成为缺乏可以承嗣家族脉系的孩子的地方。为此,另外的 H 乡村的许多小孩子,就被妈妈爸爸、媒婆等卖到这里来。K 城成了趸发孩子的尾闾。小说主人公 H 乡村的杜贵,本来是个'没有一点嗜好,奢望,又勤奋,又老实的农夫'。父亲从祖父留下的几亩田地,自耕自吃,倒是不难过活的。但他染上了吸大烟的瘾,成了一个'被认为是羞宗辱祖的烟鬼'。他不但自己完全将身体搞坏了,还欠下了开烟馆的福昌老板的账,而且福昌老板不肯再赊鸦片给他了。小说从杜贵黄昏时在家里躺着抽大烟描写起。他的长辈,俨然是个绅士的老六叔,前来看他。六叔同阿贵商议,他将自己的孩子羚儿卖给侄弟阿光的价格。小说写得比较引人注意的部分,是很细致地描写了他们一边是'主客交互而吹',抽着鸦片烟,一边是为买卖阿贵的亲生骨肉羚儿,一个晚辈的卖者和一个长辈的中介人之间,进行着讨价还价,这种复杂的情景和心理,写得细致而生动。""小说的末尾有'(未完)'的字样,刊物的第 5 期没有继续登载这篇小说,又没有办法看到《昙华》第 6 期,因此,小说后半部分的文字,作者怎样继续描写,故事如何结局,就都无从得知。但从这段颇为用心打造的文字里,已经可以窥视出作者刻画人物性格与心理的能力。阿贵那种沾染烟瘾后的落魄无能,欠福昌老板烟款时的被逼无奈,卖子的残忍无耻与内心的犹豫矛盾,讨价还价时的外似嘴硬而实际胆怯虚弱,都写得比较鲜明;特别是做为人贩子的掮客老六叔这个人物,写得更坚实丰满些。他怎样奸诈油滑,总是装硬敲竹杠而又害怕失去这笔生意的机会,用金钱吸引又动之以骨肉亲情的软硬兼施,表面慷慨豪爽而又心狠手辣,小说将这个农村中老奸巨猾的地痞人物,刻画得细致入微,丝丝入扣。小说后面的描写,对于阿贵的性格,又作了进一步的丰富。他的卖羚儿的狠心盘算,妻子听了他的话之

---

① 陈改玲:《向"美"向"真"的路上走——黎昔非主编的〈昙华〉半月刊》,《黎昔非与〈独立评论〉》丙编《文学创作》,第 422—423 页。按,据《黎昔非与〈独立评论〉》一书的主编黎虎告知,在该书的编撰过程中,北京大学中文系原系主任费振刚教授多所帮助,除了自己撰写黎昔非先生的《诗经》研究评论文章之外,还组织北大中文系中国现代文学研究专家撰写《昙华》半月刊的评论文章。此书出版之后,费先生仍然加以关注,2003 年 4 月 17 日致黎虎信中特意指出:"文集中陈改玲一篇,是在其导师商金林教授指导下完成的,商教授不愿属名,但亦有贡献。"其时,陈改玲正随商金林教授攻读博士学位。

后的伤心,痛苦和流泪,也都写得恰到好处。"①

进而,孙玉石还对《活财产》有意识地挖掘"畸形社会现象产生的原因"的问题进行了剖析,从而肯定了这部小说对社会现实政治的"嘲讽与批判",云:"这篇小说里,有意识地挖掘了这种畸形社会现象产生的原因,在具体描写岭南地区乡村的农民,吸鸦片烟,鬻子度日等畸形民风的同时,接触的社会问题比较广泛。这里有中国广大农村的普遍贫困的状况,有不便直接说出的国民党反动派发动'围剿'的内战所造成的恶果:'交通被某种缘故阻碍了'的赣江上游的农民,使他们失去了与外界做生意机会,逐渐走向贫穷。他们更为'种种唯钱才可以完结的名称'所困厄,一些健康的青年农民'为烟馆与赌场(其实这倒是爱国的最上乘办法,既可以过瘾畅玩,又可增加国库收入)'所戕害;不然,就会'凭空一顶"嫌疑"的皇冠罩上尊头,你就会有被杀头的资格'。这些现实政治生活的重大黑暗、丑恶与弊害,仅仅作为小说的背景,作了概括的叙述与描绘,达到不便明言的对于政治的嘲讽与批判,这样就暗示出了造成这一类买卖'活财产'人间悲剧隐藏在深层面的社会根源。"②

孙玉石还对黎昔非的文学创作动机、文学创作态度、文学创作才华等方面进行了全方位的论述和肯定,并分析了黎昔非后来没有能够在文学创作方面取得更大发展的原因,主要在于黎昔非的志向在于"古代文学"的学术研究,而主观上无意成为一个作家,现实的原因则是经办《独立评论》让他无力从事文学创作。尽管受到了生活境遇的限制,但黎昔非关注农村现状和农民命运的正义感和潜在的文学创作才华,以及从沈从文那里获得的鼓励和创作意识,还是让他在"业余"的时间里,创作出了《活财产》这一深度解剖岭南山区农村状况和农民生活的现实主义小说。孙玉石说:"黎昔非在《独立评论》时期,业余主要在做古代文学研究。他虽热爱文学创作却无意成为一个作家。发表在《晨华》上的这篇小说,不仅看出他关注现实重大问题,特别是熟悉和关注农村现状与农民命运的正义感,他在揭露现实丑恶中的求真求美的心灵追求,也在小说作品的尝试中显示了他文学创作的认真态度,他的经过沉思默想而获得的文学创作才华。可惜,他的这种精神与才华,由于当时和后来的生活境遇限制,都没有可能得到充分的发展。"③

"黎昔非自幼在农村生活,世代'以农为业'。父虽经商,仍未离农村,他也由此得以在梅州读书,直至中学结束。耳濡目染中,使他熟悉闭塞落后的农村生活和农民们的贫苦境况。1930年上海中国公学毕业后,'"作家"这个"荣衔"却强烈地驱使我希觊着',婉

---

① 孙玉石:《一首永远活着的诗——黎昔非及其主编的〈晨华〉半月刊》,《黎昔非与〈独立评论〉》,第385—389页。
② 孙玉石:《一首永远活着的诗——黎昔非及其主编的〈晨华〉半月刊》,《黎昔非与〈独立评论〉》,第389—390页。
③ 孙玉石:《一首永远活着的诗——黎昔非及其主编的〈晨华〉半月刊》,《黎昔非与〈独立评论〉》,第390页。

谢了几个中学教员的介绍,'坚不接受五华县中的聘书而搭轮赴津转京了'。'我离沪前晚,沈从文曾写了几封介绍信',他按照地址去拜访了作家黎锦明等,作家的态度几乎打破了他当作家的美梦。他说:'我所以想从事创作,一固然是自己喜欢它,一也是受沈从文的鼓励:因我来自农村,深知农民大众的痛苦,每所暴露的都是当时社会的黑暗面,他认为这比那些坐在上海亭子间里的"普罗作家"所写的还较真切,故极力怂恿我走创作这路。'(以上引述,均见黎昔非《自传》手稿,1951年7月)他创作的短篇小说《活财产》,能够深入接触偏远地区农民畸形生活境遇,熟悉那些农民的性格、心理、语言和风俗人情,并能够用朴实无华的文字传达出来,他在自己主编的《昙华》半月刊上曾发表他与同人创作的多篇关于农村和农民痛苦生活题材的小说,使得热切关注30年代中国社会底层农民悲剧命运,努力用文字为贫苦农民而抗争呼号,成为《昙华》这个小小刊物一个鲜亮的主题,也是《昙华》拥有的社会认识价值的所在,这些,是与他自身几年里广东农村的生活经历,与五四以来鲁迅开辟的'乡土小说'传统的影响,与他从沈从文那里获得的关于创作熟悉题材的自觉意识,都是密切不可分的。"①

作为一份同情农民生活、反映农村生活现状的刊物,《昙华》所刊登的"乡土小说"对农民表现深深的同情,但并不回避在他们身上存在的愚昧和落后,《活财产》就是这方面的代表。如李春雨就认为,《活财产》渗透着黎昔非对粤地乡民生活的剖析和认识,我们可以从中了解当时进步的文学爱好者对中国农村现状的体认,是"黎昔非的小说创作理念和批判性的思想倾向"的体现,小说创作的思路"与当时的激进革命势力的观点是相吻合的",他说:"黎昔非的小说《活财产》(署名甘村),揭露和批判岭南山区的鬻子、吸毒等陋俗,笔锋犀利,具有一定的深度,就是一个例子……可以从中一窥黎昔非的小说创作理念和批判性的思想倾向。故事很简单,所述的是一个乡民鬻子的事件。但是这一叙事渗透着黎昔非对粤地乡民生活的剖析和认识,我们可以从中了解当时进步的文学爱好者对中国农村现状的体认。从鬻子这一叙事所组织的材料来看,我们可以看出黎昔非认为以下几个势力控制着粤地农村的日常生活:一是宗族的势力。在整个故事里,鬻子的过程是在同一宗族内进行的:捐客老六是男主人公阿贵的'叔叔',他前来与阿贵谈论鬻子的事情,因为老六'是杜家将来有希望族长位置的一个',于是阿贵诚惶诚恐,惟恐招待不周。我们知道,在宗法社会里,宗族作为'小共同体',对共同体内的成员具有极大的权力,甚至操纵到其成员的方方面面。而宗族在中国沿海地带势力尤其巨大,黎昔非的小说叙事里显然意识到这一势力对农村生活的负面影响。二是政府。这是决定中国上千年统治的'大共同体'势力,这一势力在《活财产》中只有淡淡的痕迹,但是无时不在操纵和决定着乡民的生命。比如,小说以轻描淡写的笔触提及:'一般体力有余的年青人的生命中唯一的

---

① 孙玉石:《一首永远活着的诗——黎昔非及其主编的〈昙华〉半月刊》,《黎昔非与〈独立评论〉》,第390—391页。

保险公司就只有烟馆和赌场（其实这倒是爱国的最上乘办法，既可以过瘾畅玩，又可增加国库收入！）不然，常常凭空一顶"嫌疑"的皇冠罩上尊头，你就会有杀头的资格，至少也就具了离开父母妻子的条件了。'寥寥几句话，一针见血地道尽了当权者对潜在的可能成为革命势力的年轻乡民的疑忌和毒化。三是鸦片。在国民党当权时期，当权者对鸦片贸易实行貌似禁止实则采取官方经营的政策，并在乡间推广。在此处，烟馆福昌老板就是一个代表。他一方面用鸦片掠夺乡民的财产，另一方面又借助鸦片毒化年轻乡民的身心健康，达到政府刻意摧毁潜在革命势力的目的。因此'不知训练多少安分守纪的青年，绝对不消再劳那负有维持安宁的为国为民的士兵和团警要注意的青年'。四是夫权。男主人公阿贵的妻子是一个逆来顺受的典型，在阿贵卖子的那一天里，她为阿贵'解救了今晚的瘾厄正在替人家的孩子赶做鞋子。'当她听到丈夫卖子的事情以后，她也只是默默地忍受："'真是'什么，她还没说出来，一阵心酸把她的舌头噤住。她哭了。'以上四种势力互相渗透，互相联结，使粤地乡民长期处于悲惨无助的境地。应当说，这一思路与当时的激进革命势力的观点是相吻合的。"①

陈改玲则从《昙华》"乡土文学写实性"的角度出发，认为《活财产》作为黎昔非"乡土文学的代表作"，他的创作可以用来理解整个《昙华》文艺社社员的创作，其作品对于农民生活进行了"客观真实而形象的叙写，既不拔高，也不理想化，敢于正视农民的痛苦和局限性"，她说："《昙华》中的乡土文学写实性强，具有较强的真实性……以客观写实的笔法揭示农村生活残酷的《活财产》是他乡土文学的代表。作为主编，黎昔非对文学的追求必然会影响其他成员。他的创作可用来理解整个《昙华》文艺社社员的创作。与一些概念化书写农民革命的普罗作家不同，他们自觉追求对农村生活的'真切'表达。结合《发刊辞》中对'丑恶的描写'和'黑暗的暴露'等创作目的，以及他们在作品中的努力，大概可以看到，这里所说的'真切'是对农民生活客观真实而形象的叙写，既不拔高，也不理想化，敢于正视农民的痛苦和局限性。具体于革命文学中所涉及的农民的觉悟性的一面，则不简单从阶级压迫的角度进行概念化处理，也不简化农民接受革命道理进行反抗的过程。"②

《昙华》的乡土小说对于黑暗政治压迫之下农民的苦难和命运给予了深沉的关注，对于这一点，几乎所有的研究者都注意到了，如孙玉石在评价黎昔非的小说《南旋》时，就认为它不仅"进入人民命运关注"，还"大胆涉及了当时剿共内战黑幕"，因而这是一部

---

① 李春雨：《〈昙华〉：时代意识的缩影》，《黎昔非与〈独立评论〉》，第401—402页。李春雨先生时为北京师范大学中文系中国现代文学博士生，本文是在其指导老师、北京师范大学中文系中国现代文学研究专家刘勇教授指导下完成的。

② 陈改玲：《向"美"向"真"的路上走——黎昔非主编的〈昙华〉半月刊》，《黎昔非与〈独立评论〉》，第427—428页。

"现实感很强"的小说,他说:"进入人民命运关注的《南旋》,① 是一篇现实感很强的小说。它通过一个离故乡八九年的阿苓的眼睛,看到久别的故乡 H 城② 苦难的情景:市容肮脏破乱,人民生活穷困无告。阿苓看到当地驻兵抓着一个青年,从街上走过,不知道什么原因。他信步来到一家临街的酒楼,由与一个老者对话,得知青年是老人的儿子,因为欠饷,被驻军兵丁抓走了。小说主要部分,是通过青年阿苓与老人的对话,大胆地揭露了现实的黑暗面。在今天看来,这段对话,其实主要是老人的独白,是具有很重要的社会认识价值的……两个人这些非常朴实的对话,加上酒馆里气氛的渲染,小说涉及了当时社会黑暗的许多侧面:国民党反动当局,不去抗击日寇入侵,拯救国难,而是一心进行剿共,扫除异己。为此,他们对人民横征暴敛,逼饷抓丁。农民只好卖地偿饷,穷苦不堪,弄到了连卖地也无法可卖,交不了军饷和苛捐杂税的时候,就只能被抓去坐牢。黑暗的反动政府完全一点理也不讲,'他们对有钱的善过猪,对没钱的那就凶过虎','派款是先得有钱的同意的。派了的饷,期到了你得缴,管你穷不穷,不缴,你就是犯法!轻一点,罚,捆,打,坐监;再不然,你就"十八年再作[做]好汉"罢!……总而言之,他们没有道理,却不缺少枪支'。面对这样在麻将声中点缀'一片升平气象'里的黑暗世界,小说主人公阿苓心里想:'这不知还能再延几多时?'作者在作品里大胆涉及了当时剿共内战黑幕,写出了普通农民心里的'怨,恨,悲,愤'。他在看似平静而实则极端愤懑的批判情感里,仍然怀有着对于未来光明一丝微茫的希望。"③

陈改玲则从游子思念故乡的普遍性感情出发,对《南旋》主人公阿苓的人物形象进行了深度解读,她说:"游子的心目中,故乡既是他们的出生地,还是他们的精神家园,往往被赋予美丽而温暖的形象。因而当他们重返故土真正遭遇现实时,往往会对故乡失望。《南旋》中的主人公阿苓回到故乡'他用着异地初临的眼睛去考察一切',然而一切'还是从前般的肮脏,市面的景况仿佛更充着萧条的意味',仿佛也有进步,出现了'××公司'的招牌,然而这招牌却是与写有'神'字的灯笼并列而挂,商店里竟公开出售鸦片。更让他惊讶的是街道上抓押乡下人的景观。从一老者那里,才知道被抓者是交不起军饷的人。军人和'匪徒'一样抢劫民众,苛捐杂税沉重繁多。"④

卢斯飞在肯定《南旋》作品深度的同时,进而认为这篇小说的气氛和构思,容易让人联想到杜甫的现实主义作品"三吏""三别"。他说:黎昔非的《南旋》"是一篇颇有深度的作品。主人公阿苓是个阔别家乡多年的青年,这次重返 H 城,通过所见所闻,充分体会到

---

① 艮心:《南旋》,载《昙华》第 1 卷,第 1 期。
② 旧时"兴宁"拼写为 Hingning。
③ 孙玉石:《一首永远活着的诗——黎昔非及其主编的〈昙华〉半月刊》,《黎昔非与〈独立评论〉》,第 359、362 页。
④ 陈改玲:《向"美"向"真"的路上走——黎昔非主编的〈昙华〉半月刊》,《黎昔非与〈独立评论〉》,第 425—426 页。

农民们心头的'怨、恨、悲、愤':苛捐杂税,多如牛毛,逼饷抓丁,触目惊心,农民贱卖土地,无人肯出价钱。作品的气氛和构思,都使人联想到杜甫的'三吏''三别'"。①

由于传统社会的统治者一直推行愚民主义教育路线,造成了大多数农民社会观念的落后与愚昧,因此,对广大处于愚昧状态人群的启蒙,便成为五四运动以后新文学创作的一个重要潮流,《昙华》所刊载的乡土小说中,也关注到了这个问题。如陈改玲就明确指出了这一点,她说:《昙华》的"乡土文学中值得注意的另一类作品,是愚昧者的被启蒙和觉醒。《还愿》《二十四夜》是这方面的代表"。她还以《还愿》为例,对此进行了细致深入的分析,写道:"稻谷丰收,易于满足的村民却以为这是蛇神爷保佑的结果……他们答应蒋二爷的要求:每家交谷一担由他来操办酬谢蛇神爷。""财主利用农民愚昧心理进行剥削的故事,这样的故事并非新鲜,有意义的是故事的发展……作品描写了知识分子对农民的教育,带领农民与财主的斗争。与蛇神庙空场上搭建戏台准备演戏同样紧张进行的是另一个空间的活动:'在村中小学校里,若谷及其朋友们在紧张的空气中协商:迷信使农民盲目,使农民保守,使农民消失反抗的力量!我们要觉醒他们,就必须粉碎他们所迷信膜拜的偶像。'他们的行动还有一个目的:揭穿蒋二爷等发起这次酬谢会的假公济私。——第二个目的达到了,第一个目的却未实现,他们打碎蛇神爷神像的举动除招来一顿痛打外,还被村人赶出村庄。""这样的结尾具有反讽意味,对若谷等人的'革命性'虽有所削弱,但更真实,它并不拔高农民形象。从物质利益出发,结合自己的生活经验,农民或许易于接受阶级压迫的道理,但几千年封建文化压迫带来的迷信和愚昧却不易清除。"②孙玉石则从这篇小说选取的新颖角度切入,论述小说所写"觉醒者的行为、命运"乃是一种超前的思想,同时也写出了"觉醒者"与"农民习惯意识力量之间的距离与鸿沟",从而进一步深化这部小说对"农民中旧习俗势力的影响和中庸国民性的弊害"批判的意义,他说:"这篇小说选择的角度很新颖,它通过丰年还愿这件小事,揭示了一些农村存在的黑暗势力对于人民的剥削关系,使人们认识到农民生活的贫穷根源,也比较超前地写到了觉醒者的行为、命运,及其与农民习惯意识力量之间的距离与鸿沟。它在深层意义上接触了农民中旧习俗势力的影响和中庸国民性的弊害。奋起抗争的新生力量被驱逐,维持封建统治秩序的旧势力依然逞恶,贫苦的农民照旧安于自己被欺骗和被剥削的生活命运。一场小小风波过后,一切如故地存在下去。小说叙述的故事提出问题的本身,就带有中国农村社会长期存在的深刻的悲剧性质。"③

---

① 卢斯飞:《黎昔非和〈昙华〉文艺半月刊》,《北京社会科学》2005年第4期,中国人民大学复印资料《中国现代、当代文学研究》2006年第1期全文转载。
② 陈改玲:《向"美"向"真"的路上走——黎昔非主编的〈昙华〉半月刊》,《黎昔非与〈独立评论〉》,第426—427页。
③ 孙玉石:《一首永远活着的诗——黎昔非及其主编的〈昙华〉半月刊》,《黎昔非与〈独立评论〉》,第378页。

相较于《还愿》注重"群体性"的描述,《二十四夜》这篇小说关注更多的则是农妇阿俊嫂的个人心理变化,也就是她"觉醒"的过程,这种从对"群体的普遍性关注"转到对"个体的重点关注",并不仅仅是写作方法的改变,也更易于读者理解和接受其作品所要表达的思想,如陈改玲就说:"与《还愿》不同,《二十四夜》所关注的不是农民的群体形象,而是农村妇女阿俊嫂的觉醒过程,贯穿始终的是她的心理变化。腊月二十四夜,家家户户忙着送灶王爷,财主家的庆典活动更为隆重。病倒在床上的婆婆,饥饿的孩子,以及'那空落落的墙壁上常常幻出一张张凶横冷酷的债主的脸',使阿俊嫂心里发堵,将她逼出屋子,到外边等卖田的丈夫:仅有的两亩水田也不得不卖掉还债。这时,她想起在城里纱厂工作的黄大回乡时所说的话:穷人并非命中注定要做穷人。与丈夫不同,她觉得黄大说的有道理而非疯话。在村头等丈夫时,传来阿福夫妇上吊自杀的消息,对她刺激很大。从阿福家出来,她决定离开农村,到城里做工。如果丈夫不去,就自己一人出去。也许在阿俊嫂的想象中城里做工的人都具有反抗性吧。作品最大的特点就是将女主人公心理变化写得真实而富变化,并不简化农民对'革命'道理的接受。"① 孙玉石则认为,《二十四夜》对于农村妇女的"思想发掘与美学认同"有了新的提升和深化,他说:"将《晨华》中对于贫苦农民和下层妇女命运的探索,对于农村妇女形象的思想发掘与美学认同,做了新的提升和深化,在整个30年代初期北平的文学创作中,也是一种非常难能可贵的努力。"②

对于农村贫苦妇女命运的关注,除了《二十四夜》外,还有《某日》,这篇短篇小说出自《晨华》文艺社唯一的女作者陈菲村之手。对于这篇小说,学者也给予了较高评价,如孙玉石指出,《二十四夜》通过讲述一个农村妇女的悲剧故事,表现了在社会陋习重压下的中国农民精神的麻木、愚昧,"涉及了国民劣根性的开掘与反思",他说:"出手就有些不凡。它写了江南F镇里曹家村普通的一日。村里的一群农人,一边在棉田里干活,一边议论着村里近日发生的男女情事的'新闻'。阿伏说,昨晚紫泾桥的木匠娘子,颇有些姿色,趁她丈夫外出,与一个名字叫小连的青年幽会,被老早就对木匠娘子不怀好意的小雄带人抓了奸,捆绑在一起,赤裸裸当街示众。……'大家很满意的听了这段新闻',都津津有味地'纷纷议论着','他们一边挥动着锄头去锄草,一边还哼着小曲。'甚至连一起干活的一声不响地听着'新闻'的另一个'快嘴的张大嫂',也在轻轻哼着当地的情歌小调。大家不愿吭声,紧怕打断她的这些情感的发泄。这个时候,村里木匠邻居的一个13岁的小孩阿毛,气喘吁吁地跑来说:'木匠娘子死了!''死得好苦,上吊死的!'小说

---

① 陈改玲:《向"美"向"真"的路上走——黎昔非主编的〈晨华〉半月刊》,《黎昔非与〈独立评论〉》,第427页。
② 孙玉石:《一首永远活着的诗——黎昔非及其主编的〈晨华〉半月刊》,《黎昔非与〈独立评论〉》,第384页。

在不长的篇幅里，将田间里农人活跃的对话，作为主要叙事手段，把村里面发生的主要悲剧事件，放在叙述的背景里处理。它通过一个农村妇女的悲剧，表现出中国广大落后的农村里，农民群众精神的麻木、愚昧，与社会陋习的重压，涉及了国民劣根性的开掘与反思。妇女没有爱的自由，不能满足正常性的渴望，她们即使有一点属于自己的爱的追求，也会给自己带来不堪羞辱的摧残，甚至生命的毁灭！她们的命运是人间永远的悲剧。小说有独特的女性视角，叙述文笔也颇为细腻，一些大胆的描写，与鲁迅称赞萧红小说中所具有的女性作家'越轨的笔致'，更加重了作品的沉重的令人窒息的悲剧性成分。"① 她的另一个短篇小说《迟了》，"讲述的是一个母亲被迫亲手杀死自己刚刚生下的婴儿的故事。严冬寒风的吼叫声中，贫苦不堪的阿成嫂一家人，因为无力养活即将生下的孩子，都'陷入了可怕的绝境'。阿成，两个孩子，和阿成嫂自己，都已经瘦得皮包骨。自从仅余的二亩田抵押给佃主之后，阿成嫂一家由吃苦做生活竟是无衣无食了。而自己肚子里的第5个孩子，又快要出世了。怎么养活他呢？一家人还不知道哪天冻死饿死，如何又多添一个呢？阿成一早就到邻村请接生婆去了。小说截取阿成嫂一个人独自在家里临产前的痛苦情景与心理挣扎。已经有4个孩子的阿成嫂，命运非常悲惨。她的两个孩子，早已经送给人家，做了婢女和童养媳，正过着人间地狱般的日子。家里剩下的两个孩子，也嗷嗷待哺。小说以一个女作者特有的细腻，详细地描写了阿成嫂临产前的折磨、痛苦、等待、恐怖、突然生产……等等情形，将穷富人家生孩子时不同的景遇作了尖锐的对比。面对即将临世的婴儿，阿成嫂犹豫着：为了全家的生存，是弄死他，还是留下来？阿成嫂进行着激烈的思想斗争。最后，还是为了一家的生存，母亲亲手闷死了刚刚生下的婴儿。等到阿成匆匆赶回来的时候，才绝望地发现：一切已经'迟了'。小说用比较完整的构思和细腻的笔触，为我们展示了一幕中国农村穷苦人家，特别是一个农村母亲所演出的亲手杀死自己婴儿的撕裂人心的惨剧。一个青年女子为中国农村贫穷妇女，喊出了发自内心深处的人道呼声。"②

李春雨在断定《昙华》的乡土小说具有一定"社会剖析小说的特色"的前提下，分析了《昙华》乡土文学特色的形成原因，主要在于《昙华》文艺社成员，除了陈菲村以外，其他人皆有长期的生活体验，他说："从各个角度切入农村的社会生活，剖示其中的愚昧落后，具有一定的社会剖析小说的特色。因为对之有深切的生活体验，许多景物描写、人物语言和生活风貌都带有浓郁的南方乡土风味，在当时的小说中的确有一种新的特色。"③《昙华》中乡土文学的突出，一方面"由于《昙华》文艺社的成员都是来自南方（除了陈菲村外，均来自广东），有过长期的生活体验，因此这一类作品可以说是《昙华》上较有

---

① 孙玉石：《一首永远活着的诗——黎昔非及其主编的〈昙华〉半月刊》，《黎昔非与〈独立评论〉》，第378—379页。

② 孙玉石：《一首永远活着的诗——黎昔非及其主编的〈昙华〉半月刊》，《黎昔非与〈独立评论〉》，第379—380页。

③ 李春雨：《〈昙华〉：时代意识的缩影》，《黎昔非与〈独立评论〉》，第403页。

价值的小说。并且难能可贵的是,这些来自乡村小说的作品并不是田园牧歌式的作品,而是具有强烈的针砭时弊的进步倾向,与当时的进步文学潮流是相符合的"①。

《昙华》突出的乡土文学特色,其形成除李春雨所说的这个原因外,另一方面也与主编黎昔非的文学思想有密切关系,例如,黎昔非在谈到从事文学创作的原因时曾说:"一固然是由自己喜欢它,一也是受沈从文的鼓励:因我来自农村,深知农民大众的痛苦,每所暴露的都是当时社会的黑暗面。他认为这比那些坐在上海亭子间里的'普罗作家'所写的还较真切,故极力怂恿我走创作这路。"②对于黎昔非的夫子自道之词,陈改玲深表认同,她说:"作为主编,黎昔非对文学的追求必然会影响其他成员。他的创作谈可用来理解整个《昙华》文艺社社员的创作。与一些概念化书写农民革命的普罗作家不同,他们自觉追求对农村生活的'真切'表达。结合《发刊辞》中对'丑恶的描写'和'黑暗的暴露'等创作目的,以及他们在作品中的努力,大概可以看到,这里所说的'真切'是对农民生活客观真实而形象的叙写,既不拔高,也不理想化,敢于正视农民的痛苦和局限性。具体于革命文学中所涉及到的农民的觉悟性的一面,则不简单从阶级压迫的角度进行概念化处理,也不简化农民接受革命道理进行反抗的过程。"③陈改玲还特别强调了一点,那就是《昙华》乡土小说是以一种"平等的理解",来审视农村的生活,从而避免了作品视角的单一,并使得作品的内涵更加丰富,她说:"与一般乡土小说不同的是,《昙华》中的作者并非全用一种居高临下的眼光来审视农村生活,而以一种平等的理解,或是采用民间的角度来书写乡村。这样既避免了作品视角的单一,作品内涵也更加丰富。"④

(2)抗战题材小说

《昙华》对于现实的关注,还有一个突出表现,那就是顺应时代潮流,高度关注国家、民族命运,这一点又集中体现为《昙华》刊登了多篇抗战题材的小说。创刊于20世纪30年代初期的《昙华》,正处于日本侵略中国日益剧烈的时期,反日救国已经成为每一个爱国者的心声。故有学者评论说"'昙华'文艺社产生和消失的本身就是与中国当时面临的民族危机紧密相连的"⑤,这个评价是确当的。因而《昙华》关注现实的又一个突出表现,就是她所发表的以反抗日本侵略为题材的作品。《昙华》所刊登的抗战题材小说,为《战区之一角》《宴会》《友谊》《孩子们》《电报》《克复以后》等。对此,孙玉石评价说:"现实关注,最重要和最迫切的,是关心'九一八'以后的国家危亡和民族苦难。《昙

---

① 李春雨:《〈昙华〉:时代意识的缩影》,《黎昔非与〈独立评论〉》,第400页。
② 黎昔非:《自传》(1951年7月),《黎昔非与〈独立评论〉》,第445页。
③ 陈改玲:《向"美"向"真"的路上走——黎昔非主编的〈昙华〉半月刊》,《黎昔非与〈独立评论〉》,第428页。
④ 陈改玲:《向"美"向"真"的路上走——黎昔非主编的〈昙华〉半月刊》,《黎昔非与〈独立评论〉》,第423页。
⑤ 李春雨:《〈昙华〉:时代意识的缩影》,《黎昔非与〈独立评论〉》丙编《文学创作》,第403页。

华》中的一些小说、速写的题材，从各种视角，屡屡直接涉及萦绕于当时爱国青年心头的抗日与国难问题。"①卢斯飞则强调了《晨华》的"民族意识"，他说："这一切让血性犹存的知识青年悲愤填膺，抗日救亡的歌声唱彻大江南北。民族意识在《晨华》中同样是充沛昂扬。"②

陈改玲在分析小说《克复以后》的时候，既关注到其中"村民不再是沉默的国民而是反抗者"的人物形象，也肯定了其中"军民对话"这一场面的描写，因为只有军民一心、共同抗战，胜利才有希望，这大概才是小说所要表达的主题。她说："《克复以后》中日军的形象与常规抗日小说中烧杀强奸没什么两样。只不过他们是作为背景出现的，活跃在文本中的是遭受炮火轰击的烂碎的堡村，饱经患难的村民以及他们所盼望的自己的军队。村民不再是沉默的国民而是反抗者。一个丈夫被杀，儿子又在抗战中战死，和小孙女相依为命的老太婆，对驻扎在他们家的军官，滔滔不绝地诉说，与她相比，军官则是一个沉思者的形象。在她介绍完家庭情况后：

> 这时那军官，没有响，但看样子，他是有点难过，在拼命的抽他烟，那烟弥漫得更感到屋里的灯火是暗淡。末了，还是那老太婆说：
>
> "长官，我们处在鬼子的治下，真冤枉，我们这边还有多少人，从前一百家人家，三四千人，真是攘挤挤的，但，自从鬼子来了，逃的逃到远方去，杀的被杀，有血气的人，还是当义勇军去好，不是还是要被杀！青年妇女，全被捉去，现在还有多少人，不到二百了吧？我想。长官，我们那［哪］一天不想你们来，一听到你们要来，我们大家都欢喜。但，你们总是没有来，唉！你们这一次真的来了，在我们的失望里，这，多么幸运，你想！长官……"
>
> "是的。老太太，我们又那［哪］一刻曾忘了你们，我们早就要来的了，但，……好，我们现在来了，我们的军队早已达到××堡的前方了，我们正在追击那鬼子，消灭那鬼子，老太太你放心！夜深了，你睡吧！"
>
> "是的。长官！"抱着她的孙女进房里睡去了。
>
> 那军官还是抽着烟，在暗淡的灯光里坐在椅子上发呆！

"这个军民对话的场面，太感人了！对于一个忧国忧民的军官来说，沉思更能反映其内心活动的丰富，也更能凸现出他的形象。作品虽没有写出他以后的举动，但为我们留下

---

① 孙玉石：《一首永远活着的诗——黎昔非及其主编的〈晨华〉半月刊》，《黎昔非与〈独立评论〉》，第352—353页。
② 卢斯飞：《黎昔非和〈晨华〉文艺半月刊》，《北京社会科学》2005年第4期，第105—111页。中国人民大学复印资料《中国现代、当代文学研究》2006年第1期全文转载。

了想像的空间，也闪耀出抗日的希望。"①孙玉石也指出："这些情景与无声的控诉，非常普通而令人震撼。作者虽没有生活体验，却也显得真切朴实。"②

陈改玲还对小说《战区一角》中的人物形象及故事情节进行过分析，同时也指出这部小说的前半部分是成功的，而结尾却不足为信的缺憾，她说："鹤子的《战区一角》，形象性更强，日军摧残中国百姓的血腥味也更浓烈更触目惊心。一群饱受盐商、地绅压迫的村民，抱着发财梦和侥幸心去抢劫日军的盐库。在日军枪声中茫然失措的他们只好乖乖地交代来这儿的目的。日军将他们按男女分开，关进两个屋子。对男人严刑拷打，对女人肆意奸淫，然后将赤身裸体的他们像盐包一样叠加起来，在上面放上石头。最后赏给他们一人一包盐，拍下他们背着盐包踉跄离开的镜头。小说将视点集中在一个与儿子一起来的老太太身上，以她的主观感受连缀场面：看到鬼子时，她害怕地紧靠在儿子的身上，恨不得钻到地缝去；关在女人房里，听到儿子在另一个房间里喊叫，幻想中仿佛看到敌人将刺刀插进儿子心脏。她禁不住大叫起来，这叫声却刺激着鬼子采取更恶毒的方法，将她这个老太婆的衣服剥光，将其他女人一个个压在她的身上，在她们呻吟中狂笑。作品的前半部是成功的，它记录了日本人对中国百姓的残忍和凌辱。但是这样的结尾却不足为信，历史的常识告诉我们，丧失人性的日本侵略者决不会让中国人活着离去。"③李春雨则认为，这篇小说"在控诉日本侵略者的同时，也对当前的国民党政府（大共同体）和豪强地主（小共同体）的批判结合在一起，具有相当力度"④。

陈改玲还对《孩子们》《电报》等小说进行了分析，认为这两篇小说尽管都不是直接取材于抗战，但战争也都成为其中不可或缺的话题，从而让我们更为深刻地理解日本的侵略给中国人民所造成的心理阴影，她说："日军入侵中国，人们生活在战争的阴影下。'国难''日本人''战争''炸弹'等词语也渗透到人们生活的方方面面。即使不是直接取材于抗战的小说，比如抒情性极强的作者夏蒂在其反映儿童生活的《孩子们》、爱情生活的《电报》等作品中，战争也都成了一个不可或缺的话题。"⑤

孙玉石对于《昙华》抗战题材小说的分析，主要选择《孩子们》《友谊》这两篇小说作为剖析对象，认为这两篇小说"从不同的角度，描写了'九一八'之后北平成为'边城'，人心不安，各色人纷纷南移的情景，却显得十分真切，扎实，构思也新颖别致"。

---

① 陈改玲：《向"美"向"真"的路上走——黎昔非主编的〈昙华〉半月刊》，《黎昔非与〈独立评论〉》，第431—432页。

② 孙玉石：《一首永远活着的诗——黎昔非及其主编的〈昙华〉半月刊》，《黎昔非与〈独立评论〉》，第354页。

③ 陈改玲：《向"美"向"真"的路上走——黎昔非主编的〈昙华〉半月刊》，《黎昔非与〈独立评论〉》，第432—433页。

④ 李春雨：《〈昙华〉：时代意识的缩影》，《黎昔非与〈独立评论〉》，第405页。

⑤ 陈改玲：《向"美"向"真"的路上走——黎昔非主编的〈昙华〉半月刊》，《黎昔非与〈独立评论〉》，第430页。

《孩子们》,着意讽刺现实,却隐而不露。""通过院子里一群小孩子们的游戏与房东孩子的对比,隐喻地传达了不同的人对于国家危难的不同态度。"①小说《孩子们》,几乎没有什么故事,主要是写"我坐在院子里,看着房东家的8岁大女孩梅英,领着弟弟和几个院子内外的孩子在玩游戏。她指挥孩子们,将煤筐搬来,将一个个堆着,像一堵墙。还有一个门,是出入之道。末了,她指使那外来的两个小孩说:'你们做日本人吧,我们……做中国人,这煤筐就是榆关,你们来攻打吧?好不好?看看谁胜?'"但是他们一个个都不愿意扮演日本人,"梅英懊丧地哭了。阿火与她又去找阿三阿四,结果,4个人出去,还是4个人回来,并没有多一个:还是没有人愿意来做。作者有意将实写的孩子们的天真游戏与虚写的大人们的行为意识作了尖锐的对比,传达了自己内在的愤激感情"。②

《友谊》这篇小说,"题材也是很现实的,但同样从一个独特的侧面进入:昔日的所谓朋友,在北平吃紧的时候,也连平日的'友谊'顾不得了。一个名字叫苓的大学生,生了连'并不平凡'的医生也不明白的病,躺在公寓里的床上,已经3个月了。因战事日紧,人们纷纷逃难。公寓里的一些自诩'高等人材'的大学生们又过着'醉生梦死'的日子。一天,与他住在同一公寓里的两个同乡的同学——德言、其超,来到房间里看他。这是他在北国里最接近最有谈话机缘的朋友。他们只是站着说话,怕污秽了漂亮的衣服,或将病传染给他们。然后嗫嚅地说,看他的病一时好不了,劝他还是进医院好。但是,他们主要告诉他的是:'现在,风声很不好','这里是准完的,只是迟早的问题。'他们'打算搭五点的车走,因为,课已没上,不如回家去妥当。'他们问他:'你的意思怎么样?'苓听了这些话,心中充满了悲哀……临离别,他们还不肯走,目的是特意要苓归还过去借他们的五块钱。他们没有拒绝,还说:他们自己只有60多块钱,上海到家的钱还得另外设法。可是,当他们走后,房东老婆子向苓催索房租的时候,才知道,他们临走前,还花钱买了一百多元以上的东西。苓由此才更明白了这友谊之间'互助'的奥义了。这里,从患难之际友谊与自私的角度,写了国难中人情的沦丧。但故事却有意放在北平逃难的大背景之下。作者和《昙华》编者对于现实的强烈关注,他们的爱憎感情,是很清楚的"。③

(3)青年问题题材的作品

《昙华》关注社会现实的又一个具体表现,就是对当时青年问题的关注。《昙华》文艺社的成员,都是当时热爱文学的青年。比起其他生活领域,他们更熟悉青年的生活与心理。因此,关注青年问题题材的作品,也是《昙华》的重心之一,透过这些作品所反映的

---

① 孙玉石:《一首永远活着的诗——黎昔非及其主编的〈昙华〉半月刊》,《黎昔非与〈独立评论〉》,第354—355页。
② 孙玉石:《一首永远活着的诗——黎昔非及其主编的〈昙华〉半月刊》,《黎昔非与〈独立评论〉》,第355—356页。
③ 孙玉石:《一首永远活着的诗——黎昔非及其主编的〈昙华〉半月刊》,《黎昔非与〈独立评论〉》,第356—358页。

各个生活层面,触摸到了青年生活的脉搏。

《昙华》所发表的小说中,涉及青年生活及其问题的有《快乐的结局》《先生的儿子》《一个女理想家的懊悔》《爱与仇》《现代青年》《会客》《脚病》《期待》《考试日记》等。

《快乐的结局》"写到青年在穷困中挣扎追求的希冀与绝望……青年李文写了一个88万字的中篇小说,投稿后等了很久,书局老板终于来信说,稿子可以陆续发表,于是感到自己穷困的生活境遇因此有了改变的希望。但他很快又接到书局老板的另一封信,说稿子不见了,请他再重抄一遍寄去,自己得到的是更大绝望的'快乐的结局'"。[①] "这篇带有自嘲性的小说可以作为《昙华》文艺社创办杂志的缘起来读:拥有自己的发表园地作家梦更易实现。"[②]《先生的儿子》"写出人到青年时,由童年的回忆中所悟到的人世变幻。一个乡村小学老师的儿子,是'我'在故乡童年读书时的邻座",曾是那样飞扬跋扈,不可一世。多年以后,"我"回到故乡,知道他的家境已经穷愁潦倒,只好在"我"父亲开的铺子里做伙计谋生。"当'我'与他见面时,看到他竟成了一个麻木的老老实实'又勤又听话'的雇工。"小说"写出了世事变革与人生的沧桑感"。[③] "这一场景很容易使我们想起《故乡》中'我'多年后与闰土的重逢,只不过是将'老爷'换成了'先生';其实城镇中的'伙计化'又何尝不是'奴化'的一个代名词呢?"[④]

《一个女理想家的懊悔》"是一篇近于心理分析的小说"。在一个中学任教员的密斯曼娜章"是一个爱情的理想家,自矜自傲,喜好打扮。还是什么妇女抗日团体的委员,却早将'国难'两字丢到乌何有之乡"。在大学读书的男生吕晦,"原来是她恋着的对象。她选择爱人一直怀有'博士''主席''部长'等'理想'。她因此认为,吕晦这个人的资格还够不上她理想的标准,并且很骄傲地对自己的朋友戴女士说:'怎么你不去向他求爱呢?'由于流言,引起了她旧情的死灰复燃。她发了封信给吕晦,整日焦急地等待着他的回信"。但她从送信的老妈子手中接到的却是"印着'我俩定三月十五日在新中华旅舍举行婚礼,敬请观礼',下面署着'吕晦戴韬鞠躬'字样"的请柬。"她便忘记了她平素的庄严,当着老妈子跟前,倒在椅子上抽咽哭泣起来了。这温和的讽刺里,透出作者严肃的爱情观。"[⑤]

《会客》"将饶有趣味的笔触,伸进了一个对于人生、友谊与爱情都十分陌生的灵魂。

---

① 孙玉石:《一首永远活着的诗——黎昔非及其主编的〈昙华〉半月刊》,《黎昔非与〈独立评论〉》,第366页。

② 陈改玲:《向"美"向"真"的路上走——黎昔非主编的〈昙华〉半月刊》,《黎昔非与〈独立评论〉》,第416页。

③ 孙玉石:《一首永远活着的诗——黎昔非及其主编的〈昙华〉半月刊》,《黎昔非与〈独立评论〉》,第366—367页。

④ 陈改玲:《向"美"向"真"的路上走——黎昔非主编的〈昙华〉半月刊》,《黎昔非与〈独立评论〉》,第425页。

⑤ 孙玉石:《一首永远活着的诗——黎昔非及其主编的〈昙华〉半月刊》,《黎昔非与〈独立评论〉》,第367—368页。

女大学生'我',是一个性格孤僻,生平最怕的是交际的人"。"她的朋友 L 跑上楼来对她说,密斯特 C 来了,要她下楼去和他们谈谈。小说巧妙详细地写了她内心经历的一番激烈的思考、斗争,认真作了与陌生男人怎样谈话的预备、练习。这时下面大声地叫她去吃饭了。她慢慢装作很大方的样子踏下楼去之后,见了 L 本人只是穿了便服很随便地在那里洗碗,她望了望房子里,已经没有男士们的踪影了。自己也松了口气。小说写出未经世事的青年女子,那种孤僻和自矜的性格,朦胧的渴望,以及胆怯应对的情状"。① "对大学生来说,青春萌动是极为自然的事,对异性的关注也就成了《昙华》中的学生生活最为集中的话题。《会客》从女性角度书写女学生既渴望又害怕交际的心理。明明知道和男子交往才能自由恋爱,可是'有机会和男子交际,自己又有意躲避起来。'有不习惯的原因,也有不会寻找话题的缘故。男女自由交往已成为社会风气时,一些年轻人却缺乏这种交际能力,作品的角度颇为新颖。"②

"解剖一些青年精神的空虚,追求金钱与享乐,乃至因此走向政治上堕落与灵魂的肮脏,使《昙华》小说在另一个重要侧面显示出逼近现实的思考深度。"③《现代青年》的"主人公已经从单纯走向世故,走向与社会同流合污。住在上海简陋的公寓里的一群受高等教育的青年,他们忘记了国难,忘记了青年人的责任,整日除了高谈阔论以外,就是谈论女人、谈论爱,但是他们连什么是真正的爱情,都不懂得。这里给我们描写了现代青年人精神空虚的图景。这种精神空虚与自我膨胀,有时到了异想天开的境地"。小说《脚病》"就是一个很好的例子。它是描写一个知识青年心理的小小说"。"他"发现自己脚膝上发生了一点皮肤病,"这怎么好?想到医院去,但这要花很多的钱,而且一点毛病,就可能开刀……,这是多么可怕啊!万一给医治坏了,还会变成跛子。以后的日子怎么过,谁肯嫁给一个跛子?想到极度后,他又会自解。他又想如果住进院后,可以舒舒服服静养几天,那里还有漂亮的护士照顾,小说由这里开始,用许多的文字,具体描写了他想像自己,怎样和漂亮的护士接近,他们之间有怎样的谈话,最后脚已经完全复原,准备出院,他们怎样难舍难分,互相约好会面的日子。"他"真的去医院了。可是医生仔细看了之后,对他说:'并没有毒,只是皮肤有点损坏。你回去用热手巾粘起来,冷了再换,一天三四次就会好了。'他听了医生的话,'大大地放了心,同时却觉得有一点失望,带上帽子悄然离了医室'。这篇讽刺小说,没有曲折故事情节,除在结尾部分出现说了一句话的医生外,没有出现第二个人物,全部是作者在叙述'他'的行为和心理的描写。篇中那些与护士长长

---

① 孙玉石:《一首永远活着的诗——黎昔非及其主编的〈昙华〉半月刊》,《黎昔非与〈独立评论〉》,第368页。
② 陈改玲:《向"美"向"真"的路上走——黎昔非主编的〈昙华〉半月刊》,《黎昔非与〈独立评论〉》,第429页。
③ 孙玉石:《一首永远活着的诗——黎昔非及其主编的〈昙华〉半月刊》,《黎昔非与〈独立评论〉》,第368页。

的对话,也完全在想像中展开。然而却能通过这样一段虚拟的'脚病'的经过,隐隐地讽刺了一些知识青年的一种浪漫的通病:过分自爱,多疑,又过分地异想天开。这里讽刺的是'脚病',实际隐含的是这类人物精神上的疾病。小说文字简练干净,讽刺而不失滑稽,讥讽的'度'把握得很好。这篇《脚病》,可以算是《昙华》里一篇文字功夫运用得较为成熟的小说了。"①

短篇小说《爱与仇》"是颇费了一番心思构思的作品。它将青年爱情题材放在一个尖锐政治斗争的背景和事件纠葛里描写"。一个名字叫楼兰的大学生,以金钱为魅力赢得了"校花"的欢心。得知他的钱是靠出卖同学,将其诬为"××党"而遭枪决时,正义的冲动使"校花"拿起桌上的小刀刺进了这个卑鄙者的胸膛。"小说涉及了多个方面的社会问题:统治者当局秘密逮捕和审讯进步青年的丑行,日寇入侵的国难当头时爱国青年的责任,黑暗政治笼罩下一些青年为了金钱而不惜卖友求荣的卑劣,追求个人爱情与坚持社会正义的尖锐矛盾与选择,等。在当时政治高压的气氛之下,通过一个爱情的故事,作者直接接触这些敏感度很强的题材,抨击了人性里潜在的卑鄙与丑恶,黑暗与肮脏,展现了美好与善良的力量在人性中的升华,所表现的爱憎感情是非常鲜明的。小说在两个人物的鲜明对比描写中,抨击现实黑暗势力和特务制度,着意塑造一个青年女学生,由于对于楼兰可耻的卖友行为的正义仇恨,最终分清是非,让正义的理智战胜了情感上原来存有爱的力量,在这里,隐含地寄托了作者对于人性的'真'与'美'的深挚追求。'爱与仇'的矛盾在这里被作者赋予了异常尖锐的现实内涵。小说艺术虽然还有不少瑕疵,如女学生后来的正义行为在前面缺少必要的铺垫等,但它的整体构思,它对人性美的超越力量和现实生活真实性的追求,它的寓批判于故事叙述之中的处理方法,都是难能可贵的。"② 另一位评论者认为:"一些作品具有强烈的进步倾向。"例如,罗岗的《爱与仇》中叙述了女主人公在"'一·二八'×周年纪念前三天的早上",杀掉"一·二八"运动中的学生叛徒,"在这里最使人震动的乃是作者对当权统治者发出几乎可以说是激昂的革命呼号,充满着对刚刚过去的'一·二八'运动的肯定和认同,充分表达了'昙华'同人对激进革命理念的认同和对当权统治者的厌憎。在当时可以说是非常难能可贵的、极有勇气的行为"。③

《昙华》的作者"还常常在国难环境中,从道德角度批判性展现这种性饥渴。申伯笔下的'现代青年',既不关心国家大事(日本人的侵略)又不读书,他们出入于公园戏院马路上等公共场所,观看各色女性,在宿舍谈论女性满足他们性饥渴。他们只为'食色性'这些最基本的需求生活,忘掉现代青年所应有的社会责任感。用主人公小轩的话来

---

① 孙玉石:《一首永远活着的诗——黎昔非及其主编的〈昙华〉半月刊》,《黎昔非与〈独立评论〉》,第369—370页。
② 孙玉石:《一首永远活着的诗——黎昔非及其主编的〈昙华〉半月刊》,《黎昔非与〈独立评论〉》,第371—376页。
③ 李春雨:《〈昙华〉:时代意识的缩影》,《黎昔非与〈独立评论〉》,第405—406页。

说,他们仅仅是'穿着二十一世纪时代的新装'(《现代青年》)"。申伯的另一篇小说《一个女理想家的懊悔》,"也以讽刺手法,对外表上的新女性给予嘲弄。这是一个受过高等教育的中学女教师:'密斯曼娜章,虽然是什么妇女抗日团体的委员,但也早跟那些'叫喊有余实际无心'的人们一样,早把这'国难'两字丢到无何有之乡去了'。她真正关心的是如何吸引男人,使他们争风吃醋,饱尝爱恋之苦。她也喜欢到公共场合,'携一本很厚而不可卒读的布面金字曾经渡过太平洋的书',坐在公园里游人必经之地假装阅读,享受别人对她的观赏。时光流失,受捉弄的男性一个个结婚了,她已青春不再,面对镜中的皱纹,只能哭泣。在作者看来性玩弄者也往往是人格上的堕落者,在作者正义的审视下,他们必然要受到惩罚"。①

在这些描写青年生活的作品中,尤其是在那些小说里,"作者的题材选择,情感趋向,美学趣味,都是坚持与健康进步的人生追求相一致的。他们肯定人的内心存在的美好的东西,鞭挞精神世界中的自私与丑恶。在这种肯定与批判中,表现了他们'真'与'美'的精神品格与自我坚守"②。

黎昔非除了致力于农村题材小说创作之外,青年问题也是他创作的一个重点,"七七事变"之后,他从北平邮寄的包裹中,就有"小说约十万字,——其中有刚草成约五万字的中篇,是描写小资产阶级青年男女的生活颓废,思想动摇的,拟修改后与出版商接洽印行的"③。可惜当时处于战乱,这个包裹丢失了。据此我们可以推知,《昙华》中涉及青年问题的小说,有不少没有考查清楚作者的,应当也有他的作品。

(4)评论和杂文

《昙华》对于社会的批评,主要体现在其所刊登的评论和杂文。

评论是《昙花》的一个文类。一期、三期、四期上有刘枕涛的《灯下谈丛》;第三期有张无挂的《猎名作家与成名作家》一文。对于这些关注现实、批评弊端的社会评论性文章,陈改玲也给予了评价,如对于刘枕涛的《灯下谈丛》系列评论,陈氏从视野开阔、认识深刻、语言犀利、思辨性强等四个方面予以肯定,认为与同时期其他报刊上的同类作品相比,不失为"好的杂文",她说:"刘枕涛的《灯下谈丛》分别谈论了人们对辩证唯物主义观点的误用、'救国妙策''现代青年的烦恼与出路''国难声中之科学贡献'等话题。从文章中可以看出作者是个相当激进的青年,国家命运和青年人的发展是其杂文关注的重心。第1期上的《灯下谈丛》批判了两种现象:一些在学校谈革命以马列自居的青年,错误理解辩证唯物主义的'有定论',只强调环境对人的决定因素,而遗忘了人对环

---

① 陈改玲:《向"美"向"真"的路上走——黎昔非主编的〈昙华〉半月刊》,《黎昔非与〈独立评论〉》,第 429—430 页。
② 孙玉石:《一首永远活着的诗——黎昔非及其主编的〈昙华〉半月刊》,《黎昔非与〈独立评论〉》,第 376 页。
③ 黎昔非:《自传》(1951 年 7 月),《黎昔非与〈独立评论〉》,第 445 页。

境的改变,到社会上就走上个人向上爬的道路;一些人追求所谓的人生艺术化,要求人们享受内心痛苦,却丧失改变环境的能力。刘枕涛发表在3、4、5期上的文章,杂文特点相当明显,'救国妙策'中,作者指出国民党的不抵抗政策,'是应时的妙策',与此衍生出'念经救国''一面交涉,一面抵抗的救国''开发西北救国''航空救国''安内攘外救国''民族主义文学救国''科学救国'等所谓'救国'的'妙方',实际上他们只能产生'亡国'的后果。作者视野开阔,认识深刻;语言犀利,思辨性强,与同时期其他报刊上的同类作品相比,它也不失为一篇好的杂文。"①

对于刘枕涛《现代青年的烦恼与出路》《国难声中之科学贡献》等文,陈改玲将之与20世纪30年代中国社会性质讨论的时代背景联系起来加以评论,肯定这些文章不仅角度新颖,而且都直面社会现实,对当时政府的"不抵抗政策"进行了批评,她说:"他指出教育问题,生活和恋爱问题,意志不能自由等问题是现代青年的三种烦恼。这些烦恼由现代社会的资本主义性质决定:学的是资本主义课程;在商品化社会求职,恋爱都无保证;社会的无组织使个人意志发生种种冲突。这些烦恼逼使一些人选择自杀和投降。在作者看来只有推翻资本主义社会,消灭私有制,才是解决烦恼的真正办法。也许作者对当时中国社会性质(资本主义)的判断有失公允,联系20世纪30年代中国社会性质的讨论,作者有这样的观点就不难理解。在《国难声中之科学贡献》中,作者再次以讽刺的方法批判了政府的不抵抗政策,文章的角度更加新颖:'日本帝国主义的大炮,没有惊醒我国的政府(我国的政府也有同样的大炮,而且它对炮火的经验比日本帝国主义还丰富,当然不会被惊醒的。)却惊醒了我国的科学家了。这惊醒可不小,在短短的十七个月中,就惊醒出几十种发明来!'这几十种的发明就是作者"从平津报纸上收集来的'国瑞式天然瓦斯''高粱制造酒精''治水新利器''轻便地雷'等22种发明。政府不抗战,科学家的发明能救国吗?但是报刊却以科学家的发明转移读者对政府的注意。作者不仅批判了政府的不抵抗政策,也对报刊袒护政府的做法进行批判。"②

而对于张无挂的《猎名作家与成名作家》,陈改玲在指出其善于用拟人方法论述问题这一特点的同时,也指出了其偏颇之处,但对于张无挂主张作家必须具有强烈的社会使命感、以及将文坛比作战场等观点,还是给予了肯定,她说:"善于以拟人方法论述问题是张无挂的《猎名作家与成名作家》的特点。对文坛上'成名作家'与'猎名作家'(正在努力成名)之间的矛盾现象的分析中,比如将猎名作家和成名作家比作无顾主车夫与有顾主车夫的关系,无论是哪种车夫,但毕竟是车夫,即以劳动(笔耕)为生的人。只不过

---

① 陈改玲:《向"美"向"真"的路上走——黎昔非主编的〈昙华〉半月刊》,《黎昔非与〈独立评论〉》,第417—418页。
② 陈改玲:《向"美"向"真"的路上走——黎昔非主编的〈昙华〉半月刊》,《黎昔非与〈独立评论〉》,第418—419页。

成名作家的作品已不愁买主（主顾），猎名作家的作品还未被人认可。作者又将他们比作'初生牛犊不怕虎'的小牛与'门罗主义'的霸山鸟的关系：'前者富于冒险的和进攻行为的精神，而后者就具有操纵的和维持原状的手腕'，两者之间发生着一场争夺文学地盘的斗争；还把他们比作'文人'与'武人'的关系，两者之间互相利用：'武人利用文官为工具，文官利用武人为傀儡'，文官有才武官有名。在作者看来文坛上之所以会有种种纷争，其原因之一在于作家们的私心，因此作家必须具有强烈的社会使命感。也许作者将文坛纷争简单归之于作家的私心有失偏颇，但当时文坛也确有这种争夺读者争夺文学地盘的纠纷，作者的批评是有针对性的，将文坛比作战场，也是较为形象的。"①

孙玉石对《昙华》批评社会现实问题的关注和讨论，主要基于对刘枕涛《灯下谈丛》所进行的分析，他认为刘枕涛的这些非常富有现实性的论述，尽管是他个人的议论，但在《昙华》创办伊始，即能见诸刊物，应该说多少还是体现了这个文学团体里几个人的理论观与文学创作思想的。孙玉石说：《昙花》创刊号所刊登的刘枕涛《灯下谈丛》两则，"一则，是批评现实社会中有这样一些人，他们是高唱着辩证法的唯物论，决心'改造周遭环境'的实行家，但却不肯下力气去解决社会里的许多实际问题。他们为着目前最急须解决的问题，却怎样地'拉住大人们的腿'，'很幸运地以大人们的恩惠得到一部分的赃物'，自己中饱私囊。杂文中抨击'这一班"改造周遭的环境"的实行家，有的既达其目的，有的还在做其工作，而他们的生活问题并不曾把他们的灵魂上天堂，他们的尸体下地狱。'另一则，是讽刺不关心人民疾苦的或一种高蹈派的文艺家。这样一些文学家，主张一种脱离现实的'人生艺术化'的文学理论。他们主张，作家要把基于现实诸多原因而产生的'凄惨而悲愤的心情'蕴藏于内心，看作这样做才是'人生的艺术化'，而将这种情感用文艺作品'宣泄之于外'，则为'人生的空虚'。杂文里尖锐地指出：他们这样做，实际是在让中国劳苦农工们的人生把自己的不平之鸣，斗争的行动，都赶快停止。不然的话，这些文学家就'不特要说你们的人生必定空虚，而且还将说你们是艺术人生的叛徒！'这些非常富有现实性的论述，虽然是作者个人的议论，但在创办伊始，即能见诸刊物，应该说多少还是体现了这个文学团体里几个人的理论观与文学创作思想的。他们反对理论脱离实际的'改造周遭环境'的'实际家'，反对无视社会底层的'农工劳苦人民'的愤怒与抗争的所谓'人生艺术化'的超然理论。这也就直接指向了那些配合当权者鼓吹'新生活运动'的粉饰现实的文学理论。他们的小说与杂文创作，从生活题材的选择，到情感的批判趋向，都是与这种为社会人生不平则鸣的现实关注分不开的"。②最后，孙玉石还从总体上

---

① 陈改玲：《向"美"向"真"的路上走——黎昔非主编的〈昙华〉半月刊》，《黎昔非与〈独立评论〉》，第419页。
② 孙玉石：《一首永远活着的诗——黎昔非及其主编的〈昙华〉半月刊》，《黎昔非与〈独立评论〉》，第351—352页。

对《昙华》的"意识倾向"进行总结和概括,认为:"我们也可以体会到《昙华》编者的意识倾向……作者和《昙华》编者对于国家危难的强烈关注,他们现实的爱憎感情和美学情趣,也均由此而可以概见了。"①

李春雨对于"昙华"文艺社同人思想观念的考察,主要也是通过《昙华》上的杂文来进行的。他说:"在这一方面,有刘枕涛的《灯下谈丛》和《国难声中之科学贡献》,朱无挂的《猎名作家与成名作家》等,其中尤其是刘枕涛的《灯下谈丛》最能流露出他们的心声。在刘枕涛的《灯下谈丛》中,专门讨论了几个问题:其一,批评了某些在口头奢谈唯物主义的青年心口不一的言行举止;其二,讽刺并批判了某些艺术家借助'人生艺术化'来躲避迫在眉睫的革命潮流;其三,'救国妙策'。对当时国民党政府坚持内战反对抗战的政策,进行了尖锐的嘲讽:

> 所以"九一八"的事变,"不抵抗主义"是应时的妙策。不然的话,对方把责任加在我身上时,不特东三省送丢了不算,恐怕还要我整个中国来供赔偿呢!

"行文不可不谓尖辣了。'昙华'文艺社同人对民族命运的关注,对当权政府的极度失望和愤慨,尽在寥寥数语之中。其四,'现代青年的烦恼和出路'。在这一部分中,作者事实上将前面所述的政治、艺术、理想一并归纳进这一部分进行探讨,认为:'处在现代的青年,没有一个不觉得烦恼的。几乎可以说:"烦恼"就是现代青年的命运'。而'烦恼'的原因何在呢?作者认为表现在这三点:资本主义垄断教育,一般青年得不到教育或者只能得到资本主义操纵的教育;资本主义社会金钱关系对青年的生活问题和恋爱问题的戕害;意志不能自由。因此,作者在结尾提出了解决的方法:

> 简单地说,这烦恼的症结,就是资本主义社会,私有财产制度。欲除此症结,我们青年就必须有这团结的精神,牺牲的勇气,来推翻这现实的高压!把资本主义社会推翻了,把私有财产制度毁灭了,那使我们青年烦恼的教育问题就得解决,生活问题和恋爱问题也就失了问题性,同时我们的意志也就由必然到了自由!青年们努力吧!出路就在眼前!

"我相信,这些话对今天的人来说无疑是十分耳熟的。今天的人们当然也知道这些问题并不是如此 1+1=2 那么简单,把一切问题完全寄托在一场革命中的想法要使中国人付出多大的代价。但是,这些看法是那一个时代的激进文学青年所拥有的理所当然的想法。"②

---

① 孙玉石:《一首永远活着的诗——黎昔非及其主编的〈昙华〉半月刊》,《黎昔非与〈独立评论〉》,第358—359页。
② 李春雨:《〈昙华〉:时代意识的缩影》,《黎昔非与〈独立评论〉》,第406—407页。

（5）诗歌

《昙华》所发表的诗歌并不多，仅在半月刊第 1 卷第 5 期，刊登了一组短诗，共 4 首，分别是：亦明的《温情与热爱》，丁未的《时光老人》《光明的太阳》，方桥的《归车》。孙玉石认为，这些诗既有对现实政治的讥刺，同时也有对青年的鼓舞，鼓励他们要肩负起改造环境的时代责任，他说："这些诗，或吟唱记忆中母亲的温情与梦中爱人的拥抱，离开母亲的怀抱与梦中渺茫的爱，也就使得自己对于人间的温情和热爱，都完全忘了。或写'时光老人'的匆匆而逝，对于人的生命的无情。时光像一枝新铸的锐箭，'插进了我周身的任何一窍'。它'汹涌的尖端就是一条死亡的大道'。诗的比喻里同时讥刺了现实的政治家。'他像去赴国难会议的要人，飞跑！/但，绝看不到一团黑影儿在玻窗内闪动，胡调！/听不到什么使人心向的佳妙的演说，雄辩；也没有什么色彩，扇动和壮烈的口号！'另一首《光明的太阳》，用激昂的调子，鼓舞青年肩负起改造环境的时代责任。'新的酒瓶不要去再盛那陈的酒酿，/新的青年啊不应再去做那腐臭的皮囊！/时代的暴风雨已怒吼地在狂吹，/那灰色的朵云底背后啊就是光明的太阳！'也有的是歌唱少女思春怀人的。在明媚的春光里，慨叹着一个忧愁的少女：'啊！那里是你爱人的归车？/那里是你心身的栖家？'"①

陈改玲在肯定这些都是"抒情诗"的基础上，指出：由于作者试图用形象化的语言锻造诗句，因而使得这些诗歌具有了"强烈的动感"，而节奏感又使得读者对时间的流逝产生了一种切实而形象的感受，她说："这些都是抒情诗，青年人常有的对爱情、时间、人生的感慨是诗歌的主题。诗歌作者试图用形象化的语言锻造诗句，也试图在结构上形成特点。比较突出的是丁未的《时光老人》，全诗由一核心意象'赴国难会议的要人'统领，诗句节奏感强，节与节之间使用传统的'顶真'方法。这首诗共 6 节，首尾两节以复沓的方式呈现……这虽是一首感叹时间流失的诗歌，作者以拟人方法将'时光老人'比作'像去赴国难会议的要人'，将'国难'凝聚在意象构建中。'飞跑''胡调''雄辩''口号''狂跳'等句末的两字音节不仅讽刺地表现出'要人'的动作，使诗歌具有强烈的动感。而且在较强的节奏感中使读者对时间的流失有一种切实而形象的感受。"②

4.《昙华》在中国近代文学史上的价值与地位

《昙华》从创刊到停办，存在的时间并不长，谓其为"昙花一现"，亦不为过。然而，对于《昙华》在中国近代文学史上的价值与地位，我们却不能忽视。那么，应该怎样评判《昙华》在中国近代文学史上的价值与地位，才客观、公允而符合实际呢？对此，学术界

---

① 孙玉石：《一首永远活着的诗——黎昔非及其主编的〈昙华〉半月刊》，《黎昔非与〈独立评论〉》，第 392 页。
② 陈改玲：《向"美"向"真"的路上走——黎昔非主编的〈昙华〉半月刊》，《黎昔非与〈独立评论〉》，第 420—421 页。

已经从如下几个方面，对此进行了客观而公允的评述。

（1）现实主义百花丛中绽放异彩

正如学者所分析的那样，《昙华》的短篇小说除了在题材上具有明显的时代特色外，其现实主义的艺术方法亦颇具特色，如卢斯飞就明确指出，《昙华》的小说在采用现实主义艺术方法同时，注意到了保持作品的生活气息，同时尽力避免艺术粗糙的偏向，以及以短取胜的艺术格局，从而在20世纪30年代现实主义百花园中绽放着异彩。他说：

"新文学创作的第二个十年（即人们通常所说的30年代文学）不乏探索性和先锋性的现代主义流派，如小说创作中就有心理分析派和新感觉派等；但昙华社同人为什么在小说创作中几乎不约而同地采用了现实主义的艺术方法呢？毋庸讳言，就对文学的态度和文学思想的倾向而言，昙华社深受京派作家的影响。京派的基本倾向可以说是文学研究会的为人生的现实主义承袭和发展。就艺术方法而言，京派作家多为现实主义派，汇入本时期的现实主义主潮中。所以昙华社同人以农村生活为题材的小说，和'为人生'派、京派的小说颇多一致之处，而且力求构思精巧，富于文化意蕴。不过，昙华社出现在京派之后，由于时代的发展和现实环境的严峻与恶化，昙华社的作品就少有京派作家的那种带有浪漫主义气息的抒情体小说，而是强化了京派作家另一种讽刺性小说。当然，现实主义也是存在多种形态的，它们之间也会相互影响。不可否认，左翼作家和昙华社同人在反映农民生活的愚昧、落后、困顿、痛苦、挣扎等方面有相似之处，这是因为：当时的小说作家（包括左联社会分析派小说家以及京派作家）都曾受到'为人生'派和'乡土文学'的影响，大多注意从现实生活取材，尤其是突出描写农村的破产、动荡和农民的悲苦与不平。社会分析派此时接受了马克思主义的影响，一般能从社会的政治经济分析入手，揭示社会现实特别是农村中阶级的对立和抗争，具有浓烈的社会意识。像茅盾的《春蚕》和《林家铺子》，其发表的时间与《昙华》上的短篇小说的发表大致在同一时期①。这就说明，左联作家和京派作家（包括昙华社在内）的创作在主题和题材上有相似或相近之处。就创作潮流而言，它们之间的确存在一种相互渗透、共存、互补的态势。只是京派作家在创作中更加强调审美意识，更加注意从文化、道德的层面来探讨人生，因此某些左翼作家的初期作品所存在的人物脸谱化、故事情节公式化以及标语口号倾向严重、人物多豪言壮语和政治术语等问题，这些现象在《昙华》作品中却是很少见到的。从这里可以看出：《昙华》在采用现实主义艺术方法同时，注意到了保持作品的生活气息，同时尽力避免艺术粗糙的偏向。②

---

① 按，据作者指出：《春蚕》写于1932年11月1日，载于《现代》第2卷第1期。《林家铺子》完成于1932年6月18日，载于《申报月刊》第1卷第1期。二文后俱收入1933年5月开明书店出版的《春蚕》中。

② 卢斯飞：《黎昔非和〈昙华〉文艺半月刊》，《北京社会科学》2005年第4期；中国人民大学复印资料《中国现代、当代文学研究》2006年第1期全文转载。

"以短取胜的艺术格局。《昙华》每期 16 页,仅 2 万余字。故每篇作品平均只有三几千字。中国艺术有所谓'尺幅千里''纳须弥于芥子'等说法,强调以短小取胜。短篇小说要做到这一点,自然要求作者熟悉生活,胸有成竹,精心构思,认真提炼,还要做到语言省净,文笔传神。《昙华》中不乏这样的作品。像女作者菲村的《某日》《迟了》采用独特的女性视角,通过细腻的心理描写和恰到好处的背景处理来凸现悲剧事件,的确是出手不凡。《昙华》作者们的艺术实践,值得后人借鉴。"①

（2）首先高举抗日救亡旗帜的文学刊物

在中国现代文学史上,《昙华》是首先高举抗日救亡旗帜的文学刊物。

对于《昙华》高举抗日救亡的旗帜,学者多数都有关注,如孙玉石就指出:"现实关注,最重要和最迫切的,是关心'九一八'以后的国家危亡和民族苦难。《昙华》中的一些小说、速写的题材,从各种视角,屡屡直接涉及萦绕于当时爱国青年心头的抗日与国难问题。"②李春雨明确说道:"《昙华》从始至终都充满了'昙华'同人的思想:反省社会现状,突出抗战主题,支持抗日,弘扬民族精神。在这样一个总体编辑构思的引导下,《昙华》在几种文学体裁上都体现出其核心思想。"③

卢斯飞则结合"九一八事变"以后全国抗日救亡运动日益兴起的大背景,对《昙华》所表现出来的浓郁"民族意识",以及广大青年的"忧患意识"进行了分析,从而确认《昙华》高举抗日救亡旗帜的事实,他说:"1931 年'九·一八事变'后,日寇铁蹄长驱直入,疯狂践踏中国领土,东北三省,转眼沦陷,沪上硝烟,继之又起,长城一带,岌岌可危。与此同时抗日救亡运动蓬勃兴起,民族意识充沛昂扬,广大民众在民族劫难中觉醒抗争,出现了许多可歌可泣的事迹。这一切让血性犹存的知识青年悲愤填膺,抗日救亡的歌声唱彻大江南北。就在热河沦陷、榆关失守之时,1933 年 1 月在北平创刊,由黎昔非主编的《昙华》文艺半月刊 1 至 7 期（该刊仅出 7 期）,发表了一批以抗击日寇侵略为题材的短篇小说。民族意识在《昙华》中同样是充沛昂扬。在这一批作品中,鹤子的《战区的一角》叙述沦陷区人民铤而走险潜入盐栈不幸被日军发现,男的受尽拷打,妇女惨遭奸淫,最后还被拍照宣扬,从而有力地控诉了侵略者令人发指的罪行。零零的《克复以后》写的是一个村堡从日军手中夺回后几成废墟的情景:全村原有三四千人,鬼子占领之后,逃的逃,杀的杀,青年妇女全被捉去,有血气的人当了义勇军,幸存者不足二百。零零的另一短篇《宴会》,故事发生在长白山下某村,日军副团长和另五个军官抓了五个学生,企图发泄兽欲,反被女学生灌醉并将其开枪全部打死。……对侵略者的仇恨意识甚至弥漫

---

① 卢斯飞:《黎昔非和〈昙华〉文艺半月刊》,《北京社会科学》2005 年第 4 期;中国人民大学复印资料《中国现代、当代文学研究》2006 年第 1 期全文转载。

② 孙玉石:《一首永远活着的诗——黎昔非及其主编的〈昙华〉半月刊》,《黎昔非与〈独立评论〉》,第 352—353 页。

③ 李春雨:《〈昙华〉:时代意识的缩影》,《黎昔非与〈独立评论〉》,第 400 页。

在儿童的内心世界：夏蒂的《孩子们》写八岁的女孩梅英领着几个小孩做攻打榆关（山海关）的游戏，但没有一个小孩愿意扮演日本兵。作者深情赞扬了他们'不妥协、不调和、不折中、不屈服，终于不愿意做日本人'的纯洁心灵。此外，在《昙华》上发表的其他小说和诗歌杂文里，还描写了在外敌入侵、风云变幻的年代里农村生活的进一步恶化，青年学生的思想的动荡不安；批判了'不抵抗主义'、寄幻想于'国联'等应对妙策；希望人们焕发'民族意识'，以实际行动来'拯救垂危的中国'。……总之，这些作品比较鲜明地反映出20世纪30年代时代青年的忧患意识，表达了他们在国难当头时期的愤怒、同情和思考。"①

卢斯飞还通过对抗日题材作品的胪列，最后得出《昙华》"应是中国现代文学史上首先高举抗日救亡旗帜的文学刊物"这一结论，他说："值得文学史家注意的是：这些反映抗击日寇侵略的短篇小说发表于1933年初，距离震惊世界的1931年'九一八事变'才一年多一点（东北全境沦陷为1932年2月），距离日本帝国主义武装侵略上海的1932年'一·二八事变'刚好一年。其时'东北作家群'尚未形成，萧军、萧红在1934年才离开哈尔滨，他们写的反映东北底层人民在日伪统治下苦难和斗争的小说散文集《跋涉》，则是在1933年10月自费由哈尔滨五日画报社出版的。他们的成名作《八月的乡村》（萧军）、《生死场》（萧红）到1935年在鲁迅支持下才得以出版。此外，林箐（阳翰笙）的中篇小说《义勇军》于1933年1月由上海湖风书局出版。根据现存资料来看，《昙华》上发表的《战区的一角》《克复以后》《宴会》等作品，应是中国现代文学史上首先高举抗日救亡旗帜的文学刊物，她发表的这些作品，应是'九一八事变'后第一批出现的以抗击日寇侵略为题材的短篇小说，其意义不可忽视。"②

（3）第一个客家文学社团和首批客家文学

《昙华》的价值和地位，还表现为她是中国近代文学史上诞生的第一个客家文学社团，并创作了首批客家文学作品。

卢斯飞明确指出：《昙华》的"作品具有比较浓厚的地方色彩。昙华社的作者除菲村外，其余4人均为粤东客家人。客家人是历史上陆续从中原迁到南方山区而形成的一支汉族民系，保留了客家先民重视文教、讲究礼仪以及吃苦耐劳等特点，但也突出地保持了一些与现代文明格格不入的陋习，如浓厚的宗法观念，男尊女卑的夫权思想（男人以务农劳动为耻，而妇女却要下田耕作、抚养老小和操持家务），以及普遍存在的'等郎妹'（童养

---

① 卢斯飞：《黎昔非和〈昙华〉文艺半月刊》，《北京社会科学》2005年第4期，第105—111页。中国人民大学复印资料《中国现代、当代文学研究》2006年第1期全文转载。收入本书时，部分内容根据作者原稿做了一些补充。

② 卢斯飞：《黎昔非和〈昙华〉文艺半月刊》，《北京社会科学》2005年第4期，第105—111页。中国人民大学复印资料《中国现代、当代文学研究》2006年第1期全文转载。收入本书时，部分内容根据作者原稿做了一些补充。

媳)现象,等等。由于地近沿海,近代以来又有不少人沾染抽鸦片的恶习,以致酿成种种人间惨剧。这些在《崀华》的作品中均有具体细致的反映"。①李春雨也指"这些小说从各个角度切入农村的社会生活,剖示其中的愚昧落后,具有一定的社会剖析小说的特色。因为对之有深切的生活体验,许多景物描写、人物语言和生活风貌都带有浓郁的南方乡土风味,在当时的小说中的确有一种新的特色"。②所谓"浓郁的南方乡土风味",实则为"浓郁的客家乡土风味",之所以令人感到"一种新的特色",正是这种在文坛中新鲜破土而出的客家文学特色所致。

黎昔非的小说《活财产》从粤东山区客家穷乡僻壤中的卖子(抱养)习俗切入,揭示了客家山村穷困、破败的生活现实和愚昧、落后的精神面貌,展现了一幅20世纪前期客家社会的民生和民情风俗画卷。如果说《活财产》是以客家农村为背景而描绘客家风情的话,《南旋》则从客家城镇揭示客家地区的社会现实。小说主人公苓是一位离开故乡八九年的游子,回到客家重镇兴宁县城,耳闻目睹城市的乱象和乡民的苦楚,深刻地指出了"国家"的横暴是客家民众苦难的根源。从经济地理而言,这里左邻滨海发达地区,右接赣南山区,较多地受到沿海城市商业的影响,并成为向更为偏远的北部山区转输商品的纽带;从政治地理而言,这里毗邻赣南苏区,是"国家"剿共的前沿基地,兵差军饷、苛捐杂税较他处就更为繁重。透过小说展示的市井风情、赌毒泛滥、军阀横暴、荼毒乡里、民不聊生……强烈地预感到这统治"不知还能再延几多时"了!粤东是全国最大的客家聚居区,兴宁则是粤东的纯客县之一。《活财产》和《南旋》描绘了20世纪20—30年代的这一客家聚居区的城乡生活面貌,不仅具有研究早期客家文学的价值,同时具有弥足珍贵的历史价值。

卢斯飞通过对《崀华》作品中语汇、语音、语法、生活习俗等内容的分析,并结合现代文学社团的标志——创办自己的文学刊物等方面,最后确认"崀华社是现代文学史上第一个客家文学社团。《崀华》是现代文学史上第一个由客家人创办的纯文学刊物",他说:"客家人有自己的方言,在语汇、语音乃至语法上都有一些与普通话或其他方言相异之处。我们在《活财产》《南旋》等篇中都可以发现客家方言的痕迹。例如粤东客家人称扁担为'担竿',称'手心'为'手盘'('手盘手背也是肉'),把帮人办事买东西用款时以少报多从中占便宜叫作'打斧头',还有把抽一袋烟叫作'吸一筒烟'(因客家地区农民多用竹筒做烟具),把坐牢叫作'坐监'。在语法上,客家人把比老虎还凶恶叫作'凶过虎',把比猪还善良叫作'善过猪'。……诸如此类,在作品中都可以见到。作者也许是信手拈来,但无意中却增加了作品的地方色彩。因此《崀华》中的小说为人们提供了一幅幅了解近现

---

① 卢斯飞:《黎昔非和〈崀华〉文艺半月刊》,《北京社会科学》2005年第4期,中国人民大学复印资料《中国现代、当代文学研究》2006年第1期全文转载。
② 李春雨:《〈崀华〉:时代意识的缩影》,《黎昔非与〈独立评论〉》,第403页。

代粤东客家人生存状态的民俗画,也为编写《客家文学史》提供了难得的第一手材料。现代文学社团的一个重要标志,是一般都办有自己的刊物。根据目前我们掌握的资料来看,昙华社是现代文学史上第一个客家文学社团。《昙华》是现代文学史上第一个由客家人创办的纯文学刊物。这也是值得研究者注意的"[①]。

综上所述,就《昙华》的客家文学属性而言,主要体现于三个方面:一是"昙华"文艺社主要是由客家文学青年组成的文学社团;二是其文学作品中产生了首批描绘、反映客家地区城乡民众社会生活、经济状况、民俗风情、精神面貌的作品;三是作品中注意到了客家方言、语法习惯的运用。上述三者只要具备第2、3两项就可以谓之"客家文学",尤为难得的是三者具备,表明"昙华"文艺社及其作品具有纯正、鲜明的"客家文学"属性。我们不能要求"客家文学"像少数民族文学那样具有更为突出的民族和地域特征,这是因为客家不过是汉族民系之一,其基本的政治、经济、文化特征和心理素质与广大汉民族是大同小异的,而客家地区也是"中国的属地"(《南旋》语)之一,故与其他地区的汉民族的基本属性也是大同而小异的。

(4)《昙华》虽只一现,意义不能低估

中国近现代文学史学者在研究《昙华》半月刊之后,不约而同地认为:《昙华》虽然存在时间不长,但是其在中国文学史上的价值和意义不能低估。

李春雨认为向世人介绍《昙华》,恢复其历史面目,具有非常重要的意义,她还指出《昙华》有助于我们把握20世纪30年代进步文学青年的情感取向、文学观念以及他们的文学资源构成,因此有必要恢复《昙华》在现代文学视野中的存在。她说:"在中国现代文学史上曾经存在过一份鲜为人知的文艺刊物——《昙华》半月刊。迄今,这份刊物在许多关于现代文艺刊物的目录上均无提及。因此,向世人介绍这份刊物,恢复它的历史面目,是非常有意义的。"[②]《昙华》文艺半月刊由于存在时间的短暂,因而没有能够在现代文学史上留下显著的痕迹。但是,它的存在本身对于我们理解20世纪30年代文学氛围和文学观念都具有一定的价值,根据《昙华》上发表的作品,我们可以充分把握20世纪30年代进步文学青年的情感取向、文学观念以及他们的文学资源构成。因此,《昙华》是一份不应忽略的文学史资料,恢复它在现代文学史视野中的存在是有意义的,也是完全有必要的。"[③]李春雨还高度评价了"昙华"文艺社在艰苦的环境下,对文学理想和现实人生的坚持,她说:"当时,日本侵略者正步步入侵,由于环境艰苦、物质匮乏及敌军骚扰等种种条件限制,许多期刊都难以为继。在这样一种情况下,'昙华'文艺社这种对文学理想

---

① 卢斯飞:《黎昔非和〈昙华〉文艺半月刊》,《北京社会科学》2005年第4期;中国人民大学复印资料《中国现代、当代文学研究》2006年第1期全文转载。
② 李春雨:《〈昙华〉:时代意识的缩影》,《黎昔非与〈独立评论〉》,第395页。
③ 李春雨:《〈昙华〉:时代意识的缩影》,《黎昔非与〈独立评论〉》,第409页。

和现实人生的坚持便显得格外可贵了。"① 另外，李春雨还特别强调了"发表在《昙华》上的小说——这是《昙华》中最具有文学价值的作品"②。

陈改玲认为，《昙华》作家群以微薄之力，为实现理想而进行文化建设，其意义"不能低估"，她说："昙华文艺社的社员有当作家的梦想，又有写作能力和编辑能力，最大的困难就是经济上的压力。……20世纪30年代的北平，战争已成为压在人们头顶上的一重石鼎，文化中心南移，文坛相当寂寞。《昙华》作家群以自己微薄的力量，为实现自己的理想进行文化建设，其意义不能低估。"③ 陈改玲进而分析认为，尽管《昙华》没有造就出伟大的作家，但却为我们留下那个时代较为真实的声音，《昙华》同人特别是主编黎昔非先生，那种热爱文学为文学献身的精神，对今天的我们来说，乃是一份弥足珍贵的财富。她说："作为一个文学青年创办的刊物，《昙华》虽没有造就出伟大的作家，但作家们基本上形成了各自的创作特色……总的来说，《昙华》为我们留下了那个时代较为真实的声音。在今天的读者看来，也许觉得太稚嫩，太感性。但正因为稚嫩，正因为感性，没有雕琢和拔高，才为我们保留了那个时代的原生态生活，和青年作者们最为平常的心态。借助它，能够增加我们对那个时代的历史的感性触摸。它所具有的史料的价值，还有年轻人跳动的脉搏，能引起我们对那个时代更多的回忆。文学史固然离不开一些名家大家和著名报刊，但是文学史也同样不能忽略这些如'昙华'一样美丽而'一现'的杂志和作者。尤其是主编黎昔非先生，在20世纪30年代极为恶劣的战争环境中，为实现他的'作家梦'，繁荣文艺创作，尽他最大的努力与同伴一起出版《昙华》半月刊，那种热爱文学为文学献身的精神对今天的我们来说，也是一份弥足珍贵的财富。"④

卢斯飞认为，《昙华》作为现实主义流派的文学社团，由于种种原因而匆匆一现，一方面确实令我们惋惜，我们无须夸大其在新文学园地的地位和作用，但是它的重新发现仍具有史料等方面的重要价值，特别是主编黎昔非先生的奋斗和努力，永远值得后人铭记，历史是公正的，《昙华》虽曾被长期埋没，但拂去时间的尘土之后，它依然可以成为"重放的鲜花"，他说："昙华社是20世纪30年代初在自由主义文学思潮影响下，由一群客家文学青年创办的有成就的文学社团，风格上属于现实主义流派。他们创办的《昙华》由于种种原因而匆匆一现，这是令人十分惋惜的事情。我们无意夸大它在新文学园地里的地位和作用，但它的重新发现，仍然为人们在研究社团、刊物、流派和文学思潮关系方面提供了有价值的史料。它的主编黎昔非先生为了完成导师胡适的重托，在《独立评论》岗位上

---

① 李春雨：《〈昙华〉：时代意识的缩影》，《黎昔非与〈独立评论〉》，第397页。
② 李春雨：《〈昙华〉：时代意识的缩影》，《黎昔非与〈独立评论〉》，第400页。
③ 陈改玲：《向"美"向"真"的路上走——黎昔非主编的〈昙华〉半月刊》，《黎昔非与〈独立评论〉》，第412—413页。
④ 陈改玲：《向"美"向"真"的路上走——黎昔非主编的〈昙华〉半月刊》，《黎昔非与〈独立评论〉》，第434页。

尽职尽责、牺牲个人学业和研究事业的精神,更是令人钦佩。昙华社成员在失去自己园地、无可奈何地放下手中的彩笔后,其后又拿起粉笔在教坛上挥洒汗水、默默耕耘,培植人才,造福社会,他们的奋斗和努力是值得后人铭记的。"①"历史是无情的,某些曾经煊赫一时、大紫大红的出版物,经过岁月的冲洗,早已淡出人们的记忆。历史又是有情的,一些曾经受到误解、受到湮没的书刊,拂去时间的尘土,又成为重放的鲜花。黎昔非和他创办的《昙华》半月刊的遭遇,其情形可归入后者。"②

孙玉石认为,《昙华》不是一个"超世拔俗的纯文艺杂志",他说:"在20世纪30年代北京先锋性文艺探索很浓的气氛下,《昙华》并不是一个随波逐流超世拔俗的纯文艺杂志。这些办刊同人,都有一种富于良知的青年人响应时代呼唤的清醒与坚实。他们坚持文艺应该弘扬'真'和'美',而且认为,世界上所有美丽的东西,都只是一种暂时的存在。文艺创造也应是如此。但它在这'短暂'而'真实'的存在中,却会因'情感'的作用,留给人们以深刻的影响。这可能就是他们理解的文艺的陶冶人们精神与性情的作用吧。从这个观念出发,《昙华》注重文艺与社会及人生的密切关系。"③孙玉石强调了《昙华》小说的"思想深度与社会意义",认为其所表达的"现实关注,人道情怀"都达到了一定的深度,他说:《昙华》中的短篇小说,最富有思想深度与社会意义的,还是那些直接描写农村生活,揭示农民贫穷与苦难,特别是接触处在农村最底层的贫苦妇女命运的作品。昙华文艺社的成员,大都是来自农村的知识青年。他们有一定的生活底蕴,又受到新文学思潮的启蒙,对于那个社会阶层生活里的劳苦者的悲剧性命运,都有新的体验与认识。五四以来现代乡土小说展示的写作范式与艺术魅力,也给他们的创作以直接的刺激与启示。当他们涉笔于创作的时候,更多的在这样的生活领域中展露自己的现实关注,人道情怀,并达到一定的深度,也就是必然的了。"④孙玉石还强调指出,《昙华》所发表的杂文也有其特别的价值,他说:"这些非常富有现实性的论述,虽然是作者个人的议论,但在创办伊始,即能见诸刊物,应该说多少还是体现了这个文学团体里几个人的理论观与文学创作思想的。他们反对理论脱离实际的'改造周遭环境'的'实际家',反对无视社会底层的'农工劳苦人民'的愤怒与抗争的所谓'人生艺术化'的超然理论。这也就直接指向了那

---

① 卢斯飞:《黎昔非和〈昙华〉文艺半月刊》,《北京社会科学》2005年第4期,第105—111页。中国人民大学复印资料《中国现代、当代文学研究》2006年第1期全文转载。收入本书时,部分内容根据作者原稿做了一些补充。

② 卢斯飞:《黎昔非和〈昙华〉文艺半月刊》,《北京社会科学》2005年第4期,第105—111页。中国人民大学复印资料《中国现代、当代文学研究》2006年第1期全文转载。收入本书时,部分内容根据作者原稿做了一些补充。

③ 孙玉石:《一首永远活着的诗——黎昔非及其主编的〈昙华〉半月刊》,《黎昔非与〈独立评论〉》,第350页。

④ 孙玉石:《一首永远活着的诗——黎昔非及其主编的〈昙华〉半月刊》,《黎昔非与〈独立评论〉》,第376页。

些配合当权者鼓吹'新生活运动'的粉饰现实的文学理论。"总之,"他们的小说与杂文创作,从生活题材的选择,到情感的批判趋向,都是与这种为社会人生不平则鸣的现实关注分不开的"。①

在文章最后,孙玉石充满感情地说道:"凝视着黎昔非先生和他的友人们远去的身影,我想起我所景仰的法国大作家纪德说过的一句名言:'开花在时间之外'。这张发黄了的照片②,穿越历史,饱蘸风霜,弥足珍贵。它留住了《昙华》同人们青年时代的面影,留住了一段永远值得纪念的历史沧桑,也留住了那在短暂时间里绽开的朴素小花中最美好的一瞬:一首永远活着的诗!"③

确实,正如孙玉石所说的那样:《昙华》就是一首永远活着的诗!

二、黎昔非与胡适关系揭秘

(一)黎昔非的人生

欲准确、客观、深入、全面揭示黎昔非与胡适的关系,必先从黎昔非的人生入手,方能认清其关系的意涵与性质。黎昔非,广东兴宁人,诞生于 1902 年 5 月 31 日(清光绪二十八年),逝世于 1970 年 12 月 16 日,享年 68 岁。纵观黎昔非一生,可以划分为具有强烈反差的两个阶段:1902—1931 年,为第一阶段,是其人生之上升阶段;1932—1970 年(逝世),为第二阶段,为其人生之下降阶段。黎昔非的人生以 1932 年胡适的介入为转折点,自 1932 年胡适介入以后,黎昔非的人生便从上升的轨道步入了下降的轨道。

1. 黎昔非人生的两个阶段

1902—1931 年的 30 年,作为黎昔非人生之上升阶段,又可大致划分为这样几个小的阶段:① 8 岁至 20 岁(1909—1921 年)的十二年中,黎昔非先后在家乡及周边村镇私塾、补习学校读书;② 21 岁至 25 岁(1922—1926 年),黎昔非在梅州中学读书;③ 1926 年夏,黎昔非毕业于梅州中学,考入上海持志大学文史系;④ 1929 年转学中国公学大学部文史系读书,1930 年暑期毕业;⑤ 1930 年 8 月赴北平,在北京图书馆阅读,旋报考北京大学研究所;⑥ 1931 年春,录取为北京大学研究所国学门之文学研究生,师从黄节教

---

① 孙玉石:《一首永远活着的诗——黎昔非及其主编的〈昙华〉半月刊》,《黎昔非与〈独立评论〉》,第 352 页。
② 指"1932 年昙华文艺杂志社同人在北平合影",《黎昔非与〈独立评论〉》丙编《文学创作》,第 337 页。
③ 孙玉石:《一首永远活着的诗——黎昔非及其主编的〈昙华〉半月刊》,《黎昔非与〈独立评论〉》,第 393 页。

授。1931 年之前的这个时期作为黎昔非人生的上升阶段，主要体现在升学和学术研究两个方面。

先来说升学方面。表现为黎昔非克服重重困难，从闭塞落后的岭南山区升入全国顶尖的高等学府和专业。这个阶段为黎昔非先生的求学时期：8 岁至 20 岁在本地旧式学校读书，21 岁转入新制之中学，26 岁升入大学，30 岁考入北大研究所读研究生，当年国学门共录取研究生 20 人，黎昔非为文学研究者 8 人中的第一名。显然，黎昔非的这 22 年一直非常顺利，可谓步步高升，一帆风顺，达于人生的巅峰，跻身学者的康庄大道已然展现在他的面前。当时的中国大学生和研究生都很少，顶尖大学的研究生更是寥若晨星，凤毛麟角。人们不能不赞叹、钦羡黎昔非在这个阶段所取得的骄人成绩，而所有的这一切，都是他克服重重困难，付出极大艰辛所取得的。为什么这样说呢？

这是因为：第一，黎昔非家乡的旧制教育极为落后，因此，从开始求学起，黎昔非所要克服的第一个困难，就是从旧式学校教育，到新式学校教育的转变。这种新旧学制的衔接与转化困难良多，据黎昔非多年以后的回忆说：十八年中所学"总不外论语、孟子、诗经、左传、纲鉴和唐宋古文而已，年年老一套"，"且都'照本宣科'"，"足迹所到之地，也非常狭小，以我家为圆心，东则止于下蓝，西则仅达大坪，南不过观音井，北未越罗冈圩一步。总之，至远没超过二十华里。因此，对于国家、世界情形，以及科学知识，多属茫然！"在接受了 18 年的旧式教育之后，突然转入新制中学，"对一切科学都是茫然的，尤其是英、数更一无所知"，自属必然。面对着新旧转变过程中所遇到的困难，黎昔非表现出不服输的精神，凭借着艰苦努力和聪明才智，他很快就"弯道超车"赶了上来，据他回忆说："幸这'倔强'而不避困难的性格在鼓励着……到了下期在全班五十余人中，我的各科水平，除图音体外，都不会比'优等'者而或逊了。"① "最初功课衔接不上，尤其是英文一科，真搞得焦头烂额，几半途而废，幸具一种坚毅性格，终战胜了困难。一个学期过去，除图、音、体较次外，其余各科都不在一般水平之下。"② 第二，黎昔非出生于客家山区的贫困农家，因此，经济上的困顿，便成为他求学过程所需克服的第二个困难。从上学开始，黎昔非便需要一边读书一边帮忙家中的农事，据他多年以后回忆说："每年二季收获期就要回家来帮助工作"，"家庭经济情况日见不好，眼看没有升中学的希望，致陷入苦闷的深渊"，"到了 1921 年，家庭偿清了被剥削多年的债务，第二年春，我父便叫我去入中学"。③ "我为什么到了那么大的年龄还能升中学呢？这由于我父身受过失学的痛苦，所以无论怎样都想让我读点书；其次，我在补习时，曾被教师认为是守纪律，又用功的一人，回到家，什么地方都不去玩，也不和人争吵什么，被上了年纪的人认为是难得有的。

---

① 黎昔非：《自传》（1951 年 7 月），《黎昔非与〈独立评论〉》，第 439 页。
② 黎昔非：《自传》（1958 年 4 月 30 日），《黎昔非与〈独立评论〉》，第 465 页。
③ 黎昔非：《自传》（1951 年 7 月），《黎昔非与〈独立评论〉》，第 439 页。

因此，也许认为如果不让去多读一些书，未免可惜。"① 从上述回忆文字可知，黎昔非在迈出家乡前往梅州读中学，以及中学毕业之后前往上海读大学，都是在克服经济困难的情况下实现的，其间父亲黎如珣的支持起了关键作用，据黎昔非回忆说："一九二六年暑期临了，中学阶段快告结束了，升学就业的问题老是在心里斗争着，虽然明知道家庭负担是很困难的，但我父亲相信我能'刻苦自爱'，终于允许我'升学'了。"②

然而，经济上的困难对于黎昔非的求学还是产生了极大影响，在上海升学过程中所遇到的挫折，包括未能报考交大、报考东南大学失利等，皆因受到旧制学校教育以及经济问题的困扰和掣肘所致。据他后来回忆说："本来，我打算考交大，因没赶及考期，便去南京投考东南大学本科，但因梅州理科的课本多是英文的，没及时请了教员，致进度不够，数理试题多没学习过的，结果失败"，"失败后，返回上海，想补习一年再考，但恐家庭不能负担，和我一同赴沪的同学看我闷闷不乐，就怂恿我去考一般大学。我想，要进一般普通大学就不如快些毕业"，"计算五个学期所修的学分已满一百二十个了，于是转学中公，满以为可提早一学期毕业，不料那教务主任以我转学来的，不能照原校同学同等看待，要我再修满三个学期，于是和他争论了一番，幸杨副校长亮功劝慰平息。" 更加不幸的是，就在黎昔非大学毕业前夕，全力支持他读书的父亲去世，不仅给他以莫大的精神打击，经济上也因此而更加困难。据黎昔非后来回忆说："一九三〇年暑期，我早盼望的'毕业'临了，家中也迫切地等待着帮助解决经济困难了"，③但是，"因听说，北京学习空气浓，图书丰富，生活朴素，每月有十余元便可对付，如写点文章，是容易住下去的"，"以研究古代东西为主，暇则从事于创作。主意既定，便不管三七二十一，毅然只身到北京去，满以为专搞一二年，总能搞出一点东西来，便不难跻于教授、学者之列了。"④

再说学术研究方面。尽管黎昔非在求学过程中遇到了重重困难，但凭借过人的才华和艰苦的努力，他在人生的道路上还是不断向上攀登，尤其是在学术研究方面，已然显示出超出常人的才能，在进入北大研究生学业之前，他就已经做出了颇有分量的研究成果，从而为进一步深入的学术研究工作奠定了良好的基础。

黎昔非为何能够在重重困难之下，而稳步前行、渐臻其人生之佳境呢？这首先和他勤奋好学、坚苦自立的品格有着直接的关系。黎昔非从小即以勤奋好学而见誉于乡里，及至上大学以后依然如此，据他本人说："我在大学时，生活很单调平凡，四年中连电影没看过几次。接触面也很狭小的"，大学毕业之后，这个优良传统未曾稍改："我往北京时，正是蒋介石与冯阎厮杀时候（1930 年 8 月间）。我抱着你打你的仗、我读我的书的

---

① 黎昔非：《自传》（1958 年 4 月 30 日），《黎昔非与〈独立评论〉》，第 464 页。
② 黎昔非：《自传》（1951 年 7 月），《黎昔非与〈独立评论〉》，第 440 页。
③ 黎昔非：《自传》（1951 年 7 月），《黎昔非与〈独立评论〉》，第 441 页。
④ 黎昔非：《自传》（1958 年 4 月 30 日），《黎昔非与〈独立评论〉》，第 467—468 页。

态度到了北京。在北大附近景山东街租了一间房子,每早八时就到北平图书馆(当时的名称)去,中午到附近小馆子吃饭,饭后又去,直到闭馆才回寓所","每晚不是整理笔记,就是阅读廿四史等"。①天道酬勤,正是在长期积累、艰苦磨砺的基础上,黎昔非很早就有论文面世,在中国公学大学部三年级学生时代,即发表了《诗经》研究论文——《〈采苢〉时代的质疑》(中国公学大学部《中国文学季刊》创刊号,1929年夏出版)。著名的中国古代文学研究专家、《诗经》研究专家、中国诗经学会常务理事、北京大学中文系教授费振刚评论说:此文的意义和功效"在于它行文的紧密,逻辑的清晰,内、外证相结合,以史证诗的方法,以及从中折射出黎先生严谨的学风和扎实的古典文化功底"。②著名先秦史、古文字学专家李学勤则认为该文考证"可谓实事求是,方法完全是史学的"。③次年,黎昔非又发表《唐以前的七言诗》一文(《中国文学季刊》第三号,又载于《中国公学大学部文理学院庚午级毕业纪念刊》1930年5月印行),是中国现代最早的七言诗探源研究论文之一。魏晋南北朝文学研究专家、韩国全南大学教授徐宝余评论道:"黎先生此文实为探讨七言诗起源的近代开山之作,亦是对七言诗体发展做出系统描述的最早文章。"④北京师范大学的马鸿雁也认为:"作为20世纪30年代的开端之作,此文促进了这一时期七言诗研究热潮的到来,此后学术界对七言诗的起源、演进以及相关问题的研究逐渐重视开来……这种对七言诗研究的重视和研究领域的不断拓展,都是和黎先生等民国学者的先期研究探索分不开的。"⑤需要特别指出的是,黎昔非后来的北大研究生导师黄节教授,就是中国古代诗学研究大家,因此,黎昔非这些早期研究成果,无疑为他后来成为黄节的入门弟子奠定了坚实的基础,从而具备了跻身诗学研究专家乃至黄氏传人的充分条件。

从1932年开始,黎昔非进入其人生的第二个阶段(1932—1970年),从高峰而跌落,此后一蹶不振,逐步下降、沉沦。黎昔非的人生道路之所以发生这个巨变,皆因遇到了胡适。虽然1929年进入中国公学大学部时,黎昔非就与胡适有了关系,但那只是间接的、泛泛的师生关系,1932年胡适邀请黎昔非担任《独立评论》经理人,二人才正式有了直接关系。从此黎昔非后半生的种种困顿和厄运便开始了,真可谓"只因'师恩'误平生"⑥!这个阶段作为黎昔非的人生下降阶段,主要体现于如下两个方面。

---

① 黎昔非:《自传》(1958年4月30日),《黎昔非与〈独立评论〉》,第468页。
② 费振刚、林晓雁:《黎昔非先生〈诗经〉研究述评》,《黎昔非与〈独立评论〉》,第187—197页。
③ 李学勤:《〈诗经〉研究的吉光片羽》,《黎昔非与〈独立评论〉》,第174页。
④ 徐宝余:《20世纪七言诗源、诗史研究的开山之作——黎昔非先生〈唐以前的七言诗〉》,《扬州大学学报》2013年第3期,第101页。
⑤ 马鸿雁:《20世纪30年代对七言诗起源与演进的有益探索——黎昔非和他的〈唐以前的七言诗〉》。
⑥ 刘佐泉语,刘佐泉:《只因"师恩"误平生——黎昔非与胡适关系探释》,《江汉论坛》2005年第6期,第96—102页。

其一，是研究生学业之白白丧失。黎昔非研究生学业之丧失，完全由胡适一手所造成。胡适为了创办《独立评论》，亟须找到一个"合适的经理人"，但经过几个月时间仍然没有着落，他的合伙人蒋廷黻为此也"正在发愁，因为独立周报预备在下下星期出版，第一期稿件已齐，却还找不到一个合适的经理人"①。找不到"合适的经理人"，《独立评论》便无法开张。据黎昔非回忆说："1932年四月间，胡适拟办一杂志，派人送来一信，要我到他家谈谈。"当时胡适跟黎昔非说："我们几个朋友打算办一种杂志，你可否替我帮忙一下，房子已经租好了，你可搬到那里去。"基于胡适的迫切恳求，也是出于多年的师生关系，淳朴厚道的黎昔非自然不能无动于衷，遂答应了胡适的请求。

黎昔非万万没有料到的是，这一允诺竟然断送了他自己的一生，再也不能从《独立评论》脱身，直到1937年"七七事变"发生、《独立评论》停办才得以解脱，但其后半生跌落命运的深渊，却是再也无法改变了。此事于黎昔非而言，是他白白地丧失了研究生学业，于北京大学来说，则是不明不白地流失了一位富有学术潜质的研究生，可谓个人、学校双输的局面！

其二，是黎昔非毕生脱离他所热爱并具有极大优势的研究工作，而一辈子以担任中学教员维持生活。1937年"七七事变"爆发，《独立评论》停办之后，黎昔非举家离开北平逃难回到故乡，从此为了维持生活而在本县各中学担任教员，直到"文化大革命"因为与《独立评论》的历史关系而被打成"三家村"反革命分子，受尽迫害和摧残而饮恨辞世。这里要特别强调指出的是，早在1930年夏，黎昔非从中国公学毕业时，就已接到广东省"五华县中的聘书"，易言之，原本在1930年大学毕业后，黎昔非即可回到故乡担任中学教师。但彼时黎昔非强烈希望从事学术研究工作，于是克服经济上的困难和"家中也迫切地等待着帮助解决经济困难"的双重压力②，毅然前往北平求学。本来黎昔非的第一步计划已经顺利实现，因为他如愿考取了北大研究生，但是，最终却由于胡适的原因，白白地丧失了已经到手的研究生学业，7年之后仍然回到故乡担任中学教师。也就是说，黎昔非千方百计离开上海前往北平，在北平的七年（1930—1937年）中，除完成了胡适所需要的任务——《独立评论》社务工作之外，自己的事业不仅一无所成，而且重新回到原点，回到七年前就可以得到的家乡中学教师职位。1988年黎昔非的中国公学同班同学罗尔纲在接待黎昔非之子黎虎时，二人曾有这样一段问答："罗老问我：'你父亲为什么不主动与我们联系？'我说具体情况我也不清楚，不过他一向的脾气是不愿轻易去求人的。我的话音刚落，罗老立即激动地说：'不是他求人的问题，而是胡先生求了他，欠了他的！'"得知黎昔非后半生的经历和遭遇之后，罗尔纲不禁愤然说道："'这种工作不适合他，他的学问

---

① 《吴晗致胡适信》（1932年4月24日），原件藏于中国近代史研究所资料室；首次披露于《吴晗投靠胡适的铁证》一文，《人民日报》1966年6月3日，第3版。

② 黎昔非：《自传》（1951年7月），《黎昔非与〈独立评论〉》，第441页。

不是教中学用的。'罗老又说:'如果他不回老家,他现在跟我们是一样的。'""罗老一再问到先父有无遗稿留下,他想帮他整理出版。"当黎虎介绍自己所发现的黎昔非的一些遗作时,罗尔纲说:"那不是他主要的东西,他研究的问题和成果比这重要。他还应该有遗稿。"① 以罗尔纲对黎昔非学识、人品之深谙,他的遗憾绝非偶然,从罗尔纲的遗憾中,我们可以知道,黎昔非后半生的沉沦不仅是他个人的损失,也是中国近代学术史上的一个损失。

2. 胡适的"戕害"与黎昔非人生的转向

胡适的介入,何以导致黎昔非的人生从高峰跌落,而进入后半生的下降阶段?个中原因完全在于胡适对黎昔非的无情"戕害",这种"戕害"集中表现为,他一手迫使黎昔非白白丧失了研究生学业,黎昔非后半生的下降与沉沦,皆由此而起。

胡适对黎昔非之"戕害"行为,其为祸最大者,莫过于迫使他白白丧失了研究生学业。1932年,胡适为了办理《独立评论》,在经过几个月的时间都找不到"合适的经理人"的时候,便把目光转向了自己的学生黎昔非,他不惜屈尊"派人送来一函,要我到他家谈谈",并以轻描淡写的口吻对黎昔非说:"可否替我帮忙一下?"诱使其就范。黎昔非作为在读的研究生,本不愿去就这种职位,或者顶多是干他半年或一年,半工半读以完成自己的学位论文。然而,当黎昔非出于师生之情答应了他的请求之后,完全没有料到,"侯门一入深似海",自从进入独立评论后,胡适的态度就发生了根本性变化。一再断然拒绝黎昔非的辞职请求,根本不是什么"帮忙一下",而是一直"帮"到底,"帮"了五年多直至这份刊物终止之日,也就是说,"帮"到他的事情完结不再需要黎昔非的时候。胡适作为黎昔非的学院和系的领导人,硬生生将自己主管下的一位在读研究生长期控制在自己的单位而迫使其脱离学业和学籍,不仅有违作为教师和教学行政负责人的职业操守和师德标准,即便作为一个普通人来说,也已然有违做人处世的基本道德准则。

那么,胡适对黎昔非的"戕害",有哪些具体表现呢?窃意可从如下三个方面加以说明。

其一,恶劣的工作环境和条件。胡适为《独立评论》经理人提供的工作环境和条件,可谓恶劣之极,据黎昔非多年以后的回忆说:"只数间空房,什么都没有,连喝水都不便,心里颇感不舒服。"② 然而,在恶劣的工作环境和条件下,黎昔非作为《独立评论》经理人,所承担的工作任务和压力却是超负荷的,胡适在纪念《独立评论》创刊三周年的总结中写道:"我们创办这刊物的时候,就请黎昔非先生专管发行所的事务。说也惭愧,我是实行我的无为政治的,我在三年之中,只到过发行所一次!这三年的发行,校对,杂务,全是

---

① 黎虎:《先父黎昔非与〈独立评论〉——从我与罗尔纲先生的一次会面谈起》,《学林漫录》第14集,北京:中华书局,1999,第18—20页。
② 黎昔非:《自传》(1951年7月),《黎昔非与〈独立评论〉》,第443页。

黎昔非先生一个人主持。每到星期日发报最忙的时候,他一个人忙不过来,总有他的许多青年朋友赶来尽义务,帮他卷报,装封,打包,对住址。"①知情人林钧南也曾回忆道:"创办初期,只有昔非办公,另有工友老宋……他是总其成的,包括财务、校对、发行等在内。"黎昔非在中国公学的同学、知情人罗尔纲回忆道:"他很忙,从来没有功夫去玩。"②实际上,黎昔非除了"编辑"之外,还要身兼多职,为《独立评论》"包办一切"。

在如此恶劣的工作环境和条件下,承担着超负荷的工作任务和压力,对黎昔非来说究竟意味着什么呢?黎昔非在自传中写道:"本来,我打算只干他半年至一年,藉以维持生活,期完成自己的论文便罢了。没想到那种工作这么繁忙,有时忙到连报纸都要到夜深才得闲来看。""这种杂志发行工作,最初我以为很简单,每天不用花几小时尽可对付,后来事实证明,它对于我的研究工作是有极大妨碍的。"显然,想要在这种工作环境和条件下兼顾研究生学业是根本不可能的,因为单是《独立评论》社的繁杂事务就已经迫使黎昔非必须全力以赴,1937年5月沈从文致信胡适,转达了黎昔非向他申诉五年来在《独立评论》社的境遇是:"杂事太多、太琐碎,自己除每日注意刊物外,一本书也不能读,想谋进步无从得到进步。"③怎么可能还有闲暇和精力去兼顾自己的学业呢?

其二,微薄的经济待遇。尽管黎昔非在独立评论社中一人而身兼数职,除编辑之外"包办一切",长年超负荷工作,并把《独立评论》经营得红红火火,发行量节节上升,经济状况日益良好,以至有了数千元的存款,但胡适给予黎昔非的薪资却极其微薄,最先是每月30元,两年后黎昔非结婚成家才增加了10元。黎昔非的同乡、中国公学同班同学,1933年在北平与黎昔非合作创办《昙华》文艺半月刊的丁白清,曾回忆当时黎昔非的境遇,他说:"我知道他当时很痛苦,又不敢走,薪水只三四十元,又不够用,我建议他:叫胡适介绍中学教员,教书兼职,他始终都不愿这样做。"④由此可见,黎昔非在进入《独立评论》不过半年左右的时间之后,其精神状态就已经达到"很痛苦"的地步了。但是,这种痛苦的日子才刚刚开始,还将进一步加重,并延续到1937年8月才算告一段落。黎昔非的夫人何昕回忆那段时光,曾经说:"需要省吃俭用"⑤才能维持生活;知情人林钧南说:黎昔非的工资是"由胡先生酌定"⑥的。30—40元是当时北平工人和小学教师的工资水平。胡适聘罗尔纲任家庭教师,每月工资80—100元,而后到胡家工作的章希吕,每月的收入也有80元。章希吕1935年5月再度从南方来住胡家,5月24日日记中记载胡适给他送钱时的一段互动:"(胡)适兄送钱来,我因在此帮他做的事不多……适兄意思很

---

① 胡适:《又大一岁了》,《独立评论》151号(1935年5月19日),第3页。
② 罗尔纲:《师门五年记》第137页。
③ 见本书"六、补遗"所载沈从文1937年5月23日致胡适的信。
④ 丁白清:《黎昔非学友二三事》,《黎昔非与〈独立评论〉》,第48页。
⑤ 黎虎:《双亲旧事》,《黎昔非与〈独立评论〉》,第671页。
⑥ 林钧南:《忆昔非兄与〈独立评论〉——致黎虎书简九通》,《黎昔非与〈独立评论〉》,第71页。

好，以吾负担太重，四十元决不够用，彼此何必客气。"胡适居然心疼章希吕每月40元"决不够用"，可见他并非不食人间烟火而不知道黎昔非数年以此维持一家人生活是否够不够用吧。尽管后期《独立评论》经济状况日益转好，有数千元存款，但是黎昔非的工资并未水涨船高，依然故我。也就是说，在整个《独立评论》工作期间，胡适是将黎昔非置于仅能勉强维持生存而不至于流落街头的贫困状态之中的。因此，黎昔非在自传中谈到一再辞职而不获批准的原因时，除了指出主要是胡适"都以不易找到相当接替的人而被留住了"！同时也提到"终于为生活所关而未果"这样一个原因，何以这会成为一个原因呢？这实际上还是胡适造成的结果，数年来极度繁重的工作任务之下，而仅能勉强维持最低生活水平的漫长岁月，已然耗尽了黎昔非的精气神，落得两袖清风空空如也，只能继续在胡适织就的樊笼中苟活下去。

其三，不许辞职。尽管待遇如此恶劣，工资如此微薄，而工作却又如此长年超负荷运行，然而更令黎昔非苦恼的，还是这种工作"极大地"妨碍了他完成论文，从而影响了他的研究生学业。因此，黎昔非曾一再向胡适提出辞职的请求，但是均被胡适拒绝。黎昔非在自传中写道："我曾几次拟辞而未果。"[①]"再三推却，都以不易找到相当接替的人而被留住了！""没想到一再推辞，直到北京沦陷前夕都还没和它完全绝了关系。"[②]那么，黎昔非在自传所说的这些，是否是对历史的"实录"呢？我们可以从沈从文致胡适的一封信中找到证据，1937年5月23日，沈从文曾致信胡适，该信的主要内容就是谈黎昔非的问题，略云：

> 适之先生：
>
> 听说您已从南边回来，还不能来看您。……
>
> 黎昔非先生到我这里，说他"在《独立评论》做了五年事，得适之先生信托，谨慎小心做去，幸支持到如今，刊物有了头绪，可是个人若如此下去，实在有点可怕。原因是杂事太多、太琐碎，自己除每日注意刊物外，一本书也不能读，想谋进步无从得到进步。长此下去，不知如何是好。想起来北平的目的，未免惭愧。看看吴晗、罗尔纲诸同学在学业方面的进步，自己不想办法不是事"。这人老实处，适之先生五年来必看得出，他很希望您帮助他一下，给他一个机会，把《独立评论》事务放下，让他到个学术机关里去做个小事，薪水即或不多，至少在工作上有意义点，且可以多学点要学的东西。或者有机会离开北平去教中学国文也成。因为不能作学术上研究，还可多接近点人生，将来或者走创作路。这人痛苦想来胡先生也明白，不知是不是肯帮他个忙，尽他从前的工作上试

---

① 黎昔非：《自传》（1958年4月30日），《黎昔非与〈独立评论〉》，第470页。
② 黎昔非：《自传》（1951年7月），《黎昔非与〈独立评论〉》，第444页。

试。我觉得他若这样混下去也极可惜,可怜,但又无力帮他的忙。

专此敬颂安好。

从文敬启

五月廿三①

可见,在经理《独立评论》的五年中,黎昔非"除每日注意刊物外,一本书也不能读,想谋进步无从得到进步",从而耽误自己的全部学业和学术研究。在"一再推辞"而不获批准的情况下,黎昔非实在没有办法,这才向沈从文寻求帮助,希望通过沈从文的劝说,能够让胡适同意他"把《独立评论》事务放下""到个学术机关里去做个小事",甚至是让他离开北平,"去教中学国文也成"。我们注意到,黎昔非竟然宁可离开北平,到中学做教员,也希望能够离开独立评论社。若非独立评论社的工作令他"痛苦"到极点、让他感到"可怕",黎昔非怎么可能产生如此想法?沈从文的这封信,不仅直接透露出黎昔非欲从《独立评论》繁杂事务工作中脱身以从事学术研究的想法,还可以从中看出沈从文对黎昔非的境遇很是同情,"觉得他若这样混下去也极可惜,可怜,但又无力帮他的忙",因此这才特意致信胡适,希望胡适能够体谅黎昔非的"痛苦",并且"帮助他一下,给他一个机会"。

众所周知,胡适不仅是黎昔非中国公学时期的校长、老师,而且这时又是北京大学文学院院长和中文系系主任,继续成为黎昔非的"顶头上司"和老师。黎昔非是跳不出如来佛掌心的,不论学业还是就业,均逃不出他的掌控。与黎昔非同时被录取为"文学者"8人中,有一位商鸿逵,师从刘半农,商鸿逵"与半农先生访问赛金花,预支星云堂书店的钱,于是将采访所得写成《赛金花本事》","北京大学文学研究院院长胡适认为研究生不该为妓女立传,要处分商鸿逵,商作了检讨才罢"。1934年7月14日刘半农病逝,其后由胡适安排,商鸿逵转从孟森(号心史)读清史。②商鸿逵与导师刘半农一起调查并写作《赛金花本事》,胡适认为研究生不应该做这种工作,可是他却让研究生黎昔非脱离学术研究为他本人打工五年有余而心安理得,这就是胡适的双重标准。胡适掌控当时北大文学研究所之权力,由此可见一斑。

胡适利用他所处的强势地位,不仅让他的学生黎昔非一再请辞的努力均归于零,而且通过上述三个方面牢牢地将其掌控于手中,从而迫使黎昔非白白丧失了研究生学业。胡适将一位在读研究生拉去打工五年有余,一直不许他辞职,意味着北大经过严格考试而录取

---

① 沈从文1937年5月23日致胡适信,《沈从文全集》第18卷,太原:北岳文艺出版社,2002年,第231—232页。

② 按,上述情况为商鸿逵之子商传2017年6月22日写给黎虎的信中所提供。中华人民共和国成立后商鸿逵曾任北京大学历史系(明清史专业方向)教授,其子商传为中国社会科学院明清史研究室研究员,2017年12月26日病逝,享年72岁。

的研究生平白无故少了一个，黎昔非的身份也在实际上被从北大研究生强制转变成社会上的"求职者"和"雇员"。还要特别指出的是，当时胡适是北京大学文学院院长兼中文系主任，而黎昔非正在这个学院读二年级研究生。很显然，经理人的工作乃是与研究生学业格格不入的、与学术研究完全不同的事务性工作。作为北京大学文学院院长的胡适，为了自己的事业需要，而迫使自己管辖范围内的研究生从事这种与研究生学业毫无关系、严重影响学生学业的事务性工作，是与他的职责和职业道德大相违谬的行为。尤其是利用职权迫使自己掌管之下的研究生硬生生丧失学业，更是不可饶恕的违法犯罪行为，以此言之，胡适迫使黎昔非丧失研究生学业，就不仅仅是他们之间的私人关系问题，而是事关教育法规和教师职业操守的原则性问题，胡适的所作所为不惟违法，甚至构成了犯罪，完全称得上中国教育史上的一桩丑闻和罪案。

3. 胡适"戕害"黎昔非的主观故意性

胡适上述施加于黎昔非的种种行径，究竟是无心之过，还是故意为之？其主观故意性如何？让我们看一看1930年黎昔非在中国公学毕业时，胡适为这届毕业生所写的贺词，便可找到正确答案。

黎昔非这届同学毕业时，出版了《中国公学大学部文理学院庚午级毕业纪念刊》，请校长胡适题写了刊名，同时在纪念刊上发表了对即将毕业的同学所作的临别《赠言》[①]。胡适在这份《赠言》中语重心长地谆谆告诫黎昔非等毕业同学说：

> 诸位毕业同学：你们现在要离开母校了，我没有什么礼物送给你们，只好送你们一句话罢。
>
> 这一句话是："不要抛弃学问"。以前的功课也许有一大部分是为了这张毕业文凭，不得已而做的，从今以后，你们可以依自己的心愿去自由研究了。趁现在年富力强的时候，努力做一种专门学问。少年是一去不复返的，等到精力衰疲时，要做学问也来不及了。即为吃饭计，学问决不会辜负人的。吃饭而不求学问，三年五年之后，你们都要被后进少年淘汰掉的。到那时再想做点学问来补救，恐怕已太晚了。
>
> 易卜生说："你的最大责任是把你这块材料铸造成器。"
>
> 学问便是铸器的工具。抛弃了学问便是毁了你们自己。

[①] 胡适《赠言》，1929年6月25日以《中国公学十八级毕业赠言》为题首发，收入《胡适文存》第三集第八卷；次年（1930年）以《赠言》为题再次发表于《中国公学大学部文理学院庚午级毕业纪念刊》，上海档案馆藏；1932年6月在北京大学毕业典礼上的演说，第三次重复上述赠言内容，并在此基础上加以发挥（胡适：《在北京大学毕业典礼上的讲话》，载于《老北大》，北京：中国文史出版社，2016年，第244—249页）。显然，胡适视这篇赠言为其得意之作，并烂熟于心。

绪　论

> 再会了！你们的母校眼睁睁地要看着你们十年之后成什么器。[①]

这是多么感人肺腑的临别赠言啊！对于即将走向社会的学子充满爱抚的期望和叮咛，拳拳之忧溢于言表，一副多么慈祥而又殷殷期盼的前辈和师长的形象展现于世人面前！不论当时的听众还是后人，在听到或看到之后，都不能不为之动容！也许黎昔非就是带着他所尊敬的校长、老师——胡适的这些金玉良言，排难克阻奔赴北平，废寝忘餐在北京图书馆苦读，而终于考取北京大学研究所的研究生的。

然而，令世人匪夷所思的是，仅仅两年之后，胡适却把自己的这些肺腑之言抛到九霄云外去了，亲自把自己"母校"毕业的学子从北大研究所的研究生队伍中拽了出来，让他"抛弃学问"，不让他"可以依自己的心愿去自由研究"，不让他"趁现在年富力强的时候，努力做一种专门学问"，从而不让他把自己"这块材料铸造成器"。黎昔非就读北大研究所研究生，不正是按照校长、老师胡适的期望而"不要抛弃学问"的行动吗？不正是要把自己"这块材料铸造成器"的做法吗？这不正是黎昔非当年毕业时，校长胡适所殷殷期盼的吗？胡适对于这样一位践行并很好地兑现了他的"赠言"的学生，为什么会如此，硬生生剥夺他的研究生学业而在所不惜呢？

还必须强调指出，黎昔非是当年中国公学毕业生中唯一考上研究生的，一般来说，作为校长、老师的胡适应该格外予以关心、呵护才是正常的吧？然而事实却是：当黎昔非进入《独立评论》之后，发现完全不是自己想象的那样可以"藉以维持生活，期完成自己的论文"，因为"没想到那种工作这么繁忙，有时忙到连报纸都要到夜深才得闲来看"，痛感《独立评论》这种工作"对于我的研究工作是有极大妨碍的"，于是一再提出辞职，然而均被胡适拒绝，也就是说，胡适原先为了让黎昔非同意他的请求而许诺的"帮忙一下"，变成了无底洞，一旦进去就不得脱身，一直为他打了五年有余的工，从而令黎昔非"很痛苦，又不敢走"。更重要的是，这五年有余的时间正是黎昔非需要为自己的研究工作、为后半生的前途奠定基础的黄金时期，就这样硬生生地被胡适剥夺了。胡适在《赠言》中不是告诫黎昔非等毕业生"趁现在年富力强的时候，努力做一种专门学问。少年是一去不复返的，等到精力衰疲时，要做学问也来不及了"，他不是警告毕业生们，如果不抓紧时间进行研究工作，"三年五年之后，你们都要被后进少年淘汰掉的。到那时再想做点学问来补救，恐怕已太晚了"？那么，胡适难道不知道这"三年五年"对于黎昔非来说是多么重要吗？显然，胡适是完全"忘记了"自己说过的那些金玉良言了。而且还应当指出，胡适的这个预言是完全应验了，"三年五年"之后，黎昔非的同班同学罗尔纲，中国公学本科毕业之后并没有去上研究生，而是在胡适提供的进行研究工作的种种优越条件情况下，从而成了太平天国史研究专家，并被史语所聘为研究人员；黎昔非的另一位中国公学低班同

[①] 胡适《赠言》，《中国公学大学部文理学院庚午级毕业纪念刊》，第1—2页。

学吴晗,也在胡适的大力帮助下,考入清华大学历史系读本科三年级,"三年五年"之后,也成了明史专家,并被云南大学聘为教授。在胡适的操作之下,黎昔非果然"被后进少年淘汰掉"了,在他们三位同学中由先进而变为落伍者了。

胡适在《赠言》最后,以极具警示性的语言告诫毕业生们说:"再会了!你们的母校眼睁睁地要看着你们十年之后成什么器。"胡适《赠言》之后的第十年是1940年,也就是黎昔非从中国公学毕业之后的第十年,这时胡适看到的是:他的三位学生中,罗尔纲和吴晗都已经分别是太平天国史专家和明史专家,分别是史语所的研究员和西南联大的教授,而黎昔非则回到老家,正在为拿到中学教师的聘书、勉强维持生存而苦苦挣扎。中国公学这个"母校眼睁睁地"看到了他们三位1930年的毕业生在"十年之后成什么器"了!

至此,人们不难看到,几乎一切都在按照胡适的预言演进着,作为践行并成功兑现了胡适《赠言》的黎昔非,正是在胡适的亲自操作下,由北京大学研究院的研究生,被硬生生地从研究生队伍中拽了出来,让他本来已经得到的"做学问"的机会得而复失,让他"年富力强的时候"就"抛弃了学问",让他在"三年五年之后",就"被后进少年淘汰掉"了,让他"等到精力衰疲时,要做学问也来不及了",让黎昔非1930年中国公学毕业后到了北平的七年时间之后又回到原点——故乡的中学教师,让胡适看到了十年之后他的学生们"成什么器"了。一言以蔽之,胡适"抛弃了学问便是毁了你们自己"的预言,在黎昔非身上果然应验。

4. 胡适1935年才披露黎昔非与《独立评论》关系的真相

1935年5月《独立评论》创刊三周年时,出版了"三周年纪念特大号",胡适写了《又大一岁了》,以庆祝《独立评论》创刊三周年并作了三年的总结。在这篇文章中,胡适首次披露了黎昔非与《独立评论》的关系,写道:

> 在这贺周岁的日子,我们不要忘了这个孩子还有一位忠心的看护妇。我们创办这刊物的时候,就请黎昔非先生专管发行所的事务。说也惭愧,我是实行我的无为政治的,我在三年之中,只到过发行所一次!这三年的发行,校对,杂务,全是黎昔非先生一个人支持。每到星期日发报最忙的时候,他一个人忙不过来,总有他的许多青年朋友赶来尽义务,帮他卷报,装封,打包,对住址。还有我的朋友罗尔纲先生,章希吕先生,他们帮我做最后一次的校对,也都是这孩子应该十分感谢的。①

黎昔非从1932年4月《独立评论》筹备之初即进入该社并担任"经理人",负责以"发行部"为名义除编辑之外"包办一切"的全部社务工作,不仅使"大忙人"胡适得以

---

① 胡适:《又大一岁了》,《独立评论》151号(1935年5月19日),第3页。

实行"无为政治",从容编辑《独立评论》,而且由于经理人黎昔非和编辑胡适两人的"通力合作"①,从而把《独立评论》办得风生水起,一年多就达到经济上独立并有了盈余,刊物声誉鹊起、影响日隆。胡适及其编辑同人,一个个经由这个刊物而跻身文化明星、政治显贵之列,而黎昔非却一直被"隐姓埋名",外界根本不知道《独立评论》幕后还有这么一位"无名英雄"。在进入《独立评论》之前,黎昔非的名字曾经多次出现在胡适的日记中,进入《独立评论》之后,黎昔非的名字就从胡适的一切文字中彻底消失了,而且翻遍《独立评论》也找不到黎昔非的片言只字,犹如从人间蒸发。三年后,胡适突然在这么醒目的位置上披露了隐藏长达三年之久的一位关键人物——黎昔非,个中原因何在?

有学者分析道:"一方面是胡适一直找不到'相当接替的人',另一方面是黎昔非又辞意坚决,因此对于胡适来说留住黎昔非只有一个办法。于是便需要加以安抚,以求稳住他。这是胡适的权宜之计,应急措施,并不是什么'深怀感谢之忱'的。"②这个看法有一定的道理。但是,黎昔非早在进入《独立评论》之初,即发现胡适给他提供的是十分恶劣的工作条件和生活待遇,更重要的是如此超负荷的工作,对于他的论文来说是"有极大妨碍"的,从而感到"很痛苦",所以很早就提出了辞职的请求,却一再遭到胡适的拒绝。显然,胡适并非需要到三周年时才"加以安抚,以求稳住他"。因此,即便存在"安抚""稳住"黎昔非这个理由,但这仍然不是问题的根本症结所在。

对于这个问题,必须将之放在当时特定的历史条件下加以审视,才能得到合理的解释——1935年1月24日黎昔非的研究生导师黄节教授的辞世,乃是一个重要的时间节点。黄节1月去世,胡适5月披露黎昔非与《独立评论》的关系,这两件事情之间,表面上看似乎风马牛不相及,实际上却存在着一定的关联性。这里有两个问题,需要首先加以探讨:一是为什么在此之前的三年中,黎昔非与《独立评论》的关系完全被屏蔽?二是为什么这个时候又突然把他公开出来?其实这两个问题都与同一件事情有关,那就是黎昔非就读北京大学的研究生导师黄节于1935年1月的逝世。

黄节(1873—1935),原名晦闻,字玉昆,号纯熙,别署晦翁、兼葭楼主,广东顺德人。我国进步报业的开创人之一,早年鼓吹反清、强国、反帝爱国革命思想,辛亥革命后随着对现实的失望,不再参与政治、新闻舆论工作,专心致力学术研究和教育事业。1917年后,黄节任教于北京大学、清华大学等校,专授中国诗学,集诗学研究家与诗人于一身,学界视为一代宗师。黄节"生平以诗为教,盖将以正民志,立国本"③,"体貌魁伟,风神爽朗,性复超旷"④。其在北京大学"倡文言,讲旧诗,写旧诗,集旧书,对蔡元培'思

---

① 唐志勇:《黎昔非与〈独立评论〉的史料价值》,《江汉论坛》2005年第6期,第103—107页。
② 刘佐泉:《只因"师恩"误平生——黎昔非与胡适关系探释》,《江汉论坛》2005年第6期,第99页。
③ 吴宓:《黄节先生学述》,汉口《中西报》副刊《析声》,1935年1月31日。
④ 吴宓:《黄节先生学述》,《国风半月刊》第六卷第三、四合期。

想自由,兼容并包'的办学方针不以为然。对陈独秀、胡适等的提倡新文学,甚为不满,对白话文尤为反对"①。在当时的北京大学,胡适属于新派,黄节属于旧派,两人的为人、品性与学术均大相径庭。尽管其时胡适大权在握,而黄节则在权力中心之外,但是黄节根本不把胡适放在眼里,"迎面走过,昂首阔步""视而不见"②。试想,黄节在世时,胡适敢于公然把"这三年的发行,校对,杂务,全是黎昔非先生一个人支持","每到星期日发报最忙的时候,他一个人忙不过来,总有他的许多青年朋友赶来尽义务,帮他卷报,装封,打包,对住址",诸如此类的场景,公开展示给黄节和世人看吗?他能够让黄节知道由于他的学生在胡适手下被超负荷奴役,而换来胡适"说也惭愧,我是实行我的'无为政治'的,我在三年之中,只到过发行所一次"的惬意与自得吗?而到了1935年的1月,黎昔非的导师黄节逝世,胡适就完全没有这些顾忌了!因为在这个时候公开黎昔非在《独立评论》社打工的内幕,黄节已经不可能知道了,不仅黄节那里已经彻底不存在问题了,就是对于当事人黎昔非而言,也已经无可奈何了,因为大局已定,无可挽回!也就是说,北京大学当年通过严格考试录取的这名研究生,至此已经被胡适彻底改变了属性,从北京大学的研究生变成了胡适手下的一个"打工仔"了,从姓"公"而变为姓"胡"了。换言之,这个时候,黎昔非已经完全转变了身份,从北京大学的一名研究生变成了胡适手下的一个雇佣者。在这种情况下,再也没有人出面并能够质疑胡适的这种行径了。

这就是为何我们要说1935年1月黄节去世是整个事情的拐点的原因所在。因为当黄节还在世的时候,公开黎昔非与《独立评论》的关系,尤其是强迫黎昔非做与研究工作毫无关系的事务性杂役这种龌龊事,胡适显然还是有所忌惮的。因为胡适当时毕竟身为文学院院长、中文系主任,竟然将自己管辖之下的研究生拿来为个人服务,如此偏私的行径,作为"爱惜羽毛"的胡适不可能不有所顾忌,因为这对于他在外界一贯以光鲜示人的形象是有所损害的,特别是对于一向不以胡适为然的黄节,胡适当然更是要有所顾忌的。如今黄节已经作古,胡适终于松了一口气,觉得已经不必再隐瞒了,于是便借《独立评论》创办三周年纪念的时机把"雪藏"了三年之久的黎昔非公之于世。因为在一切可以安然无虞的情况下,适时地公开黎昔非与《独立评论》的关系,不仅可以安抚、稳住黎昔非,而且可以向世人展示他重情重义的形象,可谓一举两得,何乐而不为呢?

对于胡适在《独立评论》办刊三周年纪念中给予黎昔非的这番安抚之词,有的学者给予了正面的肯定,或曰:"当年昔非先生为《独立评论》确是尽心尽力,备尝辛劳。而胡适先生则对他的工作非常满意而深怀感谢之忱。"③或曰"胡适在纪念《独立评论》三周年

---

① 雷志雄:《百年风雅 学人翰墨》之《黄节 以诗为教以诗救世》,武汉:湖北人民出版社,2011,第30页。

② 王雨吟、陈思:《国学首倡者黄节被指守旧 生前轰轰烈烈死后奇冷》,《南方日报》2010年9月17日。

③ 耿云志:《黎昔非先生与〈独立评论〉》,《安徽史学》2003年第1期,第83页。

的时候,曾满怀感激地说"①云云。但实际上,这些都属于皮相之论,这篇廉价的"褒扬"文字背后,实隐含着诸多不可言传而只能意会的隐秘——胡适所耍弄的各种小把戏。

胡适所耍弄的小把戏之一,是玩弄"无头案"伎俩。与20世纪前叶的书刊通常在扉页或其他适当地方印出经理人、发行人或校对者姓名的惯例不同,翻遍1935年5月之前的《独立评论》,根本找不到"黎昔非"三个字,仅此即可表明,黎昔非在胡适手下打了三年名副其实的"黑工"。正是胡适本人把黎昔非"忘记了"整整三年,突然之间他却告诫世人"不要忘记了"黎昔非,可谓地地道道的"此地无银三百两"!黎昔非的名字以及他与《独立评论》的关系,在办刊三年之后首次出现在《独立评论》三周年的"特大号",并置于头条的社评之中,尽管那段关于黎昔非的文字长达170余言,其中也不乏褒词,但是我们注意到,胡适在这里并没有片言只字向读者介绍一下黎昔非其人,诸如:黎昔非原来是做什么的?他是怎么来到独立评论社工作的?他与胡适是什么样的关系?等等,诸如此类都应该是最起码的、必要的介绍,然而,胡适却一个字也没有提,因此人们从上述胡适的文字中,根本不清楚这位黎昔非究竟是何许人也?黎昔非一直默默无闻地为《独立评论》打工,充当"幕后英雄",世人根本不知道他的来龙去脉,向读者介绍一下黎昔非究竟是个什么人,这是最起码的行文逻辑,一贯妙笔生花的胡适,怎么在这个节骨眼上留下这么多"空白"和"悬疑"呢?何以写得如此含糊不清,以至于让黎昔非显得如此虚无缥缈而来无影去无踪?因此,在纪念创刊三周年的时候,突然冒出这么一个人来,真犹如无源之水无本之木,读者必然"丈二和尚摸不着头脑"。不仅如此,就连几十年来从事《独立评论》研究的专家学者看了这段文字都不知道黎昔非其人其事,更遑论黎昔非与《独立评论》的关系了。

然而,这正是胡适所需要的"效果",可谓胡适有意玩弄"无头案"文字的大手笔!因为胡适压根儿就不想让世人真正了解黎昔非,更不想让世人了解黎昔非与自己以及《独立评论》关系的真相与底细。何以然?因为胡适当时是北京大学文学院院长兼中文系主任,而黎昔非正是其管辖下的一名在读研究生,这样一个人居然消失三年之久,而且被他强迫过来承担与学术研究毫无关系、一个普通职员就可以做的事务性、杂役性的工作,更何况这名研究生还是学界泰斗黄节的入门弟子。令读者无法明白黎昔非何许人也,正是胡适所要达到的效果。当时的读者看了胡适这篇文字之后,对于黎昔非固然不知何许人,后世的读者自然就更加不知一二了,即使看到了《独立评论》三周年上的"黎昔非"三字,也绝对不会知道他是何许人也,这就为日后将黎昔非排除于《独立评论》之外,甚至为张冠李戴地将黎昔非的功劳和贡献都算在了他人或胡适自己身上埋下了伏笔。无怪乎到了中华人民共和国成立以后,那么多的《独立评论》和胡适问题的研究专家,即使是看到了这

---

① 张太原:《现代中国的主义与政治——以〈独立评论〉为中心的探讨》,北京:人民出版社,2018年,第66页。

段文字，也都不知道黎昔非其人其事，更不用说广大的普通读者了！

胡适所耍弄的小把戏之二，是隐瞒真相，蒙骗世人。对于一般不了解内情的人来说，看了胡适上面这些文字，特别是他给黎昔非所戴上的"忠心的看护妇"高帽子，必定会感觉黎昔非不过是一个在社会上兢兢业业、实心实意谋生的普通职员；对于一些知道内情的人来说，则可能会觉得黎昔非是心甘情愿放弃研究生学业而为胡适效劳的。然而，事情的真相却是：由于这些烦琐、沉重的事务性工作，以及仅能勉强维持生存的微薄薪资，无不严重影响了黎昔非半工半读以完成研究生学业的初衷，于是三年之中黎昔非一再提出辞职，但均遭胡适拒绝，因此他是在心情十分"痛苦"中煎熬了三年。胡适的机巧在于，不吝甜言蜜语和廉价的高帽子，一方面向世人隐瞒了事情的真相，另一方面则让黎昔非继续像前三年那样为胡适付出，更何况如今黄节已经去世，你黎昔非就别再做什么研究生梦了。显然，这对于胡适来说，可谓一举而两得、稳赚而不赔的"好买卖"。

由此可见，胡适给黎昔非戴上"忠心的看护妇"的帽子，目的绝不单纯，而是别有用心。事实上，黎昔非从进入独立评论社不久，就发现自己试图在独立评论社中半工半读的想法根本不可能实现，于是三年来，辞职与不许辞职之间的矛盾冲突，贯穿了全过程。所谓"忠心的看护妇"这顶帽子，纯系胡适刻意炮制和精心编造出来的骗人把戏，目的则是掩盖真相。胡适之所以炮制这顶帽子戴在黎昔非头上，一则为了欺骗世人，同时让一些知情人误以为黎昔非之所以从北大研究生"转变"为胡适的雇员，完全是出于黎昔非的自觉自愿；二则向黎昔非进一步施加压力，将紧箍咒在他的头上戴得更牢，不要再生什么辞职之类的念头了，死心塌地为胡适打工就是了。

胡适所耍弄的小把戏之三，是"内外有别"，制造混乱。胡适在纪念《独立评论》三周年的文章中说完黎昔非的事情之后，紧接着又说："我的朋友罗尔纲先生，章希吕先生，他们帮我做最后一次的校对，也都是这孩子应该十分感谢的。"[①] 细细揣摩这几句话，相信读者一定会品出其中的别样滋味！我们注意到了，胡适对这三人的介绍是完全不同的，对于罗尔纲和章希吕均冠以"我的朋友"这样的形容词，对于黎昔非则直呼其名。显然，罗、章二人和黎昔非与胡适的关系是不同的，一内一外、一亲一疏，迥然有别。众所周知，如果一个人在当时被胡适加封为"我的朋友"，其身价瞬时倍增，等于拿到了一张通往上流社会的通行证。因此，在这里胡适对他们的不同称呼，实际上表明黎昔非不过是胡适从社会上聘请来的一位普通雇员，而罗、章二人则是胡适圈子内的人士，两者与胡适关系的性质是不同的。

---

① 胡适：《又大一岁了》，《独立评论》第151号（1935年5月19日），第3页。在四周年的纪念文字中说："我们借这个机会谢谢黎昔非先生和章希吕先生。他们终年勤勤恳恳的管理《独立评论》的发行，校对，印刷的事务。他们对于这个刊物的爱护和勤劳，常常给我们绝大的精神上的鼓舞。"（胡适：《独立评论的四周年》，《独立评论》第201号）

至于胡适说到的罗、章两位先生所承担与《独立评论》有关的工作，其中有很多夸大其词，甚至是虚假不实的内容。据考，罗尔纲是于1934年3月再入胡家的，据他自己说："没有什么工作给我做，只叫我自己看书"，"叫我每天到北平图书馆去看书"，同年10月，胡适则应罗尔纲的要求而安排他为北大考古室助理[①]。再看章希吕，从他本人的日记[②]可知，1935年5月第二次来到胡适家中时，章希吕的主要工作是给胡适当"秘书"，也就是说，罗、章两人是在各有自己的主要工作之外，也曾帮助做了一些胡适自己应当承担的"末校"工作。由此可见，罗、章二位所涉及的《独立评论》工作，与专职的《独立评论》经理人黎昔非相比，显然不可同日而语，他们是出于私人关系而帮助胡适做了一些胡适分内的工作而已，与黎昔非所负担的《独立评论》经理人工作，不论在性质上还是负担轻重上，都是迥然有别、相差悬殊的。如今胡适将这两种性质不同、负担轻重有天壤之别的工作扯在一起，不仅直接混淆并搅乱人们对于《独立评论》社务工作的了解和认识，[而且其心可诛的是，胡适这么做的阴险之处，更在于为其将来进一步把《独立评论》的社务工作人为地排除于外，从而为彻底掩藏黎昔非与《独立评论》的关系而进行了铺垫。]顺便提一笔，当胡适在写《又大一岁了》的时候，章希吕刚刚进入胡家，因此他究竟做了几次"末校"也是令人怀疑的。

　　附带指出，尽管胡适在那里大放厥词，畅谈这位"忠心的看护妇"工作如何辛苦，负担如何沉重，令他这个"大忙人"在三年中居然仅到过独立评论社一次，可以实行所谓"无为政治"，可谓好话说尽！然而，这些都是口惠而实不至的虚伪之词，因为胡适在"好话"说尽的同时，并没有采取一丝一毫的实际行动来减轻黎昔非的负担，更没有由他"酌定"而将黎昔非微薄的薪资增加一分一厘。所以，这是一篇地地道道的、廉价的、欺世盗名的官样文章。

5. 1937年6月胡适终于放黎昔非一马的原因

　　一直拖延五年多，到1937年6月，胡适终于答应黎昔非的再三要求，允许他离开独立评论社，并介绍他任职北京大学研究所助理研究员，这是什么原因呢？我们应当如何看待这件事情呢？

　　第一，这是在黎昔非忍无可忍、向胡适提出"最后通牒"式严重抗议之后，胡适才不得已而为之的。

　　由于胡适一而再再而三地以各种托词拒绝黎昔非辞职的要求，一直拖延了五年之久，耽误了黎昔非的研究生学业和学术研究，黎昔非在自传中写道："到了1937年春，我即向胡适表示暑期以后决不再干了。"一贯为人低调、谦退的黎昔非，居然敢向声势绝伦、炙

---

① 《师门五年记》第37、38页。
② 《章希吕日记》（1933年11月至1937年7月），颜振吾编：《胡适研究丛录》，北京：生活·读书·新知三联书店，1989年，第248—275页。

手可热的胡适发出如此强硬的"最后通牒",如果不是胡适多年的行径所逼,是完全不可想象的。于是,胡适不得不应付一下黎昔非,据黎昔非多年以后回忆说:"等到暑期将近时,一天我到他家里,他说:'北大研究所要一个人去搞金石之类的工作,你愿意去试试否?'""可是,待我表示愿意时,他却提出了条件:'那么,你先拿篇论文,最近写的来。不日,研究所就要开会研究下期的工作。添聘人员要在会上讨论通过。他们不了解你,所以要拿篇论文给他们看看。'其实,这完全是一种花样,因为,那时他在他们一群中,他说一句就算一句,说两句就是一双的。只是他原想做个'空人情'的,他估计我在那几年中没有写什么论文的;有吧,不过是些小说之类的东西,想借此来拒绝我向他要求介绍工作的。第二天,我把一篇读诗杂记——《从"其军三单"说到古代兵农之分》——交给他。约过了一星期,他对我说:在研究所的行政会议上已通过下期聘任你了。"

如果说别的人不知道黎昔非有没有时间写论文的话,那么,胡适应当是最清楚的,在连续五年超负荷的工作条件下,怎么可能拿出论文,而且是"最近写的"论文来呢?如果说别的人不了解胡适的话,那么,黎昔非是最了解他的,"那时他在他们一群中,他说一句就算一句,说两句就是一双的"。胡适之所以搞这种突然袭击,正是由于"他估计我在那几年中没有写什么论文的;有吧,不过是些小说之类的东西,想借此来拒绝我向他要求介绍工作的"。面对一位为了胡适的事业而尽心竭力,付出了巨大的代价,为此耽误了五年的宝贵时间、牺牲了研究生学业、葬送了美好前程的人,而且这个人还是自己的学生,居然如此玩弄"花样",企图以"空人情"虚与委蛇,就以这种虚情假意来加以回报,其心性之冷漠如斯,其心计之深沉叵测着实令人震惊!罗尔纲曾经对黎昔非之子黎虎追述当年胡适做出的许诺,说:"本来胡先生的意思是让你父亲进一步深造,搞研究。但因《独立评论》需要人,因此只得请他帮忙,当时说定:帮完这个忙之后,就让他回来搞研究的。"① 显然,胡适为了让黎昔非答应就职《独立评论》时是做过许诺的,然而当他自己的目的达到之后,他却是以这种态度来"兑现"他的承诺的。

第二,沈从文的介入,让胡适感到纸已经包不住火了。

黎昔非长达五年之久的辞职请求,胡适一直以种种理由推托,完全当成耳旁风,因为在胡适看来,黎昔非属于他的学生辈,加以经过五年的禁锢,他已经远离学术界了,销声匿迹于《独立评论》的社务工作之中,当年的锐气已经消磨殆尽,黎昔非完全奈何不了他,无论他如何不满也翻不起大浪来的,从而有恃无恐。如今沈从文直接介入此事,完全出乎他的始料所及。1937年5月23日沈从文致信胡适,首先通过转达黎昔非的话以反映这五年对于黎昔非个人造成的巨大伤害:"在《独立评论》做了五年事,得适之先生信托,谨慎小心做去,幸支持到如今,刊物有了头绪,可是个人若如此下去,实在有点可怕。原

---

① 前揭黎虎《先父黎昔非与〈独立评论〉——从我与罗尔纲先生的一次会面谈起》,《学林漫录》第14集,第17页。

因是杂事太多,太琐碎,自己除每日注意刊物外,一本书也不能读,想谋进步无从得到进步。长此下去,不知如何是好。想起来北平的目的,未免惭愧。看看吴晗、罗尔纲诸同学在学业方面的进步,自己不想办法不是事。"①这里的"可怕"二字包含着五年来黎昔非所受到的极度不公正的待遇以及所造成的严重后果。其次,转达黎昔非的同时也是他自己的想法,希望胡适能够放已经近乎陷入绝境的黎昔非一马:"他很希望您帮助他一下,给他一个机会,把《独立评论》事务放下,让他到个学术机关里去做个小事,薪水即或不多,至少在工作上有意义点,且可以多学点要学的东西。或者有机会离开北平去教中学国文也成。因为不能做学术上研究,还可多接近点人生,将来或者走创作路。"②最后应当指出,沈从文并非只是以旁观者的态度转达一下黎昔非的意见,而是一方面对胡适动之以情:"这人老实处,适之先生五年来必看得出","这人痛苦想来先生也明白,不知是不是肯帮他个忙尽他从别的工作上试试"。另一方面则委婉地表示了自己的态度:"我觉得他若这样混下去也极可惜、可怜,但又无力帮他的忙。"③这里的"可惜"和"可怜"两个词意味深长,"可惜"是对于一个可造之才被活活摧残表示的遗憾,"可怜"是对于黎昔非五年来的非人悲惨遭遇表示了同情。"谁为为之,孰令致之"?聪明过人的胡适不会看不懂这些委婉词语后面所表达的严峻的事实和严正的态度及其分量的。沈从文作为著名的教授、作家的影响力远非黎昔非可以比拟,一向"爱惜羽毛"的胡适感到了问题的严重性以及这个问题有流传到学术界和社会的现实可能性,这对于他的声誉的损伤力究竟有多大,胡适是心知肚明的,他自以为可以永远一手遮天的黑幕已经被揭开,纸已经包不住火了,于是没有过几天胡适就对黎昔非演出了上述准予辞职并介绍工作的那一幕戏码。但是,一贯以自己利益高于一切的胡适,之所以顺水推舟接受沈从文的"谏言",对这位昔日的中公同事有个交代,归根结底还是由下面两项与自己切身利益相关的原因所决定的。

第三,到了1937年,胡适的目的已经基本上达到了。

所谓目的基本达到,主要表现在两个方面。一方面是胡适办理《独立评论》的目的已经基本上达到,原来他以为办不起来或办不长久的刊物,不仅办起来了,而且办得这么长久,成为他一生中办得最为长久的刊物,而且办得如此成功——经济上和政治上都十分成功。以言经济上的成功,不仅解决了办刊的经费所需,而且还有大量盈余;以言政治上,则更为成功,胡适及其亲近的同伴们成为社会舆论中心,凭借《独立评论》而掌握了舆论的话语权,进而成为国民政府的座上宾、幕僚,纷纷入仕。另一方面,是他"戕害"黎昔非的目的也已经达到了。何以言之?黎昔非在中国公学毕业时,胡适发表了给毕业同学的

---

① 沈从文1937年5月23日致胡适信,见《沈从文全集》第18卷《书信》,太原:北岳文艺出版社,2002年,第231—232页。全文转载于本书"六、补遗"。
② 见本书"六、补遗"所载沈从文1937年5月23日致胡适的信。
③ 见本书"六、补遗"所载沈从文1937年5月23日致胡适的信。

《赠言》，告诫毕业生说："趁现在年富力强的时候，努力做一种专门学问。少年是一去不复返的，等到精力衰疲时，要做学问也来不及了。即为吃饭计，学问决不会辜负人的。吃饭而不求学问，三年五年之后，你们都要被后进少年淘汰掉的。到那时再想做点学问来补救，恐怕已太晚了。"而今经过胡适的一手操作，黎昔非被禁锢五年之后，已经"被后进少年淘汰掉"了，这时"再想做点学问来补救，恐怕已太晚了"，"要做学问也来不及了"。具体来说，就是在胡适导演下，黎昔非的同学罗尔纲、吴晗已经把黎昔非"淘汰掉"了，他们二位原来处于黎昔非之后，现在已经远远走在黎昔非的前面了，而黎昔非不可能在学术上有所发展的大局已定。

胡适当年为了让黎昔非同意进入独立评论社，必定是许下了什么承诺，罗尔纲晚年对黎昔非之子黎虎说的话，透露了这方面的一些情况："本来胡先生的意思是让你父亲进一步深造，搞研究。但因《独立评论》需要人，因此只得请他帮忙。"[①]胡适如果完全不管一下黎昔非的工作问题，在他的知情人圈子中也实在难以交代，于是就有了上面一幕"空头人情"的演出，不得已敷衍一下，这样就算将禁锢黎昔非五年多的欠账结清了，从此胡适再也不欠黎昔非什么了。在胡适看来，他介绍一个具有大学本科学历就能得到的"助理"工作岗位，就算还清了对于黎昔非的欠账。这就是胡适的算术和逻辑。再过七八年，即1944—1945年，黎昔非请求胡适介绍工作，胡适根本不予理睬；退而求其次，黎昔非再次致信胡适，求他写一纸证明，以证明自己有过研究生学历，胡适仍是断然拒绝。大概在胡适看来，如今的一切只能由黎昔非自己负责和"买单"，他胡适已经不欠黎昔非的了。

第四，1937年6月的时局，也是胡适终于放黎昔非一马的原因之一。

黎昔非从1932年进入独立评论社不久就向胡适提出辞职的要求，但是胡适一直以各种遁词加以拒绝，如此迁延五年之久，1937年6月胡适终于松口，放黎昔非一马，其故安在？

众所周知，到了1937年的时候，日寇即将侵占北平和整个华北的野心，已是昭然若揭、路人皆知，作为南京政府座上宾的胡适，自然更比一般人更加心知肚明。密切关注中日关系和战局发展的胡适，不仅屡屡在《独立评论》中讨论对日和战的问题，而且与南京方面频繁互动，仅1937年夏，胡适就曾经两度南下与国民政府商议战局发展形势，因此，他比很多人都了解平津和华北即将在劫难逃。在这种情况下，《独立评论》还能够支撑多少时日，胡适比谁都清楚。北京大学师生也早已在讨论迁校的问题了，"在一次讲课时，有同学问：'胡先生，北大的图书仪器南迁不？'胡适说：'你看过《打渔杀家》吗？萧桂英说：爹爹，这门还要锁吗？'萧恩说：'傻孩子，家都不要了，还锁这门干什么？'"[②]这

---

① 前揭黎虎《先父黎昔非与〈独立评论〉——从我与罗尔纲先生的一次会面谈起》，《学林漫录》第14集，第17页。
② 王廷林：《北大见闻录·胡适的逃跑不抵抗主义》，《老北大》，北京：中国文史出版社，2016年，第34页。

时的北平已经人心惶惶,6月已是"七七事变"的前夕。因此,这时《独立评论》也与北大一样处于风雨飘摇的境地,岂能自外于时局而继续办下去?就是在这种时局背景下,胡适方才决定放黎昔非一马。如果不是这种大局的变化,胡适是否把黎昔非的"最后通牒"当回事情,恐怕还是未定之天。果然,胡适批准黎昔非从《独立评论》离职不过十天半月光景,卢沟桥的炮声就隆隆响起,北平城里的人士纷纷四散逃难。黎昔非"因妻儿牵累,不得不回家来了。自此即为经济所困,不能外出,于是和北大研究院脱了节"。① 表面上看,似乎这与胡适没有关系了,实则不然,这种情况实际上是胡适种下的"因"导致的必然之"果"。一则如果黎昔非不被胡适禁锢了五年多,按时从北大研究院毕业,则他早已在大学或研究单位工作,到1937年起码是个讲师了,他就不至于在"七七事变"前几天才拿到"助理"的聘书;二则所谓经济上的困难,也完全是胡适造成,每月三四十元,仅可勉强维持最低生活水平而不可能有积蓄,以致仅仅因为没有赴昆明的旅费而与北大研究院脱节了。从此以后,胡适就对黎昔非彻底置之不理,因为在胡适看来,他已经"兑现"了承诺,欠账已经还清,从此各不相干了。

最后还应当指出,胡适给黎昔非介绍的这个职位,罗尔纲早在三年前就已担任。

北京大学研究院下面有一个文科研究所,当时所长由文学院院长胡适兼任。据罗尔纲回忆,1934年2月他从广西再度来到胡适家之后,"没有什么工作给我做,只叫我自己看书","我就请适之师给我介绍一件事做"。于是,胡适介绍罗尔纲到这个研究所的考古室工作,"职位是助理,月薪60元。问我是否愿意干。我想了一下,觉得这是一件研究工作,不应计较职位的低下,月薪的微薄,就很喜欢地答应去干"。② "我在北大考古室,做了两年,还是助理。因为北大文科研究所的升迁,向来是少有的。所中同事们往往做了六七年未迁一阶,所以我自然也同样的待遇。但朋友们在别个机关,却年年升转,他们都为我着急。"③ "后来适之师给我决定,北大把我升为助教,加薪20元,考古室添助理一人,书记一人,帮助我工作。"④ 也就是说,1937年6月胡适给黎昔非所安排的这一工作,是三年前胡适给罗尔纲所介绍的同一单位、同一工作。三年前的罗尔纲,是作为一个本科毕业生而得到这个工作岗位的,而黎昔非作为北大研究生,在《独立评论》为胡适卖命五年之后,所得到的仍然是这个工作岗位;当年胡适并没有要求罗尔纲先提交论文,而且还要"最近"写的,作为北大研究生的黎昔非而且为胡适效劳而"很忙,从来没有功夫去玩"却要提交"最近"写的论文。三年后的罗尔纲,在工作两年之后已经晋升为助教,而且加薪20元,月薪已达80元。而黎昔非的职位则为在助教罗尔纲之下的助理,仍然得从月薪

---

① 黎昔非:《自传》(1951年7月),《黎昔非与〈独立评论〉》,第445页。
② 《师门五年记》,第38页。
③ 《师门五年记》,第56页。
④ 《师门五年记》,第58页。

60元做起。当然，这个被罗尔纲视为"微薄"的"月薪"，对于黎昔非来说已经是大为提高了，比《独立评论》的月薪40元提高了50%。也就是说，黎昔非的未毕业不仅没有任何作用，而且比本科生还不如；黎昔非为胡适打工五年有余，也没有任何意义，还得从三年前罗尔纲的起点那里开始。按照胡适对于考古室的规划，提升罗尔纲为助教之后，"添助理一人，书记一人"，以"帮助"罗尔纲"工作"①。也就是说，如果不是因为"七七事变"导致这一计划告吹的话，黎昔非进入考古室之后，肯定是给罗尔纲打下手的，是帮助罗尔纲进行工作的。人们可以清楚地看到，黎昔非和罗尔纲大学毕业之后，1931年黎昔非考入北大读研究生，比罗尔纲已经走在了前面，1932年胡适介入之后，两个人的差距就逐渐被颠倒过来了，黎昔非已经大大落后于罗尔纲了。

或以为，黎昔非为《独立评论》牺牲了五年多的黄金岁月之后，胡适于1937年夏介绍他到北大考古室当助理就已经弥补了他的损失，就已经以实际行动回报了黎昔非的付出了。这种看法明显不符合事实，并非公平之论。实际上，胡适于1937年夏介绍黎昔非到北大考古室担任助理，即使不被"七七事变"搅黄，也不过是回报了黎昔非所付出的一小部分，黎昔非研究生学业的丧失，五年多研究工作的丧失，从而导致他日后成为中学教员，乃至"失业"的情况，都是胡适一手造成的，这一后果理应由胡适"买单"才公平合理，而不能完全由黎昔非个人承担。因此，再到后来的1944—1945年，黎昔非要求胡适给他介绍具有研究条件的研究单位，或请求他"赐示几行，俾持以请发修业证明"，这些都是胡适责无旁贷而必须做的，并非可做可不做的事情。然而，胡适却一概加以拒绝，甚至对于此种"关系于生非常重要"的举手之劳，胡适也是冷酷无情地断然拒绝，在胡适看来，过去他所欠黎昔非的人情于1937年夏介绍北大助理的时候已经还清，他已经不欠黎昔非的了。实则大谬不然，胡适在1937年夏为黎昔非介绍工作，仅仅是偿还了部分欠账，大部分还没有偿还。胡适这种行径，实际上就是对他给黎昔非所造成的损失的不负责任表现。

我们还应当看到：1934年的罗尔纲已经对这个职位相当不满了，他认为北大助理研究员是一个"职位低下，月薪微薄"而且升迁困难的工作，他说："我在北大考古室，做了两年，还是助理。因为北大文科研究所的升迁，向来是少有的。所中同事们往往做了六七年未迁一阶，所以我自然也同样的待遇。但朋友们在别个机关，却年年升转，他们都为我着急……"② 两年未得升级，就已经有人为之"着急"了，而1934年的黎昔非已然受困于独立评论社两年有余，别说"升级"，只要能从中解脱，就已经谢天谢地了。

1931年黎昔非、罗尔纲来到北平时，当时两人的差距颇为明显，黎昔非已经是北大研究生，罗尔纲则仍然是中国公学的本科毕业生。但是到了1934年，黎、罗两人的差距

---

① 《师门五年记》，第58页。
② 《师门五年记》，第56页。

却已完全颠倒过来，而且被大大拉开了距离。两人的心态、要求，也因此而完全不同了，当罗尔纲觉得北大助理研究员职位低下时，黎昔非却还不敢奢望这个职位，只求能够早日摆脱独立评论社的羁绊而恢复本来属于自己的研究工作而已。1934年的罗尔纲都已视为"职位低下，月薪微薄"的职位，黎昔非却还要在独立评论社再苦熬三年之后才可能得到！

第五，沈从文1937年5月23日写给胡适的信函，其中专门谈到黎昔非的问题，对此则起到了推动作用。

从前揭沈从文1937年5月23日致胡适信的内容来看，可知黎昔非在向胡适发出"最后通牒"式的抗议之后，还专门找过沈从文，希望他帮助自己向胡适"求情"，以期摆脱《独立评论》的工作，于是便有5月23日沈从文写给胡适的这封信。从整个信的内容来看，主要就是谈黎昔非的问题。沈从文在信中着力说明黎昔非经营《独立评论》五年的辛苦，以及他在此期间"痛苦""可怕"的感受。特别值得我们注意的是，沈从文在信中似乎有意识地强调了"这人痛苦想来胡先生也明白，不知是不是肯帮他个忙"。沈从文的这封信，对于胡适放黎昔非一马具有推动作用的原因所在。此时的沈从文已经具有较大的社会影响力，远非黎昔非可以比拟，此前黎昔非曾央求了5年的时间，希望从《独立评论》脱身，但胡适根本不予理睬，根本原因即在于黎昔非势单力孤，无名气无地位，仅有的北大研究生名义也早已化为乌有，故胡适敢于坚决拒绝他的一切请求。沈从文就完全不同了，早年是中国公学的教授，与胡适属于同事辈，且1937年时名气已然很大，黎昔非向沈从文"求助"，基本上揭开了胡适对其长达5年时间的"戕害"及后果，而沈从文对于黎昔非的遭遇又表现出深切的同情。所以，沈从文的信函大概令胡适觉得他对黎昔非的"压榨剥削"可能已经有所暴露，如果这个时候再不采取一些"实际行动"，以示诸外人的话，不仅可能会让自己"奖掖后辈"的形象受损，还可能造成自己戕害黎昔非的"罪行"进一步公开暴露，于是这才赶紧放行黎昔非，于6月介绍他到北京大学研究所担任助理研究之职。

（二）胡适"戕害"黎昔非原因探秘

自1932年胡适的介入开始，黎昔非从此进入了人生道路的下行阶段。1932—1937年这五年多期间，胡适对于黎昔非的种种"戕害"，其影响不是一时的，而是终生的，后果极其严重，一言以蔽之，就是胡适的介入将黎昔非从人生的上升阶段扭转为下降阶段，毁了黎昔非的后半生，实际上也是毁了他的一生。

1. 胡适戕害黎昔非揭秘

1937年"七七事变"后，黎昔非同许多在北平的公教人员一样，被迫匆匆举家逃难，逃至半路即身无分文，幸亏同行的罗尔纲资助了20元才得以回到故乡——广东省兴宁县，幸免"转死沟壑"之下场。回到阔别十年的故乡，黎昔非即面临如何维持全家生活的紧迫问题，在别无选择之下，他只好去中学任教师，中学教员成为黎昔非当时唯一而无奈的选择。这里需要特别指出的是：1930年黎昔非在中国公学大学部毕业时，就已经收到"五华县中"的聘书了，但他当时"坚辞"而北上①，抱着"满以为专搞一二年，总能搞出一点东西来，便不难跻身于教授、专家之列"②的憧憬，只身前往北平，并考取了北京大学研究院的研究生，从事高端学术研究的康庄大道展示在面前。然而，黎昔非满怀豪情的打算，最终却彻底落空，前往北平七年后他又回到了原来的出发点——中学教师。真个是赤条条而去，又赤条条而回。在这七年中，除了有一年多，是黎昔非自己可以"独立""自由"的时期，从而也是他的人生巅峰时刻，其余的时间则全部雇佣于胡适去"经理"《独立评论》的事务。也可以说，黎昔非北上七年的唯一"收获"，实际上只是替胡适成就了一桩"大事业"。对此，有学者慨叹黎昔非"所付出的代价巨大"③，亦有学者指出："胡适、蒋廷黻等社会精英成功在某种程度建构在榨取那些（由普通民众走向社会中间阶层）知识分子艰辛的劳作，甚至是被迫默默无闻的'奉献'基础上的。""黎昔非一事，不说是千古奇冤，恐怕也是百年不遇的了。为数不多的北大研究生黎昔非被埋没反映了中国近代自由知识分子精英群体借助《独立评论》而声誉鹊起的背后有部分知识分子在默默无闻中做奉献，甚至是牺牲。"④以此言之，黎昔非的"人生厄运"，确如一些学者所说的那样，"虽不说是千古奇冤，恐怕也是百年不遇的了"而这一切的制造者，正是"提携后辈"美名的胡适！

实际上，1944—1945年间黎昔非有过一个改变命运的机会，但终究还是因为胡适的冷漠无情而失之交臂。1944年，黎昔非经闻一多介绍，从家乡前往昆明，就职于"国立中国医药研究所"，任助理研究员。是年9月6日，黎昔非曾致函胡适，请求他介绍适合于自己专业的研究工作，信中说：

> 生现在昆明国立中国医药研究所，做《本草纲目》之《本草产地考释》及考订古医籍。工余仍然继续研读《诗经》，刻已草成《诗地理考》的初稿，只因参考书籍非常缺乏，有时很普通的都不可得到，所以还有许多地方须要补正，待二稿完成后，拟呈乞指正。《本草产地考释》预料年底亦可完成。但终觉此不是本行，很希望能够转入另一学术机关，如有机会，敬乞吾师代为介绍。⑤

然而，胡适并没有给黎昔非回信。到了是年年底，因申请"大学及独立学院教员资

---

① 黎昔非：《自传》（1951年7月），《黎昔非与〈独立评论〉》，第441页。
② 黎昔非：《自传》（1958年4月30日），《黎昔非与〈独立评论〉》，第467页。
③ 张传玺：《读黎昔非先生"札记"残稿的体会》，《黎昔非与〈独立评论〉》，第218页。
④ 王天根：《从〈独立评论〉经理到〈曼华〉主编的黎昔非》，本文原刊《徐州师范大学学报》2006年第2期，第87—91页。后作者对此文有所修订，本文据其最新修订版稿引用。特此说明。
⑤ 黎虎：《黎昔非与〈独立评论〉》，第20页。

格审查",上报教育部之后,"服务年限及著述二项已予审定",尚缺"北大研究院修业证书",黎昔非遂于1945年1月12日再次致函胡适,请求胡适写几句以作证明,信中写道:

> 教部举办大学及独立学院教员资历审查,去年九月间,本所主持人曾代生呈请审核讲师或副教授,昨得教部批示:服务年限及著述二项已予审定,惟饬补北大研究院修业证书。生于是往谒郑秘书长天挺①,他意须有相当证件,而生之注册等件,已遗在平,此间又无当年熟识师长可代证明。窃念吾师知生最悉,爱生最深,同时亦只有吾师片言可使他们深信不疑,敬乞赐示几行,俾持以请发修业证明。此关系于生非常重要,素爱生有逾父兄如吾师者,谅必俯允所求吧。②

然而,胡适仍然置之不理。如果说前一信请求介绍工作有所为难的话,后一信不过请求写一个对于既有事实的证明,证明黎昔非曾经就读于北京大学研究院,这对于胡适来说能够有什么困难?于公来说,胡适彼时为北京大学文学院院长兼中文系主任,黎昔非是他的学生;于私来说,黎昔非为胡适的事情牺牲了自己的学业和整整五年的黄金时间。于情于理,胡适都没有推却的理由。但是,胡适仍是断然拒绝,其所采取的决绝态度,一至于斯,实在令人难以想象;其忘恩负义、过河拆桥之忍心绝情,着实令人不寒而栗。

或许有人会认为胡适当时身在美国,大概是邮路不畅使然。事实并非如此,因为1945年在昆明的江泽涵与胡适就有书信来往,他1945年给胡适的信中写道:"适之兄:你的八月廿九日的信,本月十一我就收着了。"信末署曰:"弟泽涵九月十四日。"③可见,胡适从美国寄给江泽涵的信不过十一二天就收到了。江泽涵是胡适的同乡、朋友,长期担任北京大学数学系主任,他们之间的交往涉及胡适个人利益及圈内人的关系,故而胡适接信后,便及时回复。此外,胡不归写了一本《胡适之传》,寄给远在美国的胡适,1943年10月29日胡适收到书后,很是兴奋,在当天的《胡适日记》中记曰:"他出这书,为我做'五十岁生日',其意可感。""胡适在收到该书的第二天,即写长信给胡传楷,讨论他的《胡适之传》。可见胡适对此《传》是极重视的"④。此事适足以证明,凡是关涉自己利益的事情,胡适都是极其重视的。胡传楷,字不归,是黎昔非的同班同学,由于这个传记于胡适自己有着直接的利害关系,故胡适也屈尊及时给予回信。仅此两例便可证明,尽管胡适身在美国,但邮路还是畅通的。因此,在这个时候,黎昔非如果能够收到胡适写来的证明,则很有可能取得大学教员的资格,从而多少挽回已经造成的严重损失,继续他所热爱

---

① 按,郑天挺原为北京大学秘书长,抗战时任西南联大总务长。
② 黎虎:《黎昔非与〈独立评论〉》,第22页。
③ 中国社会科学院近代史研究所·中华民国史研究室:《江泽涵致胡适》,《胡适来往书信选》(下册),北京:社会科学文献出版社,2013年,第842页。
④ 胡不归:《胡适传记三种》"出版说明",合肥:安徽教育出版社,2002年,第2页。

的研究工作，他后半生的命运也可能有所改善。但是，这最后的一次机会，也因为胡适的冷漠绝情而丧失了。

黎昔非接连两封信，都没有得到胡适哪怕是片言只语的回复，于是在1945年10月12日又给胡适写了第三封信。不过，此时黎昔非已经不抱多少希望，只不过是最后再做一次努力罢了。黎昔非在信中说，其所供职的中国医药研究所，已被"教部俟令裁撤"，这就意味着黎昔非在昆明已没有工作单位了，于是他"不胜怅怅"地告诉胡适："生的工作尚未觅定，殊觉茫茫与皇皇，素知关注，谨以奉闻"，并在信末留下一个备用的通信地址："赐教请寄：昆明西南联大彭丽天先生转。"①然而，黎昔非这么做完全就是白费劲儿！因为胡适早就打定了见死不救的主意，所以根本不可能给他回信。不过，从这三封信的内容来看，黎昔非还是以通常的师生关系或故友关系（如果胡适还存一点师生友情的话）看待他与胡适的关系的，因为厚道单纯的黎昔非根本就不了解胡适的真正为人，更不可能了解胡适实际上早已将他视为异类的真实态度。有的人猜测，胡适对于黎昔非两年中的三封信都不回复，可能是邮路不畅或胡适在美国更换住址了，这些都是从胡适能够正常对待黎昔非的角度想出来的"理由"，实际上胡适在美国的名声，不论他搬迁到什么地方，应该都是能够收到的，否则，上述江泽涵、胡不归二人的书信，胡适怎么都收到了，而且一一做了回复？所以，持此想法者，不过是他们还没有真正认识到胡适在黎昔非问题上的居心叵测，从而以君子之心度小人之腹所做出的种种善意猜测和设想罢了。

与此同时，黎昔非还曾请求在昆明的西南联大教授沈从文帮助寻找工作，为此沈从文还拜托钟恂②，问他能否帮黎昔非介绍工作，据沈从文致钟恂信中称："得教言，始悉在昆工作。工作想极顺手。中公同事在此似不多。另一黎昔非兄，适之身边做过事，在此失业，不知兄能为寻一工作否？"信末所署日期为"二十八日"，经查此信写于1945年9月28日。③这里说的"失业"，即指中国医药研究所的裁撤令黎昔非工作无着。沈从文在危难时刻伸出援手，较之胡适的袖手旁观，人品之优劣高下，于此可见一斑。

最终，走投无路的黎昔非只有离开昆明重返故里，去做中学教师一条路了，也就是说，自从胡适1932年介入之后，黎昔非就一直走在人生的下坡路上，1944—1945年曾经出现了一线转机，庶几可以改变这一下降趋势，却再次因为胡适的冷酷无情而被断送。

---

① 黎昔非：《致胡适书简七通》，《黎昔非与〈独立评论〉》，第27页。彭丽天，广东兴宁人，黎昔非朋友，时在西南联大任讲师。

② 钟恂，《中国公学大学部文理学院庚午级毕业纪念刊》所载《中国公学大学部教职员通讯录》中有靳钟恂，1930年时任中国公学图书馆馆员，履历栏曰："中国公学文学士"。见《中国公学大学部文理学院庚午级毕业纪念刊》（1930年5月印行），上海档案馆藏。

③ 中国社会科学院近代史研究所·中华民国史研究室：《胡适来往书信选（内部发行）》（下册），"附录一"，北京：中华书局，1979年，第538—539页。按，此信又载《沈从文全集》第18卷《书信》，太原：北岳文艺出版社，2002年，第438页。

绪 论

我们回过头来再看看与黎昔非同时考上北大研究所的其他研究生的情况，就可以进一步认识胡适对于黎昔非"戕害"之深刻。《北大日刊》1931年6月5日第一版登载了北京大学《研究所国学门通告》，公布了本届录取的研究生名单，有文字学者四人、史学者六人、哲学者三人、文学者八人，共21人，其中"文学者八人：黎昔非、王锦葵、任维焜、钱振东、徐缵武、梁品如、商鸿逵、潘增荣"。从这个录取名单可以看到，黎昔非为"文学者"第一名，他的同学们毕业后的情况，据不完全了解，其中第二名王锦葵（后以王越名世）与黎昔非同为黄节弟子，后为暨南大学教授；第三名任维焜，导师为周作人、胡适，后为河南大学中文系教授；第六名梁品如，后为北京师范大学中文系教授；第七名商鸿逵，因导师刘半农1934年7月14日病逝，改从清史学家孟森学清史，后为北京大学历史系教授。与此同时录取的"史学者六人"，其中刘厚滋、张鸿翔毕业后，均为辅仁大学文学院教师，张鸿翔后来为北京师范大学历史系教授。

胡适对黎昔非的"戕害"，不仅影响了黎昔非后半生的工作和生活，更重要的是断送了黎昔非的学术生涯，从而也对近代中国的学术发展造成了不可弥补的损失。黎昔非早在本科生期间，在诗学研究方面就已经展示出过人的才华，在师从诗学大家黄节之后，又有所建树。如果他能够正常完成学业，必将对《诗经》研究，对中国传统文化研究做出重要贡献。但是，自从胡适介入他的人生之后，黎昔非就没有进行学术研究的条件和可能了，日后无论是在故乡兴宁的中学，还是昆明的国立中国医药研究所，也都没有这种条件和可能了。在黎昔非1944—1945年致胡适的信中，透露了这方面的情况："生现在昆明国立中国医药研究所做《本草纲目》之《本草产地考释》及考订古医籍。工余仍然继续研读《诗经》，刻已草成《诗地理考》的初稿，只因参考书籍非常缺乏，有时很普通的都不可得到，所以还有许多地方须要补正。""生对于《诗经》的研讨，本妄想将整部诠释，近来觉得那不单是艰巨不易的工作，且往袭旧说，亦没有多大意思，于是采用札记式，只将那些认为不很满意或有疑义的加以讨论。""然由许多一般解释固未敢苟同，可是自己亦无法解释，这个由于自己学识粗浅，而此间参考书籍亦非常缺乏，尤其是这研究所里所有的书籍多属医药方面的，生之所需者几等于零。"[①] 由此可见，胡适的"戕害"不仅直接造成黎昔非后半生的生存困境，而且导致他无法进行学术研究了。

先秦史大家李学勤在评价黎昔非的《诗经》研究时写道："黎昔非先生遗留下来的《诗经》研究作品，只有《〈采芑〉时代的质疑》《从"其军三单"说到古代兵农之分》及《读〈诗〉剳记》三篇……然而尝鼎一脔，还是能够从中窥见黎昔非先生研究《诗经》的路数和深度。""读前述几篇作品可以知道，黎昔非先生是从史学途径创新《诗经》研究的先驱者之一。"在谈到黎昔非以《诗经学史》为其研究生课题时，李学勤写道："直到今天，我们还没有一部内容完备的《诗经学史》，真希望黎昔非先生这一书稿尚在人世，有

---

① 黎昔非：《致胡适书简七通》，《黎昔非与〈独立评论〉》，第20、22、24页。

再被发现的日子。黎昔非先生的大量工作已经被战争动乱湮灭了,但他孜孜不倦研究《诗经》,阐扬传统优秀文化的精神,将得到人们的怀念。将来新撰《诗经学史》,必当有黎昔非先生的大名。"①

《诗经》研究专家朱杰人写道:"纵观上世纪20—30年代的《诗经》研究,我们可以看到非常鲜明的时代特征:以新方法和新视野重新审视这部已经流传了两千年之久,又众说纷纭的古代经典。但是,很遗憾的是,从纵向看,那个时代还缺少一种整体把握《诗经》研究史的力作。从横向看,就某一特定层面加以深入研究的著作也并不多见。于是,我们不得不提起一位已经被人们遗忘了的学者——黎昔非。""在中国公学、北大及《独立评论》期间,黎昔非完成了《诗经学史》及《诗地理考》。前者可以补《诗》学研究史之缺,而后者则是继清代朱佑曾《诗地理考》后又一部研究《诗》地理学的专著。"黎昔非的《〈采芑〉时代的质疑》:"文章不长,但论证严整,推理缜密,史料运用娴熟,得心应手,证明他有着非常扎实的史学功底。"黎昔非的《从"其军三单"说到古代兵农之分》:"这篇论文写得非常严谨,颇得胡适之'大胆假设,小心求证'之真谛。史料的运用博杂而精练,考证的过程缜密而富于逻辑性。尤其值得称道的是作者行文的机智和巧妙,以子之矛攻子之盾,举重若轻地把一个重大的古代制度问题解决了。"黎昔非的《读〈诗〉札记三则》:"札记中考释的几个字,历来是《诗经》研究中众说纷纭而无定论的'老大难'问题。黎先生的训释旁征博引,发前人所未发,是一种非常独到的见解。训诂,是解读《诗经》和研究《诗经》的敲门砖,却又是最为困难和深奥的学问。这三篇短文,显示出黎先生深厚的小学功底以及音韵学的素养。"对于黎昔非的《诗经学史》和《诗地理考》研究,朱杰人写道:"现在,我们可以一窥黎昔非先生《诗经学史》和《诗地理考》的面貌了。一,黎昔非先生具有深厚的史学功底,不但熟悉先秦史料,而且对先秦史料的辨伪、考订、诠释有很深的功力和独到的见解,由他来做《诗经》学史的研究,应该在史识上不落俗套,在史料的运用上完备而准确,在史实的考订上有所突破。二,黎先生应该对《诗》的年代问题有比较深入的研究,我们可以期望在这一领域有比较突出的进步,应该相信,他的《诗经学史》,必定会纠正前人研究的失误。三,在《诗经》研究的重要领域——文字、音韵、训诂研究上,黎先生的大著应该会有很多出人意料的发现,这当然植根于他的学养,但更重要的还在于,他能将文字、音韵、训诂整合贯通,以及将这三者与古文献融通。四,黎先生对先秦的典章制度非常熟悉,了然于胸,这有助于他对此类问题的研究和考订,相信《诗地理考》可以是他此一专长的用武之地。"

朱杰人在阅读黎昔非的《诗经》研究之后,不禁喟然长叹道:"一代学人,因时代的错误而使自己的研究成果化为乌有,这应该是一种刻骨铭心之痛。从我们仅见的资料看,这是一位完全可以有大成的学者……以上所论,表示了我对黎先生的敬意,虽有一些推测

---

① 李学勤:《〈诗经〉研究的吉光片羽》,《黎昔非与〈独立评论〉》,第173—176页。

之词，但绝非无根之谈，也是为了试图帮助这位可敬的学者弥补他在《诗经》研究上的永远的缺憾，抚平他终身的苦楚。"①

李学勤、朱杰人等学者不约而同发出的慨叹，不仅是对黎昔非未能完成其学术研究而深表遗憾，也是对因此所导致的《诗经》学研究的损失而深深地惋惜。

此外，黎昔非在大学四年级时所发表的《唐以前的七言诗》，也是不容忽视的重要论文。中国近现代文学研究专家、韩国全南大学教授徐宝余认为："黎昔非先生《唐以前的七言诗》是目前可知最早的研究七言诗源诗史的现代论文。其对于七言诗源诗史的研究，奠定了后来研究的基本框架，在七言研究领域内具有开拓意义"，"故黎先生此文实为探讨七言诗起源的近代开山之作，亦是对七言诗体发展做出系统描述的最早文章"。徐宝余还指出《唐以前的七言诗》所具有的三个方面的学术价值：一是"《唐以前的七言诗》一文采用辨伪方法，对七言诗的写作进行了历史追溯，奠定了后来七言诗探源的基本架构"。二是"在对唐前七言诗的收纳中，注意到了杂七言问题，从而为七言诗源流发展提供了一个可资利用的宝贵视角"。三是"黎昔非先生最早对七言诗史进行了总览式的归纳与描述，对七言诗史的研究具有开拓意义"。徐宝余最后得出结论："无论七言诗源诗史研究在未来走向如何，在现代学术史上，黎昔非先生的《唐以前的七言诗》一文应该具有其开拓疆域的作用。"② 我们完全有理由相信，如果黎昔非能够在汉魏六朝诗学权威黄节指导下正常完成学业，则必将在这个领域取得大成就。

胡适利用自己在学术界的地位和教育界的权势，把一个满怀学术志向而又功底深厚，并在《诗经》研究中探赜索隐、披坚执锐，学术前景可期的年轻学人扼杀于学术殿堂之外。胡适的这种行径，显然与其拥有的各种荣衔是"德不配位"的。对于黎昔非的学术研究实力有所了解的罗尔纲，在得知黎昔非后半生的遭遇之后，对黎昔非的儿子黎虎慨叹道："这种工作不适合他，他的学问不是教中学用的。"又说：如果不是这种情况，"他现在跟我们是一样的"。③ 一言以蔽之，胡适对黎昔非的"戕害"，不仅使得黎昔非前三十年所累积的学术元气化为无用之功而被尘封垢埋，也使得中国近代学术和教育蒙受了不应有的损失。

2. 胡适"戕害"黎昔非探因

胡适何以如此肆意"戕害"黎昔非呢？其中原因虽然比较复杂，但归根结底主要有三条：一是他的自私自利，二是黎昔非的"性格"与他相左，三是他针对黄节的卑劣用心。

首先，"戕害"黎昔非乃是胡适极端自私自利品性的集中体现。

---

① 朱杰人：《黎昔非的〈诗经〉研究》，《黎昔非与〈独立评论〉》，第180—185页。
② 徐宝余：《20世纪七言诗源、诗史研究的开山之作——黎昔非先生〈唐以前的七言诗〉》，《扬州大学学报》2013年第3期。
③ 前揭黎虎《先父黎昔非与〈独立评论〉——从我与罗尔纲先生的一次会面谈起》，《学林漫录》第14集，第19页。

胡适之所以如此残忍地"戕害"黎昔非，首先是由其自私自利的品性所决定的。胡适为了满足自身的需要和利益而无视他人的需要和利益，甚至牺牲他人亦在所不惜，这一点，看他事后过河拆桥的种种行径，便可一目了然。

胡适一再要求黎昔非出任《独立评论》经理人，从一开始就已表明他完全是从自己的需要出发，而丝毫没有考虑过学生的学业和利益。胡适当时作为北京大学文学院的院长、中文系主任，黎昔非是他管辖下的学生，他这样一再要求一个在读研究生放弃学业为自己服务，绝对不是一种对学生负责任的做法，更与其所任职责的职业道德与操守相悖逆。胡适做事，从来只考虑自己的需要，而毫不顾及学生的需要和利益。胡适曾总结20世纪30年代的大学教育说："那几年（1931—1934）正是国内几个大学埋头苦干而进步最速的时期……其中一个原因是几个最好的大学入学试验是很严格而标准很高。"[①] 而北京大学又是其中的佼佼者。黎昔非正是在此期间考取并就读于北京大学研究所，名列前茅的黎昔非，正是通过这种"很严格而标准很高"的"入学试验"而就读于北京大学。作为师长的胡适，为了自己的事业就将当时凤毛麟角而又如此优秀的研究生从学习岗位上拉下来，肯定不能说是一种恰当的做法。1936年胡适曾高喊自己"从不曾要学生因我的主张而牺牲他们一点钟的学业，我的罪孽决不在这一方面"。[②] 我们要注意，当胡适慷慨激昂地吹嘘这番动听言辞的时候，他的学生黎昔非已经为他"牺牲"了四年多的"学业"，而且还要继续"牺牲"下去！

"己所不欲，勿施于人"，乃中国传统为人之道的精义之一，胡适却在实际上表现出了相反的为人之道。胡适一生坚守的一条底线，就是任何社会工作、社会职务都不能影响他自己的研究工作，触及这条底线他是坚决不干的，以此言之，胡适实为"精致利己主义者"。1932年4月4日胡适致蒋梦麟的信中说，如果推举他出掌北大，则"自由将变为义务，上台容易，下台就很难了。无论我大病之后，决不能担任，在几年之内我决不能自投罗网"。[③] 1933年4月8日为推辞职务任命而致汪精卫信中说："我所以想保存这一点独立的地位，绝不是图一点虚名，也绝不是爱惜羽毛。"而是为了"专心著述"[④]。1947年12月17日致王世杰推辞公职任命时说："我不能担负此命。……第二，我今年五十七岁了，余生有限，此时改业，便是永远抛弃三十多年的学术工作了。我曾细想，我的永远改业，不能不说是国家社会的一大损失，故有所不忍，亦有所不敢。第三，我自从一九四二（年）九月以来，决心埋头治学，日夜不懈，总想恢复我中断五年的做学问的能力。此时完全抛下，而另担负我整整五年没有留意的政治外交事业，是用其所短而弃其所长，为己为国，

---

① 《胡适书信集》，北京：北京大学出版社，1996年，第1259页。
② 胡适1936年1月2日致汤尔和信，《胡适书信集》，第679页。
③ 《胡适书信集》，第567页。
④ 《胡适书信集》，第589—590页。

都无益处。"① 在胡适看来，维护自己的研究工作，就是维护自己"独立""自由"的权利。

那么，他对于黎昔非的研究工作和"独立""自由"的权利，又是怎样的态度和做法呢？

胡适一再不许黎昔非辞职，充分暴露了他这种漠视他人权益的品性。黎昔非的初衷是："本来，我打算只干他半年至一年，藉以维持生活，期完成自己的论文便罢了。"实际情况却完全出乎他的预料，《独立评论》的工作极大地妨碍了他的研究工作，因此他曾一再向胡适提出辞职。但是，"再三推却，都以不易找到相当接替的人而被留住了"！所谓"相当接替的人"，有什么深刻含义呢？那就是像黎昔非这样既具有研究生高学历和水平而又便于控制，既能够超负荷工作而又廉价。这样的人选，自然是"不易找到"的，即使神通广大如胡适，大概也是"不易找到"的。故《独立评论》筹备之初，胡适等人一直找不到"合适的"经理人，一点也不奇怪。而当黎昔非误入其彀中之后，胡适就再也不肯撒手了。于是，胡适便找出种种理由推脱、拖延，硬是禁锢黎昔非五年有余，把一个学术前景极其光明的在读研究生拖延为打工者，把一个才华横溢的年轻学者拖延为一个"小职员"（蒋廷黻语）。在黎昔非的利益与他的利益发生矛盾时，胡适便毅然决然选择实现和满足自己的利益。毕生鼓吹"独立""自由"的胡适，其实所追求的只是他个人的"独立""自由"，他的"独立""自由"是建立在牺牲别人的"独立""自由"的基础之上。胡适说过："我们现在说的'自由'，是不受外力拘束压迫的权利。"② 可是，胡适为了自己的需要，却将"拘束压迫"全部无情地施加于黎昔非的身上。

黎昔非在中国公学的同学、同乡，1932年秋至1933年春与黎昔非在北平合作创办《晨华》文艺半月刊的丁白清，在谈到黎昔非担任《独立评论》经理人的情形时说："我知道他当时很痛苦，又不敢走。"③ 这句简短的话语颇为耐人寻味，这里说的"当时"无疑是在1932—1933年之际，可见黎昔非早在这时已经"很痛苦"了。黎昔非中公的老师、著名作家沈从文1937年5月23日致胡适信中，也言及黎昔非在《独立评论》辛勤工作的五年中内心所承受的巨大痛苦，云："这人痛苦想来先生明白，……我觉得他若这样混下去也极可惜、可怜，但又无力帮他的忙。"④ 为什么黎昔非感到"很痛苦"呢？除了待遇菲薄、工作繁重之外，更主要的是对其研究工作的"极大妨碍"，这一点前揭沈从文致胡适信中也明确说到了，云："黎昔非先生到我这里，说他'在《独立评论》作了五年，得适之信托，谨慎小心做去，幸支持到如今，刊物有了头绪，可是个人若如此下去，实在有点可怕。原因是杂事太多，太琐碎，自己除每日注意刊物外，一本书也不能读，想谋进步无

---

① 《胡适书信集》，第1124—1125页。
② 胡适：《自由主义》，《胡适文集》第12册，北京：北京大学出版社，1998年，第806页。
③ 丁白清：《黎昔非学友二三事》，《黎昔非与〈独立评论〉》，第47—48页。
④ 见本书"六、补遗"所载沈从文1937年5月23日致胡适的信。

从得到进步。'① 从沈从文信中可知,黎昔非在独立评论社中"杂事太多,太琐碎",每天除了刊物的事情外,"一本书也不能读,想谋进步无从得到进步",可以说独立评论社中繁杂、琐碎的事务,已然令黎昔非"痛苦"到"可怕"的程度。不过,1932年秋至1933年春,黎昔非所感受到的痛苦,只不过是其"痛苦"的开始,然而,令黎昔非和他的友人始料不及的是,这种"痛苦"那时才刚刚开始,他还要继续忍受四年之久!完全能够想象得出,四年前就已经"很痛苦"的黎昔非,挨到四年后,该是多么大的一种痛苦!显然,辞职与不许辞职的拉锯战,是贯穿于《独立评论》存在的绝大部分时间里的。黎昔非何以"又不敢走"呢?谁都清楚,以胡适当时在学术界的权势,并直接掌管着北京大学文学院的权力,黎昔非怎么可能跳得出如来佛的掌心呢?!黎昔非当年答应胡适的请求,可谓真正的"一入樊笼里,从此陷深坑"!胡适还说过这样一段话:"人生如梦,过去甚快,等闲白了少年头,糊涂断送了一个可以有为之身,乃是最深重的罪孽也!"② 可是,当他一再不许黎昔非辞职,怎么不考虑一下黎昔非"等闲白了少年头"呢?他如此"断送了"黎昔非这样"一个可以有为之身",难道不是"最深重的罪孽"吗?我们还注意到,就在办理《独立评论》期间,胡适对自己的研究工作有过这样的慨叹:"我个人在学术上负的旧债太多,哲学史与文学史皆有头无尾,而两鬓已斑白了。所幸近年研究兴趣尚甚浓,深想趁此精力未衰、见解稍成熟之时,在一二年中将十余年来积下的材料整理成书。一犬不能同时逐两兔,又积习已深,近年稍任学校行政,每苦毫不感觉兴趣,只有夜深人静伏案治学之时,始感觉人生最愉快的境界……拟即专心著述,了我十五年的学术旧债。"③ 胡适对于自己的人生得失,算计得多么精细和周全,可是他怎么不想一想:难道黎昔非就不担心自己"两鬓已斑白"吗?黎昔非就不希望"趁此精力未衰"之时"专心著述",以了自己的"学术旧债"吗?他怎么不想一想,一再不许黎昔非从"每苦毫不感觉兴趣"的岗位上辞职而承受五年之久的"痛苦"呢?他怎么不想一想,耽误黎昔非的学业和研究将会对其未来前途所造成的影响呢?

事实上,胡适的这种自私自利的品性绝非偶然,而是终其一生、一以贯之的。1962年"台湾近代史所"的负责人郭廷以向胡适提出辞职请求,"因为'自去春病后,体力迄未复原,难胜繁剧之任',要'辞去近代史研究所研究员及筹备主任本兼各职,俾能充分休养……不愿意把这条命送掉'"。胡适回信说:"你几次向我辞职,我总是劝你勉为其难,不要抛弃你自己多年培养起来的'孩子'。……我每对朋友说:'我自己病了,多蒙朋友爱护我,不许我工作,使我长时期的休息;我的朋友们病了,我应该同样的爱护他们,体谅

---

① 见本书"六、补遗"所载沈从文1937年5月23日致胡适的信。
② 颜振吾编:《胡适研究丛录》,1928年7月24日"胡适致胡近仁信",北京:生活·读书·新知三联书店,1989年,第219页。
③ 1933年4月8日"胡适致汪精卫信",《胡适书信集》,第589—590页。

他们，不应该勉强他们做可以妨碍他们的体力的工作。'……我看了你的辞职信，确曾有过三整天的踌躇、烦恼。简单地说，我绝对没有理由不重视你的健康。"但是，当郭廷以打电话告诉胡适的秘书胡颂平下星期不去办公时，胡适"觉得事态更紧迫了"，于是派胡颂平传达他的"三个诚恳的请求……你千万不能摆脱所务；请你务必照常办公。……假如你不太怪我不近人情的请求，我盼望你不要轻易辞去近代史所筹备主任的事，我很诚恳的盼望你在不过分的妨碍你的健康的条件之下，继续做我们应该做的事"。① 当年以"孩子"比喻《独立评论》的花言巧语再次被搬了出来，但是无论对方有多大的理由，甚至以保住"这条命"而哀告也是枉然，胡适的说辞不管绕了多大的弯子，最终只有一条：你还是得就范，"务必照常办公"。1962年坚决不允许郭廷以辞职，与当年他巧舌如簧、软硬兼施，一再不许黎昔非辞职，两者如出一辙，不过是故技重演罢了。

实际上，胡适这种自私的品性，并非仅仅表现在个体的利益之争方面，他为了一己之私利，可以置国家民族大义于不顾，甚至不惜出卖国家民族的利益。如1937年8月19日，胡适出任中国驻美大使，蒋介石交给他的任务是"进行抗战宣传"。然而，"胡适在美期间近似'无为'，即不宣传、不借款、不购军火、不办救济事业的'四不'政策，他最忙的是疲于演讲，用唐德刚的话说，是'捞鱼摸虾，耽误庄稼'，既然什么都不做，那都忙了些什么呢？忙着谋取博士学位也"②。蒋介石在1942年10月13日日记《上星期反省录》中，对于胡适的这种为个人私利而不惜损害国家利益的行为，就有所批评："胡适乃今日文士名流之典型，而其患得患失之结果，不惜借外国之势力，以自固其地位，甚至损害国家威信而亦在所不惜。彼使美四年，除为其个人谋得名誉博士十余位以外，对于国家与战事毫无贡献，甚至不肯说话，恐其获罪于美国，而外间犹谓美国之不敢与倭妥协，终至决裂者，是其之功，则此次废除不平等条约以前，如其尚未撤换，则其功更大，而政府令撤更为难矣！文人名流之为国乃如此而已。"③ 及至20世纪50、60年代，蒋介石在日记中提到胡适，仍不时说他"狭小妒忌""无赖卑鄙""褊狭自私"。

其次，是黎昔非的"性格"与胡适相左。

有学者认为，胡适对待三位在北平的中公学生态度之所以如此不同，与他们三位的性格不同有关。"为什么三人受到胡适不同的礼遇与栽培呢？这既与三人的性格有关，更与胡适的性格有关。罗尔纲、吴晗懂得人际关系学，敢于在胡适面前显示才华，并能大胆提出一些请求和帮助；而黎昔非呢？木讷得很，不轻易向外人表露苦衷，也不轻易求助于他

---

① 1962年1月11日"胡适致郭廷以信"，《胡适书信集》，第1723页。
② 欧阳健：《胡适是如何"暴得大名"的？》，《文学与文化》2018年第2期，第125页。
③ 蒋介石日记，收藏于美国胡佛研究所，今转引自前揭欧阳健文，《文学与文化》2018年第2期，第125页。

人。"① 这应当也是原因之一。据黎昔非之子回忆,黎昔非"唯一的一次"对他们兄弟讲到胡适时说:"有一次他和吴晗先生约好与胡适先生在北海公园见面。他们两人在桥头等了一会儿,远远看见胡适先生到了,吴晗先生立即迅速奔过去与胡适先生握手问安,非常亲热的样子,而爸爸却仍然站在原地未动。"② 久已习惯于被人恭维逢迎的胡适,对于这种在他面前保持"独立"态度的人,是绝对不会喜欢的。吴晗的机巧,在介绍黎昔非出任《独立评论》经理人时就已经有出色的表现了,当他就读的清华大学历史系主任蒋廷黻因为长时间物色不到"合适的"经理人而发愁的时候,吴晗及时地将黎昔非推荐出来,一则讨好了他的顶头上司,二则讨好了胡适,一举而数得。吴晗本来与黎昔非和罗尔纲都不认识,胡适也不知道吴晗其人,但是他通过各种关系求见到了胡适,"他见了胡适,第一句话就请胡适让他免考转入北京大学二年级"。③ 1937 年"七七事变"后在天津,吴晗让罗尔纲带他去向胡适夫人江冬秀借钱以到云南大学做教授。据罗尔纲回忆:"他说要借 300 元。我说 100 元就够了,为什么要这样多。他说要借多 200 元,留给袁震在北平应用。"④ 袁震是吴晗的未婚恋人。吴晗之为人机巧及其擅处人际关系,由此可见一斑。胡适曾经称赞罗尔纲为人"耿介",不过据罗尔纲自述:"适之师到两广讲学,我就请他顺便把我的妻儿接出来。"⑤ 事先,"我妻陈婉芬在家乡买了一只专食动物的叫作抓鸡虎的野狸腊干了送给江冬秀师母。胡家把这个野狸作为珍品要宴请名流……婉芬在家乡做过几次,所以那天她就去胡家厨房动手。适之师感到低亏了我妻的身份,他心里不安,就特地亲自给婉芬和胡师母同摄一照……胡适从香港代我接妻儿来北平时,我的女儿才两岁,婉芬要抱这个孩子,就不能拿给孩子装吃食的盒子,胡适就给她提着……一同到旅馆。"⑥

实际上,胡适并非真的喜欢"耿介"的性格,因为真正"耿介"的人是黎昔非,恰恰最为胡适所不喜。据黎昔非夫人何昕说,他们的长子诞生前,"事前胡适曾对你爸爸说,到时(临盆前)可用他的汽车送医院,但你爸爸不要"。而是深夜满大街去寻找出租车。⑦ 在 1937 年"七七事变"后逃难时,也只有囊中最为羞涩的黎昔非没有向胡适开口"借钱"。据黎昔非之子回忆说,"我们从来没有听他跟我们议论过别人的是非"。但是他"对于趋炎附势、阿谀奉承、拍马钻营之徒十分不屑",经常在儿子面前加以斥责,从现在留

---

① 眉睫:《从黎昔非的命运看胡适性格的另一面》,原载《粤海风》2007 年第 6 期、2007 年第 12 期;又载于氏著《现代文学史料探微》,上海远东出版社 2009 年 8 月版,题目改为《黎昔非与胡适——胡适性格的另一面》。
② 黎虎:《双亲旧事》,《黎昔非与〈独立评论〉》,第 681 页。
③ 《师门五年记》2006 年,第 158 页。
④ 《章希吕记胡适二三事》,《师门五年记》,第 186 页。
⑤ 《师门五年记》,第 40 页。
⑥ 《师门五年记》,第 176—177 页。
⑦ 黎昔非:《日记》(1934 年 12 月 23 日—1937 年 4 月 18 日)《黎昔非与〈独立评论〉》注,第 529 页。

下来的黎昔非致胡适信函，我们可以看到：虽然他对于胡适是使用尊敬的称谓和语言，但是绝没有一句阿谀奉承的肉麻语言，而是就事论事，只要比较一下现存的黎昔非与罗尔纲致胡适信函，二者措辞风格可谓迥然不同。黎昔非"对于趋炎附势、阿谀奉承、拍马钻营"一向不屑，自会在日常的为人处世中有所表露，而久被阿谀奉承、逢迎拍马包围，早已"久而不闻其臭"了的胡适，因此而对未曾吹捧奉迎自己的黎昔非不习惯、不喜欢，也就势所必然了。黎昔非曾不止一次跟他的子女讲这样的"故事"："当一大群鸭子上田埂的时候，有些'笨'的一时没有爬上去，后头那些'精'的就踩在它们的背上爬上去了。那'笨'的就成了它们的垫脚石。"他讲这故事的时候，并没有具体指什么人，但是"他这么反复向我们讲这些，想来不会是无的放矢的吧"。① 由此可见，吴、罗、黎三人的性格的确是不同的，由此所导致的胡适对他们爱憎不同的感情，也就不言而喻了。

  黎昔非的"性格"与胡适相左，重要的还体现于更深层次的政治态度和理念方面与胡适不同，从而与胡适的矛盾更为不可避免。黎昔非回忆道："这种工作老实说，当时有许多人认为是不易得的机会，因为那个集团的成员——胡适、翁文灏、蒋廷黻、周贻春、傅斯年、任鸿隽夫妇、吴景超、陶孟和等——都是当时社会上有'名望'有'地位'的，且一个接一个都跑到南京去做部长处长以至院长或大使等要职，至不肖的都在学术机关把持了有'单位'的，如善巴结奉承的，这倒是'飞黄腾达'的好门径！可是生性狷介的我实耻趋伺，也不愿做那'朘民自肥'的官。"可见黎昔非先生的"狷介"，还表现在政治态度与胡适这个团伙是格格不入的。"在这数年中，我总是想写点较专门的东西，对于时事，则不能说所要说的话，又不愿'歌颂功德'，故没写过一句"②，黎昔非不仅没有给《独立评论》写过文章以趋势逐名，而且对于《独立评论》中某些言论也是非常反感的，对"它的言论也不以然，尤其是蒋廷黻的'独裁论'一类的东西，当时真觉得是无耻之极，所以我没写过一文"。③ 黎昔非对于蒋廷黻的不齿，可能蒋在与其交往中有所觉察，从而也"得罪了"蒋廷黻，恼羞成怒的蒋廷黻遂"小职员"称呼黎昔非为，就是这种情况的反映。就在黎昔非与胡适一伙处于对立状态的同时，他的两位同学不仅与胡适亲如家人，三个人的"性格"可谓泾渭分明。黎昔非每天所面对的都是这种他所厌恶的、自己"不以为然"甚至"真觉得是无耻之极"的人和文字，却又不得不牺牲宝贵的时间与之周旋、为之操劳，长期在这种"煎熬"中度日，想来胡适也不会毫无觉察吧，诚如沈从文所说"这人痛苦想来先生明白"④。黎昔非的这种政治态度并非他自己吹嘘，而是在事后得到了有力的旁证，曾在独立评论社负责财务工作的陈晋祺，在1955年给"组织上"写的一份材料中谈到了这个问

---

① 黎虎：《双亲旧事》，《黎昔非与〈独立评论〉》，第681、682页。
② 黎昔非：《自传》(1951年7月)，《黎昔非与〈独立评论〉》，第444页。
③ 黎昔非：《自传》(1958年4月30日)，《黎昔非与〈独立评论〉》，第470页。
④ 见本书"六、补遗"所载沈从文1937年5月23日致胡适的信。

题，他说："我读了蒋廷黻在独立评论发表的《论独裁》一文，当时觉得很对，觉得要抗日就必须国民党把中国统一起来，在那时华北风云紧急，每次与昔非、绮春等人谈到时局问题，他们不满意国民党的看法，我总是大不以为然，认为他们是不正确的。"①

黎昔非的"耿介"，还表现为他对胡适的直接"冒犯"，从而被胡适所记恨。在经办《独立评论》的五年中，黎昔非不断提出辞职的请求，但是胡适只考虑自己的需要而无视黎昔非的诉求，双方的矛盾势必十分紧张而尖锐，对于习惯了他人顺从乃至"奴颜婢膝"的胡适而言，黎昔非再三再四地请辞，自然令他大为不快。而1937年黎昔非跟胡适下"最后通牒"时说"暑期以后决不再干了"②，更可见双方矛盾之尖锐，胡适对此种"冒犯"之举是绝对没有肚量容忍的，而必定心存忌恨。

顺便提及黎昔非出身于岭南山区底层的农民家庭，1929年黎昔非父亲去世，不仅对他精神上打击极大，经济上也是极大打击，因为黎昔非得以外出求学的关键，就是其父的鼎力支持，如今失去了这唯一的依靠，加上当时家庭经济已经濒临极限，不仅不可能对他有所支持，还迫切指望他来缓解困窘。大学读书期间的一些族饷支持在他毕业之后也宣告中断，因为当时族饷规定只对中学生和大学生的补贴而没有研究生补贴。因此，黎昔非在北大读研究生时的经济困窘状况是可想而知的。罗尔纲虽然不是甲族富豪出身，但远非黎昔非之贫贱孤寒可比，1931年秋罗尔纲从胡适家回广西贵县，其族兄罗国香任贵县初级中学校长，"约我帮他接收，又要我帮他招收新生，留我做教员"。③"1934年2月，族兄国香因办学成绩卓著，省政府把他升任当时除广西大学外另一高等学府——广西壮族自治区立师范专科学校的校长，他要我同去。"④在贵县教书期间，罗尔纲接触到了太平天国的史料，乃得益于他父亲的藏书："1931年冬，我在广西开始研究太平天国史，便是得到我父亲的书才能工作的。"⑤罗家的藏书中，仅与太平天国有关的就有道光、咸丰、同治三朝《东华录》《中国近世秘史》《贼情汇纂》《曾文正公全集》《胡文忠公全集》《皇朝续经世文编》等⑥。这些都是卷帙巨大的著作，仅此便可证罗氏家庭实为书香门第，罗、胡两个家庭可谓门当户对，这种家庭环境自然有利于罗尔纲人际关系的培养。胡适当年选择罗尔纲做入室西宾，恐怕也考虑到了这个因素。至于黎昔非，则为纯粹的农民家庭，家徒四壁，连普通的《词源》也没有而需要到村中仅有的一个人家里去借⑦，黎昔非"所接触的人，只

---

① 陈晋祺：《我与〈独立评论〉的关系》，《黎昔非与〈独立评论〉》，第44页。文中提到的绮春，姓曾，广东兴宁人，早年加入中国共产党，1933年毕业于北平中国大学后，住在兴宁会馆从事译述，曾翻译日本学者河上肇《经济学》，由商务印书馆出版。
② 黎昔非：《自传》（1958年4月30日），《黎昔非与〈独立评论〉》，第470页。
③ 《师门五年记》，第19页。
④ 《师门五年记》，第29页。
⑤ 《师门五年记》，第106页。
⑥ 《师门五年记》，第27页。
⑦ 黎虎：《双亲旧事》，《黎昔非与〈独立评论〉》，第677—678页。

先后的同学几十个，和几个先生；而足迹所到之地，也非常狭小，以我家为圆心，东则止于下蓝，西则仅达大坪，南不过观音井，北未越罗冈圩一步。总之，至远没超过二十华里"。① 这些无疑都对黎昔非人际关系的养成造成了极大囿限。罗尔纲的家庭经济条件亦远在黎昔非之上，1930 年罗尔纲大学毕业之后进入胡适家中任家庭教师兼做资料工作，在此期间他仍然有条件由家里寄钱以资费用②。1935 年罗尔纲把妻儿接到北平来之后，"家中原本可以接济我的，我却不肯给老人家知道我拮据的情况，我决定写文章以补不足"。③

再次，这是胡适针对黄节的卑劣用心。

胡适自私自利的品性，以及黎昔非"狷介"的性格，都是胡适"戕害"黎昔非的原因所在，但皆非主要原因。实际上，我们下面所要讲到的胡适与黄节之间的矛盾，才是胡适"戕害"黎昔非的主要原因。

黎昔非的北大研究生导师黄节，原名晦闻，诞生于清同治十二年（1873），广东顺德人。政治上，黄节是一位进步的爱国者，曾经积极入世，反清目的达到之后，出于对现实的失望，他选择了急流勇退而遁入书斋。学术上，黄节是治学严谨的国学大师，学贯中西、博古通今，尤以"诗学"研究独步文坛④。黄节的性格耿介正直，特立独行，对此周作人曾有评说："关于黄晦闻的事，说起来都是很严肃的，因为他是严肃规矩的人，所以绝少滑稽性的传闻。他平时愤世嫉俗，觉得现时很像明季，为人写字常铃一印章，文曰'如此江山'。"⑤ 1929 年秋，黄节复任北京大学教授，兼任清华大学、北平师范大学教习。在当时北平的大学校园里，有好几位不向当局摧眉折腰的学者，他们以学人的风骨，维护着学术的尊严，其中就有黄节。无论是汪精卫要出资为其出版诗集，还是电召他出席"国难会议"，黄节均坚辞不受。在北大校园里，胡适等新派人物是主流，黄节则属于非主流的"旧派"，黄节之低调与胡适的张扬，形成了十分鲜明的对比，但是他并不买胡适的账，黄节"尤为反对胡适提倡新文学、反对白话文运动"。"黄节对胡适的态度是'视而不见'，迎面走过，昂首阔步，当然，有时在自己的课上把胡适新诗当作反面教材批判一番，也并

---

① 黎昔非：《自传》（1958 年 4 月 30 日），《黎昔非与〈独立评论〉》，第 463 页。
② 《师门五年记》，第 18 页。
③ 《师门五年记》，第 41 页。
④ 《诗学》为黄节最重要的学术著作，堪称中国最早的诗学史，原北大著名历史学家，在中国文学史、古文献学、俗文学、戏曲学、书法艺术等方面皆有很高成就，而被称为"多面统一的大家"的吴小如教授，就曾对黄节《诗学》给予了极高的评价，认为"其学术价值足与鲁迅《汉文学史纲要》、刘师培《中古文学史讲义》媲美"。更有学者认为，黄节的《诗学》为近代中国诗学研究的开创性著作，它与林传甲的《中国文学史》、王国维的《宋元戏剧考》、鲁迅的《中国小说史略》一样具有学科建设的奠基意义（《国学首倡者黄节被指守旧　生前轰轰烈烈死后奇冷》，《南方日报》2010 年 9 月 17 日）。
⑤ 周作人：《北京大学感旧录·愤世嫉俗的黄晦闻》，《老北大》，北京：中国文史出版社，2016 年，第 137 页。

非莫须有。"① 黄、胡两人品格之不同、学术之相左、关系之冷漠，由此可见。因此，胡适视黄节为异己，是必须加以排斥的。实际上，自1918年初进北大任教起，胡适为了在北大站稳脚跟，进而掌控北大文学院甚至校务，就一方面利用手中权力党同伐异，培植亲信，另一方面则对黄节等"旧派"学者进行打击和排斥②。例如"马裕藻字幼渔，担任北大中文系主任多年，后受胡适排挤辞去系主任，担任声韵学教学"。"胡适排挤老教师，黄佩（《文心雕龙》专家）、吴梅（讲曲专家）、林损（专于古文）等先后都被挤出去了。胡还想把黄节（研究汉魏六朝诗专家）挤走，听说黄是汪精卫的老师，未敢动手。另一方面胡却安置私人，把'新月派'的几个成员都弄来北大讲课。"③ 黄节作为岭南的诗学大家，而他的弟子黎昔非和王锦葵都是广东人，在派系观念浓厚的胡适看来，一个以黄节为首的岭南学派俨然在形成，其妒恨之心不言自明。1931年，黎昔非刚刚进入北大研究院，在胡适的日记中曾经两次记载了黎昔非的来访，其中3月8日那次还详细记载了谈话的内容："黎君欲作《诗经学史》，拟一细目来问我，我为他谈汉儒所以曲说诗经的背景。此种曲

---

① 王雨吟、陈思：《国学首倡者黄节被指守旧 生前轰轰烈烈死后奇冷》，《南方日报》2010年9月17日。

② 实际上，胡适对黄节等"旧派"学者的敌视和排斥，由来已久，早在1918年胡适从美国留洋回来，初入北大的时候，就已经开始了，当时的北大鸿儒硕彦云集，如刘师培、黄节、辜鸿铭、黄侃等，都是国学深湛的饱学宿儒，胡适作为一个留洋归国的"海龟"，尽管可能拥有某些"新派"优势，但要想在北大站稳脚跟，也并不容易。于是胡适只能"挟洋自重"，这位在美国大学以《中国古代哲学方法之进化史》的题目申请学位（尚未获得）的"海龟"，只好东拉西扯，讲自己和别人都不熟悉的西洋哲学史，正如顾颉刚所说："他是一个美国新回来的留学生，如何能到北京大学里来讲中国的东西？"（《古史辨》"自序"）除了通过这种"挟洋自重"方法，唬住那些无力留洋的学生外，就只能对那些学富五车的"旧派"人物进行打击排挤了，正如徐子明所说的那样："你想胡适除了用破坏的阴谋，怎能拿真学问和他们对抗？所以他就用奇计来分化学生，使中西两派的名师自然站不住脚。因为有实学的人总有些傲脾气，对学生不会敷衍。胡氏就迎合学生的心理，和他们称兄道弟，来讨论各位先生的长短。……至于那些国学名师，他又笑他们抱残守缺，喜在故纸堆里做活计，从未到新大陆去学科学方法，又没有听过杜威的高论，实在可怜得很。所以他言必称杜威哲学，弄得当时的学生七颠八倒，对美国有可望而不可即的浩叹。"徐子明还说，在辜鸿铭死后，"胡适就要对付那些国学名师。他的策略亦不外帝国主义以华制华的老套"（徐子明：《胡祸丛谈》，台北：民主出版社，1965年，第5—6页）。王天根则指出，在陈独秀离开北大以后，面对章门弟子、梁启超门徒，胡适等人要站住脚跟，除了继续其"文学改良运动"外，在国学方面也必须与章太炎及其弟子抗衡，1919年底胡适倡导"整理国故"，从思想层面看，是为了针对旧派的阻力，就北大学术纷争而言，则表明胡适意在破除章太炎及其门生对国学"资源"的垄断，从而取得自己一席发言之地（王天根：《五四前后北大学术纷争与胡适"整理国故"缘起》，《近代史研究》2009年第2期，第72页）。这清楚地表明胡适进入北大以后，所搞的"文学改良""整理国故"等运动，根本目的是在北大站稳脚跟，只不过打着学术的幌子而已，"学术"在胡适那里只是他利用的一件工具，实质是为了排斥与他对立的"旧派"。对于胡适在北大播弄是非、排斥打击"旧派"学者，并最终掌控北大文学乃至校务的种种行径，欧阳健《胡适是如何"暴得大名"的？》（《文学与文化》2018年第2期，第111—129页）一文有全面的考述，敬请参看。

③ 王廷林：《北大见闻录·"打倒胡适"》，《老北大》，北京：中国文史出版社，2016年，第117、34页。

说都是'合理化'的趋势,不足奇怪。"①汉儒曲说《诗经》的这种背景,并非什么深奥的新鲜见解,胡适却不惮其劳地记录下来,这并非率意而为。然而,实际情况却是"在文、法学院中,大多数学生认为胡适浅薄不专,正在成为政客。法学院的学生喊'打倒胡适!'"②胡适的"浅薄不专",于此再次得以证明③。而到了1932年4月进入《独立评论》之后,黎昔非则从胡适的日记中彻底销声匿迹了,何以出现如此巨大的反差呢?因为胡适心中十分明白,黎昔非这时已经成了他的囊中物。

1935年1月24日,黄节病逝于北平。二月,黄节追悼会以"国师"的规格在南京召开,追悼会由蔡元培、陈树人等发起,行政院长汪精卫亲临主祭,南京国民政府明令褒

---

① 曹伯言整理:《胡适全集》第32卷《日记1931—1937》,合肥:安徽教育出版社,2003年,第85页。

② 前揭王廷林:《北大见闻录·"打倒胡适"》,《老北大》,第117、34页。

③ 胡适在学术上的"浅薄",早在他进入北大不久,就已经有所显露了,1918年胡适发表《中国哲学史大纲》,该书附录中有《诸子不出于王官论》一篇,直接否定章太炎"诸子出于王官"的观点,胡适还特别将该书送给章太炎。1919年章太炎函复胡适,有云:"接到《中国哲学史大纲》,很有见解。但诸子学术,本不容易了然,总要看他宗旨所在,才得不错。如但看一句、两句好处,这都是断章取义的所为……仍望十尺竿头再进一步。"(章太炎:《与胡适》,马勇编:《章太炎书信集》,石家庄:河北人民出版社,2003年,第665页)。章太炎作为国学大师,涵养自非常人所及,因此他在致胡适信中给予《中国哲学史大纲》"很有见解"的美誉。"诸子学术,本不易了然,总要看他宗旨所在,才得不错"一句,已然委婉说出胡适并未真正读懂诸子,并指出胡适著作中的"断章取义",至于"仍望十尺竿头再进一步"之句,则不啻于告诉胡适:你还得好好读书,才有资格谈论诸子!学界对于胡适"学术"浅薄的认识,也早已有之,如徐子明就说过:"胡先生的成功,向不止此!最妙是拿中国的东西骗外国人,又拿外国的东西,骗中国人,这真是洪钧老祖不传之秘。你想,我们中国人,能学贯中西的有几人?外国人懂得中国学问的更少了!拿一点皮毛工夫,两边骗骗,真是何等容易!……你看他拿中国的诸子百家,去考取哲学博士,在美国又专讲中国文明;在国内呢,他又大喊'德先生'(民主)和'赛先生'(科学)了。其实他对于民主政治固是外行,对于科学更是一窍不通。据他自白:他初到美国,本是学农,因为教师教他选种,他是不辨菽麦的书默[呆]子,无法交代,自知终身不能入科学之门,还不如拿中国老东西,骗骗外国人,来得容易,所以不到几个月,便改了行。后来,他又自觉文学一途,就是坐飞机也追不上那班老家伙,而且当时的大学生,国学根底也不坏,于是又出奇制胜,要提倡'新文学'来打倒'旧文学',而且用些外国的体裁。当时的老学究,已不屑做白话文,何况要采用外国格式?不懂文学的,迅雷不及掩耳,不得不向他低头。假如不玩弄这一套,他一辈子也出不了头。其实他那《文学改良刍议》大份都是抄袭顾亭林的,其馀[余]都是从前的'老生常谈',就因为'文学解放',迎合低级趣味,才使竖子成名。以后他又掌白话文导师的头衔去骗山姆叔,真是'亿则屡中'了!"(徐子明:《胡适与国运》,第36页,台北:学生书局,1958年)唐德刚则说:"胡适之那几本破书,实在不值几文。所以我们如果把胡适看成个单纯的学者,那他便一无是处。连做个《水经注》专家,他也当之有愧。这便是海内外'专家'——不论'白专'或'红专'——之所以低估他的道理。"(唐德刚:《胡适杂忆》,桂林:广西师范大学出版社,2015年,第76页)牟宗三说:胡适"对中国哲学一点都不了解,没有一句相应的话,所以只写了上卷,后来也写不下去了,转去做考证,考证禅宗,也以外行人瞎考证……其实他是真的外行。以像他这种人来领导学术界,出大风头,这当然非国家学术之福"(转引自前揭欧阳健文)。在西南联大时期,冯友兰也曾在课堂上骂胡适,说:"胡适到二七年就完了,以后再没有东西了,也没起多大的作用。"(何兆武:《读书记》,北京:生活·读书·新知三联书店,2008年,第109—110页)

扬,将逝者生平言行著述,宣付国史馆立传。3月10日,北平文化教育界又为黄节召开追悼会,北京大学校长蒋梦麟主祭,时任北大文学院院长兼中国文学系主任的胡适也参加了追悼会,写了"南洲高士徐孺子,爱国诗人陆放翁"的挽联,并说了这么一段话:"我同晦闻先生前后共事二十多年,虽然没有个人交谊,今天我参加追悼会,是我心中有其人,敬仰他的学问和人品。"[①] 尽管素以为人处世和说话圆通过人的胡适在追悼会上给黄节说了些"好话",却掩盖不了他们之间的距离与矛盾,共事二十多年而"没有个人交谊",这句话的后面,实则隐藏着令人无限遐想的广阔空间。

总之,胡适在北大一直没有达到排挤黄节的目的,黎昔非误入他的"白虎堂",终于为他提供了天赐良机。胡适直接排挤黄节没有得逞,于是便把恼恨转移到黄节的弟子黎昔非的身上[②]。只有把握住这个关键问题,胡适"戕害"黎昔非的种种行径,才都能够得到合理解释,否则很多问题都难以解释通融,甚至于不可理喻。作为曾经的中国公学校长,爱护、栽培中国公学的学生原本应是很自然的、顺理成章的事情。当时在北平的中国公学学生有三人——黎昔非、罗尔纲、吴晗。但是,胡适对于这三位中国公学学生的态度和做法却完全不同,甚至截然相反,根本原因就在于此。

3. "戕害"黎昔非是胡适报复黄节"情结"的延续

以常理而论,黎昔非与胡适有着双重的师生关系,而且对胡适的贡献和付出又是最大的;罗尔纲、吴晗与胡适只有一层师生关系,对胡适的贡献和付出与黎昔非相比不啻天壤,有的甚至基本上没有什么贡献和付出。但是,胡适对吴、罗二人却刻意扶植、栽培,而对黎昔非则刻意戕害,这种反常现象令世人莫名其妙。其实,奥秘就在于前文所说的胡适与黄节的关系,这才是问题的症结所在。所以,如果从胡适与黄节之间的矛盾出发,就可以知道罗尔纲、吴晗是胡黄博弈的最大受益者,黎昔非则是胡黄博弈最大的受害者。下面,我们再通过一张简表(表1)看看胡适是如何对待这三位中国公学的学生,以及又是怎样在五年的时间里改变了他们的地位和人生道路的。

---

① 刘凤阳:《黄节 学界诗坛宗师 北大清华教授》,顺畅网—珠江商报,2011-07-06,http://www.sc168.com/zt/ewsd/201107060176.htm。

② 笔者按:黎昔非所研究的《诗经》问题,胡适是外行,这应当也是胡适在学术上所排斥的。

绪 论

表1　胡适对待黎昔非、罗尔纲、吴晗对照表（1931–1937年）

	工作、研究待遇	生活待遇	学术研究进展情况
黎昔非	1932年4月—1937年7月，"这三年的发行，校对、杂务，全是黎昔非先生一个人支持。每到星期日发报最忙的时候，他一个人忙不过来，总有他的许多青年朋友赶来尽义务，帮他卷报，装封，打包，对住址。"① "他从《独立评论》出版至抗日战争停刊时都是他主持排印、发行工作。他很忙，从来没有功夫去玩。"② "在《独立评论》做了五年事……杂事太多、太琐碎，自己除每日注意刊物外，一本书也不能读，想谋进步无从得到进步。""这人痛苦想来先生明白……我觉得他若这样混下去也极可惜，可怜。"③	1931—1933年，"他当时很痛苦，又不敢走，薪水只三四十元，又不够用。"④ 1934—1937年每月40元。⑤	1937年1月24日，天津《益世报·史学周刊》发表《从"其军三单"说到古代兵农之分》。
罗尔纲	1930年11月—1931年9月，在胡适家辅助其子读书，帮胡抄录资料。1934年3月，再入胡家，"没有什么工作给我做，只叫我自己看书"⑥，"叫我每天到北平图书馆去看书"（30页），得以有条件做研究，参加史学研究会等活动（36页）。1934年10月胡安排罗为北大考古室助理（38页）。1936年10月由胡适"决定"升罗为助教，半天整理金石拓片，半天自己做研究（58/60页）。这几年中，胡适不断指导罗的研究工作，"特地叫我到他的书房去细细问我的研究情况"（23页），耳提面命之外还经常写很长的信加以指导，罗"在太平天国史上开了一种辨伪考证"的工作"都是从适之师给我的训练，给我的教训得来的"（28页）。"他把我这篇考证送到北京大学《国学季刊》去发表。这是我第一篇在国内外著名的学术刊物上发表的考证"（35页）。"适之师的指示，使我懂得如何去研究制度史"（53页）。	吃住胡家，另每月"四十元零用"钱，从罗家乡广西贵县赴平旅费100元（18页）。"适之师到两广讲学，我就请他顺便把我的妻儿接出来。"（40页）北大助理月薪60元，升助教后为80元（38—39页）。"适之师曾吩咐我，若钱不够用时，可请他想法子。"（41页）	1932年开始"太平天国史研究"（27页），"自1935年春至次年夏这一年半里，我共写了近40万字的文章。"（43页）胡适的关系令其在学术界崭露头角，清华大学曾拟聘罗接替蒋廷黻担任中国近代史教学（57页）；南开大学经济研究所和中央研究院社会科学研究所也向罗发出过聘书（58—59页）。

---

① 胡适：《又大一岁了》，《独立评论》第151号。
② 《师门五年记》，第137页。
③ 见本书"六、补遗"所载沈从文1937年5月23日致胡适的信。
④ 丁白清：《黎昔非学友二三事》，《黎昔非与〈独立评论〉》，第48页。
⑤ 黎虎：《双亲旧事》，《黎昔非与〈独立评论〉》，第671页。
⑥ 《师门五年记》，第37页。

(续表)

	工作、研究待遇	生活待遇	学术研究进展情况
罗尔纲	"我当年早看出罗尔纲的天资不太高，需要朋友督责，所以我想管住他一点。"① 1936年6月29日他致信罗尔纲："我劝你以后应该减轻编辑《史学》的职务，一个人编两个学术周刊，是很辛苦的。"② 胡适家"常常是名流满座……每逢我遇到他的客人时，他把我介绍后，随口便把我夸奖一两句，使客人不致太忽略这个无名无位的青年人。"每逢宴会必"把我请去做客"（17页）。		
吴晗	胡适给清华代理校长翁文灏和教务长张子高写信："清华今年取了的转学之中，有一个吴春晗（吴晗原名），是中国公学转来的，他是一个很有成绩的学生，中国旧文史的根底很好。他有几种研究，都很可观，今年他在燕大图书馆做工，自己编成《胡应麟年谱》一部，功力判断都不弱……附上他的《胡应麟年谱》一册，或可觇他的学力。"③ 吴晗的学术兴趣在先秦史、秦汉史，胡给吴晗写信说："秦汉时代材料太少，不是初学所能整理，可让成熟的学者去做。材料少则有许多地方须用大胆的假设。而证实甚难。非有丰富的经验，最精密的方法，不能有功。"胡适赞同蒋廷黻劝告吴晗研究明史的意见，说："请你记住，治明史不是要你做一部新明史，只是要你训练自己做一个能够整理明代史料的学者。你不要误会蒋先生的意思。"④	吴晗拟考北大，胡适说："你考入北大后，费用我可以帮助"。考入清华后"胡适即时取出80元叫我（罗尔纲）送给吴晗交学膳费用"。⑤ 并给清华代理校长翁文灏和教务长张子高写信："此人家境甚贫，本想半工半读，但他在清华无熟人，恐难急切得一个工读机会。他若没有工作的机会，就不能入学了。我劝他决定入学，并许他代求两兄帮忙。此事倘蒙两兄大力相助，我真感激不尽。"⑥	大学期间，吴晗写下40多篇文章，1934年毕业留校任教，开设明史和明代社会等课。1937年聘为云南大学教授。

从表1我们可以看到，从1932年至1937年的五年中，由于黎、罗、吴三人的境遇大不相同，导致其结果也大不相同。五年中，胡适一直大力推动罗尔纲、吴晗在学术上锐意进取，对黎昔非则反其道而行之，将其逼进繁重的事务性工作樊笼，禁锢五年而不

---

① 胡适1959年3月4日"致吴相湘信"，《胡适书信集》，第1379页。
② 胡适1936年6月29日"致罗尔纲信"，《胡适书信集》，第702页。
③ 耿云志、欧阳哲生：《胡适来往书信选》（上册），"胡适致翁文灏、张子高信"，北京：北京大学出版社，1996年，第555页。
④ 苏双碧主编：《吴晗自传书信文集》，北京：中国人事出版社，1993年，第71页。
⑤ 《师门五年记》，第18页。
⑥ 前揭耿云志、欧阳哲生编：《胡适来往书信选》上册，"胡适致翁文灏、张子高信"，第555页。

得解脱。与此同时，胡适为罗尔纲、吴晗的学习、生活、工作和研究提供了良好的条件，帮助他们解决所遇到的种种问题和困难。对黎昔非则无任何帮助，除了每月 30—40 元基本生活费之外，只有超负荷的、与自己的学术事业毫无关系和不感兴趣的事务性工作，以服务和满足胡适个人的需求，与从社会上招来的雇员一样，没有一点师长对待学生的影子，两者的关系已经不是一种师生关系，而变成了一种"掠夺"与"被掠夺"的关系。于是，他们三人的位置发生了颠倒，五年前黎昔非比那两位作为本科毕业生和本科二年级的罗尔纲、吴晗均处于优势地位，学术前景最为看好。但是五年后，三人的情况发生了逆转，罗尔纲成为太平天国史研究专家，吴晗成为明史研究专家，1937 年"七七事变"之后，罗尔纲前往长沙入中央研究院进行研究工作，吴晗前往昆明任云南大学教授，黎昔非则从研究生沦为"小职员"（蒋廷黻语），失去了学术的本钱，只能回老家去任中学教员。

黎、罗、吴三位学生，若论给予胡适的帮助、贡献和恩惠，则黎昔非最大、最突出，其他二位根本无法与之相提并论。黎昔非帮助胡适成功地创办了《独立评论》，成为他一生中最为成功、存在时间最久的刊物，以黎昔非的"有为"而使胡适得以对《独立评论》实行"无为政治"，游刃有余地兼顾学术研究和繁忙的社会活动，并以《独立评论》为平台，掌控了 20 世纪 30 年代的话语权，成为当时的舆论中心，以胡适为领袖人物的《独立评论》核心群体成了国民政府的幕僚、座上宾，进入了当时的政治权力核心圈。罗、吴二人则根本无法与黎昔非相比，难以望其项背。罗尔纲虽然在 1930—1931 年间辅导过胡适儿子的功课，并抄写了胡适父亲的遗稿和一些研究资料，1932 年之后则除了偶尔代替胡适做一点《独立评论》的"末校"之外，就没有什么直接的帮助了。至于吴晗，则主要是向胡适索取而不是帮助。那么，为什么胡适对于罗尔纲、吴晗关爱有加，刻意栽培，而对于黎昔非却痛下狠手，"戕害"有加？为什么胡适对于三位学生的态度和做法如此反常呢？对于贡献巨大的学生肆意戕害，对于贡献不大甚至没有贡献的学生反而关爱有加呢？对于胡适的这种反常、乖戾行径今天世人均感到大感不解，原因何在呢？

所以，胡适"戕害"黎昔非的同时，却对罗、吴二人大加提携，其背后的深层原因就在于，尽管他们三人都来自中国公学，但是在胡适看来却已经属于不同的营垒，黎昔非是黄节的弟子，属于他人，另外两位则是自家人，罗尔纲是胡适的入室西宾，以兄弟相称，俨然家人，吴晗则通过胡适的介绍投奔了胡适的朋党、清华大学历史系主任蒋廷黻。因此，罗尔纲、吴晗在学术上事业上的成功，是胡适的光荣，是胡适所期望的；黎昔非则相反，他的成功乃是黄节的光荣，而这并非胡适所乐意看到的。加以黎昔非与黄节，以及黄节的另一位研究生王锦葵均为广东同乡，黎昔非的耿介性格与黄节也颇为相似，更增加了胡适对黎昔非的排斥心理。如果再联系胡适自 1918 年进入北大以来，就一方面想方设法排挤打击包括黄节在内的、他所不喜欢的，特别是那些传统学术功底深厚被视为"旧派"的教授,"另一方面胡却安置私人,把'新月派'的几个成员都弄来北大讲课"。[①]那么,胡适这种以宗派团伙利益划线的行径,就不难理解了。进而,一系列令人不解的怪诞现象,也都可以得到合理的解释了:对胡适贡献越大、付出越多的,则肆意进行"戕害",而对于胡适贡献和付出都不多甚至没有的,却关爱有加,刻意栽培,对于罗尔纲、吴晗则千方百计从生活上、事业予以无微不至的关怀、培养,帮助他们在学术上步步前进,从原先比黎昔非低的不利地位变为大大高于黎昔非的优势地位。对于黎昔非,则除了利用之外,非但没有生活上事业上的丝毫关心爱护之举,反而是刻薄无情、肆意"戕害",将他从研究生变为"小职员"(蒋廷黻语),断绝了他的学术之路,从而彻底改变了他的人生道路。于是,五年后的结果也就大相径庭,前两位都在学术上崭露头角并为日后的高阶工作岗位——教授、研究员奠定了基础。黎昔非则从研究生沦为"小职员",被彻底挤出了学术领域,今后只能出任中学教员那种层级的工作了。

1944—1945年间,胡适拒不回复黎昔非的三封来信,进一步证明了胡适对黎昔非的敌视态度并非一时一事,而是一以贯之。1937年"七七事变"后,黎昔非回到老家教了七年中学后,经闻一多介绍到昆明国立中国医药研究所史地部去工作。从1944年至1945年,黎昔非先后给胡适发去三封信,其内容主要有二:一是表示希望能介绍一个专业对口的工作单位,以便他的研究工作;二是请求为他写一纸证明,证明他有过北大研究生的学历,因为这时他已经通过了铨叙部的大学教员资格审查,只需补上这样一纸证明即可获得大学教员资格了。但是,这三封信却皆如泥牛入海,杳如黄鹤。事实上,这些来信胡适是绝对不能也不敢回复的,因为一旦回复黎昔非,则黎昔非原为黄节的研究生这一世人已经日益淡忘的事实很可能就会暴露,进而他硬生生剥夺一位他管辖下的在读研究生为自己服务了五年多的丑恶黑幕也会随之暴露出来。胡适深知,一旦他出面证明黎昔非的研究生学历,就有可能使其得到大学教员的资格,这是他最不愿意、也最害怕看到的事情,因为这不仅使其在30年代戕害黎昔非的努力极有可能前功尽弃,而且势必暴露他为陷害黄节而戕害黎昔非的险恶用心。

就这样,在这最后一次弥补的机会也被胡适断送之后,黎昔非不得不再次卷起铺盖回老家了。

(三)胡适对《独立评论》历史的篡改

胡适不仅剥夺了黎昔非的研究生学业和学术研究的条件与可能,将他从人生的上升阶段推入下降阶段,改变了他的人生道路,甚至连黎昔非付出了巨大个人牺牲而为《独立评论》所做出的重要贡献也企图加以剥夺,悍然将其从《独立评论》历史中彻底"扫地出门"。

[①] 前揭王廷林《北大见闻录·"打倒胡适"》,《老北大》,第117、34页。

1. 胡适是如何篡改《独立评论》历史的

创办《独立评论》，乃是胡适人生中的得意之笔，作为主编的他自然会在诸多场合和著述中津津乐道该刊的创办情况，其中最为集中和详细者，是在其所著《丁文江的传记》中专辟一章，用以回忆、评述《独立评论》之创办历史。然而，在该书以及其他相关论述中，胡适不仅刻意回避《独立评论》社务部门及其负责人黎昔非，甚至悍然作伪，公然篡改历史，从而制造了种种混乱和迷惘。

对于胡适来说，《独立评论》创办过程中的任何问题都可以谈，有时甚至可以谈得非常详细而具体，唯独关于《独立评论》社务部门及其负责人黎昔非，胡适则三缄其口、讳莫如深。例如在《丁文江的传记》中，胡适大谈自己及丁文江等人如何如何，只有以下寥寥数语可以勉强视为涉及《独立评论》社务工作的文字，胡适写道："当时排字工价不贵，纸价不贵，校对是我家中住的朋友章希吕先生负责，所以开销很省……所以我叫这个时代作'小册子的新闻事业的黄金时代'。"①请注意！在这里，不见了胡适在纪念《独立评论》创刊三周年时谆谆告诫世人所说的——"我们不要忘了这个孩子还有一位忠心的看护妇"黎昔非，以及"全是黎昔非先生一个人支持"的"发行所"，而当年在表彰黎昔非时被附带提及的章希吕，反倒是赫然在目，而且用他取代了黎昔非和他主持的社务部门！在这里，只有"校对"和"写文字的人"，而没有了当年他列举过的"发行""印刷""杂务"以及由黎昔非"一个人支持"的"发行所"了。显然，胡适在这里想告诉世人的是：独立评论社根本不存在一个社务部门，更不必说这个社务部门的负责人是谁了。如果说独立评论社还有一点社务工作的话，那只是极其简单的一桩"校对"工作而已，而"校对"工作则是"住在我家中"的我的"朋友"章希吕负责的。

胡适作为《独立评论》的主编，加上他煊赫的地位和名声，因此，学者在研究《独立评论》时，对于胡适的这些说法莫不深信不疑，视为完全可信的权威的历史资料。胡适为了使人们对于他的说法信以为真，还使用了他一贯的手法，大力宣扬他在撰写《丁文江的传记》时如何广泛搜集第一手资料，他说："一九五五年的冬月里，我把 Columbia Univ. 所存的《独立评论》全份，及《科学与人生观》等等，全借在我寓里，细细读一遍。又把我的日记细细翻查一遍。"②胡适还特别对外人强调，他的写作态度是极其认真和严谨的，他说："我检查了我手里的材料，我决定用严格的方法：完全用原料，非万不得已，不用 second hand sources ？这是材料的限制。……其实这是我平生自己期许的工作方法，就是'述学'的工作方法。'述学'最好是充分保存本人的文字语言。"③《丁文江的传记》出版四年之后，1960 年再版时胡适又对此书做了认真的校勘，他说："我借这个重印的机会，

---

① 欧阳哲生等编：《胡适文集》7，北京：北京大学出版社，1998 年，第 502 页。
② 胡适 1957 年 4 月 9 日"复陈之藩信"，《胡适书信集》，第 1299—1300 页。
③ 胡适 1957 年 4 月 9 日"复陈之藩信"，《胡适书信集》，第 1299—1300 页。

仔细校勘一遍。新校出的错误，都在重印本上改正了。"① 显然，胡适所要表达的核心思想就是：世人所看到的《丁文江的传记》，就是这么一部极其"严谨"和"严肃"的，经得起事实和时间检验的"信史"。

于是，在胡适的误导下，关于《独立评论》的种种曲解和违背历史真实的奇谈怪论，长期以来弥漫于史学界和舆论界。诸如："那时候一切也比较简单，几个读书人，只要将自己月收入5%拿出，就可撑起一份杂志来。而杂志一经出版，往往很快成为一个公众舞台。《独立评论》正是如此。"② 也就是说，《独立评论》这样一个发行量大、办刊时间长达五年有余、影响甚大的刊物是不需要社务部门的，不过是主编胡适召集几个文人，筹集一些经费，请朋友在家里附带做一做，轻易就办起来了，而且可以办得红红火火、长盛不衰。很显然，这种说法纯属皮相之谈。有的人虽然觉得应该有人协助胡适负责社务工作，才能把《独立评论》办起来，然而他们却误以为不过是胡适请他的老乡章希吕等人帮帮忙而已，云："胡适在谈到《独立评论》时多次称赞当时住在他家中的朋友章希吕，章氏负责刊物的编务、发行与校对等杂务。"③ 或者说《独立评论》的"编辑杂务及校对等事由胡适本人、罗尔纲、章希吕义务效劳"④。有的说："他们一切从俭，只请了一个职员负责发行事务，其他事务多由朋友帮忙，如校对等文字工作就由当时在胡适家住的章希吕负责。"⑤ 诸如此类，不一而足。将这些说法综合起来，就是说如果《独立评论》还有社务工作的话，也是由胡适躬亲其事，或者有时请他的一些朋友，如章希吕、罗尔纲等人帮帮忙而已。顺便指出，台湾的一些研究者倒是还能够以常理来质疑《独立评论》的"奇迹"的产生，如赖光临说："文人办报或杂志，最大难关，在维持不易……《独立评论》依凭四千多元能按期出版，如非抗日军兴还不至于停刊，确然是一项奇迹。"⑥ 可惜的是，赖氏对于产生这个"奇迹"的原因，基本上仍是重复那些被胡适曲解了的、以偏概全的说法，而未能进一步探究历史的真相。上述情况的出现，也不能完全归咎于这些学者，而在于他们被胡适所蒙骗。于是，《独立评论》的历史就被胡适"打扮"成了神奇而又缥缈的"模样"，一个被歪曲了的《独立评论》史就这样取代了真实的《独立评论》史。

历史的真相是，《独立评论》是主编胡适和经理人黎昔非通力合作的产物。两人缺一不可，犹如车之两轮，鸟之两翼。在这个问题的认识上，台湾的一些学者较大陆的一些学者稍微要接近史实一些，例如邵铭煌在《抗战前北方学人与〈独立评论〉》中谈及独立评

---

① 《胡适文集》7，第548页。
② 章清：《学术社会的建构与知识分子的权势网络》，《历史研究》2002年第4期，第45页。
③ 胡明：《胡适传论》，北京：人民文学出版社，1996年，第725页。
④ [美]贾祖麟著，张振玉译：《胡适之评传》，海口：南海出版公司，1992年，第246页。
⑤ 白吉庵：《胡适传》，北京：人民出版社，1993年，第332页。
⑥ 赖光临：《中国近代报人与报业》（上），台北：台湾商务印书馆，1979年，第660页。

论社组织时,便将主编胡适与发行黎昔非并列①;赖光临在《中国近代报人与报业》中论述《独立评论》的人事组织时,也是将总编辑胡适与发行黎昔非并列②。事实上,如果没有黎昔非这样出色的经理人参与进来,并做出那么大的牺牲,《独立评论》是否能够办得起来,都是未定之天,更不必说办得如此成功而持久了。举个例子,黎昔非致胡适的孑遗的信函中有一封写道:"寄报的封袋,据沙滩一个铺子说,那种大的每万份二五元,小的二四元。现在打算明天到前门去问问看看如何。"③从中可见,作为"经理人"的黎昔非为《独立评论》的经营是如何的精打细算,可以说,在北平当时的"物价"情况下,"经理人"如何经管,对于报刊经营的成效有着大相径庭的影响。著名报人戈公振认为,"报馆譬之人体,人才则灵魂也"。经理人为"一馆之领袖",需"编辑、营业、印刷"多方面的综合才能方能胜任④。报刊经营的好坏,经理人是否尽职尽责,实起着不可替代的、至关重要的作用。作为经理人,黎昔非为《独立评论》的社务工作可谓竭心尽智、使出全力,为之付出了人生最宝贵的黄金年华,加以一丝不苟的校对,高质量的准确无误的出版、发行、邮寄,几乎每个细节都没有失误,从而为刊物争取到了一批固定的订户,《独立评论》的发行量逐年递增,最高时达到15000册。须知,此前晚清风行一时的《时务报》,最高发行量不过14000份,而为达到此销量,《时务报》在全国一共设立了202个代售处,并采用说服地方大吏官购报纸、让利派发等方式,而维持其日常经营发行团队竟有15人之多。⑤在黎昔非一人经理《独立评论》的五年中,其发行量一路攀升,年年递增。从创刊第一期的"两千本"到第二期的"三千本"。仅一年时间发行量就飙升到了"八千本",两年之内达到了"一万五千本",三年增加了七倍之多,可见其发行效率远超《时务报》。⑥胡适曾颇为自豪地说:"关于销路这一层……我在第一百五十一号(三周年纪念号)曾提到我们有七千个读者,我现在可以说我们有一万三千个读者了。这一年之中销路增加了一倍,其中有好几期都曾再版,这是我们最感觉高兴的。"⑦再把《独立评论》与20世纪30年代同时期平津地区主要报刊发行量相比,也可见其发行之高效率,实无其伦,当时大报如《北平晨报》《世界日报》每日发行三四千份,小报如《京报》《益世报》每日只有2000份左右⑧,作为一份比较枯燥的政论性周刊,《独立评论》能够达到如此之高的发行量,维持良性运作和

---

① 邵铭煌:《抗战前北方学人与〈独立评论〉》,台湾政治大学历史研究所硕士学位论文,1979年,第27页。
② 前揭赖光临:《中国近代报人与报业》(上),第660页。
③ 黎虎:《黎昔非与〈独立评论〉》,第14页。
④ 戈公振:《中国报学史》,北京:生活·读书·新知三联书店,1955年,第245页。
⑤ 廖梅:《汪康年:从民权论到文化保守主义》,上海:上海古籍出版社,2001年,第66—78页。
⑥ 蒋廷黻:《蒋廷黻回忆录》,长沙:岳麓书社,2003年,第145页。
⑦ 胡适:《独立评论的四周年》,《独立评论》第201号。
⑧ 王国华:《三十年代初北平的出版业》,《北京出版史志》第4辑,北京:北京出版社,1994年,第65页。

保持发行信誉，这充分显示出黎昔非出色的经营和发行能力。然而，社务工作却只有黎昔非一人负责，则更堪称奇迹。有学者指出："当时维持一个报刊机构的运作绝非一人之力所能完成。尽管有些报刊在发行之初会因'无利可图'而压缩员工规模会出现一人兼任主笔、经理人、访员，负责招揽广告，发行报纸的个别情况，但一旦报纸销路渐开，大多会延揽人才，增置设备，扩大经营规模。《独立评论》作为学人自办'同人杂志'，显然缺乏扩大市场的商业野心，在其发行的五年多时间里，始终只有黎昔非一人身兼经理人、发行人，该社营业部、服务部均由其独力支撑。这种情况在中国近代报刊史实不多见。"① 这个看法颇为公允，略嫌美中不足的是，作者所说"这种情况在中国近代报刊史实不多见"，仍不尽确当，不是"不多见"，而是绝无仅有的"仅此一见"，这样说才更符合历史真相。可是胡适对于这位为他创造了"奇迹"的经理人黎昔非，却只为其提供每月三四十元的微薄工资，而黎昔非所承担的工作任务却是异乎寻常的超负荷，因此从某种意义上可以说，胡适对黎昔非这种超限的压榨乃是《独立评论》得以创造"奇迹"的重要原因，在中国新闻史上可谓绝无仅有。以最低的工薪雇来最高质量的经理人，从而创造了中国新闻史上的"奇迹"，胡适在《丁文江的传记》中精心计算了种种账目，以说明"小册子的新闻事业的黄金时代"的出现，但唯独回避而不敢计算黎昔非为《独立评论》所付出的这笔账。

在篡改和伪造《独立评论》真实历史的过程中，除了胡适自己带头造假之外，还有不少胡适的乡亲、友好，也加入这个行列，从而成为胡适篡改和伪造《独立评论》历史的"系统工程"的组成部分。

在所有协同胡适造假者当中，石原皋为最有代表性的一个，他在《闲话胡适》一书中写到《独立评论》时，云："无人代他照料排印、发行，乃请他的老友章希吕到北平，住在他家，主持发行事情。章原来是上海亚东图书馆的编辑，搞这些事是内行。"② 与胡适上述说法稍有不同的是，石原皋在这里倒是承认《独立评论》社还是存在社务工作的，只不过这个社务工作是在胡适家中进行的，而其负责人则是胡适的"老友"章希吕。石原皋何许人？"石原皋是胡适的亲戚和同乡，并常有交往，熟悉胡适的生活和家世，对其学术思想也有所研究。"③ 以石原皋与胡适及其家庭的亲密关系，石氏上述关于《独立评论》社务工作的说法不会是空穴来风，应当是源于胡适及其家人的言谈之中，因此，我们不能不怀疑，胡适在家中以及来宾面前一直都在散布关于《独立评论》的虚假信息。由于石氏是胡适的同乡，又曾住在胡适家中，他的这一特殊身份极易使人误认他的那些说法乃是作为见证人的"实录"。

---

① 齐辉:《中国近代新闻史视野下的黎昔非与《独立评论》——兼论学人论政期刊的经营特色》，《河北学刊》2015年第3期，第57页。
② 石原皋:《闲话胡适》，合肥：安徽人民出版社，1990年，第142页。
③ 《闲话胡适》，第213页。

蒋廷黻关于《独立评论》历史的一些信口开河之说，也是胡适一伙篡改和伪造《独立评论》历史的组成部分。蒋廷黻在回忆《独立评论》时曾说："终《独立评论》时期，社中只用一个小职员，负责发行事务，月薪六十元。"这段话至少存在三处错误：一是"终《独立评论》时期，社中只用一个小职员"，这句话明显不符合事实，事实上《独立评论》除经理人黎昔非之外，后期1935年至1937年经胡适批准正式添聘了一位职员——会计陈晋祺[①]；二是黎昔非不是"小职员"而是"经理人"；三是黎昔非的月薪不是60元而是40元。短短一句话就有三处不符合事实，这不仅是蒋廷黻不负责任的信口开河，同时也反映了胡适—蒋廷黻一伙在《独立评论》问题上的倨傲和肆意妄为，是他们企图独占《独立评论》创办之功，从而蔑视乃至无视《独立评论》社务部门的贪婪和狂妄心态的体现。蒋廷黻当年着急上火，想要寻找的可是"合适的经理人"而不是什么"小职员"，当"合适的经理人"找到之后，用了五年多从而赚得盆满钵满之后，怎么就变成"小职员"了呢？1932年蒋廷黻因"找不到合适的经理人"而"发愁"，当得知有黎昔非这样"合适的经理人"之后"很高兴"，急不可耐"即刻"要"征求昔非同意"，若干年之后却全都"忘记了"，摆出一种蔑视与无礼的态度呢？这固然是蒋廷黻忘恩负义小人心态的自然流露，也是胡适—蒋廷黻一伙篡改和伪造《独立评论》历史的具体表现之一，企图通过把经理人篡改为"小职员"这种办法，以否定《独立评论》社务部门的存在和经理人黎昔非的重要作用。历史事实是，黎昔非作为《独立评论》的经理人，绝非一般职员，更不是什么"小职员"，而是与主编胡适地位相当的独立评论社两位主要负责人之一。独立评论社是有职员的，那就是1935年至1937年担任《独立评论》会计的陈晋祺。因此，对于蒋廷黻将黎昔非称为"小职员"一事，我们完全可认为这也是胡适篡改、伪造《独立评论》历史的一个组成部分。还要特别指出的是，蒋廷黻不仅把《独立评论》"经理人"贬为"职员"，而且特意在"职员"前面加上了"小"这样具有蔑视意味的贬义词，又表明胡适跟蒋廷黻等人，不仅刻意贬低社务部门的重要性，而且素常可能就是以贬义性的语调来谈论"经理人"黎昔非的。对于黎昔非是黄节的门人，以及胡适与黄节之间的矛盾等情况，蒋廷黻肯

[①] 1935年12月北平兴宁同乡会联络人林钧南《重修兴宁邑馆募捐簿》："《独立评论》会计陈晋祺捐法币二十元"，《黎昔非与〈独立评论〉》，第72、75页。林钧南1998年8月11致黎虎信："33年后，（陈）晋祺到北平，才由昔非提出让晋祺任财务人员，经胡（适）同意才到社的。"（《黎昔非与〈独立评论〉》，第58页。）按，"33年"应为35年。林均南《清白做人 奉献毕生——忆故友黎昔非同志》："1933年原中公同学陈晋祺突然抵平，昔非很高兴，当即请示胡适取得同意让晋祺担任《独立》的财务工作。"（兴宁市政协文史资料研究委员会编《兴宁文史》第26辑，2001年，第164—185页）1955年陈晋祺给兴宁有关部门所写材料：他"于1935年春自南京走到北京，由黎昔非介绍入胡适办的独立评论社工作，我替他散播反动言论，毒害青年……1937年独立评论停刊我于四月底离开北京到贵州伪第四军九十师陈佩处"。（《黎昔非与〈独立评论〉》，第44—45页）这是陈晋祺向组织上汇报历史时所写，这在当时是极其严肃认真的事情。由此可知，陈晋祺于1935年5月至1937年4月正式担任《独立评论》会计，这一职务是经胡适批准的。

定心知肚明,"言为心声",很显然,蒋廷黻是完全站在胡适的立场上来看待黄节及其学生黎昔非的,"小职员"之称就是他这种敌视心态的表现。

如果说1956年《丁文江的传记》出版时胡适是因一时"疏忽",而没有应用一些真实的"原料",那么日后的再版和校勘,总还是有机会补正的吧。《丁文江的传记》出版之后四年,1960年再版时,胡适又对此书做了认真的校勘,他说:"我借这个重印的机会,仔细校勘一遍。新校出的错误,都在重印本上改正了。"如果说第一版时果真是因一时"疏忽"而"忘记了"黎昔非,那么在第二版修改时,完全可以进行补正。但是,我们看到的却是依然如故!这就充分表明,早在第一版时,胡适实际上就已经下定决心篡改历史了,故而第二版时,他也根本不可能考虑修改这个错误。胡适如此"认真"对待、"严格"撰写和"反复"推敲磨勘的《丁文江的传记》,经过两个版次仍然"忘记了"黎昔非及其主持的"发行部",这就进一步表明,胡适就是要刻意隐瞒黎昔非参与《独立评论》工作及其突出贡献这一铁的事实,为此而不惜篡改、伪造历史。至此,我们完全有理由认定:在记述有关《独立评论》的历史问题上,胡适绝对是有意识地进行作伪的。他的那一段关于章希吕在《独立评论》"校对"工作中的作用和贡献的文字,绝对不是什么"记忆上的错误"或一时的疏忽。

《独立评论》解散之后不过八九年,黎昔非在昆明连续写了三封给胡适的信,均如石沉大海,胡适就已经彻底"忘记"黎昔非了。此后再过八九年,当他写《丁文江的传记》总结《独立评论》的历史时,他还有什么必要自找麻烦再提起黎昔非呢?提起黎昔非,胡适的内心深处将是何等滋味?他那些亏心事已经做在先前,这时的他还有什么脸面面对黎昔非呢?他还有胆量正眼儿对视黎昔非那正气凛然的目光吗?因此,黎昔非在《丁文江的传记》里彻底消失,而搬出章希吕来混淆视听,实属必然。

最后,还必须指出,胡适掩盖、歪曲、篡改、伪造《独立评论》历史,并非始于1956年出版《丁文江的传记》时,而是早在办理《独立评论》期间已然;也并非只是掩盖黎昔非一人,还掩盖了《独立评论》社务部门中的另一成员陈晋祺。

胡适是在《独立评论》创办整整三年之后,才不得不第一次公开黎昔非与《独立评论》的关系。三年中,黎昔非作为《独立评论》的经理人,不论在《独立评论》的封面、封底、扉页,还是在《编后记》或其他任何场合中,都没有出现有关他的片言只字,都没有出现他的任何踪影,而在20世纪的三四十年代,报刊或其他出版物都会在适当场合公开这方面信息的。也就是说,黎昔非在胡适手下竟然打了三年的"黑工"!如果不是黎昔非一再提出辞职,胡适能否在第三年公开黎昔非的信息,都是存有疑问的;如果黎昔非在1935年4月就离开了《独立评论》,胡适能否向世人补报黎昔非为《独立评论》做过什么贡献,也是大可怀疑的。他居然冠冕堂皇、面无赧颜地告诫世人"不要忘了"这位"忠心的看护妇"。须知,不是别人,正是他自己"忘了"这位"忠心的看护妇"整整三年之后,才突然"想起"需要"表彰"一下他了!

绪 论

再看看胡适是如何掩蔽《独立评论》社务部门——"发行部"的另一成员陈晋祺的。1955 年任教于兴宁一中的陈晋祺给组织上写的一份材料中说:他"于 1935 年春自南京走到北京,由黎昔非介绍入胡适办的独立评论社工作"。① 他在独立评论社担任什么工作呢?1936 年 9 月 1 日的《重修兴宁邑馆募捐簿》② 中,不仅有"独立评论发行人黎昔非捐法币二十元"的记载,同时还有"独立评论会计陈晋祺捐法币二十元"的记录。可知,陈晋祺在独立评论社的职务是会计。黎昔非的同乡林钧南 1932 年至 1937 年在北平求学,目睹了黎昔非办理《独立评论》的全过程,他 1998 年 8 月 11 日致黎虎的信中说:黎昔非"是总其成的,包括财务、校对、发行等在内。33 年后,(陈)晋祺到北平,才由昔非提出让晋祺任财务人员,经胡(适)同意才到社的"。③ "时值评论社忙于各种工作,需要人,故昔非取得胡先生同意后,即以他搞财务工作。"④ 林钧南回忆陈晋祺在独立评论社负责财务,与 1936 年《重修兴宁邑馆募捐簿》中谓其为会计,两者是一致的。据林钧南的回忆,陈晋祺在担任会计的同时,还协助黎昔非进行校对⑤ 等工作,他"协助您爸爸昔非兄处理独立评论的发行事宜"⑥。由此可知,陈晋祺是由黎昔非介绍,经胡适批准成为独立评论社的正式职员的,其具体职务是会计,但除了负责社中财务之外,也协助黎昔非进行校对、发行等事宜。1937 年全面抗战事起,陈晋祺"于四月底离开北京到贵州伪第四军九十师"⑦ 师长、其叔父陈侃处从军。陈晋祺在独立评论社任职时间自 1935 年春至 1937 年 4 月,整整两年,对于独立评论社的工作也是做出过贡献的。但是,1935 年 5 月 19 日《独立评论》三周年纪念特大号(第 151 号)胡适发表的《又大一岁了》中,表彰了 1935 年初夏、较陈晋祺稍晚参与《独立评论》"末校"的章希吕,认为"也都是这孩子应该十分感谢的";而不见比章希吕稍早参与独立评论社工作而且是社中正式职员的陈晋祺。其不公平,显而易见。1936 年胡适在《独立评论》的四周年中同样无视《独立评论》的正式职员陈晋祺,而将并非《独立评论》的正式职员、"住在他家中"的章希吕与经理人黎昔非并列,相提并论加以表扬,其不公不义已经暴露无遗。1937 年 3 月 15 日胡适在致章希吕

---

① 陈晋祺:《我与〈独立评论〉的关系》,《黎昔非与〈独立评论〉》,第 44 页。
② 《重修兴宁邑馆募捐簿》,《黎昔非与〈独立评论〉》,第 74 页。
③ 林钧南:《忆昔非兄与〈独立评论〉——致黎虎书简九通》,《黎昔非与〈独立评论〉》,第 58 页。这里"33 年后"的回忆有误,应为 35 年。
④ 林钧南:《忆昔非兄与〈独立评论〉——致黎虎书简九通》,《黎昔非与〈独立评论〉》,第 68—69 页。
⑤ 林钧南:《忆昔非兄与〈独立评论〉——致黎虎书简九通》,《黎昔非与〈独立评论〉》,第 63、65 页。
⑥ 林钧南:《忆昔非兄与〈独立评论〉——致黎虎书简九通》,《黎昔非与〈独立评论〉》,第 54 页。
⑦ 陈晋祺:《我与〈独立评论〉的关系》,《黎昔非与〈独立评论〉》,第 44—45 页。

的信中曾说："社中那位陈君已走了。"① 这里提到的"陈君"就是陈晋祺，这是陈晋祺唯一的一次以有姓无名的方式出现在胡适的笔下。章希吕是胡适的同乡，并引以为"朋友"，住在胡适家中任他的"秘书"，同时协助他做《独立评论》的"末校"。章希吕于1936年底至1937年6月期间离开北平回家，故胡适与他通信提到独立评论社中的这一情况。显然，胡适对于独立评论社的工作，是公私有别、内外分明的。章希吕、罗尔纲都是住在他家中的亲信，或是同乡兼秘书，或是家庭教师加"兄弟"，因而都属于他的"朋友"这个层级和范围之内；而黎昔非及其主持的"发行部"，以及"发行部"其他成员都是外人，都是"公家"的人，因而也就不属于他的"朋友"这个层级和范围之内的人。1935年5月，胡适首次不得不公开黎昔非与《独立评论》关系的同时，他可以"顺便"表彰刚刚开始协助他做"末校"的章希吕，却完全不提早于章希吕并被聘为《独立评论》全职的正式职员陈晋祺。因此，到了1956年出版《丁文江的传记》时，一笔抹杀黎昔非及其主持的"发行部"，而以其同乡、朋友章希吕取代一切，也就不难理解了。

2. 胡适篡改伪造《独立评论》历史探因

胡适如此处心积虑地篡改、伪造《独立评论》的历史，在《丁文江的传记》中千方百计隐瞒、屏蔽黎昔非与《独立评论》的关系，企图将黎昔非为《独立评论》巨大的、重要的付出悍然从历史中抹去，而以"校对是我家中住的朋友章希吕先生负责"这一模棱两可的、轻描淡写的说法，取代《独立评论》社所存在的以黎昔非为首的"发行部"及其五年来为《独立评论》的成功而做出的巨大贡献和牺牲，其中必定有其需要隐瞒、需要篡改的"难言之隐"。那么，胡适的"难言之隐"究竟是什么呢？窃意主要有如下几个方面。

第一，胡适不敢也不愿意公开黎昔非与《独立评论》的关系。黎昔非参与《独立评论》之前的1931年曾经两次出现在胡适的日记中②，1932年参与《独立评论》之后则从胡适的日记和其他文字中完全消失，只在《独立评论》三周年、四周年中出现过两次，但是，这两次都只有孤零零的"黎昔非"三字，而没有说明其为何许人，故而"黎昔非"三字犹如无源之水、无本之木，人们根本不可能通过这三个字而了解背后隐藏的历史事实，诸如：黎昔非何许人？他从哪里来的？他原来是干什么的？他与胡适是什么关系？他是怎么进入《独立评论》的？凡此种种，均令人莫名其妙。

为什么1931年胡适在日记中两次记载黎昔非的来访呢？这是因为彼时的黎昔非身为北大研究生，而且是他凭着优异的成绩考取，这时他的身份是独立的、自由的、自主的，胡适一贯奉行丛林法则，对于强者和弱者的态度是截然不同的。此外，彼时黎昔非还可以作为中国公学出身的本科生而考取了北大研究生，从而令曾为中国公学校长的胡适感到与

---

① 耿云志、欧阳哲生编：《胡适来往书信选》（中册），胡适1937年3月15日"致章希吕信"，北京：北京大学出版社，1996年，第718页。
② 前揭《胡适全集》第32卷《日记1931—1937》，第85、109页。

有荣焉。而当1932年黎昔非进入《独立评论》之后，胡适感到黎昔非与他的关系，已经与1931年不同了，从而有了新的考虑。问题的关键在于，黎昔非是黄节的弟子。众所周知，黄节与胡适的人品、性格、学术，皆是大相径庭，黄节的刚直正派、愤世嫉俗与胡适的圆滑世故、趋炎附势，迥然不同；黄节学术上的务实、深刻，与胡适也大不相同，是以两人虽然共事20多年，不仅没有什么个人交谊，反而是矛盾日益加深。对于黎昔非成为黄节的弟子，1931年的时候胡适虽然心里不是滋味，却是无可奈何。1932年黎昔非进入《独立评论》之后，情况有了根本性的改变，黎昔非由北大研究生转变为胡适的雇员，已经不再是往日独立的、自由的、自主的北大研究生，胡适对于黎昔非的心思遂逐渐有了很大改变，加上他与黄节的矛盾也在加深，于是他发现将黎昔非控制在手中，对黄节而言无异于釜底抽薪，可谓一举两得的妙法，一方面满足了自己的私利，解决了他的燃眉之急，成就了他的大事；另一方面则断了黄节的学术薪火，令其后继乏人。胡适对于同样是中国公学出身的三位学生，其爱憎是如此冰火两重天，爱之者欲其生，恶之者欲其死，对于另外两位中公学生罗尔纲、吴晗备加关怀、极力提携推进的同时，对于黎昔非则经济上困苦之，学术上扼杀之，毫无师生情分！许多学者对此曾经表示大惑不解，如果我们把问题置于这样一个特定环境下考量，一切都将涣然冰释，胡适之种种乖戾行径就都有了"合理的"解释。于是，他一再不许黎昔非辞职，控制长达五年有余，硬生生将其从黄节的研究生变为自己的长工，就是这一妙法的精髓所在。通过这五年多的努力，胡适终于达到了目的：在他的全力栽培之下，另外两位来自中公的学生罗尔纲、吴晗，均在各自研究领域崭露头角，进入研究员、教授的行列，为他们日后成为历史学家铺平了道路；而另一位同样来自中公的学生黎昔非，则从五年前走在另外两位之前而被硬生生拽拉下来，落伍于另外两位之后而不可以道里计，活生生地剥夺了他已经到手的研究生资格和本来光明的研究前景和人生途程，而从人生的上升阶段跌入下降阶段。

通过掩盖黎昔非以篡改《独立评论》历史，对于胡适来说，就是必须和必然的选择。所以，从1932年之后，黎昔非的名字就从胡适的所有文字中消失，在《独立评论》创刊三、四周年时不得不提到黎昔非的名字时，则采取"空心"战术，完全隐瞒黎昔非的身世和来龙去脉，令读者摸不着头脑，就是这种复杂心态下玩弄的技巧。"住在"胡适家中的章希吕附庸风雅，也效法胡适记日记，尽管1935年以后他部分介入了《独立评论》的工作，可是在章希吕的日记中也没有只字片言提到黎昔非，这种现象，以及上文提到的石原皋在书中描述，皆非偶然；再过20年之后的1956年，当胡适撰写《丁文江的传记》时，当然就更没有必要自找麻烦了。试想，1935年的"空心术"已见成效，其后世人并没有关注《独立评论》后面的这个社务部门及其负责人，如果这时突然如实公开黎昔非与《独立评论》的关系，必定令世人讶异，进而引起人们的更多关注、质疑，甚至是追问：黎昔非何许人？他与胡适是什么关系？他与《独立评论》是什么关系？他现在的情况如何？对于其中所隐藏着的那么多不足为外人道的丑恶与卑鄙、贪婪与残酷，尽管外界并不了解，但做贼心虚的胡适心中却是有数：他是如何将一个有着美好学术前途的青年扼杀的，他是如何将一个在读的北大研究生改变身份而成为他的"长工"[1]以成就自己的辉煌的，他又是如何将这位"忠心的看护妇"令自己和世人都彻底"忘记了"的……不仅如此，如果公开黎昔非其人其事，则势必将《独立评论》的社务部门——"发行部"带了出来，而这个"发行部"也是胡适长期加以掩盖的历史真相，以致一些研究胡适与《独立评论》的专家、学者根本就不知道《独立评论》还有一个这么重要的社务部门。因此，胡适掩盖黎昔非也是为了掩盖这个社务部门，而掩盖了这个社务部门，反过来又是为了更深地掩盖黎昔非，二者是一而二、二而一的关系。如果把这个社务部门公开，胡适将如何向世人解释这个部门何以长期不为人知，以及它的作用如何等问题？在绞尽脑汁、机关算尽之后，胡适终于发明了上述"校对是我家中住的朋友章希吕先生负责"的妙语神言，借此以彻底隐去黎昔非及其所负责的"发行部"在《独立评论》历史中的存在和地位，从而用经过他篡改、伪造的《独立评论》历史取代了真实的历史，既凸显了他独占《独立评论》历史的神奇功业，又抹去了他"戕害"黎昔非的罪恶历史，可谓一举两得，独享其成。

胡适不愿意让黎昔非"瓜分"他独占《独立评论》的创办之功，因此，他只要把黎昔非的事情瞒住，就可以继续独占办理《独立评论》的功劳。《独立评论》的成功大大出乎胡适的预料，通过《独立评论》的成功，胡适及其为代表的自由派知识分子得以从社会的"边缘"进入社会的中心[2]，他们不仅掌握着舆论资源，成为当时舆论界的明星和中心人物，而且在政治上纷纷任职于国民政府，或掌控了高等学校、研究部门的要津，从而形成了以胡适为首的新的权势集团，而胡适则俨然登上了无冕之王的宝座[3]。在《独立评论》创办以来的二十多年间，人们纷纷将《独立评论》创办成功的功劳完全加在了胡适的头上，他也乐得顺水推舟，不愿意自找麻烦，再改变这样的既成事实。倘若如实向世人承认黎昔非对

---

[1] 刘佐泉：《只因"师恩"误平生——黎昔非与胡适关系探释》，《江汉论坛》2005年第6期，第96—102页。

[2] 张太原：《〈独立评论〉经理其人其事》，《黎昔非与〈独立评论〉》，第88页。

[3] 自1917年进入北大以后，胡适就刻意于拉帮结派，排斥异己，党同伐异，并公然声称要做"学阀"（如胡适在1921年10月11日日记中写道："人家骂我们是学阀，其实'学阀'有何妨？人家称我们'最高学府'，我们便得意；称'学阀'，我们便不高兴。这真是'名实未亏而喜为用'了！我们应该努力做学阀！"）对于胡适致力于争夺"文化领导权"，学者早已有所论列，如徐子明就说过："（胡适）竟一跃为全国思想界学术界唯一的领袖，同时又捧末代翰林蔡元培当傀儡（蔡做过北京大学校长又做过教育总长），组成一个死党来操纵全国的教育权。凡教育部长或大学校长缺人，甚至中学校长缺人，总要直接或间接和这个死党有关，才配去做。其目的不过要培养无数的徒子徒孙充满于各界，以备自己思想界学术界领袖的地位，能变成全国政治上的领袖。"（徐子明：《胡祸丛谈》，台北：民主出版社，1965年，第85页）近来欧阳健《胡适是如何"暴得大名"的？》（《文学与文化》2018年第2期，第111—129页）一文，对于胡适进入北大以后，从最初为了站稳脚跟，到后来操控文学院乃至校务所要弄的一系列计谋，以及胡适利用出版报刊、挟洋自重等"善假于物"的手段，终于实现其"横扫文坛，争夺霸权"目标等情况，皆有精致翔实的述论，敬请一并参看。

《独立评论》的巨大贡献，无疑将"瓜分"胡适创办《独立评论》之功的垄断地位，尤其是一旦世人知道黎昔非为黄节弟子这一事实，将容易露出他通过"戕害"黎昔非以报复黄节的马脚，这一点更为胡适所忌惮。

第二，种种侥幸心理驱使胡适篡改、伪造历史。首先，胡适以为社会上已经没有人知道黎昔非其人了。黎昔非由于受胡适所累而没有在学术界显露头角，从《独立评论》停刊到他写《丁文江的传记》已历十八个春秋，黎昔非仍然默默无闻，而当年仅见于《独立评论》的那两篇文章中只不过是提到了他的名字而已，黎昔非可以说是一个世人陌生、无根无叶的名字，可谓一个"无头案"。加以世事沧桑，两岸阻隔，在台湾更不可能有人知道黎昔非其人了。长期以来，世人只知道胡适主办《独立评论》（包括他的合作者蒋廷黻等人）的功劳，而根本不知道还有另外一个这么重要的"经理人"，也没有注意到《独立评论》还有一个"发行部"及其不可取代的作用。因为这些在以往都已被笼统地隐藏、囊括于胡适的功劳簿中了。所以，胡适这次仍然是从吹嘘自己的角度来谈《独立评论》的，且看他的话："当时排字工价不贵，纸价不贵，校对是我家中住的朋友章希吕先生负责，所以开销很省。"

所谓"排字工价不贵，纸价不贵"之类的说法也是胡适伪造《独立评论》历史的组成"部件"，我们从黎昔非在经理《独立评论》期间给胡适写的几封信中可以看到黎昔非当时是如何奔忙于印刷厂、广告部以及采购纸张时是如何精打细算、"货比三家"的，就可以知道这种种"不贵"并非当时的市场格外关照独立评论社，而是"经理人"黎昔非不辞劳苦以最合算的价格而得到的①。这一切胡适都"忘记了"，而伪造出所谓"不贵"的神话以取代历史的事实。

还有，"最大的节省是我们写文字的人……都不取稿费"。他把"开销很省"的原因归结于一是章希吕是"我家中住的"，大家都知道章希吕是由胡适付工钱的，言下之意就是我替公家省出了钱；二是写文字的人都不取稿费，大家也都知道《独立评论》刊登胡适的文章是最多的。胡适的这些说法，与他的合作者蒋廷黻总结《独立评论》的角度稍有不同，蒋廷黻在回忆《独立评论》创办一事时说："半年后，已经无须继续捐助，可以自力更生了……终《独立评论》时期，社中只用一个小职员，负责发行事务"，并承认"办一个刊物需要花费很多人的力量"②。蒋廷黻强调《独立评论》本身的自力更生，承认用这个"小职员"是"开销很省"的原因之一，而他所谓的"小职员"只能是黎昔非，根本没有提及章希吕。在这一点上，蒋廷黻比胡适要老实一些。不过，从他把黎昔非说成"小职员"，以及误记"小职员"的月薪为60元，表明他对黎昔非并不了解，对其工作情况及重要性也不了解，从而贬低了黎昔非对《独立评论》的作用与贡献。此事进一步表明胡适一

---

① 黎虎：《黎昔非与〈独立评论〉》，第14、16页。
② 前揭《蒋廷黻回忆录》，第20—27页。

直就在用种种办法掩蔽黎昔非，像蒋廷黻这样的独立评论社核心成员对于黎昔非及其工作情况都不甚了了，甚至于蒋廷黻连黎昔非的名字也"忘记了"，不正是胡适刻意掩蔽黎昔非与《独立评论》关系的结果吗？

其次，胡适以为既然黎昔非与《独立评论》的关系一直就不为世人所关注，故乐得"顺水推舟""听其自然"。如果这个时候把黎昔非这个名字提出来，他要不要做出交代？要如何交代？如果此事引起世人的关注与怀疑，他又将如何说明和解释？这些都是令胡适作难的事情，一旦如实写出黎昔非与《独立评论》的关系，势必暴露长期以来他不欲人知的一面。素以名誉为先的胡适，为了维护自己的盛名，为了维持"既成事实"，便只能选择继续隐瞒下去的做法。从大的历史背景来说，当时海峡两岸敌对、阻隔，两岸人员、信息的交换、流通几乎断绝，一时也看不到改变的可能。加以大陆地区正在批判胡适，胡适的著作，特别是《独立评论》不可能在大陆广泛公开流通。胡适正是利用这种人员、信息沟通的障碍和隔膜以售其奸，而且他过去已经将黎昔非与《独立评论》的关系隐藏了二十多年，并取得了很大成功，已然令世人不了解事情的真相了，今天有些胡适和《独立评论》问题研究专家声称，关于黎昔非的事迹"很少有人知道，即使到今天，也仍是知之甚少"。"他在《独立评论》的工作和事迹，仍是没有什么具体的记载。"[①] 这种现象本身就是胡适长期掩盖黎昔非与《独立评论》关系的表现和结果。胡适洞悉黎昔非的性格与为人，黎昔非内向厚道、老实可欺，加之由于长期被禁锢而在学术上不得翻身，故一直默默无闻，这一切都使得胡适有恃无恐，以为黎昔非已经不可能知道他篡改历史的这一行径，即使知道也奈何他不得。胡适一贯操弄舆论、呼风唤雨而累累奏效和得逞，使他有足够的自信——相信自己的这一次作伪仍然能够成功。

还应当指出，胡适隐瞒历史事实的勾当，并非仅仅体现于黎昔非与《独立评论》问题这一件事情上。张鹤慈指出："胡适对日记有异于常人的喜好，出版过胡适日记全集共10册。而胡适对拿了4.5万美金的事一字不提，国民党也严格保守秘密。蒋介石和胡适的黑金交易，是最近才曝光的。""现在从台湾解密的档案，就蒋介石和俞国华的密电，可以查实的有给胡适的9次，每次是5000美金，共有4.5万美金。而这件事的曝光，我查到的最早是在2011年，就是隐瞒了近60年。"[②]

[①] 耿云志：《黎昔非先生与〈独立评论〉》，《安徽史学》2003年第1期，第78页。
[②] 张鹤慈：《胡适是蒋介石的雇佣打手》，环球时报微信公众号"犀客"，转引自凤凰网资讯·历史·中国现代史，2015年2月26日。胡适曾接受蒋介石的"黑金"，从蒋介石日记中可以找到侧证，据蒋介石1958年5月10日日记："对于政客以学者身份向政府投机要胁，而以官位与钱财为其目的。伍宪子等于骗钱，左舜生要求钱唱中立，不送钱就反腔，而胡适今日之所为，亦几乎等于此矣，殊所不料也。总之，政客既要做官，又要讨钱，而特别要以'独立学者'身份标榜其清廉不苟之态度。甚叹士风堕落，人心卑污……今日更感蔡先生之不可得矣。"（转引自陈红民、段智峰《差异何其大——台湾时代蒋介石与胡适对彼此间交往的记录》，《近代史研究》2011年第2期，第24页）其中所说尽管是伍宪子、左舜生"骗钱""讨钱"，但"胡适今日之所为，亦几乎等于此矣"一语，却适足侧证蒋、胡之间应该也有金钱往来的关系。

第三，胡适篡改、伪造《独立评论》历史，是他"为我主义"人生观的必然。胡适曾经说："现在中国有几种人生观都是'少年中国'的仇敌"，其中"第三种是野心的投机主义，这种人虽不退缩，但为完全自己的私利起见，所以他们不惜利用他人，作他们自己的器具，不惜牺牲别人的人格和自己的人格，来满足自己的野心；到了紧要关头，不惜作伪，不惜作恶……"① 这些话正好是胡适的自我写照。"不惜利用他人，作他们自己的器具"正是胡适对待黎昔非关系的贴切表述。胡适曾经引用易卜生的话说："我所最期望于你的是一种真益纯粹的为我主义。要使你有时觉得天下只有关于我的事最要紧，其余的都算不得什么。"胡适认为"这种'为我主义'，其实是最有价值的利人主义"。② 他的一生基本上是以这种观念来行事，并以这种逻辑来辩解他的所作所为。胡适认为自己所做的事情都是为"公家"的、是最重要的，他自己的学术研究也是为国家社会的，因而也是最重要的，所以胡适不愿意事务性工作影响他的学术研究，这些事情应当由别人去做，如果担任不符合自己愿望的工作，则"不能不说是国家社会的一大损失，故有所不忍，亦有所不敢"。③ 胡适说："学术的工作有'为人'与'为己'两方面"，引王荆公《杨墨》说："为人，学者之末也。是以学者之事必先为己……始不在于为人，而卒所以能为人也。"④ 胡适这个观点有其正确的一面，学术成果最终自然是要为国家社会服务的，但是他却偷换概念，把学术工作所包含的公益性作为他"为我主义"的护身符，并以此作为损人利己的挡箭牌，作为他损害其他人学术研究和权利的遁词。胡适在办理《独立评论》时所实行的所谓"无为政治"，就是把影响他本人学术研究的事情转嫁别人，在牺牲黎昔非的学术研究和人生前途的基础上以满足他自己的需要。至于别人是否也需要这种"为国家社会"而进行学术研究的权利，胡适自然是可以不管不顾的。胡适说自己"从来不介绍人"到任何单位工作，并宣称"这是一种'自律'……这是一个新时代应该有的风气，值得我自己维持到底的"。⑤ 但是，胡适为了他自己的事情，则可以到处求人"帮忙"。胡适家乡人民说："宁可出一个胡卓林，不愿出十个胡适。"⑥ 商人胡卓林因热心帮助乡邻而得到民众的好评，胡适则反是。民谚是客观存在于民众观念中的凝练，这种"乡议"应该不会是无因而发。

第四，胡适篡改、伪造《独立评论》历史，是他实用主义思想在写史上的运用和必然。众所周知，胡适深受实用主义思想的浸染，将其奉为毕生言行的圭臬。胡适在综述詹姆士的"实在论"时曾说："总而言之，实在是我们自己改造过的实在。这个实在里面包含有无数人造的分子。实在是一个很服从的女孩子，他百依百顺的由我们替他涂抹起

---

① 胡适：《少年中国之精神》，《胡适文集》12，北京：北京大学出版社，1998年，第562页。
② 胡适：《易卜生主义》，《胡适文集》2，北京：北京大学出版社，1998年，第486页。
③ 胡适1947年12月17日"致王世杰信"，《胡适书信集》，第1125页。
④ 胡适1943年5月30日"致王重民信"，《胡适书信集》，第903页。
⑤ 胡适1961年2月11日"致水泽柯信"，《胡适书信集》，第1606页。
⑥ 《闲话胡适》，第170页。

来，装扮起来。"① 我们从胡适在《独立评论》前后的所作所为可以看到，胡适一方面在日记、书信等文字中极力掩盖黎昔非在《独立评论》中的存在，更不必说他的作用了；另一方面胡适又通过日记、书信等来宣扬、突出自己在《独立评论》中的作用；胡适还通过日记、书信等宣扬他愿意宣扬的一些人，如章希吕就是其中一个典型。章希吕不过是上海一个出版社的编辑，后来曾给胡适"帮办书稿抄写整理等项工作"，1937年之后即赋闲在家至1961年去世②。但是由于胡适在日记、书信中累累表彰他，章希吕也通过日记一再赞扬胡适，两者相互为用、相得益彰。于是章希吕居然成了一位"名人"，有些胡适研究者谈起他来如数家珍。一般来说，日记如果只是为了自己看而秘不示人的，可能讲的都会是真话；如果是为了给别人看，甚至是为了发表的，为了将来给自己树碑立传之用的，就有作伪的可能。而胡适写日记、信件等多是为了给别人看，是为了发表的，是为了将来树碑立传之用的，其毕生都在经营此事③。在准备了这些"人造的分子"的基础上，遂有了诸如《丁文江的传记》中"独立评论"一节的问世。胡适说他在写此书时曾"把我的日记细细翻查一遍"。于是在《丁文江的传记》中关于"独立评论"的一节中，就顺理成章地突出了胡适，并泽及章希吕，而唯独不见了黎昔非。一部被歪曲了的《独立评论》史，于是乎就这样招摇过市、流行于世。

　　从此以后，史家在论及《独立评论》时，除了突出胡适之外，章希吕就一直成为不可或缺的有功之臣，至于黎昔非所做的一切，或被完全掩盖，或被张冠李戴到了章希吕身上；出版时间如此之长、发行量如此之大的《独立评论》似乎只是胡适等几个写稿人和一两个住在他家的朋友帮帮忙就办成了，就坚持下来了，一般报章杂志都不可或缺的社务部门和管理人员似乎在《独立评论》中都是不存在、不必要的，办理《独立评论》是那么轻巧和容易，那样的与众不同。历史就是这样被胡适"涂抹""装扮"而成的。由于某些人对胡适的深信不疑，将他写的文字视为"第一手"资料，因而这个被歪曲了的历史就成了"信史"和"正史"。胡适过人之处在于，他不仅比任何人都知道日记、书信、人物传记的史料价值，而且他比任何人都身体力行于此。他的日记、书信和他所

---

① 胡适：《实验主义》，《胡适文集》2，第226页。
② 前揭颜振吾编：《胡适研究丛录》，"章希吕日记·说明"，第245页。
③ 对于胡适利用日记"经营"人生，前揭欧阳健文已有指陈，略云："有人说胡适兴趣广泛，著述丰富，在文学、哲学、史学、考据学、教育学、伦理学、红学等领域都有深入的研究。这种印象，实源于名为'札记'的日记。为什么要早早出版题为《藏晖室札记》的日记？就是因为盛名太过，无以服人，便将读书札记公布于众，以博早慧、渊博的名声，仿佛能在儒家、墨家、道家、法家之间穿行，以显示学问之高深，不过把别人的东西当成自己的东西的文抄公罢了。"（《胡适是如何"暴得大名"的？》，《文学与文化》2018年第2期，第127页）由此可见，胡适写日记的根本动机还是将来能够公开发表，而这种为了公开发表而撰写的"日记"，又如何能够保证其所说的是真话？再证诸胡适在日记和各种文字中，完全屏蔽、掩藏黎昔非，并在日记、书信中刻意虚构章希吕与《独立评论》的关系等情况，我们完全可以肯定地说，胡适日记实际上充斥着大量虚假不实之词。

写的人物传记，就是现成的历史。也许可以说，只有胡适才有能力、有办法如此"加工""改造"历史。

中国素以悠久的史学传统独步于世，其中"直书"与"曲笔"的矛盾争拗是贯穿古今的主线之一，"史之不直，代有其书"，"或假人之美，借为私惠；或诬人之恶，持报己仇"。①《魏书》的作者魏收明目张胆地借修史以逞其好恶，"夙有怨者，多没其善。每言：'何物小子，敢共魏收作色，举之则使上天，按之当使入地。'"他曾经"得阳休之助，因谢休之曰：'无以谢德，当为卿作佳传。'"②故其书曾被斥为"秽史"。胡适在篡改和伪造《独立评论》历史时的某些作为，与历史上的曲笔者相较或有百步与五十步之别，但其实质却并无差异。

我们不妨"大胆假设"一下：如果黎昔非没有研究历史的后嗣，如果没有《黎昔非与〈独立评论〉》一书的面世，那么经胡适篡改的这桩《独立评论》历史也许将被继续掩盖下去，继续以胡适所"涂抹""装扮"起来的伪面目流传下去。客观存在的历史是掩盖不了的，即使能够掩盖于一时，也不可能掩盖于永久。在这里，我们或可借用胡适当年评论戴震校《水经注》时所说的一席话来做结："（戴）东原作伪似无可疑。古人说，吾爱吾师，吾尤爱真理。东原是绝顶聪明的人，其治学成绩确有甚可佩服之处，其思想之透辟也是三百年中数一数二的巨人。但聪明人滥用其聪明，取巧而讳其所自出，以为天下后世皆可欺，而不料世人可欺于一时，终不可欺于永久也。（此林肯之语）此亦是时代之病，个人皆不能完全脱离时代的风气。"③自作聪明的戴震因"作伪"而被胡适捉住了尾巴，同样聪明绝顶的胡适，亦步其后尘而篡改伪造《独立评论》的历史，其行可耻、其心可诛，一至于斯！胡适自以为造假手段高明，且曾欺骗世人数十年，然而天理昭彰，胡适篡改伪造《独立评论》历史的行径，终于还是在 80 年之后，暴露于光天化日之下。胡适造假作伪的虚伪面孔终被揭穿，既是对胡适上述高论的一个颇为贴切的注脚，亦是对他本人"伪君子"外衣被剥除之后的莫大反讽！

3. 历史的审判

综上所述，我们可以清楚地看到，胡适在对待黎昔非的问题上，不仅是道德品质恶劣的问题，甚至可以说是不折不扣的犯罪行径。胡适一方面将他作为北大文学院院长、中文系主任管辖下的一名研究生转变为他自己的雇员，控制、禁锢长达五年有余，最终导致北大无端失去了一名研究生，剥夺了黎昔非的研究生身份而倒退为大学本科生身份，严重影响了他的一生；另一方面却悍然将黎昔非付出五年有余的黄金岁月而为《独立评论》的巨

---

① （唐）刘知几撰，（清）蒲起龙释：《史通通释》卷 7《曲笔》，上海：上海古籍出版社，1978 年，第 197、196 页。
② （唐）李百药：《北齐书》卷 37《魏收传》，北京：中华书局，1972 年，第 488 页。
③ 胡适 1937 年 1 月 19 日《致魏建功信》，《胡适书信集》，第 714 页。

大付出和做出贡献也予以抹杀，伪造《独立评论》历史，独吞《独立评论》之功，将黎昔非完全彻底排除于《独立评论》历史之外。胡适为了一己之私，而将他人完全剥夺殆尽，不顾基本道义和良心，不顾职业道德和法律底线，这种贪婪、残酷、肆意妄为的行径，实属世所罕见。

联系当前正在进行的高校及学术领域乱象与腐败的治理工作，"教师随意役使学生为自己服务"一条赫然列入其中，更不必说役使在读研究生为自己服务长达五年有余而令其丧失研究生学业，沦为社会上的"待业"人员这么严重的案例了，如果今天发生像当年胡适那样以院长、系主任身份而剥夺其管辖之下的研究生学业，导致该校莫名其妙地缺失了在籍学生那样的事件，相信一定会成为网上热点而引起上级部门的关注，进而派遣巡视组进驻该校，成立专项调查组进行查处，查实之后将其涉罪问题移送司法部门绳之以法。

黎昔非冤案公之于世的十几年来，有些学术界人士已通过口诛笔伐，从不同角度、不同层面对胡适"戕害"黎昔非和篡改《独立评论》历史的罪行进行了谴责。

有的学者指出："《黎昔非与〈独立评论〉》一书揭示了《独立评论》后面一些鲜为人知的内幕，从而提出了一些发人深思和值得探究的问题，其中胡适究竟何如人？就是需重新探讨的问题之一。"[①] 有的学者指出：黎昔非"与胡适的关系又让我们看到胡适性格的另一面"。"从1933年开始黎昔非多次提出卸任，要求把主要精力投入到学业当中去，都遭到胡适的拒绝。迫于压力，黎昔非提了几次之后，终于不敢再提了，以致放弃自己的研究生学业。黎昔非为《独立评论》付出了沉重代价，这对于他是非常不公的！如果相比较于胡适的另两个学生，这种不公就让人感到不解而终于心里也打抱不平了。""大家都知道胡适对人慷慨热情，连一个从未谋面的人只要夸耀他几句，他也乐于帮忙，成人之美，如为他人写学历证明、介绍工作等，故时人都说'我的朋友胡适之'。其实这里面不乏表面的热情，并有虚荣心作怪在里面。若继续考察黎昔非与胡适的交往，胡适这种性格弱点更是暴露无遗！"[②] 学术界的共识是："黎昔非为《独立评论》而牺牲了自己的毕生。"[③] 学者纷纷挺身而出抱打不平，发出对于胡适"如此摧残人才、扼杀人才的行径是不能不受到谴责的"[④] 呼喊。

中国新闻传播史、中国近代史专家、安徽大学教授王天根在深入研究黎昔非事件之后，指出："黎昔非一事，不说是千古奇冤，恐怕也是百年不遇的了。为数不多的北大研究生黎昔非被埋没反映了中国近代自由知识分子精英群体借助《独立评论》而声誉鹊起的背后有部分知识分子在默默无闻中做奉献，甚至是牺牲。""黎昔非从农村进入县城中学，

---

① 王炜民：《胡适何如人——以黎昔非个案为中心》，《江汉论坛》2007年第2期，第63页。
② 眉睫：《从黎昔非的命运看胡适性格的另一面》，《粤海风》2007年第6期，第48—49页。
③ 黄波鄞：《近三十年来国内〈独立评论〉研究综述》，《民国档案》2008年第4期，第140页。
④ 刘佐泉：《只因"师恩"误平生——黎昔非与胡适关系探释》，《江汉论坛》2005年第6期，第101页。

再进入持志大学、中国公学，他于 1930 年毕业时已经拿到了五华县中的聘书，破釜沉舟毅然北上，考取北京大学的研究生，由于经营《独立评论》而荒废了学业，重要原因是学生黎昔非与老师胡适的关系被利用为办刊人与经理人的关系，黎昔非付出了人生最宝贵的七年的黄金岁月，最后又回到了原来的出发点——中学教师。真个是赤条条而来，又赤条条而去。黎昔非在社会阶层中地位的变动及事业追求中进取与被迫撤退，折射了社会阶层的流动及胡适、蒋廷黻等社会精英成功在某种程度建构在榨取那些（由普通民众走向社会中间阶层）知识分子艰辛的劳作，甚至是被迫默默无闻的'奉献'基础上的。"王天根进而认为，黎昔非事件"为全面、深刻考察处在动荡的社会嬗变历程中的近代自由知识分子群体群像成功的背后不被人注意的（甚至有意被掩盖的）丑恶的一面提供独特视角"①。虽然作者是以学者惯有的文风而进行委婉的表述，但所指出的问题的实质却是尖锐而明确的。一则指出将黎昔非被迫"转变"身份的操刀手就是胡适，是胡适将"学生黎昔非与老师胡适的关系被利用为办刊人与经理人的关系"，也就是说在胡适的亲自操作下，黎昔非被剥夺了研究生学业而转变了身份，从而让"黎昔非付出了人生最宝贵的七年的黄金岁月，最后又回到了原来的出发点——中学教师"。二则指出《独立评论》的成功是建立在胡适等人对黎昔非的"压榨"和"掠夺"基础上的，"胡适、蒋廷黻等社会精英成功在某种程度建构在榨取那些（由普通民众走向社会中间阶层）知识分子艰辛的劳作，甚至是被迫默默无闻的'奉献'基础上的"。"中国近代自由知识分子精英群体借助《独立评论》而声誉鹊起的背后有部分知识分子在默默无闻中做奉献，甚至是牺牲"。三则指出胡适等人采取"丑恶的"手段欺压黎昔非，在"压榨"和"掠夺"黎昔非的同时却"有意掩盖"黎昔非。王天根的说法具有相当的普遍性，可以说一定程度上代表了学术界的普遍看法。

现在，经过学术界和社会各界人士的共同努力，胡适"戕害"黎昔非及其篡改和伪造《独立评论》历史一事事实清楚，证据确凿，清算这一罪行的条件已经具备，从而可以做出严肃的历史审判了。

1. 胡适对黎昔非的"戕害"应当加以清算。具体包括如下两个方面：①胡适将北大经过考试录取、正式注册的在读研究生控制、禁锢五年有余，导致北大无端丧失一名研究生，是严重的违法行为，应当承担法律责任。②胡适剥夺黎昔非北大研究生学业，擅自将其转变为自己的雇员，加以长期的役使，对于黎昔非造成严重的、长远的伤害，胡适必须承担这一罪行所造成的一切后果。

2. 推倒胡适—蒋廷黻团伙所篡改、伪造的《独立评论》历史，还《独立评论》历史的本来面目。具体包括如下三点。①《独立评论》是主笔胡适与经理人黎昔非合作的产物，

---

① 王天根：《从〈独立评论〉经理到〈昙华〉主编的黎昔非》，原刊《徐州师范大学学报》2006 年第 3 期，第 87—91 页。后来作者对此文进行了修订。

黎昔非享有对于《独立评论》应有的合法权利和地位①，应予以恢复并得到尊重，胡适独占《独立评论》权利地位的假象应当予以推倒。黎昔非对于《独立评论》所享有的权利地位，不是仅仅把胡适以章希吕欺骗世人所造成的误解予以纠正和消除，而是还黎昔非对于《独立评论》所应享有的全部的、完整的权利和地位。②陈晋祺作为《独立评论》的正式职员，其合法权利也应当予以恢复并得到尊重。③章希吕并非《独立评论》正式员工，而是胡适私人的雇员，他在《独立评论》后期代替胡适进行"末校"工作，属于胡适作为《独立评论》主笔的职责范围，不能视为《独立评论》正式员工，故不享有对于《独立评论》的权利。

胡适在生前就对他"戕害"黎昔非的罪责采取了赖账的行径，不过，这历史性的判决胡适是赖不掉的！而且世人将继续以历史的判决，以检验胡适生前关于《独立评论》的种种相关言行以及后世关于胡适相关问题评判的是非曲直，还历史以本来面目，还世人以天理公道。须知，历史不容歪曲，事实岂能抹杀，公道自在人心！

> 作者简介：李文才（1969年—   ），江苏东海人，历史学博士，扬州大学社会发展学院教授、博士生导师，兼任中国武则天研究会副会长、中国魏晋南北朝史学会理事等。主要从事汉唐史研究、中国古代文献研究，兼涉中国近代学术史及史学理论的研究。

---

① 既然"《独立》是个团体刊物"（《章希吕日记》1936 年 5 月 14 日，颜振吾编《胡适研究丛录》，第 270 页），就不仅仅是胡适和蒋廷黻等人的刊物，而是胡适等人和黎昔非等人合作的刊物。

一

《独立评论》的"总管"

"忠心的看护妇"
——记《独立评论》经理人黎昔非

黎 虎

《独立评论》是20世纪30年代最有影响的政论刊物之一，今年是其创刊70周年。《独立评论》台面上人物是已被世人所熟知的胡适，而其台后人物则是至今仍鲜为人知的黎昔非。尽管他曾经被胡适赞誉为《独立评论》的"忠心的看护妇"[1]，但是他与《独立评论》那密不可分的关系却被长期掩藏于历史迷雾之后。

《独立评论》以其连续出版五年有余，不仅发行于全国各地，而且远及美、日、德、法等国，其销售量最高时达13000千份，比历史上的《新民丛报》《新青年》等刊物的销量还要大，因而成为在中国现代历史上的重要刊物之一。由此不难想象经理其出版、发行等社务工作是多么繁重的任务。那么，谁是这种社务工作的经理人呢？以往的有关著述或把他说成是胡适的同乡章希吕[2]，或把他说成是胡适本人以及章希吕等人[3]，这些论著的说法也不能说完全是空穴来风，而是有一定"根据"的，如：石原皋在《闲话胡适》中的说法。他说胡适在办《独立评论》时"无人代他照料排印、发行，乃请他的老友章希吕到北平，住在他家，主持发行事情。章原来是上海亚东图书馆的编辑，搞这些事是内行。怎奈销路不广，开支不能减少，以致折本"[4]。由于石氏是胡适的同乡，又曾住在胡适家中，他这种身份极易使人误认他的这些说法是作为见证人的"实录"。还有胡适在《丁文江的传记》中的说法。胡适晚年在此书中回忆办理《独立评论》时说"校对是我家中住的朋友章希吕先生负责"[5]。胡适作为当事人说了这样的话，更易使人深信不疑了。然而这些说法却是并不可靠、并不确实的。石原皋的说法，罗尔纲先生已经指出完全是"杜撰"[6]，胡适在这里的说法也是不确实的，有问题的。

---

[1] 胡适语，见《独立评论》"三周年特大号"第151号《又大一岁了》。
[2] 胡明：《胡适传论》，北京：人民文学出版社，1996年，第725页。
[3] [美]贾祖麟著，张振玉译：《胡适之评传》，海口：南海出版公司，1992年，第246页。
[4] 石原皋：《闲话胡适》，合肥：安徽人民出版社，1990年，第142页。
[5] 胡适：《丁文江的传记》，合肥：安徽教育出版社，1999年，第144页。
[6] 罗尔纲：《读〈闲话胡适〉》，《社会科学战线》1993年第6期。

实际上章希吕并不是《独立评论》的经理人。章希吕作为胡适的同乡和朋友，1933—1937年间曾数度住在胡适家，从事为胡适整理书稿和抄写等工作。因此，当事人把他称为"胡适的秘书"①。从章希吕本人的日记②可以看到，在《独立评论》存在的5年中，他住在胡适家的时间大致是1933年11月至1934年9月、1935年5月至1936年12月、1937年6月至1937年8月，加起来总共才两年半的时间③。在这两年半的时间里，他除了为胡适当"秘书"的主要任务之外，也曾参与《独立评论》的部分工作，这主要就是"末校"。而且在这两年半的时间中，1933年11月至1934年9月这一时段，他是作为上海亚东图书馆的职员到胡适家中帮助整理《胡适文存》并将书稿带回上海，与《独立评论》的工作全然无关；他于1935年5月第二次来到胡适家中时，其主要工作是"给胡适帮办书稿抄写整理等项工作"，同时兼做"《独立评论》末校"④。因此，他参与《独立评论》"末校"工作是在1935年5月以后的事情，胡适在纪念《独立评论》三周年时曾说："我的朋友罗尔纲先生，章希吕先生，他们帮我做最后一次的校对，也都是这孩子（按：胡适对《独立评论》的昵称）应该十分感谢的。"⑤在这里胡适也只说他是"帮我做最后一次的校对"，而且还排在罗尔纲的后面，表明其时他对这项工作的参与程度还在罗尔纲之后。至于罗尔纲，他在《独立评论》创刊之前的1931年秋离开北平回故乡工作，1934年3月回到北平"重入师门"，这时《独立评论》已经创办近两年，据他说："我这一次再回到适之师家，不同从前抄录《铁花先生遗集》和辑录《聊斋全集》时那样，每天有一个固定的工作。祖望、思杜两弟又上学去了，适之师家没有什么工作给我做，只叫我自己看书。"⑥1934年10月以后，经胡适推荐，罗尔纲则到北京大学文科研究所考古室任助理去了。虽然此后他也经常到胡适家去，但主要是辅导胡适的两个儿子及向胡适请教问题。因此，他做《独立评论》的"末校"，当是在其主要工作之余而为之。

那么，究竟谁是《独立评论》的经理人？澄清这一历史事实，不仅可以还历史以本来面目，揭示这份刊物创办的内幕，而且还可以从一个侧面透视胡适鲜为人知的另一面，或许对于研究这位在中国现代历史上有过重要影响的人物有一定参考意义吧。

历史的事实是：《独立评论》的经理人是黎昔非，而且是唯一的与《独立评论》相始终的"忠心的看护妇"。

---

① 《独立评论》会计陈晋祺1955年给组织写的材料，原件藏于广东省兴宁市老干局档案室，今据黎虎主编：《黎昔非与〈独立评论〉》甲编《〈独立〉岁月》，北京：学苑出版社，2002年，第44—45页。

② 《章希吕日记》（1933年11月至1937年7月），颜振吾编：《胡适研究丛录》，北京：生活·读书·新知三联书店，1989年，第248—275页。

③ 张太原：《〈独立评论〉经理其人其事》，载于《黎昔非与〈独立评论〉》甲编《〈独立〉岁月》。

④ 《章希吕日记》的《说明》。

⑤ 胡适：《又大一岁了》，《独立评论》151号（1935年5月19日），第3页。

⑥ 《师门五年记》，第37页。

一、《独立评论》的"总管"

首先，黎昔非是应胡适的邀请去独立评论社工作的。

黎昔非，1902年诞生于广东省兴宁市罗岗镇甘村，1930年7月毕业于上海中国公学大学部中国文学系。时胡适任中国公学校长兼文理学院院长，故黎昔非与胡适有了师生关系。1930年8月黎昔非从上海赴北平，1931年春考取了北京大学研究院，指导教授为黄节先生，研究课题为《诗经学史》。恰巧1930年11月胡适也从上海迁平，出任北京大学文学院院长。于是黎昔非与胡适再度有了师生关系。1932年3月胡适在创办《独立评论》之初即邀请黎昔非帮助他办理这份刊物，于是他中止了在北京大学研究院的学业，开始了他在独立评论社长达五年有余的生涯。1932年4月24日吴晗致胡适的信，为人们提供了这方面的历史证据："今午同蒋廷黻先生谈话，他说他正在发愁，因为独立周报预备在下下星期出版，第一期稿件已齐，却还找不到一个合适的经理人。生因此想起五星期前同黎昔非君到协和来看先生的时候，先生曾提过此事，并问黎君愿否帮忙，就把这话告诉蒋先生，他很高兴，叫生即刻写信，请先生决定并征求昔非同意（他住银匣大丰公寓）。"① 由此可知早在3月20日，当黎昔非与吴晗一同去协和医院看望因病住院的胡适时，胡适已经在为《独立评论》物色"经理人"，并已经向黎昔非提出请他来帮忙这件事了。但是时间已经过去一个多月了，黎昔非没有答应胡适的请求去就《独立评论》"经理人"的职位，胡适等人也还没有为独立评论社物色到合适的"经理人"。吴晗这封信寄出之后，便有了黎昔非《自传》中所说的情况的发生。黎昔非1951年7月的《自传》中写道："一天，胡适突然派人送来一函，要我到他家谈谈。第二天我去了，他说：'我们几个朋友打算办一种杂志，你可否替我帮忙一下，房子已经租好了，你可搬到那里去。'我答应了，搬了去，只数间空房，什么都没有，连喝水都不方便，心里颇感不舒服。这样过了数礼拜，他要我准备出版发行上应准备的工作，并说，杂志名称已商定为'独立评论'——意思即是文责自负——而定期出版了。本来，我打算只干他半年至一年，藉以维持生活，期完成自己的论文便罢了，没想到那种工作这么繁忙，有时忙到连报纸都要到夜深才得闲来看，也没有想到一再推辞，直到北京沦陷前夕都还没和它完全绝了关系。"黎昔非1958年4月30日的《自传》中写道："1932年四月间，胡适拟办一杂志，派人送来一信，要我到他家谈谈……他的杂志，叫作《独立评论》，每星期出版一次。稿子多是他们自己写的，外稿也由编的人选择，不给稿费。编辑多由胡适负责。他一度赴美，任鸿隽、蒋廷黻也编过。他们编好送我，我负责付印及校对，复校多由他们。印好后由我负责发行。社址设在地安门内北月牙二号人家屋里，没有门市的。该杂志的基本人员，据我所知道的有：胡适、蒋廷黻，此外有：翁文灏、丁文江、周炳琳、傅斯年、周贻春、吴景超、竹尧生及任鸿隽、陈

---

① 原件藏于中国社会科学院近代史研究所，又见于《人民日报》1966年6月3日转载，以及《历史研究》1966年第3期《评注吴晗胡适通信》。

衡哲等。"① 这两份自传，是黎昔非给组织上写的材料，这在当时是非常严肃和郑重的。由此可知黎昔非对于是否出任《独立评论》的工作曾经是相当犹豫的，因为他到北平的目的是"想在学术上搞出点成绩"②来的。

其次，黎昔非在独立评论社所担负的工作。

关于黎昔非在独立评论社担任何种职务，主要有两种说法，一说是"经理人"，一说是"发行人"。"经理人"的说法出现最早，早在《独立评论》酝酿阶段，当时胡适所要物色的就是一位"经理人"，并最终选定黎昔非为"经理人"的，此事已见于上引1932年4月24日吴晗致胡适的信中。罗尔纲在《胡适琐记》一书中也说《独立评论》的"经理为黎昔非"③。黎昔非自己也曾这样称呼这一工作，1945年他在昆明国立中国医药研究所史地部工作时所填《大学及独立学院教员资格审查履历表》中即谓"独立评论社经理五年"④。"发行人"的说法最早见于1935年12月的《重修兴宁邑馆募捐簿序》及1936年9月1日的《募捐簿》名单上⑤。黎昔非在1958年所填《履历表》及《中国共产党入党志愿书》中也写的是"发行"⑥。这两者中究竟是哪一种"头衔"并不重要，重要的是他实际上承担了什么样的任务，做了哪些工作？

我们先看看《独立评论》主编胡适在当时的说法。在1935年纪念《独立评论》创刊三周年的总结中他是这样说的："在这贺周岁的日子，我们不要忘了这个孩子还有一位忠心的看护妇。我们创办这刊物的时候，就请黎昔非先生专管发行所的事务。说也惭愧，我是实行我的无为政治的，我在三年中，只到过发行所一次！这三年的发行，校对，杂务，全是黎昔非先生一个人支持。每到星期日发报最忙的时候，他一个忙不过来，总有他的许多青年朋友赶来尽义务，帮他卷报，装封，打包，对住址。"⑦ 胡适在1936年总结《独立评论》四周年工作时又说："我们借这个机会谢谢黎昔非先生和章希吕先生。他们终年勤勤恳恳的管理独立评论的发行，校对，印刷的事务。他们对于这个刊物的爱护和勤劳，常常给我们绝大的精神上的鼓舞。"⑧ 胡适这两篇总结性文章已经把黎昔非在独立评论社担任

---

① 黎昔非：《自传》(1958年4月30日)，原件藏于广东省兴宁市教育局档案室，今据《黎昔非与〈独立评论〉》，第469页。

② 黎昔非：《自传》(1958年4月30日)，原件藏于广东省兴宁市教育局档案室，今据《黎昔非与〈独立评论〉》，第469页。

③ 《师门五年记》，第137页。

④ 黎昔非：《大学及独立学院教员资格审查履历表》，《黎昔非与〈独立评论〉》，第489页。

⑤ 这两件为当时北平兴宁同乡会会长林钧南所写，原件复印件载于《黎昔非与〈独立评论〉》，第72、74页。林钧南(1914—2004)，广东兴宁人，1932年5月至1937年7月在北京上学，先后就读于东城大同中学、辅仁大学历史系、北京大学历史系，恰与黎昔非先生办理《独立评论》时间相始终，而且双方过从甚密。

⑥ 原件收藏于广东省兴宁市教育局档案室。

⑦ 胡适：《又大一岁了》，《独立评论》第151号。

⑧ 胡适：《独立评论的四周年》，《独立评论》第201号。

"经理人"的角色说得再清楚不过了。

黎昔非在办理《独立评论》期间所残存下来的一些文字材料，也印证了胡适的上述说法和评价。黎昔非致胡适的信函，现在仍有七通保存于中国社会科学院中国近代史研究所资料室，其中有三通是在办理《独立评论》期间所写[①]，信笺左下侧均有"独立评论社用笺"字样，可见当时"独立评论社"有自己专用的信笺。其中一通全文如下：

> 适之先生：
>
> 　　第六期报三十五册，照收。
>
> 　　送上一期三册，四期五册，七、八期各十册，乞查收。三期已无存书，——二、四所存也不过数十册——现在写信问各代派处收回一些，想是可能。
>
> 　　寄报的封袋，据沙滩一个铺子说，那种大的每万份二五元，小的二四元。现在打算明天到前门去问问，看看如何。
>
> 　　赠阅的，当照寄。
>
> 　　敬候
>
> 早安
>
> 　　　　　　　　　　　　　　　　　　　　　　　学生
> 　　　　　　　　　　　　　　　　　　　　　　　昔非覆上
> 　　　　　　　　　　　　　　　　　　　　　　　十一日早

另一通全文如下：

> 适之先生：
>
> 　　丁先生的原稿，那天因排字工人不在，没取回。当时即嘱印刷所的杨君保留，如要用，明早取回送上。
>
> 　　即问
>
> 晚安
>
> 　　　　　　　　　　　　　　　　　　　　　　　学生
> 　　　　　　　　　　　　　　　　　　　　　　　昔非呈覆
>
> 　　杨本贤广告部的价目，附。

这两份函件均没有显示写于哪年哪月，但依据内容第一通可以推知应为《独立评论》创办初期的1932年8月11日。从中可以直观地看到黎昔非当时管理《独立评论》社务的

[①] 这些均为未刊信件，是笔者于2001年12月在中国近代史研究所资料室查找到并拍照的。

一些具体情况。

黎昔非1934年12月23日的日记中,记载了在协和医院办理其夫人住院手续时与收费处工作人员的一段对话:

> 那管理收费的说是姓余。当我说我是在那里做事时,他似乎有点惊奇。有顷,他说:"我是很高看《独立评论》的。"
> "你在那里做什么?"
> 这,天呀!我说什么好?被他问得没法,我含乎(糊)其辞(词):
> "包办一切,除编辑。"
> 于是那家伙毫不迟疑的赐给我一个"总管"的头衔。①

"包办一切,除编辑。"这是对于胡适在上述《独立评论》工作总结中说法的极其确切的概括。以上是两位当事人而且都是当时的文字,这些都是直接的、可靠的第一手资料。

我们再看看当时的一些旁证材料。

现在仍然保存于中国近代史研究所资料室的罗尔纲致胡适的信件,有几封信提到了黎昔非②,其中一封与《独立评论》直接有关:

> 胡师:
> 九月间上师一函后,至今,又三个月了。为了功课的忙碌,不曾给师请安,乞师恕我!
> 三月来在昔非兄处寄来的独立评论上,时时得拜读吾师的言论……
>
> 学生罗尔纲敬上
> 十二月十七日

这封信写于1932年12月17日,当时罗尔纲正在家乡广西贵县任教。从中可以知道,罗尔纲曾于9—12月份一连三个月收到黎昔非寄来的《独立评论》刊物。虽然黎昔非与罗尔纲是同学、朋友③,但将《独立评论》长期连续寄赠,似不会是黎昔非私自所为,以胡适与罗的亲密关系推测,这当是胡适吩咐寄赠的。

《独立评论》社员周炳琳在1932年11月23日致胡适的信中有这样一段话:

"先生日内即将南行,若能请社中黎君今日即去取得此项空白交先生补填一纸,当较

---

① 原件的影印件见《黎昔非与〈独立评论〉》,第564—565页。
② 原件的影印件见《黎昔非与〈独立评论〉》,第31—36页。
③ 《师门五年记》,第137页。

为迅捷。"①

这里提到的黎君，当是黎昔非先生。

以上两件资料，都是当时留下的文字。他们或是与胡适、黎昔非关系密切的人，或是《独立评论》社员。

此外，还有当时的见证人、知情人的回忆。

黎昔非在中国公学的同学、30年代曾长期住在胡适家中的罗尔纲在《胡适琐记》一书中写道：

> 我于"九一八"事变前几天回广西。到1934年3月才再来北京。那时《独立评论》已经出版将两年了。社址在后门慈慧殿北月牙胡同2号。经理为黎昔非，广东兴宁人，中国公学同学，同吴晗和我都是熟人。他从《独立评论》出版至抗日战争停刊时止都是他主持排印、发行工作。我每星期天都去看他。他很忙，从来没有功夫去玩。我就坐在他办公室里翻看那些交换来的乱七八杂的刊物，竟然有一篇启发了我后来在中央研究院以"兵为将有"作主题来研究有清一代的兵制的。北平沦陷后，黎昔非同吴晗和我一同在天津南归。②

黎昔非的同乡、朋友，1932年5月至1937年7月期间先后在北平大同中学、辅仁大学历史系、北京大学历史系上学的林钧南，在1998年8—10月间给笔者的四封信中回忆说：

> 我当时还在补习，有时间抢先看《评论》等，所以内幕也清楚。
>
> 晚上经常到《独立评论》社与令先尊和晋祺③聊天。
>
> 他（黎昔非）全心全意在搞《评论》的除编辑以外的所有工作，如财务、校对、发行等。
>
> 创办初期，只有昔非办公，另有工友老宋。胡适编好后，即派人送给昔非，由昔非送到印刷所。然后经过两次校对，才正式出版。出版后，本市的由老宋送去，外地的还是昔非分别包扎好叫老宋送邮局。所以他是总其成的，包括财务、

---

① 中国社会科学院近代史研究所·中华民国史研究室编：《胡适来往书信选》，北京：中华书局，1979年，第142页。

② 《师门五年记》，第137页。

③ 即陈晋祺。陈晋祺为黎昔非同乡，20世纪30年代初在上海求学，因参加上海学生请愿团冲击南京国民政府的学生运动而被校方开除，后于1935年春来北平找黎昔非先生，经黎昔非先生向胡适先生推荐，得到同意在独立评论社任职，直至1937年4月离平。《黎昔非与〈独立评论〉》，第44、54、68—69页。

校对、发行等在内。33年后，（陈）晋祺到北平[①]，才由昔非提出让晋祺任财务人员，经胡同意才到社的。

> 章（希吕）先生不在评论社住宿和吃饭，文化程度不高，没有合适的工作，可能是胡先生叫他帮忙校对，但是他校对过的，令先尊不放心，还要亲自再校对。记得晋祺有时也参加校对，令先尊同样不放心，一定要自己再校对。所以，当时的评论印出来，是极少有错字的。我听晋祺说，某次校对"独评"，他和章（希吕）先生已经校对过了，而昔非还要亲自校对，自找麻烦。我听了后，劝告昔非兄不必过于操劳……而令尊却说，他们粗心大意，我非亲自校对不可。[②]

上述人士都是黎昔非当年办理《独立评论》的目击者，他们的回忆，从不同角度，多层面地反映了黎昔非与《独立评论》的关系，与上述原始资料相互印证、补充，他们不论在大的方面还是一些很具体的细节方面，都完全一致，给人若合符契之感。这些资料，大体上反映了黎昔非在《独立评论》所承担的任务和工作的情形。

从上述资料中，我们可以知道如下几个方面的历史事实。

第一，独立评论社是有一个专门的、常设的办公场所和机构的。

这个办公场所和机构是在后门慈慧殿北月牙胡同2号租来的一处民房里，这就是每期《独立评论》上都必登的那个"社址"的所在地。这里是与胡适和其他作者，与印刷所、邮局、银行，与全国各地乃至国外的读者、订户和寄售处、代派处联系的一个枢纽。

第二，这个专门的、常设的办公场所和机构的负责人就是黎昔非。

黎昔非从《独立评论》筹备之始直至1937年"七七事变"之后停刊，都是这个机构的负责人，而且是《独立评论》中唯一的"专职干部"。

第三，黎昔非在《独立评论》的工作，是除编辑以外的其他一切事务。

当时独立评论社的运作情况大体是这样的：胡适"每星期有一晚编辑《独立评论》"[③]。稿件编好之后即由社中负责至胡适家中取来，黎昔非在《自传》中说："他们编好送我，我负责付印及校对，复校多由他们。印好后由我负责发行。"由此可知，胡适组稿并在家中把稿子编辑好之后，此后的工作基本上就全部是黎昔非的了，一个星期之后，一份新出版的《独立评论》就摆在了胡适的案头并发往全国乃至世界各地了。说"基本上"，是因为其中还有"复校"一环还需经胡适之手。

关于"复校"这一环节，大体有三种情况：多数情况下是由胡适等编辑作者为最后的

[①] 此处回忆有误，陈晋祺参加独立评论社工作是在1935年春。
[②] 林钧南：《忆昔非兄与〈独立评论〉——致黎虎书简九通》《黎昔非与〈独立评论〉》，第55—66页。
[③] 中国社会科学院，近代史研究所中华民国史组编《胡适来往书信选》（中），北京：中华书局，1979年，第297页。

复校，如果章希吕或罗尔纲住在胡适家中时，复校一般是由他们替胡适代劳的；章、罗二人不在胡适家中时，则由胡适本人或其他编辑者复校了；但也有因故而免去这一环节的时候，如胡适外出的同时而又无人代替他复校时，这种情况下则连复校也由黎昔非负责了，此即"复校多由他们"的意思。

第四，黎昔非毕生都没有和《独立评论》"绝了关系"。

本来，黎昔非应允出掌《独立评论》经理人的初衷是希望以一种半工半读性质的工作，一边工作以维持生活，一边完成自己的研究生论文。但是，事与愿违，这项繁重的工作对他的研究工作造成了极大的影响。于是，黎昔非曾一再向胡适提出辞职的请求，这一请求一直没能得以实现，而是迁延至《独立评论》的终结。

何以会迁延如此之久呢？对此，黎昔非的两份《自传》有这样一些说明，他说："这种杂志发行工作，最初我以为很简单，每天不用花几小时尽可对付，后来的事实证明，它对于我的研究工作是有极大妨碍的，几次欲辞掉不干，终于为生活所关而未果。""再三推却，都以不易找到相当接替的人而被留住了！"①

从这段文字不难看出黎昔非心境的无奈和痛苦。无怪乎黎昔非的同乡、同学、密友，1932—1933年曾在北平共同创办《昙华》文艺半月刊②的丁白清于1958年给组织写的证明材料中说："我知道他当时很痛苦，又不敢走。"③

直到1937年夏胡适才终于批准他的请辞，被北京大学研究院聘为助理研究员。然而正当他满怀激情准备继续其渴求已久的研究工作的时候，"七七事变"打破了刚刚出现的希望。具有戏剧性的是，同为胡适中国公学学生的黎昔非、罗尔纲、吴晗三位同学，均于1930年先后从上海来到北平，而且均与胡适保持着密切关系，而他们三人之间在北平期间又过从甚密。1937年"七七事变"后，恰巧他们三人又一起结伴南下，不过，这时罗尔纲是前去长沙中央研究院社会科学研究所任职，吴晗是前往昆明就任云南大学教授，而黎昔非只有回老家一条道路。

黎昔非回到老家教了七年中学后，经闻一多介绍到昆明国立中国医药研究所史地部去工作。从1944年至1945年先后给胡适发去三封信④，其内容主要有二：一是表示希望能介绍一个专业对口的工作单位，以便于他的研究工作；二是请求为他写一纸证明，证明他有过北大研究院的学历，因为这时他已经通过了铨叙部的大学教员资格审查，只需补上这样一纸证明即可获得大学教员资格了。但是，不知什么原因这三封信却如石沉大海，杳如黄鹤。就这样连这最后一次弥补的机会也失去了，于是他不得不再次卷起铺盖回老家了。

---

① 黎昔非：《自传》（1951年7月），《黎昔非与〈独立评论〉》，第444页。
② 黎昔非：《昙华》半月刊（影印件），《黎昔非与〈独立评论〉》，第242—335页。
③ 丁白清：《黎昔非学友二三事》，《黎昔非与〈独立评论〉》，第48页。
④ 此三函载于耿云志主编《胡适遗稿及秘藏书信》第39册，合肥：黄山书社，1994年。

事情远未就此为止。由于黎昔非与胡适及《独立评论》的关系，在政治上给他带来的负面影响，也许比在学术上对他的影响还要严重得多。众所周知，中华人民共和国成立后胡适一直是被批判的对象，因而黎昔非在历次政治运动和政治学习中都需要交代他与胡适及《独立评论》的关系，如影随形，不得解脱。这成了他背负一生的唯一的"历史问题"。1966年6月3日《人民日报》发表了史绍宾《吴晗投靠胡适的铁证》通栏大标题文章，公布了一批吴晗致胡适的信件，其中就有上引吴晗1932年4月24日的那封信，《人民日报》编者将吴晗建议胡适请黎昔非担任《独立评论》经理人的那段话全部印成了黑体字，而且加了黑体字的按语："吴晗能够参与机密，为这个反动刊物推荐'合适的经理人'，显然已是胡适进行反革命活动的一名伙计。"这天的《人民日报》面世之后，黎昔非就被打成"三家村黑帮"，在受尽三年非人的凌辱和折磨之后含冤辞世。

今天，《独立评论》在中国现代历史上的作用和意义已经得到了肯定，那么，黎昔非虽然为《独立评论》而牺牲了自己的毕生，但是这一牺牲是有意义的，人们在肯定《独立评论》乃至胡适为中国文化事业的贡献时，不是也应当肯定黎昔非在其中所做出的贡献吗？

（原刊于《社会科学战线》2003年第3期）

《黎昔非与〈独立评论〉》的史料价值

唐志勇

《黎昔非与〈独立评论〉》一书主要的史料价值是揭示了黎昔非对《独立评论》做出的重大贡献,为全面考察《独立评论》成功的原因从一个崭新的方面提供了充分的依据。《独立评论》之所以办得如此成功,过去只知道胡适等编辑和撰稿人,而不知道还有黎昔非的作用。黎昔非出任该刊经理人,直接关系着《独立评论》的顺利创刊、高质量的出版发行和保质保量、善始善终地存在了5年多时间,表明《独立评论》的成功是胡适等与黎昔非通力合作的产物。此外,本书对于研究《独立评论》的性质、《独立评论》时期胡适政治思想的性质,该时期出现的冀察政务委员会、西安事变等重大政治事件,以及20世纪三四十年代中国现代报刊史、文学史、诗经学史研究,胡适的为人,罗尔纲、吴晗、闻一多等著名学者的生平事业等,都提供了难得的有价值的资料。

一

《黎昔非与〈独立评论〉》[①]一书,结集了大批有关黎昔非的生平事迹、学术研究、文学创作、家庭生活,特别是与《独立评论》有关系的文献资料。这些文献资料,展现了黎昔非这位中国老一代知识分子身上的清白自持、敬业奉献等传统美德,给人以深刻的教育与启迪。同时对学习和研究20世纪三四十年代中国历史的一些问题具有重要的史料价值,为史学工作者及一般读者所欢迎。

《黎昔非与〈独立评论〉》一书最主要的史料价值,是它结集了黎昔非与《独立评论》有关的资料,揭示了黎昔非对《独立评论》出版发行做出的重大贡献,为人们全面考察《独立评论》成功的原因从一个崭新的方面提供了充分的证据。

《独立评论》是20世纪30年代胡适主编的一种政论类周刊。由于该刊发表的文章为当时以胡适为代表的中国自由知识分子精英群体所写,议论的内容多系当时中国政治与时

---

① 黎虎:《黎昔非与〈独立评论〉》,北京:学苑出版社,2002年。

局的热点问题，所持意见又具有一种独立精神与公平态度，因而赢得了广泛的读者，最高发行量达到1.3万份，被认为是中国现代史上最有影响的刊物之一。《独立评论》之所以办得如此成功，人们过去只知道胡适等编辑和撰稿人的作用，而不知道还有其他。《黎昔非与〈独立评论〉》一书的出版，披露了大量翔实的资料，证明《独立评论》的成功，不仅有已为人们熟知的胡适等人的作用，而且有长期默默无闻的黎昔非的重要贡献。

其一，该书收入的当事人黎昔非和吴晗等人撰写的材料表明，黎昔非出任经理人，是《独立评论》得以在1932年5月22日创刊的关键。黎昔非在1951年、1958年写的两份《自传》里说，他是广东兴宁人，1926年梅州中学毕业后，先考入上海持志大学，不久转入上海中国公学大学部文史系。当时胡适任上海中国公学校长，他与胡适有了师生关系。他于1930年暑假从中国公学毕业后，赴北平求学，于1931年春天考入北京大学研究所读研究生。这时胡适任北大教授，他与胡适又有了师生关系。他和胡适商量过学术问题，胡适知道他的情况。黎昔非在上海中国公学时晚两级的同学、后在清华大学读书的吴晗，在1932年4月22日致胡适的信中说，当年3月20日，他和黎昔非一同到协和医院看望胡适。胡谈到创办《独立评论》的事，并请黎昔非任经理人，当时黎昔非没有答应。过了一个多月，他从老师——也是《独立评论》发起人之一的蒋廷黻处，听说《独立评论》距预定出版的日期只有两个星期了，第一期的稿件已齐，可是还没有物色到"一个合适的经理人"。他写信给胡适，建议胡"决定并征求黎昔非同意"①，请黎昔非出任经理人。黎昔非在他的两份《自传》里都说，1932年4月的一天胡适派专人送信给他，要他到胡家谈谈。第二天他去了，胡适请他帮忙办《独立评论》，他"答应了"。胡适叫他准备出版发行上的工作。当时，独立评论社"只有数间空房，什么都没有"②。他做了应准备的工作，《独立评论》于1932年5月22日正式出版。这些材料揭示了一个事实：黎昔非是胡适等创办《独立评论》时找到的唯一"合适的经理人"。黎昔非是否出任经理人，直接关系着《独立评论》能否创刊。由于黎昔非出任了经理人，《独立评论》得以在1932年5月22日创刊。

其二，该书收入的当事人黎昔非、胡适及知情人罗尔纲、林钧南等写的材料表明，《独立评论》除编辑以外的所有工作几乎都是由黎昔非承担的。黎昔非在1934年12月23日的日记中写道：当日他送妻子到协和医院住院，收费管理员问他在独立评论社做什么，他回答是"包办一切，除编辑"③。黎昔非1958年写的《自传》说：《独立评论》的编辑由胡适等人负责，"他们编好送我，我负责付印及校对，复校多由他们。印好由我负责发行"④。胡适在纪念《独立评论》创刊三周年的总结中说："我们不要忘了这个孩子还有一

---

① 《历史研究》1966年第3期《评注吴晗胡适通信》，又见《人民日报》1966年6月3日。
② 黎昔非：《自传》(1951年7月)，《黎昔非与〈独立评论〉》，第443页。
③ 黎昔非：《日记》(1934年12月23日—1937年4月18日)，《黎昔非与〈独立评论〉》，第526页。
④ 黎昔非：《自传》(1958年4月30日)，《黎昔非与〈独立评论〉》，第469页。

位忠心的看护妇。我们创办这刊物的时候,就请黎昔非先生专管发行所的事务。……我在三年之中,只到过发行所一次!这三年的发行,校对,杂务,全是黎昔非先生一个人支持。"① 黎昔非在上海中国公学的同学、20世纪30年代长期在胡适家的罗尔纲,在1998年出版的《师门五年记·胡适琐记》一书中说:《独立评论》的经理人是黎昔非。"他主持排印、发行工作。我每星期天都去看他。他很忙,从来没有功夫去玩。"② 黎昔非等人写的材料,都说《独立评论》社后来增加了陈晋祺、章希吕二人。但胡适在《又大一岁了》一文中说章希吕的工作是与罗尔纲一起"帮我做最后一次的校对"③。章希吕的日记也写道,他在《独立评论》的工作是"末校"④。黎昔非的同乡、1932年5月至1937年7月在北平求学的林钧南,在致黎虎的9封信中说,陈晋祺在独立评论社是财务人员。从这些材料可见,黎昔非在《独立评论》社的工作是集经理人与校对、付印、发行于一身,《独立评论》出版发行的责任,几乎全由他一人承担。

其三,该书收入的当事人胡适和知情人林钧南、王越等写的材料表明,黎昔非的辛勤工作,尤其是严格认真的校对,对《独立评论》的高质量出版起了决定性的作用。1931年与黎昔非同时考上北京大学研究所并同跟一位导师的王越,在2001年12月19日回答黎昔非长子黎导的访问时说:对《独立评论》,"你父亲是尽了很大力量的","你父亲非常负责"⑤。林钧南在致黎虎的9封信中说,章希吕帮忙校对,但章文化程度不高,他校对过的,黎昔非不放心,"还要亲自再校对"。"记得陈晋祺有时也参加校对,令尊同样不放心,一定要自己再校对","所以,当时的《评论》印出来,是极少有错字的"。"我听晋祺说,某次校对《独评》,他和章先生已经校对过了,而昔非还要亲自校对,自找麻烦。我听了之后,劝告昔非兄不必过于操劳,既有二人校对过,就不必再校对了。而令尊却说,他们粗心大意,我非亲自校对不可,万一出了错字漏字,甚至漏句,胡先生看了肯定不高兴的。"⑥ 胡适在1933—1934年之际黎昔非结婚典礼上讲话,称赞"昔非的朴实无华的作风,绝不夸夸其谈,认真做好工作,使工作做得很好,我们都很满意"⑦。依据这些材料,说《独立评论》的高质量出版,端赖于黎昔非的认真管理和严格把关,是毫不为过的。

其四,该书收入的当事人黎昔非及知情人丁白清等写的材料表明,黎昔非始终没有

---

① 胡适:《又大一岁了》,《独立评论》第151号。
② 罗尔纲:《师门五年记·胡适琐记》(增订本),北京:生活·读书·新知三联书店,1998年,第137页。以下引用本书,直接简称《师门五年记》,特此说明。
③ 胡适:《又大一岁了》,《独立评论》第151号。
④ 章秋道、徐子超:《章希吕日记》,见颜振吾编:《胡适研究丛录》,北京:生活·读书·新知三联书店,1989年,第248—275页。
⑤ 黎导:《王越教授回忆黎昔非先生》,《黎昔非与〈独立评论〉》,第77页。
⑥ 林钧南:《忆昔非兄与〈独立评论〉——致黎虎书简九通》,《黎昔非与〈独立评论〉》,第63、65页。
⑦ 林钧南:《忆昔非兄与〈独立评论〉——致黎虎书简九通》,《黎昔非与〈独立评论〉》,第56页。

离开经理人岗位,是《独立评论》得以出版发行5年多的重要保证。黎昔非写的两份《自传》和1929年发表的《〈采苢〉时代的质疑》等文章显示,黎昔非在上海中国公学读书期间,已经开始了诗经学史的研究,并取得了初步的成果。1930年暑期到北平,"原是想在学术上搞出点成绩",所以每天到北平图书馆看书,晚上整理笔记。1931年春天考入北大研究所后,又拟"再搞一二年,期真能搞出点什么来"。因此1932年3月当胡适请他当《独立评论》经理人时,他没有答应。同年4月胡适再次请他帮忙,他才答应的。当时,他以为这种杂志发行工作很简单,每天不用花几个小时尽可应付,不会对自己研究学术有多大影响。后来的事实证明,这一工作对他的学术研究有很大的妨碍。所以他"几次欲辞掉不干"。然而,"都以不易找到相当接替的人而被留住了"①。对此,他的心情十分苦恼。黎昔非的同乡、1932—1933年与黎昔非一起在北平创办《昙华》文艺半月刊的丁白清在1958年给组织上写的证明材料说,他知道黎昔非"当时很痛苦,又不敢走"②。黎昔非在《自传》中说,1937年春天,他终于"向胡适表示暑期以后决不再干了"③。暑假将近时,胡适说北大研究所缺做金石之类工作的,他如想干可以去,但并没有派人接替他,《独立评论》的出版发行工作仍由黎昔非在干着。直到"七七事变"发生后,《独立评论》办到最后一期停刊为止。这些材料给出的事实真相是:黎昔非有大志于学术研究,始终并不情愿做《独立评论》那样的事务性工作。他之所以始终没有离开《独立评论》,主要在于"不易找到相当接替的人"。他是为了《独立评论》的出版发行不会因他离开受到影响而留下来的。正是由于他牺牲了自己做学术研究的大好时光,才使《独立评论》得以保质保量、善始善终地出版发行了5年多时间。

办好一个刊物,既要有好的编辑和撰稿人,又要有好的经理人。如果校对人水平低、不认真,常有错字漏字甚至漏句出现,那就达不到高质量。如果不能及时发稿付印,使刊物不能按时出版,那就不算是期刊。如果发行出现差错,该刊物的销售商和读者收不到,那就难以在社会树立威信。以上四点表明,对于《独立评论》的成功,黎昔非的贡献并不亚于胡适等人。胡适在纪念《独立评论》三周年时,将它与黎昔非的关系比作"孩子"与"看护妇"④。这个比喻是很贴切的。《独立评论》作为"孩子",是胡适等人"生"的,但始终"呵护培养"这"孩子"的却是黎昔非。如果没有胡适等人的"生",固然就没有《独立评论》这"孩子"的"出世";而如果没有黎昔非的"呵护培养",自然也就没有《独立评论》这"孩子"的"茁壮成长"。应该说,《独立评论》的成功,是胡适等与黎昔非通力合作的产物。

---

① 黎昔非:《自传》(1958年4月20日),《黎昔非与〈独立评论〉》,第469、470页。
② 丁白清:《黎昔非学友二三事》,《黎昔非与〈独立评论〉》,第48页。
③ 黎昔非:《自传》(1958年4月20日),《黎昔非与〈独立评论〉》,第470页。
④ 胡适:《又大一岁了》,《独立评论》第151号。

二

《黎昔非与〈独立评论〉》一书的另一个重要史料价值，是它收入的大量关于黎昔非与《独立评论》关系的资料中，披露了若干有关《独立评论》创办和《独立评论》时期胡适与国民党的关系等情况，对研究《独立评论》的性质、《独立评论》时期胡适政治思想的性质等问题帮助甚大。

《独立评论》既是中国现代史上最有影响的政论刊物之一，也就成为中国现代政治思想史研究的一个课题。《独立评论》的性质是什么？过去人们研究这个问题，只从它刊载的文章的政治观点与倾向着手，认为它的政治观点与倾向是既反对共产党，又批评国民党，因此反映了中国自由主义者的要求，是一个中间派的政论刊物。毫无疑问，政治观点与倾向是评判一个政论刊物的性质的主要依据。但它并不是全部依据。决定一个政论刊物性质的，除了它的政治观点与倾向，还有它的创办情况、经费来源、内部组织和对外关系等。要全面评判一个政论刊物的性质，也要对它的这些方面进行考察分析。过去，由于《独立评论》这些方面的情况极少披露，这一工作无从进行。《黎昔非与〈独立评论〉》一书披露了不少这些方面的情况，使这项工作的进行有了可能。

该书收入的林钧南撰《清白一世　奉献毕生——忆故友黎昔非同志》一文说：1932年3月的一天，胡适在协和医院接待黎昔非和吴晗时，"向他们透露了关于创办《独立评论》的缘由和打算：最近北大、清华等校的十多位老朋友常到我家里或欧美同学会聚谈国家大事，有时辩论很激烈，有时认识居然一致。因此，孟真（傅斯年）、廷黻（蒋廷黻）等建议办个刊物，来发表各自的意见。当时在君（丁文江）和我不赞成，但是看到廷黻等很热情，大家也就不反对了。大家一致建议由我担任主编，文江、斯年、廷黻协助处理。关于经费问题则由参加的社员每月捐出固定收入的5%作为基金，刊物定名为《独立评论》，因为大家希望永远保持一点独立的精神，不依傍任何党派，也不迷信任何成见，用负责的言论来发表各人思考的结果"。"由于《独立评论》发表的论文涉及的面广，如对日问题、外交问题、文化教育问题等，以致遭到不少麻烦。如第10期被北平等当局查抄过，第81期被南京宪兵司令部邮电检查部扣留过……"① 黎昔非在他的《自传》中说：《独立评论》的成员主要有胡适、丁文江、蒋廷黻、傅斯年、任鸿隽、翁文灏等。《独立评论》的意思是文责自负。稿子多是他们自己写的，外稿也由编的人选择。罗尔纲在《读〈闲话胡适〉》一文中说，根据他的了解和当时章希吕的日记，《独立评论》的经费完全出自发起人5%

---

① 林钧南：《清白一世　奉献毕生》，原载广东省兴宁市政协文史委员会编：《兴宁文史》第26辑，2001年，今据《黎昔非与〈独立评论〉》，第493、495页。

的捐薪设立的基金。所有发起人都是作为一个社员按规定捐了薪。① 这些材料表明，《独立评论》的创办完全是由胡适等自由知识分子发起的，没有其他政治势力的指使、操纵和影响。经费完全来源于社员自己，没有其他集团或个人的资助。内部仅有极简单的分工，没有严格的组织。社员按自己的思考发表言论，文责自负。对外不依傍任何党派，不迷信任何成见，保持一种独立精神。由于发表的政见常与国民党有冲突，多次遭到当局的压制。《独立评论》的性质，不仅从其文章中反映的政治观点与倾向上看是中间派的，而且从其创办情况、经费来源、内部组织和对外关系看也是中间派的。

胡适在中国现代政治思想史上有重大影响。他的政治思想也是中国现代政治思想史研究的一个课题。《独立评论》时期胡适政治思想的性质是什么？过去人们一般认为，《新月》时期的胡适，发起人权运动，矛头直指国民党的党治，遭到国民党的严厉压制，其政治思想属于中间派。到了《独立评论》时期，胡适在民主独裁、尊孔读经、中西文化、训政宪政等问题上，仍与国民党存在分歧。但是，在对日政策、国家统一等问题上，却已与国民党蒋介石一致。在对日政策问题上，国民党蒋介石主张对日本的武装侵略采取"以公理对强权，以和平对野蛮""暂取逆来顺受态度"②，实行不抵抗和妥协退让。胡适也主张通过和平交涉求得暂时的停战，甚至主张以日本提出的原则进行交涉。在国家统一问题上，国民党蒋介石借口"攘外"，企图将全国统一于其专制独裁之下。胡适也强调"中国当前唯一大问题，就是怎样建立一个统一的国家，怎样组织一个可以肩负救国大责任的统一政府"③，主张建立以国民党为中心的全国统一政权。因此，《独立评论》时期胡适的政治思想已从中间派开始倒向国民党。这样的观点是否恰当？《黎昔非与〈独立评论〉》一书披露的材料，引起人们深入研究，得出否定的意见。

该书收入的林钧南致黎虎的 9 封信中，在谈《独立评论》是否为中间派刊物问题时，写了这样一段话："当时有不少传说，蒋介石多次派人对胡先生说，希望他到南京出任教育部长或其他重要职务，胡先生都拒绝了。还有一说翁文灏出任经济部长以及丁文江出任上海市长都是胡先生在没有办法拒绝蒋介石一再要求他去南京工作时，转而介绍他的好友去的。"④ 这里所写的蒋介石请胡适到南京任职虽是作者听到的"传说"，但绝不会是空穴来风。因为，"九一八事变"后，蒋介石集团为巩固自己的统治，应付日本得寸进尺的逼迫，不得不与一切可以争取的党内外反对派妥协。当时，连曾经武力反蒋、另立中央，被宣布永远开除国民党的冯玉祥、阎锡山、汪精卫等，都恢复了党籍，重新担任要职。连被国民党中央明令申讨，要求消灭的国家主义派首领曾琦、李璜等，都成了国民党拉拢的对

---

① 罗尔纲：《读〈闲话胡适〉》，《社会科学战线》1993 年第 6 期。
② 罗家伦主编：《革命文学》第 35 辑，台北：中正书局（影印版），第 1196 页。
③ 胡适：《统一的路》，《独立评论》第 28 号。
④ 林钧南：《忆昔非兄与〈独立评论〉——致黎虎书简九通》，《黎昔非与〈独立评论〉》，第 63 页。

象。何况仅在《新月》时期与国民党有过冲突,在全国以至海外都有很高威望和号召力的胡适!然而,对于蒋介石的多次拉拢,胡适都拒绝了。何以拒绝?当然不排除他以学者自居,不屑于从政等原因的存在。但是,根本的原因仍应从他与国民党的政见分歧去找。上引信文说,胡适在没有办法拒绝蒋介石一再要求的情况下,介绍他的好友到南京去任职。其实,这些人到南京任职,不仅因为有胡适的介绍,而且因为他们与蒋介石已有政见上的一致。如后来去当上海市市长的丁文江和当驻苏联大使的蒋廷黻等,都曾在《独立评论》上发表文章,论证专制独裁是中国的出路。黎昔非在1958年写的《自传》里说,他当时对《独立评论》的言论不以为然,尤其是"蒋廷黻的'独裁论'一类的东西,当时真觉得是无耻之极"①。既然他们已经是拥护国民党蒋介石专制独裁了,那么有了胡适的介绍,自然也就欣然到南京去做官,为国民党蒋介石的专制独裁尽力了。而如果我们拿《独立评论》时期胡适的政见与国民党的做深入的比较,就会看到,双方不仅在民主独裁、尊孔读经、中西文化、训政宪政等问题上有明显的分歧,而且在对日政策、国家统一等问题上也存在着实质性的分歧。在对日政策问题上,国民党蒋介石对日本的武装进攻实行不抵抗和妥协退让,主要是为了集中力量"围剿"红军和革命根据地,消灭共产党。而胡适的主张对日讲和,则是因为中国的贫弱落后而对抗日前途缺乏信心。如他说的"我们今日不中用"②"百事不如人"③"理智与训练都不许我主张作战"④。在国家统一问题上,国民党蒋介石是要用内战消灭共产党,将全国统一到其一党专制统治之下。而胡适的主张是通过改造一党专制,建立民主政治制度,来实现国家统一。如他说的"用政治制度来逐渐养成全国的向心力,来逐渐造成一种对国家'公忠'去替代今日'私忠'"⑤。既然,《独立评论》时期胡适的政治思想,在当时各个热点问题上都与国民党蒋介石存在实质性的分歧,在身份上又一再拒绝蒋介石的拉拢,不肯与之合流,那么,认为这个时期胡适的政治思想已由中间派倒向国民党的观点,就是欠恰当的了。比较恰当的观点应该是:这个时期胡适的政治思想仍然保持着中间派的本色。

《黎昔非与〈独立评论〉》所收集的关于黎昔非和他与《独立评论》的关系的资料,有一部分涉及当时中国的政治形势,对了解和研究这个时期发生的冀察政务委员会、西安事变等重大政治事件颇有裨益。

冀察政务委员会是1935年冬,在日本以军事威逼、政治分离、经济垄断三管齐下,企图将华北变成"满洲第二"的形势下,南京政府在华北设置的行政机构。它一方面取代冀察两省原有的行政机关,并且任命日本认可的亲日分子当委员,以适应日本的"华北特

---

① 黎昔非:《自传》(1958年4月30日),《黎昔非与〈独立评论〉》,第470页。
② 胡适:《全国震惊以后》,《独立评论》第41号。
③ 胡适:《再论信心与反省》,《独立评论》第105号。
④ 胡适:《我的意见不过如此》,《独立评论》第46号。
⑤ 胡适:《政治统一的途径》,《独立评论》第86号。

殊化"侵略要求。另一方面由中国第 29 军军长宋哲元任委员长，继续执行南京政府的命令，维持着中国中央政府对冀察两省的行政统辖。是南京政府对日妥协退让的产物。这决定冀察政务委员会实行的政策具有两面性：既要迁就日本的侵略要求，以维持局面，又要听命于南京政府，不能对日迁就过多。既要压制民众抗日救亡运动，以示好于日本；又不能压制得过分，使自己在与日本的周旋中丧失凭借。过去人们了解和研究冀察政务委员会的两面政策，除了它与日本的关系和与南京政府的关系之外，主要是从它与学生抗日救亡运动的关系进行考察。《黎昔非与〈独立评论〉》一书拓宽了考察的视野。据林钧南回忆：1936 年出版的《独立评论》第 229 期上发表了清华教授张奚若的一篇文章，提出冀察不应以特殊自居，又主张取消冀察政务委员会，触怒了冀察政务委员会委员长宋哲元，《独立评论》被查封了，还要抓人。胡适在上海得知此事，拍电报给北平市长秦德纯，声称《独立评论》的事应由他负责。胡适回到北平后，又通过北大教授陶希圣进行疏通，并写信给宋哲元，表示负责道歉之意。信发出后，宋哲元表示谅解，1937 年 4 月间《独立评论》复刊①。宋哲元对《独立评论》事件的处理，使人们从另一个侧面看到了冀察政务委员会政策的两面性。

　　1936 年冬天发生的西安事变，是中国国民党与共产党由十年分裂内战到再度合作、共同抗日的历史转折点。因而历来是中国现代史研究的一个重要课题。过去，人们对于西安事变后的形势研究得比较全面。从国际上日本、英美、苏联，到国内国民党中央各派、各地方实力派、国民党统治区的中间阶级、共产党员、红军及革命民众等，对西安事变的反应，都已有所研究。但是，对国统区中间阶级以下的各阶层民众的反应却缺乏研究和了解。这不能不说是一个缺陷。《黎昔非与〈独立评论〉》一书提供的材料，在一定程度上弥补了这个缺陷。林钧南在致黎虎的 9 封信中谈到了西安事变在北京大学学生中的反应："1936 年冬西安事变时，北大学生会两次在北大三院（在东河沿）召开全体同学会，讨论通电表达北大学生会的意见。两次大会都只有 200 人左右到会。第一次主张拥护何应钦率部进攻张、杨的人多些，引起反对者大吵大闹，台桌椅凳都摔坏了；以致没有结论。第二天再开会，主张和平解决，一致对外的同学更多，因此主张出兵消灭张、杨的同学同样大吵大闹，几乎大打一场了，主持者只好宣布散会，又没有结论。"后来，由胡适建议，双方都不用北大学生会的名义，而分别以北大学生某某等若干人的名义，把电报发了出去②。北京大学学生是北平"一二·九运动"的主力，全国抗日救亡运动的先锋。他们的政治态度，在国统区爱国青年学生中具有代表性。这一材料表明，西安事变在国统区广大爱国青

---

　　① 林钧南：《清白一世　奉献毕生》，原载广东省兴宁市政协文史委员会编：《兴宁文史》第 26 辑，2001 年，今据《黎昔非与〈独立评论〉》，第 495—496 页。
　　② 林钧南：《忆昔非兄与〈独立评论〉——致黎虎书简九通》《黎昔非与〈独立评论〉》，第 63—64 页。

年学生中也引起了比较强烈的反应，出现了拥护"讨伐"张、杨和主张和平解决两种意见的尖锐对立。这种尖锐对立，更充分地说明了西安事变后形势的复杂与紧张。中共中央对西安事变后出现的复杂紧张形势进行了冷静深入的分析，认为事变的前途有两种可能。一种是爆发大规模内战。这是日本及中国亲日派所欢迎的。另一种是停止内战，一致抗日。这是所有抗日党派、军队和各界民众及国际和平力量所要实现的。为了争取第二种前途，避免第一种前途，中共中央确定了和平解决事变的方针。中共中央对西安事变前途的估计与和平解决事变的方针，是完全正确的。过去，人们对其正确性是通过研究前述国际国内各种势力对西安事变的不同反应得到的。有了《黎昔非与〈独立评论〉》一书提供的材料，了解到西安事变在经过"一二·九运动"洗礼的国统区爱国青年学生中，引起了两种意见的尖锐对立，那么对其正确性的认识就更深刻了。

以上所述，仅为笔者对《黎昔非与〈独立评论〉》一书部分史料价值的看法。该书的史料价值远不止这些。其他如该书收入的黎昔非的学术论文，《昙华》半月刊的介绍和影印件，胡适提携弟子及不为儿子上北京大学以权谋私的情况，黎昔非、胡适与罗尔纲、吴晗的关系，黎昔非与闻一多、沈从文的交往及对经利彬的评论，对了解和研究20世纪30年代诗经学史研究，对了解和研究抗日战争前的中国现代文学史和报刊史，胡适的为人，罗尔纲、吴晗、闻一多等著名学者的生平事业，等等，都是难得的有价值的资料。人们在学习和研究20世纪三四十年代中国历史的有关问题时，如果查阅一下该书，很可能会有意想不到的发现和得到所需要的东西。

（原刊于《江汉论坛》2005年第6期）

作者简介： 唐志勇（1936—　　），山东荣成人，山东师范大学历史文化学院教授，主要从事中国现代史暨齐鲁文化研究。

论《独立评论》的另一个核心
——黎昔非主持的发行部[①]

马寒梅

一个成功的刊物,编辑部尤其是名家编辑固然非常重要,但社务工作也同样不可或缺。事实上,独立评论社除了以胡适为首的编辑部外,还存在着以黎昔非为首的社务部——"发行部"。编辑部和发行部组成了独立评论社的两翼两轮,共同推动《独立评论》取得了成功。

随着胡适热在大陆的兴起,对《独立评论》的研究也日益深入,但是对于支撑《独立评论》正常运转的社务部门的研究却是少之又少。本文拟从客观的史实出发,阐述以黎昔非为首的社务部门——"发行部"是推动《独立评论》成功的另一个核心。

一、胡适选择黎昔非的原因

在决定创办《独立评论》时,为了找到一个合适的负责社务工作的经理人,胡适是费了一番周折的。

《独立评论》于1932年5月22日创刊。但从提议到创刊,经过了一段时间。1932年4月24日,吴晗在致胡适的信中就提到这件事:"今午同蒋廷黻先生谈话,他说他正在发愁,因为独立周报预备在下下星期出版,第一期稿件已齐,却还找不到一个合适的经理人。生因此想起五星期前同黎昔非君到协和来看先生的时候,先生曾提过此事,并问黎君愿否帮忙,就把这话告诉蒋先生,他很高兴,叫生即刻写信,请先生决定并征求昔非同意

[①] 据近年发现的1932年8月4日"独立评论报费收据"原件,其末栏所署为"独立评论发行部",可知独立评论社对外的正式名称是"发行部";1935年胡适《又大一岁了》(《独立评论》三周年纪念特大号,第151号)改称其为"发行所",联系到后来胡适完全抹杀《独立评论》"发行部"及其负责人黎昔非的行为,可知胡适1935年将"发行部"降格为"发行所"并非无心之举。故本书一律以原来正式的"发行部"为称。"独立评论报费收据"照片见本书第231页。

(他住银闸大丰公寓)。"① 从这封信可以看出，当时能否找到一个合适的社务部门的负责人，已经成为制约《独立评论》正常出版的一个主要原因。从吴晗的信可知五周前胡适就征求过黎昔非的意见，但当时黎昔非考虑到自己的学业，迟迟没有答复。而胡适在这段时间也并未物色到合适的人选，同时他也期望着黎昔非的回复。

面对胡适的数次邀请，黎昔非最终答应担任《独立评论》的经理人。

胡适办《独立评论》时，在他身边的人也有不少，他信得过的人也不在少数，为什么胡适却单单选择了黎昔非？到底黎昔非具备了怎样的条件，使他成为《独立评论》不可或缺的重要人物呢？

一是黎昔非具有比较高的文化素质。黎昔非当时是北大的研究生。在当时的中国，大学生就很少，研究生更是凤毛麟角。全国只有北京大学、清华大学、燕京大学、北京师范大学、中山大学等少数学校才有研究生，而且招生人数很少。黎昔非不仅是当时少有的研究生，而且在考取北京大学时，他还是文学第一名②。当时罗尔纲才是本科生，吴晗正在上大学。

二是黎昔非和胡适具有师生关系。黎昔非1930年7月毕业于上海中国公学大学部文史系，而当时胡适任中国公学校长兼文理学院院长，故与黎有师生关系。1930年8月黎昔非从上海赴北平，在北京图书馆自学，准备报考北京大学研究院。恰巧1930年11月胡适也从上海到北京任北京大学文学院院长，于是黎昔非和胡适再度有了师生关系。所以在北平，黎昔非一直和胡适保持着密切的联系。罗尔纲在当时给胡适的信中写道："现在常到先生府上的只有昔非和吴晗两人，因为他们都是先生知道的学生，而且是好学的青年，所以我敢叫他们来。"③在《独立评论》创办之前，黎昔非已经是胡适的座上客。在胡适的日记中有关于黎昔非前来拜访的记载。1931年3月8日，胡适在日记中记载："见客：谢刚主、刘盼遂、黎昔非、徐凌霄、徐一士。下午见邱大年、郑介石、郑毅生（天挺）、严恩栖。黎君（黎昔非）欲作《诗经学史》，拟一细目来问我，我为他谈汉儒所以曲说《诗经》的背景。此种曲说都是'合理化'的趋势，不足为怪。"④同年4月12日，胡适又在日记中记载："见客：黎昔非、严济慈、靳宗岳、雍克昌、黄绍谷、徐新六。"⑤胡不归在他写的关于胡适的传记中，有这样一段记载："绩溪同乡中，要算汪孟邹、汪原放叔侄，章希吕、程仰之、程万孚和我，比较与适之先生最接近。但我所知，不及他们清楚。适之先生的朋友、学生遍天下，但中国公学的同学，只有罗尔纲、黎昔非和我，比较跟随

---

① 吴晗：《致胡适书简一通》(节录)，:《黎昔非与〈独立评论〉》，第29—30页。
② 《北京大学日刊》第2645号，1931年6月5日。
③ 中国社会科学院·近代史研究所中华民国史研究室编：《胡适先生来往书信选》(中册)，北京：中华书局，1979年，第78页。
④ 胡适著，曹伯言整理：《胡适日记全编》，合肥：安徽教育出版社，2001年，第89页。
⑤ 胡适著，曹伯言整理：《胡适日记全编》，第112页。

适之先生最久。"① 胡适对黎昔非先生是十分熟悉的,因此,他才选中了黎昔非。

二、发行部在独立评论社中所承担的工作及其作用

《独立评论》的社务部当时叫作"发行部",但实际上它不仅负责发行,而是负责除编辑以外的全部社务。1934年12月23日,黎昔非日记中记载了在协和医院为夫人办理住院手续时与收费处余先生的一段对话:"'你在那里做什么?'这,天呀!我说什么好?被他问得没法,我含乎(糊)其辞(词):'包办一切,除编辑。'于是那家伙毫不迟疑的[地]赐给我一个'总管'的头衔。"② 黎昔非的老乡、好友林钧南在对黎昔非的回忆中也说:"他是总其成的,包括财务、校对、发行等在内。"③ 事实上除了编辑以外的所有与《独立评论》有关的社务工作均由"发行部"负责。

一是排印和校对。在黎昔非1958年的《自传》中写道:"他们编好送我,我负责付印及校对,复校多由他们。"④ 这里的"他们"是指以胡适为首的编辑部。林钧南对此有更具体的回忆:"由于《独立》是周刊,每逢星期三上午就要把稿子送往印刷所,第二天一早又要校对清样,同时昔非又决定要校对两次以上才放心,因此,直到星期五上午才付印。"⑤ 黎昔非进行两次校对之后,再由胡适他们进行"复校",即"末校"。⑥ 不过由于胡适是"大忙人",所以"末校"常由他另请人代劳,如罗尔纲、章希吕等人即属此类。对此林钧南在给黎虎的信中有具体的回忆:"章(希吕)先生是1935年左右[前后]到北平的……可能是胡先生叫他帮忙校对,但是他校对过的,令先尊不放心,还要亲自再校对。记得晋祺有时也参加校对,令先尊同样不放心,一定要自己再校对。所以,当时的评论印出来,是极少有错字的。"⑦ 后期参加《独立评论》工作的财务陈晋祺也参与部分校对工作。黎昔非主持《独立评论》发行部期间的一封便笺透露了关于"付印"方面的一些具体情况:"适之先生:丁先生的原稿,那天因排字工人不在,没取回。当时即嘱印刷所的杨君保留,如要用,明早取回送上。"⑧ 稿件已经交付印刷所后,胡适突然又需要取回一份原稿,当晚到

---

① 胡不归等:《胡适传记三种》,合肥:安徽教育出版社,2002年,第5页。
② 黎昔非:《日记》(1934年12月23日—1937年4月18日),《黎昔非与〈独立评论〉》,第526页。
③ 林钧南:《忆昔非兄与〈独立评论〉——致黎虎书简九通》《黎昔非与〈独立评论〉》,第58页。
④ 黎昔非:《自传》(1958年4月30日),《黎昔非与〈独立评论〉》,第469页。
⑤ 林钧南:《清白一世 奉献毕生——忆故友黎昔非同志》,原刊广东省兴宁市政协文史资料研究会编:《兴宁文史》第26辑,2001年,今据《黎昔非与〈独立评论〉》,第495—496页。
⑥ 颜振吾:《胡适研究丛录》,北京:生活·读书·新知三联书店,1989年,第245页。
⑦ 林钧南:《忆昔非兄与〈独立评论〉——致黎虎书简九通》《黎昔非与〈独立评论〉》,第63页。
⑧ 黎虎:《前言》,《黎昔非与〈独立评论〉》,第7—8页。

印刷所因排字工人不在，回来后即请示胡适，是否第二天早上再跑一趟取回？可见"付印"环节除了正常的两次送稿、取稿之外，还有排印过程中发生的意外也需要来回联系、交涉。

二是发行和寄赠、交换刊物。黎昔非说《独立评论》"印好后由我负责发行"①。具体怎么发行呢？林钧南回忆说：星期五定稿开始付印之后，"而周末和星期日就要忙于发行工作了"②。"本市的由老宋送去，外地的还是昔非分别包扎好，叫老宋送往邮局"③。可见发行有直接送达和通过邮局寄送两种方式。后者又包括发往全国乃至世界各地的"寄售处""代派处""代定处"和订阅户。从《独立评论》所刊载的寄售及代定处可以看到，从创刊时仅有北平、天津、上海等几个大城市几个点，到后来发展到118个点，遍布全国各地，东至沿海，西至兰州，南至琼州，西北至绥远、宁夏，西南至昆明，除了主要大中城市之外，还有一些小城镇，如平凉、南阳、仪真、平西等，黎昔非家乡的梅县、兴宁等地也都有了不止一个点。④除了正常的发行工作之外，还要按照胡适的安排，根据他开出的名单寄赠刊物，这也是发行部的一项经常性工作。当时流行"我的朋友胡适之"，胡适的交往之广、朋友之多也是出了名的，所以按照胡适的安排，寄赠刊物的量也是不小的。在1932年12月27日罗尔纲给胡适的信中就谈到因其当时不在北京，但仍能收到每一期的《独立评论》，"三月来在昔非兄处寄来的独立评论上，时时拜读吾师的言论"⑤。胡适给许多朋友赠送的《独立评论》，也是由发行部寄发的。1932年8月11日黎昔非给胡适的信中称："赠阅的，当照寄"⑥，就是这种情况的反映。此外，《独立评论》还与其他单位和报刊相互交换刊物，从而建立了广泛的联系。罗尔纲回忆说："我每星期天都去看他……我就坐在他办公室里翻看那些交换来的乱七八糟的刊物"⑦。可见交换的数量也是不小的。

三是编发资料汇编和合订本。《独立评论》还阶段性地发布文章总目，例如"本刊前十二期的要目""独立评论自一号至一百号目录""独立评论自一号至一百号人名索引""独立评论第二〇一号至第二二五号目录"等，大约每出版12期或25期即编发总目。汇总性的目录之外，还发布各期要目，如《独立评论》第12号上，就刊登了第六期至第十一期的每期目录。此外，《独立评论》还阶段性地出版合订本。1933年4月《独立评论》第49号登载"独立评论第一期至二十五期合订本出售"。广告称："本刊前二十五期，因印数较少，已多有卖绝的。现本社向各地征求，凑成全部一百份，装订成册，附有

---

① 黎昔非：《自传》（1958年4月30日），《黎昔非与〈独立评论〉》，第469页。
② 前揭林钧南：《清白一世 奉献毕生——忆故友黎昔非同志》。
③ 林钧南：《忆昔非兄与〈独立评论〉——致黎虎书简九通》《黎昔非与〈独立评论〉》，第58页。
④ 李文才：《评耿云志先生的〈黎昔非先生与独立评论〉一文》，《史学月刊》2004年第5期。
⑤ 罗尔纲：《致胡适书简二通》，《黎昔非与〈独立评论〉》，第34页。
⑥ 黎虎：《前言》，《黎昔非与〈独立评论〉》，第7—8页。
⑦ 《师门五年记》，第137页。

详细索引。"这是独立评论社出版的第一册合订本,此后陆续编发。在《独立评论》最后一期244号所登"独立评论合订本"广告中公布共出版了合订本九册,包括了从第1期至第225期。合订本里的"详细索引"包括文章篇目和人名索引等,这些资料工作也是社务部门的事情。这些合订本同样也有印刷、校对、发行等一系列工作,印刷方面比《独立评论》本身更为麻烦。合订本最初有三种规格,"布装"分为甲、乙两种,"纸装"为丙种。后来是两种规格,甲种为"洋装",乙种为"纸装",可见其印刷要求是比较高的。发行方面也颇费事,在《独立评论》第49号刊登的合订本出售广告中说:"欲购买合订本者,请指明何种装,寄订款向北平本社购取。"可知需事先征求订户,再根据订户要求印刷不同规格的本子;发行部收到订户汇款后再一一寄送。合订本与正刊一样也常需赠阅,胡适致吴奔星信中说:"《独立》合订本,已嘱社中寄给你了。"①

四是财务。《独立评论》创办之初,独立评论社成员拿出薪俸的5%共4200元作为基本金。随着《独立评论》影响的迅速扩大,订数的增加,资金也随之日益增加,后期有"银行存款约七八千元"②。这些基金的运用、收取订阅费和日常的支出均由发行部负责。《独立评论》的前期,财务工作也是由黎昔非负责的。如有一次《独立评论》的银行存折忽然多出5000元,便请黎昔非去查,黎昔非到金城银行了解后,得知是当时湖南省教育厅厅长朱经农寄来用于帮助办好《独立评论》的。③在黎昔非的《自传》中,有过这样的记载:"其中除胡适外,只竹尧生(浙江兴业银行负责人)因结账关系曾接洽过几次。"④ 1932年8月11日黎昔非给胡适的信中说:"寄报的封袋,据沙滩一个铺子说,那种大的每万份二五元,小的二四元。现在打算明天到前门去问问,看看如何。"从中可见财务工作的琐碎,以及黎昔非为了节约开支是如何尽心竭力的。直至1935年春,才由黎昔非介绍陈晋祺负责《独立评论》的财务工作。

五是其他杂务。在上引黎昔非给胡适的信中说:"适之先生:第六期三十五册,照收。送上一期三册,四期五册,七、八期各十册,乞查收。三期已无存书,——二、四所存也不过数十册——现在写信向各代派处收回一些,想是可能。"⑤胡适将自己所存《独立评论》35册派人送交黎昔非,从这封信末有"赠阅的,当照寄"来看,当是胡适需要由社中外寄的;同时胡适又要求从社中的存书中寻找若干期给他;社中无存书者则需写信向各代派处收回。从中可知发行部与胡适之间有着频繁的事务往还,发行部还需负责杂志的库存和保管工作。广告也是社务中不可缺少的一项工作,《独立评论》很早就注意这方面的

---

① 胡适:《致吴奔星》(1933年12月14日),《胡适书信集》,北京:北京大学出版社,1996年,第596页。
② 陈晋祺:《我与〈独立评论〉的关系》,《黎昔非与〈独立评论〉》,第44页。
③ 林钧南:《忆昔非兄与〈独立评论〉——致黎虎书简九通》,《黎昔非与〈独立评论〉》,第67页。
④ 林钧南:《清白一世奉献毕生——忆故友黎昔非同表》,《黎昔非与〈独立评论〉》,第499页。
⑤ 黎昔非:《致胡适书简七通》,《黎昔非与〈独立评论〉》,第14页。

事情，第 11 号中专门刊登了"本刊广告价目"，详细列举不同地位、尺寸的不同价目。黎昔非在主持《独立评论》期间给胡适的一封便笺中附言："杨本贤广告部的价目，附。"① 可知黎昔非还需与社会上的广告商进行联络，而且将情况向胡适报告。《独立评论》不仅在别的媒体中刊登广告，而且自己也接受广告。由于《独立评论》影响大，故其广告也是相当多的，如第 49 号就刊登有《国闻周报》《外交评论》《外交月报》《平明杂志》《清华周刊》以及"社会调查所"出版物的广告。胡适自己的著作也在这里刊登广告，如第 226 号、244 号都刊登了《胡适论学近著》的广告。广告不仅扩大了《独立评论》的影响，而且也是其增加收入的一个渠道。诸如此类的社务，不一而足。

综上所述，可以知道当时"发行部"承担着排印、校对、发行、资料、广告、财务、公共关系等方面的工作，的确是囊括除编辑以外的所有社务，名副其实的"包办一切"。在 20 世纪前半叶中国的报刊运作中，一般报刊分别设置有经营部、编辑部、服务部、发行部、广告部等，②《独立评论》的"发行部"实际上是除编辑部之外集经营部、服务部、发行部、广告部等工作于一身。它上面与胡适和编委联系；横向与邮局、银行、广告部门、业界同行等联系；下面与代派处、寄售处、订户、读者联系；内部的行政管理虽限于编制而并不复杂，但也涉及财务、工友以及义务协助人员等。

以黎昔非为首的"发行部"所承担的工作，和胡适的编辑工作形成了鲜明的反差。1934 年 4 月 9 日胡适在日记中说："近几个月来，《独立》全是我一个人负责，每星期一总是终日为《独立》工作，夜间总是写文字到次晨三点钟，冬秀常常怪我，劝我早早停刊。我对她说：'我们到这个时候，每星期牺牲一天作国家的事，算得什么？不过尽一分心力，使良心上好过一点而已。'"③ 胡适最多一个星期有一天为《独立评论》工作，而黎昔非则每周工作七天，将全部的时间投入到了《独立评论》的工作中，将一生中最为黄金的五年多的时间献给了《独立评论》。工作如此繁忙，他当时也没有预想到，"没想到那种工作这么繁忙，有时忙到连报纸都要夜深才得闲来看"④。当时经常去看黎昔非的罗尔纲说："我每星期天都去看他。他很忙，从来没功夫去玩。"⑤ 由于以黎昔非为首的"发行部"的努力工作，保证了《独立评论》在五年多的时间里，除了其中有四个多月被人为停刊以外，一直是顺畅地运行。

面对黎昔非这样高效的工作，胡适是十分满意的。在纪念《独立评论》创刊三周年时，他说："在这贺周岁的日子，我们不要忘了这个孩子还有一位忠心的看护妇。我们创办这刊物的时候，就请黎昔非先生专管发行所的事务。说也惭愧，我是实行我的无为政治

---

① 黎昔非：《致胡适书简七通》，《黎昔非与〈独立评论〉》，第 16 页。
② 戈公振：《中国报学史》，北京：生活·读书·新知三联书店，1955 年，第 199—266 页。
③ 胡适著，曹伯言整理：《胡适日记全编》，合肥：安徽教育出版社，2001 年，第 361 页。
④ 黎昔非：《自传》（1951 年 7 月），《黎昔非与〈独立评论〉》，第 443—444 页。
⑤ 《师门五年记》，第 137 页。

的，我在三年之中，只到过发行所一次！这三年的发行，校对，杂务，全是黎昔非先生一个人支持。每到星期日发报最忙的时候，他一个人忙不过来，总有他的许多青年朋友赶来尽义务，帮他卷报，装封，打包，对住址。"①

基于黎昔非为首的"发行部"的工作，胡适可以实行"无为而治"，使他可以集中精力进行学术研究和社会活动，同时也开创了胡适所谓的"小册子的新闻事业的黄金时代"。胡适一生中办过不少刊物，但《独立评论》无疑是最成功的。在当时几千种刊物当中，特别是在政论性刊物中，《独立评论》无疑是最有影响力的一种，这应是不争的事实。而能取得这样的成就，和独立评论社有一个以黎昔非为首的社务部门是分不开的。

历史事实表明，《独立评论》既存在着以胡适为首的编辑部，也存在着以黎昔非为首的社务部——"发行部"，它们共同组成了独立评论社的两翼两轮，共同推动《独立评论》取得了成功。《独立评论》的成功，是以胡适为首的编辑部和以黎昔非为首的社务部两个核心通力合作的结果。

（原刊于《北京社会科学》2007年第6期）

作者简介：马寒梅（1969— ），北京人，历史学硕士，廊坊师范学院副教授，主要从事中国现代史研究。

---

① 胡适：《又大一岁了》，《独立评论》（三周年特大号）第151号。

中国近代新闻史视野下的黎昔非与《独立评论》周刊

——兼论学人论政期刊的经营特色

齐 辉

《独立评论》是 1930 年代以胡适为代表的自由主义学者创办的政论性刊物。该刊从 1932 年到 1937 年共刊行 244 期，在中国舆论界和思想界产生了巨大影响。《独立评论》的成功发行，为胡适等自由知识分子赢得了极高的声誉，成就了其"自由主义思想代言人的最高成就"[①]。作为 1930 年代国难时期的"中心"刊物，《独立评论》一度成为学界研究的"热点"，但既有研究主要围绕《独立评论》与胡适派自由知识分子的政治视角展开，[②]而从"新闻本体"或出版经营视角探讨该刊的经营理念与特色的成果尚不多见。笔者试以此为视角重新审视《独立评论》的出版与经营特色，并进一步探讨其经理人黎昔非对该刊的独特贡献，通过探讨其成功的内在因素，以期为人们重新认识近代中国学人政论期刊提供新的启示。

一、《独立评论》与 1930 年代中国"学人论政"刊物之勃兴

胡适曾将 1930 年代中国新闻报刊业称为"小册子的黄金时代"。1930 年代，随着抗日救亡运动的开展，中国思想文化界又一次迎来了思想的活跃期。这一时期知识分子群体多借助报章传媒的力量，拓展"论述空间"。他们的政治分野明显且流派纷繁复杂，形成了特色鲜明的言论阵地。其中较有代表性的有以胡适北方自由知识分子为代表的《独立评论》知识分子群体；有以邹韬奋为代表的《生活》周刊知识分子群体；还有以南方中央大学国民党学人主办的《时代公论》为代表的群体等。在学人论政的推动下，20 世纪 30 年代中国出现了一股声势浩大的杂志兴办热潮。胡道静曾这样形容 1930 年代杂志出版的盛

[①] [美] 格里德：《胡适与中国的文艺复兴》，鲁奇译，南京：江苏人民出版社，1996 年，第 267 页。
[②] 目前对《独立评论》的研究成果主要集中于政治史范畴，其集中研究议题主要有对日态度、民主思想、民族主义、对国共两党的态度，均有相关论文或专著，限于篇幅，不一一赘述。

况:"报纸上的巨幅杂志广告每天刺激着读者的神经,许多的书店里也专开着杂志部,搜集全国重要的定期刊物……爱看杂志的人每天走过书店,更像有要公似的必往杂志部去浏览那像万花镜般陈列着的新刊物,杂志在中国被编辑者、出版者、发展者、读者一致热烈拥护着迅速地发展。"①

在学人论政的因素之外,1930年代政论杂志兴办热潮出现与新闻出版业自身的进步亦不无关系。自近代以来,中国的报纸和期刊缺乏明显的分野。报纸和刊物常被混为一谈,相提并论。例如清末最有实力的《民报》虽名为报纸,实为每月发行。梁启超的《新民丛报》则是每半月刊行一次,而《国粹学报》则是名副其实的月刊。到五四运动时期,在中国思想界发挥影响力仍为刊物,如《新青年》《新潮》《每周评论》等,皆为当时杂志中的翘楚,兼有报纸的风格与特色。但这种报刊不分的现象1926年以后已经发生改变。这一时期报纸和期刊已开始分道扬镳,日报借助电讯和新闻以快捷的传输赢得市场和受众。而杂志则突出其思想性和专门性的特长,报纸与杂志之间开始泾渭分明,"渐相远异"②。

1930年代杂志的崛起,还得益于中国政局的多变与鲜明的南北地域差异。北洋政府时期,中国新闻出版业的中心是北京和上海,两者各有特点与优势。上海是全国经济的枢纽,商业发达,故以商业报刊闻名于世,其"广告收入,岁入百万,营业赖以独立"。加之"去都(指首都)较远"且大量报刊"群聚租界",所以"未受政治之影响",尽管其"政治记载稍逊北京,而经济信息却远为北京所不及"。1926年国民政府定都南京,中国新闻业的格局发生改变。"自国都南迁,政治南来,舆论北去……北京原为近数百年之首府,政治新闻纸发源地,以人才论为全国各地之最,故报馆、通讯社林立",加之报刊"编制素精,销路尚佳"。政治中心的南移,使北京报刊业在言论上摆脱了政治掣肘,因此其舆论更多了些锋芒与"气骨",一时为知识分子所看重。

"九一八事变"后,抗日救亡运动席卷全国,再次推动了知识分子创办报刊的热潮,《独立评论》遂应运而生。据陈之迈回忆,"九一八"后一批对时局主张相似的知识分子常在胡适家中聚会,"讨论国家和世界的形势",逐渐形成了固定的群体。胡适也说:"当时北平城里和清华园的一些朋友常常在我家里或在欧美同学会里聚会,讨论国家和世界的形势,就有人发起要办一个刊物,来说说一般人不肯说或不敢说的老实话。"③蒋廷黻回忆称:"在清华俱乐部举行的一次晚餐,当日出席的有胡适、丁文江、傅斯年、陶孟和、任鸿隽、任夫人陈衡哲、张奚若和吴宪。席间讨论知识分子在国难时期所能尽的责任问题,我提议

---

① 胡道静:《1933年上海的杂志界》,见于宋原放主编《中国出版史料》第一卷(现代下),济南:山东教育出版社,2014年,第350页。
② 章丹枫:《近百年中国报纸之发展及趋势》,上海:开明书局,1942年,第43页。
③ 胡适:《丁文江的传记》,《胡适文集》(7),北京:北京大学出版社,1998年,第501页。

办一个周刊，讨论并提出中国所面对的问题。"① 由此可知，在 1932 年 2—3 月间的一次聚餐会上，蒋廷黻提议创办一个刊物，得到与会学人的赞同。毫无疑问，《独立评论》是国难刺激的结果，是知识分子忧国忧民、为国尽责的产物。有学者指出："自'九一八事变'以来新兴的政论杂志，又很不少。《时代公论》《独立评论》《鞭策》《再生》，以及其他好多周刊，都生气勃勃地起来批评政府，鼓励民心，是国民党执政以来的一个言论热烈的时期。"②《独立评论》创办虽具有一定偶然性，但其背后却是知识分子要求救国与参政的迫切需要。

《独立评论》创办之初，丁文江提议每人每月捐助收入的 5%③，捐款总数不得少于 800 元作为办刊的启动资金，得到了与会学人的同意。1932 年 3 月间，独立评论社正式成立，胡适物色北大文学院研究生黎昔非担任经理人。其经营成员组成和分工如下表。

发行人	黎昔非（北大研究生）
主　编	胡　适（社员）
助　编	丁文江（社员）、蒋廷黻（社员）
会　计	竹垚生（浙江兴业银行北平支行经理）
校　对	黎昔非

1932 年 5 月，《独立评论》对外发行，很快就引起全国杂志界的关注。有人曾指出，当时全国出版杂志近 400 种，但能经严格甄别，颇具水准的刊物却为数甚少，《独立评论》发行后很快以其卓然独立的政论风格和高质量的出版发行在期刊界独树一帜。④

二、《独立评论》的发行特点与成功经营

《独立评论》刊行后，迅速成为"全国用公心讨论政治社会问题的公共刊物"⑤，到 1937 年 7 月终刊前，该刊总共发行 244 期，取得良好的社会效益和经济效益，在该刊存在的五年多时间里，它逐渐形成了作为学人论政杂志所呈现出的内在特质。

1. 发行量大

《独立评论》创刊后，发行量即不断攀升。从《独立评论》封面下方的代办销售处可知，独立评论社采取间接发行方式，即利用全国各地书店、报社或发行所代为销售。这样

---

① 《蒋廷黻回忆录》，长沙：岳麓书社，2003 年，第 144 页。
② 毕树棠：《中国的杂志界》，《独立评论》第 64 号。
③ 《蒋廷黻回忆录》，第 145 页。
④ 赖光临：《中国近代报人与报业》，台北：台湾商务印书馆，1979 年，第 646 页。
⑤ 胡适：《独立评论的四周年》，《独立评论》第 201 号。

既省去了直接发行所需要的巨大资金投入又手续简便，成本低廉。从该刊刊登的代售点来看，《独立评论》在全国有48个寄售处和代订处，遍及山东、辽宁、绥远、贵州、重庆、甘肃、广东、广西等地，业已形成遍及全国的销售网络。

《独立评论》发行后，销量即不断增长。蒋廷黻回忆说，创刊第一期发行了"两千本"，到第二期上升到"三千本"。一年后发行量达到"八千本"，两年之内又升到了"一万五千本"①。胡适在《独立评论》三周年纪念号上，对《独立评论》的发行业绩颇感自豪。他说："关于销路这一层，……我在第一百五十一号曾提到我们有七千个读者，我现在可以说我们有一万三千个读者了。这一年之中销路增加到［了］一倍，其中有好几期都曾再版，这是我们最感觉高兴的。"②作为一本政论刊物能有如此销量，在当时报刊界实不多见。1920年代末，北平很多报刊尚未形成"营业化"规模。据蒋国珍统计，当时北京大张报纸如《益世报》《晨报》《顺天时报》发行量仅数千至一两万份，而其他报纸销量大多维持在1000份上下③。1930年代北京报业销量虽有所增长，但大报如《北平晨报》《世界日报》，每日发行也仅三四千份，小报如《京报》《益世报》，每日只有两千份左右④。值得注意的是，《独立评论》作为一个文人自办的论政刊物，其宗旨"不是以渔利为目的，以趋时为能事的'书店杂志'，所以不重视企业式的组织和经营"⑤。尽管如此，该刊发行量仍能超越北平地区的一些日报，这足以说明读者对它的厚爱与发行的成功。

2. 售价低廉，经营成本低，经济效益良好

《独立评论》不支付作者稿酬，胡适等人为其工作均不拿稿酬和薪水。全社除纸张、油墨和房租等必需支出外，仅黎昔非一人以"发行人"名义而完成所有社务工作，月俸40元，其他一切支出全部精简，这使《独立评论》的经营成本始终维持在较低水平，保证了该刊尽管售价低廉但仍有一定利润空间，比较从容地维持出刊。《独立评论》售价低廉，每期定价洋4分，全年50期，连邮费在内仅1元6角。尽管售价低廉，但因发行量大，很快成为当时经济效益颇为不错的政论刊物。这从社员的捐款不断减少，可以窥知一二。

《独立评论》最初的经费来源为社员的捐款，随着发行量的扩大，不但不需要社员的捐款，还有盈余。蒋廷黻说："半年后已无须继续捐助，可以自力更生了。"胡适也说："后

---

① 《蒋廷黻回忆录》，第145页。
② 胡适：《〈独立评论〉的四周年》，《独立评论》第201号。
③ ［日］伊藤武雄著，蒋国珍译，《民国丛书》编委会编：《中国新闻发达史》，上海：上海书店，1991年，第56页。
④ 王国华：《三十年代初北平的出版业》，《北京出版史志》第4辑，北京：北京出版社，1994年，第65页。
⑤ 邵铭煌：《抗战前北方学人与〈独立评论〉》，台湾政治大学硕士学位论文，1979年，第27页。

来刊物销路增加了",社员的"捐款减到千分之二五",出版两年后捐款"完全停止"。① 据后期负责财务的陈晋祺回忆:"《独立评论》销路日广,银行存款约七八千元。"② 有学者曾考证,20年代末北京大学教授工资最高级别为月俸280元,约合人民币1.2万元③。由此推算当时七八千元的存款约合人民币30多万元,这在当时无疑是一笔巨款。另据陈之迈回忆说:"整个刊物刊行不久,销路便遍及全国,售价收入已足维持,不但社员不必继续捐助,而且略有盈余。"随着经营状况的改善,有人曾提议为刊稿作者支付"稿费",但"大家都不赞成,胡先生反对尤为坚决"④。财务状况的改善,使得该刊不但摆脱了出版时期的窘境,甚至能有所"创收",但尽管如此胡适等人依然保持了一切从简的经营作风,无意扩大经营或增加该刊的经济投入。

3. 鲜明的人文气息与拒绝商业侵蚀

作为一份学人自办的周刊,《独立评论》从创刊伊始,就追求一种"独立"的风格,呈现出鲜明的人文气息。《独立评论》拒绝刊登"应时"文章,始终坚持立言"无所苟"的政论态度。作者来稿一律要求注明真实的姓名,否则不予发表,以示文责自负。该刊明确规定:"不刊登知名之士请托的稿件",所登稿件也一律不给稿酬。胡道静曾指出当时尽管杂志众多,但"纯粹个人办的杂志,经费是很大的问题"⑤,故很多杂志不得不千方百计招揽广告,以维持经营。但《独立评论》为了能够实现言论立场的客观公正,明确拒绝任何社员之外的捐款和赞助,甚至拒绝商业广告的过度侵蚀。综观《独立评论》,看不到烟、酒、药品,甚至日用品的广告。而诸如商务印书馆的《四部丛刊》《北平晨报》《食货》《学风》《正风》《昱华》这些书讯、政论和人文杂志的广告却能经常出现在该刊中。这种对商业广告近乎苛刻的选择态度无疑与其政论杂志的人文气质十分相吻。

4. 深受读者喜爱

《独立评论》读者群体以知识分子为主。在发行初期,由于印数有限,阅读群体多为知识分子。到后期,《独立评论》已经拥有广泛的读者群体,影响日益扩大。在南方,《独立评论》也有一定的知名度。一位南京中央政治学校的学生说在他们的学校,"最普遍的刊物恐怕就是《独立评论》了"。陶希圣也说:"他在江南的一个城市和朋友谈到《独立评论》,那个朋友说道:'这一带很有些人喜欢《独立评论》。'"何兆武在回忆青年时期阅读生活中《独立评论》是其经常阅读的刊物之一。⑥ 蒋廷黻对《独立评论》的读者有过分析,

---

① 胡适:《丁文江的传记》,台北:远流出版公司,1986年,第137页。
② 陈晋祺:《我与〈独立评论〉的关系》,《黎昔非与〈独立评论〉》,第44页。
③ 李劭南:《当代北京理财史话》,北京:当代中国出版社,2010年。
④ 陈之迈:《蒋廷黻的志业与生平》,台北:传记文学出版社,1967年,第25—26页。
⑤ 胡道静:《1933年上海的杂志界》,见于宋原放主编《中国出版史料》第一卷(现代下),济南:山东教育出版社,2014年,第350页。
⑥ 何兆武:《上学记》,北京:生活·读书·新知三联书店,2006年,第55页。

他说:"《独立评论》的读者大部分都是大学生,其次是公务员,再次是开明商人。令我感到意外的是许多青年军官也一直看《独立评论》。"阅读群体的扩大,进一步增加了《独立评论》对于舆论的影响。《独立评论》还比较重视与读者的沟通与互动。在每期的结尾,都有胡适亲自撰写的"编辑后记",成为一个与读者沟通的窗口。有时胡适会介绍作者的身份或文章要旨;有时亦会借题发挥,进一步抒发正文中所未见的个人见解;有时胡适会设置议题,引导读者投稿讨论,这一栏目成为胡适与读者沟通和联系的纽带。

5. 重视稿件的编辑和校对

胡适对《独立评论》的编辑上,着实下了一番功夫。在篇幅上,该刊每期刊登 5—6 篇文章,逢创刊周年或纪念重大事件和人物时,篇幅会增加到 12—18 篇文章。一般前两篇文章为独立社社员来稿,后几篇为社会稿件。在文风上,《独立评论》的文章多以写实风格为主,文字言简意赅,通俗易懂,颇具纪实性。在题材上,以政论文为主,兼有少量杂文、小说、译文、纪实文学、书评等。作为政论周刊,该刊在文章的选题上注重时效性,讨论的问题多是近期国内外政治、外交的重大问题。

胡适曾回忆说:"星期一我向来因独立报事终日不出门也不见客……冬秀甚怪我不应该糟蹋身体,我对她说:'我七天之中,把一天的时间送给《独立评论》不能说是作〔做〕了什么有益的事,但心里总觉得这一天,是我尽了一点公民的义务的一天。所以我每到两三点钟上床时,心里总觉得很好过,若是那一天做了比较满意的文章,心里更快活了'。"① 与此相匹配,《独立评论》的校对主要由"发行人"黎昔非负责,因为他工作认真负责,该刊"印出来是极少有错字的"②,从而保证了刊物的质量,多次得到胡适的褒奖。

三、黎昔非对《独立评论》的贡献与牺牲

《独立评论》之所以能成功发行五年,形成鲜明的风格与特色,这很大程度上得益于其背后的发行人黎昔非的出色工作。黎昔非 1902 年生于广东兴宁,青年时代先后在上海持志大学、中国公学大学部学习。1931 年春,黎昔非考取了北京大学研究院研究生,导师为国学家黄节,并确立以《诗经》为研究方向。此时,适逢胡适任北大文学院院长,两人再一次建立师生关系。在 1931 年 3 月的《胡适日记》中,他曾提及黎昔非,"见客:谢刚主、刘盼遂、黎昔非、徐凌霄、徐一士。下午见邱大年、郑介石、郑毅生(天挺)、严恩栳。黎君欲作《诗经学史》,拟一细目来问我,我为他谈汉儒所以曲说《诗经》的背

---

① 胡适著,曹伯言整理:《胡适日记全编》6,1934 年 5 月 28 日,合肥:安徽教育出版社,2001 年,第 497 页。

② 林钧南:《忆昔非兄与〈独立评论〉》,《黎昔非与〈独立评论〉》,第 63 页。

景。此种曲说都是'合理化'的趋势，不足为怪。"①另据在胡适家中任家庭教师的罗尔纲回忆，当时能够"常到先生府上来的只有昔非和春晗两人"，"因为他们都是先生知道的学生，而且是好学的青年，所以我敢叫他们来"②。"春晗"即吴晗。可见，当时胡适对黎昔非的印象不错，为日后邀请其参与《独立评论》的管理和经营工作埋下了"伏笔"。据黎昔非回忆："一天，胡适突然派人送来一函，要我到他家谈谈。第二天我去了，他说：'我们几个朋友打算办一种杂志，你可否替我帮忙一下，房子已经租好了，你可搬到那里去。'我答应了……"此后黎昔非便成为《独立评论》的专职"经理人"，在其经营之下，《独立评论》发行质量不断提高，最终成为知名刊物。

1. 出色的期刊经理人

晚清报刊发展至民国，已形成了较为完善、成熟的经营模式。大凡近代成功的报刊，虽规模各异，但大体都有良好的团队作为支撑。优秀的编辑加上出色的经理人是报刊良性运作的基础，而各系统部门相互关联、密切配合，则成为各报刊在激烈竞争中立于不败之地的保证。以1920年代的《新闻报》为例，其组织结构大致分为营业部、编辑部、服务部和发行部，在各部门之下还设分部各司其职。③就经营和发行而言，民国时期各个报刊都十分重视经理人的作用，把报刊的经营和发行提升到与编辑同等重要的地位。而报刊的发行更是复杂，为了保证报刊的发行量，"直接订阅者本部[埠]由馆中派人专送，外埠则由邮局寄递，间接定购者本埠由报贩批购，外埠由分馆代派处代发"④。戈公振说"一个大报馆，仿佛是将大学校，银行和印刷三者合而为一"⑤，可见当时维持一个报刊机构的运作是绝非一人之力所能完成的。尽管有些报刊在发行之初会因"无利可图所以规模是愈小愈好"，有时也会出现一人兼任主笔、经理人、访员，负责招揽广告，发行报纸。但是一旦报纸销路渐开，大多会"延揽人才"，"增设设备扩大经营规模"。但《独立评论》作为学人自办的同人杂志显然缺乏扩大市场的商业野心，其发行的五年多时间里，始终只有黎昔非一人身兼经理人、发行人、营业部、服务部于一体，常年独立支撑除编辑之外该社的所有事务，为中国近代报刊史所仅见。

据罗尔纲回忆："那时《独立评论》已出版将两年了。……经理为黎昔非。从《独立评论》出版至抗日战争停刊时止，都是他主持排印、发行工作。我每星期去看他。他都很忙，从来没有功夫去玩。我就坐在他办公室里翻看那些交换来的乱七八糟的刊物。"⑥黎昔非以一人之力完成需要上述几个部门配合才能完成的工作，工作强度之高，可想而知。

---

① 《胡适日记全编》6，第89页。
② 罗尔纲：《致胡适的书简》，"春晗"即吴晗，收录于《黎昔非与〈独立评论〉》，第31页。
③ 戈公振：《中国报学史》，北京：生活·读书·新知三联书店，1955年，第199页。
④ 前揭《中国报学史》，第226页。
⑤ 戈公振：《新闻学》，上海：上海商务印书馆，1942年，第16页。
⑥ 《师门五年记》第137页。

另据其好友和同乡林钧南①回忆："创办初期,只有昔非办公,另有工友老宋。胡适编好后,即派人送给昔非,由昔非送至印刷所。然后经过两次校对,才正式排印出版。……所以,他是总其成的,包括财务、校对、发行等在内。"②黎昔非自己也说:"编辑多由胡适负责。……他们编好送我,我负责付印及校对,复校多由他们。印好后由我负责发行。"他的妻子何昕也回忆道:黎昔非每天都到独立评论社上班,很忙,胡适把稿子编好后,由他送印刷所,排出清样后……校对好后送给胡适,胡适审查同意后再拿回送到印刷所,印好后由黎昔非负责发行,每星期日都要往外送刊物③。从黎昔非在当年日记中的描述可知,他除了"编辑"之外,要身兼多职,为《独立评论》"包办一切"。

实际上,在黎昔非经办《独立评论》的五年里绝非一帆风顺。时局和人事的动荡使得该刊常有停刊的风险。从外部环境而言,日本侵略者觊觎热河,威胁平津,人心惶惶,战争一触即发。而独立社内部撰稿人频繁流动,横生意外。1935年独立社主要成员任鸿隽和陈衡哲离开北平南下四川,1936年另一骨干丁文江考察中意外辞世,而胡适则杂事繁忙分身乏术,几乎无暇关照《独立评论》日常事务。尽管如此,黎昔非依然凭一己之力独撑该刊的经营与发行工作达5年之久,直至抗战全面爆发才最后离开。为此,胡适曾对黎昔非出色的工作予以充分的褒奖。在《独立评论》发行三周年的纪念号里,胡适称赞黎昔非是该刊"忠心的看护妇"。④在该刊四周年特刊中,胡适又再一次称赞黎昔非"勤勤恳恳的管理独立评论的发行,校对,印刷的事务。他们对于这个刊物的爱护和勤劳,常常给我们绝大的精神上的鼓舞"⑤。

2. 贻误学业与收入微薄

1930年黎昔非从上海考入北京大学研究生的目的就是利用这里优越的学术条件,从事学术研究,"在学术上搞出点成绩"。此前,他曾先后在《中国文学季刊》发表《〈采芑〉时代的质疑》和《唐以前的七言诗》两篇论文,在学术界初露头角。1931年他以优异成绩考入北京大学研究院后,即确定以《诗经》为研究方向。但是,《独立评论》杂志繁忙而琐碎的各种事务,却令其分身乏术,无暇从事自身学业。为此黎昔非曾颇为懊悔地说:"本来,我打算只干半年至一年,藉以维持生活,期完成自己的论文便罢了。没想到那种工作这么繁忙,有时候忙得连报纸都要到夜深才得闲来看"⑥,"这种杂志发行工作,最初我

---

① 林钧南:1932年至1937年在北平求学,恰与《独立评论》相始终。作为黎昔非的同乡和同学,两人关系密切,对黎昔非经办《独立评论》的情况深为熟悉。参见《黎昔非与〈独立评论〉》。
② 林钧南:《忆昔非兄与〈独立评论〉——致黎虎书简九通》,《黎昔非与〈独立评论〉》,第58页。
③ 黎虎:《双亲旧事》,《黎昔非与〈独立评论〉》,第671页。胡适所承担的"末校"工作,在《独立评论》后期曾先后得到罗尔纲、章希吕的帮忙,世人常误认此二人为《独立评论》校对,即指此事。
④ 胡适:《又大了一岁》,《独立评论》(三周年特大号)第151号。
⑤ 胡适:《独立评论的四周年》,《独立评论》第201号。
⑥ 黎昔非:《自传》(1951年7月),《黎昔非与〈独立评论〉》,第16页。

以为很简单,每天不用花几小时尽可应付,后来事实证明,它对于我的研究工作是有极大妨碍的。几次欲辞掉不干,终于为生活所关而未果"①。从中可见,《独立评论》的工作让黎昔非承受了巨大的工作和精神压力。一方是热爱的学业,一方则是胡适作为老师的期盼和无人替代的发行部工作。在两难选择中,他曾几度试图离开独立评论社,全副身心投入学术研究中,但终因经不住胡适的劝说和无人接替其工作而作罢。②1937年夏,胡适终于同意他的请辞,他被北京大学研究院聘为助理研究员。但"七七事变"粉碎了刚刚出现的希望,黎昔非因逃难与北京大学中断了联系。期间他将《诗经》研究书稿丢失,最终在战乱中未能如愿进入北京大学从事学术研究。

《独立评论》社务工作繁重,但黎昔非的工资却十分微薄。他的工资是"由胡先生酌定"的,最初为每月"三十多元工资",后因黎昔非结婚生子,工资"增加了十元,每月四十多元"③,仅够维持基本生活。当时胡适在北大文学院担任院长的月俸为600元,尚不算其书稿的版税和稿酬。他聘罗尔纲任家庭教师每月即支付80—100元工资,而后到胡家工作的章希吕每月的收入也有80元工资,相比之下黎昔非的"待遇"可谓低廉。而从当时报刊行业通行的薪酬来看,多数报刊都有经营部,设部长一人,"纯粹为商人性质,须干练,而长于会计,月薪百元左右",经营部之下分设广告、代派、订阅等业务,由专人负责,"属于其下有专司广告者,有专司代派者,有专司订报者,有专司零售者……每人月薪30元"。④黎昔非在《独立评论》虽身兼多职,但其收入并未水涨船高。值得注意的是,《独立评论》在黎昔非的经营之下,发行量不断攀升,创办之初吸收会员捐款已有3900余元,足够维持其日常运转。到第二年会员捐款已"完全停止"⑤。而后期负责独立评论社财务的陈晋祺也回忆"独立评论销路日广,银行存款约七八千元"⑥,可见,《独立评论》在黎昔非的经营下,经营效益良好,该刊应有能力保证经理人有较高的收入,但黎昔非的薪金始终未见提高。他的友人回忆说,"昔非,比较接近的就是胡适……我知道他当时很痛苦,又不敢走,薪水只三四十元,又不够用"⑦。而此时胡适作为《独立评论》的领导者却未能体察黎昔非工作强度和生活上的困难,适当提高薪酬,显示出一种少有的"漠视",显然有失公允。

3.因《独立评论》而命运多舛

"七七事变"爆发后,《独立评论》最终停刊,黎昔非旋即失学失业离开北平逃难广

---

① 黎昔非:《自传》(1958年4月),《黎昔非与〈独立评论〉》,第470页。
② 黎虎:《双亲旧事》,《黎昔非与〈独立评论〉》,第671页。
③ 黎虎:《双亲旧事》,《黎昔非与〈独立评论〉》,第671页。
④ 前揭戈公振:《中国报学史》,第245页。
⑤ 胡适:《丁文江的传记》,台北:远流出版公司,1986年,第137页。
⑥ 陈晋祺:《我与〈独立评论〉的关系》,《黎昔非与〈独立评论〉》,第44页。
⑦ 丁白清:《黎昔非学友二三事》,《黎昔非与〈独立评论〉》,第47—48页。

东。他出走前"独立评论社没有给他钱,他更没有向独立评论社要钱"。① 当黎昔非一家避难至湖南衡阳时,钱粮告罄。幸有罗尔纲的资助,才得以回到广东兴宁。此后黎昔非留在当地当了中学教员。后经闻一多的介绍,到昆明国立中国医药研究所史地部工作,着手《本草纲目之本草产地考释》三卷的写作,但随后此研究所被裁撤,黎昔非再次失业。期间,沈从文曾为其向朋友引荐,推荐工作:"中公同事在此似不多。另有黎昔非兄,适之先生身边做过事,在此失业,不知兄能为寻一工作否?"② 但无果而终。1944年至1945年,走投无路的黎昔非曾先后三次给胡适去信,希望胡适念及师生之情,证明其在北京大学的求学经历,信中说"生之注册等件,已遗在平,此间又无当年熟识师长可代证明。窃念吾师知生最悉,爱生最深,同时亦只有吾师片言可以使他们深信不疑,敬乞,赐示几行,俾持以请发修业证明。此关系于生非常重要……谅必俯允所求吧"③。黎昔非的这一请求,于公而论,其确曾在北京大学研究院攻读研究生学业,受过专业的文史训练,胡适作为学界泰斗,又曾是当时北京大学文学院院长,为其做个证明,实属理所应当,甚至介绍他到一个人尽其才的地方工作乃举手之劳。于私而言,黎昔非与胡适曾有师生关系,黎昔非为《独立评论》刊行做出了巨大的贡献,付出了巨大个人牺牲,并因此贻误学业,胡适如念及此,也理当本着对学生负责的态度对黎昔非有所关照。但不知何故,一向"热心"的胡适却对黎昔非的请求置之不理。最终,黎昔非错过了铨叙部的教师资格审查,未能取得大学教员资格。随后其供职的中医药研究所停办,黎昔非再次失业,彻底失去其跻身高等院校任教的机会。中华人民共和国成立后,黎昔非因与胡适的"关系",及参与《独立评论》工作,在"文化大革命"期间被打成"三家村黑帮""反革命分子",最后含冤辞世,可谓悲兮惨兮!

四、结语

《独立评论》的巨大成功及影响,与黎昔非人生之落寞似乎形成鲜明比照。历史当事人胡适在对《独立评论》回忆中,对黎昔非的存在与贡献三缄其口,讳莫如深,以至于黎昔非长期以来不为人所知。事实上,1930年代《独立评论》处于动荡时局的风口浪尖,拒绝商业侵蚀,坚持严肃的议政风格,售价低廉,同时缺乏拓展市场的目标和野心。这些都不是成功刊物所具有的"征兆",但正是在黎昔非的经营、支撑与付出之下,该刊才将

---

① 黎虎:《双亲旧事》,《黎昔非与〈独立评论〉》,第676页。
② "沈从文致钟恂",中国社会科学院近代史研究所·中华民国史组编:《胡适来往书信选》,北京:中华书局,1980年,第538页。
③ 黎昔非:《致胡适书简七通》,《黎昔非与〈独立评论〉》,第22页。

这些不利的因素转化为成功的动力和市场竞争的优势。黎昔非为《独立评论》做出了巨大的个人牺牲,赢得了读者的信赖与尊重,最终使该刊成为近代中国政论杂志的经典之作。而反观胡适在领导《独立评论》的过程中,并未对黎昔非有所"善待",于私而言,罔顾黎昔非与他的师生情谊和同事旧恩;于公而论,违背了1930年代报刊运作的普遍规范。然是非曲直,历史自有公论。

(原刊于《河北学刊》2015年第3期)

作者简介:齐辉(1978—),黑龙江哈尔滨人,重庆大学新闻学院教授,抗战新闻传播史研究中心主任,博士生导师,国家社科基金项目评审专家、教育部学位中心论文评审专家。北京师范大学中国近代文化史博士毕业历史学博士,主要研究方向为近代传媒与社会、近代传媒文化史、抗战新闻传播史。中国新闻史学会新闻教育史专业委员会及地方新闻史研究委员会理事,先后主持和完成国家社科基金项目,教育部人文社科基金项目、重庆市人文社会科学基金项目,黑龙江省人文社科基金项目多项。先后在《新闻与传播研究》《国际新闻界》《现代传播》《新闻大学》等核心刊物发表论文近50篇,其成果曾获得首届中国新闻传播学国家级学术奖-优秀学术奖、新闻学青年学者优秀成果奖、首届媒介法规与伦理优秀学术成果奖、黑龙江省人文社会科学优秀成果奖。

评耿云志先生的《黎昔非先生与〈独立评论〉》一文

李文才

《安徽史学》2003年第1期发表了著名胡适研究专家、中国社会科学院近代史研究所研究员耿云志先生的《黎昔非先生与〈独立评论〉》[①]（以下简称耿文）。无独有偶，学苑出版社在此之前出版了著名历史学家、北京师范大学教授黎虎先生主编的《黎昔非与〈独立评论〉》一书。通过对照阅读上述文章和著作，我对于以往知之不多的黎昔非先生与《独立评论》的关系有了全面、深入的了解。同时，恕我直言，耿文至少存在三个明显问题：一是偏离文章主题与中心，意在维护胡适；二是以己意曲解、推测史实以为胡适辩解；三是有不符合学术规范之处。是以不能不加以辨析。

一、偏离文章主题与中心，意在维护胡适

耿文的题目是《黎昔非先生与〈独立评论〉》，理应向读者回答黎昔非与《独立评论》究竟是怎样的关系？他在《独立评论》中所做的贡献、所起的作用以及评价如何？为什么这样一位与《独立评论》关系如此密切的人物竟然此前一直不为人知，不仅一般读者不知道，连研究胡适与《独立评论》的专家也不知道？这一系列问题都是文题应有之义。耿文也说："昔非先生在《独立评论》，究竟做些什么工作，他的工作做得怎样？这才是最中心的问题。"但是耿文并没有紧紧围绕文章的这一主题与中心进行论述，而是偏离文章主题与中心，从维护胡适、为胡适辩解的角度进行论述。

耿文反复强调的一点是，关于黎昔非与《独立评论》的关系材料"甚少"，"没有什么具体的记载"，因此他是"生平第一次在没有充分占有材料的情况下勉强作文"，是"巧妇难为无米之炊"云云。言下之意是：过去对于黎昔非与《独立评论》关系一无所知，是因为材料"甚少"的关系。果真是材料"甚少"吗？姑且不论其他，即以耿文所引用的资料中，就有胡适在纪念《独立评论》三周年特大号写的《又大一岁了》和四周年特大号上发

---

① 耿云志：《黎昔非先生与〈独立评论〉》，《安徽史学》2003年第1期，第78—83页。

表的《独立评论的四周年》两文,对于黎昔非工作的详细而具体的表彰,以及黎昔非本人当年在办理《独立评论》期间致胡适的信函,等等。这些都是当事人在当时所写的文字,都是最为"直接的""具体的"记载。这些材料对于黎昔非在独立评论社"究竟做些什么工作,他的工作做得怎样?"都讲得详细而具体,其内涵是相当丰富的,它至少说明:(1)黎昔非从《独立评论》创办伊始就进入独立评论社,在社中负责"专管发行所的事务",胡适将这里的工作完全交给黎昔非去负责,"全是黎昔非先生一个人支持",由于黎昔非的"有为",因而使胡适对这里的工作可以实行"无为政治"。(2)黎昔非的具体工作任务是"发行,校对,杂务","发行,校对,印刷的事务"等。其中发行工作的具体情况,仅每星期日发行报纸一项就需完成"卷报,装封,打包,对住址"等事务。其工作量之大,以致"他一个人忙不过来"时,还需要"他的许多青年朋友赶来尽义务"帮忙才能完成。(3)胡适对他工作的评价是,"终年勤勤恳恳的管理"这个刊物,其"对于这个刊物的爱护和勤劳,常常给我们绝大的精神上的鼓舞"。因而被誉为《独立评论》"忠心的看护妇"。除此之外还有其他材料印证、丰富了胡适的上述说法。耿文引用黎昔非1958年《自传》所述:"我负责付印及校对,复校多由他们。印好后由我负责发行。"这段材料说明其工作内容主要是"付印""校对""发行"三项,这与上述胡适两篇文章中所说工作内容完全吻合。上述三项工作之一的发行工作情况更有十分具体的资料,除了胡适上述两文谈到的之外,还有耿文所全文引用的黎昔非在办理《独立评论》期间给胡适的一封信,信中谈到胡适派人将《独立评论》第6期35册交给黎昔非;黎昔非从社中搜集所存第1、4、7、8期若干册送给胡适;黎昔非拟写信向各代派处收回2、3、4期各一些;向胡适汇报购买并四处选择更为价廉物美的寄报封袋的情况;按照胡适所拟名单寄赠刊物;等等,均属于发行工作方面的极其生动具体的资料,而且是当事人、在当时所写的最原始的记录。

既然材料"甚少",那么就应珍惜这些材料而将其运用于文章的主题与中心。但是耿文并没有很好地将这些重要材料用于"最中心的问题"上面,上述胡适在《独立评论》三、四周年总结时所写的材料,是关于黎昔非工作情况的最权威、最直接、最具体的资料,耿文虽然也引用了,但主要是从胡适"不忘感谢昔非先生悉心经营的劳苦"的角度来运用这些材料,而不是将其主要用以分析黎昔非在独立评论社中"究竟做些什么工作,他的工作做得怎样?"上述黎昔非致胡适的信,本来是其所担负发行工作方面情况很具体的一份原始资料,耿文却不是主要从这方面进行论述,而是主要从胡适朋友多,经常有人向胡适索取《独立评论》,"遇到这种情况,他只有请昔非先生帮忙办理"的角度来论述,使人感到这不是黎昔非与《独立评论》的工作关系,而仅仅是对胡适的"帮忙"。总之,耿文运用材料均主要是从胡适的角度而不是从黎昔非的角度来论述的。

不仅如此,还有一些直接的、具体的反映"昔非先生在《独立评论》,究竟做些什么工作,他的工作做得怎样?"的材料却未加利用。据《黎昔非与〈独立评论〉》一书,我们知道黎昔非在办理《独立评论》期间致胡适的信函不止一封，现在尚有三封留存[①]，但耿文只引用了其中的一封，还有一封也是反映黎昔非在《独立评论》工作情况的"直接的""具体的"材料却没有引用。那封信写道：

> 适之先生：
>
> 丁先生的原稿，那天因排字工人不在，没取回。当时即嘱印刷所的杨君保留，如要用，明早取回送上。
>
> 即问
>
> 晚安。
>
> 学生
昔非呈覆
>
> 杨本贤广告部的价目，附。

这封信不正是反映了胡适所讲黎昔非负责的工作之一"印刷的事务"，黎昔非本人所讲"付印"方面的工作情形吗？这不是"直接的""具体的"第一手资料吗？而且这封信里还出现了两个人物，一是为《独立评论》撰稿的丁先生，查《独立评论》全部作者姓氏，《独立评论》负责人之一丁文江在该刊发表过69篇文章，此外就只有其兄弟丁文治有3篇文章、丁文涛有1篇，那么这位丁先生很可能就是丁文江了；后面一位杨本贤则涉及《独立评论》刊登广告的社务问题，也是黎昔非工作的任务之一。而且从现存黎昔非在办理《独立评论》期间的三封信所署时间，一为早晨，一为晚间，一为"即时"，可见他是全天候待命，这不正是黎昔非自传中所说"没想到那种工作这么繁忙，有时忙到连报纸都要到深夜才得闲来看"的旁证吗？

耿文说黎昔非1934—1937年的日记"竟完全没有记载他在《独立评论》社工作的事"。这也和事实明显不相符合。从《黎昔非与〈独立评论〉》所载黎昔非这份日记，我们可以知道，这是专门记载其子从出生到"七七事变"离开北平之前的儿童专题日记，并非工作日记，所以记载黎昔非在《独立评论》工作的情况较少并不足为奇，但是在这些日记中也并非"完全没有"记载。通检这部日记，共有5处涉及独立评论社（1934年12月23日两处，1934年12月24日、1935年5月13日和7月10日各一处），其中1934年12月23日记载黎昔非送其夫人入住协和医院一事时，有这么一段叙述：

> 那管理收费的说是姓余，当我说我是在那里做事时，他似乎有点惊奇。有顷，他说："我是很高看《独立评论》的。"

[①] 黎昔非：《致胡适书简七通》，《黎昔非与〈独立评论〉》，第14—19页。

"你在那里做什么？"

这，天呀！我说什么好？被他问得没法，我含乎（糊）其辞（词）：

"包办一切，除编辑。"

于是那家伙毫不迟疑的赐给我一个"总管"的头衔。①

这段日记记载的不正是"他在《独立评论》社工作的事"吗？而且"包办一切，除编辑""总管"这些言简意赅的记述，与前面那些材料所反映的黎昔非在《独立评论》的工作情形不也正完全吻合吗？

此外，从《独立评论》所刊载的寄售及代定处可以知道，《独立评论》从创刊时仅有北平、天津、上海等几个大城市几个点，到后来迅速增加，已经发展到118个点，遍布全国各地，东至沿海，西至兰州，南至琼州，西北至绥远、宁夏，西南至昆明，除了主要大中城市之外，还有一些小城镇，如平凉、南阳、仪真、平西等，黎昔非家乡的梅县、兴宁等地也都有了不止一个寄售点。所有这些，不都从一个方面反映了作为经理人的黎昔非所掌管的发行工作方面的具体情况吗？

作为一名博士生导师，耿文作者不会不知道文章应当围绕主题和中心进行论述，那么何以会发生这种偏离文章的主题与中心的做法呢？窃意其中根本原因，即在于作者并没有打算认真回答文题应有之义，而是通过此文尽量为胡适辩解、开脱，尽力减少黎昔非问题对于胡适所可能产生的"副作用"。真可谓醉翁之意不在酒。通过下面一个问题的论述，人们将对这方面的问题看得更为清楚。

二、以己意曲解、推测史实，以为胡适辩解

耿文对于一些史料和历史事实的解释和推测，也颇有值得商榷之处。

耿文在叙述黎昔非进入《独立评论》工作的问题后，有一段议论，说："我写这一段文字的意思是想说明，昔非先生当年进入《独立评论》社，并不是胡适先生以师道之尊，勉强他的学生做出牺牲，而完全不考虑学生个人的志愿。据我二十几年来对胡适的研究，我觉得胡适是个非常通情达理的人，他决不会强人所难，勉强别人做他本人不愿做的事，做他不愿做出的牺牲。事实上，当昔非先生表示希望有机会重做研究工作时，胡适即为他介绍和推荐做北大助理研究员的工作。"在这里我们不拟与耿文讨论胡适是否存在"勉强别人"的问题，因为这是要由广大读者根据事实去做出自己的判断和结论的。我们这里需要讨论的是耿文是如何解释史料和推测史事以证明自己的论断的。耿文说"并不是胡适先

---

① 黎昔非：《日记》（1934年12月23日—1937年4月18日），《黎昔非与〈独立评论〉》，第526页。

生以师道之尊,勉强他的学生做出牺牲,而完全不考虑学生个人的志愿",耿文所得出的这个判断,有什么材料根据呢?没有。他唯一的"根据"就是:"据我二十几年来对胡适的研究,我觉得胡适是个非常通情达理的人,他决不会强人所难,勉强别人做他本人不愿做的事,做他不愿做出的牺牲。"显然,耿文主要是根据作者自己的"研究"和"觉得"来证明其论断的。如果这个逻辑和论证方法成立,那么,对于所有的历史问题,我们就按照"权威"的已有"研究"和感觉而不能也不必再认识、再研究了,任何新资料、新认识也必须就范于成说和已有的框架之内了。

与此同时,对于一些起码有助于探讨胡适是否"强人所难,勉强别人做他本人不愿做的事,做他不愿做出的牺牲"的文献资料,耿文却采取视而不见的做法,坚决予以回避。如,他在文中所引黎昔非1951年、1958年所写两份《自传》中的内容是这样的:"本来,我打算只干他半年一年,藉以维持生活,期完成自己的论文便罢了。没想到那种工作这么繁忙,有时忙到连报纸都要到深夜才得闲来看。也没想到一再推辞,直到北京沦陷前夕,都还没有和它完全断绝了关系……再三推却,都以不易找到相当接替的人而被留住了!"①(1951年《自传》)"这种杂志发行工作,最初我以为很简单,每天不用花几小时尽可对付。后来事实证明,它对于我的研究工作是有极大的妨碍的。几次欲辞掉不干,终于为生活所关而未果。"②(1958年《自传》)从耿文所引这两段文字可以知道:黎昔非最初答应胡适的请求进入独立评论社可以说是自愿的,因为他估计这个工作可能花不了多少时间,而可以借此工作维持生活,以便完成自己在北大研究院的学业;然而,当黎昔非进入《独立评论》主持工作以后,却发现实际情况与其主观设想相去甚远,已然对他的学业和研究工作"妨碍极大",于是他便"一再推辞""再三推却""几次欲辞掉不干",然而都没有成功。对于这些史料,耿文只见前者而刻意回避后者。黎昔非何以再三推辞都不成?我们从黎昔非的《自传》中,可以了解到至少有两方面原因,一是"都以不易找到相当接替的人而被留住了",二是"终于为生活所关而未果"。耿文虽然也说了"可能是两种原因都存在"的话,但结论却是:"并不是胡适先生以师道之尊,勉强他的学生做出牺牲,而完全不考虑学生个人的志愿。"紧接着,耿文进一步从黎昔非方面去寻找原因,说:"从昔非先生方面说,我们也没有根据认为他是完全没有主见,处处舍己从人,轻易放弃自己明确选定的目标的人。"但是耿文并没有回答为什么黎昔非的"主见"和"明确选定的目标"一直难以实现呢?耿文也不是完全不以"事实"来证明自己的观点的,他接着说:"事实上,当昔非先生表示希望有机会重做研究工作时,胡适即为他介绍和推荐做北大助理研究员的工作。"("当""即"两字下面的着重号是笔者所加)这就是说,当黎昔非提出辞职的请求时,胡适立即就答应了他的请求而给他介绍工作。这个所谓"事实"果真符合事实吗?从

---

① 黎昔非:《自传》(1951年7月),《黎昔非与〈独立评论〉》,第444页。
② 黎昔非:《自传》(1951年4月),《黎昔非与〈独立评论〉》,第470页。

耿文所引黎昔非的两份《自传》材料中，人们能够做出这样的解释吗？材料中反复说明的"一再"推辞都没有被答应又该作如何的解释呢？

事实上，关于这个问题，除耿文所已引用之外，在1958年的《自传》中，当写完"终于为生活所关而未果"的一段之后，还有耿文所没有引用的一段写道："关于'独立评论'发行的工作，我曾几次拟辞而未果。到了1937年春，我即向胡适表示暑期以后决不再干了。"然后"等到暑期将近时"，胡适才批准黎昔非的辞职请求而介绍北大的工作的①。从这段材料我们可以知道，在1937年春之前，黎昔非已经"几次"提出辞职而"未果"，于是才有了1937年春"向胡适表示暑期以后决不再干了"的"最后通牒"式的谈话。以胡适当时之尊，以黎昔非为人之谨慎及其所处胡适学生地位，他胆敢说出这样的话来，恐怕实在是迫于无奈的了。1937年春天的这次谈话最终起了作用，于是过了半年才有了胡适推荐他到北大研究院的事情的发生。显然，从黎昔非提出辞职，到胡适终于为他介绍和推荐工作，是经历了几年的时间的，而不是"当即"就实现的。关于这方面的情况，还有一条耿文所没有引用的重要材料，那就是黎昔非的同乡、密友、大学同学，1932年下半年至1933年上半年在北平与黎昔非合作创办《昙华》文艺半月刊的丁白清，1958年给组织上写的证明材料。他在讲到黎昔非在《独立评论》的工作时写道："我知道他当时很痛苦，又不敢走，薪水只三四十元，又不够用，我建议他：叫胡适介绍中学教员，教书兼职，他始终都不愿这样做。"②这里的"当时"，是指1932年下半年至1933年上半年之间，表明黎昔非的"痛苦"早在1932—1933年之际就已经存在了，不知耿文对此又将做何解释？

耿文在谈到黎昔非在《独立评论》所担负的工作任务时，说："由于章希吕住在胡适家中，又担任复校，胡适自然印象深刻。所以在20多年后，他写《丁文江的传记》中有关《独立评论》这一章时，提及《独立评论》校对的事，他只提及章希吕一人，而未及昔非先生。这显然是记忆上的错误，不足深怪。"按照耿文的逻辑，胡适对章希吕印象深刻，对黎昔非印象不深刻，因而只记住了章希吕，而忘记了黎昔非，属于"记忆上的错误"，而且这是"显然"的，其口气是不容置疑的。胡适的记忆力究竟如何，不仅对胡适"研究了二十几年"的耿先生清楚，恐怕连一般对胡适有点常识的人都应该清楚。这样赤裸裸为尊者讳的态度实在令人震惊。胡适写《丁文江的传记》也不是"在20多年后"，而是在《独立评论》停刊后18年，于1955—1956年间写的，1956年刊于《"中央研究院"院刊》第三辑，1960年6月台湾启明书局出版时作者又作了《校勘后记》。从此书写作历时数年又不断修改、校勘来看，可知作者对于此书是相当重视的。书中有一章专谈办理《独立评论》事，其中写道："当时排字工价不贵，纸价不贵，校对是我家中住的朋友章希吕先生负责，所以开销很省。最大的节省是我们写文字的人……都不取稿费……所以我叫这个时

---

① 黎昔非：《自传》（1958年4月30日），《黎昔非与〈独立评论〉》，第470页。
② 丁白清：《黎昔非学友二三事》，《黎昔非与〈独立评论〉》，第49—51页。

代作'小册子的新闻事业的黄金时代'。"这里提到了写稿、校对、排印乃至工价、纸价、稿费、开销等,唯独"忘记了"黎昔非,不仅"忘记了"黎昔非负责"校对"的事情,而且"忘记了"任何一份刊物都少不了的"发行"工作,"忘记了"《独立评论》还有一个专门总管全部社务工作的"发行部"。黎昔非在独立评论社的工作不仅仅是"校对",而是负责发行部中的所有事务,包括校对、发行、付印及各项杂务,这些胡适也全部"忘记了"。胡适当年曾经告诫人们"不要忘记了这个孩子还有一位忠心的看护妇"黎昔非,在胡适"忘记了"黎昔非的同时,他当年办理《独立评论》的合作者蒋廷黻倒还记得他的忠告而没有"忘记了"黎昔非,他在回忆《独立评论》时还记得:"终《独立评论》时期,社中祇[只]用了一个小职员,负责发行,月薪60元。"①胡适与黎昔非不仅有办理《独立评论》的工作关系,而且还有从1929年就开始的长期的师生关系,而黎昔非与蒋廷黻只有办理《独立评论》期间的关系,而且办理《独立评论》期间黎昔非主要是与胡适而不是与蒋廷黻打交道,胡适与黎昔非关系的密切程度远远超过蒋廷黻,蒋廷黻怎么反倒比胡适对黎昔非更加"印象深刻"而记得此事?耿文说,他"这样平心论人,据事推理,可以避免或减少片面性"。这个话无疑是正确的,不过对于"英雄、豪杰"和"小职员"都应当采取这种态度,并且重要的不在于"言"而在于"行"。

在谈及黎昔非于"七七事变"后从北平逃难回家一事时,耿文说:"在为《独立评论》工作的几年,每月四十几块钱的工资显然不多。逃难中免不了会有一些额外的花销。以常情论,《独立评论》社是有责任为他做一些安排的。但胡适先生等当时都不在北平,一切善后事只有江冬秀夫人独力支撑。以昔非先生之狷介性情,平时除了公事,大约是很少到胡适府上去的,因此可能同师母冬秀夫人不大熟……家中用人走时,冬秀共送他们140元。替章希吕等买好船票,并各送100元,送罗尔纲夫妇150元,送吴晗100元,又送思杜的家庭教师50元。这中间唯没有提及昔非先生,很令人不解。我们猜想只有一种可能,那就是,昔非先生始终未找过师母,而上述其他人都曾找过。若果如此,这最可看出昔非先生的狷介和内向的性格。"耿文对此一方面是在没有提出资料根据的情况下进行"猜想",诸如黎昔非与江冬秀不大熟、始终未找过江冬秀云云;另一方面是把这一切都归咎于黎昔非,只从黎昔非身上去找原因,诸如性格狷介、内向等。为什么上述各色人都从江冬秀那里得到馈赠,唯独黎昔非没有得到,是需要进一步探究的问题,而不能凭"猜想"做结论。至于说黎昔非与江冬秀"不大熟"则似乎与事实不符,黎昔非夫妇结婚时是胡适当的证婚人,据黎昔非夫人对其子的回忆,婚礼之后,他们曾"一起去胡适家拜见胡适和江冬秀夫人。以后江冬秀夫人常常来家看我们,她还来看过你姥姥,你哥哥出生后,她也

---

① 《蒋廷黻回忆录》,台北:传记出版社,1979年,第140页。

到咱家来看过，满月时还在一起吃饭"①。此外，黎昔非在处理独立评论社财务方面的事情时有时也可能需要与江冬秀打交道②。江冬秀与黎昔非的夫人都熟识，而他本人作为《独立评论》经理人五年之久，竟然与江冬秀"不大熟"，这合乎情理吗？这只能说明耿文作者对这个问题的判断，纯粹出于臆想。

耿文在分析黎昔非《自传》中所说"复校多由他们"这句话时，说："不过复校的工作不是胡适自己做，而是由当时住在胡适家中，实际做胡适的助手的章希吕先生来做。"这个说法也是有问题的。根据章希吕本人的日记，"在《独立评论》存在的五年中，他住在胡适家的时间大致是1933年11月至1934年9月，1935年5月至1936年12月、1937年6月至1937年8月。加起来总共才两年半时间"③。罗尔纲也根据《章希吕日记》指出：在1933年11月至1934年9月这个时段中，章希吕"是亚东图书馆的职员，做亚东图书馆的工作"，他到北平"是亚东图书馆汪原放派他去的，其目的是催促胡适编《胡适文存第四集》，取书稿回上海。并非胡适请他来主持排印、发行《独立评论》的"。1935年5月来胡适家以后，据《章希吕日记》的《说明》，是"给胡适帮办书稿抄写整理等项工作"，做"《独立评论》末校"④。由此可知，章希吕是在《独立评论》创刊一年半之后的1933年11月才住在胡适家中的，而他参与《独立评论》的末校则是在1935年5月第二次来到胡适家之后才开始的。那么，他有可能参与末校的时间总计不会超过23个月（1935年5月至1936年12月、1937年6月至1937年8月）。《独立评论》是从1932年5月创刊，到1937年7月停刊的，历时五年又两个月。在这五年多中，章希吕有可能参与末校的时间总计不足二年，我们怎么能够笼统地说"复校"是"由当时住在胡适家中，实际做胡适的助手的章希吕先生来做"的呢？章希吕不住在胡适家的三年多时间里是谁来做"复校"的呢？当然，除了章希吕做过复校之外，还有罗尔纲也做过复校，不过他做的时间比章希吕就更短了⑤。那么，章、罗二人都不在北平或另有其他工作时，是谁负责"复校"呢？难道还有别的人帮助他做吗？"复校的工作不是胡适自己做"的说法确切吗？很显然，这又是耿文作者的自我作古之语。因为耿先生这段话不仅是与事实不符，而且同时也暴露了他对于《独立评论》运作流程是不清楚的。

此外，胡适在《独立评论》三周年纪念时所写《又大一岁了》一文中说：每星期天黎昔非忙不过来时"总有他的许多青年朋友赶来尽义务"帮助他寄报，这里明明是说黎昔非

---

① 黎虎：《双亲旧事》，《黎昔非与〈独立评论〉》，第670—671页。胡适为黎昔非夫妇证婚人事，又见该书第135页罗尔纲的回忆和第56页林钧南的回忆。
② 林钧南：《忆昔非兄与〈独立评论〉——致黎虎书简九通》，《黎昔非与〈独立评论〉》，第70—71页。
③ 张太原：《〈独立评论〉经理其人其事》，《黎昔非与〈独立评论〉》，第88—127页。
④ 罗尔纲：《读〈闲话胡适〉》，《社会科学战线》1993年第6期，第175—181页。
⑤ 张太原：《〈独立评论〉经理其人其事》，《黎昔非与〈独立评论〉》，第88—127页。

的许多青年朋友,具体来说就是黎昔非夫人所说:"每星期日都要往外送刊物,不少兴宁(黎昔非籍贯)籍大学生也来帮忙送。"① 然而,到了耿文那里,胡适这句话变成了:"有昔非先生的朋友,对《独立评论》或对胡适特别有感情的青年学生自动跑来帮忙。"这难道是胡适这句话的原意吗?耿文说,"昔非先生接受胡适之邀,做《独立评论》的经理人时,他正在北大研究院注册做研究生",也不确切。根据黎昔非的《自传》,他早在1931年3月就已经在北大研究院"注册做研究生"了,到1932年4月胡适邀他做《独立评论》经理人时已经是研究生二年级了,因而把耿文在"提要"中所说黎昔非"原是中国公学的学生"改为"原是北大研究院二年级研究生"就比较确切了。

通过以上分析可见,耿文对于相关文献材料的种种曲解和推测都围绕着一个中心,即:尽力为胡适辩解、开脱。基于这个中心目的,耿文在相关事情发生的时间上或尽量缩短,或尽量延长;在黎昔非的学历上则尽量降低;黎昔非由于工作负担过重,不得不动员自己的同学同乡来帮忙,也被塞进了"对《独立评论》或对胡适特别有感情的青年学生"的"私货";一切问题均从黎昔非身上找原因,实在从黎昔非身上不好找,则从不可抗拒的原因,如"记忆上的错误"、胡适"当时不在北平"之类去寻找。在史料实在无法提供些微的支持时,耿文则拿出自己学术"权威"架势或胡适的"圣人"地位以镇之。耿文明确告诫学人,写文章不是为了"邀宠",不是为了"媚俗",不知他在这里说这些话究竟出于何意?不过,人们都知道的一点是:这些年来为了所谓发展地方的经济、旅游而利用当地名人的现象甚嚣尘上,而一些学术界人士不惜曲意顺应、逢迎这一潮流,成为地方政府或企业家的座上宾,因而削弱了学术研究的客观、公正,正是当前学术领域中"邀宠""媚俗"的表现之一。

三、学术规范问题相当突出

撇开耿文对史料的随意剪裁不论,即以学术规范而论,耿文也存在不少问题,甚至可谓问题突出。

耿文全文引用了胡适在《独立评论》创刊三、四周年纪念特大号上发表的两篇文章中对黎昔非工作的表彰文字,这是两条说明黎昔非与《独立评论》关系以及他在《独立评论》究竟承担什么具体任务、究竟做得如何的极其重要的"直接的""具体的记载"。而这两条材料是迄今为止学术界从未引用过的资料,因而过去学术界根本不知道在《独立评论》后面还有黎昔非这么一位"忠心的看护妇",甚至将黎昔非所做的事情都张冠李戴到别人身上去了。据《黎昔非与〈独立评论〉》一书,我们知道这两条材料是"北京师范大

---

① 黎虎:《双亲旧事》,《黎昔非与〈独立评论〉》,第671页。

学历史系张太原博士发现的"①。耿文引用了这两段记载，那么，他是在张太原博士之前就已发现了这两条材料呢？还是通过其他渠道，例如从"黎虎教授所寄的一包材料"中得到的呢？耿文说他为了写这篇文章曾"翻阅了《独立评论》的每一篇《编后记》"，在文前的"提要"中也说："胡适先生当年对黎昔非的工作非常满意，不止一次地在《独立评论》的《编后记》中对他表示感谢之忱。"但是胡适那两篇含有表彰黎昔非内容的文章不是在《编后记》中，而均是在该刊的首篇、带有社论性质的文章中。翻阅《编后记》多少遍也是找不到这两篇文章的，而《独立评论》的《编后记》中也根本没有"不止一次地"对黎昔非"表示感谢之忱"，那么，耿文作者是自己查找到的还是从别的渠道得到这两条材料的，似乎应当有所说明。遗憾的是，耿文对此三缄其口，只字不言。

耿文全文引用了黎昔非在办理《独立评论》期间给胡适的一封信，这也是关于黎昔非与《独立评论》关系的"直接的""具体的记载"。但是耿文也没有注明这个材料的出处和来源。查《黎昔非与〈独立评论〉》一书，关于黎昔非致胡适信件的情况是这样的："黎昔非先生致胡适书简现已发现7通，原件藏于中国近代史研究所。其中有3通（1944—1945年）已刊于耿云志主编《胡适遗稿及秘藏书信》第39册。另有4通未刊，本书所著录都是据原件拍摄的。"②由此可知包括耿文所引用的这封黎昔非致胡适信在内的四封信是耿云志主编《胡适遗稿及秘藏书信》未曾收录的，是未曾刊布的"秘藏书信"，而是《黎昔非与〈独立评论〉》主编黎虎"于2001年12月在中国近代史研究所资料室查找到并拍照的"③。显然，黎昔非在办理《独立评论》期间致胡适的信是过去学术界从未运用过的新资料。引用资料应当注明出处，尤其是在引用学术界未运用过的新资料时更应当比较详细注明其出处、来源，这是作为学术规范的起码要求。而耿文在引用自己主编的《胡适遗稿及秘藏书信》中的资料时均不忘——加以注明，何以在引用学术界从未运用过的新资料时却只字不提其出处和来源呢？而且如果耿文作者对自己要求更严格一些，似还应当说明一下为什么自己在编辑《胡适遗稿及秘藏书信》时只收录了黎昔非1944—1945年致胡适的信件，而没有收录黎昔非在办理《独立评论》期间的那些致胡适信件呢？

耿文竭力维护胡适，实则也是为了维护自己。他一再强调资料"甚少""无米之炊"，是为了解释何以过去对此一无所知的问题；他曲解、推测史料，是为了维护他原来心目中的胡适；而当发现新材料之后，他不说明材料来源和出处，则是为了继续在广大读者面前保持其胡适研究权威的架势。

最后，顺便提一下，耿文在文章末尾说："或许有人认为，若昔非先生不为《独立评论》社做经理，而是做研究工作，也可与罗尔纲、吴晗一样成为有名于时的专家学者。我

---

① 黎虎：《前言》，《黎昔非与〈独立评论〉》，第6页。
② 黎昔非：《致胡适书简七通》，《黎昔非与〈独立评论〉》，第11页。
③ 黎虎：《前言》，《黎昔非与〈独立评论〉》，第6页。

认为这样想法是不必要的。我们评论一个人，总是看他做过什么，做得怎么样，而不是看他没有做过什么。"这只是问题的一方面，还有更重要的另一方面是：他为什么"做过什么"，而"没有做过什么"？耿文告诫人们："到了今天这个时代，最好能用平常人的心态，平常人的价值观去评判事物，而不必以功名、富贵、英雄、豪杰的尺度去评判事物。"如果耿文能以这样的"平常人的心态"来评判黎昔非与胡适，正是读者所期待的，然而令人失望的是耿文恰恰没有用他所提出的标准来进行评判，他是在仰视心目中的"英雄豪杰"胡适的同时而俯睨黎昔非的，贯穿全文的上述诸多问题的根源恰恰在于他在评判黎昔非与胡适关系时并没有表现出这种"平常人的心态"。

耿文还以一位美国将军和他的随从丁龙来比拟胡适与黎昔非的关系，这显然也是画虎不成反类犬的拙劣比喻，很是不伦不类。不仅黎昔非与丁龙不能比拟，他不是胡适的奴仆——替他"办各种杂事的随从"，而是一位已经迈入学术殿堂的青年学者！胡适也与这位美国将军不能比拟，这位美国将军在丁龙死后还一直念念不忘他的恩情，做了种种努力来报答他，使他"不朽于人世"，而黎昔非的遭遇如何呢？且不说办理《独立评论》对黎昔非个人前途和学术研究方面究竟造成了什么影响，只就下面一个问题而言，也颇为令人纳闷：在黎昔非参加《独立评论》工作之前的1931年胡适在其日记中曾经两次记载了黎昔非事[1]，而在1932年参加《独立评论》工作之后，除了在《独立评论》创刊三、四周年时还不曾"忘记了这个孩子还有一位忠心的看护妇"之外，黎昔非的名字便从胡适的一切文字中消失了，不仅1932年之后的日记中没有留下一个字，就连专门回忆或谈及《独立评论》的文字中也不置一词，而且1944—1945年黎昔非给胡适写了三封信也如石沉大海、杳如黄鹤[2]，以致尽管《独立评论》创办距今已经有70年之久，但是在《独立评论》后面还有黎昔非这样一位"忠心的看护妇"，不仅一般人不知道，就连专门研究胡适和《独立评论》的学者也都无从知晓了。如果没有今天一些学者将这个历史内幕揭示出来，则黎昔非谈何"得到很高的荣誉"而"永远不会被人们忘记"？！

（原刊于《史学月刊》2004年第5期，后收入作者所著《史海探赜——文献考索视阈下的中国史研究》，南京：江苏人民出版社，2017年）

附录一

本文完成于2003年，并于当年7、8月间投寄《安徽史学》，当时主要考虑到耿云志先生的文章也是发表在该刊物。最终，《安徽史学》编辑部没有采用本稿，这才又改投

---

[1] 胡适：《胡适的日记》（二则），《黎昔非与〈独立评论〉》，第9—10页。
[2] 黎虎：《前言》，《黎昔非与〈独立评论〉》，第25页。

《史学月刊》。对于《安徽史学》退稿的决定，笔者并未感到多少意外，因为每个刊物都有权利决定稿件的采用与否。然而，《安徽史学》编辑部对不采用拙稿的理由却不免牵强，当时接到审稿意见后，我心中有所不忿，也是当时年轻气盛，就给编辑部写了一封回信，对他们的退稿理由提出了质疑。为使读者全面了解本文发表的前后始末及其遭遇，兹将编辑部的退稿信及本人当时的回复信，附录于篇末。

①《安徽史学》编辑部的来信：

李先生：

您好！

大作已经收到。编辑部仔细拜读了大作，感到存在一些问题，如第一部分似不应成为"问题"，说资料较少，也没有什么不可。再如，大作说耿先生使用资料存在欠缺，而大作利用的资料，也仅为那一本书，似相矛盾。为此，编辑部认为大作尚不能安排。请您理解。

谨祝

教安！

《安徽史学》编辑部
2003.9.12

②李文才回复《安徽史学》编辑部的信：

《安徽史学》编辑部：

9月12日来信收到。贵刊决定不用拙文，这是贵刊的权力，我无话可说。但是贵刊决定不用拙文的两点理由，实在滑稽可笑。来信说："大作说耿先生使用资料存在欠缺，而大作利用的资料，也仅为那一本书，似相矛盾。"不知这"欠缺"二字是什么意思？对应后面说拙文所用"仅为那一本书"来看，显然这里"欠缺"是说所用资料少的意思。那么这就完全歪曲了拙文的本意了，拙文指出耿文在运用资料方面的主要问题，一是以己意歪曲、篡改史实，二是引用他人发现的新资料不加说明，学术道德上存在问题。如果你们所说的"欠缺"也含有这个意思，那么这是将两个不可比的问题硬扯在一起了，前者是属于学术道德品质的问题，至于后面说拙文仅用了一本书，则属于个人才疏学浅的问题，这是两个性质完全不同的问题。逻辑的混乱源于思想的扭曲。再说本人虽然不及某些"权威大人"那么学富五车，但也不至于疏陋到一篇文章仅仅用了"一本书"的地步。现将耿文与拙文所引用的书刊和文章对比如下：

耿文	拙文
1.《独立评论》	1.《独立评论》

2. 胡适文《又大一岁了》《独立评论的四周年》	2. 胡适文《又大一岁了》《独立评论的四周年》
3. 胡适《丁文江的传记》	3. 胡适《丁文江的传记》
4. 黎昔非《自传》两件	4. 黎昔非《自传》两件
5. 黎昔非致胡适信（11日早）	5. 黎昔非致胡适信（11日早）

————————以上为两文均引用的————————

1. 吴晗1932年4月24日信	1. 黎昔非致胡适另一信
2. 黎虎《先父黎昔非与独立评论》	2. 黎昔非1934年12月23日日记
3. 胡适1934年5月30日日记	3.《蒋廷黻回忆录》
4. 江冬秀1937年9月28日信	4. 黎虎主编《黎昔非与〈独立评论〉》
	5. 罗尔纲《读〈闲话胡适〉》
	6. 丁白清所写证明材料
	7. 张太原《〈独立评论〉经理其人其事》
	8. 胡适1931年日记

————————以上为两文所引不同的————————

还需要指出的是：耿文所引资料除了胡适1934年5月30日日记为《黎昔非与〈独立评论〉》"那一本书"没有之外，其余全部见于"那一本书"。我不厌其烦比较两篇文章的引文，并不想证明我比耿先生这样的胡适研究权威在这个领域中还要有学问，而只是想说明贵刊强加给我的"仅为那一本书"的说法并不符合事实。贵刊经过"仔细拜读"之后，所拿出的竟是这样的退稿"理由"，就不能不让人产生这样的疑问：编辑部不用拙稿是不是有什么难言"苦衷"？为何要如此"用心良苦"地强为说辞？

说到这里，所谓"第一部分似不应成为问题"的另一个"理由"，本人似乎也没有必要再多作追问，因为贵刊对于以己意歪曲、篡改史实，学术道德欠缺这样的问题都不认为是问题，而采取视而不见的"保护"措施，那么，一方面口口声声"无米之炊"，一方面又偏离"文章的中心"，将这本来就"甚少"的史料不是主要用于文章的主人公，而是主要用于为胡适辩解、开脱，就更不可能成为"问题"了。但我要说的是：贵刊有权力扶植自己想扶植的东西，也有权力扼杀自己想扼杀的东西，但是"防民之口，甚于防川"。是非曲直自有公断，任何人，包括绝顶聪明如胡适，也不可能任意将历史打扮为或小姑娘或老太太，还历史本来面目只是时间的问题！耿文不是声称写文章不是为"邀宠"，不是为"媚俗"吗？这些年来学术界"邀宠""媚俗"的重要表现之一，就是将名人作为提高地方知名度、发展地方经济、招商引资、发展旅游的工具，在学术领域采取"地方保护主义"，以致影响了学术的客观性、公正性。黎昔非尚不为世人所知，根本谈不上世俗的利用价值，谈何"邀宠""媚俗"？倒是我们在研究胡适这样的大名人时，需要十分警惕！

我敢于将拙文和贵刊的来信及我这封复信公之于世，让广大读者来评论是非曲直，不知贵刊有无这个胆量和气度？因为我坚信大多数学者，包括《安徽史学》的大多数编辑是有学术道德和良心的，他们对于这个问题会有自己客观、公正的认识。我之所以斗胆写这篇拙文，就是对于贯穿耿文中的霸气和权威派头看不下去。抨击学术领域的不正之风，是每一个史学工作者的权利和义务，更是一种责任和良心！

事实上，耿文不但存在学术规范方面的问题，还存在比较明显的政治问题。耿文第一部分在谈到"对日问题""民主与独裁问题"时，已不仅仅是学术观点不同的问题，而且是政治立场的问题，如耿文说："胡适不主张立即对日作战，主张通过外交途径谋求暂时的妥协，保住未失的领土，争取准备的时间，从事内部的改革，造成统一的局面，以待时机，收复失地。……但事隔70年后，平心而论，我们也没有理由把这种主张说成是投降、卖国的主张。……"耿文所言"从事内部的改革，造成统一的局面"云云，所指不就是当时蒋介石政府的"攘外必先安内"政策？只要对现代中国历史稍有所知的读者，都会知道"造成统一的局面"的确切含义。贵刊作为刊登历史学术论文的专业学术期刊，对此难道还不明白？！

专此

顺致最崇高的敬意！

李文才

2003年国庆之日于河北大学人文学院

附录二

本文2004年于《史学月刊》发表以后，曾收到一些读者的反馈意见，对于拙文既有肯定也有非议。其中一封对拙文不无褒奖之意，窃意并不为喜，为笔者所看重的是，该评议文字尽管间有措辞不当或词不达意之处，但其中指出了中国学术界在学术商榷方面所存在的明显不足，则基本契合中国学术批评的现状。愚意其言对于端正学术规范不无鉴戒之裨益，亦可见公道自在人心，故附录如下。为避免对该读者造成不必要的烦扰，姑隐其名。

一篇酣畅淋漓的文评
——读李文才评耿云志先生的《黎昔非先生与〈独立评论〉》

以往看到的商榷、评论类文章字里行间透露着和谐的暖气，双方在格子中互相讨教，言辞客气，尽量不得罪人，以至于让我觉得这类文章的"潜规则"就是要客气着写，评耿云志先生的《黎昔非先生与〈独立评论〉》一文，颠覆了我的想法，作者在评论耿氏时以事实为根据，以公义为甲胄，以学术规范为干橹，言语中无半点私心流露，气势上犹如孔明骂王朗。相信此文一出必然在海内外胡适研究圈内引起一片哗然。一位年近古稀的胡适研究权威，被一个刚过而立之年的青年人指出文章的三个问题：偏题、歪曲事实、学术不规范。

三个问题的严重程度逐渐上升。"偏题和歪曲事实"可以解释为：作者引用材料不恰当，或者分析问题角度不同，以至于得到的结论不同。通过争论商榷，很容易自圆其说。从对当事人负责的角度上讲，至多是批评作者对逝者的不尊重。

读耿云志（以下简称耿氏）《黎昔非先生与〈独立评论〉》（以下简称耿文），从文字中能体会到耿氏仅仅是泛泛地看了一下黎虎寄来的材料，然后，动笔就写。根本没有意识到自己已经接触到了《独立评论》研究中的重要人物——黎昔非，以及了解黎昔非生平的黎虎。

对于黎昔非的出现，耿氏表现出的高傲与冷漠，是与号称自己"二十几年来对胡适的研究"的专家身份，更是和从事科研几十年来应当拥有的学术品格不相匹配的。黎虎是黎昔非的哲嗣，生于1936年，黎昔非殁于1970年，在日常生活中，肯定会向黎虎透露很多《独立评论》的信息。但在耿文中，丝毫看不到他对于《独立评论》研究中出现的新情况、新问题的兴奋情绪和应有的学术敏感。

最严重的是"学术不规范"这一部分。在学术不规范上，作者言辞犀利、证据确凿、论证严谨，可谓既有证据，又有逻辑，最终得出耿氏这样做的目的是维护胡适的同时"继续在广大读者面前保持其胡适研究权威的架势"，其私心被揭露无遗。

耿氏做此文时的心态绝不是即兴而写，而是其治学习惯和内心世界的暴露。

一是在研究过程中预设结论，以结论组材料，找证据，长期忽视对原始材料的认真阅读和基本事实的掌握。耿氏在此事上绝不是"倒绷了孩儿"，而是治学不严谨，这里我们就有理由怀疑其以前学术成果的可信度和含金量。

二是思想顽固，观念陈旧，心高气傲，志得意满。不重新审视胡适身边的人，把胡适当成"主公"，其他人都是"宾客"，都是渺小的，不值得称道。这种唯尊者马首是瞻的方式，是不会全面地看问题的。

三是私人情结作祟，尽管黎昔非先生与耿氏素无交集，可谓远日无冤，近日无仇，但由于耿氏站在胡适的立场上，故而在其文中基本上忽略黎昔非先生的作用，其行为不啻修《明史》不谈刘伯温，修革命战争史不谈周恩来，甚是奇怪。

胡适当年曾经告诫人们"不要忘了这个孩子还有一位忠心的看护妇"黎昔非。将《独立评论》比作需要人照顾的婴儿，将黎昔非比作忠心的看护妇，可见黎昔非对于《独立评论》的生存和成长的作用是多么的大。对于担此重任的当事人，耿氏作为胡适研究专家，不可能不知道。居然视而不见，耿氏绝不是疏忽大意。

耿氏一方面说"他对这个问题（指黎昔非与《独立评论》的关系）一点都不了解，没有一点材料，没法写"；另一方面又说出"以昔非先生之狷介性格，平时除了为公事，大约是很少到胡适府上去的"，这种熟人才能说出的话。对于黎虎的恳挚托付，耿文却偏离主题和歪曲事实。一方面表示自己是受人所托、对逝者心有敬意；另一方面却写出"大失水准"的文章。耿氏在开头即说："我生平第一次在没有充分材料的情况下勉强作文，这主要是我对黎虎教授恳挚之情和我对昔非先生的人格的敬意所驱动。"可见，耿氏早就为自己行文不端作了铺垫。真是欲盖弥彰。

黎昔非经理《独立评论》五年之久，放至当代的学人，凭此履历足以骄傲一生。而这五年的经历在中华人民共和国成立以后，给黎昔非带来无休止的麻烦，历次政治运动，作为胡适的重要助手，黎昔非都要向组织交代问题，接受批斗，俨然成为"严重历史问题"、助纣为虐的坏分子，是要全面否定和打倒的。其遭遇又何其不幸！

我推测，耿氏1964年分配到社科院系统后，中了某位先生或前辈的毒，先入为主，对黎昔非心存成见。加之"时刻不忘阶级斗争"的思想影响，最终让他在这篇文章上走了麦城。

（本文的附录，据李文才《史海探赜——文献考索视阈下的中国史研究》，第356—361页，南京：江苏人民出版社，2017年）

评《黎昔非先生与〈独立评论〉》
——兼与耿云志先生商榷

任 重 陈 仪

《安徽史学》2003年第1期"胡适研究"专栏刊载了耿云志先生题为《黎昔非先生与〈独立评论〉》的大作。耿云志先生素以胡适研究知名，读者有理由期望从该文了解黎昔非与《独立评论》关系的历史真相和客观的评价，孰料卒读之后不禁大失所望，愕然于文章中存在太多令人吃惊的问题，或属逻辑错误，或属基本史实错误，有的论述更是不顾起码的历史事实而妄加主观武断。我们倾向认为这样的错误对于一个素以胡适研究知名的学者来说也许是很不适当的。好在耿云志先生的大作中印有这样一段文字："我这篇文章……有不确、不当之处，请黎虎教授和读者诸君批评。"说明作者写作此文的目的至少有二：其一是写给"黎虎教授"看的，其二是写给"读者诸君"看的，并且慨然允许读者的"批评"。如此，我们行将陈述于斯的意见似乎便有了充足的理由。笔者以为，本着实事求是和为读者负责的原则，指出并纠正这些错误是极有必要的。因为历史研究的要义就是要揭示真理，而要揭示真理就必须首先杜绝任何形式的学术腐败。故不揣浅陋，就相关诸问题略陈管见，不当之处，还望耿先生以及学界同行批评指正。

众所周知，《独立评论》是以胡适先生为代表的一流文化精英所创办的、发行全国各地乃至欧、美、日、德等国家和地区的刊物，在中国现代史上产生过重要影响的刊物之一。然而，对于这本刊物，世人知道的却只有胡适先生，"而其台下人物则是至今仍鲜为世人所知的黎昔非先生"[①]。黎昔非先生与胡适以及《独立评论》的关系又是绝非一般的。黎昔非先生于1932年4月应胡适之邀出任《独立评论》的经理人，直至1937年7月25日最后一期《独立评论》出版之后，于7月27日离开北平，与《独立评论》相始终，前后历时5年有余。黎昔非先生作为胡适先生的学生，其师生关系早在1929年黎昔非先生转学中国公学大学部文史学系三年级时就已经建立，1931年春黎昔非先生考取北京大学研究院的研究生，与转任该校文学院院长的胡适再次有了师生关系。因而胡适先生了解黎昔非先生，对他十分信任，将《独立评论》除编辑以外的一切事务委任与他。而黎昔非先

---

① 黎虎：《前言》，《黎昔非与〈独立评论〉》，第2页。

生也没有辜负胡适先生的信任与厚望，圆满完成了胡适先生交给的任务，从而使胡适先生对于《独立评论》的出版发行事务得以实行"无为政治"，胡适先生对此一再表示非常满意和感谢，称其为《独立评论》的"忠心的看护妇"[①]。黎昔非先生为此牺牲了在北大研究院的研究生学业，付出了人生中最宝贵的黄金岁月甚至更多。对这样一个于中国文化事业有过贡献的文化人物，以往治现代史者，特别是治《独立评论》的史家竟知之甚少或一无所知，不能不说是一个值得人们深思的问题。

所以，当我们面对《黎昔非先生与〈独立评论〉》这样的题目时，耳目一新之余，完全有理由期待看到它能够严肃、公允、准确地反映和评价这一事实。可令人遗憾的是，《黎昔非先生与〈独立评论〉》是一篇有意歪曲基本事实的文字。这种歪曲或无所回避，或稍加掩饰，贯穿了文章的始终。其目的一是维护胡适，为胡适开脱；二是维护作者自己的"权威"地位。

一、杜撰结论，歪曲事实

为了使这篇文字具有说服力，作者可谓处心积虑，杜撰了许多与事实相去甚远的结论。更为了统驾全局，必须预先定下一个不容置疑的调子，而这种先声夺人的杜撰从其"摘要"部分就堂而皇之地开始了。文章"摘要"中说：

> 胡适先生当年对黎昔非的工作非常满意，不止一次地在《独立评论》的《编后记》中对他表示感谢之忱。

这通开门见山的结论，最大的好处是塞给读者一种挥之不去的错觉：那就是胡适先生对黎昔非先生为《独立评论》所做出的贡献一直是心存感念之情的，不但没有须臾忘记黎昔非先生的勋劳，而且对黎昔非先生的贡献倍加推崇，是仁至义尽的。问题是：不知道作者这通结论由何而来？更不知道自称有着"二十几年"胡适研究经验的作者是否真的曾经仔细研读过《独立评论》？抑或《独立评论》还有别一套版本？因为全部244号《独立评论》中，胡适先生从来未在任何一篇《编后记》里提及过"黎昔非"这样三个字。而作者居然还妄称"不止一次"！

在开头部分的第二自然段中，作者有这样的叙述：

> 由黎虎教授保存整理的昔非先生的日记（1934.12—1937.4.18，中间甚多断缺）竟完全没有记载他在《独立评论》社工作的事。

---

① 胡适：《又大一岁了》，《独立评论》第151号。

那么，事实是否果如作者所言呢？还是让我们亲自查一查黎昔非先生的日记罢。第一篇记于"民国二十三年，十二月廿三日，星期日"：

> ……那管理收费的说是姓余。当我说我是在那里做事时，他似乎有点惊奇。有顷，他说："我是很高看《独立评论》的。"
> "你在那里做什么？"
> 这，天呀！我说什么好？被他问得没法，我含乎（糊）其辞（词）：
> "包办一切，除编辑。"
> 于是那家伙毫不迟疑的赐给我一个"总管"的头衔。……①

——说得再清楚不过，黎昔非先生是独立评论社除了编辑以外"包办一切"的"总管"，而且列于1934年各篇日记之首，如此白纸黑字，一目了然，为什么硬要说是"完全没有记载"呢？既然黎昔非先生的日记中记载了其与《独立评论》的关系的情节，耿先生为什么还要做出与事实不符的否定结论呢？那么可能的原因似乎是：一、耿先生根本未曾认真阅读这些日记，自然也就无从得到相关正确的信息；二、耿先生有意隐饰，不希望让读者了解这些信息。

在第四自然段，作者告诉读者说：

> 我翻阅了《独立评论》的每一篇《编后记》，胡适1932—1937年的日记，胡适所写的《丁文江的传记》中关于《独立评论》的一章以及在这一时期的有关书信等。实际上所得材料仍甚少。

这同样属不实之词。实际上在作者所提及的上述篇目中，有关黎昔非先生与《独立评论》的材料不是什么"甚少"，而是根本就没有相关记载。换一个角度来说，如果这些材料中有黎昔非先生与《独立评论》的记载，这桩公案的醒世自然也不必延宕至今。但需要指出的是，作者提及的这些篇目均为胡适研究之普通材料，是广为人知的，而且是在作者研究视野之内的。对于自以为非常熟悉的材料做出如此含混的说明，不知应该理解为作者的治学功力问题，还是作者有意为之的问题。

第二部分第二自然段：

> ……第一份《自传》关于进入《独立评论》社工作的记述更可信。

出自同一作者的记载，除非有确凿的证据证明其有意虚妄为之，否则应该被认为具有

---

① 黎昔非：《日记》（1934年12月23日—1937年4月18日），《黎昔非与〈独立评论〉》，第525—526页。

同等的真实性，而不应该是此非彼。现存黎昔非先生的《自传》一共有两份，原件均藏于广东省兴宁市教育局档案室，而且都是按照当时的组织要求写的[①]，不知道耿先生何以匆忙得出此材料比彼材料更可信的结论？

再来看第二部分第四自然段：

> 昔非先生接受胡适之邀，做《独立评论》的经理人时，他正在北大研究院注册做研究生，导师是黄节先生。

这段话的说法传给人一个鲜明的感觉，那就是黎昔非先生彼时刚刚注册为北大研究院的研究生，即一个刚刚毕了业的大学生。如果被胡适先生所耽误的仅仅是这样一个普通大学生的前程，似乎也不算太遗憾的。"提要"中强调"黎先生原是中国公学的学生"也是出于同一个目的。中国公学有大学部、中学部，不知作者在这里要告诉读者黎先生是中国公学的大学生还是中学生？这里不难看出作者的良苦用心，然而这又是在误导。因为实际上黎昔非先生彼时已然是二年级的研究生了。作为研究中国现代历史的学者，应当知道当时中国究竟有多少大学生，究竟有多少研究生，尤其是北大研究院的研究生。事实上当时胡适先生所使用的这位"经理人"，并非一介无任何专长之"小职员"[②]，而已经是一个于"中国文学"有着很深"造诣"的青年学者[③]。对黎昔非先生的身份乃至贡献作模糊的和贬低的处理，在文章中贯穿始末，可谓该文的一大特色，这无疑隐含着作者某种行文意图。

在第五自然段中，作者说：

> 昔非先生当年进入《独立评论》社，并不是胡适先生以师道之尊，勉强他的学生做出牺牲，而完全不考虑学生个人意愿。……我觉得胡适是个非常通情达理的人，他决不会强人所难，勉强别人做不愿意做的事，做他不愿意做出的牺牲。

此番结论攸关对于一个历史人物的评价。得出此种结论自然应该有可靠的证据吧。可是我们发现作者并没有拿出什么有力的证据出来，作者唯一凭恃的根据竟然是"据我二十几年对胡适的研究"！难道仅凭个人的"研究"就可以取代客观事实吗？研究是为了向事实靠近的，一个问题无论研究了多少年，研究者的自我感觉多么正确，都不可以压倒基本的史实。如果这种研究一旦与后来发现的事实相左，那么这种结论必须放弃，当然不能为了前者的辛苦而断然否定后者，哪怕为了这种研究付出了再多的心血。从事历史研究，最

[①] 黎昔非：《自传》（1951年7月），《黎昔非与〈独立评论〉》，第438页。

[②] 蒋廷黻：《蒋廷黻回忆录》，台北：传记文学出版社，1979年，第140页；白吉庵：《胡适传》，北京：人民出版社，1993年，第332页。

[③] 丁白清：《黎昔非学友二三事》，《黎昔非与〈独立评论〉》，第46页。原件藏于广东省兴宁市教育局档案室。

忌讳的便是不从历史真相发言，而代之以个体的经验，并且以这种与历史真相相比孰轻孰重显然无可争辩的"经验"来推断历史过程，其结论自然也就大为可疑。对一个负责任的史学工作者来说，这样不顾事实的"研究"不仅不能光大其初衷，而且势必害人又害己，如若听之任之，不加纠正，多半是要贻误后世的。胡适先生究竟是否做过强人所难的事、勉强别人的事是一个值得继续探讨的问题，但首先一个前提是起码的事实应该也必须得到尊重。历史并非一个可以随意打扮的小姑娘。诚如张太原博士所说，黎昔非先生为了胡适及其《独立评论》的经营而荒废了学业，"在这一点上，无论如何，胡适是难辞其咎的"①。事实的确如此，黎昔非先生在他的《自传》中说："本来，我打算只干他半年至一年，期完成自己的论文便罢了。没想到那种工作那么繁忙，有时忙到连报纸都要到深夜才得闲来看，也没想到一再推辞，直到北京沦陷前夕都还没有和它完全断了关系"②；"这种杂志发行工作，最初我以为很简单，每天不用花几个小时尽可对付，后来事实证明，它对于我的研究工作是有极大妨碍的。……且它的言论（我）也不以为然，……我曾几次拟辞而未果"③。——这些客观历史事实应该得到最起码的尊重与理解吧？

作者又说：

> 事实上，当昔非先生表示希望有机会重新做研究工作时，胡适即为他介绍和推荐做北大助理研究员的工作。

请注意作者所用的"当……即……"句式。这非常有趣。似乎黎昔非先生一提出辞职请求，胡适先生即予以介绍和推荐。这一段描述可以使人看到胡适先生是如何通情达理又是如何对黎昔非先生给予师长般的关照的，读来的确十分感人。任何一个濒临困顿无告的人都不会不对这样的关照感激涕零。但这仅仅是作者的一种文字游戏而已（当然也可以被视为一种文字技巧）。不过在这样的文章里使用这种技巧，毕竟透着些许失敬，些许不严肃的成分。科学研究来不得半点虚假。作者这样做的结果是既伤害了黎昔非先生，也伤害了胡适先生，最终也必然伤害了作者自己。真实的情况是1937年之前黎昔非先生已不断请辞④，胡适先生对黎昔非先生的这一请求的允诺并未到如此爽快的程度，而是经历了数年，仅1937年就经历了从春天到"暑期将近时"几个月的过程，其曲折不顺利程度可想而知。⑤

第三部分第八自然段，作者杜撰说：

---

① 黎昔非：《自传》（1951年7月），张太原：《〈独立评论〉经理人其人其事》，《黎昔非与〈独立评论〉》，第104页。
② 黎昔非：《自传》（1951年7月），《黎昔非与〈独立评论〉》，第444页。
③ 黎昔非：《自传》（1958年4月30日），《黎昔非与〈独立评论〉》，第470页。
④ 黎昔非：《自传》（1958年4月30日），《黎昔非与〈独立评论〉》，470页、471页。
⑤ 黎昔非：《自传》（1958年4月30日），《黎昔非与〈独立评论〉》，第470—471页。

当年每逢《独立评论》过生日的时候，胡适在写生日贺词时都不忘感谢昔非先生悉心经营的劳苦。

事实上，这样的"感谢"并非"每年"都有，而是仅三、四周年两次而已。

二、借为胡适辩解，维护自己的"权威"

通过以上分析，已不难看出《黎昔非先生与〈独立评论〉》一文中所存在的谬误。可能也意识到这种臆造毕竟不妥，故作者又在文章开头部分的第三自然段称：

> 俗话说，巧妇难为无米之炊，何况我不是巧妇。但我既已经答应了黎虎教授，便绝不能交白卷。于是，我生平第一次在没有充分占有资料的情况下勉强作文。

作者在这里想要展示给读者的是一位治学严谨的"权威"形象。从上一节的论述我们已经大致了解了耿先生治学与"严谨"二字的距离究竟有多么大了。

耿先生的文章反复强调关于黎昔非与《独立评论》的关系没有材料，但是在他的文章中却引用了胡适在纪念《独立评论》三、四周年时所写文章中所反映黎昔非与《独立评论》关系的这么重要的材料，以及黎昔非在办理《独立评论》期间给胡适的信件这样重要的原始材料。那么这些材料究竟是怎么突然冒出来的呢？如果这些材料耿先生以前都已经掌握，那么对于黎昔非与《独立评论》的关系断不会茫然无所知；如果这些材料是耿先生以前所未见的，为什么全不加说明呢？一篇不算长的文章之中如此再三重复着同样的做法，很难理解为一时的疏忽。实际上这些材料并非为耿先生所发现，前者是张太原博士首先发现的，后者是黎虎先生首先发现的。① 耿文之所以对这些新资料采取"模糊"的蒙混手法，其目的就是维护自己的胡适研究者的"权威"形象。实际上，老老实实地注明新资料的来源、出处，不会降低"权威"的身价，而采取隐瞒的手法恰恰会大大降低一个人的身价。

历史研究中常常会遭遇这样的尴尬：对于长期致力于某个特定历史人物（或事件）研究并对其倾注了情感的某些学问家而言，他们虽然已经再三地付出了心血，形成了稳定和牢固的价值评价体系，熟练地以普遍适用的标准语言概括自己的研究，并以不懈的科学追求矗立自己的权威。但是当自己的研究出现瑕疵时却不自觉地找来各式各样的理由为自己的研究辩护，而且不再能容忍别人对自己倾注了心血和情感的研究对象说三道四。于是学问家的情感左右了科学的判断，主观猜想替代了客观研究。这时候学问家的情感就变成了一柄双刃剑。这种尴尬有着如此骇人的破坏力，或许可以摧毁学问家为之终生奋斗的信

---

① 黎虎：《前言》，《黎昔非与〈独立评论〉》，第6页。

仰。《黎昔非先生与〈独立评论〉》便对这种尴尬做出了极好的注脚。文章除了上述诸多不负责任、杜撰性的结论之外，还在若干关键问题上回避事实，一则为胡适辩解，一则维护自己的所谓"权威"地位。因为新的材料已经证明了作者至少在本文所涉及的问题上并非"专家"。

在对黎昔非先生的贡献作了充分的贬低之后，第三部分第二自然段，作者兴致勃勃地提到了一个叫作章希吕的人：

> 不过复校的工作不是胡适自己做，而是由当时住在胡适家中，实际做胡适助手的章希吕先生来做。

又说：

> 由于章希吕住在胡适家中，又担任复校，胡适自然印象深刻。所以在20多年后，他写《丁文江的传记》中有关《独立评论》这一章时，提及《独立评论》校对的事，他只提及章希吕一人，而未及昔非先生。这显然是记忆上的错误，不足深怪。

《独立评论》的排印、发行，曾长期被张冠李戴地误以为是章希吕先生。虽赖罗尔纲先生纠正①，但由于种种原因，包括胡适先生自己在回忆《独立评论》时的有意回避，了解真相者依然寥寥。那么，该章希吕先生与《独立评论》的关系究竟怎样呢？是否始终参与了《独立评论》的复校工作？作者并没有说。但作者没有说出的话还应该多一些。那就是该章希吕先生的地位要高于黎昔非先生，即他对于《独立评论》的贡献是要大于黎昔非先生的。所以胡适先生后来回忆《独立评论》时，才有可能只记得有章希吕先生，而不记得有黎昔非先生。关于章希吕先生与黎昔非先生哪一位对《独立评论》的贡献更大些，前文所引黎昔非先生日记中"包办一切，除编辑"的话已经足以说明；实际上，在《独立评论》的5年多岁月中，章希吕与之相关的只有自1935年—1937年之间断断续续的不足二年时间，而且其职责只是限于帮助应由胡适本人做的复校，其他一切事情包括"财务、校对、发行"等均由黎昔非先生"总其成"②。胡适先生本人在《独立评论》三、四周年的总结文章中对此也有明确的记载。③ 至于后来胡适先生在写《丁文江的传记》中有关《独立评论》这一章时为什么偏偏忘记了经理人黎昔非先生，我们不得而知，不敢贸然结论，但想必胡适先生一定有着什么不便示人的原因罢。这里需要提出来与作者耿先生商榷的是，

---

① 罗尔纲：《读〈闲话胡适〉》，《社会科学战线》1993年第6期，第175—181页。
② 林钧南：《忆昔非兄与〈独立评论〉——致黎虎书简九通》，《黎昔非与〈独立评论〉》，第58页；又参前揭罗尔纲先生文。
③ 《独立评论》第151、201号。

耿先生称这是由于胡适先生"记忆上的错误",此种说法殊为可疑。因为胡适先生的记忆力似乎一向是有名的好,且终生保持记日记的习惯。① 此外,作者称胡适先生在写《丁文江的传记》中有关《独立评论》这一章的时间是在"20多年后",但实际时间却是1955—1956年,并非"20多年后"②。很明显,作者是在故意"拉长"时间距离,好让胡适的"遗忘"更加合理一些。为了将黎昔非先生的作用尽量降低,作者在第三自然段这样说道:

> ……每到发行之日,有昔非先生的朋友,对《独立评论》或对胡适特别有感情的青年学生自动跑来帮忙。

按这段话的意思,繁忙的《独立评论》社务工作需要许多人的帮忙,而这些帮忙的人除了黎昔非先生的朋友之外,还有"对《独立评论》或对胡适特别有感情的青年学生自动"前来的,也就是说,是因为《独立评论》有影响,是因为胡适先生有影响,与黎昔非先生个人作用关系不大。可是胡适先生在《独立评论》三周年总结时是这样说的:"这三年的发行,校对,杂务,全是黎昔非先生一个人支持。每到星期日发报最忙的时候,总有他的许多青年朋友赶来尽义务,帮他卷报,封装,打包,对地址。"显然,所谓"对《独立评论》或对胡适特别有感情的青年学生自动跑来帮忙"是耿先生塞进去的"私货"。胡适的说法也得到了黎昔非先生的夫人何昕的回忆的印证,这些前来帮忙的人是因了黎昔非先生的关系,他们是与黎昔非先生同为广东"兴宁籍的大学生"③,是黎昔非先生自己请来的与他要好的朋友,而非因了胡适先生和《独立评论》的关系。

第四部分第二自然段就赫然有这么一段话:

> 以常情论,《独立评论》社是有责任为他做一些安排的。但胡适先生等当时都不在北平,一切善后事只有江冬秀夫人独立支撑。以昔非先生之狷介性情,平时除了为公事,大约是很少到胡适府上去的,因此可能同师母冬秀夫人不太熟。

这些匪夷所思的结论又不知道耿先生是据何做出?耿先生说黎昔非先生与江冬秀夫人不太熟,原因是"平时除了为公事,大约是很少到胡适府上去的"。似乎只有为了"私事"到胡适先生府上去,才有可能与江冬秀夫人熟悉,若是为了公事,则无此可能。这种推理是否符合逻辑我们姑且搁置不论,耿先生这样说的原因无疑是想证明江冬秀夫人与黎昔非先生不太熟悉。可事实究竟如何呢?据黎昔非先生的夫人何昕女士回忆,其与黎昔非先生

---

① 梁实秋:《怀念胡适先生》,载罗尔纲《师门五年记·胡适琐记》(增补本),北京:生活·读书·新知三联书店,1998年,第322—323页。
② 《"中央研究院"院刊》第2辑,台北:启明书局,1960年。
③ 黎虎:《先父黎昔非与〈独立评论〉——从我与罗尔纲先生的一次会面谈起》,《学林漫录》第14集,北京:中华书局,1999年。

在 1933—1934 年之际结婚时，胡适先生也参加了①，婚礼之后他们夫妇便一起去胡适先生家拜见胡适和江冬秀夫人，以后江冬秀夫人常常到黎昔非先生家探望，并且还探望过何昕女士的母亲。其长子出生后江冬秀夫人也专门赶来探望过，满月时还在一起吃了饭，记得吴晗也参加了。② 江冬秀夫人与黎昔非先生到底是否如耿先生所称"不太熟"，至此自可明了。

现在，让我们来看第三自然段：

> 我们评论一个人，总是看他做过什么，做得怎么样，而不是看他没有做过什么。

这番议论很有启发意义。但是历史研究最重要的恰恰是探究一个历史人物（或事件）之"所以不然"的道理。比如明末农民战争没有成功，我们要探究其没有成功的道理。中国近代没有走上资本主义道路，我们也要探究其所以不然的道理。黎昔非先生为胡适先生和《独立评论》工作的时间虽然只有 5 年多，但是终其一生也没有完全和《独立评论》"绝了关系"③。就事情的缘起来看，黎昔非先生应允出掌《独立评论》经理人的初衷是希望以一种半工半读性质的工作，一边工作以维持生活，一边完成自己的研究生论文。但是，这项繁重的工作对他的研究工作造成了极大的影响。黎昔非先生一再向胡适先生提出辞职的请求，结果却是请求一直未能实现，而是迁延至《独立评论》的终结。④ 事实上，胡适先生是直到 1937 年夏才批准了黎昔非先生的申请的，然而就在黎昔非先生满怀激情地准备重新回到其渴求已久的学术研究工作之时，"七七事变"却打碎了他的梦想。

具有戏剧意味的是，黎昔非与同为胡适先生中国公学门生的罗尔纲、吴晗三位同学均于 1930 年从上海来到北平，而且均以不同的方式与胡适保持着密切的关系，而他们三同学在北平期间又过从甚密。"七七事变"后他们三人恰巧又一道结伴南下，不过，这时罗尔纲先生是前去长沙中央研究院社会科学研究所任职，吴晗先生是前往昆明云南大学任教授，而黎昔非先生却只有回广东兴宁老家一条道路。黎昔非先生回到故乡教了七年中学，经闻一多先生介绍到昆明国立中国医药研究所史地部工作了一年多。尽管医药研究所对于他的专业来说不对口，研究条件也不如意，但总比家乡的条件要好得多。期间除完成研究所里交给的任务之外，还撰写了《本草纲目之草产地考》三卷，并重新开始其钟情已久的《诗经》研究。从 1944 年至 1945 年先后给胡适先生发去三封信函，其内容主要是：一、希望能为他介绍一个专业对口的工作单位，以继续他的研究；二、请求为他写一纸证明，即证明他有过北大研究院学历，因为此时他已经通过了铨叙部的大学教员资格审查，只需补上这样一纸证明即可获得大学教员的资格了，为此信函中特别声明"此关系于生非常重

---

① 林钧南：《忆昔非兄与〈独立评论〉——致黎虎书简九通》，《黎昔非与〈独立评论〉》，第 56 页。
② 黎虎：《双亲旧事》，《黎昔非与〈独立评论〉》，第 670—671 页。
③ 黎昔非：《自传》（1951 年 7 月），《黎昔非与〈独立评论〉》，第 444 页。
④ 黎虎：《前言》，《黎昔非与〈独立评论〉》，第 22—23 页。

要"①。但是不知出于何种原因，这三封信函却如石沉大海，再无任何消息，后来与胡适先生其他的信函一起被存档于中国社会科学院近代史所。黎昔非失去了这最后一个希望，终于不得已而再次返回故乡②。事情远未就此结束。由于黎昔非先生与胡适及《独立评论》的特殊关系，中华人民共和国成立后在历次政治运动中成为他背负一生的唯一的"历史问题"。1966年6月3日《人民日报》发表了史绍宾的《吴晗投靠胡适的铁证》的文章，公布了一批吴晗先生致胡适先生的信件，包括1932年4月24日之信件中提及邀黎昔非先生担任《独立评论》经理人的情况③，《人民日报》编者遂将有关胡适先生请黎昔非先生担任《独立评论》经理人一事加了黑体字的按语："吴晗能够参与机密，为这个反动刊物推荐'合适的经理人'，显然已是胡适进行反革命活动的一名伙计。"这份报纸运抵广东兴宁之后，黎昔非先生即被抄家、隔离，被打成"三家村黑帮""反革命分子"，成了全县第一个被揪斗对象，在受尽三年非人的凌辱和折磨之后含冤辞世。④黎昔非先生之所以"做过什么"而"没有做过什么"不是很值得深思和探讨的问题吗？

最后，耿先生举了一个外国将军与其随从的例子比喻胡适先生与黎昔非先生的关系。黎昔非先生恰恰不是胡适先生的随从，而是一名在学的、才华横溢的北京大学二年级研究生。通览其全文书法，做这样的比喻，不能不使人强烈感到作者似乎是在刻意维护着什么，又似乎是在刻意贬低着什么。我们注意到，耿先生文虽题为《黎昔非先生与〈独立评论〉》，但从其书法来看却并非从黎昔非先生的角度入手，而是始终从胡适先生的角度入手。通篇的感觉是一篇维护胡适先生或维护作者视野中的胡适先生，同时也是维护自己"二十几年"的研究的文字。从这样的立场出发，自然难免失之偏颇，似乎自己的研究是至高无上的，似乎胡适先生在与黎昔非先生的关系问题上是不可能存在半点的过失，如果有所过失，也只能是别人的，就《黎昔非先生与〈独立评论〉》一文的观点而言，则是黎昔非先生的。这种先入为主式的、经验至上的学风就是耿文的特点之一。

（原刊于《社会科学评论》2003年第1期）

作者简介： 任重（1963—　　），笔名诸山，山东莱州人，历史学博士，曾任教于井冈山大学，现为浙江农林大学生态文化研究中心教授。

陈仪（1973—　　），四川乐山人，浙江农林大学图书馆馆员。

---

① 黎昔非：《致胡适书简七通》，《黎昔非与〈独立评论〉》，第22页。此三函又见刊于耿云志主编《胡适遗稿及秘藏书信》第39册，合肥：黄山书社，1994年。

② 林钧南：《清白一世　奉献毕生——忆故友黎昔非同志》，《兴宁文史》第26辑（2001年），广东省兴宁市政协文史委员会主办。今据《黎昔非与〈独立评论〉》，第490—509页。

③ 原件藏中国社会科学院近代史研究所，又见《人民日报》1966年6月3日《吴晗投靠胡适的铁证》、《历史研究》1966年第3期《评注吴晗胡适通信》。

④ 黎虎：《前言》，《黎昔非与〈独立评论〉》，第25—26页。

关于《黎昔非先生与〈独立评论〉》的两点说明

黎 虎

拜读了耿云志先生的大作《黎昔非先生与〈独立评论〉》①之后,感到其中与我个人有关的一些事实有说明、澄清的必要,谨请借贵刊一角惠以刊布。

一、文章说:"最近,昔非先生的哲嗣,北京师范大学的黎虎教授突然来信并寄一包复印的材料,要我为纪念其先父百岁诞辰写一篇文章,而且题目都给我定好了,就叫作《黎昔非先生与〈独立评论〉》。"

所称"题目都给我定好了,就叫作《黎昔非先生与〈独立评论〉》",并无其事。

此事的实际情况是这样的:我为了编纂《黎昔非与〈独立评论〉》一书(学苑出版社,2002年10月出版),于2001年夏曾向北京师范大学历史系一位从事中国现代史研究的老先生请教当今研究胡适的情况,交谈过程中他推荐说耿云志先生是研究这个问题的,可以请他写一篇。但我与耿先生不认识,于是请老先生代向耿先生致意,问他能否为此书写篇文章。几天后老先生来电话告诉我:"耿先生说,他对这个问题一点也不了解,没有一点材料,没法写。"过了半个月左右,老先生又来电话说:"耿先生来电话说他找到了黎昔非给胡适的三封信,在他主编的《胡适遗稿及秘藏书信》中。"即1944—1945年黎昔非在昆明致胡适的三封信。我在《黎昔非与〈独立评论〉》一书的《后记》中对于耿先生表示感谢之忱就是指的这件事情。2001年12月我到中国近代史研究所查找材料时,研究所中的同志又建议我约请耿先生为本书写稿,于是2001年12月23日我直接给耿先生写了一信,请他为此书写稿,并附一包材料。此事前后历时半年,并不算"突然"。这封信原稿尚存。信中这样写道:"此书以黎昔非与《独立评论》为主线,同时评述他在其他方面的事迹。现在,他的《诗经》研究及读书札记方面,已经请定……等先生;他主办的《昙华》文艺半月刊,已请定……有关教授;他的日记已请定……等单位先生撰文。但关于他与《独立评论》的关系是本书最主要方面,尚付阙如。先生是胡适与《独立评论》研究权威,久仰大名,故冒昧相求……赐稿字数不限,于二月底掷下即可。"信中所表述的意思应该是很清楚的,是约请不同方面的专家撰写不同方面的问题,没有给专家们定题目的意思。事实

---

① 载《安徽史学》2003年第1期。

上我也没有给任何一位专家定过题目，同样也没有给耿先生定过题目，更不用说"题目都给我定好了，就叫作《黎昔非先生与〈独立评论〉》"。耿先生是研究中国近代史的，所以约请他写有关黎昔非与《独立评论》方面的文章，而没有约请他撰写有关《诗经》或文学创作等方面问题的文章，这应当是很自然的事情。事实上现在已经出版的《黎昔非与〈独立评论〉》一书中所有专家写的文章虽然具体题目各异，但都是他们自己所定的，没有任何一位专家的题目是由我所定的。

二、文章说："我翻阅过黎虎教授所寄的一包材料，从新发现的昔非先生写于50年代的两份《自传》，以及他的几位朋友所写的忆述文字，已大致可以了解昔非先生的生平概况……但是，他在《独立评论》的工作和事迹，仍是没有什么具体的记载……在无可如何的情况下，我翻阅了《独立评论》的每一篇《编后记》，胡适1932—1937年的日记，胡适所写《丁文江的传记》中关于《独立评论》的一章以及这一时期的有关书信等。实际上所得材料仍甚少。我这篇文章即是根据这很少的材料写出来的。"

这段文字表述的意思是：我给他的材料只是有关黎昔非生平概况方面的，而并没有关于黎昔非"在《独立评论》的工作和事迹"方面的材料，这方面的材料是他自己在翻阅了《独立评论》的《编后记》等资料之后所得才写成此文的。

关于此事的实际情况是：我给耿先生送材料不是一次而是先后两次。第一次寄的材料不仅有黎昔非《自传》《日记》和他的几位朋友有关回忆的档案材料，还有胡适在《独立评论》三周年特大号上的《又大一岁了》、四周年特大号上的《独立评论的四周年》，胡适1931年日记中两处关于黎昔非的记载，含有胡适拟邀请黎昔非担任《独立评论》经理人内容的吴晗1932年4月24日致胡适信，罗尔纲《胡适琐记》中有关黎昔非的记载等材料的复印件，以及北京师范大学历史系张太原博士撰写的《谁是〈独立评论〉的经理人？》（两万余字）一文打印稿，等等。其中胡适在《独立评论》三、四周年纪念特大号上的两篇文章是证明黎昔非与《独立评论》关系的关键性材料，是关于黎昔非"在《独立评论》的工作和事迹"方面的第一手资料，是张太原同志首先发现的。他是在翻阅了全部《独立评论》之后才找到的，下了很大功夫，来之不易的。这个情况我也曾告诉了耿先生。张太原写的《谁是〈独立评论〉的经理人？》一文在学术界首次引用了胡适上述两篇文章中有关黎昔非的记载，从而有力地证明了黎昔非与《独立评论》的关系。这两条材料在张太原同志运用之前从未有人引用过，是学术界首次披露并证明黎昔非与《独立评论》密切关系的重要资料。耿先生在这篇《黎昔非先生与〈独立评论〉》文章中也引用了上述胡适在《独立评论》三、四周年特大号上的两篇文章，就是张太原同志所发现并在其文章中首次引用的重要资料。

我在中国社会科学院近代史研究所查找资料期间，后来见到了耿先生（第一次见面），并告诉他我又发现了几封有关黎昔非的信件，其中有黎昔非在中国公学期间致胡适信一件、在办理《独立评论》期间致胡适信三件，以及罗尔纲致胡适的几封信中涉及黎昔非和

《独立评论》等情况。他听了后说："发现有什么新资料请你也复印一份给我。"于是我后来又将在中国社科院近代史研究所发现的这些材料拍照之后复印寄给了耿先生,其中就包括耿先生主编的《胡适遗稿及秘藏书信》所未收的四封黎昔非致胡适信等,并在致耿先生的信中分析指出其中的三封信应是黎昔非在办理《独立评论》期间所写,尤其着重分析指出署为"十一日早"的这封信应是1932年8月11日所写。这三封信是了解黎昔非在独立评论社工作具体情况的直接的重要资料,耿先生在这篇《黎昔非先生与〈独立评论〉》文章中引用了其中署名为"十一日早"的那封信,就是我给他的上述复印材料中的一件。耿先生文中说"这封信大约是《独立评论》创刊初期写的",看来他大体是同意我对此信时间的分析的。而在耿先生所翻阅的"《独立评论》的每一篇《编后记》,胡适1932—1937年的日记,胡适所写《丁文江的传记》中关于《独立评论》的一章"中关于黎昔非"在《独立评论》的工作和事迹"的材料不是"甚少",而是根本就没有。至于耿先生说他还翻阅过"这一时期的有关书信等"不知具体何所指?因为有关书信中涉及黎昔非的除了上述我给耿先生所寄去的几件及1944—1945年的三封信之外,到目前为止尚未发现还有其他。

以上为有关事实的基本情况,谨此说明。

(原刊于《安徽史学》2004年第3期)

近三十年来国内《独立评论》研究综述（节录）

黄波郲

《独立评论》（1932—1937年）是20世纪30年代一个重要的政论周刊，它由胡适、丁文江、蒋廷黻、傅斯年、翁文灏、任鸿隽、陈衡哲等一批留学欧美归国执教于北大、清华等著名高校的知识分子所创办，它是胡适派学人群的言论阵地。《独立评论》是研究胡适派学人群思想的一个重要历史文本，且蕴含着极为丰富的思想资源，所以历来被研究者所关注。1978年之前，中国大陆对《独立评论》的"研究"主要集中在对其反动性的"批判"上。1978年之后，中国大陆才开始出现一些从学术角度来研究《独立评论》的成果。近三十年来尤其是自20世纪末以来，随着对《独立评论》研究的逐步深入，学界涌现出一大批学术成果，呈"百花齐放"之态势，笔者试对其做一综述。

一、研究《独立评论》的两个新趋向

（一）采用社会学的研究视角

章清以《独立评论》群体及其角色与身份为视角来研究"学术社会"的建构与知识分子的"权势网络"。他指出1905年废除科举后，如何确立读书人在现代社会新的角色与身份，成为走出科举时代学人思虑的焦点。这集中呈现于知识分子建构"学术社会"的理想上。20世纪30年代聚集于《独立评论》的一群学人，其学术活动及介入公众事务所形成的"权势网络"，表明读书人力图通过重建知识的庄严，重新确立读书人在现代社会的位置。在此过程中知识分子衍生的"精英意识"，筑起了一张公开的与潜在的"权势网络"，从而导致读书人新的角色与身份具有很强的"依附性"[①]。可以说，章清的研究视角确实较前人更为新颖，研究方法也更为独特。

---

① 章清:《"学术社会"的建构与知识分子的"权势网络"——〈独立评论〉群体及其角色与身份》，《历史研究》2002年第4期，第33—54页。

与章清相似的是，张太原也是以《独立评论》为个案来考察读书人在现代社会中的地位，只是角度稍有不同。张太原认为《独立评论》的创办宗旨是知识分子想从社会的"边缘"走向"中心"。他指出，近代社会的转型造成了知识分子的"边缘化"，同时也带来知识分子重新走向"中心"的凭借———近代报刊。胡适等创办《独立评论》，就是希望以"独立"的旗帜、"负责任的言论"，带动一种新的政治力量，以求在社会"中心"占一席之地，进而把"任何党派"和"任何成见"都纳入自己的麾下，或者至少给它们的社会走向以一定的影响。之所以如此，是因为他们逐渐形成了一种自觉的社会"中心"意识①。

董国强则将《独立评论》和"独立评论派"作为中国自由主义知识分子发展流变中的一个关键链条来研究。他通过对《新青年》《新月》《独立评论》编辑作者群的年龄结构、职业状况、教育背景、党派关系渊源等几个要素的定量分析，系统、连续地考察1910—1930年代自由主义知识分子群体的分化组合与自由主义政治思潮的发展演变，探讨了它们的一般规律及其成因。指出《独立评论》和"独立评论派"的出现"与北大、清华改制所引发的学术和思想中心北返有关"；其存在是南京政府对自由主义知识分子有限开放政权的一个结果②。

很明显，采用社会学的视角，使《独立评论》的研究较以往更具有新意和实证性。

（二）关于黎昔非与《独立评论》的研究

近年来，随着张太原考证出黎昔非是《独立评论》的经理人③和黎昔非先生的哲嗣黎虎主编的《黎昔非与〈独立评论〉》一书的出版，研究黎昔非与《独立评论》的论文逐渐增加。可以说，对《独立评论》的研究不仅仅是"台前"，而且已深入到"幕后"了。

张太原在阅读有关史料的过程中，发现《独立评论》的经理人是一个鲜为人知的人物即胡适在中国公学时的学生黎昔非。这一发现与以往几乎所有的胡适传记著作及相关研究成果的说法，都有所不同。深入地探究这一问题，不但可以澄清这一历史事实，而且对认识胡适也有所补益。客观地说，张太原的这一发现将《独立评论》的研究引向了"幕后"。④

黎虎的《黎昔非与〈独立评论〉》一书对《独立评论》的实际主持人黎昔非的身份做了详细的考述。作者引证了大量的回忆录、原始信函来证明黎昔非是受胡适之托的《独立

---

① 张太原：《从边缘到中心：〈独立评论〉的创办宗旨》，《中山大学学报》（社会科学版）2003年第4期，第62—69页。
② 董国强：《论1910—1930年代中国自由知识分子的发展流变——以〈新青年〉同人群体、"新月派"和"独立评论派"的结构分析为视角》，《民国档案》2003年第2期，第50—59页。
③ 张太原：《谁是〈独立评论〉的经理人？》，《浙江学刊》2003年第1期，第178—184页。
④ 张太原：《谁是〈独立评论〉的经理人？》，《浙江学刊》2003年第1期，第178—184页。

评论》的经理人①。此外，本书对于研究《独立评论》的性质、《独立评论》时期胡适政治思想，该时期出现的冀察政务委员会、西安事变等重大政治事件，以及1930—1940年代中国现代报刊史、文学史、诗经学史研究，胡适的为人，罗尔纲、吴晗、闻一多等著名学者的生平事业等，都提供了难得的有价值的资料。为此，唐志勇专就该书的史料价值做出公允的评价："揭示了黎昔非对《独立评论》做出的重大贡献，为全面考察《独立评论》成功的原因从一个崭新的方面提供了充分的证据。"②

随着史料的披露，学者已达成共识：《独立评论》办刊成功是胡适等与黎昔非通力合作的结果。尤其是该刊的经理人——胡适的学生黎昔非默默无闻、事无巨细③、甘于奉献，使《独立评论》高质出版发行、保质保量、善始善终地存在了5年多时间。而他自己的学业因此受到很大影响，"文革"中也因与胡适和《独立评论》的特殊关系而受到无穷迫害，含冤而逝。可以说，黎昔非为《独立评论》而牺牲了自己的毕生，但这一牺牲是有意义的。因为《独立评论》在中国现代史上的作用和意义已经得到了肯定，在肯定《独立评论》乃至胡适为中国文化事业的贡献时，也应当肯定黎昔非在其中所做出的牺牲和贡献。④

值得注意的是，不少学者通过研究黎昔非的生平及黎昔非与胡适的关系，发现胡适并没有给为《独立评论》做出巨大牺牲的黎昔非以应有的回报，这与胡适对待同为他的学生的吴晗、罗尔纲等人的态度形成了鲜明的对照。因此，刘佐泉认为黎昔非是"只因'师恩'误平生"。⑤王炜民则指出从黎昔非个案入手对胡适的为人进行探究，或许能提供胡适为人处事的某些断面。⑥眉睫分析则更具体，他认为吴晗、罗尔纲和黎昔非三人之所以受到胡适不同的礼遇与栽培，这既与三人的性格有关，更与胡适的性格有关：罗尔纲、吴晗懂得人际关系学，敢于在胡适面前显示才华，并能大胆提出一些请求和帮助；而黎昔非很木讷且不轻易向外人表露苦衷，也不轻易求助于他人。更为重要的是憨厚老实的黎昔非从

---

① 黎虎：《"忠心的看护妇"——记〈独立评论〉的经理人黎昔非》，《社会科学战线》2003年第3期，第126—130页。
② 唐志勇：《黎昔非与〈独立评论〉的史料价值》，《江汉论坛》2005年第6期，第103—107页。
③ 《独立评论》发行量很大，它的全部庶务工作（包括校对、付印、收发等事宜）由黎昔非承担。
④ 这类文章很多，其中主要有耿云志的《黎昔非先生与〈独立评论〉》，《安徽史学》2003年第1期；任重的《黎昔非与〈独立评论〉》，《寻根》2005年第2期；唐志勇的《黎昔非与〈独立评论〉的史料价值》，《江汉论坛》2005年第6期；陈仪、任重的《〈独立评论〉的经理人》，《书屋》2006年第2期；马寒梅的《论〈独立评论〉的另一个核心——黎昔非主持的发行所》，《北京社会科学》2007年第6期；尹文化的《胡适为〈独立评论〉所找的"看护妇"》，《兰台世界》2006年第16期；等等。
⑤ 刘佐泉：《只因"师恩"误平生——黎昔非与胡适关系探释》，《江汉论坛》2005年第6期，第96—102页。此文指出："虽然黎昔非为《独立评论》的创刊、发展、壮大做出了巨大的贡献，牺牲了个人的学术追求乃至生命，但作为老师的胡适并没有给他应有的回报，这与胡适对待同为他的学生的吴晗、罗尔纲等人的态度形成了鲜明的对照。"
⑥ 王炜民：《胡适何如人——以黎昔非个案为中心》，《江汉论坛》2007年第2期，第63—72页。

未在胡适面前吹捧他的学术成就,无法满足胡适的虚荣心。大家都知胡适对人慷慨热情,连一个从未谋面的人只要夸耀他几句,他也乐于帮忙,成人之美,如为他人写学历证明、介绍工作等,故时人都说"我的朋友胡适之"。而黎昔非请求胡适为他写学历证明时,胡适却不给予帮助。眉睫认为其实胡适这种热情是表面的,并有虚荣心在作怪。考察黎昔非与胡适的交往,可以暴露胡适这种性格的弱点。①

王天根将纷繁的史实上升到一个社会学的学理高度,故其得出的结论则更深一层:黎昔非1930年毕业时已经拿到了五华县中的聘书,却破釜沉舟毅然北上,考取北京大学的研究生。由于经营《独立评论》而荒废了学业,重要原因是黎昔非与老师胡适的师生关系在很大程度上变为办刊人与经理人的关系,黎昔非付出了人生最宝贵的7年的黄金岁月,最后又回到了原来的出发点——中学教师。黎昔非在社会阶层中地位的变动及事业追求中的进取与被迫撤退,折射出了社会阶层的流动及胡适等社会精英的成功在某种程度上是建构在那些(由普通民众走向社会中间阶层)普通知识分子艰辛的劳作甚至是被迫默默无闻的"奉献"基础上的。黎昔非不平凡的人生经历与社会文化氛围,为全面、深刻考察处在动荡的社会嬗变历程中的近代自由知识分子群体成功的背后不被人注意的(甚至是有意被掩盖)的一面提供了独特视角。②

至此,可以了解近年来研究黎昔非与《独立评论》的文章众多的一些原因。一是还历史的本来面目,让后人知道《独立评论》有一位"幕后"功臣。二是让人们对胡适的为人处世及性格特点有一个更全面的认识。这其实并不会影响胡适在中国现代史上的地位,只不过让人了解他人性中的另一个侧面,这样反让人更觉其真实丰富,人本身就是很复杂的。对人物研究本该如此,才能实事求是和不失公允。三是《独立评论》的成功是合力甚至是牺牲了黎昔非的毕生,使《独立评论》在中国现代史上的重要地位更具凝重感。

二、结语

综观《独立评论》的研究状况,可以看出近30年来尤其是自20世纪末以来国内关于《独立评论》的研究日趋广泛和深入,且呈现出新的研究趋向。由于《独立评论》蕴含着丰富的思想资源,故笔者认为它还有进一步挖掘和研究之处。

一是对一些人物的研究还有待进一步进行,如张佛泉、何廉、陈岱孙、董时进、李朴生、陶希圣、周先庚等。

---

① 眉睫:《从黎昔非的命运看胡适性格的另一面》,《粤海风》2007年第6期。
② 王天根:《从〈独立评论〉经理到〈昆华〉主编的黎昔非》,《徐州师范大学学报》(哲学社会科学版)2006年第2期,第87—91页。

二是在一些具体问题的研究上还有待进一步加强和深入。如其教育思想相当丰富，可联系其"前"其"后"刊物的教育思想进行"纵"向研究，如《努力周报》《现代评论》《新月》《观察》等；可联系其同时期刊物的教育思想进行"横"向研究，如《国闻周报》《东方杂志》等；也可纵、横向研究同时进行；还可就教育思想的某一方面进行深入研究；等等。如其经济、社会、科学、宪政、现代化等方面的思想研究还相对显弱，前述对教育思想的"纵""横"等研究方法同样适用于这些思想的研究。再如对一些论争也可进一步研究，例如以何种方式统一、如何处理中央和地方关系、如何对待中西文化、如何看待留学教育、中国有无科学的种子、科学救国是靠纯粹科学还是靠应用科学等。

三是在研究领域上还有待进一步拓展。可糅合政治史、思想史、社会史、文化史、教育史、经济史、心态史等对其进行更深入的研究，如将政治史、思想史、心态史、文化史、教育史等与社会史进行互动式研究。

四是在研究视角上也还有待进一步拓宽。笔者认为《独立评论》既然是一个政论刊物，它与政治有着紧密关系，那么我们也可尝试用政治学领域的某些理论对其进行研究，如政治文化、政治社会化、政治舆论、政治参与、政治沟通等。同时也可用社会学、政治学、心理学等多学科的交叉来进行研究，如政治社会学、政治心理学、社会心理学等。

由此，需要不同学科、不同研究领域的学者对《独立评论》进行深入研究。不仅仅是历史学者，也不仅仅是专门史的学者，还需要政治学学者、社会学学者、经济学学者、法学学者、教育学学者等通力合作，将《独立评论》的思想资源充分挖掘出来。这无论是对胡适学人群、对黎昔非，还是对后人，都是一项极具价值和意义的工作。

（原刊于《民国档案》2008年第4期）

作者简介：黄波粼（1975——），湖南湘乡人，法学博士，华东师范大学政治学系教授，博士生导师，主要从事中国近现代思想文化史、中国现当代史研究。

《独立评论》：胡适"掩盖"黎昔非

向华梁

《独立评论》，中国现代政论杂志，1932年5月22日创刊于北平，周刊。胡适任主编。主要编辑人有丁文江、傅斯年、翁文灏等十余人。该刊头两年的经费由独立评论社社员自行集资。标榜"独立"精神，发刊词称：不倚傍任何党派，不迷信任何成见，用负责的言论发表各人思考的结果。以刊登政治时事评论为主要内容。该刊具有自由主义倾向，提倡西方民主政治，反对独裁专制和文化复古主义。最高发行数达1.3万份。1936年底因著论反对日本策划"华北政权特殊化"，一度被迫停刊。1937年4月复刊。同年7月18日终刊。共出244期。

1932年5月22日，以胡适为代表的一流文化精英创办刊物《独立评论》，声名鹊起，逐渐发行至全国各地乃至欧美国家，在中国现代史上产生重要影响。胡适等人通过《独立评论》从社会的边缘进入社会的中心。但《独立评论》的发行负责人黎昔非先生却鲜为人知，甚至没有得到学术界的承认。

近日，记者采访了黎昔非之子——北京师范大学历史系教授黎虎先生，试图通过其口述"还原"历史本来面目，同时通过事实揭示胡适人性中不为人知的一面。

一、入独立评论社缘起

1930年9月初，我父亲到了北平，在老北大附近的汉花园租房暂住。1931年春天，父亲如愿考取了北京大学国学研究所研究生。正当他在研究生学业和学术研究道路上登堂入室之际，一件意外的事情改变了他的人生道路和命运，这就是《独立评论》的创办。

1932年3月的一天，当时在清华史学系本科上学的吴晗到老北大附近的银匣胡同大丰公寓来找我父亲，声称老师胡适患病住入协和医院，希望一同去看望，我父亲即一同前往。吴晗也在中国公学上过学，他比我父亲低三年级。……这次胡适在协和医院接待他们时，向他们透露了关于创办《独立评论》的缘由和打算："……目前要考虑的事基本上确定了，就是还缺少一个可靠的负责任的经理人选来处理社务，包括付印、校对、发行以及财务等工作。"说到这里，胡适向我父亲征询是否愿意担任《独立评论》经理人。

我父亲当时并不是很痛快地答应的。分析一下我父亲当时的情况，他1931年的春天考入北大文学研究院，在那边上研究生，到1932年的春天他才刚上了1年多一点，他正在读研究生，因此吴晗的信里面谈道：4个星期前，他们结伴去见胡适的时候，胡适曾经问到我父亲愿不愿意过来帮忙管理《独立评论》，这一个月时间，我父亲并没有答应他，而是4个星期后，还找不到合适的人，帮胡适的副主编蒋廷黻很着急了，然后吴晗说胡先生此前提到黎昔非，蒋廷黻很高兴就催促吴晗赶紧给胡先生写信，叫胡先生催黎昔非把这个事情确定下来。在这种情况下，第二次胡适出面派人送了信到家里头，然后我父亲才开始答应进入独立评论社。就是说，这事是在胡适第二次提的时候才答应的。

二、工作繁忙，荒废学业

父亲原来的想法很简单，每天做几个钟头，经济上还能有点收入，然后自己可以完成论文，但是没想到进去以后工作非常繁忙。他在自传里面说：没想到工作这么繁忙，报纸到深夜才能去看，根本没有休息时间，对他的论文写作造成了极大的妨碍。

两年之后罗尔纲回来去办公室看他，也说他每星期都很忙，根本没有时间去玩，去做研究。正因为这种情况，加上独立评论社条件很差，因此他想辞职，但是辞职左一次右一次，全不成，胡适说找不到合适、相当的人来接替。

1932年下半年，大概9、10月份，父亲的一些同学从上海来找他，组织创办昙华文艺社。后来他的同学回忆说："我知道他当时很痛苦，又不敢离开，工资又很低，又不敢走。"

不敢走是什么意思？当时胡适是文学院院长，有很大影响力，他跳不出如来佛的掌心，你离开他根本不行，只能听命于他，这个事情一直闹到快结束。1937年的时候，我父亲就跟胡适说，他暑假以后决不再干，果然放假前，胡适告诉他，到北大去做助理，这个事情估计得罪了胡适。

你想吧，老闹辞职胡适也不批，那两个人关系估计有点僵，胡适也不想想，这么一个年轻的研究生，在这里干了5年活，把人家一辈子都耽误了。胡适替我父亲的同班同学罗尔纲想得很多，替他找研究单位，或者虽然不是研究单位，但工作很清闲，待遇很高，自己有时间做研究，而对我父亲，待遇又低，又没有时间做研究，一用就是5年，最后罗尔纲和吴晗都取得了比较大的成就。罗尔纲、吴晗上去了，黎昔非卜去了。罗尔纲、吴晗是靠胡适的帮助和自己的努力，而黎昔非是胡适压制的结果。吴晗和罗尔纲的学历都比我父亲低，他们是没有上研究生的。

三、含冤故里

1937年"七七事变"爆发,平津沦陷。因时局紧张,《独立评论》被迫停刊。我父亲辗转回到家乡中学教书。他在北京整整待了7年,1929年本科毕业以后,当时就有中学给他发聘书,他不愿意。后来到北京上学,为胡适做事情,结果呢?做了5年后又回到原地,7年没有进步。

我父亲回老家教中学,过了几年,闻一多先生介绍他到昆明的国立医药研究所工作,期间,我父亲给胡适连去3封信,这3封信的主要目的有两个。第一,他申请了高等学校教师资格,教育部当时已经批准了,但是还需要补一个上研究生的证书,但当时没有呀。他注册的材料在抗战的时候留在北平了,于是写信给胡适让他证明我父亲有过这段学历。第二,能不能介绍一个专业对口的单位从事研究工作,因为中医研究所毕竟不是专业的。但是胡适一封信都没有回。虽然说抗战时胡适在美国和国内的联系有困难,但是胡适当时和国内昆明的联系照样有的,其他人在昆明收到胡适回信的人有的是,为什么黎昔非3封信都没有看到?是不理?回避?过河拆桥?当年口口声声要报答黎,胡适先生事后却没有兑现。

我父亲一辈子都和《独立评论》牵扯在一起,中华人民共和国成立后,与《独立评论》的关系成为负面的历史问题。"文化大革命"的时候,《人民日报》发表了吴晗写给蒋廷黻的信,说《独立评论》找不到合适的经理人,就找到了黎昔非,《人民日报》揭露了吴晗和胡适的关系,结果我父亲成了"三家村黑帮"。

他的一辈子是为《独立评论》做出牺牲,最后却得不到历史的承认。原来我没有很深入地研究《独立评论》,只是从我母亲或者中学老师口里听到一些,我父亲是从来不讲这些的,母亲会讲一讲。从别人的口中得知,我父亲和胡适的关系很紧密,胡适对我父亲很赏识,我父亲帮他搞《独立评论》,当时中学老师还告诉我你父母结婚的时候是胡适主婚的,总之给我的一个感觉,就是我父亲或者我们家和胡适的关系是比较密切的,小时候就得出这个印象,总的来说都是正面的印象。周围乡亲都是带着比较欣赏夸奖的口气,因为胡适是非常有名的大人物嘛。

既然父母跟胡适关系不错,我们小孩子是比较自豪的,当时就一直带着这种很淳朴朴实的概念,但是根本没有深入历史的根本、本原里面去。

我学的是历史,我搞的是古代史研究,根本没有时间去研究《独立评论》这个问题,但是偶尔想起来,也去翻一翻胡适的传记,或者有关《独立评论》的文章,我当然也在关心,我想里面肯定有关于我父亲的一些东西。结果一翻,很令人失望,根本就没有,一个字都没有,根本没有提到黎昔非的事情,好像《独立评论》和他毫无关系,这我就奇怪了。

我们那边谁都知道,他整个人都曾为《独立评论》工作,"文化大革命"的时候他还因为《独立评论》被打成"三家村黑帮",全县头一个被揪出来批斗的"反革命分子""反动学术权威",结果在胡适的传记和关于《独立评论》的文章里却只字不提。

在一些关于胡适的传记中,居然把《独立评论》的社务工作说成是章希吕和罗尔纲做的,我想这个东西怎么回事,我很奇怪,很纳闷。后来我就借《独立评论》来翻翻,我想在封底或者封面总会提到发行人是黎昔非,中华人民共和国成立前的杂志一般会在封面和扉页里提到发行是谁,主编是谁,一般来说,过去都是这样的。结果发现一个字都没有,整个找不到黎昔非的事情,你看现在人写的胡适传也好,关于《独立评论》的论著也好,如果偶尔讲起的都是章希吕和罗尔纲的事,他们协助胡适如何如何。这种情况我也解答不了,这里有什么问题?或者他们做的事情比我父亲做的更重要?可能不是这样子,因为我从来没有深入研究过。随着资料的深入收集,问题越来越显示出来,收集完资料后发现潜藏在历史里面的真相浮现出来。其实在某种意义上是对历史的歪曲,对历史的掩盖。

四、揭示历史

现在有很多研究论文出来了,《独立评论》实际上是胡适和黎昔非通力合作的结果。因此如果没有我父亲,《独立评论》是办不起来的,更不要说这么长时间,发行量这么大,根本是不可能的。

所谓章希吕协助胡适办事情,只是一小段时间,而且他不是作为独立评论社的工作人员,而是作为胡适家里头的一个雇佣。章希吕的身份是什么?他两次来过胡适家,从上海到北平来,作为亚东图书馆派他到这边来,跟胡适要稿子,出胡适文存、胡适文集。前几年他是亚东图书馆的职员,有工作单位的。《独立评论》那个时候已经开始办了,已经发行了。他跟《独立评论》那时候没有任何关系。大概1935年以后,他和《独立评论》开始发生关系,胡适让他在家里面帮忙。当时的人把他叫作胡适的秘书,在胡适家里头帮忙办杂事,不在独立评论社里占有编制。

我父亲把前期校对工作做好后,胡适还要确认审查。胡适很忙,如果忙不过来,他会请一些人。罗尔纲和父亲是同班同学,罗尔纲毕业以后,在胡适家当过家庭教师,教他两个小孩,没事的时候也帮帮胡适校对。罗有个回忆说:"我再次回到北平,《独立评论》已经办了两年了,那两年全是黎昔非一个人负责。"前期罗尔纲是在广西,后期他才回到北平,回到北平之后也不是作为正式员工加入独立评论社的,有时候胡适可能请他帮帮忙。

这两个人都是在《独立评论》的后期,偶尔胡适请他们帮帮忙,完成胡适自己应当完成的工作,因此《独立评论》的运作过程是没有他们两个人的。正常运作过程是胡适组稿,之后送到独立评论社,一般是他打个电话到独立评论社,当时独立评论社有个叫老宋的工友过去把稿件取过来，取过来后我父亲组织一系列的排印之类的工作，全搞好了，再送到胡适家里审查，有点像主编签字，审查过后发排。

现在这些研究胡适的专家就稀里糊涂全把这些说成章、罗二人协助胡适办了《独立评论》，完全是本末倒置了。完全是想当然，离历史很远。

很多作者写论文或者写著作，他们以为办杂志很容易，胡适也讲这是办小册子的黄金时代，办杂志是很好办，实际上并不是那么简单。《独立评论》连续发行5年多，这在中华人民共和国成立前是很不容易的。胡适一生里面办的杂志有几个月的，一年多的，两年多的，没有一个超过五年的，《独立评论》被认为是胡适一生中创办的最长寿的杂志，那么连续运转五年多，发行到全国各地，发行量越来越大，开始办这个杂志的时候资金是社员集资，一年后就不用了，盈利了，为什么盈利？因为发行量大了，存款就比较多，开始富裕起来。这样一份大杂志是很不简单的，并不是像大家所说的胡适一星期花一天时间编编稿件，然后请他的朋友章、罗帮忙就完了。

实际上，独立评论社是有一个发行部的，发行部当时在月牙胡同，胡适花一天的时间写稿子，有时候要"开夜车"，搞到凌晨四五点，但是第二天早上之前必须搞好。剩下的工作全部都是在发行部里完成。我父亲负责所有的事情。他承担的是编辑、校对、印刷、发行所有的社务。

现在学术界忽略我父亲所有的工作，把《独立评论》的全部都归功于胡适了。

五、我父亲与胡适

为什么会把《独立评论》归功于胡适一个人？我想是胡适在掩盖这段历史。大家知道胡适对写日记是很重视的，他的目的很明显，他知道他的日记就是史料，他写日记就是在写历史。

《独立评论》1932年创刊。1931年前后，胡适的日记里面两次提到我父亲，有一处还挺详细的，那天他来拜访谈什么问题。1932年以后，胡适的日记里就只字没有谈我父亲了。想一想，难道五年中，黎昔非和胡适之间就没有一件值得一记的东西，那么前面一年中就有两次值得记载的东西？五年中没有一件事情提到我父亲，这是令人怀疑的。这是胡适在掩盖事实，掩盖历史的真相。

他为什么处心积虑掩盖这个事情，因为《独立评论》影响太大了，出乎他的意料，他原先办这个杂志积极性不高，为什么？他吸取前几次办杂志的经验，很困难，尤其是合适的经理人不好找，他都办不长。这次他碰到黎昔非这么个老实巴交的人，跟他一办就办了五年，通过这个杂志，胡适本人的身价大为提高。

有人评议，通过《独立评论》，胡适等人从社会的边缘进入社会的中心，当时的统治集团对他们大为刮目相看，请他们到南京去当这个长那个长，独立评论社的蒋廷黻、丁文江等人全到南京做官去了，都是通过这个杂志，因此胡适通过办《独立评论》获得很高的声誉，大家又一直认为，《独立评论》是他一个人的功劳，偶尔有朋友帮帮忙，如果大家知道有发行部，还有黎昔非，这样就分割了他的一部分荣誉。那么他向社会交代黎昔非是何许人呀？你用的这个人是哪里来的，现在如何啊？他怎么向社会交代，怎么向公众交代？怎么向北大的师生交代？

这也是为什么1935年《独立评论》3周年的时候胡适表扬黎昔非，其实是因为黎闹了两年多的辞职的缘故，因此他表扬黎，安抚他，稳住他。给他一个交代，让他继续好好干。还有一点，年初，黎的研究生导师去世了，黄节没去世时他还不好公布，因为黎毕竟是黄的学生。他宣布，黎专管发行事务，什么背景根源都没有介绍，大家无从得知，这个介绍对黎没有多少价值。黎昔非被掩盖下去了，大家都不知道。胡适干得很成功。

《独立评论》3周年的时候，胡适在《独立评论》上写文章说："在这贺周岁的日子，我们不能忘记了这个孩子有一个忠心的看护妇。我们创办这个刊物的时候，就请黎昔非先生专管发行所的事务。说也惭愧，我是实行我的无为政治的，我在3年之中，只到过发行所一次！这3年的发行、校对、杂务全是黎先生一个人支持。每到星期日发报最忙的时候，他一个人忙不过来，总有他的许多青年朋友赶来尽义务、帮忙。"

很多学者根据胡适在《丁文江的传记》中的话把《独立评论》的工作归结到章希吕身上，学者们犯错是被胡适诱导的，是胡适掩盖了历史的真相，不能完全怪罪学者们，而错在学者们把胡适的作品当作权威的第一手资料。实际上是掩盖历史歪曲历史的第一手资料，导致了这种现象的出现。

现在有些人对胡适的评价很高，把他说成一个完美的圣人，一片叫好声。但是没有人讲讲他黑暗的一面，阴暗的一面，我们说中华人民共和国成立初期批判胡适，是把胡适妖魔化，现在历史反过来了，又把胡适圣人化，我认为当初把胡适妖魔化是片面的，但是今天把胡适圣人化也是片面的。应该全面地实事求是地看胡适，有好的就是好的，好几分就是几分，有坏的也不能掩盖，不能因为是"圣人"就掩盖就原谅，那也不对，现在就有一种说法，好像因为胡适是一个大人物，因此对这些批评他缺点的东西就应该给予理解和同情。既然对小人物都不应该无原则地理解和同情，对大人物标准应该更高吧。

（原刊于重庆市科学技术协会主管，课堂内外传媒集团主办：《大学》2007年3月·上半月号）

历史的见证:一份"独立评论报费收据"

陈棣芳

机缘巧合,我得到了一份"独立评论报费收据"。

图书馆处理旧书,颇费心思淘得几本心仪已久的自认为版本不错的书和几本过期杂志,视若珍宝,恭恭敬敬地包上皮。翻看时虽然没有焚香盥洗的仪式,却也心怀几分虔诚,唯恐亵渎了心中的神圣。不记得是哪一天的下午,随手翻阅其中的一本,忽然眼前一亮,一页发黄的纸片静静地躺在书页间。纸片保存得较为完整,和书页鲜亮的白色形成强烈的对比,抑制住内心的激动,我小心翼翼捧起这张富有历史感和厚重感的黄纸片仔细端详许久。熟悉而陌生的"独立评论",历史学界泰斗"洪煨莲"的名讳赫然在目。

这份发黄的收据长 14 厘米,宽 12 厘米。右上角贴有面值壹分的"国民政府印花税票"一枚,票面隶书"河北北平",加盖淡蓝色椭圆形印章:"独立评论社"居中,"北平后门内慈慧寺""北月牙胡同二号"环绕上下。收据共七栏,自上而下依次为:"独立评论报费收据""号次 5210""阅户姓名洪煨莲先生""住址燕京大学""期限年自 1 期起至 50 期""报费大洋 1 元 6 角 0 分""民国 21 年 8 月 4 日独立评论发行部",除了第一栏之外,其他六栏均为手书。"报费大洋 1 元 6 角 0 分"加盖"独立评论社"淡蓝色椭圆形印章。最左侧有淡蓝色"独立评论社"椭圆形骑缝章及号次,皆为右半部分。以《独立评论》的创刊时间及刊期计,此收据应为洪煨莲先生所定购创刊之年《独立评论》全年费用的凭证,是刊社收费后返还洪煨莲先生的回执。这张小小的收据,将 20 世纪 30 年代颇有影响力的政论杂志《独立评论》和被称为"季世儒者"的国际著名史学家洪业联系在一起。洪煨莲,原名洪业,谱名正继,字鹿岑,号煨莲,福建侯官人。1915 年赴美留学,1917 年得美国俄亥俄韦斯良大学文学学士学位,1919 年得哥伦比亚大学文学硕士学位。从 1923 年执教于燕京大学。1928 年,曾兼任历史系主任与大学图书馆馆长。

《独立评论》初创时,时任北京大学教授兼法学院院长,兼任国民党北平特别市党部委员的周炳琳,受胡适之托协助办理"独立评论社"及《独立评论》周报的立案和登记等手续。

适之先生：

  向市党部申请登记件昨已携交。据云应填两纸（指上下行之申请书而言），琳已嘱市党部宣传科向市公安局取空白，送琳转交先生补填。但先生日内即将南行，若能请社中黎君今日即去取得此项空白交先生补填一纸，当较为迅捷。如何？乞裁夺。

  候安！

周炳琳
[一九三二年]十一月二十三日

  周炳琳所谓"黎君"即负责《独立评论》发行工作的黎昔非。周炳琳受胡适委托办理"独立评论"社以及《独立评论》的立案登记手续，并未一下子办完，又因胡适比较忙，因此他建议可由黎昔非"今日即去取得此项空白交先生补填一纸，当较为迅捷"，由此可以例证《独立评论》平日的社务皆由黎昔非经办，否则周炳琳在向胡适提出这个建议的时候，不会单单指明"请社中黎君"前往取回空白申请书。胡适曾在《独立评论》"三周年特大号"上赞扬说："在这贺周岁的日子，我们不要忘了这个孩子还有一位忠心的看护妇。我们创办这刊物的时候，就请黎昔非先生专管发行所的事务。说也惭愧，我是实行我的无为政治的，我在三年之中，只到过发行所一次！这三年的发行，校对，杂务，全是黎昔非先生一个人支持。每到星期日发报最忙的时候，他一个人忙不过来，总有他的许多青年朋友赶来尽义务，帮他卷报，装封，打包，对住址。"在《独立评论》四周年纪念会上，胡适再次对黎昔非表示感激，可见黎昔非对《独立评论》的日常运行付出之多，用心之勤。黎昔非的老朋友罗尔纲说："他从《独立评论》出版至抗日战争停刊时止都是他主持排印、发行工作。我每星期天都去看他。他很忙。从来没有功夫去玩。"黎昔非后来也说，"没想到那种工作这么繁忙，有时忙到连报纸都要到深夜才得闲来看，也没想到一再推辞，直到北京沦陷前夕都还没有和它完全绝了关系"。凡此均可证《独立评论》的社务工作皆由黎昔非承担，然而，黎昔非默默为《独立评论》所做的这些实际贡献却很长时间被埋没，这不能不说是学术史的遗憾。

  1937年5月23日，被困《独立评论》五年而不得脱身的黎昔非曾转托沈从文向胡适谋求职位的变动，为此沈从文专门致函胡适，其中转述了黎昔非的申诉曰："个人若如此下去，实在有点可怕。原因是杂事太多、太琐碎，自己除每日注意刊物外，一本书也不能读，想谋进步无从得到进步。长此下去，不知如何是好。想起来北平的目的，未免惭愧。看看吴晗、罗尔纲诸同学在学业方面的进步，自己不想办法不是事。"在沈从文写此信请胡适"帮助"之前，黎昔非已经多次提出从独立评论社辞职，但均未获胡适批准，应该正是在长达五年的极度痛苦情绪下，黎昔非又请求沈从文帮自己向胡适恳求。沈从文向胡适直言相谏："这人老实处，适之先生五年来必看得出，他很希望您帮助他一下，给他一个机会，把《独立评论》事务放下，让他到个学术机关里去做个小事，薪水即或不多，至少在工作上有意义点，且可以多学点要学的东西。或者有机会离开北平去教中学国文也成。因为不能做学术上研究，还可多接近点人生，将来或者走创作路。这人痛苦想来胡先生也明白，不知是不是肯帮他个忙，尽他从前的工作上试试。我觉得他若这样混下去也极可惜，可怜，但又无力帮他的忙。"

有的学者说"胡适在某种程度上或者仅是无意中也曾耽误过黎昔非作为学问家的前程"，但是历史事实是长达五年的时间里黎昔非陷于"杂事太多、太琐碎，自己除每日注意刊物外，一本书也不能读，想谋进步无从得到进步"，胡适能够不知道吗？吴晗、罗尔纲诸同学都"进步"了，黎昔非却长达五年都"无从得到进步"，能够说只是"在某种程度上"吗？这些都是发生在胡适身边的事情，甚至都是在胡适一手操作下形成的，连沈从文都说这些事情"想来胡先生也明白"，能够说是"无意中"的事情吗？

联系到抗战胜利后黎昔非有了到大学任教的机会，因为缺少研究生学历证明而求助胡适，一连三通书信，还是未能换回胡适只言片语，不管出于什么原因，胡适如此对待为《独立评论》做出巨大贡献并为此而牺牲了五年黄金岁月的黎昔非，其行为都是不能不令人谴责的。

胡适称《独立评论》时期为"小册子的新闻事业的黄金时代"。据蒋廷黻回忆，《独立评论》第1号印刷了2000册，尽管印刷得"相当简陋"，但发行的结果超出了同人的预期，接着第2期该刊又发行了3000册，此后这一数字几乎每期都有更新，至创刊一周年时发行量达8000册，两周年时达13000册。《独立评论》能够取得如此令人称奇的发行成绩，发行人黎昔非的贡献不可磨灭，这一点已经成为学术界的共识。

一方发黄的报费收据既见证了20世纪30年代知识分子的精神追求，更见证了一个重要的历史侧面，同时其背后隐藏了许多鲜为人知的恩怨是非，作为《独立评论》的经理人，正是黎昔非事无巨细、事必躬亲的辛苦经营，成就了《独立评论》的辉煌，这张收据就是历史的见证。

（原刊于《文史杂志》2015年第2期，原题为《一份"独立评论报费收据"》，收入本书时作者进行了修改和补充，并将标题改为今名）

作者简介：陈棣芳，河北威县人，文学博士，主要从事文献学暨出版史研究。

一、《独立评论》的"总管"

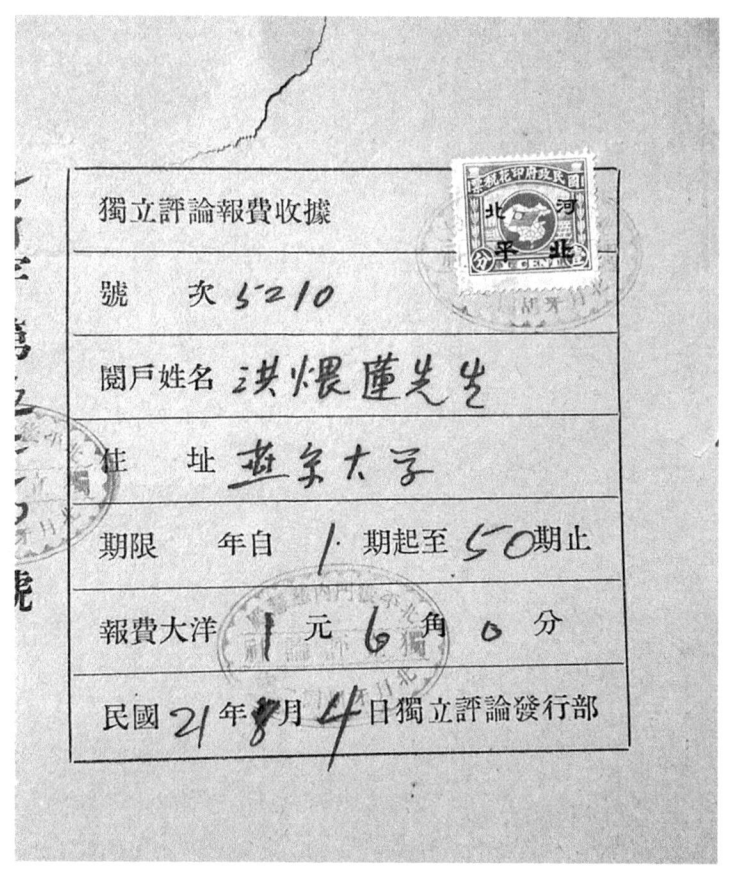

洪煨莲先生"独立评论报费收据"

这件"独立评论报费收据"是独立评论社孑遗的珍贵文物,从中可以得知诸多历史信息。①《独立评论》的发行工作量是相当繁重的,订户交款之后报社需开具收据并将收据寄送订户。收据共7栏,除第一栏不必填写,只需贴上印花税票据之外,其余六栏都需要加以填写,包括"号次""阅户姓名""住址""期限""报费""年月日"等六项。《独立评论》多年保持万户之上的订户,为了保证每一个订户都能够收到这样的收据,其工作量之繁重可想而知。②这张收据就是经理人黎昔非填写的。收据开具的时间是1932年8月4日,当时"发行部"的人员情况是"只有昔非办公,另有工友老宋"①,仅有二人。老宋负责跑邮局、跑本市订户等,故这些单据只能是黎昔非填写;再从这张单据的字迹看也是黎昔非的笔迹。黎昔非被胡适"禁锢"于《独立评论》五年有余,不许辞职,导致他丧失了读完北京大学研究生的机会,同时进行学术研究的大好才具和黄金时间就这样被烦琐事务耗费了,本来处于其同学罗尔纲、吴晗之前的黎昔非,五年之后被他们二人远远抛在后面,其谁致之?!孰使致之?!

---

① 林钧南:《忆昔非兄与〈独立评论〉——致黎虎书简九通》,《黎昔非与〈独立评论〉》,第58页。

二

诗学研究的先驱者

甲编：《诗经》研究

（详见《黎昔非与〈独立评论〉》，本书从略）

乙编：七言诗源研究的开山祖

唐以前的七言诗

黎昔非

编者按：黎昔非先生《唐以前的七言诗》，为其于中国公学大学部读书期间所撰。中国公学大学部主办之《中国文学季刊》第二号出版时，所附第三号"预告"目录中有《唐以前的七言诗》。我们从南京图书馆找到了《中国文学季刊》创刊号和第二号，但是，没有找到《中国文学季刊》第三号。后承蒙罗尔纲先生女公子罗文起先生于2009年7月初提供收藏于上海档案馆的《中国公学大学部文理学院庚午级毕业纪念刊》信息，于是我委托时在上海师范大学历史系任副教授的张兴成先生前往查找，他于7月6日找出该刊复制（馆方规定不能全部复印，只能复印部分）后寄我。在《中国公学大学部文理学院庚午级毕业纪念刊》（1930年5月印行）中有"论著"栏，发表了文理科论著8篇，其中有黎昔非先生《唐以前的七言诗》。我们今天所见到的《唐以前的七言诗》，即是从这里复制下来的。

一、起源

中国的诗到了唐代，是七言很昌盛的时代。然"有开必先，凡事皆然"，牠的演进也当不能例外。我们已知道牠的发达时期，就不可不知道牠的诞生和经过，故七言始自什么时候？是文学史上一个虽不能说是很大也不能说是很小的问题。这个问题的解答，人异其说：在任昉的《文章缘起》里以为是始于汉武帝的《柏梁》联句，但考之于史，在牠里面所说的人名和官名，多与事实不合，当为后代伪托，顾炎武《日知录》已辩之详了。然顾氏对于这个问题的意见则说：

> 昔人谓《招魂》《大招》，去其"些""只"，即是七言诗。余考七言之兴，自汉以前，固多有之：如《灵枢经·刺节真邪》篇："凡刺小邪日以大，补其不足乃无害，视其所在迎之界。凡刺寒邪日以温，徐往徐来致其神，门户已闭气不分，虚实得调其气存。"宋玉《神女赋》："罗纨绮缋盛文章，极服妙采照万方。"此皆七言之祖。（《日知录》卷二十一）

《楚》《骚》不单和诗不同体裁,而且不是纯为七言,不得引以为例。至于《灵枢》里的,那别说是书为唐王冰伪造,(据《四库书目提要》说)不足为信,即黄帝,也难信为当时确有是这么样万能的一个人了。故炎武之说也不确当。

到了现在,陆侃如先生以为是起于魏文帝的《燕歌行》,张为祺先生则以为起于赵晔《吴越春秋》里的《穷劫》。(陆先生说)然在我看来,魏文后于赵晔,陆先生所举的例,固是不当,即张先生的主张也不敢赞同,因前于《穷劫》已有不少七言的作品了。若以单句来说,则《三百篇》已有:"学有缉熙于光明"(《周颂》《敬之》)和《大雅》《召旻》:"维昔之富不如时,维今之疚不如兹"等句了;如以纯七言的来论,则其属于《骚体》和不可靠的除外,在《韩非子》里有:"奔车之上无仲尼,覆舟之下无伯夷。"然这犹可说是一种谚语,不能算之为诗。但《淮南子》里的《饭牛歌》:"沧浪之水白石粲,中有鲤鱼长尺半。敝布单衣裁至骭,清朝饭牛至夜半。黄犊上坡且休息,吾将舍汝相齐国。"这不是已具了七言古体的雏形吗?故纯七言的起源,怕以这篇还较为近了。至于宁戚干齐桓的是不是事实,我虽不敢决定,但这歌已然收在《淮南子》里,则牠至少也与淮南王安同时的了。且《楚辞》也有:"宁戚歌而饭牛"的话,纵使这"惜往日"不是屈原所作,但王逸已为牠注,则这歌无论如何也定先于《穷劫》了。

二、演进

七言诗的起源已经说过,请进而说牠的演进。但欲明了牠的演进的趋势,就非先把牠的篇章和句子的数量列举出来不可,虽然这是很麻烦而且是枯燥无味的事体。我前本把牠分为诗歌和杂谣两部,不过杂谣这类的东西,太半都是零零碎碎三句两句的,五六句以上的就很少了。在量上来说,自春秋以至隋代,计全七言的都百有五篇,不可说是不多,然在文学上来说,则除了"敕勒川,阴山下。天似穹庐,笼盖四野,天苍苍,野茫茫,风吹草低见牛羊"的《敕勒歌》以外,差不多都是没有些意思的,所以现在为免多占篇幅起见,就把牠省去只论诗歌。

(一)汉以前的

1.《诗经》的《周颂》《我将》章句十,七言句一;《敬之》章句十二,七言一;《大雅》《召旻》第五章句五,七言二;第七章句七,七言一;《小雅》《小旻》第四章句七,七言一;《国风》《豳风》《七月》第八章句十一,起二句为七言;《鄘桑中》三章,章各七句,而末均为:"送我乎淇之上矣"的七言;《齐著》三章,章各三句,末句也均为七言;《魏》《陟岵》三章,章各六句,也各有七言句一。

2.在《诗经》以后,当然是要说到《楚辞》。牠里面除了有"兮""只""些"的句子以外，虽还有不少的七言，但这是另一种体裁，不可和诗歌混为一谈，故略。

3. 荀子的《成相》一篇有五十九句七言句，是汉以前最多七言句的一篇。

自西周以至秦末这一时期，除上面所述的三种外，还有好些作品，不过牠们的真伪还没有断定，暂且阙疑。

（二）汉代

1. 《柏梁诗》是二十六句全的七言诗。这诗虽然已断定其为伪品，但因后来有许多效作的，所以也写在这里，以资备考。

2. 《饭牛歌》三首。其第二首为六句的全七言，我断为是最早的纯七言。已于起源里面言之详了。至其第一首，句六，七言四；第三首句七，七言五，但其中三句有"兮"字。（《古诗源》《古逸》）

3. 昭帝的《淋池歌》五句，均是七言。但起二句有"兮"字。（《全汉三国晋南北朝诗》卷一页三）附注，以下凡见此书者，只注某朝诗某卷。

4. 灵帝的《招商歌》五句，均七言，但起句有"兮"字。（同上）

5. 燕刺王旦歌一首，句五，七言一。（同上，页四）

6. 广川王去歌二首，第二首，句十一，七言一。

7. 《汉郊礼歌》十九首：第九首《天地》句二七，七言句十三；第十首《日出入》句十三，七言句一；第十二首《天门》句三三，末八句均是七言；第十三首《景星》句二五，末十一句均七言。

8. 《汉铙歌》十八曲：其《思悲翁》句十，末句七言；《艾如张》句八，七言句二；《上之回》句十二，末二句为七言；《战城南》句二十，七言句三；《上陵》句二十一，七言句一；《将进酒》句九，末句七言；《君马黄》句十，七言句二；《芳树》句十五，七言一；《有所思》句十七，末二句为七言；《圣人出》句十二，七言句四；《临高轩》句八，七言句二；《远如期》句十四，末句为七言。（以上均《全汉诗》卷一）

9. 东方朔的《据地歌》句五，七言一。（《全汉诗》卷二）

10. 四皓的《紫芝歌》句十，末为七言。（同上）

11. 司马相如的《琴歌》二首：第一首句八，纯七言句四；第二首六句全是七言，唯起句有"兮"字。（同上）

12. 李陵的歌一首，句六，末为纯七言句。（同上）

13. 马援的《武溪深行》四句，起和末，二句为七言。（同上）

14. 《吴越春秋》的《穷劫》句十八，全是七言。这篇作者赵晔的生卒没有考出，不过在《后汉书》本传："诣杜抚受《韩诗》，究竟其术，积二十年，……抚卒乃归，……著《吴越春秋》……。"昔非按杜抚卒于建初年间，下篇作者张衡生于建初二年，以他为先于张，所以把牠插写在这里。（《汉魏丛书》里的《吴越春秋》《阖闾内传》）

15. 张衡的《四愁诗》四首均是七句的七言，但起句均有"兮"字。(《全汉诗》卷二)

16. 李尤的《九曲歌》二句均是七言，但有阙。(同上)

17. 王逸的《琴思楚歌》句十五，全七言。(同上)

18. 蔡琰的《胡笳十八拍》多半是七言，但除没有"兮"字的句子仅：第一拍句十二，起二句是纯七言；第十拍句八，纯七言句四；第十一拍句十，起句是七言；第十七拍也只"胡笳本自出胡中，缘琴翻出音律同"二句是纯七言。(《全汉诗》卷三)

19. 无名氏的《古两头纤纤诗》四句全是七言。这篇在《八代诗选》作二首，但其辞句也不过是每句末三字不同而已。(同上)

20. 《相和歌辞》

A《相和曲》的《薤露歌》句四，末二句是七言；《蒿里曲》句四，除起句外，也均是七言；《乌生》(一作《乌生八九子》)句二一，七言句五；《平陵东》句十三，七言句三；《陌上桑》句二四，每三句前二句为三，末句为七言。

B《吟叹曲》的《王子乔》句二二，半是七言。

C《清调曲》的《董逃行》五解句二六，七言句五。

D《瑟调曲》的《西门行》第一首共六解，其第五解四句均为七言，唯末二句是叠前两句的；《东门行》第一首共四解，前三解的末句均是七言，而第四解的第三句"君复自爱莫为非"，和第三解的末句同；第二首句十五，七言五，和前首有许多相同的；《妇病行》句二五，七言句三；《雁门太守行》共八解，七言句二。(《全汉诗》卷四)

21. 《舞曲歌辞》《淮南王篇》句十七，七言句八。(同上)

22. 《杂曲歌辞》《蜨蝶行》句十，起句为七言。(同上)

23. 古歌句十一，起句为七言。(同上)

24. 《古歌铜雀词》句四，前二句为七言。(同上)

(三) 三国

甲、魏

1. 曹操的《气出唱》三首，第二首句三十，七言句二，第三首句十三，七言句二，《对酒》句二四，三句七言；《陌上桑》句二四，七言句八，其体如汉代的(20)项一样，后来仿作者很多；《塘上行》(《诗纪》作甄后的)第二首共五解，七言句二。(《全三国诗》卷一)

2. 文帝的《燕歌行》，这篇自有诗以至魏代，为最好的统七言作品。在《八代诗选》作一首，句三十，而在这里却分为二首，第一首句十五，第二首句十三，在"披衣出户步东西"句下缺"悲风清厉秋气寒，罗帷徐动经秦轩"两句。(同上)

他又有《临高台》三段，第一段句三，七言的二；《陌上桑》句十九，七言的五；《大墙上蒿行》句七九，七言句二七；《艳歌何尝行》(《宋书》作古辞)句二七，一句七言；《月重

轮行》句八,七言句一。(同上)

3. 明帝的《燕歌行》五句均是七言。(同上)

4. 曹植的《平陵东行》句八,半为七言;《苦思行》句十二,七言句二;《桂之树行》句十七,七言的二;《当墙欲高行》句十,七言句三;《艳歌行》二首,第二首两句均为七言;《对酒行》二首,第二首仅"蒲鞭苇杖示有刑"一句;《陌上桑》句五,七言一;《乐府诗》也只有"金樽玉杯,不能使薄酒更厚"句。(《全三国诗》卷二)

5. 王粲的《矛俞新福歌》句十二,七言一;《行辞新福歌》句九,起句是七言。(《全三国诗》卷三)

6. 陈琳的《饮马长城窟行》句二八,七言九。(同上)

7. 缪袭的《战荥阳》句十八,七言二;《获吕布》句五,末句为七言;《克官渡》句二十,六句七言;《旧邦》六句全七言;《定武功》句二一,七言一;《屠柳城》句九,七言一;《平南荆》句二二,七言句一;《邕熙》句十四,七言二;《太和》句十二,七言句三。(同上)

缪氏的作品共十有三首,除《挽歌》而外,就是这些改《汉曲》而制以颂曹氏的——即《魏鼓吹曲》十二首。

8. 左延年的《秦女休行》句三一,七言句三。(同上)

9. 阮籍的《大人先生歌》三句均虽为七言,但起二句有"兮"字。(卷五)

乙、吴国只有韦昭的《吴鼓吹曲》十二首:《汉之季》句十八,七言句二;《摅武师》句五,末句为七言;《伐乌林》句十二,七言的六句;《秋风》句十五,七言一;《克皖城》六句均是七言;《关背德》句二十,七言的一;《通荆门》句二二,七言的四;《承天命》句二三,末二句为七言。(卷六)

这也是和缪袭般仿汉曲而制的。

丙、蜀汉,没有七言的作品。

(四)晋代

1. 张华《食举东西厢乐诗》十一章:第五章句十七,七言的三句;第六章句七,七言句二;第八章句七,起句是七言;第九章句二三,四句七言。(《全晋诗》卷一)

2. 傅玄有——

A《晋鼓吹曲》二二首;《宣受命》句十七,二句七言;《征辽东》句八,七言的二句;《宣辅政》句十三,七言的六;《时运难》句七,七言的五;《於穆我皇》句三二,七言的二;《夏苗田》句十八,七言的五;《顺天道》句二七,七言的二;《钓竿》句三六,五句七言。(同上)

B《晋宣武乐》《惟圣皇篇》句十三,二句七言;《军镇篇》句十三,七言的三;《穷武篇》句二十,一句七言。(同上)

C《晋鼙舞歌》《洪业篇》句五六,七言的五。(同上)

他的作品除这些外，在卷二种（中）还有:《白杨行》句二七,七言的七句;《秦女休行》句四一，也七言句七;《云中白子高行》句三三,也有七句七言;《拟四愁诗》四首,各句十二，起句也各有"兮"字;《两仪诗》五句,全七言;《云歌》句六,起二句为七言;《莲歌》句六,末一句为七言;《啄木》句七,除末二句均为七言;《九曲歌》全二句的七言。

3. 无名氏的《济济篇》句十六,八句七言;《晋白纻舞歌诗》三首,前二首各句十六,末首句十,全是七言;《晋杯槃舞歌诗》句二九,七言十。(《全晋诗》卷一)

4. 陆机《燕歌行》句十二,均七言;《鞠歌行》句十五,其体如《陌上桑》,有七言句五;《顺东西门行》句十五,体如前首,也有七言句五;《日重光行》句十八,三句七言;《百年歌》十首,前三首各八句,四、八、十,三首各六句,五、六、九,三首各七句,第七首句五,每首起句是"一十时,二十时……百岁时"底三言,余均为七言,且前六首的末二句均是:"清酒浆炙奈乐何"的叠句。(《全晋诗》卷三)

5. 张载《拟四愁诗》四首均是八句的七句（言）,起句也各有"兮"字。(《全晋诗》卷四)

6. 董京《答孙楚诗》句四二,七言句一。(同上)

7. 石崇《思归引》句十七,七言句三。(同上)

8. 熊甫《别歌》是四句的七言。(《全晋诗》卷五)

9. 王嘉歌三首：第一首句四,第二首句三,第三首句一,均是全七言。(卷七)

10. 湛方生《秋夜诗》句三二,末二句为七言;《游园咏》句二二,七言句一。(同上)

11. 马岌《谏歌》二句均七言;《琴歌》句六,末四句是七言。(同上)

12. 苏伯玉妻《盘中诗》句四九,七言句五。(同上)

13. 谢道韫（等）《咏雪联句》三句均为七言。(同上)

14. 苏若兰《璇玑图诗》有不少的七言。(同上)

15.《神弦歌》《白石郎曲》二曲,第一曲句三,末句为七言;《姑恩曲》二曲,第一曲句四,末句也是七言。(卷八)

16.《西曲歌》《青骢白马》八曲,各是二句的七言;《女儿子》二曲,也各是二句的七言。(同上)

17.《杂曲歌辞》《乐辞》句八,末二句为七言;《休洗红》二首,各句六,末二句也均为七言。(同上)

(五)宋

1. 孝武帝《华林都亭曲水联句》(一作《华林园效柏梁体》)八句均为七言。(《全宋诗》卷一)

2. 南平王铄《白纻曲》六句,全七言。(同上)

3. 谢庄《宋明堂歌》《歌太祖文皇帝》句十八,七言句二;《歌赤帝》句六,全七言。以后用这篇名的多是七言体。(同上)

他的作品在卷二里还有:《怀园引》句四八,纯七言句十六;《山夜游》句四三,纯七言句六;《瑞雪咏》句四四,纯七言句三。此外又有《长笛弄》,脱文,不计。

4. 王韶之《宋四厢乐歌》《食举歌》十曲,其第三曲句十五,七言句一;第四曲句十二,七言句二;第六曲句九,一句七言。(同上)

5. 无名氏《白纻舞歌诗》句十四,全七言。(同上)

6. 明帝《通国风》句十九,末八句为七言;《淮祥风》句三,末句是七言;《白纻篇大雅》句十六,全七言。(同上)

7. 无名氏的《宋凤凰衔书伎辞》句五,全七言。(同上)

8. 何承天《鼓吹铙歌》《思悲公篇》句二一,七言句七,体像《陌上桑》;《战城南篇》句二四,体如上首,七言句八;《巫山高篇》句二四,三句七言;《上陵者篇》句二四,也是三句中七言句一的;《有所思篇》句二四,体如前首;《临高台篇》也和上首一样。(卷二)

9. 谢灵运《燕歌行》句十二,全七言;《鞠歌行》句十三,纯七言句四;《顺东西门行》句十六,七言句四。(卷三)

10. 谢惠连《燕歌行》句十二,全七言;《鞠歌行》句十五,也是每三句有句七言的;《前缓歌行》(一作《后缓歌行》)句十二,七言一。《顺东西门行》句七,三句七言。(同上)

11. 鲍照《代白纻舞歌》四首,每首均是七句的七言。《代白纻曲》二首,第一首句八,六句七言,第二首句七,全七言。《代鸣雁行》句六,全七言。《拟行路难》十八首:第一首句十,第二首句九,第三首句十,均是全七言;第四首句八,七言五;第五首句十三,七言句九;第六首句十二,五句七言;第七首句十三,全七言;第八首句十二,除起二句外均是七言;第九首句十,七言句八;第十首句十二,七言句十;第十一首句十四,七言句十二;第十二首句十四,全七言;第十三首句二六,七言句二三;第十四首句十二,纯七言句七;第十五首句十,除起(句)外皆是七言;第十六首句八,三句七言;第十七首句六,五句七言;末首句十二,七言句九。《梅花落》句八,七言句五。《代淮南王》二首,第一首句九,第二首句七,均各有五句七言,《代雉朝飞》句十二,体如《陌上桑》,七言句四,《代北风凉行》句十二,七言句四。《代夜坐吟》句十,起二句为七言。(卷四)

此外,在《八代诗选》尚(有)《夜听伎》:"兰膏销耗夜转多,乱言(筵)杂坐更弦歌;倾情逐节宁不苦,特为盛年惜荣华"一首。(杂言二、页五)

12. 吴迈《楚朝曲》句十,全七言。(《全宋诗》卷五)

13. 汤惠休《白纻歌》二首,第一首句八,第二首句六,均全是七言。《秋风》(一作《秋歌》)句六,《秋思引》(一作《歌思引》)句四,也均是全七言。(同上)

14.《读曲歌》八十九首:第二十二和二十八两首均各句四,而末句也均为七言。第三十首句四,末句在《八代诗选》为"不知乌帽郎是谁",而在这则为:"良不知……是

谁"多个"良"字,成八言句。第五十六首句四,七言句一。(同上)

(六)齐

1. 谢超宗《齐明堂乐歌》《赤帝歌》仅存六句,全七言。(全齐诗卷一)
2. 谢朓《齐雩祭歌》《赤帝》三章,皆是二句的七言。(同上)
3. 王俭《齐白纻辞》五首,也均是二句的七言。(同上)
4. 无名氏《齐世昌辞》句六,七言句一。(同上)
5. 江淹《齐凤凰衔书伎辞》,五句,全七言。(同上)
6. 王融《奉和纤纤》句四,均七言。(卷二)
7. 陆厥《京兆歌》句十八,纯七言句二。《李夫人及贵人歌》句十二,《临江王节士歌》句十,各有七言二句。(卷四)
8. 释宝月《行路难》句十四,七言句九。(同上)
9. 《西曲歌共戏乐》四曲,皆是二句的七言。(同上)

(七)梁

1. 武帝《白纻辞》二首均为四句的七言;《河中之水歌》,句十四,全七言;《东飞伯劳歌》句十,全七言;《江南弄》七曲,各句七,前三句也各为七言;《清暑殿效柏梁体》十二句全七言。(《全梁诗》卷一)
2. 昭明太子《拟古》(《玉台》作简文的)句七,五句七言。(同上)
3. 简文帝《从军行》第二首句二十,七言句八;《上留田行》句四,《乌夜啼》句八,均为七言;《乌栖曲》四首,均是四句的七言;《采菊篇》句六,《东飞伯劳歌》二首各句十,均为全七言;《鸡鸣篇》句十四,《度关山》句十八,各有七言句四;《江南弄》三首均句七,也均有七言句三;《和萧侍中子显春别》四首,除第二首为句六,余均句四,全为七言;《夜望单飞雁》句四,全七言;《拟古》,详《昭明》条,《春情》句八,七言句六;《伤离新诗》句三八,七言句十二。(卷一至卷二)
4. 元帝《燕歌行》句二二,《乌栖曲》四首各句四,《春别应令》四首,除第二首句六,余各句四,《别诗》二首,各句四,《送西归内人》句四,《宴清言殿作柏梁体》句三,以上各篇全是七言。(卷三)
5. 沈约《梁三朝雅乐歌》《需雅》八曲,皆是五句的七言。《梁鼓吹曲》(也是改曲而制的)《桐柏山》句十九,一句七言;《道亡》句十一,七言句九;《忱威》句六,全七言;《惟大梁》句五,七言句一。《五音曲》五首,皆三句的七言。(以上卷三)

在卷四里还有:《江南弄》四首均句七,前三句均为七言。《四时白纻歌》五首各句八,《上巳华光殿》句十,皆是全七言。《八咏诗登台望新月》句四二,七言句六;《岁暮愍衰草》句四六,《晨征听晓鸿》句四十,《被褐守东山》句四十,三篇各有七言句二。

6. 萧子云《需雅》八曲，各句五，《相和》五曲，各句三，二篇全是七言。(卷三)

7. 张缵《细言应令》二句的七言。(卷四)

8. 张率《白纻歌》九首，第一，二，四，五，四首均句五，第三，八，九，三首均句六，第六，七，两首均句四，全是七言。《长相思》二首，第一首句（九），七言一；第二首句八，七言句二。(卷七)

9. 柳恽《芳林篇》四句的七言，唯前三句有"兮"字。(同上)

10. 陆琏《三日侍宴咏曲水中烛影》句四，全七言。(同上)

11. 吴均《行路难》五首，第一首句二十，第二首句二二，两首均全七言；第三首句十六，七言十四；第四首句十二，七言十一；第五首句二二，七言句二一。(卷八)

12. 萧子显《燕歌行》句二四，七言二二。《从军行》句十，七言四。《乌栖曲应令》三首，皆是四句的七言，不过前二首《乐府》作元帝的。《春别》四首，句法一如简文帝和他的。(卷十)

13. 王筠《行路难》二十句的七言。《楚妃吟》句十四，七言句一。(同上)

14. 刘孝威《拟古应教》句八，全七言，《鸡鸣篇》句十二，七言四。《乌生八九子》句二六，纯七言句七，《蜀道难》句二十，七言七，《禊饮嘉乐殿咏曲水中烛影》四句全七言。《赋得香出衣》句十，七言句八。(卷十一)

15. 刘遵《四时行生回》四句全七言。(同上)

16. 陶弘景《寒夜怨》句十二，七言句三。(同上)

17. 周捨《上云乐》句六十，七言句二。(同上)

18. 徐勉《迎客曲》和《送客曲》各句六，也各有七言句二。(同上)

19. 费昶《行路难》二首，第一首句十二，七言十一；第二首句二十，七言十三。(卷十二)

20. 朱超《咏独栖乌》句十二，全七言。(卷十三)

21. 戴暠《度关山》句三四，七言句十。(同上)

22. 沈君攸《薄暮动弦歌》句十二，《羽觞飞上苑》句十六，《桂楫泛河中》句十八，以上三首均是全七言。《双燕离》句十七，七言句七。(同上)

23. 车鞁《车遥遥》（玉台作傅玄的）全六句的七言，但有"兮"字的句四。(同上)

24. 释宝志《纤诗》二首，第一首句四，第二首句二，均全七言。(同上)

25. 苑静妻沈氏的《晨风行》句十二，除起句外，余均七言。(同上)

26. 《梁鼓角横吹曲》——《巨鹿公主歌辞》三曲，各句二，《地驱乐歌》句二，《雀劳利歌辞》句二，《捉搦歌》四曲各句四，以上各篇均全是七言。《东平刘生歌》句三，起句为七言。(卷十四)

27. 无名氏《木兰诗》二首，第一首句六二，七言五；第二首句四七，七言句六。(同上)

（八）陈

1. 后主《玉树后庭花》句六，《乌栖曲》三首各句四，《东飞伯劳歌》句八，以上各篇全是七言。《长相思》二首均句九，各有七言句一。《独酌谣》四首，第二首句十四，七言句二。《听筝》句八，前六句皆七言。（《全陈诗》卷一）

2. 徐陵《乌栖曲》二首，各句四，《杂曲》句二十，两篇全是七言。《长相思》二首，句法一如前面后主的。（卷二）

3. 陆琼《长相思》句九，七言句一。（同上）

4. 陆瑜《东飞伯劳歌》十句，全是七言。（同上）

5. 张正见《神仙篇》句三十，七言十八。《前有一樽酒行》句十，七言句一。《赋得佳期竟不归》句十四，《赋得阶前嫩竹》句六，两篇皆全是七言。（卷二）

6. 江总《怨诗》二首各句四，《乌栖曲》和《芳树》也各句四，《东飞伯劳歌》句十，《杂曲》三首——第一首句八，第二首句十六，第三首句二十，《梅花落》句十六，《宛转歌》句三八，《秋日新宠美人应令》句十六，《新入姬人应令》句十八，《闺怨篇》句十，又（《闺怨篇》）句六，《内殿赋新诗》句十二，《姬人怨》句二十二，以上各篇是完全七言。此外《长相思》二首，第一首句九，七言句一；第二首句八，七言句二。（卷三）

7. 顾野王《艳歌行》三首——第二首句十一，全七言；第三首句十九，七言一。（卷四）

8. 傅縡《杂曲》句二十，全七言。（同上）

9. 岑之敬《乌栖曲》句六，全七言。（同上）

10. 徐伯阳《日出东南隅行》二十句的七言。（同上）

11. 阮卓《赋得黄鹄一远别》也是二十句的七言。（同上）

12. 萧诠《赋得婀娜当轩织》句十四，全七言。（同上）

13. 贺循《赋得庭中有奇树》句十六，全七言。（同上）

14. 王瑳《长相思》句九，七言句一。（同上）

15. 阳缙《侠客控绝影》全二十句的七言。（同上）

16. 萧淳《长相思》句九，七言句一。（同上）

（九）北魏

1. 孝文帝《县瓠方丈竹堂飨侍臣联句》十四句，七言的二分一。（《全北魏诗》卷一）

2. 萧综《听钟鸣》句十九，七言句七。《悲落叶》句二一，七言句五。（同上）

3. 高允《王子乔》句十二，《陌上桑体》，七言句四。（同上）

4. 温子昇《捣衣》句八，六句七言。（同上）

5. 胡太后《杨白花》句也有六句七言。（同上）

（十）北齐

1.《赤帝高明歌》句六，全七言。《食举乐》十曲——第三曲句十九，第四五曲各句九，三曲皆有七言句一。（《全北齐诗》卷一）

2. 魏收《挟琴歌》全四句七言。（同上）

3. 高昂《从军与相州刺史孙腾行路难》句六，全七言。《赠弟季式》句六，起句除外，余皆七言。（同上）

4. 萧悫《春日曲水》有七言的四句。（同上）

5. 颜之推《和阳纳言听鸣蝉篇》句三四，七言句八。（同上）

6. 陆法和《纤诗》二首，第一首全三句的七言。（同上）

7. 卢士深妻崔氏的《䭀面辞》句十二，七言句四。（同上）

（十一）北周

1. 赵王招《从军行》四句全七言。（《全北周诗》卷一）

2. 庾信《昭夏》句十，《赤帝云门舞》句七，《征调曲》六首——第一首句八，第二首句也句八，第三首句十二，第四首句二四，第五首句二十，第六首句十六，《乌夜啼》句八，《燕歌行》句二，《秋夜望单飞雁》句四，《代人伤往》二首也各句四，以上各篇完全是七言。（《乌夜啼》至《代人伤往》在卷二，余在卷一）

3. 王褒《燕歌行》全二六句的七言。《日出东南隅行》句三四，末八句为七言。《墙上难为趋》句二十，七言句四。（卷一）

（十二）隋

1. 炀帝《江都宫乐歌》《泛龙舟》及《四时白纻歌》三首均各句八，《嘲罗罗凤媚歌》及《迷楼歌》则各句四，六篇皆是全七言。《纪辽东》二首，各句八，也各半数七言句。（《全隋诗》卷一）

2.《迷楼宫人歌》句四，七言句二。（同上）

3. 牛宏等的《诚夏》句六，《食举歌》八曲，均句五，二篇是全七言。《卜寿歌》句七，只末句为七言。（同上）

4. 史万岁《石城山》全四句的七言。（卷二）

5. 卢思道《从军行》句二八，除一句"从军行"外，余均为七言。《后园宴》句三二，七言句十四。《听鸣蝉篇》句四十，二八句七言。（同上）

6. 薛道衡《豫章行》全二八句的七言。（同上）

7. 辛德源《东飞伯劳歌》十句全七言。（同上）

8. 柳䜭《阳春歌》句六，前四句为七言。（同上）

9. 虞世基《赋得戏燕俱宿》六句皆七言。(卷三)

10. 虞茂《四时白纻歌》二首均为八句的七言。(同上)

11. 虞世南《应诏嘲司花女》四句全七言。(同上)

12. 王胄《纪辽东》二首各句十,也各有七言的句五。(同上)

13. 陈子良《于塞北春日思归》八句皆七言。(同上)

14. 释慧净《杂言》句六八,七言句四四。(卷四)

15. 释慧英的"一三五七九言"句十,七言句二。(同上)

16. 侯夫人《看梅》二首,各句四,也各有七言句二。(同上)

17. 无名氏《送别诗》句四,《鸡鸣歌》及《回纥曲》均各句六,三篇均全是七言。唯《回纥曲》第五句阙二字。而《鸡鸣篇》,我记得不知在什么书曾见说是汉初的作品,即丁氏福保也说:"……然则此歌,盖《汉歌》也。……"却又编在这里,未晓何据。

自汉前以至隋代的七言作品,已然像记账般记下来了,则牠的演进情形本可得而言了,不过为明了起见,再列表以明之①:

单位:篇

朝代	汉前	汉	三国	晋	宋	齐	梁	陈	北朝	隋	总计
完全七言篇		5	6	14	25	11	102	35	20	27	245
不完全七言篇	9	50	45	57	44	4	49	12	18	12	298
句数	75	247	145	382	447	55	866	437	328	318	3302

照右表②的数量上来看,好像七言的演进从汉到三国而中衰,宋至齐及梁至隋而又低降。其实这是不然,因为朝代有长短的不同,汉有天下历四百余载,而三国历年不过当其十分之一左右,自晋以降的各朝代都只是几十年的辰光,短促得像一现昙花,然牠的演进却未尝停顿,这种理由,我们以时间上试一比较便可明了,盖自《三百篇》开了七言句的先河,到了两汉,全七言的歌辞便产生不少。降及有魏,而文帝超越前代的《燕歌行》就接之而兴,但有晋一代,虽除了无名氏《白纻舞歌》以外,多半是没有足述,然其作者也未尝不多,宋代晋有天下,虽享国不满六十年,而其作品较晋为多。齐朝有国,不过二十余载,没有特殊作品固其宜了。迨及梁陈,牠的进步殆有突飞之势,至于北朝庾信也有足数,隋炀一统天下,以九重之尊而任情作乐,其《嘲罗罗》《迷楼歌》等也是不俗的之作,牠的演进情形大概这样。

---

① 编者按,黎昔非原文的统计表格,沿用民国时期的做法,数字采用"一、二、三……"汉文书写方法,与今之统计表格数字皆用阿拉伯数字的通行方法不相符合,故收入本书时,将其统计表格中的数字,全部改为阿拉伯数字,以方便读者阅读、理解。特此说明。

② 编者按,该文原刊《中国公学大学部文理学院庚午级毕业纪念刊》(1930年),其时之书刊排版方式为竖排,故表格或"左"或"右",与今之横式排版言"上"言"下",有所不同。若转换为今之"上""下"而言,则"右表"相当于"上表","左表"相当于"下表"。特此指出。

三、余说

  这篇东西的材料来源,自汉至隋是依丁福保的《全汉三国晋南北朝诗》和《八代诗选》等,而在汉以前,是零碎找来的,因为是可依的书,冯惟讷《古逸》里虽有几首,但诸多不可靠的,像《击壤歌》《禹玉牒辞》,别说在那时有无文字还成问题,即尧禹其人,在现代史家也尚不承认,已没其人,那里来了是歌呢?这是伪作,当无可疑。此外如《楚聘》《获麟》……早为人证明伪托,毋庸赘言,他如《灵宝谣》《巴谣歌》……则所谓《灵宝要略》和《茅盈内传》,我未曾和牠们晤面过,不敢强以为知而妄断言了。然我也不是说在我举出的是没有错误和遗漏,因为时间的匆促,时间的急迫,使我没有从头再读一遍的余暇,则其错误与遗漏之多,不待事实来证明也就可知了。

  更有一言,这篇稿是新年假期里草成的,草时也是很马虎的。现在把牠登在所谓"毕业纪念刊"上,并不是我自己认为是满(意)的东西,不过因为我自己的身体和各种的关系,不许我写所要写的文字,而纪念刊又限定必投稿,逼得我不得不借牠来塞责!

十九,五,十二下午抄完。

[原刊于《中国公学大学部文理学院庚午级毕业纪念刊》(1930年),上海档案馆藏]

作者简介:黎昔非(1902.5.31—1970.12.16),广东省兴宁人,中国近代学者、杰出报人。1930年7月毕业于上海中国公学大学部中国文学系,1931年春考取北京大学研究所中国文学研究生,指导教授黄节,研究课题《诗经学史》。1932年4月应胡适再三邀请出任《独立评论》经理人,直至1937年7月25日《独立评论》出版最后一期244号之后逃难返故里。黎昔非与胡适的通力合作成就了《独立评论》的辉煌,使之成为中国近代影响最大的刊物之一,两人之合作缺一不可。

20世纪七言诗源、诗史研究的开山之作

——黎昔非先生《唐以前的七言诗》

徐宝余

  黎昔非先生《唐以前的七言诗》是目前可知最早的研究七言诗源诗史的现代论文。其对于七言诗源诗史的研究，奠定了后来研究的基本框架，在七言研究领域内具有开拓意义，应该引起当前学术史界的重视，然而至今尚不为人所知。深入探讨其文献价值，将会为学术史研究提供应有的借鉴。

  黎昔非先生为时人和世人所知晓者，最著莫过于在20世纪30年代为《独立评论》经理人，然而其在三四十年代文史领域内的点滴研究，也应该有其相应的学术史地位。如他的《〈采苢〉时代的质疑》一文，便是关于《诗经》方面的文史探寻，得到了当代学者李学勤的称扬①，但是其《唐以前的七言诗》一文②，却湮没无闻，没有引起诗学领域及学术史研究者的重视。如赵敏俐先生在《20世纪汉代诗歌研究综述》一文中论及20世纪上半叶的七言诗研究状况时说道："从1920年到1949年这一段时间，关于七言诗的起源与发展的讨论，也取得了重要成果，王耘庄的《七言诗起源考》(《两周评论》1卷1期)，罗根泽的《七言诗之起源及其成熟》(《师大月刊》1933年2期)，王盈川的《七言诗发生时期考》(《学艺杂志》13卷5期)、余冠英的《七言诗起源新论》(1942年)，余冠英、李嘉言的《关于七言诗起源问题的讨论》(1944年，以上两文并见余冠英《汉魏六朝诗论丛》)等，共同促进了对文学史这一重要问题研究的深入进展。"③论者或以为赵文虽只是摘举范文，非篇篇罗列，然而在首都师范大学中国诗歌研究中心主办的相关网站上所刊出的中华人民共和国成立前诗歌研究的文章目录中也未列出黎文，故笔者推测赵文未涉黎文盖是出于未见。非但赵文未涉及黎文，而且即使是写于1933年的罗根泽《七言诗之起源及其成熟》一文也没有注意到黎文，其在文章开端便言："近几年来研究国学的人，肯注意到各

---

① 李学勤：《〈诗经〉研究的吉光片羽》，黎虎主编：《黎昔非与〈独立评论〉》，北京：学苑出版社，2002年，第174页。
② 《中国公学大学部文理学院庚午级毕业纪念刊》，中国公学编，1930年。
③ 赵敏俐：《20世纪汉代诗歌研究综述》，《文学遗产》2002年第1期，第101—111页。

个小问题，这是很好的现象。七言诗和五言诗，在中国文学史上似乎有同等的价值，不知怎的五言诗的起源及其成熟，有许多人研究；七言诗的起源及其成熟，独无人探讨？我为了它是文学史上至关重要的问题，所以不揣浅陋的来探讨一下。"①这也说明，黎文在当时学界并未引起人们的关注。黎文之所以未在学术史界引起关注，除了30年代当时学术环境的特殊原因，还有就是黎文只刊登在《中国公学大学部文理学院庚午级毕业纪念刊》上，而这一刊物目前只在上海市档案馆保存。②

一、黎昔非先生《唐以前的七言诗》是20世纪探讨七言诗起源的最早论文

为了说明其创作时间，我们可以将前面所谈及的七言论文及笔者所能搜索到的资料罗列于下。

龚慕兰 《七言诗概谈》，《晨报副刊》1925年5月20日。

王耘庄 《七言诗起源考》，《两周评论》1931年6月，第1卷第1期。

张长弓 《七言诗的兴起说》，《文艺月报》（开封），1931年，第1卷第56期。

陶嘉根 《五七言诗体成立考》，《文学丛刊》，1933年11月，第1卷。

罗根泽 《七言诗之起源及其成熟》，《师大月刊》，1933年1月，第2期。

王盈川 《七言诗发生时期考》，《学艺杂志》1934年6月，第13卷第5期。

宋文瀚 《五七言诗的起源是怎样的？》，《文学百题》，1935年7月。

林庚 《四言诗与七言诗》，《大公报文学副刊》，1935年6月30日，第158期。

王利器 《一句一章之东汉七言歌谣说》，《制言》，1936年11月，第29期。

余冠英 《七言诗起源新论》，《国文月刊》第18、19期，1942年12月—1943年2月。（收入其所著《汉魏六朝诗论丛》，棠棣出版社1952年版；《古代文学杂论》，中华书局1987年版）

李嘉言、余冠英 《关于七言诗起源问题的讨论》，《国文月刊》第28—30期（51—56），1944年11月。（后收入二人论文集时，分别题作《与余冠英先生论七言诗起源书》《关于七言诗起源问题答李嘉言先生》）

逯钦立 《汉诗别录·考源第二》乙《七言》，写于1945年8月，收入《汉魏六朝文学论集》，陕西人民出版社1984年版。

---

① 罗根泽：《七言诗之起源及其成熟》，《罗根泽古典文学论文集》，上海：上海古籍出版社，1985年，第167页。

② 编者按：幸得张兴成先生帮助，觅得此本，笔者方有撰写此文之机会，谨在此表示特别感谢！

黎昔非先生《唐以前的七言诗》据其落款创作于民国19年，为公元1930年，确实为20世纪探讨七言诗源诗史的最早单篇论文。① 当代学人在探讨七言诗渊源问题时，常常会追溯到梁启超《中国之美文及其历史》一书对于七言诗的判断。然则此书稿虽写于1924年（属未完稿），出版印行却是在1936年，先有单行本，后收入《饮冰室合集》。② 而其影响大概也在1936年而后。故黎先生此文实为探讨七言诗起源的近代开山之作，亦是对七言诗体发展做出系统描述的最早文章。

二、《唐以前的七言诗》一文采用辨伪方法，对七言诗的写作进行了历史追溯，奠定了后来七言诗探源的基本架构

黎文首先考察了任昉《文章缘起》、顾炎武《日知录》中的两种说法。黎先生认为《文章缘起》柏梁联句说不可靠，因为其中的一些人名和官名非汉武帝时所有，这是采用了顾炎武的考辨结论；而对顾炎武所提出的楚骚说及《灵枢经》问题又持异议，认为楚骚不是纯为七言，而《灵枢经》所载又为晚出。

文章在列出陆侃如七言源于曹丕《燕歌行》、张为祺七言源于《吴越春秋》所载《穷劫》之后，认为《诗三百》中就已经有七言单句，如《周颂·敬之》《大雅·召旻》,《韩非子》中亦有七言谚语，如"奔车之上无仲尼，覆舟之下无伯夷"。但是它们或是单句，或是谚语，还不是诗。黎文认为《淮南子》所载《饭牛歌》是最早的纯七言。可见黎先生对于七言渊源的探讨是建立在辨伪与考辨的基础之上的，并非凡是七言便加认定收录。这一辨伪的工作在罗根泽《七言诗之起源及其成熟》一文中得到了充分开展，罗文专列一节"伪七言之考辨"，并且说"这一段把古书里边不可依据的七言诗，无论有没有人认为是七言诗的起源，都逐条驳正"。共有16条之多，其中第三条是谈《灵枢经·刺节真邪篇》的，认为顾炎武所举《灵枢经》乃伪书，"他的著作年代，即便认为是出于《汉书·艺文志》所载的《内经》18篇，也不能超过秦、汉以上，否则更晚了"。在这一点上，黎、罗二人的观点是一致的。罗文辨伪的第八条便是驳《饭牛歌》，虽然认为《饭牛歌》不可能是战国时期的作品，但是其并没有否定是《淮南子》时期的作品，这一点于黎文并没有构成冲突，在辨伪的前提下他们所做的工作只是各有侧重。正如黎文所云："至于宁戚干齐桓的是不是事实，我虽不敢决定，但这歌已然在《淮南子》里，则它至少也与淮南王安同时的了。且《楚辞》也有：'宁戚歌而饭牛'的话，纵使这'惜往日'不是屈原所作，

---

① 龚慕兰《七言诗概谈》只是对七言诗所做的一篇概述性文字，故开山之作当以黎文为是。
② 彭树欣:《梁启超〈中国之美文及其历史〉的整理问题》,《古籍整理研究学刊》2008年第4期，第77—79页。

但王逸已为它注,则这歌无论如何也定先于《穷劫》了。"这样的推论,在当时是合乎其理的。

黎先生对七言探源的工作,除了建立在辨伪基础之上外,还有几点值得注意。一是注意到先秦七言单句,除《诗经》、楚骚外,还有诸子方面的内容,如《淮南子》《荀子》等书的引用,这在七言诗源及诗史的探讨上,也有其重要的启发意义,尽管七言句与七言诗之间还有一段距离。当代学者在探索七言起源时,也注意到了子书中的七言成句,并进而扩展到四部图籍,如《论语》《战国策》《韩非子》《吕氏春秋》等书。二是注意到了杂谣,依黎先生的初意,应该是将七言作品分为两大部类——诗歌和杂谣,进行收录,"不过杂谣这类的东西,太半都是零零碎碎三句两句的,五六句以上的就很少了。在量上来说,自春秋以至隋代,计全七言的都百有五篇,不可说是不多……"虽然黎先生将杂谣这一部分加以省去,从而错过了对于七言起源探讨的重要参照物,但是其对于杂谣的初始关注,却能够引起后之学者的关注。如余冠英先生写于1942年的《七言诗起源新论》便是从歌谣角度出发来考察七言诗的渊源问题,从而得出结论:"我们承认楚辞句法有近于七言诗之处,楚辞体未尝无蜕变为七言诗体的可能,但虽有此可能,并未产生此事实。事实上七言诗体的来源是民间歌谣。七言是从歌谣直接或间接升到文人笔下而成为诗体的,所以七言诗体制上的一切特点都可在七言歌谣里找到根源。"

三、在对唐前七言诗的收纳中,注意到了杂七言问题,从而为七言诗源流发展提供了一个可资利用的宝贵视角

杂七言,其归属问题向来比较复杂,有归入七言,有径称为杂言,而传统诗学往往有将杂七言归入七言的现象,葛晓音先生《中古七言体式的转型——兼论"杂古"归入"七古"类的原因》一文注意到了此一现象,并且对杂古入七古的原因进行了探讨,认为杂古对七言俗调有改造之功、杂古扩张了七古的抒情结构、杂古突破乐府古题对新题歌行的"篇"体具有重要意义。[①]

杂七言与七言之间的关联,其实是与七言诗本身的发展密不可分的。典型成熟的七言诗节奏是"四三"节拍形式,与典型的四言诗"二二"的均衡节奏相较,本身就体现出了其非对称性。而早期七言单句的节奏大多也是体现为"四三"节奏,非但音韵节奏如此,意义节奏也是这样。这就使得早期七言单句,或由若干结构形式大致相同的单句所连成的多句,在诵读和理解时每韵构成了一个独立的意义单位与音节单位,从而使

---

① 葛晓音:《中古七言体式的转型——兼论"杂古"归入"七古"类的原因》,《北京大学学报》(哲学社会科学版)2008年第2期,第75—84页。

得表面上看起来整齐的七言句或句群，事实上是由若干个"四三"句式所组成的篇章形式。这种"四三"节奏形式的构成，使得早期七言诗（如果能够称之为诗的话）呈现出杂言诗的形式特征，无论是在节奏形式还是在意义层面。① 所以，"三三七"形式的篇章表现形式是杂言，其节奏可以化为"三三四三"的韵律节奏，若将其中的"四言"还原为"二二"形式，则"三三七"形式，可以理解为"三三二二三"的节奏。这样的音节节奏又可收纳为整齐的七言句式，即"□□□－□□□，□□□□□□"，其中"—"为休音，若套用日人松浦友久的休音理论②，以八音来表示，则为"□□□ — □□□ —，□□□□□□□—"。可知，作为"三三七"句式的诗句，是介于杂言与齐言之间的一种中间形态，其整齐中有错落，而杂错中亦显现出齐整。作为非典型"三三七"形式的荀子《成相篇》，若依此来理解，则其固定的语式结构"三三七四七"，事实上可以依八音理论整齐为齐言句式。它们可剖为两部分，即"三三七"与"四七"，"三三七"的语音节奏与可转化为"二二七"的"四七"语音节奏是相等的。即在"三三七"与"二二七"的交互错比中，我们可以发现，这看似两个没有关联的语音单元构成了对称结构。以八音来表示如下：

□□□－□□□－，□□□□□□□－。
□□－－□□－－，□□□□□□□－。

至于"五七"杂言，则由于"五""七"分别可以构成两个音顿要素，即"三二"与"四三"，所以也就可以相杂。注意七言与杂言的关系，事实上已经注意到中国古典诗歌的"二""三"节奏元素，作为诗歌无论是几言，皆可以"二""三"作为基本结构元素来进行分解与组合。而作为四言的"二二"形式与六言的"三三"形式，由于结构的单一性，从而在后世创作中不显，其弊端在八言中尤其显著；九言则是由于"二三二二"形式的架构，从而使得句意与语音过于迂缓而很难为文士所授受；七言的"二二三"形式，相较于九言要好得多，但是与五言"三二"相较，则难以比堪。所以齐梁人才会发出"五言居文词之要"（钟嵘《诗品序》）的感喟来，而五言亦成为魏晋而下诗歌创作的主流形式。

从七言与杂言的关系中可以寻求到七言早期的语音节奏形态，并且在这一节奏形态中

---

① 其实这种"四三"节奏在《诗经》中就已经存在，只是并未引起一般人的注意。如明谢榛《四溟诗话》卷一所云："《尘史》曰：王得仁谓七言始于《垓下歌》，《柏梁篇》祖之。刘存以'交交黄鸟，止于桑'为七言之始，合两句为一，误矣。《大雅》曰：'维昔之富不如时。'《颂》曰：'学有缉熙于光明。'此为七言之始。亦非也。盖始于《击壤歌》：'帝力于我何有哉？'《雅》《颂》之后，有《南山歌》《子产歌》《采葛妇歌》《易水歌》，皆有七言，而未成篇，及《大招》百句，《小招》七十句，七言已盛于楚。但以参差语之，而观者弗详焉。"（《历代诗话续编》本）刘存以"交交黄鸟，止于桑"为七言之始，虽难契合七言诗理，然而其在"四三"节奏上分合恰恰是早期七言诗韵律节奏的一个重要特征。

② 参见松浦友久：《节奏的美学——日中诗歌论》，石观海等译，沈阳：辽宁大学出版社，1995年；又可参见［日］古川末喜：《八音节奏与中国五言、七言诗体》，谭阳译、陆晓光校，《中国文论的情与体》（古代文学理论研究第二十五辑），上海：华东师范大学出版社，2008年。

发现七言的渊源所自及其成熟程度。尽管黎昔非先生未能就此做出深入研究，但于七言诗的源流探讨无疑是有启发意义的。

四、黎昔非先生最早对七言诗史进行了总览式的归纳与描述，对七言诗史的研究具有开拓意义

黎文在对七言进行探源以后，对七言诗史进行了梳理。汉至隋依据的文献底本是丁福保《全汉三国晋南北朝诗》和《八代诗选》，至于汉代以前的，则是依据零散的资料。在一一罗列七言作品后，在文章的收尾处，还列有各代七言作品数量统计表格，并且对历代七言演进有一段文字描述，兹引述如下："照右表的数量上来看，好像七言的演进从汉到三国而中衰，宋至齐及梁至隋而又低降。其实这是不然，因为朝代有长短的不同，汉有天下历四百余载，而三国历年不过当其十分之一左右，自晋以降的各朝代都只是几十年的辰光，短促得像一现昙花，然牠的演进却未尝停顿，这种理由，我们以时间上试一比较便可明了，盖自《三百篇》开了七言句的先河，到了两汉，全七言的歌辞便产生不少。降及有魏，而文帝超越前代的《燕歌行》就接之而兴，但有晋一代，虽除了无名氏《白纻舞歌》以外，多半是没有足述，然其作者也未尝不多，宋代晋有天下，虽享国不满六十年，而其作品较晋为多。齐朝有国，不过二十余载，没有特殊作品固其宜了。迨及梁陈，牠的进步殆有突飞之势，至于北朝庾信也有足数，隋炀一统天下，以九重之尊而任情作乐，其《嘲罗罗》《迷楼歌》等也是不俗的之作，牠的演进情形大概这样。"①黎先生注意到了数字统计与诗史描述之间的复杂关系，一定的创作数量与朝代更迭之间，并非存在着简单的对应关系；与"朝代-诗史"之关系相较，他更注重时段与诗史之间的演进关系，从而避免了朝代分割对于诗史演进描述所产生的误差和偏失，从而能够做到描述更具有客观性。

尽管黎文所得出的结论还缺乏一定的深度，对于七言流变也缺少细致的抽绎，从而对七言演进中的一些标志性特征没有进行深入挖掘，但是，在七言诗史的梳理描述中，特别是在唐前这一重要区段给予七言诗史以足够的关注，现当代学术史所揭示的路径足以证明其意义和价值。20世纪30年代以来人们对于七言诗源及其诗史的关注，便是很好的证明。

---

① 衍字一："不俗的之作"之"的"当为衍，特此说明。

五、《唐以前的七言诗》与当代学术视野中的七言诗源诗史研究

如果将七言诗源诗史研究放在 20 世纪以来百年学术史的视野中来考察，则有几篇论文无疑是非常值得注意的，他们在七言研究领域内的开拓具有划时代的意义。他们分别是：黎昔非《唐以前的七言诗》(1930)，罗根泽《七言诗之起源及其成熟》(1933)，余冠英《七言诗起源新论》(1942)，逯钦立《汉诗别录·考辨第二》乙《七言》(1945)，王运熙《七言诗形式的发展和完成》(1956)，① 陈允吉《中古七言诗体的发展与佛偈翻译》(1993)，② 刘跃进《七言诗渊源补证》(1996)③ 以及葛晓音《论汉魏三言体的发展及其与七言的关系》(2006)、《早期七言的体式特征和生成原理——兼论汉魏七言诗发展滞后的原因》(2007)、《中古七言体式的转型——兼论"杂古"归入"七古"类的原因》(2008)。④ 黎文作为开山之作，奠定了七言诗源诗史研究的基本框架，功不可没，兹不再论。以下对其余各家略做评介，以明晓七言诗源诗史研究的学术史进程，从而亦可以见出黎文的学术史价值。

罗文继续了黎文的考辨工作，对历史上先秦伪七言进行了细致的辨析，并在对七言探源中将其排除，从而得出如下结论：

> 西汉元、成、哀、平时代（公元前 48 年—公元 5 年）为由骚体变成七言诗时期，即七言诗发生时期。东汉中世前后（为公元 100 年前后）为七言歌谣成熟时期。东汉之末（约为公元 160 年前后）为文学家作七言诗时期。魏末晋初（为公元 260 年前后）为七言诗成熟时期。

罗文的价值有数点：（一）辨伪工作做得十分细致；（二）材料搜罗十分丰富；（三）注意到了汉代镜铭，并对之做了非常详细的考察；（四）注意到了七言与楚骚、歌谣二者的关系，特别是对七言与歌谣关系的考察，凸显了歌谣在七言诗源中的重要性。

---

① 王运熙：《七言诗形式的发展和完成》，《复旦学报》（人文科学版）1956 年第 2 期，收入其《乐府诗述论》（增补本）一书，上海：上海古籍出版社，2006 年。

② 原载于《中华文史论丛》第 52 辑，上海：上海古籍出版社，1993 年。收入其所著《古典文学佛教溯缘十论》，上海：复旦大学出版社，2002 年。

③ 刘跃进：《七言诗渊源补证》，《河北大学学报》1996 年第 3 期，收入其所著《古典文学文献学丛稿》，北京：学苑出版社，1999 年。

④ 葛先生后两文分别见《中国社会科学》2007 年第 3 期、《北京大学学报》（哲社版）2008 年第 3 期。另外，还有李立信《七言之起源与发展》（台北：新文丰出版公司，2001 年）一书，是目前笔者所知有关七言的专书研究，惜所未见；其单篇论文《七言诗起源考》在 1995 年国科会专题研究计划成果发表会上发表，后收入《国科会人文计划成果发表会论文集》，此篇论文当是其专著七言诗考源的部分内容。

二、诗学研究的先驱者

余文《七言诗起源新论》第一部分即标示为"七言诗由楚辞系蜕变说之疑问",其立场已十分明显,针对历来骚体蜕变说(当然也包括罗文在内),加以一一批判。其所持的主要理由是:"假如骚体诗渐变为七言的步骤如上文所引之说,那么早则在张衡《四愁诗》之前,迟则在曹丕《燕歌行》之前,便不会有七言诗了……"因为事实上还是有不少七言作品。余冠英一一罗列了东方朔、董仲舒、刘向、东平宪王苍、崔骃、杜笃、崔琦、崔瑗、崔寔等人的七言作品。从而得出结论,七言楚骚蜕变说不可靠。接下去,余先生对七言与歌谣的关系做出了比罗文更为详尽的考察,从而认定七言源于歌谣。其具体结论已见前文引录。

逯文也是着重梳理七言与楚骚、歌谣的关系,与罗、余二先生单一源头的认定相比,逯先生的结论要来得更为全面,兼顾到了诸方面的因素。其结论如下:

> 总上所论,汉代七言,约有三类。一为中含"兮"字之类,前举东方朔之七言是也。一为句句用韵之类,即刘向所作。而吾人目为正格七言者是也。一为句中用韵之类,则两汉七言谣谚是也。然溯源所以别流,览古所以征今,魏、晋七言,悉为句句用韵,名篇佳作,后先承美。此继乎汉代之正格七言也。宋、齐以降,始复隔句用韵,此一变也。而陈、隋以后,始复由骈及律,此二变也。(此二变皆受五言诗体之影响,须详论,今从略)顾虽经两变,而不离其宗,则总此流汧,以沿波讨源,其能承先启后而克为魏、晋、隋、唐七言诗之始祖者,厥维钦立所谓之正格七言矣。至于含"兮"之七言,本楚歌旧体,虽前有所承,而后无所继,其七言谣谚,则虽西京新格,而只句破碎,莫由成章,是以俱蔑乎其有嗣裔也。研汉诗者,固乌得混而视之哉。

逯先生的辨析建立在哀集《先秦汉魏晋南北朝诗》文献材料基础之上,从而得出了令人信服的结论,也使歌谣、骚体之辨进入了七言诗源诗史的深层辨析中。其对于汉代七言三体及其源流变体所进行的考辨工作,在今天依然有其不可动摇的地位。

王运熙《七言诗形式的发展和完成》一文,据其行文,当是看到了逯文。因此,王文在逯文基础上,进一步就七言诗形式问题进行了细致分析。文章认为七言诗存在着三种押韵方式,即每句押两韵、句句押韵和隔句押韵,很明显地可以看到受王文思路的影响。但该文避开了源头之争,而是直接进入对七言诗形式问题的归纳与梳理上。王文最为值得注意的地方有五点。(一)注意到了七言一句在节拍上相当于三、四、五言的两句,其理路来源是乐府对于解的注释,"五言诗一般以四句为一曲或一解,七言诗却只需两句"。(二)注意到隔句用韵始于早期杂七言,并且在乐府诗中找到许多例证,从而为隔句用韵寻找到了早期的诗源。(三)肯定了鲍照在七言诗史上的地位,并且推测在鲍照《拟行路难》隔句用韵的七言体之前已经出现于民歌中,"鲍照的功绩,就在于把民歌的这种形式提升到诗坛,提升到作家作品之林"。(四)发现了梁人不仅用这种隔句为韵的形式来写乐府歌行,而且也用之以写一般诗题。(五)以乐府五言四句一解来说明五绝,并循此思路提出七绝在六朝并无此称,而是唐人在五绝的背景下所进行的命名。由于王先生对于乐府的深入研究,所以能够从乐府角度来论七言诗解与音节节拍,实是行家内手,而角度亦为一般学者所难以捕捉,其创获在今天依然具有其重要意义。

受到王文的启发,陈允吉先生《中古七言诗体的发展与佛偈翻译》一文从宗教经籍中寻找到了七言成句,从而解开了七言发展过程中的一个关节点,即从句句押韵到隔句用韵的诗史进程中,佛偈翻译采用七言四句、两句两句衔接转递的形式,对梁末文人七言诗的成熟起到了促进的作用。其中最为关键的一环即是王融《净住子颂》11首,从中可以见出文人仿照佛经歌赞新偈撰写佛理诗歌的大致情况。"从我们现在所能见到的史料来看,我国中古时代的七言体发展至此,才能算得上真正意义上达成了'通体七言''隔句押韵'和'两句两句衔接转递'这三个要素完整的配合,这样就由这些佛理诗颂为梁末成熟七言诗的出现提供了一个规范化的模型。而且从它们产生的时间,又是在与梁代相接的南齐,宜于为梁元帝、王筠等一些作家所参仿和借鉴。"同时,陈文还提出:"从大量运用对偶句这一征兆上看,上述佛家韵语似对梁末的七言乐府诗亦有显著的感染影响。"即陈先生注意到了梁陈七言在偶对上的作用之功。

刘文是在罗文基础之上所做的补证工作,其所发现补充的材料主要有两条:一是《太平经》,二是荀子《成相篇》。刘先生从两篇作品中分别找到了大量的七言句,并且在文章收束时还提出一个设想,即七言诗可能与五言诗一样,也是来源于声词。刘先生注意到了道教经籍中的七言成句问题,可以与陈允吉先生从佛教经籍中寻找七言问题相映成趣。

葛晓音先生关于七言有系列文章。《论汉魏三言体的发展及其与七言的关系》一文旨在论证三言体与七言体之间的关系,认为在"三三七"节奏中,七言节奏是服从三言的,但是三言节奏对七言的产生还是起到了促进的作用。《早期七言的体式特征和生成原理——兼论汉魏七言诗发展滞后的原因》一文特别注意到了七言节奏中的三言词组与四言词组相对独立和组合关系,及其对七言早期形态和格局的影响。而《中古七言体式的转型——兼论"杂古"归入"七古"类的原因》则指出七古在杂言的催化下由句句韵到隔句韵的发展变化,即由单句成行到双句成行的问题。从中我们可以发现,葛先生对于七言诗研究的开拓乃是基于前人对七言诸多问题的探讨之上。而葛先生之所以能够又将七言诗研究推进深入,乃是基于对于唐前七言材料的穷尽掌握上,以及对于七言诗史的准确判断上,还有就是对于七言研究史的熟谙于胸。

综观以上有关七言诗源诗史的研究,可以见出,在学术史的发展进程中,许多问题得到了解决,而且解决的途径往往是从方法和角度的突破而得以完成的。但是对于研究史的熟练程度,无疑也决定了对问题把握的精度和深度。如伪七言问题、镜铭问题、单句成行问题、四三节奏问题、隔句用韵问题等,每一个问题的提出,都启发和促进了七言诗源诗史的深入探讨。① 无论七言诗源诗史研究在未来走向如何，在现代学术史上，黎昔非先生的《唐以前的七言诗》一文应该具有其开拓疆域的作用。

[原刊于《扬州大学学报》(人文社会科学版) 2013 年第 3 期]

作者简介：徐宝余（1972—   ），安徽天长人，文学博士，韩国全南大学中文系教授，主要从事魏晋南北朝文学研究。

---

① 当然，由于视野因人而定，有的问题被重复论证，如谣谚七言、镜铭七言，而有的问题则未得到足够重视，如道藏、佛经中的七言。这是在七言诗源诗史研究中所出现的主要缺憾。相信未来有关此问题的研究，会循着更为合理有效的途径深入下去。

20 世纪 30 年代对七言诗起源与演进的有益探索
——黎昔非和他的《唐以前的七言诗》

马鸿雁

黎昔非（1902—1970），原名治邦，字展獸，广东省兴宁市罗岗镇甘村人。1930 年 7 月毕业于上海中国公学大学部中国文学系，1931 年春入北京大学研究院国学研究所，跟随黄节先生研究《诗经学史》。1932 年 3 月应胡适等人之邀担任《独立评论》经理人，其间曾与同窗创办文艺半月刊《昙华》。"七七事变"后，携家南归，并在原籍任教多年直至去世。①

1930 年初，黎昔非先生撰写《唐以前的七言诗》一文，作为本科毕业论文发表于《中国公学大学部文理学院庚午级毕业纪念刊》（1930 年）。随后，此文作为报考北京大学研究院的资格审查论文而获得研究生入学笔试资格。在黎昔非辗转南归途中，包括此文在内的一些文稿不幸遗失，致使这篇文章长期湮没无闻，在整理出版《黎昔非与〈独立评论〉》一书时抱憾无从收录。经过多方长期查找，2009 年底在上海市档案馆发现这篇久佚的文章，北京师范大学文学院主办的《励耘学刊》文学卷 2010 年第 2 辑重新排版后全文刊登。

该文由七言诗的起源、七言诗的演进和余论三部分组成，是一篇较早的较为全面地阐述七言诗起源与演进的学术论文。此文收录诗歌以整齐的七言为主，包括杂谣、徒诗、乐府。骚体七言诗歌被排除在外，偶杂有"兮"字的七言诗歌收入其中时也一一强调其特例。这和文中多次强调的诗骚不同体是一致的，从这个角度来说，在当时学界黎先生对七言诗的概念已经有着比较明确的认识。这是他对起源、演进问题进行科学探究的一个前提。笔者认为，重读此文，有助于较真切地了解 20 世纪 30 年代学界对七言诗起源与演进的探索历程。

---

① 黎昔非：《自传》（1958 年 4 月 30 日），《黎昔非与〈独立评论〉》，第 462—472 页。

一、关于七言诗的起源

古代对七言诗的评说远少于五言诗。西晋挚虞在《文章流别论》中有言:"七言者,'交交黄鸟止于桑'之属是也,于俳谐倡乐多用之。"① 认为《诗经》中的七言句发展为后世的七言诗篇。南朝刘勰除了承认《诗经》起源说外,还提出了楚辞与其共为七言诗的源头。《文心雕龙·章句》言:"六言七言,杂出诗骚。"② 诗骚二说之外,梁任昉《文章缘起》中认为七言诗始于汉武帝时的柏梁联句。③ 以上三说是古代关于七言诗起源的主导意见。胡应麟《诗薮》等在承认诗骚说的基础上,把视野扩大到了先秦歌谣和西汉楚歌。④ 萧子显则把七言诗的起源设定在汉末魏初。《南齐书·列传第三十三·文学》:"桂林湘水,平子之华篇,飞馆玉池,魏文之丽篆,七言之作,非此谁先。"⑤ 提出张衡《四愁诗》与曹丕《燕歌行》是七言诗的起始之作。

自古来诸说之后,1910 年,林传甲《中国文学史》的出版,标志着国人撰写文学史的开始,至黎先生此文之前的二十年间,产生了一批文学史、诗学史、文体论著作。我们对《民国时期总书目》中所列著作进行筛选,除了近 20 部没有言及七言诗的起源问题外,尚有 27 部有所论述,观点上大多继承既有之说。其中,主张《诗经》起源说的有王梦曾《中国文学史》,楚辞起源说的有李维《诗史》、钱振东《中国文学史》。顾实《中国文学史大纲》继承刘勰诗骚同为其源的说法。柏梁联句说则有曾毅《中国文学史》,谢无量《中国大义学史》《诗学指南》,葛遵礼、谢浚《中国文学史》,凌独见《新著国语文学史》,胡寄尘《中国文学史略》,胡毓寰《中国文学源流》,徐敬修《诗学常识》,陈去病《诗学纲要》,段凌辰《中国文学概论》,郑宾于《中国文学流变史》。先秦歌谣和西汉楚歌说的有刘毓盘《中国文学史》、李振镛《中国文学沿革概论》、日盐谷温《中国文学概论》、陈钟凡《汉魏六朝文学》。曹丕《燕歌行》说有陈钟凡《中国韵文通论》和胡小石《中国文学史讲稿》。

---

① (晋)挚虞撰:《文章流别论》,(清)严可均校辑:《全上古三代秦汉三国六朝文》,北京:中华书局,1958 年,第 1905 页。
② (南朝·梁)刘勰著,黄霖编:《文心雕龙汇评》,上海:上海古籍出版社,2005 年,第 116 页。
③ 刘孝标《世说新语》注、严羽《沧浪诗话》、高承《事物纪原》、魏庆之《诗人玉屑》、王世贞《艺苑卮言》、吴讷《文章辨体》等皆同任昉之说。
④ 除了胡应麟《诗薮》外,尚有顾炎武《日知录》、王士祯《渔洋山人古诗选》、沈德潜《说诗晬语》、赵翼《陔余丛考》、钱大昕《十驾斋养新录》可归入此类。
⑤ (南朝·梁)萧子显:《南齐书》卷五十二《文学传》"史臣曰",北京:中华书局,1972 年,第 908 页。

黎先生以《诗经》作为七言诗的渊源,以《饭牛歌》作为纯七言诗的雏形。他认为:①

> 《淮南子》里的《饭牛歌》:"沧浪之水白石粲,中有鲤鱼长尺半。敝布单衣裁至骭,清朝饭牛至夜半。黄犊上坡且休息,吾将舍汝相齐国",这不是已具了七言古体的雏形吗?故纯七言的起源,怕以这篇还较为近了。至于宁戚干齐桓的是不是事实,我虽不敢决定,但这歌已然收在《淮南子》里,则牠至少也与淮南王安同时的了。且《楚辞》也有:"宁戚歌而饭牛"的话,纵使这"惜往日"不是屈原所作,但王逸已为它注,则这歌无论如何也定先于《穷劫》了。

在这样一个学术背景下,黎先生对于起源的探讨具有诸多价值。

其一,以继承和批判相结合的质疑精神梳理学界观点:任昉的柏梁联句说、顾炎武的楚骚说、陆侃如的曹丕《燕歌行》说、顾炎武的《灵枢经·刺节真邪篇》说、张为祺的《吴越春秋·穷劫》说。前三种观点直至黎先生生活的20世纪30年代仍居主导地位。在同辈时人继续沿袭其说的情况下,黎先生依据了三个否决标准进行批驳:后代伪托之作除外,如柏梁联句说、《灵枢经·刺节真邪篇》说;非"纯七言"作品除外,如楚骚说;时间上晚出者除外,如曹丕《燕歌行》说、《吴越春秋·穷劫》说。这种敢于向传统学说质疑的做法是学术创新的第一步。其中,黎先生用顾炎武《日知录》中的辨伪成果指出《柏梁》是后人伪托,又从时代角度指出其所提《灵枢经·刺节真邪篇》是后人伪托,也非七言之祖。这正可谓对传统学说继承与批判的典型结合。对《燕歌行》《穷劫》的否定,则是对其师所提说法的勇敢质疑,二位老师可以说是当时学术界的代表,黎先生在怀疑传统观点的同时,对当下学术观点也做出了自己的判断。遂后,其师陆侃如在与冯沅君1931年合作出版的《中国诗史》中,对《燕歌行》的评价为:"这是一篇比较早的七言诗,表情很真挚,音节很和谐,所以值得我们注意。"② 陆先生没有在书中提及《饭牛歌》,也没有明确反对楚辞说,他直接把七言诗的起源追溯到《荀子·成相辞》,认为"这真是后代七言诗不祧之祖"。③ 除此以外,他还认为《成相》既有对《诗经》《楚辞》的继承,又因其仿民歌而作开了后人拟乐府之风。这就从文学史上给予《成相》很重要的位置,而黎先生的文章中也收入《成相》并指出"是汉以前最多七言句的一篇"。这说明在七言诗起源的问题上,虽然追溯的具体作品不同,但《成相》都引起了二人的重视。

---

① 文中所引黎昔非文章皆出自藏于上海市档案馆的《中国公学大学部文理学院庚午级毕业纪念刊》(1930年)中的《唐以前的七言诗》,后文不再出注。
② 陆侃如、冯沅君:《中国诗史》,天津:百花文艺出版社,1999年,第249页。
③ 陆侃如、冯沅君:《中国诗史》,第131页。

其二，提出《饭牛》说作为自己的学术见解，促进了歌谣说的提出。早在明代徐祯卿《谈艺录》中已有："七言始起，咸曰《柏梁》。然宁戚《饭牛》，已肇《南山》之篇矣。"①徐师曾《文体明辨序说》也赞同把七言诗源头锁定在《饭牛歌》上。此后，清人田雯《古欢堂集杂著》、王玮庆《沧浪诗话补注》、赵翼《陔余丛考》都把其与古歌谣、汉时楚歌同作为七言之滥觞。但是，他们没有去考证《饭牛歌》的时代问题。与黎先生同年提出此观点的日本学者儿岛献吉郎在其著作中把其称为春秋时代作品，显然是不合适的。梁启超、罗根泽、逯钦立等都作了辨伪，此系汉人伪托。因此黎先生在提出《饭牛歌》之后，能对宁戚干齐桓是否真实提出质疑，并推算其至少与刘安同时，这种对作品时代的考辨思路是走在他们之前的。

黎先生把《饭牛歌》追为纯七言的起源性作品，认为时间上最晚不迟于东汉。这一论断对于此后民间歌谣说的正式提出，是有益的先期探索。此后二十年间，余冠英等人的文章相继问世。其中，余冠英和李嘉言对于歌谣说和楚辞说的论争在当时引起很大反响。余先生不赞同七言诗由楚辞蜕变而成的说法，认为七言诗体本出自委巷歌谣，产生于西汉时期。汉以前血统上和其比较相近的上古诗歌是《成相辞》，而《饭牛歌》等可以作为七言体从歌谣直接升到文人笔下的例证。②对比余冠英的文章，黎文中的相同之处有以下几点：首先，反对楚辞说，黎文认为"楚骚不单和诗不同体裁，而且不是纯为七言，不得引以为例"；其次，注意到了荀子《成相辞》，黎文在演进部分"汉以前的"七言诗歌中也收录了《成相辞》，认为"荀子的《成相》一篇有五十九句七言句，是汉以前最多七言句的一篇"；再次，时间上起源于汉；最后，都把研究视角定位在歌谣上。而不同之处在于，黎先生把起源问题归结到《饭牛歌》这一具体作品，余先生则断定为委巷歌谣这一类中，从类别划归上来说二者是从属关系。歌谣说已成为时至今日的一种学界主体性观点，由此可以肯定黎先生在此问题上的先导性研究。

其三，开启了学界对七言诗起源的热议。作为20世纪30年代的开端之作，此文促进了这一时期七言诗研究热潮的到来，此后学术界对七言诗的起源、演进以及相关问题的研究逐渐重视开来。在黎文之前，公开发表的学术论文仅有龚慕兰《七言诗概谈》一文③，此文继承前人之说，以纯粹七言之作始于魏文帝《燕歌行》，认为汉代仍没有七言诗，这将起源的时间往后推得过迟，黎先生肯定至迟汉代已有七言诗的说法比较合理。黎文发表之后，20世纪三四十年代相关论文有王耘庄的《七言诗起源考》(1931)，张长弓《七言诗的兴起说》(1931)，罗根泽《七言诗之起源及其成熟》(1933)，王盈川《七言诗发生时期

---

① 徐祯卿著，范志新编年校注：《徐祯卿全集编年校注》，北京：人民文学出版社，2009年，第776页。

② 余冠英：《七言诗起源新论》，载同氏著《古代文学杂论》，北京：中华书局，1987年，第135—136页。

③ 此文刊登在1925年5月第44期《晨报副刊·艺林旬刊》第4、5号。

考》(1934)，余冠英《七言诗起源新论》(1942—1943)，李嘉言、余冠英《关于七言诗起源问题的讨论》(1944)。从数量上来看，具有明显的上升趋势。他们各有其说，其中余冠英之说在当时立刻引起反响，直接有李嘉言撰文与之往来商榷，说明了这一问题已为大家重视，对其起源问题的学术争鸣已经展开。这之后80年代始，七言诗源于《太平经》、铜镜铭文、甲骨文、摩崖题记等新说不断，而关于源于歌谣还是楚辞的两大学术观点也在热烈探讨中。此间值得一提的是台湾学者李立信在2001年出版了《七言诗之起源与发展》，这是仅有的专论七言诗的著作。该书对现有各家说法做了商榷，探讨七言源头，分析先秦两汉七言作品和汉以后七言诗的发展。这种对七言诗研究的重视和研究领域的不断拓展，都是和黎先生等民国学者的先期研究探索分不开的。

二、关于唐以前七言诗的列举及方法

黎文中有言："七言诗的起源已经说过，请进而说她的演进。但欲明了它的演进的趋势，就非先把它的篇章和句子的数量列举出来不可，虽然这是很麻烦而且是枯燥无味的事体。"为了探索七言诗的演进历程，黎先生对唐代以前的诗歌逐一搜集，按朝代顺序列出有七言句或全为七言的诗歌、乐府，并以图表的形式呈现相关数据（原表竖行排版，数字均为大写，现稍作调整）。

单位：篇

朝代	汉前	汉	三国	晋	宋	齐	梁	陈	北朝	隋	总计
完全七言篇		5	6	14	25	11	102	35	20	27	245
不完全七言篇	9	50	45	57	44	4	49	12	18	12	298
句数	75	247	145	382	447	55	866	437	328	318	3302

这其中的研究方法在现在仍有借鉴的意义，可概括为以下几点。

其一，严谨的作品选录标准。文章中只收唐前诗歌，楚辞、杂谣均不入此列。黎先生以为楚辞含有"兮""只""些"语气词，与诗歌体裁不同，不可混为一谈；杂谣多为零星之句且文学性不高，故在文中皆省去不列。对于唐前诗歌，分为纯七言篇和含有七言句的不完全七言篇两大类分别统计。从文章中的统计数字可以看出，即使诗篇全为七言句，如果其中某句含有"兮"字，依然归入不完全七言篇，可见黎先生对于纯七言的界定标准非常严格。

其二，采用穷尽式检索。这是七言诗研究中的首例。此前学者们在探讨七言诗问题时，大多选取部分诗歌来分析取证。与清人王士祯《渔洋山人古诗选》中所收七言诗相比，黎先生的整理辑录更为审慎、客观、全面。王士祯在卷一中收录了《击壤歌》等26

种共29首古歌作为汉以前七言诗,其中只有《皇娥歌》《白帝子歌》判定王嘉伪撰而附录卷末。黎先生则在文章的余说部分表明《击壤歌》《禹玉牒辞》《楚聘》《获麟》《巴谣歌》等皆伪作,所以不收入文中,而这些古歌谣是王士禛卷一中一一收录在内的。被王士禛收入古歌谣的《饭牛歌》,黎先生考辨其时代后则置之汉代作品中,这种做法相比较而言是非常谨慎的。王士禛从古诗欣赏的角度选取了一部分他认为堪为代表的七言诗作,齐、陈、北魏、隋朝皆无作品入选,这种筛选带有一定的主观性。黎先生从研究七言诗演进的目的出发,汉隋间七言诗的搜检尽量客观而无所遗漏。

黎先生以丁福保《全汉三国晋南北朝诗》为主要检索工具,辅以冯惟讷《古诗纪》、沈德潜《古诗源》和王闿运《八代诗选》。这些唐前诗歌辑录成果的使用保障了检索的全面性。黎先生共计搜检出唐前完全七言诗245首、不完全七言诗298首,涉及有名氏的诗人128人。这种"穷尽式"普查不仅体现出其治学态度上的严谨,也为后续研究提供了一份较全面的基础性资料,文献价值不可忽略。另外,在编排这些诗作时,虽然依照《全汉三国晋南北朝诗》的体例,但不录全诗,每一诗名下列出诗歌总数、句数、是否全七言,对于部分七言的诗作则进一步列出七言句的数量或在全诗中的位置。这样既照顾到了文章容量问题,又便于其后分析演进情形时的数字统计。

其三,随文附注按语,述中有论。黎文按语简洁清晰,丝毫不影响诗歌的次第排列。从内容上可以归结为五类。一是考辨之语,考证诗篇年代和作者,以决定是否收录及其编排次序。如《吴越春秋》的《穷劫》下言:"这篇作者赵晔的生卒没有考出,不过在《后汉书》本传:'诣杜抚受《韩诗》,究竟其术,积二十年,……抚卒乃归,……著《吴越春秋》……'昔非按杜抚卒于建初年间,下篇作者张衡生于建初二年,以他为先于张,所以把他插写在这里(《汉魏丛书》里的《吴越春秋·阖闾内传》)。"二是评点作品,如《燕歌行》下有"这篇自有诗以至魏代,为最好的统七言作品",这就突出了543首诗中的重点篇目,以明其特点和意义。三是标明体例,如昭帝《淋池歌》下言"以下凡见此书者,只注某朝诗某卷",对每一首诗均注明出处,确保了资料的可靠性,并为研究者提供资料检索的路径。四是记录校语。如文帝《燕歌行》下言:"在《八代诗选》作一首,句三十,而在这里却分为二首,第一首句十五,第二首句十三,在'披衣出户步东西'句下缺'悲风清厉秋气寒,罗帏徐动经秦轩'两句。"这就把丁、王二人书中对同一诗的不同辑录作了校勘,以示读者。五是暂付存疑,如"自西周以至秦末这一时期,除上面所述的三种外,还有好些作品,不过它们的真伪还没有断定,暂且阙疑"。

其四,在七言诗研究中首次使用数字统计法。这既包括对搜检到的单篇诗作逐一进行七言句数的统计,又包括按照朝代统计其完全七言篇、不完全七言篇和二者相加的总句数。到目前为止,此法在当时学者中被使用过的例子尚未被确认,由此看来,黎文可谓最早使用计量之法研究七言诗的。从李立信等后继学者以此法取得的成绩来看,计量之法对于七言诗研究是有着科学性和生命力的。[①]黎昔非能较早地把它运用到七言诗的研究中,对后来者的研究有相当裨益。从统计表中,我们可以得出七言诗数量上的升降曲线。然而,黎昔非并未由此直接为其演化进程定性,"照右表的数量上来看,好像七言的演进从汉到三国而中衰,宋至齐及梁至隋而又低降。其实这是不然"。这说明,文学问题的研究不像纯粹数学公式的推导,科学统计得出的数据必须与文学发展的历史背景相结合才能找到七言诗真正的演进脉络。黎昔非在文中指出要从各朝代的存亡时间上做一比较,之后再来看这张表,七言的演进"却未尝停顿",这就区别于之前貌似正确的七言诗"中衰""低降"之论。

三、关于唐以前七言诗的演进结论

在全文之末,黎昔非大致勾勒了七言诗在唐代以前的发展曲线:

> 盖自《三百篇》开了七言句的先河,到了两汉,全七言的歌辞便产生不少。降及有魏,而文帝超越前代的《燕歌行》就接之而兴,但有晋一代,虽除了无名氏《白纻舞歌》以外,多半是没有足述,然其作者也未尝不多,宋代晋有天下,虽享国不满六十年,而其作品较晋为多。齐朝有国,不过二十余载,没有特殊作品固其宜也。迨及梁陈,它的进步殆有突飞之势,至于北朝庾信也有足数,隋炀一统天下,以九重之尊而任情作乐,其《嘲罗罗》《迷楼歌》等也是不俗的之作,它的演进情形大概这样。

一般来说,古人七言之论本少于五言,涉及发展演变者更少。从仅有的几家之说,我们可以看出他们或者评点重要的七言诗作,或者略加言及几个朝代。这种研究倾向至民国时期基本依旧如此。明人徐祯卿《谈艺录》言:"要而论之:《沧浪》擅其奇;《柏梁》弘其质;《四愁》坠其隽;《燕歌》开其靡。他或杂见于乐篇,或援格于赋系,妍丑之间,可以类推矣。"[②] 这只是提及几部具体作品,没有论及七言诗在各代发展。明代学者胡应麟《诗薮·内篇·卷三·古体下·七言》云:"歌行可法者,汉《四愁》,魏《燕歌》,晋《白纻》。宋、齐诸子,大演五言,殊寡七字。至梁乃有长篇,陈、隋浸盛,婉丽相矜,极于

---

① 李立信2001年《七言诗之起源与发展》一书,则广泛采用统计表格归纳的方法研究七言诗,为其书立论提供了科学的资料数据。

② 徐祯卿著,范志新编年校注:《徐祯卿全集编年校注》,北京:人民文学出版社,2009年,第776页。

唐始，汉、魏风骨，殆无复存。"① 缺少七言诗汉晋间的发展述论。清人王士禛《渔洋山人古诗选·七言诗凡例》自汉至隋作一简括，即："七言始于《击壤歌》……《大风》《垓下》，肇自汉音；至武帝《秋风》《柏梁》，其体大具。曹子桓《燕歌行》、陈孔璋《饮马长城窟行》，皆唐作者之所本也。六朝惟〔唯〕鲍明远最为遒宕，七言法备矣。……梁陈隋长篇颇多，而气不足以举其辞；沿及唐初益崇繁缛，余均无取焉。"② 这少了晋、南齐、北朝的评说。沈德潜《说诗晬语》中亦有类似简论。

从民国之初到黎文之前，众多学者是如何对待七言诗演进这一问题的？当时的学界大多是对张衡《四愁诗》、王逸《琴思楚歌》、曹丕《燕歌行》等的评说考释，对上述诗歌是否标志着七言诗成熟争议不下。其中对于七言诗发展的理论总结，有的与蜻蜓点水式的古评相类，如陈去病《诗学纲要》、李维《诗史》、黄节《诗学》、段凌辰《中国文学概论》、郑宾于《中国文学流变史》、日本学者盐谷温《中国文学概论》等；有的则只把注意力放在汉魏这一历史区间，汉隋间的整体演进情形无详论者，如钱振东《中国文学史》把两汉作为七言酝酿期，在此之上又分成三步，陈钟凡《汉魏六朝文学》也明确把七言诗在汉魏的发展分成三期。

相较而言，黎先生论述的唐代以前七言诗的演进曲线虽是粗线条的，却注意到历史的前后相继性。黎文从《诗经》开始溯源，以各代七言诗数量为主要依据，通论汉、魏、晋、宋、齐、梁、陈、北朝、隋代的发展，兼及重点诗作，以此说明七言诗在唐代之前是持续发展，没有中衰和停顿的。笔者从这一结论中能够看出：《诗经》是远源，两汉产生的不少全七言歌辞促进了七言诗的兴起，曹丕的《燕歌行》具有转折性。两晋时期，七言诗虽然数量不少，除了无名氏的《白纻舞歌》皆不足以论。南北朝至隋，梁陈两朝有突飞猛进之势，如梁代的三萧有近30首，北朝庾信有13首，隋炀帝有7首全七言诗。由此，七言诗在唐代以前的推进之势清晰呈现出来。另外，这一演进曲线还可以有所丰富，如从黎文列举的众多鲍照七言作品来看，结合其七言诗在文学史上的地位，在提到有宋一代时，除了肯定这一时期的作品数量外，可以把鲍照作为刘宋七言诗的代表。从这一角度来说，黎文的勾勒为后来的研究者提供了拓展空间，断代的七言诗演进及其成因调查等有待后人继续探索。

综观黎氏之文，可以看到这是七言诗研究很好的起步点，遗憾的是，黎先生因为长期忙于《独立评论》的日常工作，未能进一步深入研究。抗战全面爆发后，其所积累的资料和文稿被遗失，更对研究造成了不可估量的损失。这篇重新面世的佚文让我们看到20世纪30年代的学者对七言诗起源、演进等问题的探索历程，很明显，他们受到"西学"的影响，在学术视野和研究方法上已经和以前的传统学术有很大差异。虽然有些内容仍有争

---

① 胡应麟：《诗薮》，上海：上海古籍出版社，1979年，第42页。
② 王士禛：《渔洋山人古诗选》，清同治五年金陵书局刻本。

议，如是否应把七言诗的起源限定在某一具体作品上、是否应把非以七言为主的杂言诗歌纳入七言诗之列等，但我们应该重视黎文这种严谨的研究态度和扎实的学术功底，正是因为有着黎昔非等民国学者对学术的积极探索，20世纪七言诗史研究才能得以逐渐丰富，在文学史上地位很重要、但被忽视的唐前七言诗研究得以传承和发展，黎昔非的文章不仅是弥补缺失的重要一环，对于民国学术史的研究角度来说，黎文的发现和解读是一项非常重要的史料补充。

（本文压缩稿原刊于《嘉应学院学报》2011年第7期，现将全文发表）

作者简介：马鸿雁（1980— ），安徽界首人，古典文献学博士，北京师范大学图书馆副研究馆员，主要从事魏晋南北朝文学暨文献研究。

《唐以前的七言诗》读后

李 山

《唐以前的七言诗》是黎昔非先生的一篇旧作，发表于1930年中国公学出版的《中国文学季刊》（第三号）之《中国公学大学部文理学院庚午级毕业纪念刊》中。今重刊此文，对了解黎昔非先生其人及所处时代相关学术，都有相当大的帮助。

黎昔非（1902—1970），广东兴宁县人。21岁入梅州中学，25岁考入上海的持志大学，两年后转入上海中国公学。时胡适任中国公学校长兼文理学院院长，两人因此结下师生之缘。1930年大学毕业后，昔非先生有志学术，考入北京大学研究院国学研究所。1932年，胡适等人创办《独立评论》，同年4月，黎昔非受胡适之邀，担任《独立评论》经理人，具体负责校勘印刷等事务性工作，一直到1937年7月最后一期终止。其间黎昔非的工作，胡适曾有评价。在祝贺《独立评论》三周年的文章《又大一岁了》里，胡适特意谈到了黎昔非的工作："在这贺周岁的日子，我们不要忘了这个孩子还有一位忠心的看护妇。"这位"忠心"的"看护妇"，文中交代得清楚，就是黎昔非先生。文中胡适还说：他在三年中只到过发行所一次，刊物的发行、校对、杂务，"全是黎昔非先生一个人支持……"对《独立评论》的"忠心"，在黎昔非先生，则是对研究所学业的放弃。抗战爆发后，黎昔非和许多人一样来到大后方。经闻一多介绍，入昆明国立医药研究所，担任考订《本草纲目》等医学古籍工作。生计艰难，且工作与自己学术兴趣相左，因此黎昔非曾致书胡适，请他看有适当机会代为介绍。信发出后石沉大海。此后不久，当时教育部审查大学教员资格，黎昔非需要一份曾经在北大研究所修习学业的证书。于是再次致书胡适，请他"赐示几行"以为证明。然而，仍是石沉大海。这期间黎昔非共有三封书信给胡适，最后一封至有"生的工作尚未觅定，殊觉茫茫与皇皇"之语。然而，胡适最终也没有只言作答。抗战结束后，黎昔非先生回故乡担任中学教师。本来他与胡适的师生之缘在抗战时期就已经尽了，不想"文革"爆发后，《人民日报》刊出《吴晗投靠胡适的铁证》，该文所揭发的吴晗信中提到了黎昔非，黎昔非因此被无端打成"三家村黑帮"，遭受迫害，含冤去世。

朱绍侯在谈到黎昔非先生的人生和学术时,说他很让人为之"惋惜和遗憾",[①]而诸多的令人惋惜之中,尤以黎先生学术上被耽误为最。黎昔非在1958年所写的《自传》材料中说他转入中国公学后,"开始注意到新文艺",同时也坚持了对"古代的东西"的研究兴趣。他生长在梅州这样尊重传统、重视读书的文化氛围浓郁的地方,善作古体诗,他的读书研究主要兴趣在古诗方面,大学期间就曾在《中国文学季刊》创刊号上发表《〈采芑〉时代的质疑》,讨论的是《诗经·小雅·采芑》的创作时间,其说法在今天看来也是可取的。此后,关于《诗经》他还写过《诗经学史》《诗经地理考》等专题著作,就其中保存下来的部分而言,立说都是新颖而有价值的,显示出很好的学术前景。此外,黎昔非先生还有至今尚未找到下落的《本草纲目之本草产地考释》专著。值得一提的是,在担任《独立评论》经理人时,还主编过《昙华》文学刊物,发表过小说《活财产》。

《唐以前的七言诗》是黎昔非先生大学毕业时的论文,其水准绝非今日一般大学生同类论文可比。了解古代诗歌体式发展的人知道,中国古代诗歌体式的发展,先是《诗经》的四言为主,继而又有《离骚》等楚辞作品的六言体式,之后,从汉末到南北朝结束,是五言诗歌的兴盛期。七言的句式在上古时的发轫并不晚,但是,引起文人的重视,对其加工提炼,从而形成诗歌语言的特有韵律,却是晚于五言诗的。到了南北朝后期至隋唐,七言体的诗才开始与五言并驾齐驱。20世纪的二三十年代,研究诗歌语言体式,是学术界一个风气。如徐中舒先生就研究过五言诗的形成问题,陆侃如等学者也做过同类的研究。与这些学者的研究相比,黎昔非先生的《唐以前的七言诗》研究水准并不逊色。细读黎昔非先生此篇大作,觉得有值得称述之点,如下。

其一,明确的文学史意识。文章开始说,中国的诗到了唐代,是七言很昌盛的时代。然而"有开必先,凡事皆然"。七言诗的句式从什么时候开始,其间的演进过程如何,就是此文明确的立意。这在当时,是"入流"的学术,因为同时代许多名学者对于诗歌语言的研究,也大多从这方面立意。

其二,观点的可取。完整的七言诗的开始,前人也有诸多的说法。古人认为是汉武帝的"柏梁联句";当时的学者如陆侃如主张起源于曹丕《燕歌行》,张为祺则认为始于后汉赵晔《吴越春秋》所记《穷劫》。对这些说法,文章都进行了辩驳。认为"柏梁联句"是伪托(这是当时流行的看法),而在这些作品之前,实际"已有不少七言诗了"。除了《诗经》雅颂中就有七言句子之外,黎先生检索文献,发现在《韩非子》和《淮南子》中就有"纯七言"作品。这些说法表明本文在检讨七言诗的起源上,其达到的水准起码不比时贤差。

其三,丰富的资料。文章的学风是朴实的,这主要表现为它的用材料说话。为了表示

[①] 朱绍侯:《不迷信名人不固执己见的学者风度——黎昔非先生遗著读后感》,见黎虎主编《黎昔非与〈独立评论〉》,学苑出版社,2002年,第210页。

七言诗体的演进历程，文章对唐前各种文献有关记载进行了广泛的搜罗，从《诗经》到隋代诗篇，共列举150余条资料，各材料下加以简要的按语，以此来条分缕析地展示七言诗从萌芽到成型、成熟的过程。今天的读者或有人会感觉析论不足，其实文章是寓论于述，材料的列举实际已清晰显出七言体随时代推移而上进的大势了。而且，这样的文章本身还具有特定的文献价值，后人继续研究，此文所提供的信息可以省去许多的材料功夫。

其四，审慎的态度。任何关于古代的研究，起手处都有一个材料真伪辨别问题。文章一开始在这方面就给读者留下突出的印象。如对顾炎武《日知录》关于七言起源说法的辩驳，就是。文章的审慎，还表现在选取材料上。如文章中认为不能因为《离骚》中有七个字的句子，就当成"七言诗"来看待，因为其中的"些""兮"都是语气词，忽略这一点就会混同六言与七言的分别。另外，文章把一切七言的"歌谣"排除在讨论之外了。这也是可取的。七言诗是文人作，其演进也是文人在对前代文人作品学习借鉴之后的后出转精。如是，把歌谣放进来就反觉搅扰。这都体现了作者的用心细腻。

以上是笔者阅读此文的一些感受。而此篇学术论文带给人的思考、惊讶，又绝对不只它本身所说的。

（原刊于《励耘学刊·文学卷》2010年第2辑，北京：学苑出版社，2011年）

作者简介：李山（1963—   ），河北高碑店人，北京师范大学文学院教授，博士生导师，主要从事中国现当代文学研究。

读新发现的黎昔非佚文《唐以前的七言诗》

梁德林

1930年面世的《中国公学大学部文理学院庚午级毕业纪念刊》所载黎昔非《唐以前的七言诗》认为宁戚《饭牛歌》是最早的纯七言诗,这是探讨七言诗起源的新观点。黎昔非还运用数量分析的方法,对唐以前的七言诗进行梳理,勾勒出其基本演进轨迹。此文是20世纪七言诗研究的重要文献。

1930年,中国公学大学部文理学院庚午级编辑了一本毕业纪念刊——《中国公学大学部文理学院庚午级毕业纪念刊》(今藏于上海市档案馆),时任中国公学校长的胡适为之题写了刊名,并撰写了《赠言》,毕业生胡传楷撰写《发刊词》,罗尔纲撰写《编辑后话》。除了一些纪念照片和通讯录、会员录之外,纪念刊还刊登了毕业生的九篇学术论文和三篇文艺作品。黎昔非的《唐以前的七言诗》即为其中的一篇论文,共分为"起源""演进""余说"三部分。

第一部分论七言诗的起源。作者认为这是"文学史上一个虽不能说是很大也不能说是很小的问题,这个问题的解答,人异其说"。他赞成明末清初著名学者顾炎武《日知录》对汉武帝柏梁联句的辨伪,但不同意顾氏将中医理论著作《灵枢经》和宋玉《神女赋》中的七言韵语称为"七言之祖";同时认为自己的老师陆侃如将七言诗的起源归于曹丕《燕歌行》"固是不当",而对张为祺将其归于赵晔《吴越春秋》中的《穷劫》也表示"不敢赞同","因前于《穷劫》已有不少七言的作品了"。黎昔非认为纯七言诗的最早出处,当数《淮南子》所载宁戚《饭牛歌》:"沧浪之水白石粲,中有鲤鱼长尺半。敝布单衣裁至骭,清朝饭牛至夜半。黄犊上坡且休息,吾将舍汝相齐国。"他认为此歌"已具了七言古体的雏形",且"无论如何也定先于《穷劫》"。这在当时可以说是探讨七言诗起源的一种值得注意的新观点。

第二部分论七言诗的演进,为全文的重点。作者先将唐以前诗分为诗歌和杂谣两类,认为杂谣除《敕勒歌》以外,"差不多都是没有些意思的",故为节省篇幅略而不论。然后,作者将唐以前诗歌中含有七言句式的作品按"汉以前的""汉代""魏""晋代""宋""齐""梁""陈""隋"的顺序"像记账般记下来",统计每首诗共多少句,其中又有多少七言句。作者在进行数量分析时,寓论断于资料排比中,对某些重点诗篇的文学史地位做了强调。如:"荀子的《成相》一篇有五十九句七言句,是汉以前最多七言句的一篇。""(魏)文帝的《燕歌行》,这篇自有诗以至魏代,为最好的统(疑当为"纯"字——引者)七言作品。"然后总汇列为下表①:

朝代	汉前	汉	三国	晋	宋	齐	梁	陈	北朝	隋	总计
完全七言篇		5	6	14	25	11	102	35	20	27	245
不完全七言篇	9	50	45	57	44	4	49	12	18	12	298
句数	75	247	145	382	447	55	866	437	328	318	3302

注:原表为繁体竖排。

作者不是简单地看待各朝代七言诗总体数量的多少,还注意到各朝代时间长短的不同,最后得出结论:"盖自《三百篇》开了七言句的先河,到了两汉,全七言的歌辞便产生不少。降及有魏,而文帝超越前代的《燕歌行》就接之而兴,但有晋一代,虽除了无名氏《白纻舞歌》以外,多半是没有足述,然其作者也未尝不多,宋代晋有天下,虽享国不满六十年,而其作品较晋为多。齐朝有国,不过二十余载,没有特殊作品固其宜也。迨及梁陈,它的进步殆有突飞之势,至于北朝庾信也有足数,隋炀一统天下,以九重之尊而任情作乐,其《嘲罗罗》《迷楼歌》等也是不俗的之作,它的演进情形大概这样。"由于有统计数字为据,结论令人信服。

第三部分"余说"述说本文的材料来源:"自汉至隋是依丁福保的《全汉三国晋南北朝诗》和《八代诗选》等,而在汉以前,是零碎找来的。"并简述了本文的写作过程。

《唐以前的七言诗》虽为年仅二十四岁的大学生黎昔非利用"新年假期""草成"之作,再加上在当时的历史条件下,所能依据的资料有限(如逯钦立《先秦汉魏晋南北朝诗》尚未出版),故论证难免不够细致深入,如被著者"断为是最早的纯七言"的宁戚《饭牛歌》,并不见于今本《淮南子》,而见于唐欧阳询《艺文类聚》卷四十三《乐部三·赋》及《北堂书钞》卷一〇六引《三齐略记》,其真伪与创作年代仍需进一步考订。但作为一家之言,将七言诗的起源归于《饭牛歌》的观点仍值得研究者重视。除此之外,笔者认为黎文还有以下意义。

论文所探讨的七言诗起源实为中国文学史上一个较为重要的问题。早在晋代,挚虞《文章流别论》就称:"古诗率以四言为体,而有一句二句杂在四言之间,后世演之,遂以为体。……七言者,'交交黄鸟止于桑'之属是也,俳谐倡乐多用之。""交交黄鸟止于桑"出自《诗经·黄鸟》,挚虞显然把《诗经》当作七言诗的源头。南朝宋代刘义庆《世说新语·排调》记载:"王子猷诣谢公,谢曰:'云何七言诗?'子猷承问,答曰:'昂昂若千里

---

① 编者按,作者此表中数字,依黎昔非先生原文,采用"一、二、三……"的汉文表达方式,为方便阅读,改为今统计图表通用之阿拉伯数字。特此说明。

之驹,泛泛若水中之凫。'"《楚辞·卜居》云:"宁昂昂若千里之驹?将泛泛若水中之凫?"王徽之将句子截为七言作答,有意无意地将《楚辞》看作七言诗的源头。南朝刘勰《文心雕龙·章句》则认为七言诗源于《诗经》和《楚辞》,成熟于汉代:"六言七言,杂出诗骚,两体之篇,成于西汉。"萧子显《南齐书·文学传论》认为最早的七言诗是汉代张衡的《四愁诗》与魏文帝曹丕的《燕歌行》:"桂林湘水,平子之华篇;飞馆玉池,魏文之丽篆。七言之作,非此谁先?"刘孝标注《世说新语·排调》引《东方朔传》曰:"汉武帝在柏梁台上,使群臣作七言诗。七言诗自此始也。"则认为七言诗起源于汉武帝《柏梁联句》。清人钱大昕《十驾斋养心录》卷十六则推测荀子《成相》、荆轲《易水歌》为七言之始:"荀子《成相》、荆轲《送别》,其七言之始乎?"顾炎武《日知录》卷二十一曰:"余考七言之兴,自汉以前,固多有之。如《灵枢经·刺节真邪篇》:'凡刺小邪日以大,补其不足乃无害,视其所在迎之界。凡刺寒邪日以温,徐往徐来致其神,门户已闭气不分,虚实得调其气存。'宋玉《神女赋》:'罗纨绮缋盛文章,极服妙采照万方。'此皆七言之祖。"将《灵枢经·刺节真邪篇》和《神女赋》视为七言之祖。以上这些具有代表性的观点犹如其他中国古代典籍中的文学理论著述一样,多是语焉不详,让读者知其然不知其所以然。

近代以后,随着西方各种思潮和科学方法的传入,中国的学术研究呈现出了新的面貌。这种变化也体现在对古代七言诗的研究当中。据笔者有限的见闻所知,1925年《晨报副刊》所载龚慕兰《七言诗概谈》是较早涉及这一问题的公开发表的专题论文,但此后的四五年间,对七言诗起源的研究并未形成热潮。而1930年黎昔非《唐以前的七言诗》问世以后,探讨七言诗起源的论文逐渐增多,出现了王耘庄《七言诗起源考》(1931)、张长弓《七言诗的兴起说》(1931)、罗根泽《七言诗之起源及其成熟》(1933)、王盈利《七言诗发生时期考》(1934)、林庚《四言诗与七言诗》(1935)等一系列文章,及至1943年余冠英发表《七言诗起源新论》,并继而于1944与李嘉言在《国文月刊》上开展关于七言诗起源的讨论,掀起了高潮,黎昔非可说是较早参与这一讨论的先驱人物,由此可见其文的重要性。虽然经过长期争论,七言诗的起源问题至今仍然众说纷纭,尚无定论。也正因为如此,对于研究此问题的每一种观点我们都不应忽视。由于黎文创载于一本毕业纪念刊中,少为人知,其价值没有得到充分体现。此文的发现,无疑将丰富20世纪七言诗研究史的内容。台湾学者李立信在其专著《七言诗之起源与发展》中将历代典籍中和20世纪以来海内外学界关于七言诗起源的说法归纳为九种主张:源于《诗经》说;源于楚辞说;源于柏梁台诗说;源于曹丕《燕歌行》说;源于民间歌谣说;源于乐府说;源于字书说;源于镜铭说;源于张衡《四愁诗》说。① 首都师范大学秦立2005年撰写的硕士学位论文《先秦两汉七言诗研究》(见中国知网《中国优秀硕士论文全文数据库》)在此基础上又增加了"源于《成相辞》说""源于楚辞和民间歌谣两方面""源于民间镜铭、字书、

---

① 李立信:《七言诗之起源与发展》,台北:新文丰出版公司,2001年。

口号（谣谚）说""源于《琴思楚歌》说""源于道教《太平经》说""源于《穷劫之歌》说""源于摩崖石刻说"等数说，共十六种观点，都没有提到"源于宁戚《饭牛歌》"一说。黎文的发现，当能弥补这一缺陷。当今学者在探讨七言诗起源时，也有人注意到了宁戚的《饭牛歌》。① 笔者认为，无论《饭牛歌》是否为最早的纯七言诗，其在七言诗发展史上都具有特殊的意义，应该得到重视。

再者，黎文认为《楚辞》"里面除了有'兮''只''些'的句子以外，虽还有不少的七言，但这是另一体裁，不可和诗歌混为一谈"。他在对历代七言诗进行数量统计时，也特地注明有"兮"字的句子所占比重，否定了楚辞为七言诗起源的观点，但没有就此问题展开论述。后来罗根泽、余冠英、李嘉言等都对七言诗是否源于楚辞发表过不同意见，余冠英《七言诗起源新论》与黎昔非持同样观点，并做了较详细的论证。楚辞体与七言诗的关系至今仍是学术界争议的问题。如今人赵敏俐《七言诗并非源于楚辞体之辨说——从〈相和歌·今有人〉与〈九歌·山鬼〉的比较说起》认为：从本质上讲，楚辞体与七言诗是两种不同的诗体，后者不可能是从前者演变而成②，与黎昔非、余冠英观点相同。而郭建勋、闫春红《再论楚辞体与七言诗之关系》则坚持认为七言诗源于楚辞体③。可见，黎昔非在近八十年前提出的观点至今仍然没有过时，他所提出的问题仍然值得进一步探讨。

在人类进入计算机时代后，在科学研究中运用数字统计的方法进行量化分析变得简便易行。但在没有电脑的 20 世纪 30 年代，将唐以前的含有七言句式的诗歌搜集起来，再一首首进行统计：全诗共多少句，其中七言句有多少，哪些七言句中含有"兮"字等等，最后再按照朝代顺序汇总制成表格，以体现唐以前七言诗的演进轨迹，正如黎昔非本人所说："这是很麻烦而且是枯燥无味的事体。"但为了得出科学的结论，他仍然本着一丝不苟的探索精神，迎难而上，不厌其烦并耐心细致地进行此项工作，体现了中国公学校长胡适一贯倡导的用证据说话、有几分证据说几分话的严谨治学态度，这是值得后辈学人效仿的。黎昔非所采用的方法与 19 世纪末萌芽于西方的计量史学的方法旨趣相似，但计量史学直到 20 世纪 60、70 年代才风靡欧美，而黎昔非却在 1930 年已运用类似的方法研究中国古代文学，以增强研究工作的科学性、说服力，不仅当时不多见，就是在七八十年后已进入 21 世纪的今天也仍然值得大力推崇。

最后应当指出的是，黎昔非撰写此文时身为中国公学学生，陆侃如已是该校教授，黎氏秉承"吾爱吾师，吾更爱真理"的原则，大胆与老师商榷，体现了不迷信权威的独立精神和科学求实态度。陆侃如在后来出版的《中国诗史》中，修正了自己的观点，将《荀

---

① 刘运好：《七言诗起源于歌谣考辨》，《中国典籍与文化》2008 年第 2 期。
② 赵敏俐：《七言诗并非源于楚辞体之辨说——从〈相和歌·今有人〉与〈九歌·山鬼〉的比较说起》，《深圳大学学报》2008 年第 3 期。
③ 郭建勋、闫春红：《再论楚辞体与七言诗之关系》，《中国韵文学刊》2009 年第 3 期。

子》中的《成相》篇称为"后代七言诗不祧之祖",这种在学术研究中勇于否定自己、不断追踪探源的求索精神也是值得后学继承发扬的。

(原刊于《宜春学院学报》2013年第4期)

作者简介：梁德林(1955—),广西大新人,文学硕士,广西师范学院文学院教授,广西文史研究馆馆员,主要从事中国古代文学研究。

三

文学创作

一朵被遗忘的小花

——黎昔非主编的《昙华》文艺半月刊

黎 虎

20世纪30年代的北平文苑中曾经绽放一朵小花——《昙华》文艺半月刊。然而对于这份文艺刊物，不仅一般读者不了解，就连许多专业的中国现代文艺刊物目录也没有提及。2003年是她创刊70周年，故特向世人介绍这朵被遗忘了的小花。

一、《昙华》创办始末

《昙华》文艺半月刊创办于1933年，1月1日出版了创刊号第一卷第一期，此后则每逢1日、16日出版一期，至同年4月1日出版第七期之后停刊，一共出版了七期。那么，这份刊物是怎样创办起来的，为什么如此来去匆匆，有如昙花一现呢？其主要内容如何？欲知其中的缘由，还得从《昙华》文艺社及其主编黎昔非谈起。

《昙华》文艺半月刊的主编黎昔非，1902年5月31日诞生于广东省兴宁市罗岗镇甘村，1930年7月毕业于上海中国公学大学部中国文学系，时胡适任中国公学校长兼文理学院院长，故黎昔非与胡适有了师生关系。1930年8月黎昔非从上海赴北平，1931年春考取了北京大学研究院研究生，指导教授为黄节，研究课题为"诗经学史"。恰巧1930年11月胡适也从上海迁北平，出任北京大学文学院院长，于是黎昔非与胡适再度有了师生关系。1932年4月胡适邀请黎昔非帮助他办理《独立评论》，担任经理人。黎昔非从上海来到北平的目的是"想在学术上搞出点成绩"[①]来的，因而对于是否出任《独立评论》经理人的工作曾经是相当犹豫的。由于胡适的一再邀请，于是从1932年4月开始了他在《独立评论》社长达五年有余的经理人生涯。

然而文学创作也曾经是黎昔非的人生奋斗目标之一。他对于文学创作的追求，是在

---

① 黎昔非：《自传》(1958年4月30日)；《黎昔非与〈独立评论〉》第462—487页。原件藏于广东省兴宁市教育局档案室。

1929年春从上海持志大学文史系转学中国公学之后的事情,他对此追述道:"直到转入中公,才开始注意到新文艺,喜看翻译小说,尤其是鲁迅的翻译。对做学问的看法,也有了转变:觉得从事创作也是条路,不一定要专搞古代的东西。不过认识不足,以为创作是轻而易举的,要保证将来有饭吃,就要有实学,即是对古代的东西要有点研究才可。"① 在中国公学时,对于他立志从事文艺创作影响最大的是当时担任他们创作课程的沈从文先生,黎昔非就这一问题曾经这样回忆:"我所以想从事创作,一固然是由自己喜欢它,一也是受沈从文的鼓励:因我来自农村,深知农民大众的痛苦,每所暴露的都是当时社会的黑暗面。他认为这比那些坐在上海亭子间里的'普罗作家'所写的还较真切,故极力怂恿我走创作这路。"② 怀着这种"想新旧兼为"的抱负,黎昔非在中国公学毕业后即转赴北平。当时,"从事创作好呢?还是搞古代的东西的两种思想,便在我的思想深处时在斗争着,结果竟想二者得兼,即以研究古代东西为主,暇则从事于创作。主意既定,便不管三七二十一,毅然只身到北京去,满以为专搞一二年,总能搞出一点东西来,便不难跻身于教授、学者之列了"。③ "我离沪前晚,沈从文曾写了几封介绍信,抵平后曾按址去访一位清华教授林宰平,一个作家黎锦明,因那作家给我有一句没一句的态度,便把其余的函压在箱角里,不愿让它们再见世面了!我于是整天沉醉在北平图书馆的经史籍中,把'创作'这事搁在一边了。"④ 正当他一心一意从事学术研究时,胡适邀请他主持《独立评论》一事改变了他的人生道路。"本来,我打算只干他半年至一年,藉以维持生活,期完成自己的论文便罢了。没想到那种工作这么繁忙,有时忙到连报纸都要到夜深才得闲来看,也没想到一再推辞,直到北京沦陷前夕都还没和它完全绝了关系……再三推却,都以不易找到相当接替的人而被留住了!"⑤ 直到1937年"七七事变"之后,在坚持出版了《独立评论》242号(7月11日)、243号(7月18日)、244号(7月25日)之后,于7月27日离开北平南回故里。

黎昔非在办理《独立评论》期间,1932年秋,他的中国公学同学、同乡、朋友丁白清携女友陈菲村到北平来找他。陈菲村,江苏太仓人,也是中国公学中国文学系学生,比他们二人低二年级。不久,另一位中国公学中国文学系同学潘齐平(广东惠阳人)也来到北平。加上当时在北平大学法学院读书的、黎昔非的同乡刘在海,一共五人,他们一起成立了《昙华》文艺社,并决定创办《昙华》文艺半月刊。黎昔非在追忆此事时写道:"同时'作家'这二字也时在脑海里晃荡着"⑥,"追求'名'的思想仍是很剧烈的,于1933年

---

① 黎昔非:《自传》(1958年4月30日),《黎昔非与〈独立评论〉》,第466—467页。
② 黎昔非:《自传》(1951年7月),《黎昔非与〈独立评论〉》,第445页。
③ 黎昔非:《自传》(1958年4月30日),《黎昔非与〈独立评论〉》,第467页。
④ 黎昔非:《自传》(1951年7月),《黎昔非与〈独立评论〉》,第441—442页。
⑤ 黎昔非:《自传》(1951年7月),《黎昔非与〈独立评论〉》,第444页。
⑥ 黎昔非:《自传》(1951年7月),《黎昔非与〈独立评论〉》,第444页。

春曾和丁白清、陈亚菲、潘齐平、刘在海（已故）四人，共同出钱出力，办一'昙华'文艺半月刊，竟想由此而成为一个作家"①。1931年5月至1937年7月先后就读于北平东城大同中学、辅仁大学历史系、北京大学历史系的黎昔非的同乡、朋友林钧南曾目睹他们五人创办《昙华》半月刊的情况，对此他回忆道："1932年9月，同乡、同学丁白清突然与同学陈菲村小姐一起从上海来看昔非，并说中公同学潘齐平过几天也要来北平。当时就读于北平大学的同乡刘在海也前来参加。他们商议决定组织一个文艺社，出版一个文艺刊物，以发表中、短篇小说，散文和诗歌为主。目前人数虽少，可以逐步吸收热衷文艺的青年参加。大家委托昔非去请求胡适题签，并推举昔非担任主编，出版费用大家来分担。由于筹备出版琐碎费时，至翌年1月1日才出版了创刊号。其后就按时每月出版两期。"②《昙华》同人丁白清1958年给组织写的一份材料中对此追述道：黎昔非"是我大学里的一个要好同学，过从是很密的，我叫未生，他叫悔生，我常叫他悔生哥，他叫我未生弟。他对中国文学，是造诣很深的；尤其是对《诗经》这一门，特别有研究。1930年，在吴淞母校分别后，我即回梅县学艺中学任教，他即继续升学，考入北京大学研究所，为所员，与中大教授王越是同期研究生；王越的毕业论文题：《论汉魏六朝乐府研究》；昔非同学的毕业论文题，则是《诗经学史》。在抗战时期，曾在昆明地质部史地门任过讲师③。我们在1933年春，在北平举办昙华社，出版昙华文艺半月刊，是事出很偶然的，原因也简单：我们昙华文艺社社员，根本不多也不少，就只有五个：昔非、潘齐平、刘在海、陈菲村和我。五人中，除刘在海外，我们都是上海吴淞中国公学大学部的同学：我和昔非同班，齐平比我们低一班，菲村比我们低两班。而且，五人中，除刘在海读法律系外（北平大学法学系毕业），我们都是读文学的，甚至都是中国文学系。谁都知道，在旧中国时代，办刊物是吃力不讨好的事，就是销路问题，无名小卒，是不吃香的，何况又要自己掏腰包来办呢！可是，又为什么要搞它呢？因为我们都是读文学的，又是青年，求知欲，创作欲，都很强；同时，又在万里的他乡遇故知，心情特别舒畅，于是，我们的'昙华'就出现了"④。

《昙华》之所以能够创办起来，主要当然是他们五人的努力，但与胡适和《独立评论》也有一定关系。这种关系主要是通过黎昔非而得以实现的。首先，《昙华》文艺社的社址就是利用后门慈慧殿北月牙胡同2号《独立评论》社址和它的办公室，这对于经费并不宽裕的《昙华》同人来说是个帮助。其次，胡适为刊物题签，对于提高这份刊物的身价也

---

① 黎昔非：《自传》（1958年4月30日），《黎昔非与〈独立评论〉》，第470页。文中提到的陈亚菲即陈菲村。
② 林钧南：《清白一世 奉献毕生——忆故友黎昔非同志》，《兴宁文史》第21辑（2001年11月），广东省兴宁市政协文史委员会主办。今据《黎昔非与〈独立评论〉》。
③ 编者按：其时黎昔非的工作单位是"国立中国医药研究所史地部"，职称为助理研究员。
④ 丁白清：《黎昔非学友二三事》，第46—51页。原件藏于广东省兴宁市教育局档案室。

有一定意义。再次,《独立评论》与《昙华》互登对方的广告,对于宣传推广《昙华》也有一定的作用。《独立评论》第 34 号（1933 年 1 月 8 日出版）刊登广告:"昙华文艺半月刊创刊号出版了",并登载了其"本期目次"、出版时间、定价及通信地址等。此后,《独立评论》第 36 号、第 41 号、第 46 号,又分别刊登了《昙华》第 1 卷第 2 期,第 1 卷第 3 期、第 4 期,第 2 卷第 7 期出版的广告。与此同时,《昙华》第 1 期、第 2 期、第 3 期,也分别刊登了《独立评论》第 32 号、第 35 号、第 36 号出版的广告。

《昙华》与胡适及《独立评论》的这种关系,对于《昙华》的创办及其传播起了一定的作用。林钧南先生在 1998 年 10 月 14 日给笔者来信中透露了个中一些内情,他说:"据我所知,这是丁白清、陈菲村到北平旅行结婚时,住在'独评'社附近,其后又来了潘齐平,然后他们提议创办（按:指《昙华》半月刊）的。你爸爸工作忙,并不热心,迫于同学关系,只好答应。所以他请胡先生题书名,发行人也是他,社址也是'独评'的地址,还在'独评'登广告,因而外界不了解内情者都以为是胡先生参与创办的。故第一期很快就销售一空。还有汇款来订购的。"①"因是胡适题字,加上地址又与独立评论社址相同,故外人也说《昙华》是胡适主办的,办了三期②都畅销,订户也多。"③

黎昔非是这份刊物的核心人物。上述《昙华》与胡适及《独立评论》的这种特殊关系都是因黎昔非才有可能发生的,此外,这份刊物的编辑、出版、发行也是黎昔非在具体负责和操持的,正如黎昔非在 1958 年写的《自传》中谈及办理《昙华》半月刊时所说:"编辑、写稿、校对、发行全由我一人负责。"林钧南在致笔者信中也说:当时办理《昙华》"令先尊是主要负责人是肯定的"④。又说:"令先尊早在《北平晨报》发表过一些短小说、散文,又在'昙华'一、二、三期上发表过一些。"⑤"昔非以笔名在（昙华）各期发表了一些文章。"⑥ 由于黎昔非当时是以笔名发表文章,所以我们不知道他究竟在《昙华》发表了多少文章,现在能够确认是他写的小说只有载于第 4 期上的《活财产》,因为这篇小说所署名字为"甘村",而这五位同人中只有黎昔非是兴宁县罗岗镇甘村人,显然他是以其乡贯作为笔名的。此外我们还能知道的是《昙华》创刊号上的《发刊词》也是他的手笔⑦。

《昙华》五位同人中 1991 年尚在世的陈菲村先生于 4 月 4 日给笔者寄来一帧《昙华》同人 1932 年在北平的合影,她在信中说:"最近我翻阅旧照相簿,发现了 1932 年在北平

---

① 林钧南:《忆昔非兄与〈独立评论〉——致黎虎书简九通》,《黎昔非与〈独立评论〉》第 66 页。
② 三期,应是七期。
③ 林钧南:《忆昔非兄与〈独立评论〉——致黎虎书简九通》,《黎昔非与〈独立评论〉》第 58 页。
④ 林钧南:《忆昔非兄与〈独立评论〉——致黎虎书简九通》,《黎昔非与〈独立评论〉》第 62 页。
⑤ 林钧南:《忆昔非兄与〈独立评论〉——致黎虎书简九通》,《黎昔非与〈独立评论〉》第 60 页。
⑥ 林钧南:《清白一世　奉献毕生——忆故友黎昔非同志》,《兴宁文史》第 21 辑（2001 年 11 月）,广东省兴宁市政协文史委员会主办。今据《黎昔非与〈独立评论〉》,第 49 页。
⑦ 黎鹗《忆父亲往事历历》,《黎昔非与〈独立评论〉》,第 702 页。

出版昙花文艺杂志时，与您爸①及刘在海、潘齐平和白清照的相。我们五个同人，他们四位，先先后后离开了人间，最先是刘在海，以后是您爸，再后是白清②，最后是齐平。只我一人还在人间。看了照片总不是③满怀惆怅！这张照片，是齐平在生前向我索去复印了几张，又寄回给我两张。不知您爸留给您没有？现我给您寄一张。您看，您爸坐在椅上多英俊呵！……虎侄！我们编的昙花文艺杂志，您爸留下没有？我在土改时，放在石马家中，给没收了！十分可惜，齐平生前也没有呢！"④

关于《昙华》的停刊，《昙华》同人及林钧南先生都有一些相关的回忆。黎昔非在1951年的《自传》中写道："在这数年中，我总是想写点较专门的东西，对于时事，则不能说所要说的话，又不愿'歌颂功德'，故没写过一句，——出了数期，因人员星散，经济困难而告停刊，不然，我们可能被压出些东西来，虽然能值一读与否是不敢必的。"1958年的《自传》中写道："不久人员星散，款项无着，且编辑、写稿、校对、发行全由我一人负责，也有点应付维艰而宣告夭折。"这里列举的原因有三个，一是人员星散，二是经济困难，三是主编黎昔非的负担太重，应付维艰。

《昙华》同人星散的原因，大的背景是当时的形势使然，林钧南先生回忆道："《昙华》于4月1日出版了第七期后突然停刊了，这是由于日寇侵占我热河省之后，又进攻长城各口，与我守军商震部、宋哲元部激战，原驻北平的中央军黄杰师和关麟征师也参加抵御敌军，因而北平形势非常紧张，人心惶惶，大批知识分子纷纷南下。"⑤但是在这一时代背景之下，《昙华》同人的星散也还有不同的具体原因和情况。关于这方面的具体原因和情况，丁白清的回忆最为详细，他说："昙华文艺半月刊，我记得只出刊了7期。在1933年，4月1日出刊了七期后，就停刊了。原因是：最先，齐平转学厦门大学，录取了，他到厦门去；跟着母校复办了，迁上海汶林路，她又回去就读⑥；最后，时局紧张，热河沦陷，喜峰口、古北口告急，北平时出现日机，时闻高射炮声，人心惶惶，同时我家催我速即南下，我即于5月中旬离开北平。这样，在北平，同人只剩下昔非和在海，人力、财力都成

---

① 昙华有时被写为昙花，"您爸"即黎昔非先生。
② 这两句有误，丁白清先生逝世于1963年，黎昔非先生逝世于1970年。
③ "不是"当为"不免"之笔误。
④ 陈菲村，1991年4月4日，《黎昔非与〈独立评论〉》，第336页。复黎虎信。
⑤ 林钧南：《清白一世　奉献毕生——忆故友黎昔非同志》，《兴宁文史》第21辑（2001年11月），广东省兴宁市政协文史委员会主办。今据《黎昔非与〈独立评论〉》。
⑥ 她，指陈菲村女士，1935年"中公"毕业后与丁白清先生结为夫妻。据《学府纪闻·私立中国公学》一书所载樊振邦《回忆中的中国公学》："（民国）二十一年校舍设备尽毁于日军，该校因以停办，二十二年三月，租赁法租界贝当路临时校舍，重行开学。"（第370—371页）又据同书中的《校史缀补》："（民国）二十二年春……于法租界汶林路租屋开学，各地借读同学纷纷返校复学。"（第18—19页）据此可知陈菲村先生是在1932年秋中国公学停办之后赴北平参与昙华文艺社的，1933年3月中国公学复办后离开北平的。

问题,'昙华'便真成'一现'了。"① 五个同人中有两人(潘齐平、陈菲村)是因上学而离开北平,一人(丁白清)因北平形势紧张而南下,留在北平的二人中,有一人为在读学生(法商学院学生刘在海)。在这种情况下,只靠黎昔非一人势难以为继,因而不得不宣告停刊。

二、《昙华》主要内容

《昙华》从1933年1月1日创刊号出版,至同年4月1日第7期停刊,一共出刊7期,但是现在我们能够找到的只有6期,其中第6期未能找到。刊物为16开本,每期16页。未设单独的封面,第1页右侧的长条黑框内,上部为竖写的刊头"昙华"二字,字的左下方,钤有一枚篆字阴文方形图章:"胡适之印"。下面分别为出版时间、刊期、定价(每期三分)、通信地址(北平北平大学法学院第二院号房转)及"本期目次"等。左侧即为第一篇文章的内容。

《昙华》半月刊各期的作品篇目如下。

第一期	发刊辞	菲村《某日》
	小平《祖母的怨望》	鹤子《战区之一角》
	零零《快乐的结局》	艮心《南旋》
	刘枕涛《灯下谈丛》	
第二期	菲村《迟了》	零零《宴会》
	潘小平《先生的儿子》	申伯《一个女理想家的懊悔》
第三期	罗岗《爱与仇》	胡谭《友谊》
	夏蒂《孩子们》	朱无挂《猎名作家与成名作家》
	刘枕涛《灯下谈丛》	
第四期	夏蒂《电报》	潘小平《偷走》
	辰仲《还愿》	甘村《活财产》
	刘枕涛《灯下谈丛(续)》	
第五期	朱无挂译《歌德与音乐》	徐平《云姑》
	潘小平《先生,写信吧》	刘枕涛《国难声中之科学贡献》
	申伯《现代青年》	亦明《温情与热爱》(诗)
	丁未《时光老人》(诗)	未生《光明的太阳》(诗)

---

① 丁白清:《黎昔非学友二三事》,今据《黎昔非与〈独立评论〉》,第46—51页。原件藏于广东省兴宁市教育局档案室。

第七期	方桥《归车》（诗）	小姑娘《会客》
	飞灵《廿四夜》	零零《克复以后》
	亦明《脚病》	夏蒂《期待》
	未生《无聊？惆怅！》（诗）	徐平《考试日记》

现存的六期《昙华》，共发表作品36篇，其中小说25篇，评论5篇，诗歌5首，译文1篇。显然，小说是《昙华》的主要内容。"这些作品里，没有一些青年人柔情似水的风花雪月，没有某些逃避现实者的无病呻吟，也没有过分超前性的艺术实验。他们能将朴素简练的笔致，伸进30年代社会与个人生活的许多角落，以充满人道与抗争者的一颗热心，密切关注于国家与民族的命运，鞭挞揭露黑暗与丑恶，同情下层人与弱者的命运，于一篇篇有些粗糙然而真实的文字里，默默中给人们唱出渴望人性的'真'与'美'的歌来。"①

《昙华》的办刊宗旨和美学追求，在创刊号所载的《发刊辞》里作了宣示，她说：

> 当朝阳初升时候，散在天上的几抹锦霞是鲜艳的罢？当细雨新晴，拱在空中的一弯彩虹是美丽的罢？然而像闪电一样，只一会儿就消灭了；小鸟儿婉转的歌声是悦耳的罢？梵娥琳扬抑的音调也是醉人的罢？然而像风一样，吹过就失踪了；什么东西都是"暂"的啊！——不过这又有什么关系？只要它在某一瞬间真实地存在过，且曾给了人们的心中留下一个清晰的印象，并传达过一点所谓"情感"的作用：这就够了。
>
> 昙花的取义近乎此。我们只知向"美"（不要误会这个美字，丑恶的描写，黑暗的暴露，也都可以表现美的）向"真"的路上走，努力着走，其他我们就无暇顾及了。
>
> 我们不标榜什么漂亮的主义。因为，我们以为与其空洞地大吹大擂，不如着实地去做出一点事情来。
>
> 希望我们的昙花能开！咱们都来培植她罢！

"从这个发刊辞的内容来看，在20世纪30年代北京先锋性文艺探索很浓的气氛下，《昙华》并不是一个随波逐流超世拔俗的纯文艺杂志。这些办刊同人，都有一种富于良知的青年人响应时代呼唤的清醒与坚实。他们坚持文艺应该弘扬'真'和'美'，而且认为，世界上所有美丽的东西，都只是一种暂时的存在。文艺创造也应是如此。但它在这'短暂'而'真实'的存在中，却会因'情感'的作用，留给人们以深刻的影响。这可能就是

---

① 孙玉石：《一首永远活着的诗——黎昔非及其主编的〈昙华〉半月刊》，《黎昔非与〈独立评论〉》，第351页。

他们理解的文艺的陶冶人们精神与性情的作用吧。从这个观念出发,《昙华》注重文艺与社会及人生的密切关系:不标榜什么漂亮的主义,不大吹大擂什么轰动一时的口号,而是坚持独立着实的精神,追求人生与艺术的'美'与'真'。他们追求的'善',他们的责任与良知,也就隐含于其中了。《昙华》本身与胡适,与《独立评论》,思想上并没有什么密不可分的关系,然而创刊号《发刊辞》里公布的这样一些话,与《独立评论》提出的'我们都希望永远保持一点独立的精神。不倚傍任何的党派,不迷信任何成见,用负责任的言论来发表我们各人思考的结果:这是独立的精神',(见《独立评论》第1号《引言》)其社会信念与精神坚守,倒可以说是一致的。它所坚持的不想'空洞地大吹大擂',而是要'着实地做出一点事情来',与胡适历来倡导的少谈些空洞的'主义',多关注一些社会实际问题的思想之间,确然是有着一种隐在的精神联系的。"①

《昙华》对于"美"和"真"的追求,集中体现在她对社会现实的关注。在《昙华》的创刊号里,就刊有一篇杂文《灯下谈丛》,共二则。一则,是批评现实社会中一些高唱"改造周遭环境"的实际家,但却不肯下力气去解决社会里的许多实际问题。另一则,是讽刺不关心人民疾苦的或一种高蹈派的文艺家。"这些非常富有现实性的论述,虽然是作者个人的议论,但在创办伊始,即能见诸刊物,应该说多少还是体现了这个文学团体里几个人的理论观与文学创作思想的。他们反对理论脱离实际的'改造周遭环境'的'实际家',反对无视社会底层的'农工劳苦人民'的愤怒与抗争的所谓'人生艺术化'的超然理论。这也就直接指向了那些配合当权者鼓吹'新生活运动'的粉饰现实的文学理论。他们的小说与杂文创作,从生活题材的选择,到情感的批判趋向,都是与这种为社会人生不平则鸣的现实关注分不开的。"②

中国最大的社会现实就是农村、农民以及与他们相关的问题。由于《昙华》同人多来自农村,比较熟悉和了解农村,因而农村和农民问题的题材在《昙华》的作品中最为引人注目。属于这方面的小说有《某日》《祖母的怨望》《南旋》《迟了》《先生的儿子》《偷走》《还愿》《活财产》《云姑》《廿四夜》等。

"《昙华》中的短篇小说,最富有思想深度与社会意义的,还是那些直接描写农村生活,揭示农民贫穷与苦难,特别是接触到处在农村最底层的贫苦妇女命运的作品。昙华文艺社的成员,大部是来自农村的知识青年,他们有一定的生活底蕴,又受到新文学思潮的启蒙,对于那个社会阶层生活里的劳苦者的悲剧性命运,都有新的体验与认识。"五四"以来现代乡土小说展示的写作范式与艺术魅力,也给他们创作以直接的刺激与启示。当他们涉笔于创作的时候,更多地在这样的生活领域中展露自己的现实关注,人道情怀,并达

---

① 孙玉石:《一首永远活着的诗——黎昔非及其主编的〈昙华〉半月刊》,第350—351页。
② 孙玉石:《一首永远活着的诗——黎昔非及其主编的〈昙华〉半月刊》,第352页。

到一定的深度，也就是必然的了。"① 人们在"读《昙华》中的小说，很容易想起鲁迅先生所说的'乡土文学'。对农村（包括城镇）生活的呈现，尤其是暗淡破败生活的呈现，是《昙华》小说的一大特色……这里有对惨淡人生的审视，以写实的笔法描写乡村生活的残酷。丈夫去请接生婆了，妻子却忍痛把新生儿闷死在马桶里。看着被妻子闷死的婴儿，丈夫只能痛苦感叹：'迟了，迟了。'极端贫穷，丈夫连接生婆都请不来，又怎能责怪妻子怕养不活孩子而把新生儿闷死呢（《迟了》）；嗜吸鸦片的男人，为债所逼犹豫着卖老婆还是卖孩子，在他眼里老婆孩子都是财产，是活财产。老婆还能伺候他，于是决定把儿子卖掉（《活财产》）；勤快听话的丫头，与相好一起逃跑，抓回后被打个半死（《偷走》）。如果说这些悲剧都发生在旧中国儿女身上的话，受新思潮影响的年轻人也同样难逃死亡与不幸：他们社交聚会的行为方式在乡人看来是伤风败俗，他们或被当作'×党'遭到枪杀，或找不到伴侣郁郁而死（《云姑》）。这些作品基本上都以批判为主，揭露乡村的贫穷、麻木与落后"。②

《昙华》的乡土小说对于黑暗政治压迫之下农民的苦难和命运给予了深沉的关注。"进入人民命运关注的《南旋》，是一篇现实感很强的小说。它通过一个离故乡八九年的阿苓的眼睛，看到久别的故乡H城苦难的情景：市容肮脏破乱，人民生活穷困无告。阿苓看到当地驻兵抓着一个青年，从街上走过，不知道什么原因。他信步来到一家临街的酒楼，由与一个老者对话，得知是老人的儿子，因为欠饷，被驻军兵丁抓走了。小说主要部分，是通过青年阿苓与老人的对话，大胆地揭露了现实的黑暗面。在今天看来，这段对话，其实主要是老人的独白，是具有很重要的社会认识价值的……两个人这些非常朴实的对话，加上酒馆里气氛的渲染，小说涉及了当时社会黑暗的许多侧面：国民党反动当局，不去抗击日寇入侵，拯救国难，而是一心进行剿共，扫除异己。为此，他们对人民横征暴敛，逼饷抓丁。农民只好卖地偿饷，穷苦不堪，弄到了连卖地也无法可卖，交不了军饷和苛捐杂税的时候，就只能被抓去坐牢。黑暗的反动政府完全一点理也不讲，'他们对有钱的善过猪，对没钱的凶过虎'，'派款是先得有钱的同意的。派了地饷，期到了你得交，管你穷不穷，不交，你就是犯法！轻一点，罚，捆，打，坐监；再不然，你就"十八年再作[做]好汉"罢！……总之，他们没有道理，却不少枪支。'面对这样在麻将声中点缀'一片升平气象'里的黑暗世界，小说主人公阿苓心里想：'这不知道还能延几时了？'作者在作品里大胆涉及了当时剿共内战黑幕，写出了普通农民心里的'怨，恨，悲，愤'。他在看

---

① 孙玉石：《一首永远活着的诗——黎昔非及其主编的〈昙华〉半月刊》，《黎昔非与〈独立评论〉》，第376页。
② 陈改玲：《向"美"向"真"的路上走——黎昔非主编的〈昙华〉半月刊》，《黎昔非与〈独立评论〉》，第422—423页。

似平静而实则极端愤懑的批判情感里，仍然怀有着对于未来光明一丝微茫的希望。"①

《曼华》同情农民，但并不回避在他们身上存在的愚昧和落后，《活财产》就是这方面的代表，小说揭露和批判了岭南山区的鬻子、吸毒等陋俗，从中我们可以了解20世纪30年代进步的文学爱好者对中国农村现状的体认。从鬻子这一叙事所组织的材料来看，我们可以看出作者认为以下几个势力控制着粤当地农村的日常生活："一是宗族的势力。在整个故事里，鬻子的过程是在同一宗族内进行的：捐客老六是男主人公阿贵的'叔叔'，他前来与阿贵谈论鬻子的事情，因为老六'是杜家将来有希望族长位置的一个'，于是阿贵诚惶诚恐，唯恐招待不周。我们知道，在宗法社会里，宗族作为'小共同体'，对共同体内的成员具有极大的权力，甚至操纵到其成员的方方面面。而宗族在中国沿海地带势力尤其巨大，小说叙事里显然意识到这一势力对农村生活的负面影响。二是政府。这是决定中国上千年统治的'大共同体'势力，这一势力在《活财产》中只有淡淡的痕迹，但是无时不在操纵和决定着乡民的生命。比如，小说以轻描淡写的笔触提及：'一般体力有余的年轻人的生命唯一的保险公司就只有烟馆和赌场（其实这倒是爱国的最上乘办法，既可以过瘾畅玩，又可增加国库收入！）不然，常常凭空一顶"嫌疑"的皇冠罩上尊头，你就会有杀头的资格，至少也就具了离开父母妻子的条件了。'寥寥几句话，一针见血地道尽了当权者对潜在的可能成为革命势力的年轻乡民的疑忌和毒化。三是鸦片。在国民党当权时期，当权者对鸦片贸易实行貌似禁止实则采取官方经营的政策，并在乡间推广。在此处，烟馆富昌老板就是一个代表。他一方面用鸦片掠夺乡民的财产，另一方面又借助鸦片毒化年轻乡民的身心健康，达到政府刻意摧毁潜在革命势力的目的。因此'不知训练多少安分守己的青年，绝对不消再劳那负有维持安宁的为国为民的士兵和团警要注意的青年。'四是夫权。男主人公阿贵的妻子是一个逆来顺受的典型，在阿贵卖子的那一天里，她为阿贵'解救了今晚的瘾厄正在替人家的孩子赶做鞋子'。当他听到丈夫卖子的事情以后，她也只是默默地忍受：'"真是"什么，她还没说出来，一阵心酸把她的舌头噤住。她哭了。'以上四种势力互相渗透，互相联结，使粤地乡民长期处于悲惨无助的境地。应当说，这一思路与当时的激进革命势力的观点是相吻合的。"②

《曼华》的乡土文学中值得注意的另一类作品，是愚昧者的被启蒙和觉醒。《还愿》《廿四夜》是这方面的代表。稻谷丰收，易于满足的村民却以为这是蛇神爷保佑的结果，于是他们答应蒋二爷的要求：每家交谷一担由他来操办酬谢蛇神爷。财主利用农民愚昧心理进行剥削的故事并非新鲜，有意义的是故事的发展，作品描写了知识分子对农民的教育，带领农民与财主的斗争。与蛇神庙空场上搭建戏台准备演戏同样紧张进行的是另一个

---

① 孙玉石：《一首永远活着的诗——黎昔非及其主编的〈曼华〉半月刊》，《黎昔非与〈独立评论〉》，第359—360页。

② 李春雨：《〈曼华〉：时代意识的缩影》，《黎昔非与〈独立评论〉》，第401—402页。

空间的活动:"在村中小学校里,若谷及其朋友们在紧张的空气中协商:迷信使农民盲目,使农民保守,使农民消失反抗的力量!我们要觉醒他们,就必须粉碎他们所迷信膜拜的偶像。"他们的行动还有一个目的:揭穿蒋二爷等发起这次酬谢会的假公济私——第二个目的达到了,第一个目的却未实现,他们打碎蛇神爷神像的举动除招来一顿痛打外,还被村人赶出村庄。"这样的结尾具有反讽意味,对若谷等人的'革命性'虽有所削弱,但更真实,它并不拔高农民形象。从物质利益出发,结合自己的生活经验,农民或许易于接受阶级压迫的道理,但几千年封建文化压迫带来的迷信和愚昧却不易清除。"①"这篇小说选择的角度很新颖,它通过丰年还愿这件小事,揭示了一些农村存在的黑暗势力对于人民的剥削关系,使人们认识到农民生活的贫穷根源,也比较超前地写到了觉醒者的行为、命运,及其与农民习惯意识力量之间的距离与鸿沟。它在深层意义上接触了农民中旧习俗势力的影响和中庸国民性的弊害。奋起抗争的新生力量被驱逐,维持封建统治秩序的旧势力依然逞恶,贫苦的农民照旧安于自己被欺骗和被剥削的生活命运。一场小小风波过后,一切如故地存在下去。小说叙述的故事提出问题的本身,就带有中国农村社会长期存在的深刻的悲剧性质。"②

与《还愿》不同,《廿四夜》所关注的不是农民的群体形象,而是农村妇女阿俊嫂的觉醒过程,贯穿始终的是她的心理变化。腊月二十四夜,家家户户忙着送灶王爷,财主家的庆典活动更为隆重。病倒在床上的婆婆,饥饿的孩子,以及"那空落落的墙壁上常常幻出一张张凶横冷酷的债主的脸",使阿俊嫂心里发堵,将她逼出屋子,到外边等卖田的丈夫:仅有的两亩水田也不得不卖掉还债。这时,她想起在城里纱厂工作的黄大回乡时所说的话:穷人并非命中注定要做穷人。与丈夫不同,她觉得黄大说的有道理而非疯话。在村头等丈夫时,传来阿福夫妇上吊自杀的消息,对她刺激很大。从阿福家出来,她决定离开农村,到城里做工。如果丈夫不去,就自己一人出去。也许在阿俊嫂的想象中城里做工的人都具有反抗性吧。"作品最大的特点就是将女主人公心理变化写得真实而富变化,并不简化农民对'革命'道理的接受。"③"它将《昙华》中对于贫苦农民和下层妇女命运的探索,对于农村妇女形象的思想发掘与美学认同,做了新的提升和深化,在整个30年代初期北平的文学创作中,也是一种非常难能可贵的努力。"④

---

① 陈改玲:《向"美"向"真"的路上走——黎昔非主编的〈昙华〉半月刊》,《黎昔非与〈独立评论〉》,第426—427页。

② 孙玉石:《一首永远活着的诗——黎昔非及其主编的〈昙华〉半月刊》,《黎昔非与〈独立评论〉》,第378页。

③ 陈改玲:《向"美"向"真"的路上走——黎昔非主编的〈昙华〉半月刊》,《黎昔非与〈独立评论〉》,第427页。

④ 孙玉石:《一首永远活着的诗——黎昔非及其主编的〈昙华〉半月刊》,《黎昔非与〈独立评论〉》,第384页。

如同《还愿》那样对于农村贫苦妇女命运的关注，是《昙华》中一个突出的声音。《昙华》文艺社唯一的女作者陈菲村的《某日》"出手就有些不凡。它写江南F镇里曹家村普通的一日。村里的一群农人，一边在棉田里干活，一边议论着村里近日发生的男女性事的'新闻'。阿伏说，昨晚紫泾桥的木匠娘子，颇有些姿色，趁她丈夫外出，与一个名字叫小连的青年幽会，被老早就对木匠娘子不怀好意的小雄带人抓了奸，捆绑在一走，赤裸裸当街示众。……'大家很满意的听了这段新闻'，都津津有味地'纷纷议论着'，'他们一边挥动着锄头去锄草，一边还哼着小曲'。甚至连一起干活的一声不响地听着'新闻'的另一个'快嘴的张大嫂'，也在轻轻哼着当地的情歌小调。大家不愿吭声，紧迫打断她的这些情感的发泄。这个时候，村里木匠邻居的一个十三岁的小孩阿毛，气喘吁吁地跑来说：'木匠娘子死了！''死得好苦，上吊死的！'小说在不长的篇幅里，将田间里农人活跃的对话，作为主要交代手段，把村里面发生的主要悲剧事件，放在叙述的背景里处理。它通过一个农村妇女的悲剧，表现出中国广大落后的农村里，农民群众精神的麻木、愚昧，与社会陋习的重压。涉及了国民劣根性的开掘与反思。妇女没有爱的自由，不能满足正常性的渴望，她们即使是一点属于自己的爱的追求，也会给自己带来不堪羞辱的摧残，甚至生命的毁灭！她们的命运是人间永远的悲剧。小说有独特的女性视角，叙述文笔也颇为细腻，一些大胆的描写，与鲁迅称赞萧红小说中所具有的女性作家'越轨的笔致'，更加重了作品的沉重的令人窒息的悲剧性成分"。① 她的另一个短篇小说《迟了》，"讲述的是一个母亲被迫亲手杀死自己刚刚生下的婴儿的故事。严冬寒风的吼叫声中，贫苦不堪的阿成嫂一家人，因为无力养活即将生下的孩子，都'陷入了可怕的绝境'。阿成，两个孩子，和阿成嫂自己，都已经瘦得皮包骨。自从仅余的二亩田抵押给佃主之后，阿成嫂一家由吃苦做生活竟是无衣无食了。而自己肚子里的第五个孩子，又快要出世了。怎么养活他呢？一家人还不知道哪天冻死饿死，怎么得又多添一个呢？阿成一早就到邻村请接生婆去了。小说截取阿成嫂一个人独自在家里临产的痛苦情景与心理挣扎。已经有四个孩子的阿成嫂，命运非常悲惨。她的两个孩子，早已经送给人家，做了婢女和童养媳，正过着人间地狱般的日子。家里剩下的两个孩子，也嗷嗷待哺。小说以一个女作者特有的细腻，详细地描写了阿成嫂临产前的折磨，痛苦，等待，恐怖，突然生产……等等情形，将穷富人家生孩子时不同的景遇作了尖锐的对比。面对即将临世的婴儿，阿成嫂犹豫着：为了全家的生存，是弄死他，还是留下来？阿成嫂进行着激烈的思想斗争。最后，还是为了一家的生存，母亲亲手闷死了刚刚生下的婴儿。等到阿成匆匆赶回来的时候，他才绝望地发现：一切已经'迟了'。小说用比较完整的构思和细腻的笔调，为我们展示了一幕中国农村穷苦人家，特别是一个农村母亲所演出的亲手杀死自己婴儿的撕裂人心的惨剧。一个青年女子

---

① 孙玉石：《一首永远活着的诗——黎昔非及其主编的〈昙华〉半月刊》，《黎昔非与〈独立评论〉》，第378—379页。

为中国农村贫穷妇女，喊出了发自内心深处的人道呼声"。①

《昙华》的乡土小说"从各个角度切入农村的社会生活，剖示其中的愚昧落后，具有一定的社会剖析小说的特色。因为对之有深切的生活体验，许多景物描写、人物语言和生活风貌都带有浓郁的南方乡土风味，在当时的小说中的确有一种新的特色"②。《昙华》中乡土文学的突出，一方面"由于《昙华》文艺社的成员都是来自南方（除了陈菲村外，均来自广东），有过长期的生活体验，因此这一类作品可以说是《昙华》上较有价值的小说。并且难能可贵的是，这些来自乡村小说的作品并不是田园牧歌式的作品，而是具有强烈的针砭时弊的进步倾向，与当时的进步文学潮流是相符合的"③。另一方面也与主编黎昔非的文学思想有密切关系，他在谈到从事文学创作的原因时曾说："一固然是由自己喜欢它，一也是受沈从文的鼓励：因我来自农村，深知农民大众的痛苦，每所暴露的都是当时社会的黑暗面。他认为这比那些坐在上海亭子间里的'普罗作家'所写的还较真切，故极力怂恿我走创作这路。"④ 因此，"作为主编，黎昔非对文学的追求必然会影响其他成员。他的创作可用来理解整个《昙华》文艺社社员的创作。与一些概念化书写农民革命的普罗作家不同，他们自觉追求对农村生活的'真切'表达。结合《发刊辞》中对'黑暗的描写'和'罪恶的暴露'等创作目的，以及他们在作品中的努力，大概可以看到，这里所说的'真切'是对农民生活客观真实而形象的叙写，既不拔高，也不理想化，敢于正视农民的痛苦和局限性。具体于革命文学中所涉及的农民的觉悟性的一面，则不简单从阶级压迫的角度进行概念化处理，也不简化农民接受革命道理进行反抗的过程"⑤。

破土于20世纪30年代初期的《昙华》，正处于日本侵略中国日益剧烈的时期，反日救国已经成为每一个爱国者的心声。昙华文艺社产生和消失的本身就与中国当时面临的民族危机紧密相连。因而《昙华》对于现实的关注还突出表现在她所发表的以反抗日本侵略为题材的作品中。《战区之一角》《宴会》《友谊》《孩子们》《电报》《克复以后》等都是有关抗战题材的小说。

《战区之一角》，以"像一具死尸似的僵卧着"的敌占区为背景，叙述这里一个小小村落中的村民，抱着"横竖总得做炮灰的，迟早要死了，爽性干他娘一顿"的心理，冒险去偷日军严密看守的盐栈。被日本兵发现之后，村民受尽了各种非人的凌辱和摧残，他们被按男女分开，关进两个屋子。男人被严刑拷打，女人被肆意奸淫，然后将赤身裸体的他们

---

① 孙玉石：《一首永远活着的诗——黎昔非及其主编的〈昙华〉半月刊》，《黎昔非与〈独立评论〉》，第379—380页。
② 李春雨：《〈昙华〉：时代意识的缩影》，《黎昔非与〈独立评论〉》，第403页。
③ 李春雨：《〈昙华〉：时代意识的缩影》，《黎昔非与〈独立评论〉》，第400页。
④ 黎昔非：《自传》（1951年7月），《黎昔非与〈独立评论〉》，第445页。
⑤ 陈政玲：《向"美"向"真"的路上走——黎昔非主编的〈昙华〉半月刊》，《黎昔非与〈独立评论〉》，第428页。

像盐包一样叠起来,在上面放上石头。在日军"枭鸟般惨慄的高声狂笑"和村民"低微的呻吟与呼号"中,响着大泉的咒骂声:"日本鬼!我大泉死也忘不了你们日本鬼!死……也……忘不……了……"日军摧残尽兴之后,命令这些还活着的负伤的村民一人搬着一包盐,拍下他们跟跄离开的镜头,以达到某种可耻的宣传目的。

《克复以后》描写一个村堡从敌人占领下光复以后,留下的是一片废墟。村里的人都害怕得躲起来。一个军官营部驻扎的家里,住着一个老太太。从她的口里得知,原来这里有一百户人家,三四千人,自从鬼子来了,逃的逃到远方去,杀的被杀,有血气的人,当义勇军去了,剩下的青年妇女,全被捉去。现在只剩有不到二百人了。自己的军队进村了,村里却寂静无声。老太太与营部军官,只是很少的对话。老太太还告诉长官,自己一家五口人,丈夫在沈阳陷落时被杀了,儿子当义勇军去,听说也战死了,小孩子的母亲在二十天前,被鬼子捉去,到现在也没有回来。现在只有孙婆俩人。听了老太太的倾诉,军官默默无语,只是抽着烟,在暗淡的灯光里坐在椅子上发呆。"这些情景与无声的控诉,非常普通而令人震撼。作者虽没有生活体验,却也显得真切朴实。"[1]

《孩子们》和《友谊》这两篇小说,"从不同的角度,描写了'九一八'之后北平成为'边城',人心不安,各色人纷纷南移的情景,却显得十分真切,扎实,构思也新颖别致"。"《孩子们》,着意讽刺现实,却隐而不露。""通过院子里一群小孩子们的游戏与房东孩子的对比,隐藏地传达了不同的人对于国家危难的不同态度。"小说里,几乎没有什么故事。"我"坐在院子里,看着房东家的八岁大女孩梅英,领着弟弟和几个院子内外的孩子在玩游戏。她指挥孩子们,将煤筐搬来,将一个个堆着,像一堵墙。还有一个门,是出入之道。末了,她指使那外来的两个小孩说:"你们做日本人吧,我们……做中国人,这煤筐就是榆关,你们来攻打吧?好不好?看看谁胜?"但是他们一个个都不愿意扮演日本人,梅英懊丧地哭了。阿火与她又去找阿三阿四,结果,四个人出去,还是四个人回来,并没有多一个:还是没有人愿意来做。"作者有意将实写的孩子们的天真游戏与虚写的大人们的行为意识作了尖锐的对比,传达了自己内在的愤激感情。"[2]

《友谊》这篇小说,题材也是很现实的,但同样从一个独特的侧面进入:昔日的所谓朋友,在北平吃紧的时候,也连平日的"友谊"顾不得了。一个名字叫苓的大学生,生了连"并不平凡"的医生也不明白的病,躺在公寓里的床上,已经三个月了。因战事日紧,人们纷纷逃难。公寓里的一些自诩"高等人才"的大学生们又过着"醉生梦死"的日子。一天,与他住在同一公寓里的两个同乡的同学——德言、其超,来到房间里看他。这是他

---

[1] 孙玉石:《一首永远活着的诗——黎昔非及其主编的〈昙华〉半月刊》,《黎昔非与〈独立评论〉》,第354页。

[2] 孙玉石:《一首永远活着的诗——黎昔非及其主编的〈昙华〉半月刊》,《黎昔非与〈独立评论〉》,第356页。

在北国里最接近最有谈话机缘的朋友。他们只是站着说话，怕污秽了漂亮的衣服，或将病传染给他们。然后嗫嚅地说，看他的病一时好不了，劝他还是进医院好。但是，他们主要告诉他的是："现在，风声很不好"，"这里是准完的，只是迟早的问题"。他们"打算搭五点的车走，因为，课已没上，不如回家去妥当"。他们问他："你的意思怎么样？"苓听了这些话，心中充满了悲哀。临离别，他们还不肯走，目的是特意要苓归还过去借他们的五块钱。他们没有拒绝，还说：他们自己只有六十多块钱，上海到家的钱还得另外设法。可是，当他们走后，房东老婆子向苓催索房租的时候，才知道，他们临走前，还花钱买了一百多元的东西。苓由此才更明白了这友谊之间"互助"的奥义了。"这里，从患难之际友谊与自私的角度，写了国难中人情的沦丧。但故事却有意放在北平逃难的大背景之下。作者和《昙华》编者对于现实的强烈关注，他们的爱憎感情，是很清楚的。"①

《昙华》所发表的评论和杂文中也表现了强烈的抗敌爱国情怀。"刘枕涛发表在三、四、五期上的文章，杂文特点相当明显，《救国妙策》中，作者指出国民党的不抵抗政策，'是应时的妙策'，与此衍生出'念经救国''一面交涉，一面抵抗的救国''开发西北救国''航空救国''安内攘外救国''民族主义文学救国''科学救国'等所谓'救国'的'妙方'，实际上他们只能产生'亡国'的后果。作者视野开阔，认识深刻；语言犀利，思辨性强，与同时期其他报刊上的同类作品相比，它也不失为一篇好的杂文。"在另一篇杂文《国难声中之科学贡献》中，"作者再次以讽刺的方法批判了政府的不抵抗政策，文章的角度更加新颖：'日本帝国主义的大炮，没有惊醒我国的政府（我国的政府也有同样的大炮，而且它对炮火的经验比日本帝国主义还丰富，当然不会被惊醒）。却惊醒了我国的科学家了。这惊醒可不小，在短短的十七个月中，就惊醒出几十种发明来！这几十种的发明就是：……'作者罗列了他从平津报纸上收集来的'国瑞式天然瓦斯''高粱制造酒精''制水新利器''轻便地雷'等二十二种发明。政府不抗战，科学家的发明能救国吗？但是报刊却以科学家的发明转移读者对政府的注意。作者不仅批判了政府的不抵抗政策，也对报刊袒护政府的做法进行批判"②。

从这些作品中，"我们也可以体会到《昙华》编者的意识倾向。刊物屡屡发表这类题材小说的动因，作者和《昙华》编者对于国家危难的强烈关注，他们现实的爱憎感情和美学情趣，也均由此而可以概见了"③。

《昙华》文艺社的成员，都是当时热爱文学的青年。比起其他生活领域，他们更熟悉

---

① 孙玉石：《一首永远活着的诗——黎昔非及其主编的〈昙华〉半月刊》，《黎昔非与〈独立评论〉》，第358页。

② 陈改玲：《向"美"向"真"的路上走——黎昔非主编的〈昙华〉半月刊》，《黎昔非与〈独立评论〉》，第418—419页。

③ 孙玉石：《一首永远活着的诗——黎昔非及其主编的〈昙华〉半月刊》，《黎昔非与〈独立评论〉》，第358—359页。

青年的生活与心理。因此，关于青年问题题材的作品，也是《昙华》的重心之一，透过这些作品所反映的各个生活层面，接触了青年生活的脉搏。

《昙华》所发表的《现代青年的烦恼与出路》杂文里，就分析过当时青年中间存在的精神烦恼，具体论述了烦恼在青年中的种种表现。其中说到，烦恼是现代青年的命运。现代青年常常感受的是三种烦恼：一是因受教育问题引来的烦恼，一是由生活问题和恋爱问题所引起的烦恼，一是由意志不自由所带来的烦恼。为了摆脱这些烦恼，有些青年去自杀与投降。因为方法错了，结果烦恼仍然烦恼，人生意义也不知天上人间。文章说明，这些烦恼的症结，是资本主义社会，是私有财产制度。要摆脱这些烦恼，青年就必须有团结的精神，牺牲的勇敢，来推翻这现实的高压，把资本主义的社会推翻。这样，才能除去一切烦恼，由必然到自由。

《昙华》所发表的小说中，涉及青年生活及其问题的有《快乐的结局》《先生的儿子》《一个女理想家的懊悔》《爱与仇》《现代青年》《会客》《脚病》《期待》《考试日记》等。

有的小说描写青年在穷困中挣扎追求的希冀与绝望。《快乐的结局》写一个青年李文写了一个八万字的中篇小说，等了很久才得知稿子可以陆续发表，于是感到自己穷困的生活境遇因此有了改变的希望。但他很快又接到书局老板的另一封信，说稿子不见了，请他再重抄一遍寄去，得到的是更大绝望的"快乐的结局"。《先生的儿子》写"我"在故乡童年读书时的邻座，曾是那样飞扬跋扈，不可一世。多年以后，"我"回到故乡，知道他的家境已经穷愁潦倒，只好在"我"父亲开的铺子里做伙计谋生。当"我"与他见面时，看到他竟成了一个麻木的老老实实"又勤又听话"的雇工。小说写出人到青年时，由童年的回忆中所悟到的人世变幻，"写出了世事变革与人生的沧桑感"[①]。《一个女理想家的懊悔》是一篇近于心理分析的小说。在一个中学任教员的密斯曼娜章是一个爱情的理想家，自矜自傲，喜好打扮。还是什么妇女抗日团体的委员，却早将"国难"两字丢到无何有之乡。在大学读书的男生吕晦，原来是她恋着的对象。她选择爱人一直怀有"博士""主席""部长"等"理想"。她因此认为，吕晦这个人的资格还太够不上她理想的标准，并且很骄傲地对也恋着这个人的女友戴韬女士说："怎么你不去向他求爱呢？"由于流言，引起了她旧情的死灰复燃。她发了封信给吕晦，整日焦急地等待着他的回信。但她接到的却是印着"我俩定于三月十五日在新中华旅社举行婚礼，敬请观礼"，署着"吕晦戴韬鞠躬"字样的请柬。她便忘记了平素的庄严，当着老妈子跟前，倒在椅子上抽咽哭泣起来了。"这温和的讽刺里，透出作者严肃的爱情观。"[②]《会客》将饶有趣味的笔触，伸进了一个对于人生、

[①] 孙玉石：《一首永远活着的诗——黎昔非及其主编的〈昙华〉半月刊》，《黎昔非与〈独立评论〉》，第367页。

[②] 孙玉石：《一首永远活着的诗——黎昔非及其主编的〈昙华〉半月刊》，《黎昔非与〈独立评论〉》，第368页。

友谊与爱情都十分陌生的灵魂。女大学生"我",是一个性格孤僻,生平最怕的是交际的人。她的朋友L跑上楼来对她说,密斯特C来了,要她下楼去和他们谈谈。小说巧妙地详细写了她内心经历的一番激烈的思考,斗争,认真做了与陌生男人怎样谈话的预备、练习。这时下面大声地叫她去吃饭了。她慢慢装作很大方的样子踏下楼去之后,见了L本人只是穿了便服很随便的在那里洗碗,她望了望房子里,已经没有男士们的踪影了。自己也松了口气。"小说写出未经世事的青年女孩子,那种孤僻和自矜的性格,朦胧的渴望,以及胆怯应对的情状。"①

"解剖一些青年精神的空虚,追求金钱与享乐,乃至因此走向政治上堕落与灵魂的肮脏,使《昙华》小说在另一个重要侧面显示出逼近现实的思考深度。"②《现代青年》主人公已经从单纯走向世故,走向与社会同流合污。住在上海简陋的公寓里的一群受高等教育的青年,他们忘记了国难,忘记了青年人的责任,整日除了高谈阔论以外,就是谈论女人,谈论爱,但是他们连什么是真正的爱情都不懂得。这里给我们描写了现代青年人精神空虚的图景。这种精神空虚与自我膨胀,有时到了异想天开的境地,《脚病》就是一个很好的例子。它是描写一个知识青年心理的小小说。"他"发现自己脚膝上发生了一点皮肤病,这怎么好? 想到医院去,但这要花很多的钱,而且一点毛病,就可能开刀,这是多么可怕啊! 万一给医治坏了,还会变成跛子。以后的日子怎么过,谁肯嫁给一个跛子? 想到极度后,他又会自解。他又想如果住进院后,可以舒舒服服静养几天,那里还有漂亮的护士照顾,小说由这里开始,用许多的文字,具体描写了他想象自己,怎样和漂亮的护士接近,他们之间有怎样的谈话,最后脚已经完全复原,准备出院,他们怎样难舍难分,互相约好会面的日子。他真的去医院了。可是医生仔细看了之后,对他说:"并没有毒,只是皮肤有点损坏。你回去用热手巾黏起来,冷了再换,一天三四次就会好了。"他听了医生的话,"大大地放了心,同时却觉得有一点失望,带上帽子悄然离了医室"。这篇讽刺小说,没有曲折的故事情节,除在结尾部分出现说了一句话的医生外,没有出现第二个人物,全部是作者在叙述"他"的行为和心理的描写。篇中那些与护士长长的对话,也完全是在想象中展开的。然而却能通过这样一段虚拟的"脚病"的经过,隐隐地讽刺一些知识青年的一种浪漫的通病:过分自爱,多疑,又过分地异想天开。"这里讽刺的是'脚病',实际隐含的是这类人物精神上的疾病。小说文字简练干净,讽刺而不失滑稽,讥讽的'度'把握得很好。这篇《脚病》,可以算是《昙华》里一篇文字功夫运用得较为成熟的小说了。"③

---

① 孙玉石:《一首永远活着的诗——黎昔非及其主编的〈昙华〉半月刊》,《黎昔非与〈独立评论〉》,第368页。
② 孙玉石:《一首永远活着的诗——黎昔非及其主编的〈昙华〉半月刊》,《黎昔非与〈独立评论〉》,第368页。
③ 孙玉石:《一首永远活着的诗——黎昔非及其主编的〈昙华〉半月刊》,《黎昔非与〈独立评论〉》,第370页。

短篇小说《爱与仇》"是颇费了一番心思构思的作品。它将青年爱情题材放在一个尖锐政治斗争的背景和事件纠葛里描写"。一个名字叫楼兰的大学生，以金钱为魅力赢得了"校花"的欢心。得知他的钱是靠出卖同学，将其诬为"××党"而遭枪决时，正义的冲动使"校花"拿起桌上的小刀刺进了这个卑鄙者的胸膛。"小说涉及了多个方面的社会问题：统治者当局秘密逮捕和审讯进步青年的丑行，日寇入侵、国难当头时爱国青年的责任，黑暗政治笼罩下一些青年为了金钱而不惜卖友求荣的卑劣，追求个人爱情与坚持社会正义的尖锐矛盾与选择等。在当时政治高压的气氛之下，通过一个爱情的故事，作者直接接触这些敏感度很强的题材，抨击了人性里潜在的卑鄙与丑恶，黑暗与肮脏，展现了美好与善良的力量在人性中的升华，所表现的爱憎感情是非常鲜明的。小说在两个人物的鲜明对比描写中，抨击现实黑暗势力和特务制度，着意塑造一个青年女学生，由于对于楼兰可耻的卖友行为的正义仇恨，最终分清是非，让正义的理智战胜了情感上原来存有爱的力量，在这里，隐含地寄托了作者对于人性的'真'与'美'的深挚追求。'爱与仇'的矛盾在这里被作者赋予了异常尖锐的现实内涵。小说艺术虽然还有不少瑕疵，如女学生后来的正义行为在前面缺少必要的铺垫等，但它的整体构思，它对人性美的超越力量和现实生活真实性的追求，它的寓批判于故事叙述之中的处理方法，都是难能可贵的。"[①]

此外，从第五期开始，《昙华》出现诗歌栏目，有《温情与热爱》《时光老人》《光明的太阳》《无聊？惆怅》《归车》等诗篇。这些都是抒情诗，青年人常有的对爱情、时间、人生感慨是诗歌的主题。"诗作者试图用形象化的语言锻造诗句，也试图在结构上形成特点。比较突出的是《时光老人》，全诗由一核心意象"赴国难会议的要人"统领，诗句节奏感强，节与节之间使用传统的"顶真"方法。这首诗共六节，首尾两节以复沓的方式呈现。这虽是一首感叹时间流逝的诗歌，作者以拟人方法将"时光老人"比作"像去赴国难会议的要人"，"将'国难'凝聚在意象构建中。'奔跑''互调''雄辩''口号''狂跳'等句末的两字音节不仅讽刺地表现出'要人'的动作，使诗歌具有强烈的动感，而且在较强的节奏感中使读者对时间的流逝有一种切实而形象的感受"[②]。

在这些描写青年生活的作品，尤其是在那些小说里，"作者的题材选择，情感趋向，美学趣味，都是坚持与健康进步的人生追求相一致的。他们肯定人的内心存在的美好的东西，鞭挞精神世界中的自私与丑恶。在这种肯定与批判中，表现了他们'真'与'美'的精神品格与自我坚守"[③]。

[①] 孙玉石：《一首永远活着的诗——黎昔非及其主编的〈昙华〉半月刊》，《黎昔非与〈独立评论〉》，第371—376页。

[②] 陈政玲：《向"美"向"真"的路上走——黎昔非主编的〈昙华〉半月刊》，《黎昔非与〈独立评论〉》，第420—421页。

[③] 孙玉石：《一首永远活着的诗——黎昔非及其主编的〈昙华〉半月刊》，《黎昔非与〈独立评论〉》，第376页。

三、结语

总的来说,《昙华》为我们留下了那个时代较为真实的声音。在今天的读者看来,也许觉得太稚嫩,太感性。但正因为稚嫩,正因为感性,没有雕琢和拔高,才为我们保留了那个时代的原生态生活,和青年作者们最为平常的心态。借助它,能够增加我们对那个时代的历史的感性触摸。它所具有的史料的价值,还有年轻人跳动的脉搏,能引起我们对那个时代更多的回忆。文学史固然离不开一些名家大家和著名报刊,但是文学史也同样不能忽略这些如"昙华"一样美丽而"一现"的杂志和作者。"尤其是主编黎昔非先生,在20世纪30年代极为恶劣的战争环境中,为实现他的'作家梦',繁荣文艺创作,尽他最大的努力与同伴一起出版《昙华》半月刊,那种热爱文学为文学献身的精神对今天的我们来说,也是一份弥足珍贵的财富。"[1] "《昙华》文艺半月刊由于存在时间的短暂,因而没有能够在现代文学史上留下显著的痕迹。但是,它的存在本身对于我们理解20世纪30年代文学氛围和文学观念都具有一定的价值,根据《昙华》上发表的作品,我们可以充分把握20世纪30年代进步文学青年的情感取向、文学观念以及他们的文学资源构成。因此,《昙华》是一份不应忽略的文学史资料,恢复它在现代文学史视野中的存在是有意义的,也是完全有必要的。"[2]

(原刊于《新文学史料》2003年第4期,中国人民大学报刊资料复印中心《中国现代、当代文学研究》2004年第1期全文转载)

---

[1] 陈玫玲:《向"美"向"真"的路上走——黎昔非主编的〈昙华〉半月刊》,《黎昔非与〈独立评论〉》,第434页。

[2] 李春雨:《〈昙华〉:时代意识的缩影》,《黎昔非与〈独立评论〉》,第409页。

黎昔非和《昙华》文艺半月刊

卢斯飞

历史是无情的,某些曾经煊赫一时、大紫大红的出版物,经过岁月的冲洗,早已淡出人们的记忆。历史又是有情的,一些曾经受到误解、受到湮没的书刊,拂去时间的尘土,又成为重放的鲜花。黎昔非和他创办的《昙华》半月刊的遭遇,其情形可归入后者。

一

1932年春,已经考取北京大学国学研究所的黎昔非①,应他的老师胡适的要求,毅然中止了自己的研究生学业,担任了《独立评论》的经理人,负责除编辑以外的校对、出版、发行等工作。《独立评论》是以胡适为代表的一流文化精英和自由主义知识分子创办的,20世纪30年代最有影响的政论刊物之一②,从1932年5月22日创刊至1937年7月25日终刊共出244期。五年当中,黎昔非圆满完成了胡适交给他的任务,使胡适对于《独立评论》的出版发行事务得以实行"无为政治",且使刊物最高发行量达13000份,遍及国内各地,远销日、法、德、美等国。胡适对黎昔非的牺牲精神一再表示非常满意和感谢,他在《独立评论》"三周年特大号"(151号)发表的《又大了一岁》一文中说:"在这贺周岁的日子,我不要忘了这个孩子还有一位忠心的看护妇。我们创办这刊物的时候,就请黎昔非先生专管发行所的事务。"在《〈独立评论〉的四周年》一文中又说:"他们(指黎昔非和章希吕——引者)对于这个刊物的爱护和勤劳,常常给我们绝大的

---

① 黎昔非(1902—1970),广东兴宁市罗岗镇甘村人。1929年春从上海持志大学文史系转学至中国公学大学部文史系,师从胡适、沈从文诸先生。1931年考入北京大学研究院国学研究所为研究生,再次成为胡适的学生(其时胡适任北大文学院院长)。1932年,黎昔非中断学业担任独立评论社经理人。"七七事变"后,他携家属离开北平回到兴宁教中学。1944—1945年曾得到闻一多引荐到昆明中国医药研究所史地部任助理研究员,不久又回兴宁任教。1966年6月"文革"爆发,黎先生被打成"三家村黑帮",受尽磨难后于1970年含冤去世。1979年得到平反昭雪。

② 《独立评论》的成员除胡适外,尚有翁文灏、蒋廷黻、傅斯年、周贻春、吴景超、任鸿隽、陶孟和等社会名流。

精神上的鼓舞。"黎昔非先生其时正当而立之年,已在诗经研究等方面初露头角,他基于师生情谊而扮演的"幕后人物"角色,他的朴实无华、甘于淡泊的精神着实令人肃然起敬。

但《独立评论》毕竟是一份以政论为主的刊物。作为一个充满活力的文学青年,在国难当头、乌云重重的岁月,自然还会去寻找反映社会人生、抒写心灵情感,释放个人文学能量的园地。1932年9月,黎昔非的兴宁同乡,原在上海中国公学的同窗丁白清携其女友陈菲村(江苏太仓人)北上访黎,商量共同创办一个小型的文学刊物,专门刊载一些篇幅较为短小的小说、散文、诗歌和批评的文字。不久,黎昔非的另外两位友人原中国公学同学、广东惠阳人潘齐平和正在北平大学法商学院就读的兴宁同乡刘在海也应邀参与其事。他们成立了一个"昙华文艺社",并推举黎昔非为主编,筹备出版《昙华》半月刊,刊名由黎请胡适亲笔题签,出版费用由成员共同承担,出版地点设在北平后门慈慧殿北月牙胡同2号(《独立评论》社办公地),通信地址为"北平大学法学院第二院号房转"。经过同人们半年的努力,《昙华》终于在次年1月1日创刊,为16开本,每期16页,该刊还和《独立评论》互登广告。不幸的是,《昙华》创刊之日,正是热河沦陷、榆关失守之时,繁华古都,遽成边城,校园一片萧瑟,师生仓皇逃难,《昙华》出至1933年4月1日第7期便因"人员星散,经济困难"而匆忙停刊。这份发行量仅百份的刊物也因此弥足珍贵,现在能够找到的只有六期(第6期缺),存于国家图书馆和北京大学图书馆。

颇具讽刺意味的是,1949年之后,《昙华》的成员们在他们的有生之年,对他们当年友谊结晶的心爱刊物几乎是闭口不谈,仅在他们按组织要求写的《自传》中述及此事。笔者在1950年初就读兴宁一中时,陈菲村先生任该校副校长,潘齐平先生任教导主任,黎昔非先生为语文组长,丁白清先生在兴宁另一所中学任教。由于此时胡适已被列名为"战犯",经历了惊心动魄的"思想改造运动"的老师们自然是谈"胡"色变,遑及其他。但他们"明哲"而难"保身",1966年6月3日《人民日报》发表《吴晗投靠胡适的铁证》一文,涉及黎昔非与吴晗、胡适和《独立评论》的关系,横祸飞来,置人死地,昔非先生当即遭到批斗折磨,在1970年含冤逝世。1979年11月26日,兴宁县有关单位举行了黎昔非先生平反昭雪追悼会,推翻了强加在他身上的种种不实之词。2002年10月,昔非先生100周年诞辰之际,北京学苑出版社出版了由黎昔非先生的公子北京师范大学历史系博士生导师黎虎教授主编的《黎昔非与〈独立评论〉》一书,收入了影印的各期《昙华》半月刊(缺第6期)。人们才有机会在还原历史真貌的基础上研究昙华同人们的作品,确定他们在新文学史上的贡献,并且进一步窥见这一群20世纪30年代的文学青年的文化性格和心路历程。

二

要了解昙华社同人的审美要求和价值取向，不妨先看看由黎昔非执笔、发表于《昙华》创刊号的《发刊辞》：

> 当朝阳初升时候，散在天上的几抹锦霞是鲜艳的吧？当细雨新晴，拱在空中的一弯彩虹是美丽的吧？然而像闪电一样，只一会儿就消灭了；小鸟儿婉转的歌声是悦耳的吧？梵娥琳扬抑的音调也是醉人的吧？然而像风一样，吹过就失踪了；什么东西都是"暂"的啊！——不过又有什么关系？只要它在某一瞬间真实地存在过，且曾给了人们的心中留下一个清晰的印象，并传达过一点所谓"情感"的作用：这就够了。
>
> 昙花的取义近乎此。我们只知向"美"（不要误会这个美字，丑恶的描写，黑暗的暴露，也都可以表现美的。）向"真"的路上走，努力着走，其他我们就无暇顾及了。
>
> 我们不标榜什么漂亮的主义。因为，我们以为与其空洞地大吹大擂，不如着实地去做出一点事情来。
>
> 希望我们的昙花能开！咱们都来培植她罢！

了解中国新文学思潮的人都知道：在1927—1937年这一时期，就对文学的态度和文学思想的倾向而言，当时除左翼文艺所代表的革命文学思潮外，同时存在一种自由主义文学思潮。前者认为文学是革命事业的一部分，是革命的工具和武器；后者（包括"京派""论语派""新月派""自由人""第三种人"等）则强调文艺的独立品格，文艺和政治应保持距离，或强调文学脱离政治的自由。以沈从文为代表的"京派"作家关注人生，讲求"纯正的文学趣味"，并以"和谐""节制"与"恰当"为基本原则。黎昔非和沈从文在上海中国公学时即有师生情谊，因此他们在文学本体观和审美意识上更有共同点。我们不妨再注意一下《独立评论》第1号的《引言》，文中说道："我们都希望永远保持一点独立的精神。不倚傍任何的党派，不迷信任何成见，用负责任的言论来发表我们各人思考的结果：这是独立的精神。"这与昙华社同人在社会信念和操守上是一致的。如果我们再注意一下《昙华》创刊号上刘枕涛写的《灯下谈丛》，就会发现：文中既有对高唱辩证法唯物论实则理论脱离实际的"实际家"的批评，也有对不关心民瘼的高蹈派文艺家的讽刺。总之，昙华社认为文艺应该坚持独立和着实的精神，以情感人，以弘扬"真"和"美"为己任。这是一群有教养、有良知、有责任感的文学青年面对着风云变幻的时代郑重写下的诺言。他们短暂的文学创作的确实践了自己的承诺。

三

据统计，现存《昙华》各期除《发刊辞》外共发表作品 36 篇，其中诗歌 5 篇，杂文 4 篇，评论 2 篇，译文 1 篇，其余 24 篇为短篇小说。因此我们对昙华社创作的基本评价也以小说为主。

从作品的题材来看，这些小说比较鲜明地反映出 20 世纪 30 年代时代青年的忧患意识。30 年代的中国，内战频仍，外患不断，民生凋敝，灾害连连，文化落后，民气未申，处于内忧外患环境中的昙华社同人们作为一群年轻的大学生，不愧为时代晴雨表和感应的神经，把他们的敏锐触角伸向了社会的各个角落，流露出他们的忧患、愤怒和同情。如果把这些小说粗略分类，大致可以分为三种情形。

第一类是反映农村生活的作品。黎昔非在 1951 年写的《自传》里曾说："我所以想从事创作，一固然是由自己喜欢它，一也是受沈从文的鼓励：因我来自农村，深知农民大众的痛苦，每所暴露的都是当时社会的黑暗面。他认为这比那些坐在上海亭子间里的'普罗作家'所写的还较真切，故极力怂恿我走创作这路。"以沈从文等为代表的"京派"作家以现实主义的态度和丰厚的生活体验，把表现"乡村中国"作为主要内容，在作品中真切地反映出湘西等地农民的血泪、悲欢、屈辱、不幸和对命运的痛苦抗争，流露出对灾难深重的故土浓浓的思恋情结，在这方面昙华社可以说是与其一脉相承的。黎昔非的小说《活财产》（笔名甘村）写的是粤东农村的一个农民阿贵吸毒成瘾，忍心卖掉儿子的悲惨故事。作者不仅描述了吸毒这一陋习所造成的直接危害，而且从一个侧面反映出当时农村种种势力盘根错节造成的负面影响，其中有夫权（阿贵的女人对于儿子被卖虽然"心酸"，却只能"把她的舌头噤住"默默地哭），族权（阿贵鬻子前必须得到未来"族长"老六的默认，因此对其招待唯恐不周），政权（官商勾结明令禁卖鸦片，暗中垄断销售），此外还有战争（小说中隐约提到由于内战造成交通阻碍、生意萧条，但烟馆赌场则兴旺起来）。有了这些势力作祟，农村中卖儿卖女、家破人亡的事情就不算是鲜见的了。黎昔非的另一短篇《南旋》也是一篇颇有深度的作品。主人公阿苓是个阔别家乡多年的青年，这次重返 H 城①，通过所见所闻，充分体会到农民们心头的"怨、恨、悲、愤"：苛捐杂税，多如牛毛，逼饷抓丁，触目惊心，农民贱卖土地，无人肯出价钱。作品的气氛和构思，都使人联想到杜甫的"三吏""三别"。《昙华》中还有几篇描写农村底层贫苦妇女命运的作品，写得也颇出色。女作者陈菲村的《某日》，写的是江南 F 镇曹家村个别村民去木匠娘子家"捉奸"并将其"赤裸裸地当街示众"的"新闻"，其结果是导致木匠娘子"上吊"而死。作品通过细腻的描写和越轨的笔致，反映出农村的陋习和普通农民的愚昧和麻木，显示出国民劣

---

① 旧时"兴宁"拼写 Hingning。

根性的无处不在。菲村的另一短篇《迟了》写的是隆冬时节，一位母亲面对着无衣无食的境遇，思前想后，把刚刚生下的第五个小孩亲手闷死的悲惨故事，心理描写，力透纸背。《昙华》中关注妇女现实悲惨命运的还有潘小平的《偷走》和《祖母的怨望》等。他的《先生，写信吧》写的是粤东农村中发生的一起"绑票"事件，表现出某些社会渣滓的道德沦丧和不择手段。

第二类是以反抗日寇侵略为题材的小说。1931 年"九一八事变"后，日寇铁蹄长驱直入，疯狂践踏中国领土，东北三省，转眼沦陷，沪上硝烟，继之又起，长城一带，岌岌可危。与此同时抗日救亡运动蓬勃兴起，民族意识充沛昂扬，广大民众在民族劫难中觉醒抗争，出现了许多可歌可泣的事迹。这一切让血性犹存的知识青年悲愤填膺，抗日救亡的歌声唱彻大江南北。就在热河沦陷、榆关失守之时，1933 年 1 月在北平创刊，由黎昔非主编的《昙华》文艺半月刊 1 至 7 期（该刊仅出 7 期），发表了一批以抗击日寇侵略为题材的短篇小说。民族意识在《昙华》中同样是充沛昂扬。在这一批作品中，鹤子的《战区的一角》叙述沦陷区人民铤而走险潜入盐栈不幸被日军发现，男的受尽拷打，妇女惨遭奸淫，最后还被拍照宣扬，从而有力地控诉了侵略者令人发指的罪行。零零的《克复以后》写的是一个村堡从日军手中夺回后几成废墟的情景：全村原有三四千人，鬼子占领之后，逃的逃，杀的杀，青年妇女全被捉去，有血气的人当了义勇军，幸存者不足二百。零零的另一短篇《宴会》，故事发生在长白山下某村，日军副团长和另五个军官抓了五个学生，企图发泄兽欲，反被女学生灌醉并开枪将其全部打死。……对侵略者的仇恨意识甚至弥漫在儿童的内心世界：夏蒂的《孩子们》写八岁的女孩梅英领着几个小孩做攻打榆关（山海关）的游戏，但没有一个小孩愿意扮演日本兵。作者深情赞扬了他们"不妥协、不调和、不折中、不屈服，终于不愿意做日本人"的纯洁心灵。此外，在《昙华》上发表的其他小说和诗歌杂文里，还描写了在外敌入侵、风云变幻的年代里农村生活的进一步恶化，青年学生的思想的动荡不安；批判了"不抵抗主义"、寄幻想于"国联"等应对妙策；希望人们焕发"民族意识"，以实际行动来"拯救垂危的中国"。……总之，这些作品比较鲜明地反映出 20 世纪 30 年代时代青年的忧患意识，表达了他们在国难当头时期的愤怒、同情和思考。

值得文学史家注意的是：这些反映抗击日寇侵略的短篇小说发表于 1933 年初，距离震惊世界的 1931 年"九一八事变"才一年多一点（东北全境沦陷为 1932 年 2 月），距离日本帝国主义武装侵略上海的 1932 年"一·二八事变"刚好一年。其时"东北作家群"尚未形成，萧军、萧红在 1934 年才离开哈尔滨，他们写的反映东北底层人民在日伪统治下苦难和斗争的小说散文集《跋涉》则是在 1933 年 10 月自费由哈尔滨五日画报社出版的。他们的成名作《八月的乡村》（萧军）、《生死场》（萧红）到 1935 年在鲁迅支持下才得以出版。此外，林箐（阳翰笙）的中篇小说《义勇军》1933 年 1 月由上海湖风书局出版。根据现存资料来看，《昙华》是中国现代文学史上首先高举抗日救亡旗帜的文学刊物，她发表的这些作品，应是"九一八事变"后第一批出现的以抗日救亡为题材的短篇小说，其意义不可忽视。

《昙华》的主编黎昔非（1902—1970），广东兴宁市人，他于1931年春考入北京大学研究院国学研究所为研究生，1932年任独立评论社经理人。昙华社的其他几位成员刘在海、潘齐平、丁白清、陈菲村当年都是具有爱国意识和民主思想的青年大学生。他们自筹经费创办刊物，以笔为武器向邪恶、黑暗、反动的势力开战，表现出饱满的爱国热情和社会责任感。

第三类是反映青年学生生活的作品。这类作品有零零的《快乐的结局》、申伯的《一个女理想家的懊悔》和《现代青年》，亦明的《脚病》，夏蒂的《期待——写给茜薇的快封信》，徐平的《考试日记》等。其中有的写文学青年的困窘、挣扎和绝望，有的讽刺心高气傲、脱离实际和游戏人生的爱情观，有的剖析男青年和异性交往中多疑可笑、犹豫不决的心理，有的暴露当时大学管理混乱、教员随意缺课和学生相互抄袭乃至代人考试等现象。由于作者本身就是知识青年，熟悉大学生们的追求、困惑、挣扎以及他们的通病，因此这类作品大都显得细节真实，心理描写生动，人物栩栩如生。特别是罗岗的《爱与仇》，小说写的是20世纪30年代加剧的政治分化过程中，受到某部"倚重"的青年大学生楼兰为了金钱享受卖友求荣的行径。楼的丑行导致进步青年曾某的"失踪"，也导致楼本人爱情和生命的毁灭。作品展示了人性的泯灭和爱国意识的高扬，传达了时代青年对高压统治的愤懑。

通过以上简要介绍，可以看出：《昙华》的作品不论是讴歌纯洁的人性和美好的理想，还是鞭挞丑恶暴露黑暗，他们都努力做到向"美"、求"真"。他们的文笔是朴实的，有的甚至还略显稚嫩，但作品没有标语口号，没有贴标签，因此使人们更清晰地看到了那个年代原生态的生活，引起我们更多的回忆和联想。

四

《昙华》的短篇小说除了题材上的时代特色外，还有几点值得研究者注意。

一是现实主义的艺术方法。新文学创作的第二个十年（即人们通常所说的20世纪30年代文学）不乏探索性和先锋性的现代主义流派，如小说创作中就有心理分析派和新感觉派等；但昙华社同人为什么在小说创作中几乎不约而同地采用了现实主义的艺术方法呢？毋庸讳言，就对文学的态度和文学思想的倾向而言，昙华社深受京派作家的影响。京派的基本倾向可以说是文学研究会的为人生的现实主义承袭和发展。就艺术方法而言，京派作家多为现实主义派，汇入本时期的现实主义主潮中。所以昙华社同人以农村生活为题材的小说，和"为人生"派、京派的小说颇多一致之处，而且力求构思精巧，富于文化意蕴。

不过，昙华社出现在京派之后，由于时代的发展和现实环境的严峻与恶化，因此昙华社的作品就少有京派作家的那种带有浪漫主义气息的抒情体小说，而是强化了京派作家另一种讽刺性小说。当然，现实主义也是存在多种形态的，它们之间也会相互影响。不可否认（左翼作家特别是"东北作家群"创作的抗日救亡文学对昙华社作者是具有影响的），左翼作家和昙华社同人在反映农民生活的愚昧、落后、困顿、痛苦、挣扎等方面有相似之处，这是因为：当时的小说作家（包括左联社会分析派小说家以及京派作家）都曾受到"为人生"派和"乡土文学"的影响，大多注意从现实生活取材，尤其是突出描写农村的破产、动荡和农民的悲苦与不平。社会分析派此时接受了马克思主义的影响，一般都能从社会的政治经济分析入手，揭示社会现实特别是农村中阶级的对立和抗争，具有浓烈的社会意识。像茅盾的《春蚕》和《林家铺子》，其发表的时间与《昙华》上的短篇小说大致在同一时期①。这就说明，左联作家和京派作家（包括昙华社在内）的创作在主题和题材上有相似或相近之处。就创作潮流而言，它们之间的确存在一种相互渗透、共存、互补的态势。只是京派作家在创作中更加强调审美意识，更加注意从文化、道德的层面来探讨人生，因此某些左翼作家的初期作品所存在的人物脸谱化、故事情节公式化以及标语口号倾向严重、人物多豪言壮语和政治术语等问题，这些现象在《昙华》作品中却是很少见到的。从这里可以看出：《昙华》在采用现实主义艺术方法的同时，注意到了保持作品的生活气息，同时尽力避免艺术粗糙的偏向。

二是作品具有比较浓厚的地方色彩。昙华社的作者除菲村②外，其余4人均为粤东客家人。客家人是历史上陆续从中原迁到南方山区而形成的一支汉族民系，保留了客家先民重视文教、讲究礼仪以及吃苦耐劳等特点，但也突出地保持了一些与现代文明格格不入的陋习，如浓厚的宗法观念，男尊女卑的夫权思想（男人以务农劳动为耻，而妇女却要下田耕作、抚养老小和操持家务），以及普遍存在的"等郎妹"（童养媳）现象，等等。由于地近沿海，近代以来又有不少人沾染抽鸦片的恶习，以致酿成种种人间惨剧。这些在《昙华》的作品中均有具体细致的反映。客家人有自己的方言，在语汇、语音乃至语法上都有一些与普通话或其他方言相异之处。我们在《活财产》《南旋》等篇中都可以发现客家方言的痕迹。例如粤东客家人称扁担为"担竿"，称"手心"为"手盘"（"手盘手背也是肉"），把帮人办事买东西用款时以少报多从中占便宜叫作"打斧头"，还有把抽一袋烟叫作"吸一筒烟"（因客家地区农民多用竹筒做烟具），把坐牢叫作"坐监"。在语法上，客家人把比老虎还凶恶叫作"凶过虎"，把比猪还善良叫作"善过猪"。……诸如此

---

① 《春蚕》写于1932年11月1日，载于《现代》第2卷第1期。《林家铺子》完成于1932年6月18日，载于《申报月刊》第1卷第1期。两篇作品初收于1933年5月开明书店出版的《春蚕》中。

② 陈菲村（1912—1997），1935年7月在中国公学毕业后，与丁白清先生结为伉俪，并联袂回到了丁先生的故乡广东兴宁。从此定居广东兴宁，献身于客家地区的教育事业，历任多所中学、师范的教师、副校长和校长。她经常在学生中自称为"客家人"。

类，在作品中都可以见到。作者也许是信手拈来，但无意中却增加了作品的地方色彩。因此《昙华》中的小说为人们提供了一幅幅了解近现代粤东客家人生存状态的民俗画，也为编写《客家文学史》提供了难得的第一手材料。现代文学社团的一个重要标志，是一般都办有自己的刊物。根据目前我们掌握的资料来看，昙华社是现代文学史上第一个客家文学社团。《昙华》是现代文学史上第一个由客家人创办的纯文学刊物。这也是值得研究者注意的。

三是以短取胜的艺术格局。《昙华》每期16页，仅2万余字。故每篇作品平均只有三几千字。中国艺术有所谓"尺幅千里""纳须弥于芥子"等说法，强调以短小取胜。短篇小说要做到这一点，自然要求作者熟悉生活，胸有成竹，精心构思，认真提炼，还要做到语言省净，文笔传神。《昙华》中不乏这样的作品。像女作者菲村的《某日》《迟了》采用独特的女性视角，通过细腻的心理描写和恰到好处的背景处理来凸现悲剧事件，的确是出手不凡。《昙华》作者们的艺术实践，值得后人借鉴。

综上所述，昙华社是20世纪30年代初在自由主义文学思潮影响下，由一群客家文学青年创办的有成就的文学社团，风格上属于现实主义流派。他们创办的《昙华》由于种种原因而匆匆一现，这是令人十分惋惜的事情。我们无意夸大它在新文学园地里的地位和作用，但它的重新发现，仍然为人们在研究社团、刊物、流派和文学思潮关系方面提供了有价值的史料。它的主编黎昔非先生为了完成导师胡适的嘱托，在《独立评论》岗位上尽职尽责、牺牲个人学业和研究事业的精神，更是令人钦佩。昙华社成员在失去自己园地、无可奈何地放下手中的彩笔后，其后又拿起粉笔在教坛上挥洒汗水，默默耕耘，培植人才，造福社会，他们的奋斗和努力是值得后人铭记的。

（原刊于《北京社会科学》2005年第4期，中国人民大学报刊复印资料中心《中国现代、当代文学研究》2006年第1期全文转载）

作者简介：卢斯飞（1938—   ），广东兴宁人，广西师范学院中文系教授，中国文学研究专家，中国作家协会会员，广西壮族自治区政协委员、常委，文史委员会委员，广西语言文学学会副会长、顾问，广西文史研究馆馆员，《广西文史》副主编。

黎虎主编《黎昔非与〈独立评论〉》

——日本"中国文艺研究会"的"阅读自传和回忆录"解题

[日] 大久保洋子

编者按：日本"中国文艺研究会"将编辑出版"阅读自传和回忆录"《解题集》，约请日本的中国文艺研究专家分别介绍中国近现代 150 位华语学者、作家、艺术家等人的自传和回忆录。中国现代文学研究专家大久保洋子博士负责撰写介绍《黎昔非与〈独立评论〉》一书的解题，日本《中国文艺研究会会报》2020 年 6 月第 464 号预先发表此文以飨读者，然后将收入拟于 2021 年出版的《解题集》一书中。

文学家　黎昔非（1902—1970）
黎虎主编《黎昔非与〈独立评论〉》（学苑出版社，2002 年）
【著者】

黎昔非 1902 年诞生于广东省兴宁市的贫困农村家庭。1926 年入学上海私立持志大学，1929 年春天转学于上海中国公学大学部文史学系，与胡适、沈从文等人有了师生关系。1930 年 7 月毕业。1931 年入学于北京大学研究院国学研究所，师从黄节教授，再次与胡适重逢。在北大的研究题目是《诗经学史》。黎昔非受到胡适的邀请，此后长达 5 年中止学业，帮助他办理《独立评论》，单独承担该刊的校对、发行、财务管理等社务工作。1932 年 9 月，与中国公学同学一起设立昙华文艺社，第二年一月创刊《昙华》半月刊（共出七期），担任主编。由于《独立评论》经理人的业务负担过重，影响了他的研究生学业，再三提出辞职，他的愿望直到 1937 年夏天才得到实现。同年黎昔非成为北京大学研究院助理研究员，但由于发生了"七七事变"，与两位旧友南下，在故乡教 7 年中学。1944 年至 1945 年，黎昔非通过知己得到闻一多的介绍，在昆明国立中国医药研究所史地部做助理研究员。按照研究所的课题，撰写《本草纲目之本草产地考释》三卷，然后着手自己的研究题目：诗经研究。为了获得大学教师资格，向胡适请求开具他在北京大学研究院曾经在读的证明书，但未能实现，只好回乡。中华人民共和国成立后的 1966 年，由他在中国公学同学、当时为北京市副市长吴晗的书简，公开了黎昔非与胡适的关系，被批评为"三家村黑帮"，受尽长达三年的凌辱和迫害之后含冤辞世。

【成立】

本书主编黎虎先生是黎昔非的次子,现为北京师范大学历史系教授。黎教授关于黎昔非的先行研究成果有:《先父黎昔非与〈独立评论〉》,发表于《学林漫录》第十四集,1999年4月。在这篇论文中,黎教授根据对黎昔非旧友罗尔纲先生的采访记录,梳理分析黎昔非与《独立评论》的关系。在本书,黎教授修改并补充之后收录了该篇论文,还收录后来新发现的材料和研究论文。

【内容】

本书由甲编至戊编共五章组成,分别为《独立岁月》《学术研究》《文学创作》《生平事略》《家庭生活》,以胡适主编的《独立评论》周刊与黎昔非的关系为中心,刻画了黎昔非的为人为文、人生经历以及业绩。本书收录了编者在中国社会科学院近代史研究所资料室等地新发现的未公开致胡适的书函,有关人士的采访记录、书简、评论,还收集了黎昔非的学术论文、自传、日记、有关人士和家属的回忆录以及丰富的图片资料。这是一部超过720页的巨大著作。

《独立评论》以政论和时事评论为中心,还刊载游记、杂文、书评等。1932年创刊,每月四期,一直到1937年7月停刊,共发行了244期。除了中国国内以外,还在欧洲、美国、日本等地发行,最多发行数量达到13000部。撰稿人主要是北京大学和清华大学的学者,发表文章达1300篇。黎昔非承担该刊的"编辑以外的所有业务"。

黎昔非的前半生以及与《独立评论》的关系可以说在本书前言说尽。读者通过黎昔非本人的自传、资料片段以及张太原《〈独立评论〉经理其人其事》等论文,可以了解黎昔非的相对内向、真诚的为人和极为认真的工作态度。因为别人校对原稿之后,黎昔非还要再次校对,所以该刊上很少有错别字。但是由于他自己不擅长自我表现,与其他同学受到胡适的帮助,生存环境纷纷如愿以偿相比,他不得不在不遇的环境下花费了宝贵的岁月。当初他打算帮助《独立评论》几个月挣些学费,实际上一直未能获准辞职,虽然利用早晚很短的时间争取做自己的研究,但在业务上花的时间毕竟太多。他在五年中为了该刊所付出的劳力不可估量,再三苦心希望获得研究机会,而一直没有得到,终于未能实现完成学业的夙愿。况且,他日后由于与该刊的联系,遭受批判,甚至丧命,不能不说是命运悲剧。黎虎教授的前言充满着对父亲人生的敬佩与怀念,打动人心。

黎昔非不擅长自我表现,还体现在他的文艺创作领域的工作上。由于他使用笔名,在他自己主编的《昙华》半月刊上现在能够确定的他的作品唯有四篇。本书收录了已散佚的第六期以外的所有该刊影印版,还收录北京大学中国现代文学专家孙玉石教授的长篇论文《一首永远活着的诗》,评价了《昙华》文艺半月刊和黎昔非的文学贡献。

本书所收录的黎昔非自传为1951年和1958年的两篇。这些自传都是按照当时组织的要求而撰写的,因此其中部分字句受到时代影响。但通过这些自传,我们能够充分了解他与胡适的关系,还可以知道在他赴北京和开始文学活动的背后有沈从文的鼓励,在昆明从事研究业务的背后有闻一多的介绍等历史事实,他的人生与中国现代文学家有密切的联系,从这个角度而言,本书也可以说是值得关注的文学史资料。

黎昔非的日记从1934年底开始撰写了三年,记录了他长子的诞生和成长过程。日记传达黎昔非作为家庭父亲首次面对抚养孩子之际的喜乐,包括跟孩子一起拍的照片,这些都是让我们了解当时知识分子家庭生活情况的宝贵的资料。在《戊编》收录了家属视野中的黎昔非的形象,成为一个中国现当代知识分子家庭的家属史。

【评语】

本书作为能够多角度分析的资料集具有很高的价值,不止如此,经过通读,黎昔非的为人为文,与胡适以及《独立评论》的关系,都立体地浮现在读者的眼前,可以说是一篇值得阅读的故事。本书同时也是一部遗属的心愿的结晶,它挖掘将要消失在历史里面的父亲的真实情况,并把他在文学史上的贡献和作用传给后世。黎虎教授身为历史学家的严密的考证使得本书的分析具有充分的说服力。

【文本】

黎虎主编《黎昔非与〈独立评论〉》(学苑出版社,2002年)。关于《独立评论》的历史意义以及与胡适的关系,请详见[日]野村浩一「近代中国における『自由主義』の位相と運命:三〇年代・『独立評論』へと至る胡適を中心に」(《现代中国"自由主义"的位相与命运:三十年代走向〈独立评论〉的胡适为中心》),上中下,(《思想》九八七、九八九、九九〇号,岩波书店,2006年)。

(原刊于日本《中国文艺研究会会报》2020年6月,第464号)

作者简介:大久保洋子(1972—),日本东京人,北京师范大学文学院博士毕业,中国现当代文学研究专家,翻译家。现于日本早稻田大学、埼玉大学等高等院校任教。

附《中国文艺研究会会报》2020年6月,第464号日文版。

中国文芸研究会会報

第464号

JAPAN 〒662-8501 兵庫県西宮市上ヶ原一番町1-15 関西学院大学商学部 藤野研究室気付
http://c-bungei.jp/bungei.shtml
e-mail: office@c-bungei.jp　郵便振替 00980-3-38746

【目次】

「自伝・回想録を読む会」解題
　　黎虎主編『黎昔非與「独立評論」』　　　　　　　　　　大久保　洋子（1）
　　小思『曲水回眸――小思訪談録』　　　　　　　　　　　大東　和重（3）
　　韋君宜「思痛録――記憶の中の中国革命」　　　　　　　宇野木　洋（5）
　　舒蕪口述、許福蘆筆記『舒蕪口述自伝』　　　　　　　　奥野　行伸（6）
　　唐亜明『ビートルズを知らなかった紅衛兵　中国革命のなかの一家の記録』
　　　　　　　　　　　　　　　　　　　　　　　　　　　　和田　知久（8）
5月例会記録（9）／交流／7月例会のお知らせ（10）
　　　　　　　　　　　　　　　　　　　　　　　　　　　編集：羽田朝子

「自伝・回想録を読む会」解題

　「自伝・回想録を読む会」は、2014年度に開始し、19年度までの計5年間にわたり、例会を開催し、自伝・回想録の解題を作成してきました。皆様のご協力にあらためて感謝申し上げます。昨年度をもって例会開催、会報での掲載は終わりとし、今後は「自伝・回想録解題集」の発行に向けて編集作業に入る予定でしたが、新型コロナウィルス流行を受けて、計画の遅延が見込まれます。よって、会報における解題の掲載を再開、当面継続する予定です。　　　（大東　和重）

□ 文学者 □
黎昔非（れいせきひ）（一九〇二‐一九七〇年）
黎虎主編『黎昔非與「独立評論」』（学苑出版社、二〇〇二年）

＊ 著者 ＊　黎昔非は一九〇二年、広東省興寧市の貧しい農民家庭に生まれた。二六年に上海私立持志大学に入学、二九年春に上海の中国公学大学部文史学系に編入し、胡適、沈従文らの教えを受ける。三〇年七月卒業。三一年、北京大学研究院国学研究所に入学、

胡適と再会。北京大では黄節に師事し、研究テーマは詩経学史であったが、胡適から『独立評論』の運営を依頼され、以後五年間にわたり学業を中断して同誌の校閲、発行、財務管理等を一人で担う。三二年九月、中国公学同窓生らとともに曇華文芸社を設立、翌年一月、『曇華』半月刊を創刊（七期で停刊）、主編となる。『独立評論』の過重な業務は学業に影響を及ぼし、再三にわたり辞職を願い出るも、認められたのは三七年夏であった。

同年に北京大学研究院助理研究員となるが、盧溝橋事件を受けて旧友らと共に南下、故郷の中学校で七年間教える。四四・四五年、知己を通して聞一多の紹介を受け、昆明国立中国医薬研究所史地部で助理研究員として働く。研究所の研究課題『本草綱目之本草産地考釈』三巻を撰し、自身のテーマである詩経研究に取り組む。大学教員資格を得るため北京大研究院での在籍証明書を胡適に求めるが叶わず、帰郷。新中国成立後の六六年、中国公学同窓であった呉晗（北京市副市長・当時）の書簡から胡適との関係が公になり、「三家村黒幇」として批判され、三年にわたる迫害の中で命を落とした。

中国公学卒業時の黎昔非（黎虎氏提供）

＊ 成立 ＊ 主編の黎虎は黎昔非の次子で、北京師範大学歴史系教授。先行の研究成果として、黎虎が黎昔非の旧友であった羅爾鋼（中国社会科学院、太平天国史研究）への聞き書きをもとに、黎昔非と『独立評論』のかかわりについて論じた「先父黎昔非與『独立評論』」（『学林漫録』第十四集、一九九九年四月）がある。本書では同論文を加筆修正して収録したほか、後に発見された資料や研究論文を加えている。

＊ 内容 ＊ 甲〜戊の全五章（「『独立』歳月」、「学術研究」、「文学創作」、「生平事略」、「家庭生活」）からなり、胡適が編集した週刊誌『独立評論』と黎昔非のかかわりを中心に、黎昔非の人生と業績、人間像を浮き彫りにする。編者が中国社会科学院近代史研究所資料室等で発見した未公開の胡適宛書簡をはじめ、関係者への聞き書き、書簡、評論のほか、黎昔非の学術論文、自伝、日記、第三者や家族の回顧録等を豊富な写真資料と共に収める。七百二十頁を超す大著である。

『独立評論』は政論や時評を中心に、ルポルタージュや旅行記、雑文、書評なども掲載。一九三二年創刊、毎月四期、三七年七月の停刊まで計二四四期を出し、中国国内及び欧州、米国、日本でも発行され、部数は最大で一万三千部に達した。執筆陣は主に北京大学や清華大学の学者で、掲載記事は一三〇〇篇余りに上る。黎昔非は同誌の「編集以外のすべての業務」を引き受けていた。

黎昔非の半生と『独立評論』との関係は本書前言で言い尽されている感があるが、自伝を始め断片的に残された資料、および張太原「『独立評論』経理其人其事」等の論文諸篇からは、黎昔非の内向的で真面目な人柄と几帳面な仕事ぶりが浮かびあがる。原稿は他人が校閲した後に黎昔非が再度目を通していたため、同誌は誤字が極めて少なかったという。だが不器用で自己表現が苦手な性格も手伝って、胡適の紹介を得て次々と望む環境を手に入れていく同期をよそに、黎昔非は不遇の中で貴重な歳月を費やさざるを得なかった。当初は『独立評論』を数カ月間手伝って学費を稼ぐだけのつもりであったが抜けられず、朝晩のわずかな合間に研究を進めたが、業務に時間を奪われる影響は大きかった。五年の間に彼が同誌に費やした労力は計り知れず、再三にわたり苦心して研究生活への道筋を求めながら、ついに学術への宿願を果たすことはなかった。ましてや同誌との関わりが原因で批判され、命を落とすことになった運命は、皮肉としか言いようがない。黎虎の前言は、そのような父の人生をすくい上げようとする気持ちにあふれ、読む者の胸を打つ。

　自己表現を不得手とする側面は、文芸創作にも表れている。筆名を使用していたため、自ら主編した『曼華』半月刊で現在確認されている彼の作品は四篇のみ。本書は散逸した第六期を除く同誌影印版をすべて収録、孫玉石（北京大学、中国近代文学研究）が長編論文「一首永遠活着的詩」を寄せ、同誌の果たした役割を評価している。

　自伝は一九五一年、五八年執筆の二篇。いずれも共産党の要請に応じて書かれ、そのため一部には時勢の影響が強い表現もみられる。だが胡適のみならず、彼の北京行きや文学活動の陰には沈従文の励ましがあり、昆明での研究業務には聞一多の紹介があったことなど、近代文学者・学者とのかかわりが深い半生が綴られ、文学史的資料としても興味深い。

　日記は一九三四年末から三年間にわたり、長子の誕生と成長の様子を記録する。初めての子育てに一喜一憂する家庭人としての顔を伝えており、子どもと共に写した写真とともに、当時の知識家庭の生活状況を知ることができる貴重な記録である。「戊編」の諸篇には子どもたちから見た黎昔非像が描かれ、中国近現代の一知識家庭の家族史となっている。

　＊ 評価 ＊　自伝を含め多角的に分析可能な資料集として価値が高く、通読する中から黎昔非の人となり、胡適や『独立評論』とのかかわりが立体的に浮かびあがる様は、一篇の物語としてもみることができ、読み応えがある。歴史に埋もれかけていた父の真実を明らかにし、文学史に果たした役割を後世に伝えようとする遺族の思いの結晶である。歴史家らしい緻密な考証が分析に説得力をもたせている。

　＊ テキスト ＊　黎虎主編『黎昔非與「独立評論」』（学苑出版社、二〇〇二年）。『独立評論』の歴史的意義、胡適とのかかわりについては、野村浩一「近代中国における『自由主義』の位相と運命：三〇年代・『独立評論』へと至る胡適を中心に」上・中・下（『思想』九八七、九八九、九九〇号、岩波書店、二〇〇六年）に詳しい。

　　　　　　　　　　（大久保　洋子）

□ 文学史家 □小思（一九三九年－）
『曲水回眸──小思訪談録』上下（香港中文大学香港文学研究中心編著、香港：啟思出版社、二〇一六年）

　＊ 著者 ＊　香港の文学史家、エッセイスト。本名は盧瑋鑾。研究書では本名を用いるが、エッセイなどでは筆名の「小思」を用いる。香港生まれ、本籍地は広東省番禺。一九六四年に香港中文大学新亜学院中文系を卒業し、高校教師となる。一九七三年から一年間京都大学人文科学研究所へ留学。一九七八年から香港大学中文系、七九年からは香港中文大学で教鞭を執り、八一年香港大学で修士号を取得した。香港文学の基礎的な資料の収集整理を進め、香港文学研究の基盤を築いた。収集した貴重な資料は香港中文大図書館の香港文学研究中心に収められている。

　一九六〇年代から散文の創作を始め、香港文学の特長の一つである新聞「専欄」を持ち、コラムで名を馳せた。最初の著作は『豊子愷漫画選繹』（香港：純一出版社、一九八〇年）で、以降、『承教小記』（香港：明川出版社、一九八三年）、『香港家書』（香港：牛津出版社、二〇〇二年）などの多数の名随筆集をものした。また盧瑋鑾名義の研究書に『香港的憂鬱──文人筆下的香港（1925-1941）』（香港：華風書局、一九八三年）などがあり、また香港文学を研究する際に必ずお世話になる、『追跡香港文学』（黄継持・鄭樹森との共編、牛津大学出版社、一九九八年）、『淪陷時期香港文学資料選（1941至1945）』（天地図書、二〇一七年）などの編著もある。著作の邦訳には、岩佐昌暲・間ふさ子訳『香港文学

吴晗为《昙华》写的一篇小说

习 之

一般的人大都这样认为，历史学家是不会去创作纯文学作品的。其实不然，像罗尔纲、吴晗这样的史学大家早年都创作并发表过短篇小说。

吴晗早年创作的那篇短篇小说的名字叫作《还愿》，发表在1933年2月16日在北平出版的《昙华》半月刊第1卷第4期上，署名"辰仲"。

《昙华》半月刊，是一个小型的文学刊物，专门刊载一些篇幅较为短小的小说、散文、诗歌和批评的文字，1933年1月1日在北平创刊，每逢1日和16日出版。这个《昙华》半月刊的主编是胡适主编的《独立评论》的经理黎昔非。刊名是由胡适题写。遗憾的是，由于当时国内的时局所致，《昙华》半月刊出版至1933年4月1日的第一卷第七期便因"人员星散，经济困难"，加之当时的《独立评论》发行日趋量大，而专职工作人员仅仅黎昔非一人，工作的繁忙，使得黎昔非不得不忍痛割爱，将《昙华》半月刊停刊了。

吴晗的这篇短篇小说《还愿》，描写的是一个反映20世纪30年代初地主劣绅利用封建迷信欺骗盘剥普通百姓，一群年轻人敢于揭露阴谋，向其作殊死斗争的故事。这篇短篇小说《还愿》，是迄今为止发现的吴晗创作的唯一一篇短篇小说，它是《吴晗全集》都尚未收集到的吴晗遗著之一。它的发现，对于研究吴晗，将具有极高的历史价值。

有人要问，何以见得这篇署名"辰仲"的短篇小说就是吴晗的遗著呢？笔者如下有证。

一、吴晗曾经多次使用"辰仲"这一笔名。例如：一年多后的1934年9月9日，吴晗发表在第117号《独立评论》上的《苦旱的故乡》一文署名"吴辰仲"；1935年3月24日，吴晗发表在第143号《独立评论》上的《怎样把科学知识输入民间》一文署名"吴辰仲"；以及从1936年11月1日至1936年12月30日，在《清华周刊》第45卷第1期至第9期上连续发表的六篇时事评论，有五篇是署名"辰仲"、一篇是署名"吴辰仲"，等等。

二、吴晗与《昙华》半月刊的主编黎昔非的关系甚密，吴晗的这唯一一篇短篇小说的创作，与他和这位搞文学研究的"死党"级的朋友黎昔非的接触甚密是有很大关系的。吴晗与黎昔非的关系甚密体现在这么几个方面。第一，黎昔非是吴晗的学长。吴晗1930年在中国公学大学部读一年级时，黎昔非于这年在中国公学大学部文史系毕业。吴晗1931

年经考试转入清华大学历史系读二年级时，黎昔非也刚刚考入北大研究院国学研究所的研究生。第二，吴晗和黎昔非同是胡适的得意门生。当时能够到胡适家中接受耳提面命的学生除罗尔纲、黎昔非和吴晗外，少有他人。第三，吴晗经常和黎昔非相邀一道同去看望或求教胡适。第四，吴晗在胡适遴选黎昔非担任《独立评论》的经理一事的过程中，起过决定性的穿针引线的作用。

三、吴晗因为家境不算宽裕，父亲病卧在床，作为兄长的他，不但要承担自己的学杂生活费，还要承担弟弟妹妹的学杂生活费，所以他必须逮住一切可以"捞"稿费的机遇，拼命地写稿、发稿，不限各种内容，不限各种体裁。如：他1932年2至3月在《清华周刊》上发表的《论教授》《关于图书馆》《过去种种》等杂谈和《感事》等律诗；他1933年3月还翻译了日本学者内藤虎次郎的译著《地理学家朱思本》并在《国立北平图书馆馆刊》第7卷第2期上发表，等等。

四、吴晗在创作这篇短篇小说之前，也发表过纯文学性的读书评论。这篇纯文学性的读书评论的题目叫作《黛莎与格利》。吴晗的《黛莎与格利》原载于1931年2月的《现代学生》第1卷第5期上，署名"吴春晗"。"黛莎"和"格利"是苏联作家革拉特珂夫（当时译为：格来考夫）著的《士敏土》（Cement）这部小说中的男女主人公。全书以阶级敌人的破坏，对知识分子的团结，与官僚主义的斗争，对新型两性关系的认识和对传统家庭观念的颠覆等为内容。

发表吴晗这篇读书评论的杂志《现代学生》，是1930年10月上海创刊的文学性期刊，由上海大东书局发行，编辑为刘大杰、周邦式、明耀五、范凤媛等，发行人为沈骏声。胡适、蔡元培、徐志摩、沈从文、郁达夫、刘半农、王造时、潘大逵等均多次为其投稿。胡适、蔡元培等为其题写过刊名。吴晗的这篇《黛莎与格利》，估计也是1930年8月之前，胡适将他写的《西汉经济状况》介绍上海大东书局后，大东书局对吴晗（当时名为吴春晗）已经熟识，或是吴晗主动投稿，或是大东书局出面约稿，吴晗写就并投递了这篇苏联作家革拉特珂夫著的《士敏土》（Cement）的读后感。不久，吴晗就追随他心目中的偶像胡适辗转北京求学去了，而上海大东书局直到半年后的1931年2月，才在《现代学生》第1卷第5期上发表了这篇文章。

笔者因编撰《吴晗年谱》搜集有关吴晗的史料，在中国国家数字图书馆地毯式地浏览民国期刊时，意外地发现了吴晗创作的这唯一一篇短篇小说《还愿》，惊喜之余，觉得应该赶快将其介绍给社会，以飨读者。

（原载习之的新浪博客）

作者简介：习之，(1954年1月—   )，原名杨建新，吴晗研究学者，北京吴晗研究会副秘书长。

四

非常人生

沧海遗珠的璀璨本色
——黎昔非论略

方尤瑜

黎昔非,一个本该留于史册但却阴差阳错不见片言只语的名字,一个对于中国现代文化学者来说本应熟悉但却是颇为陌生的名字,一个当年被称为《独立评论》的"看护妇"、为其"成长"而呕心沥血、晚年也因此而遭难的本应名噪遐迩但却寂寂无闻的名字……无论是对于中国现代文化史还是客家文学来说,黎昔非堪称浩瀚文学沧海中的一颗璀璨遗珠。黎虎《黎昔非与〈独立评论〉》的出版,披露了大量的史料,掸去历史的尘埃,使黎昔非这颗遗珠的璀璨本色,得以重现并进入人们的视野。

一、走出客家山村,一展抱负

黎昔非(1902—1970)出生于广东省东北客家山区兴宁县罗岗镇甘村的贫寒农家。

客家人自古以来就重教兴学,有以族中"尝田"部分收益资助品学兼优子弟的传统。黎昔非自小天资聪慧,勤奋好学,1926年,取得"尝田"的支持,远赴上海考入持志大学。1929年,转学到中国公学。当时,五四新文化运动的健将胡适正出任中国公学校长,兼任文理学院院长,黎昔非因此而与胡适结下了影响他以后人生的师生缘。除胡适外,沈从文、冯沅君等著名作家当时也在中国公学任教,在他们的影响下,黎昔非也"开始注意新文艺,喜看翻译小说,尤其是鲁迅的翻译,对做学问的看法,也有了转变,觉得从事创作也是条路"[1]。但从长远看,还是"要有实学,即是对古代的东西要有点研究才可"[2],因此他给自己定下的目标是"以研究古代东西为主,暇则从事于创作"[3]。可谓"少年心事当拿云",黎昔非决心成为一个学者和作家。

---

[1] 黎昔非:《自传》(1958年4月30日),《黎昔非与〈独立评论〉》,第466页。
[2] 黎昔非:《自传》(1958年4月30日),《黎昔非与〈独立评论〉》,第467页。
[3] 黎昔非:《自传》(1958年4月30日),《黎昔非与〈独立评论〉》,第466页。

1930年7月，在中公一毕业，胸怀凌云大志的黎昔非"不顾一切，婉谢了几个教员的介绍，坚决不接受五华县中的聘书而搭轮赴津转京了"①。雏鹰向往着可以翱翔的广阔天地，他期望着能在北平一展抱负，"在学术上搞出点成绩"②，跻身于教授、学者之列。

到了风云际会的北平，黎昔非"整天沉醉在北平图书馆的经史籍中，把'创作'这事搁在一边了"③。功夫不负有心人，终于，1931年春黎昔非以文学系第一名成绩考取了北京大学研究院，导师是国学大师黄节，研究课题为"诗经学史"。恰巧1930年11月，胡适也从上海到了北平，并出任北京大学文学院院长，于是黎昔非与胡适不期再续师生缘。胡适在1931年3月8日的日记中曾有这样的记载："见客：谢刚主、刘盼遂、黎昔非、徐凌霄、徐一士……黎君欲作《诗经学史》，拟一细目来问我，我为他谈汉儒所以曲说《诗经》的背景。此种曲说都是合理化的趋势，不足奇怪。"④

聪慧和勤奋的黎昔非，还在中公三年级时便于《中国文学季刊》(1929)上发表了《〈采芑〉时代的质疑》。1930年，他的本科毕业论文《唐以前的七言诗》在《中国公学大学部文理学院庚午级毕业纪念刊》上发表。后来，他以这篇文章作为报考北大研究院的资格审查论文而获得入学笔试资格，如愿考上北大并有幸师从胡适、黄节这样的大家，这对于黎昔非的学术生涯来说，无疑是如鱼得水，学者之梦在频频向他招手。

1932年，黎昔非和他的中公同学、同乡、朋友丁白清、陈菲村、潘齐平、刘在海，出于共同的爱好和追求，一起成立了《昙华》文艺社，创办《昙华》文艺半月刊。黎昔非被推举担任主编。而在此之前，1929年黎昔非已写出了小说《南旋》。作家之梦不时召唤着他。

二、经理《独立评论》，恪尽职守

正当黎昔非在为登学者之堂、入作家之室而刻苦努力之际，可以说既是"荣幸"也是"不幸"地被胡适"相中"，力邀他出任准备创办的《独立评论》经理人。开始，黎昔非颇为纠结踌躇，最后由于种种原因，生性淳朴为人敦厚的他还是接受了，"打算只干他半年至一年"⑤，只是他没有想到，工作非常繁忙，"有时忙到连报纸都要到夜深才得闲来看，也没想到一再推辞，直到北京沦陷前夕都还没和它完全绝了关系"⑥。他更没有想到的是，这

---

① 黎昔非：《自传》(1951年7月)，《黎昔非与〈独立评论〉》，第441页。
② 黎昔非：《自传》(1958年4月30日)，《黎昔非与〈独立评论〉》，第469页。
③ 黎昔非：《自传》(1951年7月)，《黎昔非与〈独立评论〉》，第442页。
④ 《胡适的日记》手稿本，台北：远流出版实业股份有限公司，1990年。
⑤ 黎昔非：《自传》(1951年7月)，《黎昔非与〈独立评论〉》，第444页。
⑥ 黎昔非：《自传》(1951年7月)，《黎昔非与〈独立评论〉》，第444页。

半路里杀出来的"程咬金",不但断送了他的学术前途,毁灭了他的作家梦想,彻底改变了他的人生道路和命运,甚至最后还要了他的性命。

由胡适等人创办的《独立评论》在20世纪30年代初享誉全国,熟悉中国现代史者可以说无人不知。《独立评论》从1932年5月创刊,到1937年"七七事变"后停刊,连续出版五年有余,不仅发行全国,而且远及美、日、德、法等国,销售量最高时达13000份,比历史上的《新民丛报》《新青年》等的销量还要大。胡适一生创办或参编过多种报刊,《独立评论》是其中发行时间最长、影响最大的一份刊物,而胡适投入的精力却是相当有限的。在《独立评论》发行三周年纪念号中胡适说:"在这贺周岁的日子,我们不要忘记这个孩子还有一位忠心的'看护妇',……说也惭愧,我是实行我的无为政治的,我在三年中只到发行所一次!"[①] 可以说,正是有了黎昔非,有了黎昔非的恪尽职守,才有了胡适的"无为政治"。

黎昔非为人狷介,不善逢迎。20世纪30年代,在内忧外患、人人自危之际,黎昔非却潜心史学;在人们争挤"仕途之道"、以求自保之时,黎昔非却不为名利埋头于实际工作,淡泊明志。

当年《独立评论》的成员"都是当时社会上有'名望'有'地位'的,且一个接一个都跑到南京去做部长处长以至院长或大使等要职,至不肖的都在学术机关把持了有'单位'的,如善巴结奉承的,这倒是'飞黄腾达'的好门径!"[②],可是,生性敦厚且狷介的黎昔非,却"实耻趋伺"[③],就连《独立评论》,他也从没为其写过片言只语,原因很简单,只是"对于时事,则不能说所要说的,又不愿'歌颂功德'"[④]。

生活上,黎昔非朴实无华、甘于淡泊。在《独立评论》工作的几年,他的月薪三四十元(开始两年30元,1934年结婚,加涨了10元),这相对于他所付出的劳动是非常低的。胡适的同乡章希吕在《独立评论》担任部分校对工作也有80元月薪。黎昔非当年的好友丁白清在1958年写的材料中回忆道:"我知道他当时非常痛苦,又不敢走,薪水只有三四十元,又不够用,我建议他:叫胡适介绍中学教员,教书兼职,他始终都不愿意这样做。"[⑤]

工作上,黎昔非认真负责,心无旁骛。《独立评论》除编辑之外的所有工作都是他一人包办的。虽然他无限向往他的学者和作家之梦,但仍是全心全意、尽职尽力完成发行部的工作。

黎昔非当年的同乡、朋友林钧南1998年撰文回忆说:"他(黎昔非)全心全意在搞

---

① 胡适:《又大一岁了》,《黎昔非与〈独立评论〉》,第7页。
② 黎昔非:《自传》(1951年7月),《黎昔非与〈独立评论〉》,第444页。
③ 黎昔非:《自传》(1951年7月),《黎昔非与〈独立评论〉》,第444页。
④ 黎昔非:《自传》(1951年7月),《黎昔非与〈独立评论〉》,第444页。
⑤ 丁白清:《黎昔非学友二三事》,《黎昔非与〈独立评论〉》,第48页。

《评论》的除编辑以外的所有工作,如财务、校对、发行等。"章希吕先生"文化程度不高,……他校对过的,昔非不放心,还要亲自再校对。……当时的《评论》印出来,是极少有错字的"①。胡适对此也曾予以充分的肯定和赞许:"这三年的发行,校对,杂务,全是黎昔非先生一个人支持。"②哪怕是对于派送这样琐碎的工作,黎昔非也一丝不苟。刊物出版后,他会马上安排派送,让订户尽快收到。北京师范大学图书馆收藏的民国26年4月25日出版的第231期《独立评论》,上面就盖着辅仁大学图书馆"民26.4.26收到"的印章,这说明《独立评论》在出版的第二天便被送到了图书馆。

在《独立评论》的五年多时间里,黎昔非勤勤恳恳,殚精竭虑。从某种意义上来说,《独立评论》是幸运的,因为有了黎昔非这位"看护妇"的赤诚付出,曾经成就了它在中国现代文化史上的辉煌。但是,就个人命运来说,黎昔非是不幸的。在他人生最宝贵的黄金青春时期,他不得不停下"拿云之志"理想的追求步伐;到了晚年,当昔日的同学已经功成名就时,他却仍蛰居在家乡的山区中学任教,并在资料奇缺的条件下默默地继续着他的《诗经》研究。1962年,在《六十自寿诗》中他写道:"阅历春秋六十年,尚思为国效微能;夜阑犹自穷文理,只恐鲁鱼误后贤!"而更令人唏嘘的是,他当年在《独立评论》的勤恳辛劳在"文革"中却成了使他含冤去世的罪责。直至1979年8月,才得以平反昭雪。

三、严谨治学,崭露学者头角

成为学者、教授,从事学术研究,是黎昔非孜孜以求的人生奋斗目标。20世纪30年代的北京大学,学术名流荟萃,新旧学人涵泳之广、沉潜之深是前所未有的。当年在中公一毕业就不顾一切奔赴北平的黎昔非,无非就是向往风云际会的北平那浓厚的学术氛围,希望利用其深厚的学术土壤在学术上有所作为。

黎昔非自小就勤苦研读《论语》《孟子》《诗经》等,有着较为深厚的国学功底。在中公时,他在学术方面就已经崭露头角,发表了《〈采芑〉时代的质疑》和《唐以前的七言诗》。考上北大研究生后,他全身心致力于《诗经》的研究,课题是"诗经学史"。正当他在学术上踌躇满志之时,《独立评论》发行部琐碎而繁忙的工作,使得他的学术生涯不得不暂时搁浅,他只有在一丝不苟工作之余,利用点滴时间来进行他心驰神往的学术研究。这期间,他有讨论古代兵制的《从"其军三单"说到古代兵农之分》,有用史学的方法对

---

① 黎虎:《"忠心的看护妇"——记〈独立评论〉经理人黎昔非》,《社会科学战线》2003年第3期,第128—129页。
② 胡适:《又大一岁了》,《黎昔非与〈独立评论〉》,第7页。

《诗经》进行重新考察的《读〈诗〉札记》等,还写成了"可以补《诗》研究史之缺"[①]的《诗经学史》和继清代之后"又一部研究《诗》地理学的专著"[②]《诗地理考》,遗憾的是这两部专著都遗失在"七七事变"中。1944年,经闻一多介绍,黎昔非到昆明国立中国医药研究所工作。在这里虽只有短短的一年多时间,但他在编撰了《本草纲目之本草产地考释》三卷之外,又重新开始其钟情已久的《诗经》研究,继续着他的学者梦。

黎昔非留下的学术成果虽不多,然而尝鼎一脔,我们还是可以从中清晰地窥见其学者的特有潜质及成就。

黎昔非有着非常扎实而深厚的古典文化功底。按传统的说法,文史不分家。但从严格意义上来说,毕竟这是两个不同的学科。而黎昔非用其如椽之笔,把文史紧紧地糅合在一起,用研究古代历史的方法诠释古代文学,又从古代文学的角度来研究古代历史,"是从史学途径创新《诗经》研究的先驱者之一"。[③]

《从"其军三单"说到古代兵农之分》是黎昔非研究《诗经》的一篇重要文章。文章从《诗经·公刘》中"其军三单"一句入手,析清、梳理了毛传、郑笺以降对"三单"的解释,在对公刘年代进行考辨的同时解析了中国古代"兵农实分"的问题。文章"对史料的运用博杂而精练,考证的过程缜密而富于逻辑性"[④],"不但立论严实,行文亦汪洋恣肆,举重若轻,大量的文献资料,旁征博引,信手拈来,表现出相当深厚的功力"[⑤]。黎昔非的《诗经》研究是"以他对古代历史的探讨为基础的,而且他研究的目的正在于加深历史的了解"[⑥]。

《〈采芑〉时代的质疑》对当时在中公授课的陆侃如先生关于《采芑》一诗作于厉王的观点予以质疑。在文中,黎昔非以史证诗,指出《采芑》所记应是宣王时事。"此文今天重新刊布后,真可谓一鸣惊人,好评如潮。"[⑦]"这一考证,可谓实事求是,方法完全是史学的"[⑧],"论证严整,推理缜密,史料运用娴熟,得心应手,证明他有着非常扎实的史学功底"[⑨]。

实事求是、科学严谨,是黎昔非学术研究所秉持的态度。或是早年曾师从胡适的缘故,或是黎昔非本性使然,抑或兼而有之,相得益彰,在学术研究上,黎昔非颇得胡适

---

① 朱杰人:《黎昔非的〈诗经〉研究》,《黎昔非与〈独立评论〉》,第181页。
② 朱杰人:《黎昔非的〈诗经〉研究》,《黎昔非与〈独立评论〉》,第181页。
③ 李学勤:《〈诗经〉研究的吉光片羽》,《黎昔非与〈独立评论〉》,第174页。
④ 朱杰人:《黎昔非的〈诗经〉研究》,《黎昔非与〈独立评论〉》,第184页。
⑤ 王冠英:《读黎昔非先生〈诗经〉研究剩简札记》,《黎昔非与〈独立评论〉》,第205页。
⑥ 李学勤:《〈诗经〉研究的吉光片羽》,《黎昔非与〈独立评论〉》,第175页。
⑦ 刘佐泉:《只因"师恩"误平生——黎昔非与胡适关系探释》,《江汉论坛》2005年第6期,第98页。
⑧ 李学勤:《〈诗经〉研究的吉光片羽》,《黎昔非与〈独立评论〉》,第174页。
⑨ 朱杰人:《黎昔非的〈诗经〉研究》,《黎昔非与〈独立评论〉》,第182页。

"大胆假设，小心求证"思想的影响，有着"一个真正学者的认真负责和实事求是的治学态度"①。

在《诗经》研究史上，毛郑之说根深蒂固地影响着人们的思想。涉足《诗经》研究的黎昔非，虽说是初生牛犊，但秉持着"批评的和科学的、实事求是的态度"②，颇有"不怕虎"的胆量和魄力。在《从"其军三单"说到古代兵农之分》中，他不迷信毛郑，指出毛郑在训释"三单"时的逻辑错误及历代说《诗》者在附会毛郑时出现的史料和史实错误，通过考证史实辩证史料，批毛非郑，大胆向毛郑发难挑战，提出自己的假设，并引用郭沫若对"三单"的解释，供读者自己去研判，文章论述过程不但"清楚、透彻、明了"，而且"论文中所论证的完全有超越其最后结论的意义"③。

《采芑》的年代早有定论，黎昔非对传统的质疑，正如费振纲先生所说，这篇文章的"意义和功效在于它行文的紧密，逻辑的清晰，内、外证相结合，以史证诗的方法，以及从中折射出的黎先生严谨的学风和扎实的古典文化功底"④。

《读〈诗〉札记》也"都是极有创见的，且说得简单、明了，数行之间，即见深厚的功底和睿智的思考"⑤。

在一定程度上来说，具有现代意义的学术视野和研究方法，是蕴含在黎昔非学术研究中的鲜明潜质。"五四"以后，受西学影响，人们开始以现代的新方法和新视野来重新审视有关的文学文化现象，赋予文学批评以一定的现代色彩，黎昔非的《唐以前的七言诗》就是一个突出的例子。

对于七言诗的起源问题，前人已有诸多说法。黎昔非以审慎严谨的态度，通过文献检索，条分缕析地展示了七言诗从萌芽到成型、发展、成熟的过程，认为《淮南子》中的《饭牛歌》为纯七言的起源性作品，时间上最晚不迟于东汉。这一论断的得出，可以说，既得益于作者严谨的治学态度、开阔的学术视野，也"得益于穷尽式检索、随文附注按语、数字统计等研究方法的首次使用"⑥。穷尽式检索方法的使用，为后续研究提供了较全面的基础性资料，有着极大的文献价值；而随文附注按语，寓论于述，简洁清晰；至于采用数字统计这种计量方法，对后来者的研究也有相当裨益，"从李立信等后继学者以此法取得的成绩来看，计量之法对于七言诗研究是有着科学性和生命力的"⑦。

---

① 朱杰人：《黎昔非的〈诗经〉研究》，《黎昔非与〈独立评论〉》，第183页。
② 朱杰人：《黎昔非的〈诗经〉研究》，《黎昔非与〈独立评论〉》，第183页。
③ 费振刚、林晓雁：《黎昔非先生〈诗经〉研究述评》，《黎昔非与〈独立评论〉》，第193页。
④ 费振刚、林晓雁：《黎昔非先生〈诗经〉研究述评》，《黎昔非与〈独立评论〉》，第190页。
⑤ 费振刚、林晓雁：《黎昔非先生〈诗经〉研究述评》，《黎昔非与〈独立评论〉》，第195页。
⑥ 马鸿雁：《20世纪30年代对七言诗起源与演进的有益探索》，《嘉应学院学报》2011年第7期，第97页。
⑦ 马鸿雁：《20世纪30年代对七言诗起源与演进的有益探索》，《嘉应学院学报》2011年第7期，第99页。

四、倾心创作，凸显作家身手

黎昔非的"拿云"志是学者和作家，虽然潜心于学术，虽然《独立评论》让他经常卒于鲜暇，但"'作家'这二字也时在脑海里晃荡着"①，他设法抽身小试牛刀。虽然黎昔非留下的篇什不多，但管中窥豹，见微知著，它们还是很鲜明地体现出黎昔非的创作风格及水平。

表现现实，直面人生，是黎昔非创作的一个突出特点。20 世纪 30 年代，外忧内患，国难当头。1933 年 1 月，热河、榆关先后失守，长城各口，相继沦陷，北平形势日趋紧张，人们纷纷南下避难。黎昔非的《友谊》从一个细小而独特的角度，直面这种惨淡的现实及其诱发出来的人性的污浊、人情的沦丧。苓生病 3 个多月了。一天，他的两个"在这北国里最接近最有谈话机缘的"且与他住在同一公寓里的同乡同学在回家避难前名义上是来与他辞别，实则是为了在临走前向他讨回他们先前帮他垫付的 5 块钱房租。而实际上他们俩并不缺钱，因为他们临走前还花了一百多块钱买了皮箱、皮鞋、呢帽……作者在方寸尺幅间，对现实的揭露，对炎凉世态的针砭，言微意深，力透纸背。

真切表现"乡村中国"的丑陋，热切关注底层农民的悲惨命运，是黎昔非创作的鲜亮主题。当年沈从文曾鼓励黎昔非进行创作，是因为黎昔非"来自农村，深知农民大众的痛苦，每所暴露的都是当时社会的黑暗面。他认为这比那些坐在上海亭子间里的'普罗作家'所写的还较真切"②。的确，黎昔非来自偏僻的粤东客家山村，对于这片热土上的与现代文明格格不入的种种陋习，如族权、夫权等及其给人们带来的戕害，他有着深切的了解。

《活财产》通过粤东农村农民阿贵吸毒成瘾，残忍卖掉 3 岁儿子的悲惨故事，不仅描写了吸毒所造成的直接危害，更是深入直面乡村中国根深蒂固的种种丑陋：政权的腐败（官商勾结，垄断销售），族权的淫威（阿贵鬻子前必须得到未来"族长"老六的默认），夫权的强大（阿贵的女人对于儿子被卖虽然"心酸"，却只能"把她的舌头噤住"，默默地哭）……

而这种种的丑陋，正是造成买卖"活财产"人间悲剧和使乡村中国乡民长期陷于悲惨无助境地的深层社会根源。笔锋含蓄而犀利。

《南旋》则是描写主人公阿苓回到阔别多年的家乡的所见所闻：土地贱卖，无人问津；苛捐杂税，多如牛毛；逼饷抓丁，家破人亡……可以说，作者以此来表现的既是农民们的，也是他自己心头的"怨、恨、悲、愤"。

---

① 黎昔非：《自传》（1951 年 7 月），《黎昔非与〈独立评论〉》，第 444 页。
② 黎昔非：《自传》（1951 年 7 月），《黎昔非与〈独立评论〉》，第 445 页。

黎昔非擅长于通过细腻的心理描写，刻画鲜活的人物形象。《友谊》中，作者独具匠心安排苓是一个病人，在人心惶惶之际，他却只能无奈地躺在病床上。而就在这病床上，作者通过充分地展开他的心理过程来完成作品主题的表达。《活财产》更是鲜明地表现出作者刻画人物和心理的能力。阿贵在染上烟瘾后的落魄无能、被逼卖子的悲痛与无奈、讨价还价时的外强中干……都被刻画得很鲜明。

具有一定的客家地方色彩，是黎昔非小说的又一特色。客家人在历史上由中原迁到南方偏僻的山区，相对的封闭，使其用于沟通交流的语言，在语汇、语音乃至语法上都有其自身的特点。长期生存和发展的需要，则使其内部形成相对严整的秩序，如宗法制、父权制等。到近现代，生存空间的相对狭窄，又使得客家人再次迁徙——漂洋过海……所有这些，黎昔非在其作品中都作了不同程度的展现，尤其是方言方面，在《活财产》《南旋》等作品中，我们不时可以看到一些既经过精心提炼而又是原汁原味的客家话。例如"担竿"（粤东客家人对扁担的称谓），"手盘手背也是肉"（"手心"被称为"手盘"），"吸一筒烟"（即抽一袋烟，客家地区农民多用竹筒做烟具），"坐监"（即坐牢），等等，作者也许是信手拈来，但无意中却使作品带上了鲜明的客家地方色彩。

（原刊于《广东外语外贸大学学报》2012年第4期）

作者简介：方尤瑜，广东外语外贸大学中国语言文化学院副教授，主要从事现当代文学暨客家文学研究。

四、非常人生

黎昔非经理《独立评论》的见证人、黎昔非遗孀何昕在阅读《黎昔非与〈独立评论〉》

黎昔非第三子黎鹗陪同母亲何昕在阅读《黎昔非与〈独立评论〉》

从《独立评论》经理到《昙华》主编的黎昔非

王天根

自 1840 年至 1949 年的近代中国处在剧烈的社会转型中,其外在的动因是外敌入侵,中国逐步被殖民地化过程中救亡图存的历史使命是民族抗争的反映。民族抗争包含中国人多方面的努力,社会精英与民众,以及介于两者之间的社会中间阶层。中间阶层人物相对社会精英与民众而言,既有向心力又有离心力,其社会位置具有一定的游离性。由此而言,研究中间阶层人物在社会史、思想史上占有显著地位。黎昔非从广东兴宁甘村走向上海的中国公学,由中国公学走向北大的历程,反映了他作为一个普通的知识分子同时又兼任《独立评论》经理,是一个在学人与政客之间出淤泥而不染的狷介之士。由此而言,他并不普通。黎昔非的人生历程反映了他那一代知识分子由社会基层走向社会中间阶层过程[①]独有的辛酸与苦涩,探索他在"新、旧"之间做出的抉择,为我们认识处在中间阶层的普通知识分子在现实谋生与理想的文化追求特有的社会场景,提供了一个生动而鲜明的案例。

一、黎昔非早期事略

黎昔非早年生活的文化空间是处在清末新政时期社会中比较开放的广东。

1906 年[②],黎昔非出生在广东兴宁浮冈区罗西乡甘村。其父经商,置了些田产,"家庭衣食便粗足了"[③]。时值清末新政。清末新政一项重要措施就是奖励工商,1903 年成立商部。不论是在城市还是在乡村,新的商绅开始崛起,逐步取得与传统"士绅"齐肩的地

---

① "据社会学家调查,20 世纪 20 年代末,北京市大约有 80% 家庭年收入在 150 元—300 元之间。黎昔非的年薪收入在 400—500 元之间,属于中等知识分子阶层。"习五一:《北平风俗拾零——读黎昔非先生〈日记〉随笔》,《黎昔非与〈独立评论〉》,第 637 页。

② 编者按:黎昔非生年应为 1902 年,其《自传》(1958 年 4 月 30 日),(《黎昔非与〈独立评论〉》第 462、464 页)。对出生年曾经"少报四虚岁"的原委作了说明。

③ 黎昔非:《自传》(1951 年 7 月),《黎昔非与〈独立评论〉》,第 438 页。

位。黎父致富历程恰恰反映了这一点,他"前往江西信丰县韩坊,由学徒而捧罗盖而摆摊子,至二十岁左右便开起铺子来了"①。

清末新政的推行,使得教育制度发生了重大变化。早在1905年9月,清政府就下令自1906年起停止一切科举,12月设立学部,并下令各省学政专管学堂事务。科举制度便废除了。制度上废除不代表社会基层教育马上焕然一新,黎昔非于民国三年上学②,"那时我村里的小学已停办,故我所受的完全是旧教育,虽屡经易师,而所讲授的除四书五经外,就只是唐宋诗文等,且都'照本宣科',使我很感枯燥无味,同时每年二季收获期就要回家来帮助工作,计终年在校的日子实不足半年"③。可见乡村由于缺乏娴熟"新学"的师资,仍沿革传统的教学模式。

黎昔非平时学习虽刻苦,由于旧教育模式的影响,他到县城上中学时,才发现自己"对一切科学都是茫然的,尤其是英数更一无所知"④。经过努力,"到了下期在全班五十余人中,我的各科水平,除图音体外,都不会比'优等'者而或逊了"⑤。此时,县城里教育状况发生了巨大的变化,首先某些县城中学开始争抢生源,1922年,"我父便叫我入中学,可是这时兴宁县立和兴民彼此以滥报未高小毕业的相攻击,我便就读梅县"⑥,当时小学须经入学考试合格才能入中学。由黎昔非《自述》还可知当时某些地方中学班级规模大小、学习科目等,"梅州理科的课本多是英文的,没及时请了教员,致进度不够,数理试题多没学习过的"⑦。

因中学基础限制,黎昔非考大学失败,后转学文科。黎昔非初入不希望进的持志大学,"苦闷至极,环顾又无可与语者。于是沉溺于老庄学说,消极悲观,彷徨不知所之"⑧。直到他转入中国公学,才开始注意新文艺,喜欢看翻译小说,尤其是鲁迅的翻译⑨。20世纪30年代的上海既是经济中心,也是租界,是中西文化交汇最为显著的地方。因为租界的治外法权,使其成为许多具有自由主义身份的知识分子寻求政治庇护的避难所。也是落魄文人的精神的休憩地,鸳鸯蝴蝶派盘踞上海绝不是偶然。据教育部《民国二十三年全国高等教育统计》,上海的高校数在全国名列首位。大学充满了开放精神,时任中国公学校长为中国自由主义的代表者胡适。副校长为杨亮公,老师有梁实秋、郑振铎、陆侃如、冯

---

① 黎昔非:《自传》(1951年7月),《黎昔非与〈独立评论〉》,第438页。
② 编者按:黎昔非上学应在宣统元年(1909),参见上文关于其出生年的编者按。
③ 黎昔非:《自传》(1951年7月),《黎昔非与〈独立评论〉》,第438—439页。
④ 黎昔非:《自传》(1951年7月),《黎昔非与〈独立评论〉》,第439页。
⑤ 黎昔非:《自传》(1951年7月),《黎昔非与〈独立评论〉》,第439页。
⑥ 黎昔非:《自传》(1951年7月),《黎昔非与〈独立评论〉》,第439页。
⑦ 黎昔非:《自传》(1951年7月),《黎昔非与〈独立评论〉》,第440页。
⑧ 黎昔非:《自传》(1958年4月30日),《黎昔非与〈独立评论〉》,第466页。
⑨ 黎昔非:《自传》(1958年4月30日),《黎昔非与〈独立评论〉》,第466页。

沅君、沈从文、黄白薇等。① 当时黎昔非打算学术研究与创作并举：即"以研究古代东西为主，暇则从事于创作"②。黎昔非青年时代的人生发展基本沿此轨迹。

首先是"研究古代东西"。1929 年夏，黎昔非在由胡适题签的《中国文学季刊》创刊号上发表《〈采芑〉时代的质疑》，和时任中国公学大学部中国文学系教授陆侃如先生就《采芑》准确的时代进行商兑。黎文的学术意义，正如李学勤在《〈诗经〉研究的吉光片羽》中称："对《诗》的真正重新考察，只有在'经'的神圣光轮被剥除后才有可能，这特别是'五四'新文化运动以来的重大成果。新的研究主要有两种途径：一是文学的，还《诗》以文艺作品的本貌；一是史学的，视《诗》为古代历史的遗存。通过好多学者的努力，《诗经》的研究终于全面更新。"黎昔非研究路径是后者。"读前述几篇作品可以知道，黎昔非先生是从史学途径创新《诗经》研究的先驱者之一。他在《〈采芑〉时代的质疑》文中，不同意陆侃如先生根据《汉书·古今人表》以方叔为厉王时人之说，举诗称'方叔元老'是宣王时以他为先朝的年纪高大的老成人的称呼，作为内证，又引《后汉书·南蛮传》载'宣王中兴，乃命方叔南伐蛮方'，作为外证。由此说明，《诗序》'〈采芑〉，宣王南征也'是正确的。这一考证，可谓实事求是，方法完全是史学的。"③ 他称赞黎昔非从史学而非经学角度研究《诗经》，认为黎昔非学术视角独特。

《中国文学季刊》第 3 号目录显示黎昔非曾发表《唐以前的七言诗》④。

其次是文学创作。1930 年，从中国公学毕业的黎昔非为实现自己的作家梦，他"搭轮赴津转京了"⑤。"这时津浦平汉两线，内战的炮火正剧烈地互轰着，北平上空也曾发现蒋帮的飞机。"⑥ 时值国民党蒋、冯、阎、李各派的混战。1930 年春，冯、阎、桂三派军阀势力及国民党改组派、西山会议派两个军政利益集团组成反蒋联合战线。5 月 11 日中原大战爆发，主要战区为陇海线。9 月 18 日张学良东北易帜，中原大战以蒋胜而告终，军丁三十万丧生，"我往北京时，正是蒋介石与冯、阎相厮杀时候（1930 年 8 月间）"⑦。北平是当时中国的文化中心，其高校数量仅仅次于上海，位居全国第二位。以"思想自由，兼容并包"为旗帜的北大，在严复任校长时期的桐城派以及蔡元培任校长前后的章太炎弟子的熏陶下，是国学研究的中心。

试图以文学创作为副业的黎昔非在中国公学结识沈从文。1929 年沈从文与丁玲、胡

---

① 胡不归：《胡适之传》，《胡适传记三种》，合肥：安徽教育出版社，2002 年，第 22 页。
② 黎昔非：《自传》（1958 年 4 月 30 日），《黎昔非与〈独立评论〉》，第 467 页。
③ 李学勤：《〈诗经〉研究的吉光片羽》，《黎昔非与〈独立评论〉》，第 174 页。
④ 黎昔非：《〈采芑〉时代的质疑》，《黎昔非与〈独立评论〉》，第 152 页。编者按：《唐以前的七言诗》原文现已从上海档案馆藏《中国公学大学部文理学院庚午级毕业纪念刊》（1930 年）中找到。
⑤ 黎昔非：《自传》（1951 年 7 月），《黎昔非与〈独立评论〉》，第 441 页。
⑥ 黎昔非：《自传》（1951 年 7 月），《黎昔非与〈独立评论〉》，第 441 页。
⑦ 黎昔非：《自传》（1958 年 4 月 30 日），《黎昔非与〈独立评论〉》，第 468 页。

也频创办文学刊物《红黑》及《人间》因为资金入不敷出而停刊，三人负债。沈从文"不得已才改到中国公学大学部去教散文"①。毕业离沪前晚，"沈从文写了几封介绍信，抵平后曾按址去访一位清华大学教授林宰平，一个作家黎锦明，因那作家给我有一句没一句的态度，便把其余的函压在箱角里，不愿让它们再见世面了！"②黎昔非的作家梦受到冷遇。黎昔非转而希望在"研究古代东西"上有所造诣。林宰平是沈从文文学之旅中的帮助者。1925年缘由郁达夫的介绍，沈从文得以与徐志摩相识，他的文章随之被林宰平赏识，林撰文呼吁社会关注苦难中挣扎的文学青年。③1930年沈从文介绍黎昔非认识自己的文友，可见他对黎昔非文学才能的赏识。④

1930年，黎昔非报考北大研究所，后罗尔纲在黎昔非录取后送来他所看到的报纸，告知黎昔非被录取的消息。⑤1931年6月3日北大研究所国学门发布通告，称本届录取研究生21名，研究文字学者刘文兴等4人，研究文学者黎昔非等8人。⑥黎昔非考试成绩为文学系第一名。北大国学门成立于1922年，1922年1月17日，《北京大学日刊》刊登研究所国学门启事："（一）凡本校毕业生有专门研究之志愿及能力者，未毕业生曾作特别研究已有成绩者，皆可随时报名。（二）中国文学系、史学系之参考室已归并图书馆办理。两系学生阅览书籍，可向图书馆阅览。（三）本校教员若有愿在本门提出题目研究者，请随时通知。"⑦2月20日国学门启事称以中国文学、哲学、史学三系为基本⑧。22日称："本学门宗旨，即在整理旧学。"

1931年春他与王越一起考到国粹派骨干黄节的门下。"其时王越的毕业论文题目是《论汉魏六朝乐府研究》，昔非同学的毕业论文题目，则是《诗经学史》。"⑨黎昔非导师黄

---

① 凌宇：《从边城走向世界：对作为文学家的沈从文的研究》，北京：生活·读书·新知三联书店，1985年，第61页。
② 黎昔非：《自传》（1951年7月），《黎昔非与〈独立评论〉》，第441页。
③ 1936年沈从文在《从文小说习作选集·代序》中称没有徐志摩、胡适之、林宰平、郁达夫等人的帮助，"这集子里的作品不会产生，不会存在"。载《从文自传》，人民文学出版社1981年。见凌宇《从边城走向世界：对作为文学家的沈从文的研究》，第59页。1944年9月16日沈从文在致胡适的信中提及胡适、徐志摩、林宰平等人对自己文学创作的帮助。《胡适来往书信选》（中），北京：中华书局，1979年，第577页。
④ 1945年沈从文还致信给钟惆称："得教言，始悉在昆工作。工作想极顺手。中公同事在此似不多。另一黎昔非兄，适之身边做过事，在此失业，不知兄能否为寻一工作否？"《胡适来往书信选》（下）"附录一"，北京：中华书局，1979年，第538页。
⑤ 黎昔非：《自传》（1951年7月），《黎昔非与〈独立评论〉》，第442页。
⑥ 王学珍、王效挺、黄文一、郭建荣主编：《北京大学纪事》，北京：北京大学出版社，1998年，第180页。
⑦ 前揭《北京大学纪事》，第180页。
⑧ 前揭《北京大学纪事》，第94页。
⑨ 丁白清：《黎昔非学友二三事》，《黎昔非与〈独立评论〉》，第46页。

节，1873年出生，广东顺德人，1902年他与邓实等创办《政艺通报》。学术上他主张欧化与国粹并举，政治上主张排满革命。在治学上，他倾向于道德、文章合一，黄节对刘师培参与筹安会予以劝诫，不果。刘后经陈独秀介绍进北大任教，黄节上书蔡元培表示反对。黎昔非在北大国学门导师黄节门下"研究古代东西"，可谓选对了治学路径。

黎昔非考入北大国学门研究所，胡适辞去中国公学的校长往北大任教，后担任北大文学院院长以及中国语言文学系主任①。黎昔非投考北大研究生，可能曾写信征求胡适的意见，胡适表示支持②。黎昔非与胡适的师生情缘充满着偶然性，但由于近代中国文化教育落后，知识分子圈只有那么大。吴晗等一批同学由上海前往北京，绝非偶然。由此而论，两人在北大重续师生情缘也有其必然之处。

黎昔非与胡适在中国公学交往不多。1929年黎昔非由持志大学转入中国公学，曾与丁强汉（又名丁白清）上书公学校长胡适。曾就毕业论文问题询问。由笔迹及语气来看当是丁白清所为，黎昔非仅署名而已。③

在中国公学期间的胡适在上海创办《新月》杂志。1929年4月20日，国民党政府发布保障人权命令，胡适在《新月》第2卷第2期上发表《人权与约法》对国民党残暴的"人治"进行抨击，社会反响强烈。胡适随即写了《我们什么时候才有宪法》《知难、行亦不易》等系列文章，新月社社员群起呼应，12月，新月书店出版文章汇编《人权论集》。胡适因此背有"反革命"罪名，见其致吴稚晖语以及"国民党政府教育部训令，'……新近充任中国公学校长，对于学生社会政治运动多有阻挠，实属行动反动，应将胡适撤职惩处，以利青运'"④等。胡适被迫辞去中国公学校长之责，重返北大。

黎昔非到胡适家中去，可能是罗尔纲引见，1931年9月15日，罗尔纲致胡适信中说："先生这里是个大学者的家庭，我是不愿俗人到来的。现在常到先生府上来的只有昔非和春晗两人，因为他们都是先生知道的学生，而且是好学的青年，所以我敢叫他们来。"⑤黎昔非就《诗经》研究向胡适请教，1931年3月8日，胡适在日记中记载："见客：谢刚主、刘盼遂、黎昔非、徐凌霄、徐一士。下午见邱大年、郑介石、郑毅生（天挺）、严恩栻。黎君欲作《诗经学史》，拟一细目来问我，我为他谈汉儒所以曲说《诗经》的背景。此种曲说都是'合理化'的趋势，不足奇怪。"⑥4月12日"见客：黎昔非、严济慈、

---

① 1932年2月15日，《胡适日记》载："这一天是我约定到北大文学院去接收院长办公室的日子，已约了秘书郑毅生去那边候我，所以我决定去会他。九点半到第一院，郑君来了，把文学院的图章交给我。"见曹伯言整理《胡适日记全编》(6)，合肥：安徽教育出版社，2001年，第176页。
② 林钧南：《忆昔非与〈独立评论〉——致黎虎书简九通》，《黎昔非与〈独立评论〉》，第68页。
③ 黎昔非：《致胡适书简七通》，《黎昔非与〈独立评论〉》，第11页。
④ 《胡适书信选》，北京：北京大学出版社，1996年，第493页。
⑤ 前揭《胡适来往书信选》(中)，第575页。
⑥ 前揭《胡适日记全编》(6)，第89页。

靳宗岳、雍克昌、黄绍谷、徐新六"①。可见，胡适对黎昔非关于诗经的论述印象很深，且有所指导。近代的一个文化景观是胡适等欧美留学人员的家中成为学术沙龙或知识分子聚会之所，同行在这里发表意见，门徒在这里聆听教诲。胡适与黎昔非在家中谈论《诗经》研究问题便是此例。

知识分子的学术网络中重要的环节是师长与学友。罗尔纲与黎昔非交往很深，他常带黎昔非到胡适家去，也时常去黎昔非办公室。"我于'九·一八事变'前几天回广西。直到1934年才再来北平……经理为黎昔非，广东兴宁人，中国公学同学，同吴晗和我都是熟人。《独立评论》出版至抗日战争停刊时都是他主持排版、发行工作。我每星期天都去看他。他很忙，从来没有功夫去玩。我就坐在他办公室里翻看那些交换来的乱七八糟的刊物，竟然有一篇启发了我后来在中央研究院以'兵为将有'作主题来研究有清一代的兵制的。北平沦陷后，黎昔非同吴晗和我一同在天津南归。"②

罗尔纲后来在《读〈闲话胡适〉》中称："黎昔非，广东兴宁人，时胡适做中国公学校长时的学生，是吴晗和我的同学，还与我同班同房。"③1930年黎昔非抵京后，与梅州时同学就读上海暨大的朱圣果、中国公学校友吴晗也过从甚密。吴晗是黎昔非进入《独立评论》的主要中介人物。1936年11月底至1937年4月《独立评论》停刊期间，黎昔非撰写的《从"其军三单"说到古代兵农之分》就是发表在吴晗主持的天津1937年1月24日《益世报》第46期史学周刊上。④黎昔非因为《独立评论》的关系跟随胡适的时间非常长，胡不归在《胡适之传》称："适之先生的朋友、学生遍天下，但中国公学的同学，只有罗尔纲、黎昔非和我，比较跟随适之先生最久。"⑤

二、黎昔非与《独立评论》

《独立评论》是中国学院派知识分子自筹资金，以业余身份经营的舆论阵地。伴随着学院派知识分子业余身份的舆论诉求，专业化的出版人应运而生。与西方相比较，在近代中国由于学院派与专业出版人的分工与协作并非出版商业化的产物，老师与学生的关系被利用为办刊人与经理人的关系有其独特之处，黎昔非当时是北京大学为数甚少的研究生，可以说他已经跨过精英文化的门槛，就这一点而言，他的被利用有违背人情常理的地方，从某种程度上显示了中国近代报刊行业的用人制度上的不规范，即将一个学术苗子用来从

---

① 前揭《胡适日记全编》（6），第112页。
② 《师门五年记》，第137页。
③ 罗尔纲：《读〈闲话胡适〉》，《社会科学战线》1993年第6期。
④ 林钧南：《清白一世　奉献毕生——忆故友黎昔非同志》，《黎昔非与〈独立评论〉》，第498页。
⑤ 前揭胡不归《胡适之传》，《胡适传记三种》，第4页。

事自己并不情愿的出版管理。胡适等《独立评论》与黎昔非的关系便反映了这一点。

黎昔非出任《独立评论》经理,他的同学吴晗有论述:"今午同蒋廷黻先生谈话,他说他正在发愁,因为《独立》周报预备在下下星期出版,第一期稿件已齐,却还找不到一个合式(适)的经理人。生因此想起五星期前同黎昔非君到协和来看先生的时候,先生曾提过此事,并问黎君愿否帮忙,就把这话告诉蒋先生,他很高兴,叫生即刻写信,请先生决定并征求昔非的同意。"① 黎昔非负责《独立评论》是胡适与蒋廷黻决定的。吴晗与黎昔非同去医院看胡适也从侧面说明黎与胡的关系已较密切。胡适看中黎昔非,让他去负责《独立评论》杂事,这并不表明黎昔非已经进入以胡适为核心的知识分子圈,他也不可能进入其核心。他们二人不仅性格不同,而且在做人接物的价值取向上明显不同;政治思想也有不同,黎昔非对《独立评论》以胡适、蒋廷黼为代表作者圈所发表的在抗战中对日妥协的"言论也不以为然",甚至认为部分文章"无耻之极"②。何况胡适对待黎昔非、罗尔纲及吴晗三人关系是有差别的,此点已有研究者论述。

学界对黎昔非出任《独立评论》经理人这一事迹并非十分清楚。黎昔非在《独立评论》做事有旁证:1933 年 2 月 6 日,周柄琳致胡适信称:《独立评论》立案事,昨得朱云光兄复信谓早已办出,望差人到市府一询。"③ 比照 1932 年 11 月 23 日,周柄琳致胡适信称:"向市党部申请登记件昨已携交。据云应填两纸,琳已嘱市党部宣传科向市公安局取空白,送琳转交先生补填。但先生日内南行,若能请社中黎君今日即去取得此项空白交先生补填一纸,当较为迅快捷。"④ "黎君"当指黎昔非。1933 年 5 月 8 日罗尔纲致胡适信中称:"今天接到黎昔非学兄信,敬悉吾师近来康健胜常,实慰下怀。"⑤ 胡不归在《胡适之传》称《独立评论》系胡适一手主编,"我的同学黎昔非先生替他负出版校对和发行的责任"⑥。胡不归著《胡适之传》得到胡适本人的评阅,见 1943 年 10 月 9 日《胡适的日记》:"今天收到胡传楷四月十五日从龙游寄来的一封信,和他一九四一年十二月印出的《胡适之传》。他出这书,为我做'五十岁生日',其意可感。""此书分上下卷。下卷为'五十岁年表',其中有我的著作分年、月、日表,很有用。"⑦ 胡不归的说法应可信。胡不归"童言无忌",把他与罗尔纲、黎昔非三人说成"跟随适之先生最久"的人,1943 年 10 月胡适还津津乐道这个传记,那么,他后来写《丁文江的传记》时"忘记了"黎昔非,恐怕不

---

① 《人民日报》1966 年 6 月 3 日。
② 黎昔非:《自传》(1958 年 4 月 30 日),《黎昔非与〈独立评论〉》,第 470 页。
③ 中国社会科学院近代史研究所中华民国史组编:《胡适来往书信选》,北京:中华书局,1979 年,第 184 页。
④ 前揭《胡适来往书信选》,第 142 页。
⑤ 罗尔纲:《致胡适书简三通》,《黎昔非与〈独立评论〉》,第 35 页。
⑥ 前揭胡不归《胡适之传》,《胡适传记三种》,第 23 页。
⑦ 《胡适传记三种》,合肥:安徽教育出版社,2002 年,第 377 页。

可能是"记忆上的错误"吧?

黎昔非出任《独立评论》经理职务作为职业化①的出版人的重要原因是处在社会基层知识分子谋生的需求,独立评论社给黎昔非的薪水有几种说法,如下。

黎昔非妻子何昕后来回忆对儿子说:"原来《独立评论》社给你爸爸每个月三十多元工资,我们结婚以后加了十元,每月四十多元。需要省吃俭用。"②1958年丁白清应组织的要求,作了一份文字材料:"昔非,比较接近的就是胡适;来稿送稿的都有工友。我知道他很痛苦,又不敢走,薪水只三四十元,又不够用,我建议他:叫胡适介绍中学教员,教书兼职,他始终都不愿这样做。"③

蒋廷黻后来在回忆录中声称:"《独立评论》创刊于1932年春,第一期印了两千本。初期的《独立评论》是相当简陋的,但比我们所预期的要好得多。第二期我们发行了三千本。半年后,已经无须继续捐助,可以自力更生了。一年之内,发行数字升到八千本,两年之内达到一万五千本。我们不仅不受津贴,也不接受大幅广告。终《独立评论》时期,社中只用一个小职员,负责发行事务,月薪六十元。"④"小职员"当是黎昔非。

可见,黎昔非初期薪水为三十多元,后来他结婚,日常开支大,又增十元。终了为六十元。这工资是由"胡先生酌定"的。⑤

尽管薪水低,黎昔非的工作非常认真、积极。胡适让黎昔非负责《独立评论》有关事宜,与胡适看中黎性格忠厚、平实、做实事是分不开的,黎昔非的师兄弟王越对此做了回忆,认为黎昔非"为人朴实,厚道,对朋友、熟人要求办事尽量帮忙"⑥。王越举了例子更加可以说明黎昔非与胡适的关系:"有位同乡想请胡适写副对联,因胡适很忙,就托你父亲(黎昔非)帮忙去办。"⑦"胡适对你父亲评价很高。胡适说你父亲为人老实、可靠。"⑧胡适还是黎昔非的证婚人。《独立评论》创办初期,"只有昔非办公,另有工友老宋……出版后,本市的由老宋送去,外地的还是昔非分别包扎好叫老宋送邮局"⑨。老宋是独立评论社租房房东的亲戚⑩,可见当时人手紧缺⑪。

---

① 黎昔非是被人逼迫"职业化"的,他的初衷是"兼职",期完成论文。
② 黎虎:《双亲旧事》,《黎昔非与〈独立评论〉》,第671页。
③ 丁白清:《黎昔非学友二三事》,《黎昔非与〈独立评论〉》,第46页。
④ 蒋廷黻:《蒋廷黻回忆录》,长沙:岳麓书社,2003年,第145页。
⑤ "昔非和老宋等的工资由胡先生酌定后由昔非支取",林钧南《忆昔非兄与〈独立评论〉》,《黎昔非与〈独立评论〉》,第71页。
⑥ 黎导:《王越教授回忆黎昔非先生》,《黎昔非与〈独立评论〉》,第77页。
⑦ 黎导:《王越教授回忆黎昔非先生》,《黎昔非与〈独立评论〉》,第77页。
⑧ 黎导:《王越教授回忆黎昔非先生》,《黎昔非与〈独立评论〉》,第77页。
⑨ 林钧南:《忆昔非兄与〈独立评论〉——致黎虎书简九通》,《黎昔非与〈独立评论〉》,第58页。
⑩ 林钧南:《清白一世 奉献毕生——忆故友黎昔非同志》,《黎昔非与〈独立评论〉》,第494页。
⑪ 1946年10月8日,章希吕在致胡适信中称:"独立社……留下桌凳、书架等等,出卖也无人要,只得托由老宋保管。"《胡适来往书信选》(下),北京:中华书局,1979年,第130页。

黎昔非任《独立评论》经理,帮助《独立评论》扩大发行点,诸如《独立评论》第12号(1932年8月7日出版)封面中"寄售及代定处"有"梅县:新时代书局"。第65号(1933年8月27日出版)除继续载有"梅县"外,兴宁有"兴宁书店、新民书店"。第111号载有"梅县:新时代书局、黄胜和堂派报社",兴宁有"兴宁书店、新民书店"。兴宁是黎昔非出生地,黎昔非中学就读于梅县的梅州中学[①]。

　　胡适对黎昔非工作极满意,称赞其为《独立评论》的看护妇。[②] 胡适在《独立评论》创刊号三周年纪念号总结《又大一岁了》(民国二十四年五月十九日)中称:"在这贺周岁的日子,我们不要忘记[③]这个孩子还有一位忠心的看护妇。我们创办这刊物的时候,就请黎昔非先生专管发行所的事务。说也惭愧,我是实行我的无为政治的,我在这三年中,只到过这发行所一次!这三年的发行、校对、杂务,全是黎昔非先生一个人支持[④]。每到星期日发报最忙的时候,他一个人忙不过来,总有他的许多青年朋友赶来尽义务,帮他卷报,封装,打包,对地址。"[⑤] 这一点也可从黎昔非致胡适的信中窥见一斑,"寄报的封袋,据沙滩一个铺子说,那种大的每万份二五元,小的二四元。现在打算明天到前门去问问看看如何"。"赠阅的,当照寄"。[⑥] 胡适在《又大一岁了》同时还表扬了罗尔纲与章希吕,"还有我的朋友罗尔纲先生、章希吕先生,他们帮我做最后一次校对,也都是这孩子应该十分感谢的。还有北平□江□业□行的几位朋友,他们尽义务替独立管账查账,也是我们十分感激的"。[⑦] 在胡适要感谢的人中黎昔非功劳最大,干的时间也最久,任务最重。罗尔纲1932年12月17日的信就充分地说明了黎昔非平时连寄书这样的杂务也做,"三月来在昔非兄处寄来的独立评论上,时时得拜读吾师的言论"[⑧]。黎昔非在给胡适的信中说:"适之先生:丁先生的原稿,那天因排字工人不在,没取回。当时即嘱印刷所的杨君保留,如要用,明早取回送上。"[⑨] 黎昔非妻子何昕对丈夫的工作有所回忆:"你爸爸每天都到《独立评论》上班,很忙,胡适把稿子编好后,由你爸爸送印刷所,排出清样后,由你爸爸校对,校对好后送给胡适,胡适审查同意后再拿回送到印刷所,印好以后由你爸爸负责发行,

---

① 黎昔非:《自传》(1951年7月),《黎昔非与〈独立评论〉》,第438页。
② 当然,胡适为什么到1935、1936年才来表彰?结合这个期间黎昔非闹辞职进入高潮,有无为了安抚、稳住他的意图?从日后他就"忘了"黎昔非来看,恐怕不能说是没有一点杂念在其中的吧?
③ 他不久就"忘记"了黎昔非,恐怕是不能回避的问题,一个不算太小的问题。
④ 胡适作为学术界的领袖人物、教育家,将当时堪称凤毛麟角的北大研究生如此役使,这是不能回避和原谅的问题。
⑤ 胡适:《又大一岁了》,《独立评论》(三周年纪念特大号)第151号(民国二十四年五月十九日)。
⑥ 黎昔非:《致胡适书简七通》,《黎昔非与〈独立评论〉》,第14页。
⑦ □为字节模糊,难以辨认。黎虎先生判断这几个字似应是"浙江兴业银行"。胡适:《又大一岁了》,《独立评论》(三周年纪念特大号)第151号(民国二十四年五月十九日)。
⑧ 罗尔纲:《致胡适书简三通》,《黎昔非与〈独立评论〉》,第34页。
⑨ 黎昔非:《致胡适书简七通》,《黎昔非与〈独立评论〉》,第16页。

每星期都要往外送刊物，不少兴宁籍大学生也来帮忙送。社里有个看门的，还负责做饭、买物等杂役。"①

1936年，胡适在《独立评论》四周年总结中说："我们借这个机会谢谢黎昔非先生和章希吕先生。他们终年勤勤恳恳的［地］管理独立评论的发行，校对，印刷的事务，他们对这个刊物的爱护和勤劳，常常给我们绝大的精神上的鼓舞。"② 1934年5月29日，"今夜《独立》校样最坏，累了章希吕一夜功夫"③！章希吕是胡适的老乡，他在日记记载："有一家印刷局来兜生意，每期可减省印刷装订费约十四元。我以告适之兄，适兄不赞成换印刷所，因独立社已不赔本，不犯着刻薄劳工。"④ "33年后，晋祺到北平，才由昔非提出让晋祺任财务人员，经胡同意才到社的。"⑤ 实际上，陈晋祺是1935年加入独立评论社的。"北京时期：我投考航空失败，于1935年春天自南京走到北京，由黎昔非介绍入胡适办的独立评论社工作……在评论社起初我只是为了生活，后来看见《独立评论》销路日广，银行存款约七八千元，我曾和胡适的秘书章希吕计划搞一所书店，由于时局的转变，计划没有实现。"⑥ 陈晋祺还交代了他"在北京的社会关系：曾觉之，罗志甫，吴晗，罗尔纲，黎昔非，曾绮春，刘在海，林钧南"⑦。林钧南（1915—　），1932年5月至1937年7月在北京上学，先后就读于东城大同中学、辅仁大学历史系、北京大学历史系，恰与黎昔非先生办理《独立评论》时间相始终，而且双方过从甚密⑧。"七七事变"后，黎昔非一直坚持到《独立评论》7月25日出版最后一期第244号才带家人离北平南下。

近代职业化的出版人身份使得黎昔非在社会生活中处于非常尴尬的境地。一方面，学院派知识分子创办的《独立评论》给出版人黎昔非社会身份的书面体认带来了一些声誉，1936年12月就读北京大学的林钧南时为北平兴宁同乡会联络人，在《重修兴宁邑馆募

---

① 黎虎：《双亲旧事》，《黎昔非与〈独立评论〉》，第671页。
② 胡适：《独立评论的四周年》，《独立评论》（四周年纪念号）第201号。
③ 前揭《胡适日记全编》（6），第388页。
④ 《章希吕日记》，颜振吾编：《胡适研究丛录》，北京：生活·读书·新知三联书店，1989年。黎昔非请示胡适让其同乡陈晋祺担任《独立》的财务工作，"胡适还说，他家乡也来了个叫章希吕的，一时找不到合适的工作，想安排他在《独立》协助校对文稿，昔非立即表示同意"。见林钧南《清白一生　奉献毕生——忆故友黎昔非同志》，可见其对章希吕入《独立》社时间回忆有误。《黎昔非与〈独立评论〉》，第494页。当然，胡适对于某印刷局老板手下的劳工如此仁慈，而对于天天在自己手下卖命的黎昔非却如此，这是真善还是伪善呢？胡适做人品格上的矛盾性值得世人三思。此外，胡、章因故乡地缘关系等其他因素而相互吹捧，在辨析史料上恐怕值得研究者注意。
⑤ 林钧南：《忆昔非兄与〈独立评论〉——致黎虎书简九通》，《黎昔非与〈独立评论〉》，第58页。
⑥ 陈晋祺1955年向组织交待的材料：《我与〈独立评论〉的关系》，《黎昔非与〈独立评论〉》，第44页。
⑦ 陈晋祺1955年向组织交待的材料：《我与〈独立评论〉的关系》，《黎昔非与〈独立评论〉》，第45页。
⑧ 黎虎：《前言》，《黎昔非与〈独立评论〉》，第5页。

捐簿序》中有"独立评论发行人黎昔非"。另一方面，学院派知识分子胡适又是出版人黎昔非的老师，师徒的关系使得黎昔非在话语回答社会身份时无所适从。黎昔非日记记载："那管理收费的说是姓余。当我说我是在那里做事时，他似乎有点惊奇。有顷，他说：我是很高看《独立评论》的。'你在那里做什么？'这，天呀！我说什么好？被他问得没法，我含乎（糊）其辞（词）：'包办一切，除编辑。'"① 更何况黎昔非既是北京大学为数不多的研究生，也是《独立评论》鲜为人知的幕后经理人，实际上中国近代报刊史上已有部分职业化的出版人取得公开而又体面的社会身份，问题是《独立评论》的封面既无出版人黎昔非的名字，也无创办人的名字，主编胡适的意图是让《独立评论》变成近代"公共知识分子"的发表言论的"公共空间"。这使得黎昔非的身份显得不明晰，而黎昔非也因经理《独立评论》而荒废学业，实际上此时的他基本上还处在学术界的边缘。他几年来都"辞不掉"，"他很痛苦"，这反映了处在社会转型中的学术与权势网络中胡适所代表的学术权威的话语建构既有胡适、蒋廷黻等自身做出的努力，也有像黎昔非这样平凡而又不寻常的出版人以牺牲学业为代价做了巨大贡献，黎昔非本人是有学术及事业追求的，只不过因经营《独立评论》耗时过多而致学术上与其中国公学同学罗尔纲、吴晗拉开了距离。

三、黎昔非与《昙华》

黎昔非人生有两个目标：从事学术研究与文艺创作。进入中国公学后，黎昔非"对做学问的看法，也有了转变，觉得从事创作也是条路，不一定要专搞古代的东西。不过认识不足，以为创作是轻而易举的，要保证将来有饭吃，就要有实学，即是对古代的东西要有点研究才行。因此，从事创作好呢？还是搞古代的东西的两种思想，便在我的思想深处斗争着，结果竟想两者得兼，即以研究古代东西为主，暇则从事创作"②。

前文述及黎昔非研究《诗经》，可以说基本表达了他个人的学术追求，在北大受学黄节，承接了北大治学严谨的学风。而《昙华》表明以黎昔非为首的青年学子的不懈追求。要研究《昙华》的影响与作用，必须探讨《昙华》诞生的编辑人员、作者群等基本因素、刊物生存的社会文化氛围以及支持刊物的资金来源和社会土壤。

《独立评论》是学术刊物，《独立评论》整个办刊宗旨与学术追求毕竟反映了胡适的思想倾向及近代中国学界部分精英们的努力。黎任《独立评论》的经理表达了黎昔非近于谋生的需要，"这种杂志发行工作，最初我以为很简单，每天不用花几小时尽可对付，后来事实证明，它对我的研究工作是有极大妨碍的。几次欲辞职不干，终于为生活所关而

---

① 黎昔非：《日记》（1934年12月23日—1937年4月18日），《黎昔非与〈独立评论〉》，第526页。
② 黎昔非：《自传》，（1958年4月30日），《黎昔非与〈独立评论〉》，第467页。

未果"①。

《昙华》是文艺刊物，黎昔非任主编，承载了一个在北大文学院求学的平凡而又执着的文学青年探索者的足迹，反映了他的文学追求。实际上，黎昔非从上海来北京主要是作家梦的驱使，"一九三〇年暑期，我早盼望的'毕业'临了。家中也迫切地等待着帮助解决经济困难了，但'作家'这个'荣衔'却强烈地驱使我希觊着，于是不顾一切，婉谢了几个教员的介绍，坚决不接受五华县中的聘书而搭轮赴津转京了"②。

黎昔非于"1933年春和丁白清、陈亚菲、潘齐平、刘在海四人，共同出钱出力，办一'昙华'文艺半月刊，竟想由此而成为一个作家"③。其中黎昔非、丁白清、刘在海是广东兴宁人，潘齐平是广东惠阳人。刘在海时为北平大学法商学院学生。陈亚菲又名陈菲村，江苏太仓人，是丁白清的女友。陈菲村、丁白清、潘齐平和黎昔非是中国公学同学或校友。"五人中，除刘在海外，我们都是上海吴淞中国公学大学部的同学：我和昔非同班，齐平比我们低一班，菲村比我们低两班。"④《昙华》是这些钟情于文学的热血青年他乡逢知音自己掏钱办的，"因为我们都是读文学的，又是青年，求知欲，创作欲，都很强；同时，又在万里的他乡遇故知，心情特别舒畅，于是，我们的'昙华'就出现了"⑤。

《昙华》刊名请胡适题签，刊物于1933年1月1日出版第一期，其出版地与《独立评论》同在北平后门慈慧殿北月牙胡同2号。通信地址为"北平大学法学院第二院号房转"。《昙华》与《独立评论》还互刊刊物目次。诸如1933年3月12日《独立评论》第41号第21页刊载《昙华》第3、4期的目次。1933年4月16日《独立评论》第46号第19页刊载《昙华》第7期的目次。1933年1月1日《昙华》第1卷第1期第16页刊载《独立评论》第32号的目次。1933年1月16日《昙华》第1卷第2期第16页刊载《独立评论》第35号的目次。1933年2月1日《昙华》第1卷第3期第16页刊载《独立评论》第36号的出版要目。《昙华》第1卷前3期及第5、6、7期为16页，第4期为14页。

"《昙华》编辑、写稿、校对、发行全由我一个负责"⑥，可见，黎昔非是主编。其撰稿人基本上是《昙华》刊物发起人，"你爸爸……没有找熟识的朋友如沈从文、李广田、陈梦家、彭丽天、廖衡胜、高亚伟写稿"⑦。黎昔非与时任中法大学文学院院长、西洋文学系主任、同乡曾觉之教授也有往来。⑧

---

① 黎昔非：《自传》，(1958年4月30日)，《黎昔非与〈独立评论〉》，第472页。
② 黎昔非：《自传》，(1951年7月)，《黎昔非与〈独立评论〉》，第441页。
③ 黎昔非：《自传》，(1958年4月30日)，《黎昔非与〈独立评论〉》，第470页。
④ 丁白清：《黎昔非学友二三事》，《黎昔非与〈独立评论〉》，第47页。
⑤ 丁白清：《黎昔非学友二三事》，《黎昔非与〈独立评论〉》，第47页。
⑥ 黎昔非：《自传》，(1958年4月30日)，《黎昔非与〈独立评论〉》，第470页。
⑦ 林钧南：《忆昔非与〈独立评论〉——致黎虎书简九通》，《黎昔非与〈独立评论〉》，第66页。
⑧ 黎虎：《先父黎昔非与〈独立评论〉——从我与罗尔纲先生的一次会面谈起》，《黎昔非与〈独立评论〉》，第135页。

《独立评论》刊载学术文章,刊物早期少有文艺方面文字,1934年9月11日胡适在致企霞信中称:"《独立》向不登文学作品,我们只要一些清楚明白说平常话的好文字而已。"① 胡适曾在《独立评论》1932年6月5日的第3号上称:"《独立评论》出版后,有些读者嫌我们登的文字太专门了,太单调了,所以我们从这一期起添一些文艺作品,就用志摩的遗文来开始。"胡适登载徐志摩的遗文,除了有纪念亡友之外,还有志摩诗作与胡适本身的"实验主义"有内在契合之处相关。他致志摩死难前最后的一封信指出:"我读了《诗刊》第一期,心里很高兴,曾有信给你们说我的喜欢。我觉得新诗的前途大可乐观,因为《诗刊》的各位诗人都抱着试验的态度,这正是我在十五年前妄想提倡的一点态度。"② "我是有历史癖的人,我在文学史上得着一个基本观念,就是:中国文学有生气的时代多是勇于试验新体裁和新风格的时代;从大胆尝试退到模仿与据守,文学便没有生气了,所以我当时用'尝试'做诗集的名称,并在自序里再三说明这试验的态度。"③

《昙华》承"五四"以来的"新青年"精神之余绪,从其简章可窥见一斑,"来稿须用格纸缮写清楚,并加新式标点"④。"(一)本刊接受一切关于文艺的来稿,文体以白话为主。(二)本刊是青年的公共园地,所有来稿无不尽量发表。"⑤《昙华》办刊宗旨受胡适"多研究些问题,少谈些主义"影响,其创刊号发刊词就称:"我们不标榜什么漂亮的主义。因为,我们认为与其空洞地大吹大擂,不如着实地做出点事情来。"

《昙华》有一定的发行渠道,北平有"君中""福华"等4家书社,"新月"等5家书店及其他4家出版或书籍销售机构代销。在上海、重庆、琼州、梧州、云南、梅县、兴宁、广州等处书店或教育机构代售。⑥

正因为"昙华"办刊宗旨如此及代售网络初具规模,黎昔非后来在1958年这个特定的年代称《昙华》:"没有正确立场的刊物,出版越久,销路越多,对于爱好文艺的青年毒害也就越来越大。"⑦ 黎昔非立场是否正确,自己在特定年代说的话并不代表就是真实历史,丁白清1958年以右派身份被管制,写"黎昔非学友三事"中称:"昔非兄,对人对事,都是很忠诚的……我相信他对组织有什么交代,是可靠的。"⑧ 陈晋祺在"我与《独立评论》"关系中称:"在那时华北风云紧急,每次与昔非、绮春等人谈到时局问题,他们不满国民

---

① 前揭《胡适来往书信选》(中),第256页。
② 《胡适书信集》(上),北京:北京大学出版社,1996年,第560页。
③ 前揭《胡适书信集》(上),第560页。
④ 《昙华》第1卷第1期。
⑤ 《昙华》第1卷第5期。
⑥ 《昙华》第1卷第5期,第16页。
⑦ 黎昔非:《自传》(1958年4月30日),《黎昔非与〈独立评论〉》,第470页。
⑧ 陈晋祺:《我与〈独立评论〉的关系》,《黎昔非与〈独立评论〉》,第44页。

党的看法，我总是不以为然，认为他们是不正确的。"①

从黎昔非主持的《昙华》发表的文章来看，基本属于乡土文学之类，有黎昔非的中国公学老师沈从文的影子。沈从文在《中国文学季刊》创刊号上发表小说《戏子》，时为1929年夏。沈从文1902年生于湖南凤凰县一个日将破落的地主家庭。1929年前后他在北京大学、上海的中国公学任教，开设小说史课，常以自己写的小说授课。他在中国公学任教前后，发表了《柏子》（1928年）、《萧萧》（1930年）、《丈夫》（1930年），主要以湘西为背景的乡土小说，标志着他作为作家已经相当成熟。"30年代沈从文受左翼作家批评，其原因是他是'新月派'或与该派关系密切，他的作品没有表现'我们的世界'。"②黎昔非从事文学创作"一固然是受沈从文的鼓励：因我来自农村，深知农民大众的痛苦，每所暴露的都是当时社会黑暗面。他认为这比那些坐在上海亭子间里的'普罗作家'所写的还较真切，故极力怂恿我走创作这路"③。除沈从文外，黎昔非转入中国公学，开始注意新文艺，"喜看翻译小说，尤其是鲁迅的翻译"④。从黎昔非小说中不难看出他对社会黑暗批判的力度。

《昙华》主题主要有以下：1.反映抗日战争；2.反映乡村；3.反映以大学生为代表的知识青年生活、恋爱和学习；等。文章的体裁以小说为主，兼有评论性杂文、诗歌以及日记等，还有翻译文学。

抗战文学最能反映该刊物的特色。《战区之一角》署名为鹤子，小说以"战区像一具死尸似的僵卧着"开头并结尾，描绘一群贫民去偷盐，被日军抓到，在饱受凌辱后，"一点钟后，他们和她们都驱在一起，他们穿着破碎皱裂的衣服，他们负着伤，但他们都得了日本兵的恩赐搬着他们的目的物—盐包。由是，他们踉跄而慌乱地搬着盐包的一幅图画摆在日本兵的照相机下了。由是，他们由日本兵的恩赐挥着手叫他们负着盐包回去了！"⑤

署名为"夏蒂"的《孩子们》首先叙述日本侵华后，国人的种种自欺欺人的口号与"行动"后，以孩子们做战争游戏为视角，反映中国孩子们不愿意扮演"日军"。作者的言下之意可能是中国的抗战胜利寄托在孩子们身上。国人的不作为与孩子们的童真游戏是多么鲜明的对比。

中国农村的愚昧落后以及抗战背景下农民苦难的生活。菲村在《某日》中刻画了F村的一天，一群农人在棉花地里边干活边东家长西家短地议论村里有关"风流韵事"的"新闻"。阿伏讲述"新闻"确实出人意料，紫泾桥木匠娘子"偷人"却被打她主意的小雄捉

---

① 乃超：《略评沈从文的〈熊公馆〉》，1948年3月1日《大众文艺丛刊》第1辑《文艺新方向》。转引自《文学评论》1986年第6期。
② 黎昔非：《自传》（1951年7月），《黎昔非与〈独立评论〉》，第445页。
③ 丁白清：《黎昔非学友二三事》，《黎昔非与〈独立评论〉》，第48页。
④ 黎昔非：《自传》（1958年4月30日），《黎昔非与〈独立评论〉》，第466页。
⑤ 《昙华》第1卷第1期。

奸，并被捆绑裸体示众的事，"大家很满意的听了这段新闻，有的很同情小雄，有的又骂小雄太狠，大家纷纷议论着，他们一边挥动着锄头去除草，一边还哼着小曲"。① 该故事最后以木匠娘子被迫上吊自杀而告终。菲村另一篇小说《迟了》描绘寒冬里一位产妇趁自己丈夫找人接生时，在生活的重压下被迫亲手扼杀刚刚来到人世间的小生命，丈夫回来时，一切都"迟了"。② 作者以女性独有的视角刻画了农村女性悲惨的遭遇。

据研究，《昙华》上可以确认是黎昔非的作品有四篇，还有《爱与仇》可能是黎昔非的作品③。黎昔非小说可以说代表了在抗战背景下青年大学生对生活、恋爱、友情和学习等方面的思考。表明了一个处在社会边缘的知识分子的思考，写外出求学的苓写信问家乡情况，哥哥回信称"平静如常"一类的话，"这并不是他哥哥不愿意或不高兴告诉他，只因照例国家的事，并不缺少那些聪明有权力解释法律意义大人物分内的事，不许平民谈到的，谈了就是犯罪"④。《友谊》描述了一个病中知识分子对人生、家与国命运的思考，"他，有时想到了他小时生了病，母亲是怎样的爱护，调养，嘘寒问暖，求神拜佛，便伤感现在天涯的沦落，孤零；有时想到了中国现状的紊乱，大人们的无耻，自私，群众的愚蠢，怯懦，就不禁切齿、痛恨，好像不是这'病'给他缚住的话，他就有使风云变色叫日本献上扶桑三岛地图的本领一样；有时也想到了自己身世；有时也想到了死。总之，这些那些，仿佛是投射在银幕上的影片，在他脑海里此消彼现，层起叠涌"。

第一期署名为"艮心"的《南旋》⑤，末尾日期为："十八年九月写于上海"，即1930年，该作品首先刻画在内战频仍的社会背景下，"兵"与"匪"难以区分的社会怪象。

"'匪！匪！匪来不打紧；兵！兵！兵到才该死！'这是H地方人们对兵和匪的解释。其实在中国兵和匪原也没有多大的分别，你们打败了他们，他们是匪，他们败给你们，你们便是兵，谁匪谁兵的分别，全在枪弹数目的多寡而已。"该小说通过一个外出求学的苓回乡探亲，在酒馆里和一个老人对话，通过老人之口叙述"兵"借口欠饷而"抓壮丁"。"苓和他别了，脑子里想着从他嘴里得到那般半尴不尬有一二亩田的农夫如何被较多点的重利盘剥，而较多点的终又如何受更较多的操纵的情形，觉得社会的大改变就快临了，他吐了一口很松快的气。"⑥ 嘈杂的叫卖声、喊声"点缀着久别的故乡，粉饰出一片升平气象。他心里想，这不知还能再延几多时！"⑦

无论是内战还是抗战，大人物"校长、教授们"以及由大人物培养起来的高才生的作

---

① 《昙华》第1卷第1期。
② 《昙华》第1卷第2期。
③ 《黎昔非与〈独立评论〉》，第240—241页。
④ 《昙华》第1卷第1期。
⑤ 《昙华》第1卷第1期。
⑥ 《昙华》第1卷第1期。
⑦ 《昙华》第1卷第1期。

用是可笑的,"胡谭"的《友谊》①的小说,那些躲在象牙塔里寻欢作乐的大学生,"他伤心,他想哭。不过,这并不是悲伤他自己的痛苦,自己的不幸,是可怜那些自诩是高等的人才尚在这'醉生梦死中'过日子,毫没有羞耻的奋发,自觉的反抗!"②病中苓痛恨这帮高才生对朋友的绝情,"诅咒他们闻风先逃的无耻;后来,明白了大人先生,校长,教授,所谓不平凡的'人物'也者,已经走的走,不走的也在什么饭店,使馆巷租定了房子,他对他们的苛责就有一点懊悔;同时,理智告诉他:人与人之间籍〔藉〕以来连锁的'友谊'这东西,原不过是人类拿来掩饰自私自利的行为的名词,自己的事终是要自己管理的。'互相扶助'只是一种'虚伪'的面具而已"③。面对国家民族的生死存亡,病中的苓甚至想到自杀这一行为存在的价值与意义。"虽然我们不是什么神,但我们最怕的是受'命运'支配而不能支配'命运',自杀,是弱者的行为,我不愿做。你瞧,那般俨然自以为是大人物,居必洋房,出必汽车,食必方丈,日本大炮还远在榆关就先躲逃的而反诅咒跟着跑的'明哲'的学生,这些应当愧死的也尚靦〔腆〕颜苟活,我们又怎样可自戕以滋长人类蟊贼的毒焰?至于藉物质换来的泪,那我并不稀罕,我所要的,是了解的,同情的。不然,我纵使真个死去,也情愿做个永久无人纪念一声的孤魂!""我们不宜自杀一节,我不异议,不过,'同情'于事实何补?'了解'?别说谁也不能了解谁?就是我们自己能够自行了解吗?是可能吗?那么,人类的行为怎么前后总是矛盾?如果不能,尚希望人来了解自己,那不是智力障碍者是什么?虽然这茫茫宇宙之下,我们并不会遇着在意志上比较合得来的一个,但还有老母也会常常念着:'我的苓儿,我可怜的苓儿,你在那里?你其魂兮归来吧!'怎么致作响寒云明月来悲啼的孤魂?"

　　苓的室友因为抗日战争的爆发而闻风而逃,走之前借口钱不够还要病中的苓归还欠款5元钱。后苓从房东那儿得知他们临走前还买了皮鞋、皮箱和呢帽等一百多元钱的东西。

　　《昙华》"在1933年4月1日出刊了第七期后,就停刊了"④。停刊主要是抗战中热河沦陷,长城抗战期间北平形势相当紧张。众多的知识分子南下逃亡。丁白清称停刊原因:"最先,齐平转学厦门大学,收录了,他到厦门去;跟着母校复办了,迁上海汶林路,她又回去就读;最后,时局紧张,热河沦陷,喜峰口、古北口告急,北平时出现日机,时闻高射炮声,人心惶惶,同时我家催我速即南下,我即于5月中旬离开北平。这样,在北平,同人只剩昔非和在海,人力、财力都成问题,'昙华'便真成'一现'了。"⑤

---

① 《昙华》第1卷第3期。
② 《昙华》第1卷第3期。
③ 《昙华》第1卷第3期。
④ 丁白清:《黎昔非学友二三事》,《黎昔非与〈独立评论〉》,第48页。
⑤ 丁白清:《黎昔非学友二三事》,《黎昔非与〈独立评论〉》,第48页。

四、简短的结论

人与社会场景的关系正如演员与舞台的关系。知识分子成长的历程也与其生存空间周边的文化氛围密不可分。任何一个人处于一定的客观的文化氛围、生存空间中,其所遭遇的特定个体却是千差万别的。黎昔非从农村进入县城中学,再进入持志大学、中国公学,他于1930年毕业时已经拿到了五华县中的聘书,破釜沉舟毅然北上,考取北京大学的研究生,由于经营《独立评论》而荒废了学业,重要原因是学生黎昔非与老师胡适的关系被利用为办刊人与经理人的关系,黎昔非付出了人生最宝贵的七年的黄金岁月,最后又回到了原来的出发点——中学教师。真个是赤条条而来,又赤条条而去。黎昔非在社会阶层中地位的变动及事业追求中进取与被迫撤退,折射出了社会阶层的流动及胡适、蒋廷黻等社会精英成功是在某种程度建构在榨取那些(由普通民众走向社会中间阶层)知识分子艰辛的劳作,甚至是被迫默默无闻的"奉献"基础上的[①]。

黎昔非在学术研究上的努力以及文学艺术上的追求,甚至为谋生而出任《独立评论》经理,揭示黎昔非本人以及有条件和可能决定黎昔非命运的特定个体,以及他作为一个普通的知识分子其不平凡人生经历与社会文化氛围,为全面、深刻考察处在动荡的社会嬗变历程中的近代自由知识分子群体群像成功的背后不被人注意的(甚至有意被掩盖的)丑恶的一面提供独特视角。

(原刊于《徐州师范大学学报》2006年第2期,收入本书时作者又做了一些修改补充)

作者简介:王天根(1971—   ),安徽芜湖人,历史学博士,安徽大学新闻传播学院教授,博士生导师,主要从事中国报刊史、中国近代史研究。

[①] 黎昔非一事,不说是千古奇冤,恐怕也是百年不遇的了。为数不多的北大研究生黎昔非被埋没,反映了中国近代自由知识分子精英群体借助《独立评论》而声誉鹊起的背后有部分知识分子在默默无闻中做奉献,甚至是牺牲。

只因"师恩"误平生

——黎昔非与胡适关系探释

刘佐泉

黎昔非应胡适邀请担任《独立评论》经理人，与《独立评论》相始终。然而胡适作为黎昔非的老师和合作者，在处理师生关系和合作关系方面存在不少问题：黎昔非作为北大研究所的在读研究生，多次提出辞职均被拒绝，以致耽误了他的学业和前途；黎昔非包办《独立评论》的一切社务，做出了巨大贡献，然而相形之下其待遇却十分菲薄；黎昔非为《独立评论》几乎付出了一生，然而胡适在事后不仅对于黎昔非的一点点合理的请求不予理睬，甚至在回忆《独立评论》创办一事时只字不提黎昔非，以致人们根本不知道在《独立评论》后面还有黎昔非这样一个人物的存在。这一问题的探释不仅有助于了解胡适的为人，而且具有历史研究价值与现实意义。

《黎昔非与〈独立评论〉》一书，抛出了一串不小的问号和一串更大的惊叹号，黎昔非与胡适关系就是其中之一。对此人们众说纷纭。有人说"昔非先生当年进入《独立评论》社，并不是胡适先生以师道之尊，勉强他的学生做出牺牲，而完全不考虑学生个人的志愿。……胡适是个非常通情达理的人，他决不会强人所难，勉强别人做他本人不愿做的事，做他不愿做出的牺牲。""或许有人认为，若昔非先生不为独立评论社做经理，而是做研究工作，也可与罗尔纲、吴晗一样成为名于时的专家学者。我认为这样想法是不必要的。"① "1932年黎昔非先生出任《独立评论》经理人，得到胡适先生这样一流学者和文化巨人的信任，是他的殊荣。何况《独立评论》又是这样一份在中国现代历史、文化上产生了如此重大影响的刊物，他有机缘为此做出奉献，也是他的幸运。"② 有人说"黎先生牺牲学业，积极勤恳地担负社会工作，也可称是中国知识分子责任心的代表"③。但是也有人说"本来学术前景最看好的黎昔非却因为《独立评论》的事务，不但在学术上未能取得更大的成就，而且连当时非常不易得的研究生学业也未能完成"。"值得注意的是黎昔非参加独

---

① 耿云志：《黎昔非先生与〈独立评论〉》，《安徽史学》2003年第1期。
② 黎虎：《前言》，《黎昔非与〈独立评论〉》，第26页。
③ 熊铁基：《缅怀先辈黎昔非先生》，《黎昔非与〈独立评论〉》，第232页。

立评论社工作时，正在北大研究院读研究生，因为独立评论社的事务，他最终荒废了研究生学业，这不能不说是一件令人遗憾的事。"① 也有人说"经理这种事务性工作对于他的学术研究并没有多少助益。他是牺牲了自己的学业、研究乃至前途，去从事与学术无关的事务性工作。他是在替胡适老师尽义务，为他人作嫁衣裳"②。事实真相如何？孰是孰非？如何认识、理解和评价此事？这，不仅涉及黎昔非本人，更涉及对胡适的评价及学术界如何正确处理师生关系和用人之道等问题。而这些问题的探讨不仅具有历史研究价值，还具有现实意义。故不揣浅陋，特作探释如下，以就教于方家。

一、只因"师恩"误平生

黎昔非（1902—1970）的故乡广东兴宁，历史悠久，人杰地灵，素有文化之乡的美誉。正如《兴宁县县歌》所唱：兴宁地属古齐昌，山河钟秀气，代代诞贤良，民坚忍而独立，勤操作善工商，自古迄今，磅礴而淤积，山川文物，邑盛辉煌。③

20世纪二三十年代，具有现代意义的各种学科相继滥觞，"筚路蓝缕，以启山林"，一代沟通中西的学科权威名家大抵形成于这一时期。黎昔非、罗香林、王越等一批兴宁学子生而有幸，及时亲逢学术盛世的文化滋润，并以新秀的身份参与其间。他们天性聪颖，造化把他们从岭南客家山村送上京华，进入风云际会的文化中心。那时，"五四"个性解放、自由探索的新风吹拂神州，学术报刊似破土春笋涌出，自由讨论风气盛极一时。可是，黎昔非既与同是研究生的同乡罗香林、王越走出了大不相同的人生道路，更与同是在胡适主持中国公学时的学生吴晗、罗尔纲具有截然不同的人生命运，这在百年中国学术发展史上是绝无仅有的。究其所以然，愚意是：

（一）只因"师恩"辍学业

黎昔非1930年7月毕业于上海中国公学大学部文史系。时胡适任中国公学校长兼文理学院院长，黎昔非与胡适有了师生关系。1930年8月黎昔非从上海赴北平，在北平图书馆自学，准备报考北京大学研究所。1931年春黎昔非与王越（锦葵）一起考取了北京大学研究所国学门研究生，《北大月刊》1931年6月5日至6月12日连续刊出《研究所国学门通告》："本学门本届报名研究生业经考试及格者二十一人，计研究……文学者八人：黎昔非、王锦葵"，黎昔非在文学研究生中名列前茅。

---

① 张太原：《〈独立评论〉经理其人其事》，《黎昔非与〈独立评论〉》，第105、104页。
② 安作璋：《学习黎昔非先生》，《黎昔非与〈独立评论〉》，第227—228页。
③ 兴宁风采社编：《兴宁风采》第3期。

据黎昔非1951年7月写的《自传》:"我把报纸看了一下,知道了我与王越的导师都是黄节先生。我按期去注了册,领了研究证,并拟好研究的大纲,经导师同意后,便整天在北平图书馆翻阅着自己想要看的书,企图一年下去能拿出点见得人的东西来。"①恰巧1930年11月胡适也从沪迁平,出任北京大学文学院院长。于是黎昔非与胡适再度有了师生关系。

1932年3月20日,黎昔非应吴晗之约一同去协和医院看望因病住院的胡适时,胡适已经在为《独立评论》物色"经理人",并且已经向黎昔非表示请他来帮忙这件事。但是时间已经过去一个多月了,黎昔非没答应胡适的请求去就《独立评论》"经理人"的职位,胡适等人也还没有为独立评论社物色到"合适的经理人"。由此可知,黎昔非对于是否出任《独立评论》的工作曾经是相当犹豫的,他在《自传》中有道:"一九三〇年暑期,我早盼望的'毕业'临了。家中也迫切地等待着帮助解决经济困难了,但'作家'这个'荣衔'却强烈地驱使我希觊着,于是不顾一切,婉谢了几个教员的介绍,坚决不接受五华县中的聘书而搭轮赴津转京了!"②"本来,我到北京的目的,原是想在学术上搞出点成绩,作为爬上教授、学者之列的资本的,已然考入了北大研究所,就决定再搞一二年,期真能搞出点什么来。"③所以直到1932年4月24日,当时的清华大学史学系主任、《独立评论》的创始人之一的蒋廷黻还在为此事发愁。同日,为之从中撺掇的清华历史系学生吴晗给胡适写了一封信。信中说:

> 今早同蒋廷黻先生谈话,他说他正在发愁,因为独立周报预备在下下星期出版,第一期稿件已齐,却还找不到一个合适的经理人。生因此想起五星期前同黎昔非君到协和来看先生的时候,先生曾提过此事,并问黎君愿否帮忙,就把这话告诉蒋先生,他很高兴,叫生即刻写信,请先生决定并征求昔非同意(他住银闸大丰公寓)。④

于是,黎昔非在《自传》中有道:"一天,胡适突然派人送来一函,要我到他家谈话。第二天我去了,他说:'我们几个朋友打算办一种杂志,你可否替我帮忙一下,房子已经租好了,你可搬到那里。'我答应了,搬了去。"⑤这是因为"我和他是师生关系,我在上海中公读书时,他是校长。到北京后,曾和他商量过关于学术方面的问题"⑥。

---

① 黎昔非:《自传》(1951年7月),《黎昔非与〈独立评论〉》,第443页。
② 黎昔非:《自传》(1951年7月),《黎昔非与〈独立评论〉》,第441页。
③ 黎昔非:《自传》(1958年4月30日),《黎昔非与〈独立评论〉》,第469页。
④ 黎虎:《前言》,《黎昔非与〈独立评论〉》,第3页。
⑤ 黎昔非:《自传》(1951年7月),《黎昔非与〈独立评论〉》,第443页。
⑥ 黎昔非:《自传》(1958年4月30日),《黎昔非与〈独立评论〉》,第469页。

令人诧异的是，胡适既未请他的弟子罗尔纲或吴晗，也未请其同乡，例如章希吕等人来负责此事。其实，一个杂志社的事务性的工作，中专生即可能胜任，何需一个研究生？况且，还是一个在读的北大研究生；胡适等人只顾自己的需要，不考虑别人的前途命运，不仅是大材小用，而且是"大石砸（压）倒蟹"呀！日后的事实证明这岂止是误人子弟，实在是害人子弟！

（二）只因"师恩"做苦工

《独立评论》从1932年5月22日创刊，到1937年7月25日第244期（每周一刊，中间曾停顿4个月）停刊。该刊创始时期，发行两三千份，不久升到5000千份，到第四年的时候已达13000份。工作量巨大，包括校对、印刷、广告、发行和财务等；但工作条件极差，以致黎昔非苦累难当。先看他的回忆：《独立评论》社址"只数间空房，什么都没有，连喝水都不便，心里颇感不舒服。……没想到那种工作这么繁忙，有时忙到连报纸都要到夜深才得闲来看"[①]。再看黎夫人何昕对其子黎虎所说："原来独立评论社给你爸爸每个月三十多元工资，我们结婚以后加了十元，每月四十多元，需要省吃俭用。……你爸爸每天都到独立评论社上班，很忙，胡适把稿子编好后，由你爸爸送印刷所，排出清样后，由你爸爸校对，校对好后送给胡适，胡适审查同意后再拿回送印刷所，印好以后由你爸爸负责发行，每星期日都要往外送刊物，不少兴宁籍的大学生也来帮忙送。"[②]罗尔纲在《胡适琐记》一书中也写道："他（指黎昔非——引者）从《独立评论》出版至抗日战争停刊时止都是他主持排印、发行工作。我每星期天都去看他。他很忙，从来没有功夫去玩。"[③]王越在接受黎昔非之子黎导采访时亦说："我与令尊于1931年同时考入北京大学研究院，因是同乡，故有来往。后来，他帮助胡适办《独立评论》……发行量很大，影响也很大，你父亲是尽了很大力量的。当时办杂志的经费不充裕，工作很辛苦，但你父亲非常负责。"[④]黎昔非的同乡、中国公学同学、1932—1933年在北平与黎昔非合作创办《昙华》文艺半月刊的丁白清于1958年给组织写的证明材料中还说："我知道他（黎昔非）当时很痛苦，又不敢走，薪水只三四十元，又不够用，我建议他：叫胡适介绍中学教员，教书兼职，他始终都不愿这样做。"[⑤]

由上足见，黎昔非在独立评论社，"究竟做了些什么工作，他的工作做得怎样？"是非常清楚的，而待遇呢？"由胡先生酌定"[⑥]，仅三四十元。即使"后来……独立评论销路

[①] 黎昔非：《自传》（1951年7月），《黎昔非与〈独立评论〉》，第443—444页。
[②] 黎虎：《前言》，《黎昔非与〈独立评论〉》，第18—19页。
[③] 《师门五年记》，第137页。
[④] 黎导：《王越教授回忆黎昔非先生》，《黎昔非与〈独立评论〉》，第77页。
[⑤] 丁白清：《黎昔非学友二三事》，《黎昔非与〈独立评论〉》，第48页。
[⑥] 林钧南：《忆昔非兄与〈独立评论〉》，《黎昔非与〈独立评论〉》，第71页。

日广，银行存款约七八千元"①，也未增分文。与在胡适家里做胡的私人秘书兼家庭教师的罗尔纲"白天给他工作，晚上就在写一部《春秋战国民族史》"②每月都有80—200元工资比起来，真有云泥之差、天壤之别！就是"章希吕在胡适家工作也有80元"③。相比之下黎昔非的确是廉价的劳工。罗尔纲、章希吕是在胡适家中为他做私事，黎昔非是在《独立评论》为社会做公事，看来胡适还是"公""私"有别、"公""私"分明的啊！胡适在后来回忆《独立评论》的创办时写道："当时排字工价不贵，纸价不贵，校对是我家中住的朋友章希吕先生负责，所以开销很省。"④仅仅参加末校不到两年时间的章希吕⑤倒成了为独立评论社省钱的功臣，而黎昔非替他省钱的事不仅提不到，连这个人与《独立评论》的关系也被完全"忘记"了！

（三）只因"师恩"断学术

学术研究是黎昔非孜孜以求的人生奋斗目标，1930年从上海奔赴北平的重要目的就是想利用这里深厚的学术土壤与浓厚的学术氛围从事学术研究。早在担任《独立评论》经理人之前，他在学术研究方面就已经初露头角。现在我们所知道他最早的学术研究成果有发表于1929年《中国文学季刊》上的《〈采芑〉时代的质疑》《唐以前的七言诗》两篇论文，这时黎昔非正在中国公学大学部文史系三年级读书。

《〈采芑〉时代的质疑》，是对陆侃如在中国公学授课内容的质疑，主要是对陆认定《采芑》一诗作于厉王时提出商榷。黎昔非的驳议先从陆侃如立论的依据着手。方叔在《汉书·古今人表》中列于厉王时，故陆侃如据此把《采芑》定为厉王时诗。但是，黎昔非认为，《汉书·古今人表》人名的排列是以时代先后为序的，方叔位列厉王末年，这就有可能他到了宣王时依然活着。接着黎昔非以诗证诗，《采芑》诗曰"方叔元老"，既称"元老"那就证明不会是厉王时的称呼，而只能是对前朝老臣的尊称。那么方叔绝不是厉王朝的元老，而是后一个朝代宣王时的元老。最后，黎昔非以史为证：《后汉书·南蛮传》曰："宣王中兴，乃命方叔南伐蛮方。"足见《采芑》所记乃宣王时事。

此文今天重新刊布后，真可谓一鸣惊人，好评如潮。

朱杰人先生说："黎先生的文章不长，但论证严整，推理缜密，史料运用娴熟，得心应手，证明他有着非常扎实的史学功底。"⑥

费振刚先生说，这篇文章的"意义和功效在于它行文的紧密，逻辑的清晰，内、外

---

① 陈晋祺：《我与〈独立评论〉的关系》，《黎昔非与〈独立评论〉》，第44页。
② 罗尔纲：《生涯再忆——罗尔纲自述》，西安：陕西人民出版社，1997年，第29页。
③ 张太原：《〈独立评论〉经理其人其事》，《黎昔非与〈独立评论〉》，第113页。
④ 胡适：《丁文江的传记》，合肥：安徽教育出版社，1999年，第144页。
⑤ 张太原：《〈独立评论〉经理其人其事》，《黎昔非与〈独立评论〉》，第90页。
⑥ 朱杰人：《黎昔非的〈诗经〉研究》，《黎昔非与〈独立评论〉》，第182页。

证相结合,以史证诗的方法,以及从中折射出的黎先生严谨的学风和扎实的古典文化功底"①。

李学勤先生说:"这一考证,可谓实事求是,方法完全是史学的。"②

……

黎昔非考上北大研究院之后即致力于《诗经》学史的研究。其成果在抗战的烽火中遗失,我们已经无从知道它的原貌,但是我们从他遗留下来的另一些《诗经》研究成果仍可以窥豹之一斑。

《从"其军三单"说到古代兵农之分》是黎昔非《诗经》研究的一篇代表作,发表于1937年1月24日天津《益世报·史学周刊》。文章所要解决的是关于古代兵制及相关社会性质的重大问题。《诗经·公刘》中"其军三单"一句,两千多年来一直众说纷纭,黎昔非排比了从毛传、郑笺、孔疏到王肃、王夫之、曾钊、焦循等人对"单"和"三单"的训释,把批评的矛头直指毛、郑而略诸家,认为毛、郑问题廓清了,"源自洁而流自清","余说便失所附丽"③。朱杰人先生指出:"在这一问题上,黎昔非采用的是一种批评的和科学的、实事求是的态度。他不迷信毛郑,而且敢于向毛郑挑战。他看出了毛郑在训释'三单'时的逻辑错误,又看出了历代说《诗》者在附会毛郑时发生的史料和史实错误。于是大胆发难。他的攻击非常巧妙,他从考证史实和辩正史料入手,证明在公刘的时代'一定是兵农实分的'。这样毛郑及其他说《诗》者的结论就被推翻了。结论站不住脚,那么他的前提——关于'三单'的训释——也就不攻自破了。""这篇论文写得非常严谨……史料的运用博杂而精练,考证的过程缜密而富于逻辑性。尤其值得称道的是作者行文的机智和巧妙,以子之矛攻子之盾,举重若轻地把一个重大的古代制度问题解决了。"④费振纲先生说:"黎先生此文的价值,并不只在于其对'三单'的解释,而在于其整个的论述过程,在于其对毛、郑以降'三单'解释的析清、梳理,对于其中明显错误者的否定;在于其对公刘年代的考辨和其对中国古代'兵农之分'的解析。"认为"此析清、梳理,提纲挈领,简单明了,从源头说起,而其流自清,于我们今日研究《诗经》仍有借鉴意义"。"论文中所论证的完全有超越其最后结论的意义。"⑤王冠英先生说:"这篇考释文字,不但立论严实,行文亦汪洋恣肆,举重若轻,大量的文献资料,旁征博引,信手拈来,表现出相当深厚的功力。现在,关于'其军三单'的争论还在继续,我觉得,如果大家的论文都能像黎

---

① 费振刚、林晓雁:《黎昔非先生〈诗经〉研究述评》,《黎昔非与〈独立评论〉》,第190页。
② 李学勤:《〈诗经〉研究的吉光片羽》,《黎昔非与〈独立评论〉》,第174页。
③ 黎昔非:《从"其军三单"说到古代兵农之分》,《黎昔非与〈独立评论〉》,第153页。
④ 朱杰人:《黎昔非的〈诗经〉研究》,《黎昔非与〈独立评论〉》,第183页。
⑤ 费振刚、林晓雁:《黎昔非先生〈诗经〉研究述评》,《黎昔非与〈独立评论〉》,第190、191、193页。

老先生的文章这样严谨立论、征而后信，一定会使《诗经》的研究更加深入。"①

《读〈诗〉札记》三则是黎昔非遗稿中一组有关《诗经》文字训诂的剩简。三则文字都是对《诗经·召南》的解释，一为《羔羊》中的"素丝五紽"，一为《驺虞》中的"壹发五豝""壹发五豵"，一为《江有汜》中的"其后也处"。朱杰人先生指出："黎先生札记中考释的几个字，历来是《诗经》研究中众说纷纭而无定论的'老大难'问题。黎先生的训释旁征博引，发前人所未发，是一种非常独到的见解。训诂，是解读《诗经》和研究《诗经》的敲门砖，却又是最为困难和深奥的学问。这三篇短文，显示出黎先生深厚的小学功底以及音韵学的素养。"②费振纲先生说："黎先生这几处打破陈规，训'五'为'午'，都是极有创见的，且说得简单、明了，数行之间，即见深厚的功底和睿智的思考。"这"三篇'读诗札记'，每则说一两个问题，简明，但很清楚，有启发性。这都表现了先生深厚的古代文化功底，和对于传统研究方法的精确把握"。③王冠英先生说："黎先生释'处'为'癙'非常正确，尤其老先生对该诗'一层深一层的写法，首章言悔，由悔而忧或病'的分析入木三分。旧注牵强附会，使人越读越糊涂。"④

通过这些断简残编，学者们对黎昔非《诗经》研究给予了高度的评价，李学勤先生说："黎昔非先生的《诗经》研究，是以他对古代历史的探讨为基础的，而且他研究的目的正在于加深历史的了解。""黎昔非先生是从史学途径创新《诗经》研究的先驱者之一。……将来新撰《诗经学史》，必当有黎昔非先生的大名！"⑤

正当在北京大学研究所国学门以《诗经学史》为研究课题的黎昔非却因胡适的"师恩"和吴晗从中撺掇而中断了学业，专职从事独立评论社经理人的工作。这一工作，正如他的《自传》所言："它对于我的研究工作是有极大妨碍的。……我曾几次拟辞而未果。"⑥"再三推却，都以不易找到相当接替的人而被留住了！"⑦胡适宁愿让他为此中断了研究生学业。于是"本来学术前景最看好"⑧"完全可以有大成的学者"⑨，即为"师恩"所摧残、扼杀而夭折了！

（四）只因"师恩"死非命

由于黎昔非在独立评论社做了五年劳工及与胡适的关系，在政治上给他带来的负面

---

① 王冠英：《读黎昔非先生〈诗经〉研究剩简札记》，《黎昔非与〈独立评论〉》，第205—206页。
② 朱杰人：《黎昔非的〈诗经〉研究》，《黎昔非与〈独立评论〉》，第184页。
③ 费振刚、林晓雁：《黎昔非先生〈诗经〉研究述评》，《黎昔非与〈独立评论〉》，第195、196页。
④ 王冠英：《读黎昔非先生〈诗经〉研究剩简札记》，《黎昔非与〈独立评论〉》，第207—208页。
⑤ 李学勤：《〈诗经〉研究的吉光片羽》，《黎昔非与〈独立评论〉》，第174—176页。
⑥ 黎昔非：《自传》（1958年4月30日），《黎昔非与〈独立评论〉》，第470页。
⑦ 黎昔非：《自传》（1951年7月），《黎昔非与〈独立评论〉》，第444页。
⑧ 张太原：《〈独立评论〉经理其人其事》，《黎昔非与〈独立评论〉》，第105页。
⑨ 朱杰人：《黎昔非的〈诗经〉研究》，《黎昔非与〈独立评论〉》，第185页。

影响，也许比在学术上、生活上、精神上的影响还要严酷得多。众所周知，1954年开始作为"过河卒子"、曾被列为"战犯"之一，又是资产阶级唯心主义头号代表的胡适一直被列为"敌我矛盾"、被批判、肃清流毒的对象，因而身为胡适两度学生、一度"伙计"的黎昔非在历次政治运动中能有好过吗？1966年6月3日《人民日报》发表了史绍宾《吴晗投靠胡适的铁证》通栏大标题文章，公布了吴晗致胡适的信件，其中就有上引吴晗1932年4月24日的那封信，《人民日报》编者将有关胡适请黎昔非担任独立评论社经理人的那段话全部印成黑体字，而且加了黑体字的按语："吴晗能够参与机密，为这个反动刊物推荐'合适的经理人'，显然已是胡适进行反革命活动的一名伙计。"这份《人民日报》运抵广东兴宁后，在兴宁县第一中学任教的黎昔非即被揪斗、抄家、隔离，被打成"三家村黑帮""反革命分子"，成了全县第一个揪斗对象，而且是"重点对象"，在受尽三年非人凌辱和折磨之后含冤辞世。直至1979年8月，方彻底平反昭雪。

与胡适和《独立评论》的关系是黎昔非一生唯一的"历史问题"，这个问题不仅葬送了他的学术、前途、命运，而且最后葬送了他的性命，可以说他的一生都葬送在胡适手中了，真可谓千古奇冤！古语云"一将功成万骨枯"，我们不知道在胡适飞黄腾达的道路上究竟有多少枯骨，至少我们可以知道黎昔非是他脚下的一具枯骨。

二、"师恩"之赐何所有

黎昔非为胡适所做出的贡献和牺牲既如上述，那么黎昔非从胡适那里得到些什么呢？胡适的唯一回报就是给过他一个"忠心的看护妇"的"头衔"。

有人说："当年昔非先生为《独立评论》确是尽心尽力，备尝辛劳。而胡适先生则对他的工作非常满意而深怀感谢之忱。"① 我认为：前句是毋庸置疑的事实，后句却是值得商榷的大问号。

虽然，胡适在《独立评论》三周年、四周年时，曾给黎昔非一个"忠心的看护妇"的桂冠，不过它是与偶尔帮助终校的章希吕、罗尔纲相提并论，一道"十分感谢"的！

值得我们注意的是：胡适公开表扬黎昔非之日，正是黎昔非为了学业、前程，一再要求辞职而胡适"都以不易找到相当接替的人而被留住了"② 之时。一方面是胡适一直找不到"相当接替的人"，另一方面是黎昔非又辞意坚决，因此对于胡适来说只有留住黎昔非一个办法。于是便需要加以安抚，以求稳住他。这是胡适的权宜之计，应急措施，并不是什么"深怀感谢之忱"的。胡适日后对待黎昔非的种种行径也证明了这样的事实。在《独立

---

① 耿云志：《黎昔非先生与〈独立评论〉》，《安徽史学》2003年第1期。
② 黎昔非：《自传》（1951年7月），《黎昔非与〈独立评论〉》，第444页。

评论》停刊之后，胡适写《丁文江的传记》中有关《独立评论》这一章时，不仅提及《独立评论》校对的事，他只说了章希吕一人，而且黎昔非连提都没有提到！这显然不是什么"记忆上的错误"①，而暴露了当年"十分感谢"的别有用心。舍此，岂有它哉！可以作为旁证的是，当年与胡适、吴晗一起坚持要黎昔非为独立评论社"合适的经理人"的蒋廷黻晚年回忆《独立评论》时，也只说："终《独立评论》时期，社中只用一个小职员，负责发行事务，月薪六十元。"②那么这个"小职员"是谁呢？"涉及这一问题的研究者和胡适本人都曾提到罗尔纲的名字"③而偏偏"忘记"了为他们打了五年苦工的"忠心的看护妇"黎昔非！胡适、蒋廷黻是《独立评论》的主办者，他们的说法使研究胡适与《独立评论》问题的人深信不疑，因而将《独立评论》经理人张冠李戴到其他人身上，而根本不知道还有黎昔非其人其事，这，我们今天不能完全责怪这些研究者，因为这是胡适等人误导的结果。

黎昔非的一再请辞，显然得罪了胡适。且看黎昔非在《自传》中写道："到了1937年春，我即向胡适表示暑期以后决不再干了。等到暑期将近时，一天我到他家里，他说：'北大研究所要一个人去搞金石之类的工作，你愿意去试试否？'且补充地说：'就先去试一试，如不合兴趣再说。'可是，待我表示愿意时，他却提出了条件：'那么，你先拿篇论文，最近写的来。不日，研究所就要开会研究下期的工作。添聘人员要在会上讨论通过。他们不了解你，所以要拿篇论文给他们看看。'其实，这完全是一种花样，因为，那时他在他们一群中，他说一句就算一句，说两句就是一双的。只是他原想做个'空人情'的，他估计我在那几年中没有写什么论文的；有吧，不过是些小说之类的东西，想借此来拒绝我向他要求介绍工作的。"④由此可见，对黎昔非的工作"深怀感谢之忱"的胡适当年就已经在耍"空人情"的小手腕以敷衍他了，其"忱"安在？

《独立评论》停刊之后的一连串事实，不仅证明当年胡适是以"空人情"敷衍黎昔非的，进而变本加厉连"空人情"也不给了。

1944年9月6日、1945年1月12日、1945年10月12日，黎昔非给胡适连续发去三封信，主要内容是：

> 生现在昆明国立中国医药研究所……但终觉此不是本行，很希望能够转入另一学术机关，如有机会，敬乞吾师代为介绍。

> 教部举办大学及独立学院教员资历审查，去年九月间，本所（即昆明国立中

---

① 耿云志：《黎昔非先生与〈独立评论〉》，《安徽史学》2003年第1期。
② 蒋廷黻著，谢钟琏译：《蒋廷黻回忆录》，台北：传记文学出版社，1979年，第140页。
③ 张太原：《〈独立评论〉经理其人其事》，《黎昔非与〈独立评论〉》，第91页。
④ 黎昔非：《自传》（1958年4月30日），《黎昔非与〈独立评论〉》，第470—471页。

国医药研究所——引者)主持人曾代生呈请审核讲师或副教授,昨得教部批示:服务年限及著述二项已予审定,惟饬补北大研究院修业证书。生于是往谒郑秘书长天挺,他意须有相当证件,而生之注册等件,已遗在平,此间又无当年熟识师长可代证明。窃念吾师知生最悉,爱生最深,同时亦只有吾师片言可使他们深信不疑,敬乞赐示几行,俾持以请发修业证明。此关系于生非常重要,素爱生有逾父兄如吾师者,谅必俯允所求吧。

前奉二函,谅早有收到。日昨报载吾师荣长北大,非常高兴,并深深为北大前途庆幸。……生的工作尚未觅定,殊觉茫茫与皇皇,素知关注,谨以奉闻。①

令人难以置信的是三封有如李密《陈情表》的信函,并且强调"此关系于生非常重要"的恳求,又是胡适举手之劳即可办到的事,胡适却不屑一顾,置之不理,连复信也没有。这,岂不是为师的胡适对学生黎昔非太薄情、太无礼了吗?!

三、鲜明对比看"师恩"

黎昔非的遭遇既如此,那么,我们再来看看黎昔非的同乡、同学的遭遇,他们所受到的"师恩"如何,问题就更清楚了。

先看黎昔非的同乡罗香林、王越二人的际遇。

罗香林也是先到上海入吴淞政治大学,后到北平清华大学读研究生,先后得到了陈寅恪、朱希祖等导师的关怀和扶持②。在《回忆陈寅恪师》一文中,罗香林深情地追忆陈寅恪对他的着意栽培和关爱:陈寅恪在批改罗香林"客家源流"的论文时,特别批了一句:"家谱内,多有材料,须再查考。"这为他将家谱引入客家研究指出了方向。当罗香林通过前辈友好征求与客家历史有关的族谱,并在广东东、北江流域客家地区做了田野调查之后,准备撰写一部《客家史料汇编》。罗香林将大纲寄呈陈寅恪,并请陈赐给序文。陈寅恪看了大纲,便复示道:"甚妥,《家谱族牒中客家之源流》想必极有精彩,急欲一读也。各案件想皆能一一注明年月出处,以便复检。弟若无心得,则不敢序尊作,若有一得,亦拟写出求教……"这可知陈寅恪对罗香林研究族谱的鼓励了。接着罗香林进而着手中国谱牒学的整理。后来罗香林在香港大学中文系所发表的就任讲座教授的演讲,也是以"中国族谱研究"为题目。1931年夏,罗香林的父亲罗师扬在广东兴宁去世。陈寅恪接到讣告

---

① 黎昔非:《致胡适书简七通》,《黎昔非与〈独立评论〉》,第20、22、27页。
② 罗香林:《乙堂丛著八种自序》,《乙堂文存续编》,香港:中国学社,1977年,第38—39页。

后，即亲自撰写"惜公抱经世才而未竟其用，有子治专门学能不负所期"的挽联，寄到兴宁。这对罗香林自然有着很大的安慰和鼓励作用。1932年9月，罗香林从清华和燕京两大学的研究院毕业后，接受了广州中山大学聘约，担任校长室的秘书和广东通志馆的纂修。接着朱希祖也应聘为中山大学文史研究所的主任，并要罗香林兼任研究所的编辑。罗香林曾特别禀报陈寅恪，说明之所以暂离北平的原因。陈寅恪得信后，即回信给罗香林，内说："……近日时局如此，华北前途，尚难预测。兄暂还乡里，网罗搜集乡邦文献，实为上策。遏先先生晤时乞代致意。曹溪通志，如有便，祈见寄一部，若费力费钱，则可不必也。"可见作为老师的陈寅恪始终是关怀学生的工作和就业情况的。1943年3月，中国史学会成立。中国史学会通过与胜利出版社合作，将中国历代最重要的人物，各撰作专传一册，自孔夫子到孙中山，凡列20余人。其中有《唐太宗传》一种，众议推请陈寅恪撰作。时陈寅恪适以香港为日军侵占，经自港秘密至广州湾（今广东省湛江市）转赴桂林，任教于广西大学。乃由出版社的社长潘公展，致函陈寅恪，约请撰作。岂料陈寅恪得信，反而指名推荐罗香林撰作。其回信略说："公展先生大鉴：奉胜一五三八号手教，惶悚之至。民族先贤故事集丛刊中，自不可阙'唐太宗'一种。弟虽在学校讲授唐史有年，而专攻此门者，人数本不甚多……就前从受学诸友中，现在尚知其仍从事著述，可以信任者，似唯有罗香林君一人。罗君任职重庆，先生就近与之接洽，必有效力。罗君十年来，著述颇多，斐然可观，自不用旧日教师从旁饶舌，以妨其独立自由之意志也。如先生以鄙意为然，则除与罗君接洽外，或即以此函交其一阅。……"① 罗香林就这样在老师的帮助和栽培下逐步成长。历任中山大学、中央大学副教授、教授，广东省立文理学院院长，香港大学中文系主任、讲座教授。自1928年撰写《粤东之风》迄1977年著《乙堂文存续编》，50年间，付梓之著作共41种，在各地报刊发表的论文、考证、传记、序跋等共273篇。为唐史、民族史、交通史、香港史专家，客家学、族谱学创始者，国际汉学交流桥梁人物。

王越，原名锦葵。1926年东南大学毕业后，回乡任兴宁兴民中学校长兼语文教员，又到梅县县立中学、潮州金山中学任教务主任。1931年，与黎昔非同时考入北京大学研究所国学门研究文学，导师同是黄节，研究方向是汉魏六朝乐府诗。王越没有受到其他干扰，毕业后任广州国立中山大学、湖南蓝田国立师范学院副教授、教授。中华人民共和国成立后，兼任中山大学临时校务委员会委员、教务长，暨南大学副校长，后任顾问至今。出版过《人格测量》《教学原理》《教育论文集》《中国古代教育史》和《中国近代教育史》（与人合著）等学术著作多部。

中国的研究生教育，肇始于20世纪20年代中期的北京大学、清华大学、燕京大学、北京师范大学、中山大学等校，招生人数很少，研究生真是凤毛麟角。况且，北京大学在20世纪30年代是学术名流荟萃之地，新旧学人涵泳之广、沉潜之深是前所未有的。他们

---

① 罗香林：《回忆陈寅恪师》，《传记文学》第17卷第4期。

首倡研究新风尚的开拓精神，在学术界是无人能够望其项背的。正是因为有了这一点，求学其中的学子能够在继承师说的前提下有所深入、有所创造。由此可知黎昔非得以进入这座最高学术殿堂是多么难能可贵，而呵护、关爱这样的优秀人才更是为人师者所应有的基本态度。可是，黎昔非不仅得不到罗香林那样的"师恩"的亲炙与栽培，甚至也不能和王越一样如期完成学业，如此摧残、扼杀人才的行径是不能不受到谴责的。

再看黎昔非的同学吴晗、罗尔纲的境遇。胡适对待这三个来自中国公学弟子不是一视同仁，而是有所偏爱的，对黎昔非是不公平的。

先看胡适对吴晗的栽培。吴晗请胡适给自己免考转入北大不成，待他考入清华后便又请胡适介绍工作。这次胡适却答应了，很快给当时清华的代校长翁文灏、教务长张子高写信推荐，信的内容如下：

> 咏霓、子高两兄：
>
> 　　清华今年取了的转学之中，有一个吴春晗（吴晗原来的名字——引者），是中国公学转来的，他是一个很有成绩的学生，中国旧文史的根底很好。他有几种研究，都很可观，今年他在燕大图书馆做工，自己编成《胡应麟年谱》一部，功力判断都不弱。此人家境甚贫，本想半工半读，但他在清华无熟人，恐难急切得工作的机会。所以我写这信恳求两兄特别留意此人，给他一个工读的机会，他若没有工作的机会，就不能入学了。我劝他决定入学，并许他代求两兄帮忙。此事倘蒙两兄大力相助，我真感激不尽。附上他的《胡应麟年谱》一册，或可觇他的学力。稿请便中仍赐还。匆匆奉求，即乞便中示复为感。
>
> 　　　　　　　　　　　　　　　　　　弟胡适二十，八，十九①

这的确"是一封强有力的推荐信"②。胡适言词之恳切，简直是非让人家安排不可。结果，不久吴晗就得到半工半读的机会。这不仅是吴晗一生的重要转折点，也是他学术生涯的新起点。在进入清华之前，吴晗的学术兴趣在先秦史，他在汉朝历史方面撰写了《西汉经济状况》，也做了必要的资料准备，但胡适希望吴晗不要在秦汉史上做研究。胡在给吴晗的信中说："秦汉时代材料太少，不是初学所能整理，可让成熟的学者去做。材料少则有许多地方须用大胆的假设。而证实甚难。非有丰富的经验，最精密的方法，不能有功。"胡适赞同他的朋友、清华史学系主任蒋廷黻劝告吴晗研究明史的意见，胡说："请你记住，治明史不是要你做一部新明史，只是要你训练自己做一个能够整理明代史料的学者。你不

---

① 胡适：《致翁文灏、张子高》，耿云志、欧阳哲生编：《胡适来往书信选》上册，北京：北京大学出版社，1996年，第555页。
② 苏双碧、王宏志：《吴晗传》，上海：上海人民出版社，1998年，第21页。

要误会蒋先生的意思。"① 从中可见胡适对吴晗的着力栽培。

再看胡适对罗尔纲的提挈。中国公学副校长杨亮功在《胡适之先生与中国公学》一文中有道:"有一位文理学院的学生罗尔纲,胡先生看他写的文化史论文很好,并且得过学校奖学金。胡先生等他在学校毕业后,即约他做家庭教师,同时收他做'徒弟',指导他研究史学。"② 罗尔纲在胡适家先后有五年之久,曾写有一本《师门辱教记》,详述他做学问的经验及师门爱护之恳切,他曾说道:"适之师教训我常常如此的严切,他的严切不同夏日那样可怕,好比煦煦的春阳一样,有着一种使人启迪自新的生意,教人感动,教人奋发。"罗尔纲也正是在北平的这几年中成长起来,1937年其著《太平天国史纲》由商务印书馆出版。1937年2月21日胡适在日记中记着:"读罗尔纲《太平天国史纲》一册。下午尔纲与吴春晗同来,我对他们说:'做书不可学时髦。此书的毛病在于不免时髦。'例如132页说:'这种种的改革,都给后来的辛亥时代,以至五四运动时代的文化运动,以深重的影响。'我对他们说:'我们直到近几年史料发现多了,始知道太平天国时代有一些社会改革。当初谁也不知道这些事,如何能有深重的影响呢?'但此书叙事很简洁,是一部很可读的小史。"③ 这是在学术上的栽培。在工作、生活上,罗尔纲自述:"在重回师家那年的秋天,我就请适之师介绍一件事做。我想当时适之师在我那闪烁的言辞里一定看不出我的动机吧,他立刻答应了我的请求。过了几天,问我说:'"中华教育文化基金董事会"有一个文书职位,是在我下面做事的,月薪120元,工作很清闲,有时间自己做学问,你意思怎样?'我请适之师给我考虑一二天。我想:月薪120元算优厚的了,并且有工夫自己研究,这是好的;但是文书究竟是事务工作,和我想到一个研究机关去的志愿相左。我将我的意见回复适之师。他说:'是的,等我慢慢地替你再想一个工作。'那时候,适之师兼任北京大学文学(院)院长。北大研究院里有个文科研究所,所长由文学院院长兼任。文科研究所分三部分,一部分是明清史料室,由孟心史(森)先生主持;一部分语音室,由罗莘田(常培)先生主持;另一部分是考古室,当时无人主持,工作停了下来。适之师过了许久,叫我到考古室,主要的工作是整理艺风堂金石拓本,职位是助理,月薪只60元,问我是否愿意干。我想了一下,觉得这是一件研究工作,不应计较职位的低下,月薪的微薄,就很喜欢地答应去干。到了入考古室后,有人认为我不是一个金石专家,适之师叫我入考古室去未免不合人选。但适之师的看法却和他们不同,他认为金石专家做不得这件苦工作,因为专家们只要找他们所需要的材料,而不肯从头整理到底,只有一个虽然不是专家但可以训练成为专家的人才可以胜任。"④ 在罗尔纲对有时间做学问且待遇优厚的工作表

---

① 苏双碧主编:《吴晗自传书信文集》,北京:中国人事出版社,1993年,第71页。
② 朱文华编:《自由之师——名人笔下的胡适 胡适笔下的名人》,上海:东方出版中心,1998年,第56—57页。
③ 沈卫威编:《胡适日记》,太原:山西教育出版社,1998年,第240页。
④ 《师门五年记》,第38页。

示"不愿做"后，胡适则答应慢慢地再替他考虑，可见他对罗尔纲的事之用心。一向避讳以职权之便安插私人的胡适，最后却力排他人的反对，把罗尔纲安排到他手下的考古室，这足见他对罗的关照和厚爱。

胡适说过，"三十几岁的人做学问，是本分，二十多岁的人做学问，应该得到鼓励"①。可是，这一"本分""鼓励"尽给了吴晗、罗尔纲，怎么不给一点予黎昔非甚至加以剥夺呢？究其原因，一是吴晗、罗尔纲是本科生，而黎昔非是研究生；本科生没有专职指导教师，黎昔非的指导教师是黄节。黎昔非如果在学业、学术上有所成就在名分上都可能算在黄节的分上，与胡适的关系不大。二是性格上的原因。"胡适爱名，爱表现，喜欢被追随，尤其是喜欢自己学生的爱戴和敬仰。那么能够满足他这一心理的人，什么礼贤下士、帮人助人的事他都可能做出来，而对于那些并不善表达他所乐意接受的赞扬的人，即使为他付出较多，也很难能动他的乐善好助之心。"②因此，生性狷介、不善逢迎的黎昔非，只好"斯人独憔悴"了！

"师者，传道授业解惑也；师之所存，道之所存"是传统中国文化的重要特征。黎昔非虽师从胡适，实际上体现的是一种文化的道统，无多少"师恩"可言。而为如此浅薄、残忍之"师恩"所付出的青春、学术乃至生命的代价是不值得的。所谓胡适"决不会强人所难""殊荣""幸运"，黎昔非"不为《独立评论》社做经理，而是做研究工作"，也不"可与罗尔纲、吴晗一样成为有名于时的专家学者"之说，均是缺乏史实依据有悖情理的臆断，只因"师恩"误平生方是历史的逻辑的结论。

诚然，《独立评论》是"三十年代最有影响的刊物之一"③，"充满着瑰丽辉煌的光与色"④。对黎昔非而言，是为它奉献了青春的光和热，为中国的文化事业做出了不可磨灭的贡献，真可谓劳苦功高，真可与《独立评论》并寿！

（原刊于《江汉论坛》2005年第6期）

作者简介：刘佐泉（1935—   ），广东兴宁人，湛江师范学院历史学教授，兼任国际客家学会理事、四川客家研究中心顾问，主要从事中国近代史暨客家史研究。

---

① 转引自王晓清《学者的师承与家派》，武汉：湖北人民出版社，2000年，第257页。
② 张太原：《〈独立评论〉经理其人其事》，《黎昔非与〈独立评论〉》，第114页。
③ 岳麓书社："中国近代期刊影印专刊"《独立评论》（全十卷）第三册封三出版简介。
④ 耿云志编：《胡适评传》，上海：上海古籍出版社，1999年，第149页。

《独立评论》的"看护妇"黎昔非

朱伟杰

《独立评论》,这是一份在中国现代史上产生过重要影响的政论时评杂志,1932年5月22日创刊于北平,北平沦陷前夕的1937年7月25日被迫终刊,共出244期。刊物标榜"独立"精神,以刊登政治时事评论为主,提倡西方民主政治,经常开展有关政治、外交、教育、妇女、文化等问题的讨论,其中,关于"民主与独裁"、高等教育现状与改革、中西文化、对日政策等方面的讨论,在当时有很大的反响。

提起《独立评论》,大多数人就会想起胡适,再就是蒋廷黻、丁文江、傅斯年、翁文灏这些北京大学、清华大学等校的著名教授、学者。因为,前者是《独立评论》的主编,后者是《独立评论》的主要撰稿人。

《独立评论》是胡适所创办的杂志中最长寿的:连续运转了5年多。而他一生中所办的其他杂志,有几个月的,一年多的,两年多的,没有一个超过5年的,不仅如此,《独立评论》发行到全国各地乃至欧美国家,最高发行量达到了1.3万份。刊物创办时是社员集资解决资金,一年后就盈利了,因为发行量大了。

人们不禁要问,《独立评论》办得时间长、发行量大的原因在哪里?历史告诉我们,这是因为:《独立评论》有一个工作认真、尽心尽责的经理人。这个人就是本文的主人公黎昔非。

1933年、1934年之间,黎昔非与北平姑娘何昕喜结连理,在北海中华教育董事会举行婚礼,胡适当证婚人,在婚礼上兴致勃勃讲了15分钟左右,其中说道:他与昔非有师生关系,且有工作关系。他很了解和赞许昔非的朴实无华的作风,绝不会夸夸其谈,认真做好工作,使工作做得很好,我们都很满意。

1935年,《独立评论》3周年的时候,胡适在他的纪念文章《又大一岁了》中写道:

在这贺周岁的日子,我们不能忘记了这个杂志还有一个忠心的看护妇。我们创办这个刊物的时候,就请黎昔非先生专管发行所的事务。说也惭愧,我是实行我的无为政治的,我在三年之中,只到过发行所一次!这3年的发行、校对、杂务全是黎昔非先生一个人支持。

山东师范大学历史系教授唐志勇撰文指出，大量材料表明：对于《独立评论》的成功，黎昔非的贡献并不亚于胡适等人，《独立评论》的成功是胡适等与黎昔非通力合作的产物。北京师范大学张太原博士指出：黎昔非为《独立评论》做出的贡献及为此付出的巨大牺牲，"足可以与胡适一同光照当世，泽及后人了"。

黎昔非协助胡适办理《独立评论》虽然只有5年多的时间，但是，他的一生命运几乎都与《独立评论》联系在一起！因为《独立评论》，因为胡适，黎昔非彻底地改变了本来可能是星光灿烂的人生道路，枯萎了前景看好、蓄势待发的学术生命，甚至不幸地赔上了宝贵的生命！

壮志拿云　山村青年考取北大研究生

1902年，黎昔非出生在广东省兴宁县罗岗甘村山区的一户农家。24岁那年，在取得祖尝①支持之下，家境并不宽裕的他前往上海考取了上海私立持志大学。其后，他得知五四新文化运动的健将胡适出任中国公学校长，兼任文理学院院长，著名作家沈从文以及冯沅君等也在该校任教，心向往之，就于1929年春通过考试，转学中国公学大学部三年级，仍读文史系。期间，黎昔非受到了胡适的教育和赏识，也和同班同学罗尔纲等相互切磋。

1930年9月初，已从中国公学毕业的黎昔非，因为一心想做作家，便婉拒了几个教员的介绍，坚决不接受家乡一所中学的聘书，却搭上了北上的轮船，来到了北平，在沙滩汉花园租房暂住。此后他就天天跑北平图书馆看书。第二年春天，他参加了北京大学研究院的招生考试，考取了文学系第一名。他的导师是国学大师黄节，研究方向是"诗经学史"。这时，罗尔纲也来到了北平。

青年黎昔非的欣喜激动之情可想而知，一连几个晚上没有睡好觉。

黎昔非做着两个梦：一个是学者之梦，一个是作家之梦。

20多年之后，1951年、1958年，黎昔非在按照组织要求而写的两份《自传》中，都追述过自己当年的"少年心事当拿云"：

> 直到转入中公，才开始注意到新文艺，喜看翻译小说，尤其是鲁迅的翻译。对做学问的看法，也有了转变：觉得从事创作也是条路，不一定要专搞古代的东西。不过认识不足，以为创作是轻而易举的，要保证将来有饭吃，就要有实学，即是对古代的东西要有点研究才可。因此，从事创作好呢？还是搞古代的东西的

---

① 祖尝，以祖先留传产业为公益，含资助学业上进之子弟。

两种思想，便在我的思想深处斗争着，结果竟想二者得兼，即以研究古代东西为主，暇则从事于创作。主意已定，便不管三七二十一，毅然只身到北京去，满以为专搞一二年，总能搞出一点东西来，便不难跻身于教授、学者之列了。

本来，我到北京的目的，原是想在学术上搞点成绩，作为爬上教授、学者之列的资本的，已然考入了北大研究所，就决定再搞一二年，期真能搞出点什么来。

我所以想从事创作，一固然是由于自己喜欢它，一也是受沈从文的鼓励：因我来自农村，深知农民大众的痛苦，每所暴露的都是社会的黑暗面。他认为这比那些坐在上海亭子间里的"普罗作家"所写的还较真切，故极力纵容我走创作这路。

——"直挂云帆济沧海，长风破浪会有期"！

早在中国公学文史系三年级期间，黎昔非已经在《中国文学季刊》上发表《〈采芑〉时代的质疑》《唐以前的七言诗》等两篇论文，表现出了深厚的学术功底和过人的学术悟性。

他的导师，他的同学，都看好这个从粤东北山区来的贫寒青年。

可是，谁都没有想到，正当黎昔非的学术事业蒸蒸日上时，胡适对他的"看重"，却从根本上扼杀了他的学术生命，彻底改变了他的命运！

恪尽职守　出掌《独立评论》经理人

这时候的胡适，已获任北京大学文学院院长和中国语言文学系主任，他与黎昔非再次成为师生关系。

1932年3月的一天，中国公学时候的同学（比黎昔非低三年级）、当时在清华大学念本科的吴晗特地到公寓来找黎昔非，说是胡适老师患病住入协和医院，希望一同去看望。黎昔非即偕同前往。

胡适在协和医院接待这两个弟子时，向他们透露了关于创办《独立评论》的打算。对于《独立评论》的创办缘由，胡适晚年写《丁文江的传记》时，提道：

> 《独立评论》是我们几个朋友在那个无可如何的局势里认为还可以为国家尽一点点力的一件工作。当时北平城里和清华园的一些朋友常常在我家里或在欧美同学会里聚会，常常讨论国家和世界的形势。就有人发起要办一个刊物来说说一般人不肯说或不敢说的老实话。

但是，胡适深知办杂志的难处，因为他此前先后创办过《努力》《新月》等，都是"行而不远"而"中途夭折"。其主要原因，就是没有一个负责任的经理人。所以，病床上的胡适又对两个年轻人说："目前要考虑的事基本上确定了，就是还缺少一个可靠的负责任的经理人选来处理社务，包括付印、校对、发行以及财务等工作。"说到这里，胡适向黎昔非征询道："我觉得昔非同学为人最为诚实，责任心特强，也有工作能力，担任《独立》的经理最合适了，但不知愿意否？"

对黎昔非来说，这真是两难的抉择：要说同意吧，又怕耽误了学业；要说不愿意吧，又怕使老师失望，因此只好说待学生考虑一下。胡适说，这也是件麻烦事，应该让你考虑周详再说。

胡适出院后不久南下上海，便把准备在《独立评论》第一期发表的稿件交给清华大学历史系主任蒋廷黻处理。4月间的一天，蒋廷黻跟吴晗谈话时说起，他正在发愁，《独立评论》至今还没有找到合适的经理人。吴晗就将胡适曾征求黎昔非愿否帮忙出任经理人的话转告蒋廷黻，蒋廷黻很高兴，叫吴晗立即写信，请胡适早日决定并再次征求黎昔非同意。于是，1932年4月24日，吴晗写信给胡适促成此事。信中写道：

> 今午同蒋廷黻先生谈话，他说他正在发愁，因为独立周报预备在下下星期出版，第一期稿件已齐，却还找不到一个合适的经理人。生因此想起五星期前同黎昔非君到协和来看先生的时候，先生曾提过此事，并问黎君愿否帮忙，就把这话告诉蒋先生，他很高兴，叫生即刻写信，请先生决定并征求昔非同意（他住银匣大丰公寓）。

黎昔非后来回忆起这件事，在1951年写的《自传》中说道：

> 一天胡适突然派人送来一函，要我到他家谈谈。第二天我去了，他说："我们几个朋友打算办一种杂志，你可否替我帮忙一下，房子已经租好了，你可搬到那里去。"我答应了，搬了去，只数间空房，什么都没有，连喝水都不方便。

胡适老师两次提出此事，生性老实纯朴的黎昔非不敢再推辞，于是向黄节教授说明情况，并要求暂停国学所的研究。从此，他就为《独立评论》的事务奔忙不停，从购置台桌椅凳和自行车、安装电话，到金城银行开存款户头等，都一手操办。由于黎昔非的精干和努力，在吴晗致信胡适后的不到一个月，《独立评论》创刊号在1932年5月22日正式出版了。

独立评论社的社址在北平后门慈慧殿北月牙胡同2号。黎昔非在这里的工作是全力以赴，恪尽职守。当时独立评论社日常运作情况大致是这样的：每期万字左右，胡适先生"每星期有一晚编辑《独立评论》"，但是第二天早上之前必须搞好。编好之后即送至社中，他们之间"来稿送稿都有工友"。剩下的工作全部是在发行部里完成。黎昔非负责跑印刷厂、两次校对、征订发行以及财务等所有的社务。一个星期之后，一份新出版的《独立评论》，就摆在了胡适先生的案头并发往全国乃至世界各地了。

《独立评论》是周刊，每逢星期三上午就要把稿子送往印刷所，第二天一早又要校对清样，同时昔非又决定要校对两次以上才放心，因此，直到星期五上午才付印，而星期日就要忙于发行工作了。如此循环往复，周复一周，一个精力充沛的年轻人尽管连轴转也对付不过来，星期天发报最忙的时候便不得不动员他的同乡、同学、朋友来帮忙。

《独立评论》前三年的事务性工作全是由黎昔非一人承担。到1935年，中国公学的同学、同乡陈晋祺突然抵平，黎昔非很高兴，即请示胡适取得同意让陈晋祺担任财务工作。这一年的下半年，胡适的一个老乡章希吕在担任胡适的私人秘书之外，也协助胡适本人所承担的《独立评论》的"末校"工作。显然，独立评论社后两年的社务工作仍然是主要由黎昔非承担。黎昔非的能干和高度负责，使胡适的"无为政治"在办刊物中得以实现。在20年代，《努力周报》停刊以后，胡适一直"努力"使之复刊，但是最终却没有实现，原因之一就是没有找到负责任的合适人选做经理人。

大量事实证明，黎昔非对于《独立评论》的存在及其发展壮大起着至关重要的作用。当时在北平上学的老乡林钧南后来撰文回忆说：章希吕先生"文化程度不高……可能是胡先生叫他帮忙校对，但是他校对过的，昔非不放心，还要亲自再校对。记得晋祺有时也参加校对，昔非同样不放心，一定要自己再校对。所以，当时的《独立评论》印出来，是极少有错字的"，"我听晋祺说，某次校对《独评》，他和章先生已经校对过了，而昔非还要亲自校对，自找麻烦。我听了后，劝告昔非兄不必过于操劳……而昔非却说，他们粗心大意，我非亲自校对不可。万一出了错字、漏字，甚至漏句，胡先生看了肯定不高兴的。"——这就保证了《独立评论》的高质量出版。

黎昔非对《独立评论》的发行、派送工作抓得很紧。有人在北京师范大学图书馆所藏民国二十六年四月二十五日出版的《独立评论》第231期上发现，上面盖着辅仁大学图书馆"民26.4.26收到"的印章，可见刊物出版后的第二天，北平的订户就收到了刊物。

从《独立评论》所刊载的寄售及代定处可以看到，从创刊时仅有北平、天津、上海等几个大城市几个点，后来迅速增加，已经发展到118个点，遍布全国各地，东至沿海，西至兰州，南至琼州，西北至绥远、宁夏，西南至昆明，除了主要大中城市之外，还有一些小城镇，如甘肃的平凉、河南的南阳、江苏的仪征、河南的平西等，黎昔非家乡的广东梅县、兴宁等地也都有了不止一个点。由此可见作为经理人的黎昔非在发行工作方面所做出的努力。

黎昔非为办好刊物而付出的努力和才干，经常受到教授们和广大读者的赞许。不少平津读者经常来信或来电话，对《独立评论》的印刷校对及发行等表示满意。遗憾的是，黎昔非习惯讲家乡的客家话，而普通话讲不好，常常妨碍了与读者的交流，以致胡适曾郑重地嘱咐黎昔非："好好学一下吧，这对你很重要！"

由于《独立评论》发表的论文涉及面广，如对日问题、外交问题、文化教育问题等等，以致遭到不少麻烦。如：第10期，被北平当局查抄过；第81期，被南京宪兵司令部邮电检查部门扣留过；1935年，因胡适在香港讲演时批评了广东提倡读经，企图复古，因此激怒广东军阀陈济棠，明令宣布不准《独立评论》入粤；更严重的是，1936年出版的第229期发表了清华大学张奚若教授的文章，得罪了冀察政务委员会委员长宋哲元，查封了《独立评论》，还要抓人，停刊将近4个月。上述种种麻烦，固然主要由胡适去承担和解决，但是，黎昔非作为《独立评论》的总管者，同样承受了种种风险，并为维护《独立评论》而竭尽所能。

胡适每周只用一天时间编辑《独立评论》，可是，他的身价却因为《独立评论》大为提高。通过《独立评论》，胡适等一批自由知识分子从社会的边缘进入了社会的中心，当时的统治集团对他们刮目相看，请他们到南京去当这个长那个长。

但是，黎昔非自己没有为《独立评论》写过一篇文章。因为《独立评论》并非学术刊物而是政论刊物，而黎昔非秉性不喜欢也不善于政治活动，甚至对于《独立评论》的那些撰稿人傅斯年、蒋廷黻、丁文江、翁文灏等都不喜欢，特别是对蒋廷黻的"独裁论"一类的东西，真觉得无耻之极。所以，当他们中的一些人后来进入政界当了高官，或在高校和学术界执掌相当权力、而黎昔非却在山村学校教书糊口的时候，黎昔非也没有写过一封信给这些因刊物工作而彼此熟悉的他们。

学业难舍　再三辞职得罪了胡适

黎昔非最初的想法很简单，以为搞《独立评论》就是每天花几个钟头，经济还能有点收入，然后自己可以完成论文，可以写小说。他后来回忆道："本来我打算只干他半年至一年，藉以维持生活，期完成自己的论文便罢了。"

但是，黎昔非没想到进去以后工作非常繁忙，有时忙到连报纸都要到夜深才得闲来看，对于自己的研究工作妨碍极大。著名历史学家罗尔纲在《师门五年记·胡适琐记》中谈到同学黎昔非在独立评论社的工作时说："他从《独立评论》出版至抗日战争停刊时止都是他主持排印、发行工作……他很忙，从来没有工夫去玩。"

黎昔非还是在千方百计做着自己的学者之梦和作家之梦。

"诗经学史"是他的研究方向，他做梦都在想着怎样才能攀登《诗经》研究的高峰。在异常繁忙的《独立评论》工作之余，他继续着论文的写作。其间，在《益世报》上发表了《从"其军三单"说到古代兵农之分》等论文；还有致胡适书简中的《读〈诗〉札记》等，之后又完成《诗经学史》《诗地理考》两部专著。他往往通过历史事实来严密考证《诗经》问题，论证他人的谬误，形成让人信服的独特见解。清华大学李学勤教授因此称

"黎昔非先生是从史学途径创新《诗经》研究的先驱者之一。……将来新撰《诗经学史》，必当有黎昔非先生的大名"！华东师范大学朱杰人教授认为，"从我们仅有的资料看，这是一位完全可以有大成就的学者"。当代的研究者发现，上述大多数论文的篇末，所注均为"早"或"夜"，可见他是在利用早晚工作时间，尽可能做一些研究以弥补所造成的损失。《独立评论》曾于1936年11月底至1937年4月间停刊4个多月，而《从"其军三单"说到古代兵农之分》一文恰恰发表于这一时间段的1937年1月24日，由此表明黎昔非只要有喘息时间就可以做出有价值的学术研究成果来。但是，如此重负之下所能挤出的时间毕竟是极为有限的，对于他所追求目标的影响不难想见。

对于作家之梦，他也一直没有放弃。1932年秋，他与一群爱好文学的大学同学、同乡组织了"昙华"文艺社，并于翌年元旦创办出版了《昙华》文艺半月刊。黎昔非是《昙华》的主编兼主要撰稿人。

黎昔非亲自撰写了《发刊辞》，且看其中的几段：

> 当朝阳初升时候，散在天上的几抹锦霞是鲜艳的吧？当细雨新晴，拱在空中的一弯彩虹是美丽的吧？然而像闪电一样，只一会儿就消灭了；小鸟儿婉转的歌声是悦耳的吧？梵娥琳扬抑的音调也是醉人的吧？然而像风一样，吹过就失踪了；什么东西都是"暂"的啊！——不过这又有什么关系？只要它在某一瞬间真实地存在过，且曾给了人们的心中留下一个清晰的印象，并传达过一点所谓"情感"的作用：这就够了。
>
> 昙花的取义近乎此。我们只知向"美"（不要误会这个美字，丑恶的描写，黑暗的暴露，也都可以表现美的）向"真"的路上走，努力地走，其他我们就无暇顾及了……

由于日寇侵占热河，榆关失守，"昙华"文艺社的一些同人纷纷南下，致使《昙华》至1933年4月1日即宣告停刊，总共出了7期。黎昔非在《昙华》发表了《活财产》（署名甘村）、《南旋》（署名艮心）、《爱与仇》（署名罗岗）、《友谊》（署名胡谭）等中短篇小说。题材广泛，思想深邃。广西师范学院卢斯飞教授认为：包括黎昔非创作的小说在内的《昙华》的"这些小说，比较鲜明地反映出20世纪30年代时代青年的忧患意识……敏锐触角伸向了社会的各个角落，流露出他们的忧患、愤怒和同情。……没有标语口号，没有贴标签，因而使人更清晰地看到了那个年代原生态的生活，引起我们更多的回忆和联想"。北京大学孙玉石教授赞誉《昙华》是"一首永远活着的诗"，黎昔非与同人创作的关于农村和农民痛苦生活题材的小说，是《昙华》刊物一个鲜亮的主题，也是《昙华》拥有的社会认识价值的所在。

为了实现自己的人生奋斗目标，黎昔非多次向胡适辞职。但是辞了一次又一次，全不成，胡适说找不到合适、相当的人来接替，总是再三推托。1932年下半年，中国公学的同学、兴宁老乡丁白清从上海来找他，耳闻目睹此情此景，感触颇深，后来他回忆说："我知道他当时很痛苦，又不敢离开，工资又很低，又不敢走。"

不敢走是什么意思？当时胡适是北大文学院长，有很大影响力，他跳不出如来佛的掌心，你离开他根本不行，只能听命于他，这个事情一直闹到快结束。

1937年春，黎昔非这个"老黄牛"终于忍无可忍，就坚决地跟胡适说，他暑假以后决不再干，胡适这才于放暑假前，终于同意他的辞职，让他去北大研究所做一个专职的助理研究员，以继续学业。估计这件事情得罪了胡适。然而，这时已经不是时候了。就在黎昔非满怀激情地准备重新回到其渴求已久的学术研究工作之时，"七七事变"却打碎了他的梦想。

北平沦陷　仓促南归彻底中断学业

转入1937年夏天，北平的形势日益吃紧。《独立评论》发表过主张抗日的文章，是日寇的眼中钉。为预防万一，黎昔非在"'七七事变'前就开始烧材料，整整烧了一个星期"。在北平即将沦陷的危难时刻，黎昔非仍然坚守岗位，忠于职守，继续坚持出版《独立评论》，7月18日出版了第243号，7月25日出版了最后一期即第244号。过了几天，日军开进北平城，黎昔非目睹日军一副胜利者的骄横态度，坦克开来时肆无忌惮，把马路都掀起一层皮，怒火中烧。他后来对他的子女谈起这段岁月时，义愤地说："当时我手里要是有手榴弹的话，我就要狠狠地扔过去的！"

这时，天津也沦陷了，京汉铁路又走不通了。黎昔非打算如果走不了，就摆地摊卖花生米维持生活。可是，不久就听说日本人要抓他，这就使他不得不仓促逃离北平。路费远远不够，他卖掉了自己的家私。这几年来，独立评论社给他的工资先是每个月30多元，结婚后加了10元，需要省吃俭用方能维持日常生活，没有什么积蓄。虽然，当时独立评论社的账户上还有约4000元的存款，但是，黎昔非宁愿冒着回家不成的危险，也不从中多取一分钱。这时，他经手卖掉了两部自行车：其中一部是自己花18元买给妻子用的女式自行车，卖了8元钱，用于弥补路费；另一部是独立评论社用40多元买来用于每天上下班的，他将卖车的钱存到了独立评论社的银行账户。

8月初，扮作小商人的黎昔非与夫人及两个小男孩，匆匆忙忙先到天津。在天津英租界，黎昔非遇见了吴晗、罗尔纲，听说胡适的夫人江冬秀已先到了天津。同伴中有人向胡夫人借了300元钱，而此时盘缠紧张的黎昔非却不去跟胡夫人借钱。

于是黎昔非、罗尔纲、吴晗三家人一同南归。岂料津浦铁路也走不通了，便坐船取道烟台，接着坐汽车经济南到徐州，然后再乘火车经郑州南下。到武汉时，黎昔非身无分文，动弹不得，还是罗尔纲的夫人将首饰卖了20块，这才解决了黎昔非南归的路费。

在徐州，与吴晗分手，吴晗取道上海乘船去云南大学做教授；在武汉，与罗尔纲分手，罗尔纲前去长沙中央研究院社会研究所工作；而黎昔非却由于《独立评论》的工作，慌忙中与北大研究院脱离了关系，回了老家。同学三人这一分手，从此各人的前程大相径庭。

离开北平时，为避免日寇检查行李，黎昔非将数年来草成的《诗经学史》《诗地理考》初稿及曾经发表和未发表的诗、史论文四五万言，小说约十万字，邮寄广州友人，结果稿件全部失踪。对于一个痴心学术研究的学者而言，有什么能够比遗失多年辛勤钻研的成果更让人伤心的呢？

国难当头，故都沦丧，难民遍地。学业中断，成果丢失，两手空空，前程未卜。心情极度灰暗、悲伤的黎昔非携带着妻子和两个年幼的儿子，经过一个多月的辗转，回到了阔别多时的山村家乡。在经历了12个年头的拼搏和沧桑之后，人生之途回到了原点。第二年开始，先后任教于兴宁一中罗岗分教处、龙田中学、兴宁一中。

黎昔非的夫人是北京长大的城市姑娘，高中毕业，做过小学教师，一口普通话。现在，一下子来到了岭南的深山穷谷之中，从此开始了农村艰辛岁月的磨炼。在黎昔非的鼓励和帮助下，黎夫人渐渐地适应了下水田上山岗、肩挑背扛的刻苦耐劳生活，熟练了养鱼养猪、插秧割禾、磨豆腐等客家山村的各式农活和家务活。目睹此情此景，黎昔非不胜感慨，这可真是"山河破碎风飘絮，身世浮沉雨打萍"！但是，待安顿好了家庭，壮志未酬的黎昔非又做好了到外面去的打算。

谁做证明　学者之梦彻底破灭

1944年2月，闻一多先生介绍黎昔非去昆明国立中央医药研究所史地部工作，尽管医药所对于他的研究来说并不对口，研究条件也不如人意，但总比家乡的条件好多了。荒废多年之后又得到研究工作机会的黎昔非先生如饥似渴，如鱼得水，在这短短的一年多时间里，除完成了研究所的任务，编撰了《本草纲目之本草产地考释》三卷之外，并重新开始其钟情已久的《诗经》研究（以上手稿在"文革"中被抄而丢失）。这时，黎昔非与闻一多先生结下了深厚的友谊，闻一多先生特地书写了一幅唐人五律《耕夫谣》的条幅赠予黎昔非，又篆刻了一枚刻有"黎昔非之印"的米黄色骨质印章相赠。黎昔非十分珍惜这两件宝贝，因为他知道，当时在云南的国民党将军顾祝同也曾请闻一多先生刻图章，并且声言要出重金，却遭到了闻先生的拒绝！

当时，黎昔非已经通过了铨叙部的大学教员资格审查，只需补上一纸研究生学历证明即可获得大学教员的资格了。从1944年至1945年一年多时间里，黎昔非先后给胡适先生发去三封信函，其主要内容是：一是希望能为介绍一个专业对口的工作单位，以继续他的研究；二是请求为他写一纸证明，即证明他有过北大研究院学历。

黎昔非在信中写道：

> 去年九月间，本所主持人曾代生呈请审核讲师或副教授，昨得教部批示：服务年限及著述二项已予审定，惟饬补北大研究院修业证书。生于是往谒郑秘书长天挺，他意须有相当证件，而生之注册等件，已遗在平，此间又无当年熟识师长可代证明。窃念吾师知生最悉，爱生最深，同时亦只有吾师片言可使他们深信不疑，敬乞赐示几行，俾持以请发修业证明。此关系于生非常重要，素爱生有逾父兄如吾师者，谅必俯允所求吧。……又：生进研究院是民廿年春至二十一年夏，其实以后亦曾注过册。

信中所说"窃念吾师知生最悉，爱生最深"，显然是在委婉地提醒胡适他为"吾师"做出过怎样的牺牲，因此黎昔非自信写个决定自己命运的证明一定是"吾师"所不辞的。

性格内向不习惯求人的黎昔非，能够写出这三封信已是很不容易。但是不知出于何种原因，这三封信函却如石沉大海，再无任何消息（令人不解的是，这期间胡适给昆明的不少人写过信，其中寄给江泽涵的一封信，仅仅14天就收到了）。失去了最后一个希望的黎昔非，遂于1945年10月不得已而再次返回故乡，在兴宁二中教书。

穷乡僻壤中山村中学图书资料紧缺，连《辞源》这样的工具书都找不到。更何况，此时也是黎昔非家庭生活最困难的时候。这时，黎昔非已有5个小孩，全家七口人，连勉强糊口都是一种奢望，有时候只能以番薯叶、豆叶打发三餐甚至断餐。小孩子冬天也穿不上鞋子，冰天雪地也常常打赤脚。在这种情况下，连活下去都成为问题，哪里还能够搞什么学问研究呢？

想当初，黎昔非、吴晗、罗尔纲三个从上海到北平一路的同学，同为与胡适关系密切的都可谓有才的学生，而且属黎昔非的学历最高，学术功底也应是黎昔非为上，可是，最终的发展却大相径庭。罗尔纲和吴晗顺利完成了学业，并经胡适提携，后来都成为著名史学专家。即使排除胡适提挈的因素，与黎昔非同年入北大研究院同一导师的王越，后来也成为中山大学的著名教授。而本来学术前景最看好的黎昔非却因为《独立评论》的事务，因为胡适，中断了学业，中断了前程，只能在家乡中学糊口为生。难怪罗尔纲晚年对黎昔非之子黎虎说，"他是做出了牺牲的"，中学教师"这种工作不适合他，他的学问不是教中学用的"。他本应该是"跟我们一样"的。

教书育人　金子在中学校园熠熠发光

雄鸡一唱天下白。中华人民共和国成立后，黎昔非的工作和生活进入了一个比较安定的时代。1951年初调入兴宁一中,担任语文教师、语文教研组长,一直到退休。

凌云之志已成梦,但是,无论在哪里都得扎扎实实做工作,过日子:这是黎昔非的人生哲学。黎昔非热爱新中国,恪尽职守的精神比以前更加强烈了,就像一块金子无论放在哪里都熠熠生辉。正如1962年,他在《六十自寿诗》中写的:

> 阅历春秋六十年,尚思为国效微能;
> 夜阑犹自穷文理,只恐鲁鱼误后贤!

多年的中学教坛生涯,黎昔非在学生中留下了很多佳话。

前不久从佛山市某学校退休的朱增麟,在一篇题为《老师教我们做人》的文章中,回忆了1955年的一件事:

> 有一次劳动课时,他和一群同学把生物老师实验园地中的大番薯挖了一条(八九斤重)出来吃掉了。第二天,生物老师告状告到班主任黎昔非那里去。"当天下午课外活动,黎老师先叫我到他家去,我惊得大气不敢出。可是,黎老师却非常和气地叫我坐到他的吃饭桌旁去,然后到楼下的厨房里给我拿来一钵饭菜,笑着对我说:'你肚子饿了吧,先把这钵饭吃了!'当时,我简直傻蒙了,说什么也不敢吃老师的饭。那个时候,统购统销,每个人的粮食都定量,大家都肚子饿。老师一个月也只有24斤大米,老师一家人也在饿肚子。我如果吃了老师的一钵饭,那就会害得老师至少也得节约几天的粮食啊!
>
> "我知道老师的用意。于是,我结结巴巴地向老师讲了当时挖番薯的情况。黎老师不但没有批评我,反而笑着说:'我知道你们是因为肚子饿。不过,以后做什么事要先想一想,这件事可不可以做,做了会有什么结果。挖番薯这件事我已向生物老师作了检讨,你去告诉你们几个同学不要有顾虑,安心学习吧!'一件可大可小的事情就这样过去了,我当时感动得流下热泪来。正是润物细无声。黎老师这件事给我的教育是一辈子的。"

至今还有一些学生记得:当时,有许多学生家境贫寒,交不上学费,凡是向黎昔非老师求助的,黎昔非都替他们担保缓交学费。于是,学校就从黎昔非的工资中如数扣除担保的数额,待这些学生交了学费之后才发还给黎昔非。其实,黎昔非的家境也困难,但是,他从不催问学生。有的学生甚至过了一两年才将学费交上。

1959年,黎昔非加入了中国共产党。1957年至1963年间,先后当选为兴宁县第一、三、四届人民代表大会代表,1958年、1960年、1963年,当选为兴宁县人民委员会委员,还担任了兴宁县政协第一、二、三、四届委员,第二、四届常委,1960年,出席了广东省第一届优秀教师代表大会。

浩劫天降　因《独立评论》招致大难

中华人民共和国成立后，罗尔纲和吴晗都成为史学界的泰斗，后者还是北京市副市长，但是，黎昔非从来没有跟他们联系过，也没有向他人包括儿女讲过这些老同学的话题。1955年冬天的一个下午，北京师范大学历史系新生班，集体组织大家一起去拜访吴晗，凑巧的是，黎昔非的次子、当年逃难时吴晗帮忙抱过的黎虎就在其中。早就听母亲讲过此事的黎虎，此时几次想上前跟吴晗挑明自己的身份，但是，又想到父亲从来没有向他们兄妹讲过吴晗，于是犹豫再三之后还是没有开口讲这回事。1988年，已是著名历史学家的黎虎应87岁高龄的罗尔纲之约而拜会了他，罗尔纲说起他们一直在寻找黎昔非，中华人民共和国成立后还找过，并且责怪黎昔非为什么不跟他们联系，还激动地说："不是他求人的问题，而是胡先生求了他，欠了他的！"

与胡适和《独立评论》的关系问题，是黎昔非背负了一生的唯一的"历史问题"，特别是给他的晚年带来了天大的灾祸。1966年6月3日，《人民日报》发表了《吴晗投靠胡适的铁证》的文章，公布了一批吴晗致胡适的信件，包括1932年4月24日提及邀黎昔非先生担任《独立评论》经理人的那封信。《人民日报》编者还将有关胡适先生请黎昔非先生担任《独立评论》经理人一事加了黑体字的按语："吴晗能够参与机密，为这个反动刊物推荐'合适的经理人'，显然已是胡适进行反革命活动的一名伙计。"这份报纸发至广东兴宁之后，黎昔非即被抄家、隔离，被打成"三家村黑帮""反革命分子"，成了全县第一个被揪斗对象。此后，就是日复一日地凌辱和折磨，终于使他于1970年12月16日含冤辞世。直到1979年11月，经广东省委书记批示，黎昔非的冤案才得以彻底平反昭雪。

令人欣慰的是，近十年来，以"黎昔非与《独立评论》"为关键词的探索、研究、评价逐渐"热"了起来。

黎昔非在中国文化史上的贡献终于得到了承认。

（原刊于《传记文学》2008年第7期，总第218期）

作者简介：朱伟杰（1948—　　），广东兴宁人，作家、红学家。主要作品有小说集《官员保险公司秘闻与一九八一年纪事》，红学著作《是是非非读红楼》《饮食男女读红楼》《花枝缭乱说红楼》《风花雪月说红楼》等4部，文史随笔（合著）《客家名人故事》《花灯世界》等4部，教育随笔集1部。

《独立评论》经理人黎昔非的非常人生

眉 睫

黎昔非？一个多么陌生的名字。今天恐怕连专门研究现代文学的学者也不知道他是谁了。这个曾经为《独立评论》立下汗马功劳的经理人，生前籍籍无名，默默贡献自己的青春岁月，在胡适的背后做了大量鲜为人知、细致入微的工作，"文革"期间却又因《独立评论》饱受摧残，悄无声息地离开人世！今天，我们翻阅旧时报刊，仿佛能够体会黎昔非非常人生的曲折、隐逸、委屈的况味。至于，他与胡适的关系又让我们看到胡适性格的另一面。

黎昔非（1902-05-31—1970-12-16），广东兴宁人，1930年7月毕业于中国公学大学部文史学系，著名历史学家罗尔纲时为其同班同学，而且还同寝室。后转赴北京自学于北平图书馆，于1931年春考取北京大学研究院，指导教授为黄节先生，课题为"诗经学史"。1932年4月在吴晗的推动下应胡适之约担任《独立评论》经理人（曾被长期误为胡适同乡章希吕），一直到1937年停刊为止。据黎昔非在《自传》和其他一些材料中反映，他同意担任《独立评论》经理人原因有二：一是在主观上他希望能半工半读，对研究生学业给予物质上的帮助；二是客观上胡适的地位、名望以及再三邀请使得黎昔非不得不接受这个"荣恩"。但是，黎昔非的初衷并不是放弃学业把这个当成正式工作。

从1933年开始黎昔非多次提出卸任，要求把主要精力投入学业当中，都遭到胡适的拒绝。黎昔非所作《自传》中说："几次欲辞掉未果，终于为生活所关而未果"，最终不得不放弃自己的研究生学业，默默继续为《独立评论》做出牺牲。

大家都知道胡适对人慷慨热情，连一个从未谋面的人只要夸耀他几句，他也乐于帮忙，成人之美，如为他人写学历证明、介绍工作等，故时人都说"我的朋友胡适之"。对于厚爱有加的弟子罗尔纲、吴晗更是如此，但相形之下，对于黎昔非未免不近人情了。1931年，黎昔非在北京读研究生，而罗尔纲没有考上研究生，是应胡适之约做家事，如教子课读、整理其父遗稿等，并在胡适指导下做些资料整理和研究工作。后来，胡适又想推荐罗尔纲到中华教育文化基金董事会担任文书职位，月薪120元，这在当时属工资优厚且又体面的工作，可是罗尔纲想做研究性的工作，于是胡适又力排众议将其推荐入北大研究院考古室任研究助理，月薪60元。这就不能不令人费解了，黎昔非是考入北大研究院的,而胡适却将其"拉出来"去做《独立评论》的宣传、印刷、发行等烦琐的行政工作,且只给月薪30元(连投靠胡适的同乡章希吕在《独立评论》担任部分校对工作也有80元月薪)!等黎昔非1934年结婚,才涨10元。与黎昔非、罗尔纲要好的吴晗呢?吴晗家境非常贫寒,无力上大学,于是写信求胡适帮忙,胡适立即提供他在清华半工半读的机会,得以完成学业。胡适还几次赠送现金给吴晗以改善其生活,如第一次入学即给八十块大洋。要说在1932年前后,黎昔非的学历在罗尔纲、吴晗之上,学问也在此二人之上。可惜胡适没有去好好栽培他、帮助他。他的好友丁白清非常清楚他的精神状态,回忆道:"我知道他当时非常痛苦,又不敢走,薪水只有三四十元,又不够用,我建议他:叫胡适介绍中学教员,教书兼职,他始终都不愿意这样做。"其实,《独立评论》的经理工作,非常烦琐、繁忙,黎昔非也是很难得有时间兼职的,更无时间完成他的学业。

从1932年到1937年,罗尔纲、吴晗在胡适的言传身教下,发表大量学术文章,在学术界崭露头角,成为胡适傲人的弟子。而同为胡适学生的黎昔非却一直默默做着无人知晓的背后工作,牺牲了自己的学业、文凭以及学术前途。

1937年,黎昔非、罗尔纲、吴晗这三位中国公学的同学,因抗战爆发一起南下。但他们南归的方向却不相同,吴晗前去云南大学做教授,罗尔纲前去长沙中央研究院社会研究所工作,而无学术名气又无研究生文凭的黎昔非只能回老家教中学。吴晗临走时,还从胡适家拿走三百块大洋。黎昔非到武汉时已经身无分文了,不得不在罗尔纲那里借钱回家。

应该说,黎昔非、罗尔纲、吴晗三人的性格是存在差异的。罗尔纲、吴晗敢于在胡适面前显示才华,并能大胆提出一些请求和帮助;而黎昔非呢?木讷得很,不轻易向外人表露苦衷,也不轻易求助于他人。黎昔非的好友林钧南评价他的性格说:"不爱说话,更不喜欢表现自己,所以他跟任何人来往,都是简单而扼要的几句话。"黎昔非曾向他的儿子黎虎讲述他与吴晗一起等候胡适的故事最能体现这种性格差异。一次,吴晗与黎昔非在北海公园等候胡适,当远远看到胡适走过来的时候,吴晗迫不及待地奔上前去,边喊"先生!先生!"边急忙地去握胡适的手。而黎昔非呢,待在原地不动,直到胡适走过来,他才喊"先生"。

黎昔非自回老家后,一连在家乡教了七年中学。中学不适合做学术研究,而对于他这样的立志做学问的读书人来说无疑是一种痛苦。到了1944年,闻一多介绍黎昔非到昆明国立中国医药研究所史地部门担任助理研究员,这虽然属于学术工作,但与黎昔非的专业不对口,也不符合他的兴趣,况且那里的资料也非常稀少,不利于研究工作,但黎昔非还是在工作的一年多时间内完成学术专著《本草产地考释》(三卷),可见黎昔非确实是有学术天赋并有吃苦耐劳的精神的。到1945年底和1946年时,抗日战争胜利,各大学恢复,黎昔非有了到大学教书的机会。他的学术著作考核、工作年限等都具备条件,唯独缺少研究生学历证明。于是他不得不求助于北大校长、他的老师胡适。按说他之所以没有拿到北大研究生文凭，胡适难辞其咎，现在胡适帮一把应在情理之中。但在一年之中，黎昔非一连给胡适三封信，语气委婉恳切，希望胡适能给一纸学历证明书，这样就可以到大学任教，继续他的学术研究工作。可惜，胡适一封信都没回，黎昔非只好又回到老家教中学。实际上，黎昔非给胡适的三封信至今还保存在胡适秘藏书信里①，可见胡适收到了黎昔非的信，并和其他人的信一齐保存了起来！

1966年6月3日，《人民日报》发表一封吴晗致胡适的信，里面涉及吴晗提议由黎昔非担任《独立评论》经理人一职之事，黎昔非因此被打成"三家村黑帮"，紧接着遭受灭顶之灾，在受尽折磨之后于1970年12月16日含冤逝世。一个由吴晗推荐为胡适主持的《独立评论》牺牲个人前途的、默默无闻只讲奉献的优秀经理人黎昔非却因胡适、《独立评论》、吴晗而丧失自己的学术前途并由此丧命，不能不令人感叹！

作于2007年9月

（原刊于《粤海风》2007年第6期，后被多家报刊以《胡适也有薄情时》《从黎昔非的命运看胡适性格的另一面》等为题转载）

作者简介：眉睫（1984—　　），原名梅杰，湖北黄梅人，现任中国外文局海豚出版社策划总监。曾主持国家出版工程《中国儿童文学走向世界精品书系》（中、英、韩文版）、《丰子恺全集》（国家出版基金项目）、《民国儿童文学教育资料及研究》（国家十二五重点规划项目）等。有《朗山笔记》《关于废名》《现代文学史料探微》《文学史上的失踪者》等著作多种。编校有《许君远文存》《梅光迪文存》《绮情楼杂记》《文学演讲集》《蕙芳日记·芸兰日记》《邓文滨集》《喻血轮集》等。

---

① 耿云志编《胡适遗稿及秘藏书信》第三十九册，黄山书社，1994年。

闻一多为黎昔非题《耕夫谣》

黎 虎

我的手头珍藏着一件闻一多先生为家父黎昔非先生书写的徐仲雅五律《耕夫谣》条幅，条幅宽27厘米，长40厘米。白宣纸，楷书；红色印章，文曰"一多之印"，篆书。[1]

黎昔非（1902—1970），广东省兴宁市人，1930年夏毕业于上海中国公学大学部文史学系，从而与中国公学校长兼文理学院院长胡适先生有了师生关系。1931年春考取了北京大学研究院研究生，指导教师为黄节先生，研究课题为"诗经学史"。时胡适先生也从上海迁居北平，出任北京大学文学院院长，于是黎昔非先生与胡适先生再度有了师生关系。1932年3、4月间胡适先生一再邀请黎昔非先生担任其主编的《独立评论》杂志经理人，于是黎昔非先生中断其在北大的研究生学业，开始了他与《独立评论》相始终、长达五年有余的社务生涯，其恪尽职守的精神被胡适赞誉为《独立评论》"忠心的看护妇"[2]。黎昔非先生的职志是从事学术研究，其请辞迁延至1937年夏终于获得胡适先生允准，并介绍其担任北京大学研究院助理研究员，但是拿到聘书不久，"七七事变"爆发，于是黎昔非先生与同为胡适学生的中国公学同学、友人罗尔纲、吴晗等先生结伴携眷南旋。1944年2月经闻一多先生介绍，黎昔非先生赴昆明就任中国医药研究所史地部助理研究员，直至抗战胜利后，于1945年10月离开昆明返回故乡。1966年6月3日《人民日报》发表了史绍宾《吴晗投靠胡适的铁证》通栏大标题文章，公布了一批吴晗先生致胡适先生的信件，《人民日报》编者将其中1932年4月24日的信中关于胡适先生请黎昔非先生担任《独立评论》经理人的那段内容全部印成黑体字，而且加了黑体字的按语："吴晗能够参与机密，为这个反动刊物推荐'合适的经理人'，显然已是胡适进行反革命活动的一名伙计。"这份《人民日报》运抵兴宁之后，黎昔非先生就被打成"三家村黑帮"，在受尽三年非人的凌辱和折磨之后含冤辞世。中共十一届三中全会之后才得以彻底平反昭雪。

在昆明一年多时间里，黎昔非先生与闻一多先生结下了深厚的友谊。黎昔非先生

---

[1] 黎虎：《家父与闻一多先生的交谊——从〈耕夫谣〉题诗说起》，《黎昔非与〈独立评论〉》第520页。

[2] 胡适：《又大一岁了》，（《独立评论》"三周年纪念特大号"（第151号）。

1951年7月的《自传》中有这样一段记述："在这时期,工馀曾有来往的,除彭丽天及联大同乡外,就只有闻一多、吴晗、沈从文数人而已。"1958年4月的《自传》中又有一段记述:"每个星期日,我多数到昆明市丽天先生处谈谈,有时也去看看闻一多先生,顺便去吴晗那里谈一谈(因他和闻先生的住房正相对)。此外,并没有什么熟人了。"

这个条幅不仅是黎昔非先生与闻一多先生友谊的见证,也是一份研究闻一多先生晚年思想和学术的有价值的资料。

《耕夫谣》一作《农夫谣》,《全唐诗》卷762有载。作者徐仲雅,五代十国时人。

《耕夫谣》这首诗借魏晋南朝清谈玄学名士王衍(256—311)[①]与张绪(生卒年不详)对待农夫的恶劣态度,以抨击官僚士大夫对劳动者的轻视,讴歌劳动者的伟大,具有极其鲜明的人民性。闻一多先生在1945年从卷帙浩繁的唐诗中挑出这首诗来书写不是偶然的,是他这个时期政治思想和世界观的一种反映。抗日战争后期,闻先生对于国民党反动统治的本质有了进一步的认识,同时又学习了马克思主义,因而他的政治思想和世界观都发生了深刻的转变,其核心就是对于人民是历史的主人这一历史唯物主义基本观点的认识。1945年纪念五四运动时,闻一多先生写了《人民的世纪——今天只有"人民至上"才是正确的口号》一文,其后在《战后的文化——官僚垄断与知识分子垄断》一文中,闻先生进一步抨击了几千年来劳心者治人、劳力者治于人的传统观念,以及在文化领域中官僚士大夫垄断文化,而将劳动人民排斥在外的错误观念,明确指出劳动人民是社会物质财富的创造者,因而文化也应当归于人民。

闻先生早期的《唐诗大系》及其他唐诗选都没有《耕夫谣》一诗。有的研究者认为闻先生选唐诗有"过分强调艺术性的偏向","给人以艺术技巧重于思想性的印象"[②],而《耕夫谣》则是一首思想性非常鲜明突出的诗,尤其是在1945年中国两条道路、两种命运激烈斗争的时期,书写这首诗的政治思想意义更是不同寻常的。我们似乎可以说,1945年闻一多先生题写《耕夫谣》,不仅是他在唐诗研究上发生某种变化的一个表现,也是他在政治思想和世界观方面已得到升华的一个反映吧!

(原刊于《文学遗产》2003年第1期)

---

① 按:徐仲雅所生活的五代十国时期也有一位王衍(899—926),乃前蜀后主。其在位八年,荒淫奢侈,日与狎客、妇女宴游无度,所用非人,朝政日非;好为浮艳之词,著有《烟花集》,被后蜀主孟昶斥为"浮薄而好轻艳之辞"(《蜀梼杌》卷下)。

② 郑临川:《一部偏重艺术技巧的唐诗选本》(代前言),张志浩、俞润泉注释:《闻一多选唐诗》,长沙:岳麓书社,1986年。

吴晗两度"害"了学长黎昔非

唐 山

"正是秋天,炎炎得[的]太阳高临于青碧的晴空,肥厚的天地都懒懒地躺着休息,那田坂上的裂痕阔大的[地]张开着,好像沉睡的人们的嘴巴。"如此感性的句子,居然出自历史学家吴晗笔下,他的短篇小说《还愿》即以此为始。

《还愿》不过2000多字,吴晗毕生只写过这么一个短篇小说,发表在小型文学刊物《昙华》上,署名辰仲。《昙华》是半月刊,创刊三个半月便停摆,刊名由胡适题写,主持编辑的是吴晗的学长黎昔非。

吴晗与黎昔非都是胡适弟子,二人交往密切、感情甚笃,可奇怪的是,胡适对吴晗帮助颇多,对黎昔非却很刻薄,不仅压榨过苛,还令其学业中断,后黎昔非困窘,三度致信胡适求助,却未获一封回函。

令人唏嘘的是,黎昔非倒霉,竟因吴晗的一封信,而黎昔非之死,亦与吴晗的一篇文章有关,此中尴尬,令人叹息。

给胡适写信费心思

吴晗本名吴春晗,浙江义乌人,生于1909年,小黎昔非7岁,黎是广东兴宁人。

1921年,吴晗入浙江金华中学读书,与艾青、千家驹同学,艾青曾回忆说:"他(指吴晗)读书很用心……也打麻将、骑马、吸烟。学校要开除他,但他国文和历史特别好,就'保'下来了。"

毕业后,吴晗回家乡小学教书,父母为其定亲,但女方知其种种恶嗜,主动解除婚约。吴晗想去北京求学,但家境无力支撑,父亲亦不同意。1928年,吴晗离家出走,差点去当和尚,后考入之江大学预科,该校不久停办,便再考入中国公学。当时中国公学的校长是胡适,黎昔非亦在此就读。

胡适主持校政之余,开了"中华文化史"选修课,期末时,吴晗交上的论文是《西汉的经济状况》,令胡适大加赞赏。

1930年3月，吴晗以求教为名，给胡适写了第一封信，但胡适未予理睬。三个月后，吴晗又给胡适写了第二封信，这封信更"聪明"，对胡适的《红楼梦》考证提供了几条补充史料，胡适是"新红学"开创者，为此常遭批评，吴晗此信用意分明，但胡适仍未理睬。

不久，胡适辞职，去北大当教授。因胡适推荐，吴晗的《西汉的经济状况》正式出版，得稿费80元，这在当时是笔不菲的收入。有了这笔钱，吴晗便告辞中国公学，也奔向北京。恰好黎昔非也本科毕业，考上了北京大学的研究生。

并非数学考零分上清华

吴晗先是投考燕京大学，但英语只得了"C"，未被录取，在顾颉刚介绍下，到燕大图书馆当馆员，一边准备来年再考。

在此期间，吴晗给胡适写了第三封信，又"帮"胡适的"新红学"找了几条"史料证据"，但胡适还是没理睬。不久，吴晗编成《胡应麟年谱》初稿，第四次给胡适写信求教，第二天，胡适便回信了。

胡适曾撰文推断胡应麟"死时年约五十岁"，而吴晗考订出是52岁，连猜都猜得这么准，吴晗的补漏果然补到了胡适的心坎里，难怪胡适在信中热情洋溢地说"春晗同学：我记得你，并且知道你的工作"，并约"星期有暇请来谈"。

这一"谈"，成果不小，胡适劝吴晗报考北大历史系插班生，还承诺帮他找个月薪80元左右的兼职。

第二年，吴晗果然报考了北大和清华的插班生，可考北大时，数学是零分，被拒之门外，好在通过了清华的考试。

坊间盛传吴晗、钱锺书都是数学考零分上的清华，这是讹传，钱锺书数学成绩是15分，而吴晗是插班生，5门必考课，即党义、国文、英文、中国通史和西洋通史，选考课为大学普通物理学、大学普通化学、大学普通生物学和论（伦）理学中选一，吴晗选的是论（伦）理学。

可见，吴晗入清华，压根就没考数学。

吴晗给黎昔非挖了个坑

吴晗原计划把弟弟吴春曦也叫到北京来上学，但未考入北大，胡适承诺的工作也就没了，不仅养不起弟弟，连自己都养不活，还是胡适出面，劝清华大学给吴晗找一份整理清代大内档案的工作,每天 2 小时,月入 25 元。

胡适反复说:"北大的考试制度太不合理,像吴晗这样有才华的学生竟因数学不及格而未被录取,太可惜了。"后来北大果然取消了数学考试。

1932 年 3 月,胡适患病住院,吴晗与黎昔非去探望,胡适突然提起正和同人计划出版《独立评论》杂志,缺一名"经理人",希望黎昔非来帮忙。黎昔非正在上研究生,准备将来从事研究工作,故没有答应。

一个多月后,《独立评论》即将出版,最早策划人之一、清华大学历史系主任蒋廷黻仍没找到"经理人",吴晗便向蒋廷黻推荐黎昔非,蒋表示同意,要吴晗马上给胡适写信敲定。

正是这封信,让胡适下定决心,用师生情来打动黎昔非,黎昔非无可奈何,只能痛别研究生学业,去给胡适"帮忙"。

在黎昔非经理下,只用两年多,《独立评论》从最初的每期 2000 本增加到 13000 本。

黎昔非吃力不讨好

《独立评论》的财务、校对、发行,都是黎昔非一人在管,人手不够,"每到星期日发报最忙的时候,他一个人忙不过来,总有他的许多青年朋友赶来尽义务,帮他卷报,装封,打包,对住址"。甚至"工作这么繁忙,有时忙到连报纸都要到夜深才得闲来看"。

胡适嘴上称赞黎昔非是"忠心的看护妇",但给黎的工资却很低,初期 30 元,后期 40 元,而胡适同乡章希吕做终校,却有 80 元可拿。友人劝黎昔非去求胡适,找个兼职补贴一下,但黎不同意。

黎昔非几次想辞职,均被胡适挽留,1937 年,黎实在坚持不下去了,胡适便说:"北大研究所要一个人去搞金石之类的工作,你愿意去试试否?"黎昔非表示愿意,胡适就说:他们不了解你,你先拿篇论文来。

黎昔非后来在《自传》中抱怨道:那时他(指胡适)在他们一群中,他说一句就算一句,说两句就是一双的。只是他原想做个"空人情"的,他估计我在那几年中没有写什么论文;有吧,不过是些小说之类的东西,想借此来拒绝我向他要求介绍工作的。

"七七事变"爆发,胡适已在美国,吴晗向胡适夫人江冬秀借三百元南逃,江毫不犹豫地给了他,并说:这钱是送给你的。可黎昔非却未得分文,只好变卖家产,可跑到武汉就没钱了,幸亏罗尔纲资助了 20 元,黎才回到老家,在家乡中学教了 7 年书。

不会卖萌难邀宠

1945年,黎昔非终于有了进大学当教授的机会,可学历不够,而没拿到北大硕士文凭,完全是胡适的原因,故一年之中,黎昔非给胡适写了三封信,望胡适写一纸证明,可胡适始终未回信,黎昔非只好又回老家去教中学。

同样是弟子,为何胡适对吴晗这么好,对黎昔非却这么无情?

学者眉睫曾撰文提到了一件小事:一次,吴晗与黎昔非在北海公园等胡适,远远看到胡适走过来,吴晗迫不及待地奔上前去,边喊:"先生!先生!"并急忙去握胡适的手。而黎昔非待在原地不动,直到胡适走过来,才喊"先生"。

眉睫认为,吴晗懂人际关系学,敢在胡适面前展现才华,并大胆提出请求,黎昔非较沉默,其好友林钧南说他:"不爱说话,更不喜欢表现自己,所以他跟任何人来往,都是简单而扼要的几句话。"

黎昔非是研究生,正式导师是黄节,非严格意义上的胡门弟子。胡适扶持后辈,多从其自身利益着眼,毕竟高徒多了,才能壮名师声威,而对于没有弟子名分者,往往忽视。

信手一笔再惹祸

1934年,吴晗邂逅袁震,袁震是清华历史系才女,长吴晗两岁,因肺结核长年卧床,被称为"睡美人",其室友蒋恩钿毕业后,托吴晗照顾袁,二人产生感情。

吴晗母亲坚决反对,但吴晗最终还是与袁震结了婚。袁震曾加入共产党,在她影响下,吴晗渐左倾。袁震对胡适拥戴蒋介石很不满,她曾嘲笑吴晗:你怎么老是在胡适面前矮三尺呢?

1946年12月,吴晗夫妇在朱自清等人面前"无情的[地]攻击"胡适,1948年11月,北京被围,吴晗登门劝胡适留下,但"只说两句话,他就走开了"。胡适曾说:"抗战期间,政府没有顾到一般知识分子的生活,他(指吴晗)实在太穷了,太苦了,才给[跟]闻一多一样的倒到那边去了。"

1954年,大陆掀起"批判胡适运动",老舍、茅盾、聂绀弩、冯友兰等撰文参与,吴晗却置身事外,但接受媒体采访时,称"胡适之做过我的老师,没给过我什么""蒋廷黻,一个十足的洋奴,他上课用英文,连对老婆讲话也用洋文"。

1966年6月,《人民日报》发表吴晗致胡适的信,谈到黎昔非出任《独立评论》经理人一事,这篇文章使黎昔非被打成"三家村黑帮",于1970年12月16日被折磨而死。

罗尔纲曾说:"吴晗是个爱闹的人,对朋友都是握笑顽皮的。"① 恐怕吴晗也没想到,自己爱凑热闹的毛病,竟两次"害"了黎昔非。

1969年3月18日,袁震被迫害致死,1969年10月11日吴晗被迫害致死,死前头发被拔光,其骨灰至今下落不明。

(原刊于《北京晚报》2016年2月5日第38版《书乡》,《重庆日报》2016年7月5日转载)

作者简介:唐山(1969年1月—   ),原名蔡辉,北京人,资深媒体人、书评人,原《北京晨报》副刊部主任,现在《燕京书评》任编辑。

---

① 罗尔纲:《怀吴晗》,载北京市历史学会编,《吴晗纪念文集》,北京:北京出版社,1984年,第25页。

平反受"三家村"株连的冤案,阻力在哪?

黎 导

"三家村"和《海瑞罢官》的冤案早已大白于天下,可是因吴晗同志而受株连的我们的父亲黎昔非的冤案至今还未平反昭雪。

1966年6月3日,《人民日报》抛出了史绍宾的《吴晗投靠胡适的铁证》一文,公布了一批20世纪30年代吴晗给胡适的书信,信中有一处提及推荐我父亲去胡适主办的《独立》周报工作之事。我父亲在新中国成立后以及1970年入党前对于新中国成立前与吴晗、胡适的关系,已多次向组织上讲清,这次公布的吴晗信件中,并无任何新内容。新中国成立后,我父亲一直在广东兴宁一中任语文教师,并任县人民代表、人委委员、政协常委,与吴晗同志没有任何联系。可是兴宁县委就凭这一条把我父亲打成"三家村黑帮""反动学术权威""反革命",从我父亲"开刀"掀起"文化革命",当作全县的批斗"重点"施以种种酷刑。

抗战时期,我父亲在昆明云南大学①工作,与闻一多、吴晗等进步学者关系密切,可是兴宁某些人竟然把闻一多先生在这期间给我父亲的许多书信,通通当作"反革命罪证"查抄而去,至今尚未归还。

我父亲含冤而死将近十年,我们一直等待兴宁县委早日处理这起冤案,但他们按兵不动。今年二月初,我们找了当年直接迫害我父亲的原兴宁一中负责人、现任该校党支部副书记、副校长何志煌,以及兴宁县委落实政策办公室的负责人。他们以所谓"没戴什么帽子""没做组织结论""没开除党籍"为借口,否认这起冤案;或以"已经平过反了"为挡箭牌,胡说早在"四人帮"横行时期,他们就已把一切问题都处理妥善了,今天已无反可平,无冤可雪了。

事实果真如此吗?否!

1967年原兴宁一中筹委会油印过一张空洞无物的"平反通知",把我父亲的名字夹在16个教师名单中间"平反"。但是"平反"以后,他们对我父亲的迫害有增无减,直至1970年12月16日把他迫害致死。他们借"整党"之机,逼迫我父亲"自动退党",遭到

---

① 编者按,此处应为记忆有误,"云南大学"应为"中国医药研究所"。

我父亲严正驳斥。他们恼羞成怒,对被他们百般摧残折磨而卧病在床、气息奄奄的老人施以种种高压手段,扬言如不顺从他们的旨意就要"组织一百个学生到家里来斗"![1] 我父亲就在这种残酷迫害下含恨而死。死后对他的迫害也没有停止,兴宁一中党支部的某些人竟指使人将墓碑上的"同志"二字凿掉。时至今日,被查抄的书信、笔记本和其他财物一件也未清理归还,闻一多先生的书信仍被当作"反革命罪证"扣押着。档案材料也未做任何清理,诬陷不实之词一件也未推倒,黑材料并未当众销毁。他们对家属亲友所在单位提供的诬陷不实之词至今未予澄清,死者的家属在兴宁继续被打入"另册",抬不起头。我母亲被迫害以致精神失常,至今无人过问。以上种种就是"平反"以后的事实。

今年三月,我们专程到兴宁,向县委和有关部门再一次当面提出申诉,在大量铁的事实面前,他们不得不答应给我父亲平反昭雪。

为此,兴宁县教育局和兴宁一中的同志都积极行动,做了一些调查和准备工作,并表示要在五月下旬召开追悼会。但是,在这期间枝节横生,阻力重重,追悼会直到今天还遥遥无期。原因就在兴宁县委某些同志思想上本来就不通,认为"没下结论""没戴帽子",因此无反可平。他们对于何志煌那样一贯紧跟林彪、"四人帮"极左路线、残酷迫害知识分子的人则百般包庇,使他们有恃无恐。他们还口口声声说那是"群众运动",要我们"谅解"。本来兴宁县教育局打算在五月下旬开追悼会,就在这时,县委某些人出了一个新点子:让兴宁一中打一个报告上报县委,由县委再上报地委。于是,从五月下旬拖延到现在,便如石沉大海。我们再找他们,他们便以"要等地委批示"为借口推出门外。我们认为:这起冤案本来是兴宁县委一手搞的,地委并未插手,因此兴宁县委是最了解全过程的,他们完全有权也应当由他们批示决定。他们把责任推到地委身上去是不合适的。

必须指出,在兴宁当年靠残酷迫害广大知识分子(包括我父亲)起家的"老造反"们,继续盘踞要津,官星高照。今天,要靠他们自行起来纠正自己办过的冤假错案是十分困难的。因此,我们不得不投书贵报,切望得到你们的同情和支持,以伸张正义,打击邪气。

今天,党中央已批准北京市委为"三家村"冤案彻底平反,并宣布"凡因'三家村'冤案受到株连的同志和家属一律平反"。我们的心情是多么激动啊!我们衷心感激华主席为首的党中央这一英明决定。但是"山高皇帝远",党中央的这一决定何时能在广东省兴宁县得到兑现呢?

我们谨通过你们再一次提出如下要求:

一、立即在兴宁全县范围内为我们的父亲彻底平反昭雪。二、立即清理我们父亲的档案材料,一切污蔑不实之词通通推倒,一切诬陷材料当众销毁。三、立即清理并归还全部查抄物资,特别是闻一多先生的书信。四、立即追回对家属亲友所在单位提供的诬陷材

---

[1] 编者按,此为当时何志煌在黎昔非病榻前所发出的"最后通牒"。为了加强震慑效果,在何志煌指挥下由他的得力追随者、兴宁一中体育教师黄伯珍率领学生高呼口号浩浩荡荡开到了黎昔非家。

料,予以销毁。五、应按照广东省财政厅、民政厅、人事局(65)财行字第122号文件《关于广东省国家机关工作人员牺牲病故的遗属生活供养和补助的试行办法》精神,给我母亲生活补助,我母亲因受迫害而致精神失常,有关方面应负责医治。

（原载于《人民日报·群众来信摘编》第52期,1979年8月24日）

编者按：由于当时兴宁有关部门对于黎昔非这样明显、突出、典型的冤假错案居然迟迟不肯落实中央政策而予以平反昭雪,黎昔非子女反复、多方向兴宁有关部门申诉,均以种种借口推脱拖延,于是不得不向中央有关部门反映。不久,《人民日报·群众来信摘编》这一专供中央首长阅读的内参发表了这篇申诉,于是大大推动了黎昔非冤假错案平反的进程,很快我们就接到了兴宁有关部门的通知,并于1979年11月26日召开了有兴宁县委、政协、文教办、教育局等单位代表和兴宁一中师生参加的黎昔非平反昭雪追悼会,推倒了一切横加在黎昔非头上的诬蔑不实之词。

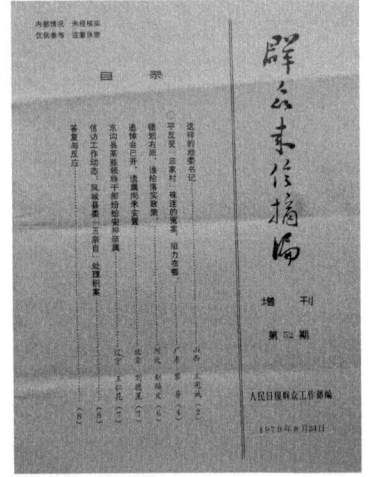
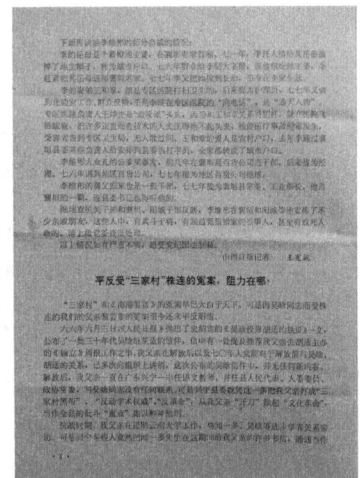
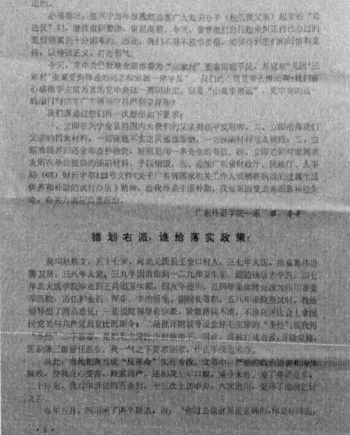

万里逃亡归故乡（节录）

——纪念先父罗尔纲逝世十周年

罗嘉骥

"七七事变"使全国发生翻天覆地的变化。在最初的一些日子里，人们也许还看得不那么清楚是否会大打起来，但不久就抛弃了幻想。父亲的几个好朋友不断来我家商量，决定设法尽早南撤，绝不当亡国奴。……对爸爸来说，最重要的是书籍，他以平邮共寄了整整一百包书和几件皮衣、大衣，每包五公斤。其实，在烽火连天之时，用平邮向万里迢迢的贵县投寄，他并不抱多少希望能够收到。这些事爸妈用不了几天就弄妥了。

7月29日，日本兵以征服者的姿态列队入城，战机在空中呼啸而过，妈妈和我在门缝里进行观察，她面有愠色，随即把大门关上。……我父亲是个十足的书呆子，不会办事，更对付不了日本兵的盘问。火车非常拥挤，走走停停，日本兵多次上车检查，面目狰狞，十分凶恶。火车走了大半天，傍晚才到天津。……这时听说胡适太太也住在天津英租界，吴晗同我父亲商量只能找胡太太借钱了。这七年来胡适夫妇一再要送钱和路费给我父亲，我父亲坚决不收，但现在已走投无路，只能和吴晗一起前去借钱。我父亲借300元，吴晗借350元，胡太太还一再问够不够。吴晗借到了钱便决定立即重返北平，一方面要留部分钱给袁震疗养治病，另方面要亲自接我妈他们出来。他还考虑到情况瞬息万变，迟了怕脱不了身，主张爸爸带着我先乘船去烟台；可在烟台等待他们数日，如果等不到，就径直回贵县，由他负责把妈妈、妹妹送到。这时我爸已无主见，不知通过什么办法挤上了一艘停在大沽口的英籍太古轮船，连船头的甲板都已挤满了人，但还有一只装满了鸡的铁笼子尚无人占领。父亲给负责的水手塞了不少钱，鸡笼就变成了我的卧铺。鸡叫和鸡的打斗声倒没有逃难者的吵闹声大，不过其臭味实在难闻。又过了几个钟头，突然宣布船不开了，用驳船把我们送回天津英租界。幸好没几天吴晗陪妈妈等都到齐了，但他们在列车上也遭了罪，日本宪兵在检查我妈的手提行李时，发现装一些零碎小东西的牛皮纸袋子是国防部的信封。这下子可危险了，要把他们拘留审查。幸亏吴春曦会讲日语，不断与日寇周旋始得放行。吴氏兄弟又设法弄到赴烟台的船票，这回连鸡笼也没有了，甲板上挤得水泄不通。船出大沽口，近距离地看到密密匝匝、不可计数的日本军舰和满载日本兵的巨大商船。日本鬼子一个个青面獠牙，杀气腾腾，好像一张血口就可以把中国吞下去。我那时真是怒发冲冠，义愤填膺。但想起现在的形势可能比爸爸给我讲过的甲午海战更糟，至少连北洋舰队都没有了，心情又十分沉重。

天公还算作美，到了烟台才刮起风浪。在烟台我们住进了平民旅馆，睡在炕上面的通铺，睡得十分香甜，印象中这也是我们整个流亡途中唯一住过的一次旅馆。其他地方都是在车站过夜，甚至在车站外的场地度过的。我们从烟台乘长途汽车到潍县，又从潍县到济南。济南火车站挤得要命，我们只得在站外候车，全家冷得发抖。原来从北平逃出来的时候，为了轻装，每人只带两三件换洗的单衣裤，我猜测爸妈一定认为越往南走越热，哪里还需要毛衣？现在只能忍痛分出一部分钱来每人买了一件毛衣。津浦路南段早已中断，火车只能到达徐州。我已记不清楚我们是在哪儿同吴晗他们分手的，有材料说是在徐州，这可能，因为吴晗应云南大学之聘，要走海路到越南海防转昆明，只能通过战区设法进入上海，不过这可是相当危险的。

据我父母讲，在徐州、郑州、汉口、武昌的站内站外也吃了许多苦头，购火车票很难，车厢挤得要死。这些情况我都因太疲劳，经常打瞌睡，印象模模糊糊了。到了衡阳，和我们从天津起就一直同行的爸爸在中国公学的老同学、在胡适等人办的《独立评论》杂志社任经理、发行兼校对的黎昔非一家就要分别了，他们要回广东汕头老家，但已到了两手空空、山穷水尽的地步。我妈妈毫不犹豫地把她仅有的最后一条项链送给了黎，换到了20元钱，让他们得以安然回乡。而我们也买好了去桂林的汽车票，爸爸一盘算，再有几天就到家了！钱还有一点富余。他同黎昔非打趣说，我们两人马上就要"衣裤褴褛，荣归故里"了，今后还不知何年何月能够重逢呢，今天无论如何要上一次小馆子喝两杯，也算是对一个多月来尽吃大饼、烧饼、馒头、白粥的补偿。我高兴死了。一上桌子看见湖南的筷子真长，我手小，拿不住。不过这顿饭菜虽很一般，可吃得极其痛快，永世难忘。几十年后，我父亲见到的不是常挂在嘴边的黎昔非老友，而是故人之子——北京师范大学黎虎教授——当年南归逃亡时还抱在怀里的婴儿。我父亲心潮难平，不胜唏嘘了好几天。

饭吃了，车却不能开，因为山洪暴发，桥被冲垮，不是短期内能够修复的。这下子爸爸可傻了，只得再绕一人圈，坐火车赴广州、三水。在三水，天气炎热，我口渴难捱，要买瓶汽水喝两口，遭到爸爸呵斥。从三水乘船经梧州终于回到了贵县故乡。这次逃难大约一个半月，到家时真是一文不名了，而且个个精疲力竭，都掉了好几斤肉。不过让爸爸最高兴的是不到一个月，一百包包括二十四史在内的书籍全部收到，因此他对中国邮政一直大为夸奖，非常信任。而我妈此后则多次唠叨这几年把她做姑娘和陪嫁时得到的所有首饰卖个精光，十分痛惜。如果让我爸听到，他必然说那要怪日本鬼子，国家也太积弱了。

（原刊于《贵港日报》2007年7月24日）

作者简介：罗嘉骥（1928— ），罗尔纲之子，1951年5月在外交部工作，先后任驻英国代办处三等秘书、驻英国大使馆一等秘书、外交部西欧司参赞，中英两国关于收回香港问题谈判的中国政府代表团代表。1985年任中国驻塞拉利昂共和国特命全权大使。1988年任国务院港澳办公室港澳研究所所长，中英联合联络小组中方代表。

忆先师黎昔非先生（二则）

袁伟时

编者按：著名历史学家袁伟时先生近年来在多篇文章中谈到他的中学老师、同乡黎昔非先生对他的教益及对其日后学术道路的影响，今摘录两则以飨读者。

《铭记家乡的山·水·人》（节录）

20世纪上半叶的广东客家地区，兴宁以商业和小手工业著称，梅县则以教育发达为人称誉。兴宁县城附近的织布、笔墨、造纸、制酒等业很发达，但规模不大。僻处北边的罗岗没有什么成气候的手工业品。除了守着几块田，劳动力的出路非常有限。

穷人主要靠给别人挑担、挑米、挑盐或其他农产品。有点本钱的做小贩。

家庭比较富裕的则到广州、上海、北京和日本等地读书。20世纪第一个十年，全国出现赴日留学热潮。这股风吹到罗岗则是民国建立以后的事了。曾祖父玉堂公的孙辈，就有筱云伯留学日本学化学，展泉伯留学日本学陶瓷。外公家出国留学的更多：二舅刘洪若毕业于日本早稻田大学，六舅定藩毕业于日本士官学校，泮星表哥也是留日归来的。

走出去的罗岗人，在好些方面做出了出色的贡献。人文学术研究最有成就的是毕业[①]于北京大学研究院的先师黎昔非先生。他的《诗经》研究及其他文史研究尽管只剩下零星文章，其功力的深厚和独到的眼光至今仍令许多学者钦佩。30年代，他肩负胡适主办的《独立评论》的社务，使这份当时影响最大的时政刊物得以正常运转，功劳巨大。抗战时期，他在二中执教，我是深受教益的学生之一。他批改作文非常严格，除了文字本身的训练，还有一条规矩：不懂的东西不准乱写。有一次作文，记不起什么原因，我居然胆大妄为评论起王阳明来。黎老师当面对我说："这些内容你不懂，不要乱写。"尽管还是从宽给了我80分，但使我终身记住：只写自己知道的东西。

（摘自袁伟时《铭记家乡的山·水·人》，载兴宁市罗岗镇《百年罗岗》编委会编《百年罗岗》，香港：中国文艺出版社，2013年12月，第344页）

[①] 编者按："毕业"应是"肄业"。

答《旅伴》月刊记者问

《旅伴》：在您的学生时代，有没有特别喜欢、尊崇的教授？在您的历史文化研究中，您会推荐哪些教授作为大家学习的楷模？为什么？

袁伟时：令我终身受益的是初中时教我们语文的黎昔非老师。他不但给我严格的语文训练，而且培育了我的自信和对少年叛逆的宽容。后来才知道，他是胡适办《独立评论》的重要助手；战争迫使他从西南联大回到家乡①，使我幸运地得沾教泽。

（袁伟时：《宽容，自由，少说蠢话——答〈旅伴〉杂志记者刘雅琴》，原刊于《旅伴》月刊2009年第8期，第54—57页）

> 作者简介：袁伟时（1931—   ），广东兴宁人，中山大学哲学系教授，历史学家。曾任第七届（1988—1992）全国人民代表大会代表，1987年当选中国现代哲学史学会副会长，广州社会科学院《开放时代》学术委员。

---

① 编者按："西南联大"应是"北平"。

黎昔非先生二三事

刘彦章

一、我的老师

20世纪30年代，正是中华民族危急存亡之秋，我们唱着《义勇军进行曲》、"大刀向鬼子们的头上砍去"走向高中。祖国各地兴宁籍的知名文化人士，都纷纷从北京、上海、广州等地躲避战乱返回故乡。1937年8月，在抗日烽火中，黎昔非先生离开了即将沦于敌手的古都北平，回到他久违的故乡，那时我在兴宁一中读书，有幸成了他的学生，他成为我的语文教师。

我们虽说是高中生，但童心未失、好奇，喜欢打听老师的身世和学历。不知哪位消息灵通人士首先散播了黎先生的"新闻"：北京大学研究院国学研究所的研究生，胡适的高足，著名政论刊物《独立评论》的"总经理"，等等。于是，人未见声先到，大家都增加了崇敬与仰慕之心，黎先生高大的身影，好像巍然矗立在我们的面前。

现实中的黎先生中等身高，老是穿着一件青布长衫，面带微笑，两眼看人却炯炯有神。课堂上的黎先生手拿课本，讲课有条不紊，思路清晰，特别是讲解字词句，切中要害，入木三分，不哗众取宠却令人久久不忘，如饮醇醪。有时讲课也联系一下实际，他讲杜甫"朱门酒肉臭，路有冻死骨"时，便毫不忌讳地说"前方吃紧，后方紧吃。人民涂炭，大后方将军们却歌舞升平"，表现了知识分子忧国忧民的义愤与不平。黎先生对同学们却一团和气，从不斥责。我因为三生有幸，父辈俱是知识分子，从小就在家庭与家族的熏陶中喜欢古文诗词，已读过一些名篇，因此上课不太专心，伏在桌上偷看武侠小说之类，甚至"梦见周公"。记忆犹新的一次是先生拍拍我的肩说："醒来，醒来，讲到哪里了？"我抬头即调皮地说："落霞与孤鹜齐飞，秋水共长天一色。"先生慈祥地一笑说："好，那你说这二句是什么意思？"我也拍拍脑袋说："这是写景，上句是动景，下句是静景，动静结合美景无边。"同学满堂哄笑，似是鼓励我大胆"捣蛋"。惹得先生也一笑说："不愧为陈菲村门下高徒。"原来他早已知道陈菲村是我初三的语文老师，我却不知他和陈菲村是"中公"（上海中国公学）同学。

二、我们一中共事

多年阔别,我与昔非先生重逢共事,已是中华人民共和国成立以后。1963 年,我由广州轻工业学院下放回兴宁母校一中做语文教师,才重见到老师。几十年岁月老师风采依旧,只是满头华鬓,这时他已是光荣的共产党员、语文组长。命运又把我变成老师的同事。我深知一中是家乡老校、名校,大树多,"风萧萧兮异响",高傲自大的人才也不少,非如先生德高望重者,不足以领袖群伦。真可说有幸得与先生共事。昔非先生也从来一团和气折节下贤人,不与人争,因此也得到大多数老师的拥护。我偶然执经问难,他依旧循循善诱。他不苟言笑,对我则较随便。感情沟通了,我说话就大胆了。记得 1965 年高三语文老师郭明华(部队家属)随军远调广西,先期与我们告别,大家只能握手,不敢有什么表示,我即提出应该"饯君南浦",叫膳堂做出几样客家菜瓤豆腐之类,一醉兴宁老酒,以留纪念。于是昔非先生便以组长身份,到膳堂交涉,果然几天后便安排晚宴,语文组同人频频举杯,祝郭老师一帆风顺。郭老师非常高兴,频频道谢惜别,整个语文组充满别情,充满人情味。这在一中算是创举,但如果不是昔非先生,这别宴也断开不成。

还有一件事令我终生难忘,便是我曾笑劝昔非先生重到北京一行,我说新旧两重天,风光今胜昔,怎能不去北京?你的老友吴晗已是北京市副市长,"倾盖如故",与老友携手同逛天安门,不亦乐乎?结果,先生真的上北京走了一回,回来时还高兴地把北京糕点分送给我们。谁知,"福兮祸之所伏",这次北京之行,后来加重了先生的所谓"罪状","文革"始后竟诬先生与吴晗"策谋于密室,点火于基层"云云,弥天大罪,呜呼!呜呼!

三、老师"文革"蒙冤

1966 年 6 月 3 日《人民日报》刊登了吴晗早年的书信中有一句"黎昔非是独立评论最合适的经理人"。兴宁一中一些紧跟"文革"步伐、别有用心之徒如获至宝。1966 年 6 月 10 日突然通知全校老师集合,批斗黎昔非老师,首先由内部指定所谓"左"派教师党员发言,强烈要求黎先生交代与吴晗的历史关系与"三家村黑帮"等罪恶阴谋,反党反社会主义的罪行等等;另一人则"揭露"黎先生是混进党内的"反动学术权威",有的则谩骂他一贯贩卖"封资修"货色,误人子弟、祸国殃民,不一而足。他们义形于色,口号声震天。当时,中国的"运动"特点是只准"左派"批判,不准"右派"申辩,旁观者自然也不敢说半个"不"字,怕引火烧身。但是我们却越听越糊涂,甚至觉得离题万里,一在天南,一在地北,黎先生与吴晗 30 年不见,怎样密谋反党?又有哪些具体行动?真可谓"风马牛不相及也"。仅凭一则旧日信件便定为"三家村"在一中的"分店""现行黑帮",

这不真是玄之又玄，匪夷所思吗？

从此黎昔非先生便成"阶下囚"，被打入另册。一中同事朝夕相见，狭路相逢，有的作白眼状，有的迅速掉头而过，或顾左右而言他，有的默默点头一下。人情冷暖，世态炎凉，古已有之，于今为烈！

四、"五七干校"同学

继昔非先生之后，一中又有三十多个教师相继被"勒令"为牛鬼蛇神，"牛队"日益壮大，全国不知几百万矣！奈何奈何！1968年冬，上级又来一个指令"一风吹"。走"五七道路"，全部到干校去学习毛泽东思想和劳动改造，名曰自愿，实质是发配去干校劳动改造（校址在兴宁合水当风岭）。文件明确规定"老弱病残者除外"，但黎先生却没有"除外"，与我辈一齐榜上有名。于是我和黎先生又由师生同事变为同学。对我个人来说真是"与有荣焉"，这也是一中"文革"佳话之一也。

在干校，我们是"不是牛鬼"的"牛鬼"。我的任务是种菜，黎先生的任务是放牛。但是先生已60岁高龄，人老牛壮，当然不能骑牛背矣（虽说《千家诗》有云："牧童归去骑牛背"也），也没有短笛可吹，天天是其奈牛何，艰难困苦可想而知。我们一中来的"五七战士"住同一个教室。某日，饭后出工前，我悄悄到先生床前，问候起居，并询适应新环境否。不料，他却出人意表，傲然一笑曰"小子志之""天之未丧斯文也，匡人其如予何？"背了一段《论语》，表现了十足的自信与无畏，虽千万人吾往矣的正气。我也条件反射，立即脑中跳出一段《论语》作答："虎兕出于柙，龟玉毁于椟中，是谁之过与？"双方会意，一笑而别。毕竟这是书生，交谈时不免要"掉书袋"，偶然制作些笑料，借以丰富一下孤寂无奈的生活，宣泄一下灵魂深处的不平与不满。谁知这便是我们师生在五七干校最有意义的一次谈话，又成告别。1969年夏我被指派参加毛泽东思想宣传队，离开干校下乡做宣传，1971年回校，黎先生已于1970年含冤辞世，呜呼！

哲人其萎！"非夫人之为恸而谁为？"

黎先生含冤早逝，没有亲眼看到"四人帮"的垮台、十年浩劫的结束、知识分子的第二次解放，这不能不说是一件憾事。"青史何迟辨爱憎"（胡乔木诗），历史列车有时是要晚点的，但是任何人，尽管他过去是英雄人物都没有力量与办法，能长期扭转历史车轮前进的方向。十年"文革"又一次说明了这个道理。

1980年在兴宁一中举行黎昔非先生的追悼大会，先生终于得到了平反与昭雪，我们长歌当哭，破涕为笑，但是人们还是痛向苍天，"谁为为之，孰令致之"。"悠悠"苍天，彼何人哉！

五、命途多舛与奉献精神

黎先生才华出众而命途多舛。六十八年生命，六十八载风雨，艰难曲折五味杂陈，但他胸怀报国之志，热爱工作，初衷不改，不论在任何岗位都尽力奉献他的智慧和才华，在平凡的工作中放射出不平凡的耀眼光芒。他在读书时期就崭露头角，受到胡适的知遇，委以主办《独立评论》。他也不负所望，像"看护妇"（胡适语）一样，关心爱护《独立评论》，使《独立评论》得以日益壮大，成为全中国闻名的刊物。它的评论者都是全国闻名学者，当时发挥了巨大的影响。而刊物事无大小，黎先生必亲躬之，兢兢业业，表现了黎先生的办事能力与执着，体现了黎先生的敬业与奉献精神。黎先生几次想辞职未果，可见《独立评论》拖了他的后腿，影响了他的学术研究。如果他真的跳出了《独立评论》的圈子，也许他已是一名卓有成就的《诗经》研究专家。这又反映了他的不计名利的牺牲精神。祖国风云多变，世事难料，1937年"七七事变"，北平沦陷的灾难迫他举家南迁，几经辗转之后，于是他成为一个中学教师，传经名世。

兴宁一中是广东名校之一，曾经培养出无数优秀学子，后来成为院士专家教授学者，一大串闪光的名字，但这离不开老师的启蒙与指导、勤劳与奉献，其中自然有黎先生执教语文的努力。我想，如果天假之年，黎先生后来的命运也许会出现转机，也可成为学者！

《百年树人——广东省兴宁市第一中学校志》编者朱伟杰补记：1944—1945年黎昔非在昆明工作期间，曾连续三次给胡适写信，请求推荐一学术工作，其中一封主要请求胡适出一学历证明，证明其在北京大学研究院修业，但不知何故，黎昔非始终没有收到胡适的回信。于是，没有研究生修业证明的黎昔非最终就回到家乡做了中学教师，从而为兴宁一中的名校辉煌做出了特有的奉献。但是，黎昔非的同学、当年与胡适关系同样密切的吴晗、罗尔纲，后来却分别成为明史专家及风云人物、太平天国研究的泰斗及史学领域的专家；就是与黎昔非同年入北大研究院同一导师的王越[①]，后来也成为中山大学的著名教授。难怪罗尔纲晚年对黎昔非之子黎虎说："是胡先生误了他，欠了他的"，他本来是"与我们一样的"[②]。

（原刊于广东省兴宁市第一中学校志编修委员会编《百年树人——广东省兴宁市第一中学校志》，2006年9月，第201—294页。又载于《兴宁风采》第34期，2006年7月）

作者简介：刘彦章，广东兴宁人，嘉应学院退休教师。

---

① 王越，当时名为王锦葵。
② 此为朱伟杰先生担任广东省兴宁市第一中学校志编修委员会编委负责《百年树人——广东省兴宁市第一中学校志》编撰工作时所补。

编者按： 我拜读刘彦章老师这篇大作之后，致函请教，他很快给我写了回信，信中所述有助于读者进一步了解此文背景以及兴宁一中"文化大革命"前后的某些情况，兹节录于后。

黎虎兄：

来函敬悉，谢谢。过誉之词，愧不敢当。十年浩劫，对我辈来说，真是"国仇家恨"心中藏之，何日忘之？！因此，写文章追忆黎师，一方面是声讨"四人帮"及其走卒之流，一方面也是带着胜利的愤怒，发其过去的"牢骚"，傲视现存的走狗们也。拙文的句子则是带着血泪的控诉，叩问老天，锋芒也直指老天，如"悠悠苍天，彼何人也？！"如"天之未丧斯文也，匡人其如予何？！""虎咒出于柙，谁之过与？！"言外之意，尽在潜台词中……

百年校庆之时，我于二日即返兴……

三日上午在一中大操场开庆祝会。我们晚到坐在前排。何某人①也独自訑訑前来，见到我，即前来打招呼并说在校刊上的几篇文章他都看了，我真想问他那你良心受责否？大会就开始，他即走了。

这些人是丧尽天良的人，即"冠服与人等，谓之人可乎？！"不过是小政客加小流氓罢了。他们是无耻之尤也。他们是从来没有想到"四人帮"会倒下去，胜利属于人民也。

……

弟刘彦章
2006 年 11 月 30 日

---

① 即上文《平反受"三家村"株连的冤案，阻力在哪？》一文在提到的兴宁一中"文革"造反派头头何志煌。

兴宁一中教我们做人

——忆"一日为师，终身为父"的恩师黎昔非

朱增麟

1955年至1958年，我在兴宁一中读高中。这三年间，有一件事使人终生不能忘记。

记得1955年我们刚进高中读书的时候，班主任是黎昔非老师。黎先生年纪约50岁，听说是史学家吴晗的同学。他教学认真，对人和气又略显严肃。我们高中一年级是在南院（现兴民中学）旁边的职工部（县城工商业职工业余夜校）学习和住宿的，他就住在我们的课室和宿舍旁边的一间屋子里。职工部门口有一口鱼塘。鱼塘岸上有一些菜地。这些菜地都是生物科傅绍棠老师的实验园地，种着一些瓜果、蔬菜，还有一些月光花嫁接的番薯。一天下午的课外活动，我们学习组参加劳动，分配的任务是在实验园地上锄土。锄土的时候，我们看见旁边月光花嫁接的番薯一共有两垄，枝叶茂盛，攀缠在简易的棚架上。因过去曾听说这种番薯很大，一条都有十多斤重。所以，劳动的时候大家都睁大眼睛把月光花嫁接的番薯看了一遍又一遍。一半出于好奇，一半出于肚子饿，在大伙怂恿下，我和另一个抓铁铲的同学三下两下便挖了一条出来，竟有七八斤重。大家欢笑着，一组六个人当场就把它洗干净，用刀子分开来吃了。虽然不好吃，但也解饥又解渴。可是，第二天傅老师发现了，便告状到班主任黎老师那里。上午上课前，班长就在班上说了这件事情，要参与这事的人自动坦白。我们感到问题严重了，非挨批评和记大过不可。大家提心吊胆，但都不吭声。当天下午课外活动，班主任黎老师叫我到他家里去，我惊得大气都不敢出。可是，到了他家里后，他却非常和气地叫我坐到他的吃饭桌旁，然后到楼下的厨房里给我拿来一钵饭菜，笑着对我说道："你肚子饿了吧，先把这钵饭吃了！"

当时，我简直傻蒙了，说什么也不敢吃老师的饭。那个时候，统购统销，每个人的粮食都定量，大家都肚子饿。我记得从初中一年级到高中三年级，我在学校里是没有吃过一餐饱的。如果任我吃，恐怕一餐吃它二三钵饭（最多半斤多米）也不用十分钟就能吃完。可是，老师的饭我怎么能吃呢？老师每个月也只有24斤米，老师一家人也在饿肚子。我如果吃了老师的一钵饭，那就会害得他最少也要节约几天的粮食啊！

"吃吧，你们年轻人长身体，肚子饿。我可以买点杂粮来充饥的。"黎老师诚恳地说。

我知道老师的用意，但我说什么也不能吃老师的饭。后来，我结结巴巴地把当时挖薯的情况给老师说了。黎老师不但没有批评我，也没有叫我做检讨，反而笑着说："我知道你们是因为肚子饿。以后做什么事都要先想一想，这件事可不可以做，做了会有什么结果。挖番薯这件事我已向生物老师作了检讨。告诉你组里几个同学不要有顾虑，安心学习吧！"

一件可大可小的事就这样过去了。润物细无声，我当时真感动得流下热泪来。正是润物细无声，这件事给我终生的教育很大。它不但使我此后做什么事都先想效果，因而在严酷的"阶级斗争"岁月里不会行差踏错，而且，它教育我应该如何去理解人和关心人。后来，当我参加教育工作后，我也像黎老师一样去关爱学生和对待学生所犯的错误。结果，不但学生很尊敬我，而且，学生也很喜欢我上的课。从事教育工作的几十年来，我像黎老师那样勤恳和爱护学生，创造了优良的班级和优秀的教学成绩，多次受到省市教育部门的奖励和表彰。我虽然没有吃黎老师的那一钵饭，但从教工作后的几十年来，那一钵饭却天天都在我的肚子里，成为我关爱学生的永恒的热量，使我与许多学生凝结了深厚的友谊。黎昔非老师正是我的"一日为师，终身为父"的恩师。

但是，恩师黎昔非却在"文化大革命"的时候，由于曾经是吴晗的同学和同事，便被当作莫须有的"吴晗黑帮分子"，而遭受到那些愚蠢而疯狂好斗的红卫兵的百般凌辱和迫害，于1970年含冤致死。呜呼，一个为人友善的年迈而博学、敬业的师者，竟为他曾经热爱和奉献的那个时代所不容，哀哉，痛哉！

60多年来，黎老师的那一钵饭，永远镶嵌在我的心宇中！

（原刊于广东省兴宁市第一中学校志编修委员会编《百年树人——广东省兴宁市第一中学校志》，2006年9月，第282—283页。收入本书时作者又做了一些修改）

作者简介：朱增麟（1940—   ），广东兴宁人，作家。从事教育工作三十多年，中学高级教师，曾获南粤优秀教师特等奖和佛山市南海区教育终身成就奖，现任南海区桂城区督导室主任。广东省作家协会会员，《中国作家》《散文选刊》签约作家，中国国际作家协会一级作家，代表作有长篇小说《红尘滚滚》。

缅怀恩师黎昔非先生

谭新贤

1955年8月我考取了全县最高学府——广东兴宁第一中学高中部。我高一时的班主任是受人尊敬的语文老师黎昔非先生,他于1902年出生于兴宁县罗岗镇甘村。1930年毕业于上海的中国公学大学部文史系。1931年昔非先生考取了北京大学研究院国学研究所研究生,并协助北京大学原文学院院长胡适先生主办《独立评论》的工作,成为该杂志经理人。1931年,黎昔非先生与丁白清、潘齐平等乡友在北平出版《昙华》文艺杂志。半个多世纪过去了,在一中读书时的人和事仍历历在目,母校的三年教育,使我终身受益。

在一个周末下午,下课后我准备回家,昔非老师说粮店已关门了,问我的米桶里还有米的话借些给他。过了两天昔非老师要还米给我,我说我家在农村,粮食和蔬菜都是自己种的不用还。他坚持还给我。当时我国经济困难,粮食紧张,城市居民的粮食要定量供给。昔非先生与师母和三个子女在家,按定量是很难吃饱饭的。为了做好学生的思想工作,他拿出自己有限的口粮让饿着肚子的学生吃,这种爱学生如子的精神真令人敬佩!

黎昔非先生在讲授《哭一多》课文时,他拿着我国著名民主人士闻一多先生给他的亲笔题词,向我们讲述了中华人民共和国成立前他在云南昆明国立中国医药研究所任职时好朋友闻一多先生爱国的感人事迹。那一堂课昔非先生讲得特别生动,使同学们深受教育。《哭一多》的作者吴晗是昔非先生的同学,文章的主人公闻一多是他的朋友,他们三人当时都在昆明并经常见面,可以说他是这段历史及其中历史人物的见证人,由他来讲授这篇文章,堪称得天独厚,故能做到情景交融,心灵相通,这是其他任何人都无法企及的,我们有幸聆听昔非先生这堂课,实在是一次难得的享受和历史机遇。

我还记得有一次语文试题问"真善美"的反义词是什么。昔非先生讲述了我们要提倡"真善美",其反义词就是"假恶丑",是我们要坚决反对的。几十年过去了,我们还记忆犹新,至今仍有现实教育意义。后来我读到《黎昔非与〈独立评论〉》一书所载《昙华》文艺半月刊中昔非先生亲笔写的《发刊词》(1933年1月第一期)时,才知道当时他就提出办刊和文学创作的宗旨是要提倡"真善美"而反对"假恶丑"。可见他在向我们讲授这两个词的后面是蕴藏着他自己深厚的文学思想和创作实践的。

我读高中三年期间,从1956年至1958年连续三年兴宁一中的高考成绩均名列广东省前茅。每届都有 6 人考入清华大学。我们五八届高中毕业班，虽然受到 1958 年反右运动影响，但在学校领导和全体师生的努力下，该年高考成绩名列广东第四，那一届仅四个班不到 200 名毕业生，90% 以上考上大学。我们丁班考上清华的就有 3 人，占全年级考上清华 6 人中的一半。此外还有交大、中大和中山医各 3 人，并有中国科大、南开、武大、华中、华工等全国名校 20 多人，除了几位同学成绩虽好，但因家庭成分不好未被录取，全班 40 多位同学都考上了大学。近半个世纪以来，我班同学在各自的工作岗位上取得了出色成绩。这一切都表明班主任昔非先生的心血没有白费。

"文革"期间，黎昔非老师因与胡适先生是师生关系，并与时任北京市副市长吴晗是同学关系，受到了不公平待遇，已于 1970 年辞世。1976 年 1 月，我调回广州华南工学院现华南理工大学任教，与高中同学聚会时得知昔非先生在"文革"后得到平反昭雪，大家感到非常欣慰。

2017 年 8 月，我们丁班同学在广州聚会，邀请黎昔非先生的长子黎导教授参加。黎导教授在中山大学毕业后留校任教，曾任广州外国语学院副院长，是海内外颇有影响的著名学者、翻译家和教育家。同学们缅怀恩师黎昔非先生，感谢他作为班主任，不仅教我们学好语文知识，还特别注重思想品德教育，使学生在德智体方面得到全面发展，成为对国家和社会有用的人才。

> **作者简介**：谭新贤（1941—　　），广东兴宁人。中国老教授协会会员，深圳市教授协会会员，深圳市武汉大学校友会会员，深圳市老年科技工作者协会教授级高级工程师，深圳市客家文化研究会名誉会长，深圳市兴宁一中校友会荣誉会长。

怀念语文老师黎昔非先生

陈福谦

我初中、高中毕业于兴宁一中。回想自己的学习、工作历程及所取得的一些进步、成绩，我深深感谢兴宁一中，特别是三年高中阶段起到十分重要的作用。在这里，要特别怀念的是我的语文老师黎昔非先生。

记得，在我高三时，昔非老师已年过六十。少许白发，中等身材，常常穿着一件青布衫，气质非凡，面带微笑，眼镜后面的目光热烈有神，显得年轻健朗，在谈到语文教学工作时，更是神采飞扬，谈吐不俗。在我进入高二、高三时，就曾经先后听说过昔非老师是北京大学高才生、著名政治刊物《独立评论》创始人之一、兴宁县人大代表、政协委员、广东省优秀教师、兴宁一中语文教研组组长、光荣的中国共产党党员……我心中产生了无比的崇敬和仰慕。昔非老师高大的身影，巍然矗立在我的面前。

昔非老师于"七七事变"后回家乡兴宁献身教育事业。几十年如一日，对教育事业执着的追求、全身心的投入。课堂上的昔非老师手拿课本，讲课有条不紊，思路清晰，把课本文章的结构，写作的手法，记叙文、说明文、议论文的不同特点，讲得娓娓动听，特别是字词句，切中要害，入木三分，不哗众取宠却令人久久不忘，如饮醇醪；在批改作业时，更是认真，对写得好的句子，往往圈圈点点，给予鼓励；对写得不好的句子，就打疑问号或打叉，给予纠正。老师的辛勤培育，不但给我打下了科学文化基础，而且使我这个十七八岁的青年逐渐懂得要关心时事、立志报国；要多读好书，充实自己；要有敬业心、踏实做事……所有这些都影响了我随后的人生路。

然而，这样一位好老师却在"文化大革命"期间，因受"三家村"冤案株连受到残酷迫害，于1970年12月16日68岁时含冤辞世，直至1979后才得到平反昭雪。我为失去一位好老师、省优秀老师而悲痛哭泣！

昔非老师才华出众，是中国千百万知识分子大军中的杰出代表。他随着中国历史前进，与祖国一道成长，与祖国同命运共呼吸，在艰难曲折中前进。他胸怀报国之志，热爱工作，初衷不改，不论在任何岗位工作都尽力奉献他的智慧和才华，在平凡的工作中放射出不平凡的耀眼光芒，为兴宁一中的名校辉煌做出了特有奉献。

昔非老师的音容笑貌，依然浮现在我的脑海中，那种敬业爱生的崇高精神，唤起我深深地怀念。

最后,祝愿昔非老师在天之灵得到安息!

2016 年 6 月 24 日于深圳

作者简介:陈福谦(1940—　),广东兴宁人。高级建筑师,中国建筑学会建筑学术委员会委员,历任深圳市建筑设计研究总院建筑设计室主任等职。

黎昔非先生故居丕显围记

黎 虎

2008年9月7日，岁在戊子，梅州市文化广播电视局干部杨才珍先生，兴宁市教育局干部、作家朱伟杰先生，联袂驱车赴罗岗甘村探访黎昔非先生故居丕显围，询故老，问裔胄，寻遗踪，其诚其虔，感人肺腑！然而耆英凋零，高年不遇，谙悉旧事遗闻者寥寥，后生辈于丕显围来历多属茫然，杨、朱二公嗟叹良久，殊感遗憾。余当年编撰《黎昔非与〈独立评论〉》一书时曾经搜集丕显围资料若干，虽然所得有限，但碍于体例和篇幅，亦未能完全收入其中。今感触于杨、朱二公之遭际，深惧时移事易，此有限之资料亦将湮灭，恐后世无闻，故撰斯记，冀非唯有助于黎昔非先生身世之了解，抑亦为客家民俗、历史之研究保存些许资料。

黎昔非先生故居在广东省兴宁市罗岗镇甘村鸭池塘丕显围。甘村黎氏由大柘、石正而迁来罗岗霞岚村，至十一世祖考守庄公、祖妣袁氏四娘、朱大孺人开基于甘村长兴围，俗称土围里。守庄公墓地原在霞岚马祖嶂，后迁葬甘村东田坑，最后定葬土围背。祖妣原葬霞岚梅花落地，1958年平整耕地时被毁，遂迁葬于守庄公墓侧。守庄公裔五房，经十二世奕荣公、十三世小日公，至十四世克明公西渡小河，于水背开基，建永兴围。经十五世时彰上瑞公，十六世阳玉公，至十七世逢源公、祖妣叶氏建居安围。逢源公裔三房，长曰鹏化，次曰鱼化，三曰宣化。十八世鱼化公配练氏、黄氏，育有二男，长曰嘉修，二曰嘉谟。十九世嘉谟公即昔非先生祖父。鱼化公葬于甘村窝角里猪肝形，练氏、黄氏葬于甘田坑。嘉谟公配罗氏，育单丁如珣公。二十世如珣公，号璧轩，学名琪章，亦配罗氏，育二男二女，长曰海邦，二曰治邦。治邦即昔非先生。又买一男孩，名济邦，不久下南洋，一直未回。长女嫁大坪罗山塘罗佩祥，二女嫁大坪小碰袁松山。

丕显围系二十世如珣公所建。其建造始末大略如下：十九世嘉谟公为私塾教书先生，其时家道中落，其原因有二说，一说因嗜酒，一说因吸食鸦片，加以生性朴实厚道，于是田产被骗被剥殆尽，生活艰困异常。住地仅剩永兴围一间房，后转至鼎元庐，再搬到居安围。家徒四壁，连一个"铺炉"（客家人常用炊具，深腹铸铁锅）都无，只得以破缸片煮食。祖妣罗氏一年二季时节四出拾谷穗、掏番薯，聊以充饥。居住居安围时，嘉修房做主拟将十岁左右如珣公卖与黄屋人，黄屋有人提出：人家是个独子，不能买，只能借谷救济他家，孩子不能要。在乡里舆论影响下，此事遂作罢。二三年后，嘉修房将如珣公雇至其在江西信丰寒坊圩（今辖兴国市）店中帮工，条件是只管吃饭，无有工钱。当地一店主屡见其霜雪天亦赤脚担水，遂将其叫进店中询问，得知待遇如此刻薄，便提出让他到自己店中做事，还发给工钱。此后他每月可以有一些钱寄回家中。这样做了二三年，店主说："我看你是个老实伯，我教你读书、打算盘，以后好自立。"过了一段时间，店主又提出，我借点本钱给你，在我店门口摆个杂货摊，仍在此店中吃住。从此开始自立。由于店主的帮助和他本人的诚信与勤奋，生意日有起色。后来店主又提出，我已经老啰，这个店就让你来开吧；先免你二年的租钱。后来店主又提出将店便宜卖给他，于是有了自己独立的店铺，主要经营洋杂货等。至此家道得以中兴，不仅逐渐赎回了田产，而且购进了一些田地，同时有了自己建造新屋的打算和可能条件。期间，如珣公将父亲嘉谟公接至江西店中居住，直至去世，仅留婆媳在老家。嘉谟公归葬于上村田螺形，后因平整耕地，改葬于居安围斗门对面湖洋坑里祖妣罗氏墓侧。如珣公在江西期间，结识了一位风水先生黎乾春，遂请他下来帮助寻找风水屋场，在居安围家中住了二三年。几经选择，最后确定了现在丕显围这个地址。这个屋位原为罗姓人所有，遂从其手中买进。现在在丕显围禾坪前还有一些屋迹，即罗家旧居遗存。丕显围依"下山祇"而建，坐北朝南，这个山名当是站在居安围角度而取。经黎乾春先生研究，地形为"蝴蝶过江"，于1907年开建。屋名"丕显围"系昔非先生所拟。因其祖父名嘉谟，故取《尚书·周书·君牙》"丕显哉，文王谟"与"谟"相对应联系。昔非先生所拟屋名对联有"丕振民气，显扬国光"及"丕承武烈，显耀文光"等。毕竟财力有限，故建筑标准从低，以草泥土砖砌墙，瓦盖屋顶，内部没有装修，而且直至1929年7月如珣公去世尚未完全建成，只盖了三分之二，西边的横屋和角楼没有盖起。如珣公安葬于土陂径来昌古屋背，配偶罗氏1939年去世后，安葬于小河对岸之山嘴。昔非先生于1926年离开丕显围负笈上海，直至1937年底才回到故居。大约在1939—1940年间才将丕显围加以粉刷装修。1954年举家搬迁兴宁县城居住，从此告别了丕显围。

虽然在如珣公时期家境有所改善，亦不过粗有衣食而已，并不富裕。在这种情况下黎昔非先生缘何得以远赴上海求学呢？这当然首先决定于其本人的素质与志向。他自小即勤奋好学，心无旁骛，孜孜矻矻，一心向学，志存高远，乡党侪辈，无出其右者。不仅家人寄予厚望，族人亦普遍称赞并看好。当时杨姓人在甘村街文祠设有学校，于是水背黎姓在阳玉公时于鼎元庐侧建尚基学校。昔非先生的启蒙学校就是尚基学校，老师为大坪人练义芳先生。其次则得力于如珣公大力支持和祖尝之资助。如珣公痛感失学之苦，故极力支持昔非先生上学。但是以当时昔非先生之家境，完全依靠家庭之财力尚不足以支持。族中规定，凡考上大学者，族尝给予补助。在昔非先生之前尚无人考上大学，故昔非先生考上大学之后，举族欢呼，成为得到族尝资助第一人。资助由奕荣公、逢源公、鱼化公等尝田支出，约每年三四石谷。规定读中学者没有赏谷补助，只是醮地时可以分到猪肉，初中生一斤，高中生二斤，大学生三斤。再次则依靠家中筹措。族尝的补助虽然解决了一些问题，但是数量有限，名誉大于实质，仍然不敷应用，故主要依靠自己设法解决。昔非先生考入大学后，兄弟即分家，昔非先生名下分得4斗种田（1斗种田合今亩1亩4分）。为了解决上学费用，昔非先生出卖了一斗半田，剩下的二斗半田则抵押给小霞岚村邹姓族尝内。此种抵押是认租不认田，租谷二石半（十斗为一石）。邹姓族尝以此田起了一个"谷会"，一份一石谷，共十份。起"谷会"是当时客家人的一种互助方式，某人有困难需要帮助时就来凑"谷会"，每份多少谷不限，如果是每一份一石，十份则有十石。第一年会员挑来稻谷时，由会首出资办席款待会员，第二年起会时仍然办席款待会员，同时开始给会员补利息谷若干，逐年补清为止。这种利息很轻，实际上是一种互助的方式。故凑"谷会"是凑人情，民谚曰：好了二会人，三会平平过，四会补衰人。

原生态客家大屋是建立在小农经济基础上、适应宗族聚居需要之产物，三十年改革开放而发展起来的商品经济，冲决了传统的小农经济和以血缘为纽带的宗族聚居生活方式，于是在客家老屋的周遭纷纷建造了各式各样适应个体家庭的小型房屋，导致老屋人烟日益稀少乃至荒废。黎昔非先生故居亦不能抗拒此一潮流，如今永兴围已经坍塌，墙被蒿艾，巷罗荆棘；居安围已成荒宅，鞠为茂草；丕显围虽然还有少数居住者，然而门户萧条，百年古宅，风烛残年，垂垂老矣！

以上所述，取材于宗族故旧所提供。笔者少小离乡，于家乡遗闻轶事、人情风俗所知有限，故所记讹误或阙漏之处，尚祈博雅君子，有以正焉。

（原刊于《兴宁风采》第41期，2009年12月）

附：

重修丕顯圍記*

　　丕顯圍者吾廿世祖如珣公肇基於清光緒卅三年（公元千九百零七年）迄今百又十年矣如珣公字琪章號璧軒幼年家貧如洗不得已遠赴江西信豐寒坊謀生以勤勉做事誠信做人由學徒漸而開店抑且自奉儉約遂稍有積蓄感慨於疇昔之顛沛冀子孫不復罹此困厄遂竭盡所有爰築斯宅奈財力有限故建築標準從低粵東客家圍屋典型者為三堂兩橫丕顯圍取其次而為兩堂兩橫即此猶難以為繼遂舉數百元之債年付數斗種田之息蓽路藍縷艱辛備嘗迨如珣公辭世公元千九百廿九年七月猶未告成西側橫屋及圍龍尚付闕如僅成兩堂一橫是為今日所見者如珣公畢生心血盡於此矣

　　客家圍屋源于族居自衛所需傳統居式所由今不復存圍屋周匝各營己宅老屋荒廢勢所必然丕顯圍百年古宅風霜久閱牆頹壁壞弗加修繕將必腐折傾圮有鞠為茂草之虞裔孫爰集急議修葺詢謀僉同醵金鳩貲集腋成裘裔孫曲生閒於土木僉舉以董其役歷五月之勤得竣厥工

　　斯工既竣宜乎書厥旨以示來是屋也乃祖先之饋來之不易吾輩後嗣焉敢忘之宜善加維護以志祖宗恩澤以光勤勉做事誠信做人祖德報效社會國家是屋也雖屬簡陋亦客家傳統民居之遺存故堅之固之以盡保存中華傳統文化瓌寶客家文化之綿力

　　是為記

丁酉仲夏吉日眾裔孫敬立

謹列捐貲芳名登之貞瑉：

某某　元

某某　元

……

---

* 黎昔非故居丕顯圍業經族人集資，于2017年9月修繕竣工，并由黎虎撰《重修丕顯圍記》，銘于正堂東壁。今按原貌錄文附于文後，以供參考。黎昔非祖屋居安圍亦經族人集資，于2019年4月11日動工修繕，同年10月竣工。2020年，黎昔非故居丕顯圍被興寧市人民政府列為"名人故居"。

五

历史的评判

略论黎昔非在中国现代文化史上的作用和地位

刘佐泉

2002年黎昔非先生（1902—1970）百年华诞之际，学苑出版社出版了《黎昔非与〈独立评论〉》一书。本书拂去层层尘封，还原了历史的真相，不仅披露了在中国现代史上影响最大的刊物之一《独立评论》创办的诸多内幕，及其主编胡适鲜为人知的另一方面，而且揭示了一位在中国现代文化史上做出过重要贡献，而迄今尚不为学术界所知的黎昔非其人其事，展现了他在中国现代文化史上的作用和地位，从而使我们今天有可能对这个历史人物重新做出全面的、公正的认识和评价。

黎昔非，广东兴宁人，1930年7月毕业于上海中国公学大学部文史学系，1931年3月考取北京大学研究所国学门研究生，1932—1937年，应胡适的一再邀请而担任《独立评论》经理人，与《独立评论》相始终。期间，在1933年1月至4月又主编《昙华》文艺半月刊，从事文学创作。1937年6月被聘为北京大学研究院助理研究员，旋因"七七事变"而未及履职。抗日战争期间，经闻一多先生介绍到昆明国立中国医药研究所史地部任助理研究员一年（1944—1945）。此外，他都在家乡中学教书，直至"文化大革命"中被迫害致死。综观他的一生，从事学术文化工作的时间不过短短的十年，大部分时间是任中学教员，因此，一般人都把他看作普通的中学教师。但是现在我们可以发现，他对历史的贡献主要不在于中学教员，而在于他在20世纪30—40年代对于中国文化事业的贡献，这包括创办《独立评论》和《昙华》文艺半月刊，以及《诗经》研究等方面的业绩。现在，他的业绩和贡献已经日益被学术界所了解和肯定。

一、《独立评论》——"胡适等人与黎昔非通力合作的产物"

报刊是近代以后西风东渐影响中国社会变迁的最重要内容之一，自维新以后，凡是在中国社会舞台上的风云人物，无不是通过报刊而登场的，近代中国的历史也大致可以由几个刊物而划分出不同的时代，胡适就曾说："三个杂志可代表三个时代，可以说是创造了三个时代。一是《时务报》,一是《新民丛报》,一是《新青年》。"① 而《独立评论》则在20世纪30年代内忧外患中创造了一个自由主义的新时代。

1999年11月,作为"中国近代期刊影印丛书之三",岳麓书社将《独立评论》全部影印出版,共精装合订本10大册。出版社所写的《出版简介》里,这样说道:"《独立评论》政论时评周刊。1932年5月22日创刊于北平,1937年7月停刊,共出243期②。16开本。胡适等人主编。主要撰稿人多为北京大学、清华大学等校的著名教授、学者,如丁文江、翁文灏、傅斯年、蒋廷黻、任鸿隽、周炳琳、陈衡哲等。该刊以刊登政论文为主,同时也刊载一些游记、杂文、书评。另设有'问题讨论'一栏,经常开展有关政治、教育、妇女、文化问题的讨论,其中'民主与独裁'的论争、高等教育现状与改革的讨论、中西文化的论争、对日政策的讨论在当时有很大反响,是三十年代最有影响的刊物之一。"

《独立评论》以其连续出版五年有余,不仅发行于全国各地,而且远及美、日、德、法等国,其销售量最高时达13000份,比历史上的《新民丛报》《新青年》等刊物的销量还要大,因而成为在中国现代历史上最重要的刊物之一。《独立评论》对20世纪30年代中国的社会、政治走向产生了重大的影响,在中国20世纪思想史上也占有不可磨灭的地位。与此同时,以胡适为代表的自由主义知识分子也通过这个刊物从社会的"边缘"进入了社会的"中心"③。《独立评论》也就成为胡适一生所创办的最为成功、最为重要的一个刊物。

《独立评论》之所以办得如此成功,除胡适等编辑和撰稿人的作用之外,也与其经理人黎昔非的贡献密不可分。黎昔非的重要作用和贡献体现在如下几个方面:一是当胡适等人决定创办《独立评论》,而且第一期稿件都已经准备好了,却"还找不到一个合适的经理人",为此"正在发愁"之时,是黎昔非解其燃眉之急,答应出任经理人,使《独立评论》得以如期创办。这些事实表明"黎昔非是胡适等创办《独立评论》时找到的唯一'合适的经理人'。黎昔非是否出任经理人,直接关系着《独立评论》能否创刊"。因此,"黎昔非出任经理人,是《独立评论》得以在1932年5月22日创刊的关键"。④ 二是黎昔非在独立评论社负责除编辑以外的所有工作,"包办一切"⑤,胡适说:"发行,校对,杂务,全是黎昔非先生一个人支持"⑥,"有时忙到连报纸都要到夜深才得闲来看"⑦。目击黎昔非在

---

① 胡适:《致高一涵、陶孟和、张慰慈、沈性仁》,《努力周报》第75期(1923年10月21日)。
② 应为244期。
③ 张太原:《〈独立评论〉经理其人其事》,《黎昔非与〈独立评论〉》,第88—127页。
④ 唐志勇:《黎昔非与〈独立评论〉的史料价值》,《江汉论坛》2005年第6期,第103—107页。
⑤ 黎昔非:《日记》(1934年12月23日—1937年4月18日),《黎昔非与〈独立评论〉》,第524—615页。
⑥ 胡适:《又大一岁了》,《独立评论》第151号。
⑦ 黎昔非:《自传》(1951年7月),《黎昔非与〈独立评论〉》,第438—461页。

《独立评论》工作情况的罗尔纲说:"他很忙,从来没有功夫去玩。"① 由于黎昔非的超常付出,使胡适得以对这个刊物实行"无为政治"②,无后顾之忧,使这位"大忙人"每星期只需抽出一天时间编辑文稿③就让这个刊物顺利运行五年之久。黎昔非不仅自己全力以赴,而且动员他所能动员的力量来协助《独立评论》的工作,胡适说:"每到星期日发报最忙的时候,他一个人忙不过来,总有他的许多青年朋友赶来尽义务,帮他卷报、装封、打包、对住址。"④ 所谓"他的许多青年朋友",就是当时在北平上学或工作的黎昔非的兴宁同乡、朋友。兴宁同乡陈晋祺也是经黎昔非推荐而正式成为独立评论社职员的。一定意义上可以说《独立评论》的成功是黎昔非为首的兴宁知识分子所助成的。三是黎昔非对工作一丝不苟、兢兢业业,使《独立评论》得以高质量出版。由于他的认真校对和严格把关,"所以,当时的《评论》印出来,是极少有错字的"⑤。"黎昔非的辛勤工作,尤其是严格认真的校对,对《独立评论》的高质量出版起了决定性的作用。""《独立评论》的高质量出版,端赖于黎昔非的认真管理和严格把关。"⑥ 至于其发行量之日益增加,以至超过历史上发行量大的其他杂志而名列前茅,与发行人黎昔非密不可分更是不言而喻的。四是黎昔非从《独立评论》1932年创刊,直至1937年7月25日最后一期终刊,一直坚守岗位,善始善终,这是《独立评论》得以坚持出版五年有余的重要原因和保证。坚持五年时间,对黎昔非来说意味着什么?我们只要看看下面的事实就清楚了:胡适邀请黎昔非出任《独立评论》经理人时,他正在北京大学研究生二年级读书。他的初衷是借此半工半读以便完成自己的毕业论文。但是实际情况与他的主观设想相去甚远,这个工作对他的研究工作"有极大的妨碍","于是再三推却,都以不易找到相当接替的人而被留住了"⑦。由此可见,黎昔非为《独立评论》付出了一生最宝贵的黄金岁月,牺牲了自己的学业、前途,后来的事实证明他的一生都为此付出了代价。正是黎昔非的巨大牺牲才换来《独立评论》的巨大成功。

黎昔非对于《独立评论》的重要性,从下面一个事实对比中就可以更加明白:在20世纪20年代,《努力周报》停刊之后,胡适曾一直"努力"使之复刊,但是都没有实现,原因之一就是没有像办理《独立评论》那样找到了一个"合适的经理人"⑧。

因此,胡适把黎昔非对《独立评论》的作用和贡献比喻为"忠心的看护妇"⑨。中国现

---

① 罗尔纲:《师门五年记·胡适琐记》(增补本),北京:生活·读书·新知三联书店,1998年。
② 胡适:《又大一岁了》,《独立评论》第151号。
③ 胡适:《胡适的日记》(1934年5月28日),台北:远流出版事业股分有限公司,1990年。
④ 胡适:《又大一岁了》,《独立评论》第151号。
⑤ 林钧南:《忆昔非兄与〈独立评论〉》,《黎昔非与〈独立评论〉》,第52—71页。
⑥ 唐志勇:《黎昔非与〈独立评论〉的史料价值》,《江汉论坛》2005年第6期,第103—107页。
⑦ 黎昔非:《自传》(1951年7月),《黎昔非与〈独立评论〉》,第438—461页。
⑧ 张太原:《〈独立评论〉经理其人其事》,《黎昔非与〈独立评论〉》,第88—127页。
⑨ 胡适:《又大一岁了》,《独立评论》第151号。

代史专家、山东师大历史系教授唐志勇对此做了精辟的分析,他说:"胡适在纪念《独立评论》三周年时,将它与黎昔非的关系比作'孩子'与'看护妇'的关系。这个比喻是很贴切的。《独立评论》作为'孩子',是胡适等人'生'的。但始终'呵护培养'这'孩子'的却是黎昔非。如果没有胡适等人的'生',固然就没有《独立评论》这'孩子'的'出世'。而如果没有黎昔非的'呵护培养',自然也就没有《独立评论》这'孩子'的'茁壮成长'。"在分析了黎昔非对于《独立评论》的作用和贡献之后,他得出了如下的结论:"《独立评论》的成功,黎昔非的贡献并不亚于胡适等人。""应该说,《独立评论》的成功,是胡适等人与黎昔非通力合作的产物。"①这个结论是符合实际的,是完全正确的。因此,张太原博士认为,黎昔非对《独立评论》的贡献,"足可以与胡适一同光照当世,泽及后人"②。

二、"从史学途径创新《诗经》研究的先驱者之一"

学术研究和文艺创作是黎昔非早年孜孜以求的人生奋斗目标:"想二者得兼,即以研究古代东西为主,暇则从事于创作。"他"研究古代的东西"主要体现在《诗经》研究方面。

1945年他在昆明国立中国医药研究所史地部工作期间所填《大学及独立学院教员资格审查履历表》中说:"早完成之《诗经学史》及《诗地理考》因'七七事变'遗失。"这里的"早",当指他在北大研究所与《独立评论》工作期间。不过,他的《诗经》研究早在大学期间即已开始。从上述记载可知他的《诗经》研究成果大部分已在抗战烽火中遗失,现在我们所能见到他残存的《诗经》研究的论文,主要有他在中国公学大学部文史学系三年级读书时发表于1929年《中国文学季刊》创刊号上的《〈采芑〉时代的质疑》,1937年1月24日发表于天津《益世报》"史学周刊"的《从"其军三单"说到古代兵农之分》,以及1945年1月12日致胡适书简中的读《诗》札记三则等。从这些断简残编中,我们仍然可以管中窥豹以见其《诗经》研究的深度与学术价值。这些成果今天重新刊布以后,经过学术界同行专家的解读,得到了一致的肯定和高度评价。

《〈采芑〉时代的质疑》是对陆侃如认定《采芑》一诗作于周厉王时提出的商榷。黎昔非的驳议先从陆侃如立论的依据——《汉书·古今人表》着手,因为方叔在表中列于厉王时,故陆侃如据此把《采芑》定为厉王时诗。但是,黎昔非认为,《汉书·古今人表》人名的排列是以时代先后为序的,方叔位列厉王末年,这就有可能他到了宣王时依然活着。

---

① 唐志勇:《黎昔非与〈独立评论〉的史料价值》,《江汉论坛》2005年第6期,第103—107页。
② 张太原:《〈独立评论〉经理其人其事》,《黎昔非与〈独立评论〉》,第88—127页。

接着黎昔非以诗证诗,《采芑》诗曰"方叔元老",既称"元老"那就证明不会是厉王时的称呼,而只能是对前朝老臣的尊称。既然《汉书·古今人表》把他列在厉王末年,那就说明他绝不是厉王朝的元老,而是后一个朝代宣王时的元老。最后,黎昔非以史证诗:《后汉书·南蛮传》曰:"宣王中兴,乃命方叔南伐蛮方。"足见《采芑》所记乃宣王时事。

对于这篇论文,著名《诗经》及朱子学研究专家、华东师范大学文学院副院长朱杰人说:"黎先生的文章不长,但论证严整,推理缜密,史料运用娴熟,得心应手,证明他有着非常扎实的史学功底。"① 著名中国古代文学史专家、北京大学中文系教授、中国诗经学会常务理事费振刚说,这篇文章的"意义和功效在于它行文的紧密,逻辑的清晰,内、外证相结合,以史证诗的方法,以及从中折射出的黎先生严谨的学风和扎实的古典文化功底"②。著名先秦史和古文字专家、中国社会科学院历史研究所前所长、中国先秦史学会理事长李学勤说:"这一考证,可谓实事求是,方法完全是史学的。"③

《从"其军三单"说到古代兵农之分》是黎昔非《诗经》研究的一篇代表作。文章所要解决的是关于古代兵制及相关社会性质的重大问题。《诗经·公刘》中"其军三单"一句,两千多年来一直众说纷纭,黎昔非排比了从毛传、郑笺、孔疏到王肃、王夫之、曾钊、焦循等人对"单"和"三单"的训释,把批评的矛头直指毛、郑而略诸家,认为毛、郑问题廓清了,"源自洁而流自清""余说便失所附丽"④。朱杰人指出:"在这一问题上,黎昔非采用的是一种批评的和科学的、实事求是的态度。他不迷信毛郑,而且敢于向毛郑挑战。他看出了毛郑在训释'三单'时的逻辑错误,又看出了历代说《诗》者在附会毛郑时发生的史料和史实错误。于是大胆发难。他的攻击非常巧妙,他从考证史实和辩证史料入手,证明在公刘的时代'一定是兵农实分的'。这样毛郑及其他说《诗》者的结论就被推翻了。结论站不住脚,那么他的前提——关于'三单'的训释——也就不攻自破了。""这篇论文写得非常严谨……史料的运用博杂而精练,考证的过程缜密而富于逻辑性。尤其值得称道的是作者行文的机智和巧妙,以子之矛攻子之盾,举重若轻地把一个重大的古代制度问题解决了。"⑤ 费振刚说:"黎先生此文的价值,并不只在于其对'三单'的解释,而在于其整个的论述过程,在于其对毛、郑以降'三单'解释的析清、梳理,对于其中明显错误者的否定;在于其对公刘年代的考辨和其对中国古代'兵农之分'的解析。"认为"此析清、梳理,提纲挈领,简单明了,从源头说起,而其流自清,于我们今日研究《诗经》仍有借鉴意义","论文中所论证的完全有超越其最后结论的意义"⑥。著名先秦史和古文字

---

① 朱杰人:《黎昔非的〈诗经〉研究》,《黎昔非与〈独立评论〉》,第178—186页。
② 费振刚、林晓雁:《黎昔非先生〈诗经〉研究述评》,《黎昔非与〈独立评论〉》,第187—197页。
③ 李学勤:《〈诗经〉研究的吉光片羽》,《黎昔非与〈独立评论〉》,第173—177页。
④ 黎昔非:《从"其军三单"说到古代兵农之分》,《黎昔非与〈独立评论〉》,第153—167页。
⑤ 朱杰人:《黎昔非的〈诗经〉研究》,《黎昔非与〈独立评论〉》,第178—186页。
⑥ 费振刚、林晓雁:《黎昔非先生〈诗经〉研究述评》,《黎昔非与〈独立评论〉》,第187—197页。

学专家、中国历史博物馆研究员王冠英说："这篇考释文字，不但立论严实，行文亦汪洋恣肆，举重若轻，大量的文献资料，旁征博引，信手拈来，表现出相当深厚的功力。现在，关于'其军三单'的争论还在继续，我觉得，如果大家的论文都能像黎老先生的文章这样严谨立论、征而后信，一定会使《诗经》的研究更加深入。"①

《读〈诗〉札记》三则是黎昔非遗稿中一组有关《诗经》文字训诂的剩简。三则文字都是对《诗经·召南》的解释，一为《羔羊》中的"素丝五紽"，一为《驺虞》中的"壹发五豝""壹发五豵"，一为《江有汜》中的"其后也处"。朱杰人指出，"黎先生札记中考释的几个字，历来是《诗经》研究中众说纷纭而无定论的'老大难'问题。黎先生的训释旁征博引，发前人所未发，是一种非常独到的见解。训诂，是解读《诗经》和研究《诗经》的敲门砖，却又是最为困难和深奥的学问。这三篇短文，显示出黎先生深厚的小学功底以及音韵学的素养。"②费振刚说："黎先生这几处打破陈规，训'五'为'午'，都是极有创见的，且说得［的］简单、明了，数行之间，即见深厚的功底和睿智的思考。"这"三篇'读诗札记'，每则说一两个问题，简明，但很清楚，有启发性。这都表现了先生深厚的古代文化功底，和对于传统研究方法的精确把握"。③王冠英说："黎先生释'处'为'瘋'非常正确，尤其老先生对该诗'一层深一层的写法，首章言悔，由悔而忧或病'的分析入木三分。旧注牵强附会，使人越读越糊涂。"认为从这三则文字，"我们可以看到黎先生的文字音韵训诂功力深厚，力透纸背。诗无达诂，评量一个学问家的成就，并不仅仅是看他著作的数量，管中窥豹，亦往往能窥见其学问的深度和力度"。④

通过对这些成果的再认识，专家们对黎昔非的《诗经》研究给予了高度的评价。朱杰人慨叹："从我们仅见的资料看，这是一位完全可以有大成的学者。"李学勤说："黎昔非先生的《诗经》研究，是以他对古代历史的探讨为基础的，而且他研究的目的正在于加深历史的了解。""黎昔非先生是从史学途径创新《诗经》研究的先驱者之一。……将来新撰《诗经学史》，必当有黎昔非先生的大名！"⑤

三、《昙华》——"一首永远活着的诗"

1932年9月，黎昔非与中国公学大学部文史学系同学丁白清（广东兴宁人）、陈菲村（女，江苏太仓人）、潘齐平（广东惠阳人）以及北平大学法商学院学生刘在海（广东兴宁

---

① 王冠英：《读黎昔非先生〈诗经〉研究剩简札记》，《黎昔非与〈独立评论〉》，第198—209页。
② 朱杰人：《黎昔非的〈诗经〉研究》，《黎昔非与〈独立评论〉》，第178—186页。
③ 费振刚、林晓雁：《黎昔非先生〈诗经〉研究述评》，《黎昔非与〈独立评论〉》，第187—197页。
④ 王冠英：《读黎昔非先生〈诗经〉研究剩简札记》，《黎昔非与〈独立评论〉》，第198—209页。
⑤ 李学勤：《〈诗经〉研究的吉光片羽》，《黎昔非与〈独立评论〉》，第173—177页。

人）等四位同人在北平成立了一个昙华文艺社,于 1933 年 1—4 月出版了《昙华》文艺半月刊,一共刊行 7 期,发表小说、诗歌、评论、杂文、译文等 36 篇。

黎昔非是昙华文艺社的核心人物,他被同人推举为《昙华》半月刊的主编。黎昔非在《自传》中回忆创办《昙华》一事时写道:"编辑、写稿、校对、发行全由我一人负责。"① 由此可见《昙华》主要是黎昔非心血的结晶。据林钧南先生回忆,每期的《昙华》都有黎昔非的作品,但是由于《昙华》中的作品均以笔名发表,所以今天我们能够确认为黎昔非的作品仅有《发刊词》《活财产》《南旋》《友谊》等;署名罗岗的《爱与仇》也有可能是黎昔非的作品。②

《昙华》问世的 20 世纪初期的中国,山河破碎,民不聊生,内忧外患,交相肆虐。当时的北平更处于日寇侵逼的前沿,已成岌岌可危的"边城"。《昙华》半月刊是《昙华》同人面对国家民族危亡和人民的水深火热而奉献的一颗赤子之心。她在萧索的北国文苑中一枝独秀更有其非同寻常的意义。

黎昔非所写的《发刊词》集中反映了《昙华》同人的审美要求和价值取向。"从这个发刊词的内容来看,在 20 世纪 30 年代北京先锋性文艺探索很浓的气氛下,《昙华》并不是一个随波逐流超世拔俗的纯文艺杂志。这些办刊同人,都有一种富于良知的青年人响应时代呼唤的清醒与坚实。"③ 他们"认为文艺应该坚持独立和着实的精神,以情感人,以弘扬'真'和'美'为己任。这是一群有教养、有良知、有责任感的文学青年面对着风云变幻的时代郑重写下的诺言。他们短暂的文学创作的确实践了自己的承诺"④。

《昙华》的作品以小说为主,"这些小说比较鲜明地反映出上一世纪时代青年的忧患意识……把他们的敏锐触角伸向了社会的各个角落,流露出他们的忧虑、愤怒和同情","不愧为时代晴雨表和感应的神经"。⑤ 这些小说又以反映农村生活和人民苦难命运的题材最为突出,这无疑与主编黎昔非的文学思想和追求密切相关。黎昔非写道:"我所以想从事创作,一固然是由自己喜欢它,一也是受沈从文的鼓励:因我来自农村,深知农民大众的痛苦,每所暴露的都是当时社会的黑暗面。他认为这比那些坐在上海亭子间里的'普罗作

---

① 黎昔非:《自传》(1958 年 4 月 30 日),《黎昔非与〈独立评论〉》,第 462—487 页。
② 在《昙华》五位同人中有黎昔非、刘在海两人是广东兴宁罗岗人,而刘在海作为并非学习文学而是学习法律专业的在学学生,创作小说的可能性较小。而在《昙华》中发表多篇评论文章、署名刘枕涛的作者可能为刘在海。
③ 孙玉石:《一首永远活着的诗——黎昔非及其主编的〈昙华〉半月刊》,《黎昔非与〈独立评论〉》,第 338—394 页。
④ 卢斯飞:《黎昔非和他主编的〈昙华〉半月刊——一则鲜为人知的新文学史料》,载《广西文史》2004 年第 1 期。
⑤ 卢斯飞:《黎昔非和他主编的〈昙华〉半月刊——一则鲜为人知的新文学史料》,载《广西文史》2004 年第 1 期。

家'所写的还较真切,故极力怂恿我走创作这路。"①《昙华》所发表的那些"关于农村和农民痛苦生活题材的小说,使得热切关注30年代中国社会底层农民悲剧命运,努力用文字为贫苦农民而抗争呼号,成为《昙华》这个小小刊物一个鲜亮的主题,也是《昙华》拥有的社会认识价值的所在,这些,是与他(引者按:指黎昔非)自身几年里广东农村的生活经历,与"五四"以来鲁迅开辟的'乡土小说'传统的影响,与他从沈从文那里获得的关于创作熟悉题材的自觉意识,都是密切不可分的"。因此,"《昙华》中的短篇小说,最富有思想深度与社会意义的,还是那些直接描写农村生活,揭示农民贫穷与苦难,特别是接触处在农村最底层的贫苦妇女命运的作品"②。黎昔非的小说《南旋》是一篇现实感很强、颇有深度的作品,主人公阿苓是个阔别家乡多年的青年,通过重返故乡所见所闻,充分体会到农民心头的"怨、恨、悲、愤":苛捐杂税,多如牛毛,逼饷抓丁,触目惊心,农民贱卖土地,无人肯出价钱。"作品的气氛和构思,都使人联想到杜甫的'三吏''三别'"③。黎昔非的另一篇小说《活财产》写的是粤东农村的一个农民阿贵吸毒成瘾,忍心卖掉儿子的悲惨故事。"小说的艺术构思和生活选择,也体现了他自己独有的匠心与视角。"小说从族权、夫权、政权、内战、鸦片等方面深刻地挖掘了这种畸形社会现象产生的根源,而"现实政治生活的重大黑暗、丑恶与弊害,仅仅作为小说的背景,作了概括的叙述与描绘,达到不便明言的对于政治的嘲讽与批判,这样就暗示出了造成这一类买卖'活财产'人间悲剧隐藏在深层面的社会根源"。从中"看出他关注现实重大问题,特别是熟悉和关注农村现状与农民命运的正义感,他在揭露现实丑恶中的求真求美的心灵追求"④。

"九一八"以后的国家危亡和民族苦难是《昙华》最迫切关注的现实,因此以抗日与国难问题为题材的小说、速写也是《昙华》的重心之一,体现了作者和《昙华》编者对于国家危难的强烈关注,他们现实的爱憎感情和美学情趣。黎昔非的又一短篇《友谊》,"题材也是很现实的,但同样从一个独特的侧面进入:昔日的所谓朋友,在北平吃紧的时候,也连平日的'友谊'顾不得了"。小说"从患难之际友谊与自私的角度,写了国难中人情的沦丧。但故事却有意放在北平逃难的大背景之下。作者和《昙华》编者对于现实的强烈关注,他们的爱憎感情,是很清楚的"。

《昙华》同人熟悉青年的生活与心理,因而比较多地涉及青年问题题材也是很自然的事情。"在这些描写青年生活的小说里,作者的题材选择,情感趋向,美学趣味,都是坚

---

① 黎昔非:《自传》(1951年7月),《黎昔非与〈独立评论〉》,第438—461页。
② 孙玉石:《一首永远活着的诗——黎昔非及其主编的〈昙华〉半月刊》,《黎昔非与〈独立评论〉》,第338—394页。
③ 卢斯飞:《黎昔非和他主编的〈昙华〉半月刊——一则鲜为人知的新文学史料》,《兴宁文史》,第28辑。
④ 孙玉石:《一首永远活着的诗——黎昔非及其主编的〈昙华〉半月刊》,《黎昔非与〈独立评论〉》,第338—394页。

持与健康进步的人生追求相一致的。他们肯定人的内心存在的美好的东西,鞭挞精神世界中的自私与丑恶。在这种肯定与批判中,表现了他们'真'与'美'的精神品格与自我坚守。"① 应该特别提到的短篇小说《爱与仇》(署名罗岗),"是颇费了一番心思构思的作品。它将青年爱情题材放在一个尖锐政治斗争的背景和事件纠葛里描写"。"小说涉及了多个方面的社会问题:统治者当局秘密逮捕和审讯进步青年的丑行,日寇入侵的国难当头时爱国青年的责任,黑暗政治笼罩下一些青年为了金钱而不惜卖友求荣的卑劣,追求个人爱情与坚持社会正义的尖锐矛盾与选择等。在当时政治高压的气氛之下,通过一个爱情的故事,作者直接接触这些敏感度很强的题材,抨击了人性里潜在的卑鄙与丑恶,黑暗与肮脏,展现了美好与善良的力量在人性中的升华……隐含地寄托了作者对于人性的'真'与'美'的深挚追求。'爱与仇'的矛盾在这里被作者赋予了异常尖锐的现实内涵。"②

《昙华》的现实主义的艺术方法,深受京派、"为人生"派作家的影响,但是她少有京派那种带有浪漫主义气息的抒情体小说,而是强化了京派作家另一种讽刺性小说;《昙华》也受到左翼作家特别是"东北作家群"抗日救亡文学的影响,但她没有某些左翼作家作品中脸谱化、公式化和标语口号的倾向。他们力求保持作品的生活气息,精巧的构思,从而富于文化的意蕴。③

《昙华》编者的宣言和期许是:"只要牠[它]在某一瞬间真实地存在过,且曾给人们的心中留下一个清晰的印象,并传达过一点所谓'情感'的作用:这就够了。"④《昙华》在20世纪30年代短暂的存在,的确给世人留下了"一个清晰的印象",并"传达"了他们"真"与"美"的"情感",使我们今天得以重新审视并给予她应有的历史地位。著名中国现代文学史专家、北京大学中文系孙玉石教授说:《昙华》"是一首唱给历史的最朴实的诗",是"一首永远活着的诗!"。⑤《昙华》在20世纪30年代进步文学中将永远留下自己的位置和足迹。

还必须特别指出,《昙华》文艺社基本上是以粤东客家人为主体的文学团体,而《昙华》作品中也有不少反映了那个时代粤东客家人的生活和思想感情、文化风尚,以及作品中某些客家方言的运用。因此从地域文化学的角度来说,我们可以把《昙华》视为20世纪30年代的一种粤东客家文学,从而为客家文学发展中增添了宝贵资料和新的篇章。

---

① 孙玉石:《一首永远活着的诗——黎昔非及其主编的〈昙华〉半月刊》,《黎昔非与〈独立评论〉》,第338—394页。
② 孙玉石:《一首永远活着的诗——黎昔非及其主编的〈昙华〉半月刊》,《黎昔非与〈独立评论〉》,第338—394页。
③ 卢斯飞:《黎昔非和他主编的〈昙华〉半月刊——一则鲜为人知的新文学史料》,《兴宁文史》,第28辑。
④ 《昙华·发刊词》。
⑤ 孙玉石:《一首永远活着的诗——黎昔非及其主编的〈昙华〉半月刊》,《黎昔非与〈独立评论〉》,第338—394页。

黎昔非在家乡中学工作了近30年，为培养人才贡献了他的后半生。但他不是一个"舌耕"型，而是学者型的人物，因此他对于历史的主要贡献还在于上述中国现代文化事业方面。由于种种不可抗拒的原因，他没有将自己的才华和特长用于学术研究等文化事业上，这不论对于他个人还是对于中国现代文化事业来说都是一个损失。

黎昔非的操守和品格堪称典范，仅从下面一个事实就可窥其一斑：他在回忆自己的《独立评论》岁月时写道："这种工作老实说，当时有许多人认为是不易得的机会，因为那个集团的成员——胡适、翁文灏、蒋廷黻、周贻春、傅斯年、任鸿隽夫妇、吴景超、陶孟和等——都是当时社会上有'名望'有'地位'的，且一个接一个都跑到南京去做部长处长以至院长或大使等要职，至不肖的都在学术机关把持了有'单位'的，如善巴结奉承的，这倒是'飞黄腾达'的好门径！可是生性狷介的我实耻趋伺，也不愿做那'朘民自肥'的官。"而且对于"它的言论也不以为然，尤其是蒋廷黻的'独裁论'一类的东西，当时真觉得是无耻之极，所以我没写过一文"①。因此，当胡适、蒋廷黻等人在南京、重庆弹冠相庆的时候，黎昔非则回到自己的故乡操起粉笔生涯就一点也不奇怪了。像他这样出淤泥而不染的狷介高洁之士，古往今来能有几人？！

黎昔非的同事、兴宁一中教师刘彦章先生回忆：1968年冬在兴宁合水的"牛棚"中，"某日饭后出工前，我到黎（昔非）床位前，问候起居，并询问适应新环境否。他却出人意表，傲然一笑，'小子志之，天之未丧斯文也，匡人其如予何？'给我背了一段《子畏于匡》，表现了十足的自信与无畏"。②在那鬼蜮横行的黑暗年代，如果没有洞穿妖氛毒雾的哲人慧眼，是不可能产生如此的自信与无畏的。他的预言终于变成了现实，而他的自信与无畏也终于得到了历史的回应。

历史毕竟是公正的。真善美终究要战胜假恶丑。尽管黎昔非的一生曾遭受种种不公正的对待，但是最后历史还是还他以公正，他的名字和他在中国现代文化事业上的业绩将永垂史册！

（原刊于《兴宁文史》第二十八辑，2004年12月）

作者简介：刘佐泉（1935—   ），广东兴宁人，湛江师范学院历史学教授，国际客家学会理事、四川客家研究中心顾问。主要从事中国近代史暨客家史研究。

---

① 黎昔非：《自传》（1951年7月、1958年4月30日）《黎昔非与〈独立评论〉》。
② 刘彦章：《兴宁一中"文化大革命"杂忆》，载兴宁市第一中学编《兴宁市第一中学纪念集·峥嵘岁月》。

胡适何如人

——以黎昔非个案为中心

王炜民

《黎昔非与〈独立评论〉》一书揭示了在《独立评论》后面一些鲜为人知的内幕,从而提出了一些发人深思和值得探究的问题,其中,胡适究竟何如人?就是需要重新探讨的问题之一。20世纪50—60年代在中国大陆胡适曾经是个"妖魔",如今时来运转又成了"圣人",从学术到人品几乎都是超凡绝俗的"大成至圣先师"。当年"妖魔"化的胡适并非真实的、全面的胡适,那么今天"圣人"化的胡适是否就是真实的、全面的胡适呢?子曰:"众恶之,必察焉;众好之,必察焉。"① 本文试从黎昔非个案入手,对于胡适的为人稍事探究,就正于先进贤哲。

一、何物"无为政治"

胡适在《独立评论》创刊三周年的社评中说:"说也惭愧,我是实行我的无为政治的,我在三年之中,只到过发行所一次!这三年的发行,校对,杂务,全是黎昔非先生一个人支持。"② 在这里他搬出"无为政治"来自我解嘲。那么,胡适的"无为政治"究竟是什么呢?众所周知,将先秦老庄的"无为"思想第一次在政治上成功运用是在西汉前期,那是针对秦朝赋役无度、虐用其民而提出的"清静无为"治国方针,其中心精神就是当权者要抑制一己之私和贪欲,减轻人民负担,不要过度役使和剥削老百姓,让他们可以"休养生息",安居乐业,"从民之欲,而不扰乱"③,以期达到"民务稼穑,衣食滋殖","天下晏然"④ 的治世。可见这是一项让利于民的惠民政策。胡适这里讲的"无为政治"当然不是关

---

① 《论语》卷八《卫灵公》。
② 胡适:《又大一岁了》,《独立评论》第151号。
③ (汉)班固撰,[唐]颜师古注:《汉书》卷二三《刑法志》,北京:中华书局,1964年,第1097页。
④ 《汉书》卷三《高后纪》"赞曰",第104页。

于治国的方针,而是其办理《独立评论》和为人处世的做法。我们从黎昔非个案中可以看到,他奉行的这种"无为政治"与中国古代的"无为政治"精神却是颠倒过来的。试看以下的事实。

(一)虐用员工

众所周知,《独立评论》是20世纪30年代影响最大的刊物之一,其发行量从第一期的2000本,一年内飙升到8000本,两年内达到15000本①。其出版、发行任务之艰巨是不难想象的。但是《独立评论》自创刊至停刊的五年半时间里基本上只用了一个黎昔非,另外前三年有工友老宋一人,1935年增加了负责财务的陈晋祺②协助黎昔非的工作。黎昔非虽然名为"经理人",但实际上是事无巨细,除编辑以外"包办一切"③。他工作负担之繁重,胡适除了上文所说之外,还说:"每到星期日发报最忙的时候,他一个人忙不过来,总有他的许多青年朋友赶来尽义务,帮他卷报,装封,打包,对住址。"④黎昔非全力以赴也完成不了这(么)繁重的工作,于是不得不动用他的社会资源——同乡、同学、朋友来协助完成任务。目睹黎昔非工作情况的罗尔纲写道:"我于九一八事变前几天回广西。到1934年3月才再来北平。那时《独立评论》已经出版将两年了。社址在后门慈慧殿北月牙胡同二号。经理为黎昔非,广东兴宁人,中国公学同学,同吴晗和我都是熟人。从《独立评论》出版至抗日战争停刊时止都是他主持排印、发行工作。我每星期天都去看他。他很忙,从来没有功夫去玩。"⑤黎昔非的同乡林钧南从1932年5月到1937年7月在北京求学,恰与《独立评论》相始终,双方过从甚密,他说:"他是总其成的,包括财务、校对、发行等在内。"⑥黎昔非在谈到《独立评论》的工作情形时说:"没想到那种工作这么繁忙,有时忙到连报纸都要到夜深才得闲来看。"而且工作条件也是十分简陋的,初期"只数间空房,什么都没有,连喝水都不便"。⑦我们从黎昔非在《独立评论》期间孑遗的三封致胡适书信中除了可以具体看到其工作之繁重、琐碎之外,还可以感受到他从早到晚全天候待命、工作的情形。⑧显然,胡适之所以能够在办理《独立评论》期间实行所谓"无为政治",是建立在黎昔非的"有为"基础上的。1936年1月9日胡适在致周作人的信中说:"吾兄劝我'汔可小休',我岂不知感谢?但私心总觉得我们休假之时太多,紧张之时太

---

① 蒋廷黻:《蒋廷黻回忆录》,长沙:岳麓书社,2003年,第145页。
② 陈晋祺:《我与〈独立评论〉的关系》,《黎昔非与〈独立评论〉》,第44页。
③ 黎昔非:《日记》(1934年12月23日—1937年4月18日),《黎昔非与〈独立评论〉》,第526页。
④ 胡适:《又大一岁了》,《独立评论》第151号。
⑤ 《师门五年记》,第137页。
⑥ 林钧南:《忆昔非兄与〈独立评论〉——致黎虎书简九通》,《黎昔非与〈独立评论〉》,第58页。
⑦ 黎昔非:《自传》(1951年7月),《黎昔非与〈独立评论〉》,第443—444页。
⑧ 黎昔非:《致胡适书简七通》,《黎昔非与〈独立评论〉》,第14—19页。

少。少年时初次读《新约》,见耶稣在山上看见人多,叹息道:'收成是很多的,可惜工作的人太少了!'我读此语,不觉泪流满面。至今时时不能忘此一段经验。"① 我们不必追究胡适读了《新约》这句话后是否真的曾经"泪流满面",我们只是要问:当他星期天开着汽车前呼后拥,带着家人、朋友,有时也带着章希吕、罗尔纲等到西山等处游玩时②,而这天正是黎昔非"最忙的时候",他不得不动员"他的许多青年朋友赶来尽义务","从来没有功夫去玩"的黎昔非正在超负荷地工作,面对三年来"全是黎昔非先生一个人支持"如此繁重的工作,他可曾想到过"工作的人太少了"?他可曾因此而"泪流满面"?

  在如此超负荷的工作重压之下,黎昔非所得到的待遇又如何呢?黎昔非在独立评论社的工资是"由胡先生酌定"③的,据黎昔非夫人说,他们结婚(1933—1934年之际)之前每月30多元,其后增加了10元,每月40多元④。这在当时是一个什么样的收入水平呢?且看胡适的同乡、当时奉上海亚东图书馆之命来胡家催促书稿的章希吕1934年8月29日的日记:"(胡)适兄和我谈,万孚因要到福建别有高就,基金会里的缺他想请罗尔纲先生去接手。如罗先生愿意往清华读英文,他每月送他一百元。叫我将此情形告知罗先生。至于吾的事,如亚东是不可居,叫我回家后耽搁些时就到他家里帮他做事,每月送我酬劳八十元。适兄美意非常可感,但我能帮他做的事并不多,而送如此之厚的报酬,我意总过不去。"章希吕"能帮他做的事并不多"却可以得到80元的月薪;罗尔纲帮他做的事情就更少了,他1934年3月从广西入住胡家,他说:"我这一次再回到适之师家,不同从前抄录《铁花先生遗集》和辑录《聊斋全集》时那样,每天有一个固定的工作。祖望、思杜两弟又上学去了,适之家没有什么工作给我做,只叫我自己看书。"后来他请求胡适介绍工作,胡适说:"中华教育文化基金董事会有一个文书职位,是在我下面做事的,月薪120元,工作很清闲,有时间自己做学问,你意思怎样?"罗尔纲希望去研究单位,于是胡适让他到北大考古室当助理。1935年1月,罗尔纲把妻儿接到北平,他说:"那时候,我只有60元的月薪,而每月我最低的生活费须用90元左右,还差30元。"⑤ 章希吕应胡适之邀,于1935年5月再度从南方来住胡家,他5月24日的日记写道:"(胡)适兄送钱来,我因在此帮他做的事不多……故只每月收他四十元。适兄意思很好,以吾负担太重,四十元决不够用,彼此何必客气。结果收了他五十元。"⑥ 章希吕此时开始任"胡适的秘书"⑦,

---

① 耿云志、欧阳哲生编:《胡适书信集》,北京:北京大学出版社,1996年,第681页。
② 颜振吾编《胡适研究丛录》,北京:生活·读书·新知三联书店,1989年,第249—250、255—256页;《胡适的日记》,北京:中华书局,1985年,第533页;等。
③ 林钧南:《忆昔非兄与〈独立评论〉——致黎虎书简九通》,《黎昔非与〈独立评论〉》,第71页。
④ 黎虎:《先父黎昔非与〈独立评论〉——从我与罗尔纲先生的一次会面谈起》,《黎昔非与〈独立评论〉》,第134页。
⑤ 《师门五年记》,第37—41页。
⑥ 前揭颜振吾编《胡适研究丛录》,第261页。
⑦ 陈晋祺:《我与〈独立评论〉的关系》,《黎昔非与〈独立评论〉》,第44页。

其中包括协助胡适做《独立评论》的末校。除了吃、住之外，平日的游览、年节回家探亲等费用全由胡家包办，每月 40 元胡适还认为"决不够用"，还要给他加钱，因为他原先盘算的是给他每月 80 元，在章希吕推辞后以 50 元妥协。章希吕"帮他做的事并不多"可以得到如此报酬，而黎昔非超负荷的工作却得到如此菲薄的待遇。黎昔非家境贫寒，远离广东故乡，毫无经济来源，起初是在读研究生，后来结婚有了家庭负担，增至 40 多元，才达到了章希吕"决不够用"的水平，"需要省吃俭用"① 才能维持生活。黎昔非的同乡、中国公学同学丁白清 1932 年秋至 1933 年夏在北平与黎昔非合作创办《昙华》文艺半月刊，对于他在《独立评论》的工作情况颇为了解，他说当时黎昔非"薪水只三四十元，又不够用，我建议他：叫胡适介绍中学教员，教书兼职，他始终都不愿这样做"② 。1934 年 12 月 20 日胡适致傅斯年信中说："彭太太已在第一中学教英文，每周有十五时，可得 \$105.00，大概可以勉强支持了。"③ 一个中学教师的月薪是 105 元，不过"勉强可以支持"。那么胡适不会不知道黎昔非这点工资是否可以"支持"。1935 年 6 月 12 日胡适致陶希圣说："我们教人信仰一个思想，必须自己确信仰它，然后说来有力，说来动听……依古人的说法，修辞立其诚，未有不诚而能使人信从的。如来书说的，'自责'在学术界是应当的，但在教育上则又不应当'自责'而应当自吹：这是一个两面标准（double standard），我不能认为最妥当的办法。至少我的训练使我不能接受这样一个两面标准。……因你提出此双重标准，故我诚恳地写此长信。"④ 当他教训别人不可实行"双重标准"的时候，他自己正在实行"双重标准"，从下文的论述我们可以看到他这种"双重标准"几乎贯穿于各个方面。

这里需要指出，上述章希吕、罗尔纲是胡适私人的"雇佣"或"宾客"，而黎昔非却是为"公家"做事，胡适不是把自己编辑《独立评论》说是"为公家做工"⑤吗？胡适曾经就对待公家雇员问题发表高论，1935 年 6 月 11 日他在致丁文江的信中说："你最不公道的是责备干事处用钱太费。……一个负有两千万元的财务责任的机关，对于它的职员稍加优待或体恤，不应该是失策。……你是一个讲行政效率的人，对于此点之斤斤争论，实是成见，而非公心的判断。"⑥ 他写这封信的时候，正是他以双重标准处理上述"公""私"雇员的时候。1936 年 4 月 10 日这天章希吕曾经"到独立社。有一家印刷局来兜生意，每期可减省印刷装订费约十四元"。章回来告诉胡适，胡适"不赞成换印刷所，因独立社已不赔

---

① 黎虎：《先父黎昔非与〈独立评论〉——从我与罗尔纲先生的一次会面谈起》，《黎昔非与〈独立评论〉》，第 134—135 页。
② 陈晋祺：《我与〈独立评论〉的关系》，《黎昔非与〈独立评论〉》，第 48 页。蒋廷黻说当年黎昔非是"月薪 60 元"（《蒋廷黻回忆录》，第 145 页）。他的说法与其他人的说法都不同，不过如果黎昔非的工资真的在原有 40 元基础上增加了 20 元，作为家庭主妇的黎昔非夫人是不会不知道或回忆不起来的。
③ 前揭《胡适书信集》，第 632 页。
④ 前揭《胡适书信集》，第 642—643 页。
⑤ 胡适 1936 年 1 月 9 日致周作人，前揭《胡适书信集》，第 681 页。
⑥ 前揭《胡适书信集》，第 640—641 页。

本，不犯着刻薄劳工"。章听后不禁感叹"适兄无处不为苦人着想"①。当胡适在章希吕面前表现其对外界"劳工"博大的慈悲心肠时，他大概忘记了是否应当先在独立评论社内部"不犯着刻薄劳工"？

还需指出的是1937年"七七事变"后《独立评论》解散时的情况。"七七事变"后迅即移居天津的胡适夫人江冬秀接胡适9月6日、11日信后，于9月28日致胡适信报告善后处理情况，说："我是十二号晚上接到你六号信就写信去平叫章胡两位来同回家乡……一直到九月十九日他们来津……章胡是我买了两张船票送给他们，另外送他们一百元，他们只到报馆那（拿）了二百元，用去五六十元了，故我替你补报他们点钱……罗尔纲夫妇走，我又给了他一百五十元，吴春晗走又乙百元。"②这里的"章"即章希吕，"胡"是胡适儿子的家庭教师，"吴春晗"即吴晗，"报馆"即独立评论社。从这封信我们可以知道，胡适曾经向江冬秀指示善后事宜，其中包括对章希吕等人的善后。章希吕并非独立评论社正式员工，而是作为胡适的"秘书"兼助胡适做《独立评论》"末校"，他每月的50元工资是由胡适自己付给的，但现在他居然可以去拿独立评论社的钱，而胡适的家庭教师胡某与独立评论社更是一点关系也没有，居然也可以从社中拿到钱，这独立评论社的公款难道已经成了胡适家的私产？此二人拿了二百元江冬秀还觉得亏待了他们，又替胡适"补报"他们每人一百元和船票。而五年半的漫长岁月里为《独立评论》献出了一切的黎昔非得到了什么呢？我们没有看到胡适对于黎昔非善后的只言片语，但可以知道的是，黎昔非于"七七事变"后与罗尔纲、吴晗结伴南逃，走到半路就"身无分文"了，亏得罗尔纲借给他20元才得以走完后半段路程③。这个情况告诉人们，黎昔非虽然为独立评论社工作多年，但是没有什么积蓄，其工资只够勉强维持日常生活；而"遣散费"也是没有他的份，尽管独立评论社在解散后还存款"约四千元"④。为了筹集逃难的路费，黎昔非变卖了自己的一部女式自行车，而那辆比较值钱的独立评论社的公车他却存入银行交公，没有苟取分文⑤。靠变卖"家产"逃难的黎昔非只能支持半程的回乡之路已足以说明一切。1938年2月3日胡适致江冬秀说："这半年里，你用的几笔大钱，都很得当，我看了都很高兴。"⑥显然，这些善后工作得到了胡适的首肯。

---

① 前揭颜振吾编《胡适研究丛录》，第269页。
② 江冬秀致胡适信，载耿云志主编《胡适遗稿及秘藏书信》22册，合肥：黄山书社，1994年，第432页。
③ 黎虎：《先父黎昔非与〈独立评论〉——从我与罗尔纲先生的一次会面谈起》，《黎昔非与〈独立评论〉》，第137—138页。
④ 《章希吕致胡适》（1946年10月8日），载耿云志主编《胡适遗稿及秘藏书信》33册，合肥：黄山书社，1994年，第208—209页。
⑤ 习五一：《北平风俗拾零——读黎昔非先生〈日记〉随笔》，《黎昔非与〈独立评论〉》，《黎昔非与〈独立评论〉》，第637页。
⑥ 前揭《胡适书信集》，第743页。

由此可见，胡适对于独立评论社经理人黎昔非实行的所谓"无为政治"就是最大限度地加以役使和榨取，这与"无为政治"的惠民精神是风马牛不相及的。

（二）舍人为己

那么，胡适"无为政治"的目的和实质又是什么呢？1937年5月17日胡适给翁文灏的信中有这样一段话："你大概不免'躬亲细事'，此是一病。蔡先生最能用人；付托得人之后，他真能无为而治。可惜他早年训练太坏，不能充分利用闲暇时间做点学术著作。你若能学他的用人，你无论做何大事业，一样可以有闲暇做你的研究工作。"[①]这里胡适道出了实行"无为政治"用人之道的目的、效用是"你无论做何大事业，一样可以有闲暇做你的研究工作"。这是胡适在办理《独立评论》五周年之后的经验之谈，故他不无得意地向翁文灏传授心法。的确，胡适在办理《独立评论》的五年多时间里，不仅杂志办得越来越红火，做成了一件"大事业"，而且"研究工作"丝毫未受影响。在办理《独立评论》的五年半（1932.5—1937.7）中，他发表论文214篇，出版著作1部，而在此之前的五年（1928.1—1932.5）中，他发表论文83篇，出版著作2部[②]。他每星期只要抽出一天时间编辑《独立评论》就可以了[③]。所谓"每周一天"，实际上大部分是一个晚上，而且主要是写自己的文章[④]，共计为《独立评论》写了123篇文章。我们从他的日记、书信和文集中可以看到，在此期间他不仅身兼各种教职和社会职务，而且照样进行写作、阅读、出访国内外、会客、讲演、社交、宴集、游览……无怪乎原来对于创办《独立评论》积极性并不高的胡适后来积极性却十分高。1932年4月17日胡适致丁文江信中说："总觉得此次办报没有《努力》时代的意兴之十分之一！怎么好？"[⑤]他和丁文江"都有过创办《努力周报》的经验，知道这件事不是容易的，所以都不很热心……所以在那个时期我真没有创办一个新刊物的热心"[⑥]。三年后他不无得意地说："我办过三次刊物，《每周评论》出到36期被封，《努力》到75期停刊，《独立》居然出到180期，总算长寿了！"[⑦]"七七事变"后身在南京的胡适1937年7月31日致蒋廷黻的信中还在惦记"'独立'不知还在出版否"[⑧]？（而对

---

① 胡适：《致翁文灏》，前揭《胡适书信集》，第727页。
② 据胡颂平《胡适之先生年谱长编初稿》（三）（四）（五）统计，台北：联经出版事业公司，1984年。
③ 见胡适《致周作人》，前揭《胡适书信集》，第681页；又见曹伯言整理《胡适日记全编·6》，合肥：安徽教育出版社，2001年，第361页。
④ 前揭《胡适日记全编》6，第292页；又见《胡适的日记》，北京：中华书局，1985年，第553、555页等。
⑤ 胡适：《致丁文江》，前揭《胡适书信集》，第568页。
⑥ 胡适：《丁文江的传记》，《胡适文集》7，北京：北京大学出版社，1998年，第501页。
⑦ 胡适：《致张季鸾》（1935.12.5），前揭《胡适书信集》，第666页。
⑧ 前揭《胡适书信集》，第729页。

于当时身处沦陷区坚守岗位的《独立》"经理人"却不闻不问）抗战胜利后当有人提议重新办理《独立评论》时，胡适列举了不可能再办的种种理由时，有一条重要的理由他没有说，那就是他再也找不到而且也不敢再去找像黎昔非这样"合适的"经理人了。

　　胡适一生坚守的一条底线是任何工作、职务不能影响他自己的研究工作，触及这条底线他是不干的（抗战时期担任驻美大使算是例外）。1932年4月4日胡适致蒋梦麟的信说，如果推举他出长北大，则"自由将变为义务，上台容易，下台就很难了。无论我大病之后，决不能担任，在几年之内我决不能自投罗网"①。1933年4月8日致汪精卫推辞职务任命时说："我所以想保存这一点独立的地位，绝不是图一点虚名，也绝不是爱惜羽毛。"而是为了"专心著述"。②1947年12月17日致王世杰推辞公职任命时说："我不能担负此命。……第二，我今年五十七岁了，余生有限，此时改业，便是永远抛弃三十多年的学术工作了。我曾细想，我的永远改业，不能不说是国家社会的一大损失，故有所不忍，亦有所不敢。第三，我自从一九四二（年）九月以来，决心埋头治学，日夜不懈，总想恢复我中断五年的做学问的能力。此时完全抛下，而另担负我整整五年没有留意的政治外交事业，是用其所短而弃其所长，为己为国，都无益处。"③在胡适看来，维护自己的研究工作就是维护自己"独立""自由"的权利。

　　那么，他对于黎昔非的研究工作和"独立""自由"的权利又是怎样的态度和做法呢？

　　首先，胡适一再要求黎昔非出任《独立评论》经理人，表明他并没有很好地考虑学生的学业和研究权利。1932年3月20日黎昔非与吴晗一起前往协和医院探望正在那里住院的胡适，胡适即向黎昔非提出希望他能够"帮助"他办理《独立评论》。黎昔非没有答应此事，因为其时他正在北京大学研究所做二年级的研究生。一个多月后的4月24日胡适的合作者蒋廷黻仍然在为物色不到"合适的经理人"而"发愁"，当他从吴晗口中得知胡适曾经邀请黎昔非担任此职时"很高兴"，叫吴晗"即刻写信"请胡适"决定并征求（黎）昔非同意"。④于是胡适派人送信至黎昔非寓所，约见并再次请他担任此职。⑤由此可见黎昔非是因为胡适的一再邀请才出任《独立评论》经理人的。胡适当时作为北京大学文学院的院长、教授，黎昔非是他的学生，他这样一再要求一个在读研究生放弃自己的学业，不能说是对学生负责任的做法。他只考虑自己的需要，而没有考虑学生的需要和利益。胡适曾总结20世纪30年代的大学教育说："那几年（一九三一——三四）正是国内几个大学埋头苦干而进步最速的时期……其中一个原因是几个最好的大学入学试验是很严格而标准很

---

① 前揭《胡适书信集》，第567页。
② 前揭《胡适书信集》，第589—590页。
③ 前揭《胡适书信集》，第1124—1125页。
④ 吴晗：《致胡适书简一通》，《黎昔非与〈独立评论〉》，第29—30页。
⑤ 黎昔非：《自传》（1951年7月），《黎昔非与〈独立评论〉》，第443、469页。

高。"①而北京大学又是其中的佼佼者。黎昔非正是在这个期间考取并就读于北京大学研究所的,1931年6月5日的《北大日刊》的《公告》登载了研究所国学门通告:"本学门本届报名研究生业经考试及格者共21人,计研究……文学者八人:黎昔非……"等②。名列前茅的黎昔非正是通过这种"入学试验是很严格而标准很高"而就读北京大学的。作为师长的胡适为了自己的事业而将当时凤毛麟角的研究生从学习岗位上拉下来,恐怕不能说是恰当的做法。1936年胡适曾高喊自己"从不曾要学生因我的主张而牺牲他们一点钟的学业,我的罪孽决不在这一方面"③。他说这话时他的学生黎昔非已经为他牺牲了四年的学业。

其次,胡适以如此繁重、琐碎的事务性工作加在一个在读研究生身上,直接剥夺了别人的研究权利。黎昔非在《独立评论》中超负荷的工作情形已见上文所述,在这样繁重、琐碎的工作重压之下是难以进行研究工作的。黎昔非说:"这种杂志发行工作,最初我以为很简单,每天不用花几小时尽可对付,后来事实证明,它对于我的研究工作是有极大妨碍的。"④在大学三、四年级时已经发表了两篇学术论文的黎昔非,⑤在办理《独立评论》的五年中,只于1937年1月24日发表了一篇学术论文——《从"其军三单"说到古代兵农之分》。这篇很有分量的论文显示了他深厚的学术功底和很强的研究能力,这时恰恰是在《独立评论》停刊的四个月期间,表明只要有一点喘息时间,他就能够做出应有的研究成果来的。⑥从中我们可以看到,《独立评论》繁重的工作对于黎昔非的研究带来多大的影响。胡适在把繁重、琐碎的事务加在黎昔非身上,从而剥夺了他的研究的同时,却对自己所喜欢的人百般呵护,唯恐其负担繁重、琐碎的事务而影响了研究。他说:"我当年早看出罗尔纲的天资不太高,需要朋友督责,所以我想管住他一点。"⑦他是怎样"管住"罗尔纲的呢? 1936年6月29日他致信罗尔纲:"我劝你以后应该减轻编辑《史学》的职务,一个人编两个学术周刊,是很辛苦的。"⑧他生怕罗尔纲太"辛苦",连学术刊物的编辑也不让他担任太多。而黎昔非担任的《独立评论》职务,不仅与自己的学术研究没有关系,而且其"辛苦"程度远远超过罗尔纲所担任的"两个学术周刊",他为什么不"劝"他"减轻"呢? 如此双重标准、厚此薄彼究竟是为什么呢? 中华人民共和国建立后胡适跑到美国当了寓公,他说:"我现在的情形,很像一个 baby-sitter,困难万分。你们当日有许多青年学生帮忙,有四个小姐帮忙,所以你们可以布置一个大家庭。我是最怕人多的,最怕热闹

---

① 前揭《胡适书信集》,第1259页。
② 《北大日刊》第2645号。
③ 胡适:《致汤尔和》(1936年1月2日),前揭《胡适书信集》,第679页。
④ 黎昔非:《自传》(1958年4月30日),《黎昔非与〈独立评论〉》,第470页。
⑤ 黎昔非:《〈采芑〉时代的质疑》,《黎昔非与〈独立评论〉》,第152页。
⑥ 黎昔非:《从"其军三单"说到古代兵农之分——读诗偶记之一》,《黎昔非与〈独立评论〉》,第153页。
⑦ 胡适:《致吴相湘》(1959年3月4日),前揭《胡适书信集》,第1379页。
⑧ 前揭《胡适书信集》,第702页。

的，最怕琐碎麻烦的。现在我才知道，这个小小apartment若要弄的洁净，必须我自己动手扫地，抹桌子，重洗玻璃杯，化冰箱的冰，洗客人留下烟头烟灰堆满的ashtray。"①胡适的"无为政治"就是把他自己"最怕"的"琐碎麻烦"推给别人，以保证自己的研究工作，而这种"无为政治"是建立在权势基础之上的，在20世纪30年代他可以做到的，在50年代初他就做不到了，不得不"躬亲细务"了。胡适为了保证自己的研究工作，极力排除自己不愿意担任的行政和事务工作，宣称自己是"一犬不能同时逐两兔"，那么他考虑过黎昔非"一犬不能同时逐两兔"吗？古训有云：己所不欲，勿施于人。如此反其道而行之，究竟说明了什么？

再次，胡适一再不许黎昔非辞职，是对别人的"独立""自由"的侵害。黎昔非的初衷是："本来，我打算只干他半年至一年，藉以维持生活，期完成自己的论文便罢了。"实际情况却完全出乎他的预料，《独立评论》的工作极大地妨碍了他的研究工作，因此他曾一再向胡适提出辞职。但是，"再三推却，都以不易找到相当接替的人而被留住了！"②所谓"相当接替的人"是什么含义呢？那就是像黎昔非这样既具有研究生高学历和水平而又便于控制，既能够超负荷工作而又廉价的"劳工"。这样的人选自然是"不易找到"的，即使神通广大如胡适也是"不易找到"的。在黎昔非的利益与他的利益发生矛盾时，他剥夺黎昔非的利益以满足自己的利益。毕生鼓吹"独立""自由"的胡适，要的是自己的"独立""自由"，他的"独立""自由"是建立在牺牲黎昔非的"独立""自由"基础上实现的。胡适说："我们现在说的'自由'，是不受外力拘束压迫的权利。"③为了自己的需要，他却将"拘束压迫"施加于黎昔非身上。黎昔非在中国公学上大学时的同学、同乡，1932年秋至1933年春与黎昔非在北平合作创办《昙华》文艺半月刊的丁白清在谈到黎昔非担任《独立评论》经理人的情形时说："我知道他当时很痛苦，又不敢走。"④这句话虽然简短，但却很耐人寻味，这里说的"当时"无疑是在1932—1933年之际，可见黎昔非早在这时已经提出辞职的问题了。为什么黎昔非感到"痛苦"呢？这除了待遇菲薄、工作繁重之外，更重要的是对他的研究工作的"极大妨碍"。令黎昔非和他的友人始料不及的是，这种"痛苦"那时才刚刚开始，他还要继续忍受四年之久，四年前就已经"很痛苦"的他，挨到四年后该有多大的痛苦是可想而知的。显然，辞职与不许辞职的拉锯战是贯穿于《独立评论》存在的绝大部分时间里的。何以"又不敢走"呢？谁都清楚，以胡适当时在学术界的权势，并直接掌管着北京大学的权力，黎昔非是绝跳不出如来佛的掌心的，真正是"自投罗网"了。胡适说："人生如梦，过去甚快，等闲白了少年头，糊涂断送了一

---

① 胡适：《致赵元任夫妇》（1950年10月2日），前揭《胡适书信集》，第1198—1199页。
② 黎昔非：《自传》（1951年7月），《黎昔非与〈独立评论〉》，第444页。
③ 胡适：《自由主义》，《胡适文集》12，北京：北京大学出版社，1998年，第806页。
④ 丁白清：《黎昔非学友二三事》，《黎昔非与〈独立评论〉》，第47—48页。

个可以有为之身,乃是最深重的罪孽也!"① 他一再不许黎昔非辞职,怎么不考虑一下黎昔非"等闲白了少年头"呢?他如此"断送了"黎昔非这样"一个可以有为之身",难道不是"最深重的罪孽"吗?就在办理《独立评论》期间,胡适对于自己的研究工作却有这样的慨叹:"我个人在学术上负的旧债太多,哲学史与文学史皆有头无尾,而两鬓已斑白了。所幸近年研究兴趣尚甚浓,深想趁此精力未衰、见解稍成熟之时,在一二年中将十余年来积下的材料整理成书。一犬不能同时逐两兔,又积习已深,近年稍任学校行政,每苦毫不感觉兴趣,只有夜深人静伏案治学之时,始感觉人生最愉快的境界……拟即专心著述,了我十五年的学术旧债。"② 他怎么不想一想难道黎昔非就不担心自己"两鬓已斑白"吗?黎昔非就不希望"趁此精力未衰"之时"专心著述",以了自己的"学术旧债"?他怎么一再不许黎昔非从"每苦毫不感觉兴趣"的岗位上辞职呢?

1962年台湾近代史所的负责人郭廷以向胡适提出辞职请求,"因为'自去春病后,体力迄未复原,难胜繁剧之任',要'辞去近代史研究所研究员及筹备主任本兼各职,俾能充分休养……不愿意把这条命送掉'"。胡适回信说:"你几次向我辞职,我总是劝你勉为其难,不要抛弃你自己多年培养起来的'孩子'。……我每对朋友说:'我自己病了,多蒙朋友爱护我,不许我工作,使我长时期的休息;我的朋友们病了,我应该同样的爱护他们,体谅他们,不应该勉强他们做可以妨碍他们的体力的工作。'……我看了你的辞职信,确曾有过三整天的踌躇、烦恼。简单地说,我绝对没有理由不重视你的健康。"但是当郭廷以打电话告诉胡适的秘书胡颂平下星期不去办公时,胡适"觉得事态更紧迫了",于是派胡颂平传达他的"三个诚恳的请求……你千万不能摆脱所务;请你务必照常办公。……假如你不太怪我不近人情的请求,我盼望你不要轻易辞去近代史所筹备主任的事,我很诚恳的盼望你在不过分的妨碍你的健康的条件之下,继续做我们应该做的事"③。无论对方有多大的理由,无论胡适的说辞绕了多大的弯子,最终你必须就范。由此我们不难想见当年他一再不许黎昔非辞职的情景。

1929年6月,胡适作为中国公学校长向毕业学生发表讲话,说:"你们现在要离开母校了,我没有什么礼物送给你们,只好送你们一句话罢。这一句话是:'不要抛弃学问。'……趁现在年富力强的时候,努力做一种专门学问。少年是一去不复返的,等到精力衰疲时,要做学问也来不及了。即为吃饭计,学问决不会辜负人的。吃饭而不求学问,三年五年之后,你们都要被后进少年淘汰掉的。到那时再想做点学问来补救,恐怕已太晚了……易卜生说:'你们最大责任是把你这块材料铸造成器。'学问便是铸器的工具。抛弃

---

① 胡适:《致胡近仁》(1928年7月24日),前揭颜振吾编《胡适研究丛录》,第219页。
② 胡适:《致汪精卫》(1933年4月8日),前揭《胡适书信集》,第589—590页。
③ 胡适:《致郭廷以》(1962年1月11日),前揭《胡适书信集》,第1723页。

了学问便是毁了你们自己。再会了！你们的母校眼睁睁地要看你们十年之后成什么器。"①黎昔非当时作为中国公学三年级的学生，应当也能够亲聆胡适的这次教诲。黎昔非恐怕怎么也想不到日后迫使自己"抛弃学问"的，"毁了自己"的不是自己而正是这位言者谆谆的校长和老师！胡适正是按照自己的"预言"把黎昔非逼入这条死胡同的，"眼睁睁地"看着他的"预言"在黎昔非身上应验。如此明知故犯，说一套做一套，不能不令人发指！试想中国研究生如此之众多的今天，如果哪位导师或学校领导人如此糟蹋自己的研究生，人们将做出怎样的反应和评判？何况在七十多年前中国的研究生，尤其北大研究生凤毛麟角的时代呢？！

在承担《独立评论》经理人五年之后，黎昔非被胡适彻底抛弃，不得不回到老家担任中学教师以维持生计。1930年他在中国公学大学部毕业时，已经收到五华县中的聘书②，但他坚决推辞而北上，抱着"满以为专搞一二年，总能搞出一点东西来，便不难跻身于教授、专家之列"③的憧憬。但他的打算彻底落空，七年后他又回到了原来的出发点。在这七年中，除了有一年多是他自己可以"独立""自由"的时期，从而也是他个人发展的辉煌时期，其余的大部分时间则掌控于胡适之手而为其所用。也可以说黎昔非北上七年实际上只是替胡适做成了一桩"大事业"。

1932年8月7日胡适在《独立评论》发表的一篇文章中说："我至今还记得我做小孩子时代读的朱子《小学》里面记载的几个可爱的人物，如汲黯、陶渊明之流。朱子记陶渊明，只记他做县令时送一个长工给他儿子，附去一封家信，说：'此亦人子也，可善遇之。'这寥寥九个字的家书，印在脑子里，也颇有很深刻的效力，使我三十年来不敢轻用一句暴戾的辞气对待那帮我做事情的人。"④我们可以相信以胡适之性格和城府不会拿"暴戾的辞气"来对待"长工"，但是他为了自己的需要而如此榨取黎昔非这样的"长工"，不惜误人子弟，毁灭他的学业、研究和前途，再联系他日后对待黎昔非的种种行径，该是够得上"暴戾"的吧？

胡适办理《独立评论》而实行的所谓"无为政治"，一言以蔽之，就是牺牲别人，成全自己。无为思想的开山祖老子说："上德无为而无以为，下德无为而有以为。"⑤胡适这种虐用员工、舍人为己的所谓"无为政治"无疑更在此"下德"之下了。

---

① 胡适：《中国公学十八年级毕业赠言》，《胡适文集》4，北京：北京大学出版社，1998年，第632—633页。

② 黎昔非：《自传》（1951年7月），《黎昔非与〈独立评论〉》，第441页。

③ 黎昔非：《自传》（1958年4月30日），《黎昔非与〈独立评论〉》，第467页。

④ 胡适：《领袖人才的来源》，原载《独立评论》1932年8月7日，第12号，今据《胡适文集》5，北京：北京大学出版社，1998年，第415页。案，陶渊明家书事见萧统《陶渊明传》及《南史》卷七五《陶潜传》。

⑤ 《老子·德经》。

二、缘何"忘记了"这桩历史

胡适在《独立评论》创刊三周年的社评中还说:"在这贺周岁的日子,我们不要忘记了这个孩子还有一位忠心的看护妇。我们创办这刊物的时候,就请黎昔非先生专管发行所的事务。"① 他告诫独立评论社员以及世人"不要忘记了"黎昔非这位"忠心的看护妇"。但是事实表明,首先是这位谆谆告诫世人的胡适"忘记了"这位"忠心的看护妇",从而世人也跟着"忘记了"这位"忠心的看护妇"。

(一)如何"忘记"的

欲知胡适缘何"忘记了"这位"忠心的看护妇",先得看看他是如何"忘记了"这位"忠心的看护妇"的?

1956年胡适在台湾出版了《丁文江的传记》②,其中有一章题为"独立评论(1932—1935)",专门叙述他和丁文江合作创办《独立评论》事。胡适写道:"当时排字工价不贵,纸价不贵,校对是我家中住的朋友章希吕先生负责,所以开销很省。最大的节省是我们写文字的人……都不取稿费……所以我叫这个时代做[作]'小册子的新闻事业的黄金时代'。"③ 这里不见了黎昔非,而当年在表彰黎昔非时被附带提及的章希吕倒是赫然而在;这里只有"校对"和"写文字的人",而没有了当年他列举过的"发行""印刷""杂务"以及由黎昔非"一个人支持"的"发行所"了。对此,有的研究者认为:"在20多年后,他写《丁文江的传记》中有关《独立评论》这一章时,提及《独立评论》校对的事,他只提及章希吕一人,而未及昔非先生。这显然是记忆上的错误,不足深怪。"④ 这似非公允之论。

事实上胡适撰写《丁文江的传记》并非在二十多年之后,而是在《独立评论》于1937年"七七事变"停刊之后的第十八年——1955年秋,胡适说:"1955年秋天我开始写这本传记。"⑤ 他只提及章希吕而未及黎昔非也绝不是"记忆上的错误"。考胡适在撰写《丁文江的传记》时,广泛搜集了他所能找到的各种资料,其中包括全套《独立评论》。他说:"一九五五年的冬月里,我把Columbia Univ.所存的《独立评论》全份,及《科学与人生观》等等,全借在我寓里,细细读一遍。又把我的日记细细翻查一遍。我先做了一个'年表'看看缺什么重要材料。"⑥ 他不仅借来了全套的《独立评论》,而且将它"细细读一遍"。

---

① 胡适:《又大一岁了》,《独立评论》第151号。
② 刊于《"中央研究院"院刊》第三辑。
③ 《胡适文集》7,北京:北京大学出版社,1998年,第502页。
④ 耿云志:《黎昔非先生与〈独立评论〉》,《安徽史学》2003年第1期。
⑤ 胡适:《丁文江的传记·校勘后记》,前揭《胡适文集》7,第548页。
⑥ 胡适:《复陈之藩》(1957年4月9日),前揭《胡适书信集》,第1299—1300页。

那么，包含表彰黎昔非内容的《独立评论》三周年、四周年特大号上头版头篇他自己撰写的社评，他恐怕不会不"细细"阅读的吧？在这种情况下，即使胡适晚年记忆不及从前，也不可能记不得黎昔非其人其事的吧？胡适对于自己撰写《丁文江的传记》的严格颇为自得，他说："我检查了我手里的材料，我决定用严格的方法：完全用原料，非万不得已，不用 second hand sources. 这是材料的限制。……其实这是我平生自己期许的工作方法，就是'述学'的工作最法。'述学'最好是充分保存本人的文字语言。"①《丁文江的传记》出版之后四年，1960 年再版时胡适又对此书做了认真的校勘，他说："我借这个重印的机会，仔细校勘一遍。新校出的错误，都在重印本上改正了。"② 他如此认真对待、严格撰写和反复推敲磨勘的《丁文江的传记》，在论述和总结《独立评论》一事时居然完全抹杀黎昔非，绝对不是偶然的疏忽，而是有意识、有目的的作伪。

有的研究者推测："当时大陆上的批胡运动已经开始……胡适大概是担心提到黎昔非的名字，而使其受到牵连。"③ 似乎胡适身在台湾仍然念念不忘保护黎昔非，这个猜测也是不能成立的。1955 年，当胡适得知大陆"已组织了一个清除胡适思想委员会"时，确实说过："此事确使我为许多朋友、学生担忧，因为'胡适的幽灵'确不止附在俞平伯一个人身上，也不单留在《红楼梦》研究或'古典文学'研究的范围里……所苦的是一些活着的人们要因我受罪苦！"④ 但是言犹在耳，1958 年胡适在台湾为了庆祝 68 岁生日，特地自己出资出版了罗尔纲写的《师门五年记》，亲笔改题书名；其后一个多月又重改重印，广为散发，以致"《师门五年记》如同教科书一样在台湾销行"。⑤ 他怎么不担心连累他一贯偏爱的罗尔纲呢？

显然，胡适在总结《独立评论》历史时只字不提黎昔非，不可能是为了保护黎昔非，只能是为了掩盖这桩历史。

胡适掩盖这桩历史也并非始自撰写《丁文江的传记》之时。翻检胡适的日记，人们不难发现，1931 年胡适曾经两次记载黎昔非的来访⑥，但是此后黎昔非就从胡适的日记中彻底消失了。此中缘故何在？1931 年时黎昔非刚刚考取北京大学研究所研究生，拟以《诗经学史》为其研究课题，他这两次造访就是向胡适请教这方面问题。那时他们之间没有任何利害冲突，故胡适是率性而记的。次年，黎昔非则被胡适请进了独立评论社。按照常情，在《独立评论》期间，黎昔非与胡适的接触更多了，除了日常社务之外，值得记载的

---

① 胡适：《复陈之藩》（1957 年 4 月 9 日），前揭《胡适书信集》，第 1299—1300 页。按，"最法"一词中的"最"字可能为误排。
② 前揭《胡适文集》7，第 548 页。
③ 张太原：《独立评论》经理其人其事。《黎昔非与〈独立评论〉》，第 123 页。
④ 胡适：《致沈怡》（1955 年 1 月 3 日），前揭《胡适书信集》，第 1240 页。
⑤ 《师门五年记》，第 64—70 页；前揭《胡适书信集》，第 1370—1371 页。
⑥ 胡适：《胡适的日记》手稿本，台北：远流出版实业股份有限公司，1990 年。

事情应当是更多了。但是，事实是这五年中在胡适的日记中片言只字均不见。难道在这五年中，黎昔非与胡适的交往中没有任何值得记载的事情吗？别的不说，就以我们现在所能知道的一些情况来看：他让一位在读的北大研究生中断学业，罗致为独立评论经理人，解除了自己的燃眉之急，使《独立评论》得以顺利出版；五年中黎昔非不止一次向胡适提出辞职，他均以"不易找到相当接替的人"为由而推辞，这对于胡适来说不能不说是相当伤脑筋的事情，这是关系着《独立评论》能否继续办下去的大问题；1937年春，忍无可忍的黎昔非向胡适表示"暑期以后决不再干了"，胡适难道不需要盘算如何应对这种局面……诸如此类的问题何以只字不提呢？显然，此期间他们之间已经有着尖锐的矛盾和冲突，而且这个矛盾冲突是与日俱增的。他不能不慎重落笔，如果如实记载下这些事情，他将如何向北大师生做出解释？他将如何向世人交代？无疑，这些事情真相披露出去，将引来世人的注意和疑问，从而将大大损害他的清誉。

胡适比任何人都重视日记，他不仅一直在搜集、整理其父的日记，而且自己也从留美开始即坚持毕生写日记，尽管有停写的时候。他深知日记的史料价值，1935年12月28日他致汤尔和信中说："先生之日记实使我稍明白了当日一般人的心理及其背景，可见史料之可贵。"① 胡适知道他记日记就是在写历史，如同帝王之"起居注"与"实录"，将来都是撰史的资料和依据。抗战期间，他要求江冬秀"把我的稿子、日记，老太爷的日记、稿子，全托人带到美国来"，后又将其存放美国国会图书馆，② 可见他对于日记的重视。他在撰写《丁文江的传记》时就曾把自己的"日记细细翻查一遍"。

有人可能会说，胡适不是在《独立评论》创刊三、四周年时表彰了黎昔非吗？然而胡适这两次"表彰"黎昔非是很值得玩味的。其一，胡适之所以要"表彰"黎昔非，根本原因在于黎昔非多年来一再提出辞职，而胡适又找不到"相当接替的人"，因此正如有的学者已经指出的，胡适不得不"加以安抚，以求稳住他"。③ 其二，胡适在这时才提出"不要忘记了"黎昔非颇有点"此地无银三百两"的味道。按照当时出版物的惯例，一般都会在扉页或别的地方登载经理人或发行人的名字，但是《独立评论》从来没有在任何一个地方有一个字提到她的经理人是谁，杂志已经创办了三年，世人还根本不知道这个杂志除了胡适为首的编辑部之外还有任何其他人参与此事，他们从何"忘记了"呢？事实是胡适自己首先把这个事情"忘记了"整整三年才突然"想起"要向世人交代一下。其三，胡适第一次"表彰"黎昔非是在1935年5月，这时黎昔非原来的导师黄节已于当年1月24日去世，加以黎昔非已经脱离北大研究所三年整，一直默默无闻为《独立评论》操劳，没有在

---

① 前揭《胡适书信集》，第676页。
② 胡适：《致江冬秀》(1939年6月25日、7月30日)，前揭《胡适书信集》，第782—783页、第829页。
③ 刘佐泉：《只因"师恩"误平生——黎昔非与胡适关系探释》，《江汉论坛》2005年第6期，第99页。

学术界显露头角，故北大的师生已经"不了解"①黎昔非了。其四，胡适在文章中只提到黎昔非的名字，而对于黎昔非究竟何许人，没有只字的交代。世人根本无从知道黎昔非究竟是怎样的一个人，他来自何方？他的背景、学历是什么？他与胡适是什么关系？等等，均一无所知。而同时受到表彰的罗尔纲、章希吕虽然相对简短，但已点明是胡适的"朋友"，在当时能够被胡适认为是自己的朋友，其身价就不同一般；而且他们均已在胡适的日记中不止一次出现，有"实录"可稽。黎昔非是全职工作人员，章、罗二人是在主要职务之外兼及《独立评论》部分事务。这种"表彰"对于黎昔非究竟有多少价值，胡适心中是有数的。后来的历史事实也确实证明这种"表彰"不过是胡适送给黎昔非的"空人情"②而已，不仅世人不知道，连研究胡适与《独立评论》的学者、专家都搞不清楚黎昔非何许人及其与《独立评论》的关系，从而把黎昔非所做的事情张冠李戴到了罗尔纲、章希吕的身上。其五，在第二篇文章中，胡适将章希吕与黎昔非相提并论，已经透露了他的偏颇和不公。在此文中胡适说："我们借这个机会谢谢黎昔非先生和章希吕先生。他们终年勤勤恳恳的管理独立评论的发行，校对，印刷的事务。"③章希吕只参与了上述工作"校对"中的一个环节——"末校"，笼统地说"他们"如何如何，这并不完全符合事实，自然也有失公允。

胡适重视日记，与重视传记是相互关联的两个方面，日记是为传记准备材料的，甚至日记本身就是传记。他有时把日记称为札记，说这些札记"是绝好的自传"④。胡适深知传记的史料价值，他说："我在这三四十年里，到处劝朋友写自传。"这样就"能保存这许多难得的'第一手'史料"。⑤"希望社会上做过一番事业的人也会赤裸裸的记载他们的生活，给史家做材料。"⑥因此，他写《丁文江的传记》就绝不是仅仅为了丁文江一人，而是在撰写当代的历史。

众所周知，胡适一贯强调治学要"有几分证据，说几分话。有一分证据，只可说一分话。有七分证据，只可说七分话，不可说八分话，更不可说十分话"⑦。为人也要敢讲真话，他说："一个民族的思想领袖者没有承认事实的勇气，而公然提倡他们自己良心上或'学术'上不信仰的假话，——即此一端，至少使我个人抬不起头来看世界。'只有真理可以使你自由'（Only the truth can make you free），这是西洋人常说的话。我也可以说：只有真话可使这个民族独立自主……这是一个思想家立身行己的人格问题：说真话乎？不说真

---

① 黎昔非：《自传》（1958年4月30日），《黎昔非与〈独立评论〉》，第471页。
② 黎昔非：《自传》（1958年4月30日），《黎昔非与〈独立评论〉》，第471页。
③ 胡适：《独立评论的四周年》，《独立评论》第201号。
④ 胡适：《胡适留学日记·胡适自序》，海口：海南出版社，1994年，第3页。
⑤ 胡适：《致沈亦云》（1960年10月9日），前揭《胡适书信集》，第1550页。
⑥ 胡适：《四十自述·自序》，上海：上海书店，1987年，第6页。
⑦ 胡适：《致刘修业》（1946年3月7日），前揭《胡适书信集》，第1066页。

话乎？"① 写传记也要讲真话，"传记的最重要条件是纪实传真，而我们中国的文人却最缺乏说老实话的习惯"②。胡适强调"讲真话"比谁都多，那么，胡适在《丁文江的传记》中总结创办《独立评论》的那段话是老实话吗？是讲真话吗？不是。不仅他在这里一笔抹杀黎昔非对《独立评论》的作用与贡献、抹杀《独立评论》发行部的存在是在掩盖历史，而且他说"校对是我家中住的朋友章希吕先生负责"这句模棱两可、似是而非的话也是在歪曲历史，因为胡适比谁都清楚在《独立评论》存在的五年中，章希吕究竟参与了几年，就校对这一环节而言章希吕究竟又承担了多少工作，他也比谁都清楚《独立评论》的社务除了"校对"之外还有更重要、更大量的工作是什么，他也比谁都清楚《独立评论》还存在一个不可或缺的"发行部"，在章希吕之外还有一个对《独立评论》更为重要的人物——黎昔非。他以章希吕和"校对"一事取代《独立评论》不可或缺的社务和社务部门，就是为了掩盖黎昔非及其所主持的"发行部"的存在。显然，胡适在总结《独立评论》历史的时候是煞费苦心的，我们不难想象，他是不敢以正眼，而是以躲闪的眼神面对黎昔非的，他是"抬不起头来看"黎昔非的。

（二）缘何"忘记了"

胡适说："一个人做的事应该件件事回得出一个'为什么'。"③ 那么，"为什么"在写《丁文江的传记》的时候他竟公然掩盖这桩历史呢？

首先，他认为社会上已经没有人知道黎昔非其人了。黎昔非由于为胡适所累而没有在学术界显露头角，从《独立评论》停刊到他写《丁文江的传记》已历十八个春秋，黎昔非仍然默默无闻，而当年仅见于《独立评论》的那两篇文章中只不过是提到了他的名字，这是一个世人陌生、无根无叶的名字，可以说是一个"无头案"。加以世事沧桑，两岸阻隔，在台湾更不可能有人知道黎昔非其人了。其次，他以为既然黎昔非与《独立评论》的关系一直就不为世人所知，乐得"顺水推舟""听其自然"。如果把黎昔非这个名字在这时提出来，他要不要做出交代？如何交代？再如果此事引起世人的关注与怀疑，他将如何说明和解释？这些都是令胡适作难的事情，如实写出黎昔非与《独立评论》的关系，必然暴露长期以来他不欲人知的一面。素以名誉为先的胡适，为了维护他的盛名，为了维持"既成事实"，他选择了继续瞒下去的做法。再次，他把黎昔非的事情瞒住，就可以继续独占办理《独立评论》的功劳。长期以来世人只知道胡适主办《独立评论》（包括他的合作者蒋廷黻等名人）的功劳，而根本不知道还有另外一个什么人也曾经是重要的一个方面，也没有注

---

① 胡适：《致陶希圣》（1935年6月12日），前揭《胡适书信集》，第643页。
② 《〈南通张季直先生传记〉序》，原载《吴淞月刊》第4期（1930年1月），今据《胡适文集》4，北京：北京大学出版社，1998年，第594页。
③ 胡适：《为〈新生活〉杂志第一期做的》，《胡适文集》2，北京：北京大学出版社，第550页。

意到《独立评论》还有一个"发行部"及其作用。这些在以往都已被笼统地囊括于胡适的功劳簿中了。所以，他这次仍然是从吹嘘自己的角度来谈《独立评论》的，且看他的话："当时排字工价不贵，纸价不贵，校对是我家中住的朋友章希吕先生负责，所以开销很省。"还有，"最大的节省是我们写文字的人……都不取稿费"。他把"开销很省"的原因归结于一是章希吕是"我家中住的"，大家都知道章希吕是由胡适付工钱的，言下之意就是我替公家省出了钱；二是写文字的人都不取稿费，大家也都知道《独立评论》刊登胡适的文章是最多的。这与他的合作者蒋廷黻总结《独立评论》的角度就有所不同，蒋廷黻在回忆《独立评论》创办一事时说："半年后，已经无须继续捐助，可以自力更生了……终《独立评论》时期，社中只用一个小职员，负责发行事务"，并承认"办一个刊物需要花费很多人的力量"①。他强调《独立评论》本身的自力更生，承认用这个"小职员"是"开销很省"的原因之一。而他所谓的"小职员"只能是黎昔非，根本没有提及章希吕。在这一点上他比胡适要客观一些。不过，从他把黎昔非说成"小职员"，以及误记"小职员"的月薪为60元，表明他对黎昔非并不了解，对他的工作情况及重要性也不大了解，体会不深，从而贬低了黎昔非对《独立评论》的作用与贡献。这表明胡适一直就把黎昔非掩藏于自己的麾下，并没有很好地把黎昔非其人及其工作情况向《独立评论》成员推介，实际上隔绝了他们之间的联系，乃至蒋廷黻连黎昔非的名字也"忘记了"。

胡适掩盖这桩历史，是与他"不惜利用他人，作他们自己的器具"的行径一脉相承的。胡适曾经说："现在中国有几种人生观都是'少年中国'的仇敌"，其中"第三种是野心的投机主义，这种人虽不退缩，但为完全自己的私利起见，所以他们不惜利用他人，作他们自己的器具，不惜牺牲别人的人格和自己的人格，来满足自己的野心；到了紧要关头，不惜作伪，不惜作恶……"②这里的一些话正好用来解释胡适的行为。"不惜利用他人，作他们自己的器具"正是胡适对待黎昔非的贴切的表述。

胡适在"利用"黎昔非五年之后，眼看黎昔非不可能挽留了，于是不得不准许他离开《独立评论》。知恩图报是一般人都具有的道德，其甚者更是"滴水之恩，必当涌泉相报"。那么，胡适是怎样对待这位为了他而做出如此巨大牺牲的学生的呢？且看黎昔非下面的一段回忆："关于'独立评论'发行的工作，我曾几次拟辞而未果。到了1937年春，我即向胡适表示暑期以后决不再干了。等到暑期将近时，一天我到他家里，他说：'北大研究所要一个人去搞金石之类的工作，你愿意去试试否？'且补充地说：'就先去试一试，如不合兴趣再说。'可是，待我表示愿意时，他却提出了条件：'那么，你先拿篇论文，最近写的来。不日，研究所就要开会研究下期的工作。添聘人员要在会上讨论通过。他们不了解你，所以要拿篇论文给他们看看。'其实，这完全是一种花样，因为，那时他在他们一群

---

① 前揭《蒋廷黻回忆录》，第20—27页。
② 胡适：《少年中国之精神》，《胡适文集》12，北京：北京大学出版社，1998年，第562页。

中，他说一句就算一句，说两句就是一双的。只是他原想做个'空人情'的，他估计我在那几年中没有写什么论文的；有吧，不过是些小说之类的东西，想借此来拒绝我向他要求介绍工作的。"① 胡适虽然也不得不给黎昔非介绍工作，但是却采取突然袭击的方式要求他拿出最近写的论文来。当年他安排罗尔纲也是去这个单位，做同样工作的时候，也要求他拿出"最近写的论文"来吗？也是采取这种突然袭击的方式吗？如果说"他们不了解"黎昔非，胡适难道也不了解吗？当年罗尔纲到这个单位工作之前"他们"不也是"不了解"他吗？黎昔非长年累月为其卖命，怎么能突然要求他"不日"内就拿出最近写的论文来呢？即使一定要拿出最近写的论文来，胡适为什么不提早告诉黎昔非，让他有所准备？为什么不能像对待罗尔纲那样周到细致地为他安排研究的时间和条件？这些除了表明其实行双重标准之外，还表明他对于给黎昔非介绍工作是不感兴趣的，是没有诚意的，只是敷衍他一下。黎昔非比一般人更了解胡适，他与胡适的交往，不算他们从1929年开始的一般的师生关系，仅密切的交往就达五年之久；而且他与胡适没有那种过分亲昵的关系，只是正常的工作关系，因此他可以更为客观地观察胡适，从而洞悉胡适的为人。黎昔非说他这么做只是"想做个'空人情'"，"想借此来拒绝我向他要求介绍工作"的说法，是准确地把握了胡适当时的心态的。对于一个为自己做出如此巨大牺牲的人，其"利用"尚未完全结束的时候就采取这样的态度，竟然从他那里得到如此的回报，实在令人不寒而栗。这里还需要指出的是，胡适介绍黎昔非去做的工作——北大研究所考古室的助理，是黎昔非的同学罗尔纲三年前所做的工作。1934年罗尔纲从广西来到北平，胡适介绍他到中华教育文化基金董事会做文书，"月薪120元，工作很清闲，有时间自己做学问"。但罗尔纲不愿意，于是胡适介绍他到北大研究所考古室做助理。两年后，胡适把罗尔纲升为助教，将原来的月薪60元增加20元，并且添助理一人、书记一人，帮助罗尔纲工作。② 黎昔非与罗尔纲同年在中国公学毕业，后来比罗尔纲多上了一年多的研究生，在为胡适"打工"五年之后被安排担任罗尔纲三年前的职位，成为罗尔纲手下的助理。两个同学在1930年毕业时处于同一个起跑线上，头两年黎昔非冲在了前头，由于胡适的上下其手，黎昔非不仅没有继续领先，不仅落在了罗尔纲的后面，甚而回到了1930年的起跑线上。更不用说罗尔纲利用胡适提供的研究条件，使他在研究工作方面也超越了黎昔非，为其日后拉开与黎昔非越来越大的距离奠定了基础。胡适就这样以其权势为后盾、按照自己的需要和好恶改变了这两个学生的命运。

　　黎昔非离开《独立评论》之后胡适立即抛弃了他，弃之如敝屣。胡适在这次应付了黎昔非之后，认为自己已经补偿了黎昔非的损失，他已经不欠黎昔非的了。因此"七七事变"后他就将黎昔非彻底抛弃，因为在他看来，"七七事变"前一个月已经为黎昔非安排

---

① 黎昔非：《自传》（1958年4月30日），《黎昔非与〈独立评论〉》，第470—471页。
② 《师门五年记》，第39—41、56—58页。

了工作,他对于黎昔非的责任已经画上了句号。后来的事实更进一步证明了胡适的这种心态。抗战后期黎昔非在昆明国立中国医药研究所史地部工作,1944年9月至1945年10月期间,他曾先后三次致信胡适,因为当时"教部举办大学及独立学院教员资历审查,昨得教部批示:服务年限及著述二项已予审定,惟饬补北大研究院修业证书。生于是往谒郑秘书长天挺,他意须有相当证件,而生之注册等件,已遗在平,此间又无当年熟识师长可代证明",因此"敬乞赐示几行,俾持以请发修业证明"。信中还特别申明"此关系于生非常重要"。① 但是这三封信却如同石沉大海。我们联系1937年他对待黎昔非就已经采取那样的态度,就不难理解事隔七八年之后胡适为什么采取如此行径了。至此,人们已经很难找到其他合适的词语,只能用"过河拆桥"来表达了!难怪连与胡适关系如此亲密的罗尔纲都愤然说:"不是他(引者案:指黎昔非)求人的问题,而是胡先生求了他,欠了他的!"②

　　胡适这种行径是他的为我主义人生观的必然结果。他曾经引用易卜生的话说:"我所最期望于你的是一种真益纯粹的为我主义。要使你有时觉得天下只有关于我的事最要紧,其余的都算不得什么。"胡适认为"这种'为我主义',其实是最有价值的利人主义"③。他的一生基本上是以这种观念来行事,并以这种逻辑来解释他的所作所为。他认为自己所做的事情都是为"公家"的,自己的学术研究也是为国家社会的,因而不愿意事务性工作影响他的学术研究,这些事情应当由别人去做,如果担任不符合自己愿望的工作,则"不能不说是国家社会的一大损失,故有所不忍,亦有所不敢"④。他说:"学术的工作有'为人'与'为己'两方面",引王荆公《杨墨》说:"为人,学者之末也。是以学者之事必先为己……始不在于为人,而卒所以能为人也。"⑤他这个观点有其正确的一面,学术成果最终是为国家社会服务的,但不能以此作为损人利己的挡箭牌,损害他人的学术研究和权利。他实行的所谓"无为政治",就是把影响他的学术研究的事情转嫁给别人,以满足自己的需要。至于别人是否也需要这种"为国家社会"而进行学术研究的权利,他可以不管。他需要别人帮忙的时候,则志在必得;别人有求于他时,则往往以各种冠冕堂皇的理由加以推脱。他说自己"从来不介绍人"到任何单位工作,宣称"这是一种'自律'……这是一个新时代应该有的风气,值得我自己维持到底的"⑥。但是为了他自己的事情,则可以到处

---

① 黎昔非:《自传》(1958年4月30日),《黎昔非与〈独立评论〉》,第470—471页。
② 黎虎:《先父黎昔非与〈独立评论〉——从我与罗尔纲先生的一次会面谈起》,《黎昔非与〈独立评论〉》,第138页。
③ 胡适:《易卜生主义》,《胡适文集》2,第486页。
④ 胡适:《致王世杰》(1947年12月17日),前揭《胡适书信集》,第1125页。
⑤ 胡适:《致王重民》(1943年5月30日),前揭《胡适书信集》,第903页。
⑥ 胡适:《致水泽柯》(1961年2月11日),前揭《胡适书信集》,第1606页。

求人"帮忙"。胡适家乡人民说:"宁可出一个胡卓林,不愿出十个胡适。"①商人胡卓林因热心帮助乡邻而得到民众的好评,胡适则反是。民谚是客观存在在民众观念中的凝练,这种"乡议"该不会是无因而发。

　　胡适歪曲、掩盖《独立评论》历史真相,是他实用主义思想在写史上的运用和必然。众所周知,胡适深受实用主义思想的浸染,将其奉为毕生言行的圭臬。他在综述詹姆士的"实在论"时说:"总而言之,实在是我们自己改造过的实在。这个实在里面包含有无数人造的分子。实在是一个很服从的女孩子,他百依百顺的由我们替他涂抹起来,装扮起来。"②我们从他在《独立评论》前后的所作所为可以看到,他一方面通过他的日记、书信等来掩盖黎昔非在《独立评论》中的存在,更不必说他的作用;另一方面他又通过他的日记、书信等来宣扬、突出他自己在《独立评论》中的作用,他还通过日记、书信等宣扬他愿意宣扬的一些人,如章希吕就是其中一个典型。章希吕不过是上海一个出版社的编辑,后来曾给胡适"帮办书稿抄写整理等项工作",1937年之后即赋闲在家至1961年去世③。但是由于胡适在日记、书信中累累表彰他,章希吕也通过日记一再赞扬胡适,两者相得益彰。于是章希吕居然成了一位"名人",有的胡适研究者谈起他来如数家珍。一般来说,日记如果只是为了自己看而秘不示人的,讲的都会是真话;如果是为了给别人看,甚至是为了发表的,就有作伪的可能。而胡适写日记、写信都是为了给别人看,是为了发表的。在准备了这些"人造的分子"的基础上,遂有了诸如《丁文江的传记》的问世。胡适说他在写此书时曾"把我的日记细细翻查一遍"。于是在《丁文江的传记》中关于"独立评论"一节顺理成章就突出了胡适,泽及章希吕,而不见了黎昔非。一部被歪曲了的《独立评论》史就这样流行于世。从此以后,史家在论及《独立评论》时,除了突出胡适之外,章希吕就一直成为不可或缺的有功之臣,黎昔非所做的一切,或被完全掩盖,或被张冠李戴到了章希吕身上;出版时间如此之长、发行量如此之大的《独立评论》似乎只是胡适等几个写稿人和一两个住在他家的朋友帮帮忙就办成了,就坚持下来了,一般报章杂志都不可或缺的社务部门和管理人员似乎在《独立评论》中都是不存在的,办理《独立评论》是那么轻巧和容易,那样的与众不同。历史就被胡适这样"涂抹""装扮"而成。由于人们对胡适的深信不疑,将他写的文字视为"第一手"资料,因而这个被歪曲了的历史就成了"正史"。胡适过人之处在于,他不仅比任何人都知道日记、书信、人物传记的史料价值,而且他比任何人都身体力行于此。他的日记、书信和他所写的人物传记,就是现成的历史。因此,只有胡适才有能力、有办法如此"加工""改造"历史。

---

① 石原皋:《闲话胡适》,合肥:安徽人民出版社,1990年,第170页。
② 胡适:《实验主义》,《胡适文集》2,北京:北京大学出版社,1998年,第226页。
③ 《章希吕日记·说明》,前揭颜振吾编《胡适研究丛录》,第245页。

三、余论

从以上的论述我们可以看到胡适诸多言行不一的表现：他谆谆告诫世人不要"忘记了"黎昔非这位"忠心的看护妇"，但是他在《丁文江的传记》中却把黎昔非忘得一干二净；他告诫别人不要实行双重标准，他却以双重标准对待自己和别人，对待黎昔非与罗尔纲等人；他处处捍卫自己的"独立""自由"，但却做出了无视他人"独立""自由"的行径；他终生维护自己的学术研究权利，但却做出了无视别人学术研究权利的事情；他告诫学生"不要抛弃学问"，却在帮助一些学生做"学问"的同时亲手扼杀一些学生去做"学问"的权利；他在"善待"一些"人子"的同时却又在虐待另外一些"人子"；他无时不在担心自己"白了少年头""两鬓已斑白"，却肆意浪费别人的青春，令他人"白了少年头""两鬓已斑白"而无动于衷；他把"讲真话""讲老实话"喊得震天价响，但却在《丁文江的传记》中公然不"讲真话"，不"讲老实话"……凡此种种，不一而足。

胡适一贯好为人师，危言高论充斥于篇什，以"真理""道德"化身呈现于世。子曰："始吾于人也，听其言而信其行；今吾于人也，听其言而观其行。"① 对于胡适，我们也应取如是态度和方法，不仅要"听其言"，还要"观其行"，从而"察其心"。看看他哪些地方是言行一致的，哪些地方是言行不一的；言行一致与言行不一又各有几许？程度如何？

胡适的言行不一并非偶然。他在《独立评论》问题上的这些表现，是他一贯行为的集中反映。略举数端，以窥其情。

胡适说："我是最怕出名的，一生受了暴得大名之累，现在老了，更是处处躲避一切出名的事。"② 他还曾对别人说："你知道我是最不爱出风头的。"③ 那么，事实如何呢？胡适的好名、"爱惜羽毛"乃举世皆知的事实，例如：抗战期间他不厌其烦写信向江冬秀报告他的进账："今年春夏秋三季可得八个名誉博士。连以前的三个，共总有十三个名誉学位。""这些玩意儿，毫无用处，不过好玩罢了。到了今年九月底，我总共有了十四个博士学位。一个是四年苦工得来的，十三个是白送的。""这三个星期，我得了六个名誉博士学位，今年共得了七个了。""去年得了三个，一总共得了十二个名誉博士学位了。"④ 又如：凡宣扬其名誉的人和事，莫不令其高度兴奋，从而得到他格外的眷顾和礼遇。罗尔纲的《师门五年记》于1945年写成以来，胡适毕生都在推销、宣扬此书，认为此书"给他的光荣比他得到35个名誉博士学位还要光荣"。1958年为了庆祝他的68岁生日，他亲笔

---

① 《论语》卷三《公冶长》。
② 胡适：《复胡光麃》（1959年2月13日），前揭《胡适书信集》，第1374页。
③ 胡适：《致胡近仁》（1929年10月17日），前揭颜振吾编《胡适研究丛录》，第219页。
④ 胡适：《致江冬秀》（1940年3月31日、4月21日、6月22日、9月29日），前揭《胡适书信集》，第804、808、818、841页。

题改书名,自费连续两次出版此书,广为散发,以致"《师门五年记》如同教科书一样在台湾销行",成为罗尔纲一生"流传最广远的一本"书,是他"连做梦也没有想到哪"!胡适声称"《师门五年记》等于替中国公学做广告"①,实际上在替谁做广告,是谁都明白的。1943年10月29日胡适在美国收到胡不归寄来的《胡适之传》,当天就在日记中详加记载,说:"他出这书,为我做'五十岁生日',其意可感。"第二天就"写长信"给他,"讨论他的《胡适之传》"②。1959年胡适收到何勇仁11月16日的信,并寄来的《胡适的为学与做人》文章、照片、资料,当天就给他回信,其中说道:"先生要精选二十件名画到'中央研究院'来展览,并招待院中同人,我特别感谢你的好意。"建议不要到"中央研究院"所在的南港来展览,因为这里太偏僻,希望"在台北挑一个中心的展览地点","那时我一定去看"③。诸如此类,不胜枚举。

胡适说:"我在社会上四十多年,从来没有一纸介绍信到任何机关或个人。"④当然,胡适为了推托这类麻烦,的确是很不愿意介绍人的。但是也并非从来不介绍人。1928年他曾介绍石原皋到家乡学校任教⑤。1934年胡适家乡绩溪的教育局局长换了外地人,乡人"托(胡)适兄拍一电报给杨厅长免于调动。适兄立即发了一电去"⑥。1936年乡人涵澄"辞民众教育馆长职,求(胡)适兄电请皖教厅长饬县慰留"。于是胡适的"秘书"章希吕"为适兄起了一稿给杨四穆厅长,快函寄去"⑦。1947年他给张元济写了一封长信,详细介绍并推荐王岷源,最后说:"以上所记,或足供先生的参考。将来如有(胡)适可以效劳之处,绝不敢辞。"⑧1948年他先后致信当时在教育部的学生胡颂平,请他为曾性初、陈景云的事情帮忙。⑨1959年他为许淑珍的事情先后致信"中央研究院"的郭廷以、日本驻台湾"大使"井口贞夫。⑩1960年他向陈诚推荐刘登胜出国进修。⑪至于1931年他写信给清华大学的代校长翁文灏、教务长张子高,请他们为吴晗找工作的事情,更是大家都已经熟知的了。

胡适说:"我是向来不做生日的。"⑫果真如此吗?1933年12月17日胡适在日记中写

---

① 《师门五年记》,第64—70页。
② 前揭《胡适的日记》手稿本第十五册,台北:远流出版公司,1990年。
③ 胡适:《复何勇仁》(1959年11月17日),前揭《胡适书信集》,第1447页。
④ 胡适:《复王姜贵》(1961年8月10日),前揭《胡适书信集》,第1667页。
⑤ 前揭颜振吾编《胡适研究丛录》,第217页。
⑥ 前揭颜振吾编《胡适研究丛录》,第259页。
⑦ 前揭颜振吾编《胡适研究丛录》,第267—268页。
⑧ 胡适:《致张元济》(1947年11月30日),前揭《胡适书信集》,第1121—1122页。
⑨ 胡适:《致胡颂平》(1948年6月5日、6月12日),前揭《胡适书信集》,第1140—1141页。
⑩ 胡适:《致郭廷以》(1959年11月8日)、《致井口贞夫》(1959年11月10日),前揭《胡适书信集》,第1437、1440页。
⑪ 胡适:《致陈诚》(1960年5月16日),前揭《胡适书信集》,第1518—1519页。
⑫ 胡适:《致水祥云》(1958年12月10日),前揭《胡适书信集》,第1362页。

道："今天是我满四十二岁的生日……朋友来贺生日者，上下午都有人；我每年都备酒饭，但不发帖请客；朋友上午来的，则留住吃面；下午来的，则留住吃晚饭。今天来的约有五十人。"① 这一天"中饭吃面，夜有酒四席。今天非常热闹，玩牌的有五桌"②。1960年12月19日胡适致蒋介石信说："十五日晨，黄伯度先生来南港，带来总统亲笔写的大'寿'字赐贺我七十岁生日……总统的厚意，真使我十分感谢！回忆三十七年十二月十四夜，北平已在围城中，十五日，蒙总统派飞机接内人和我和几家学人眷属南下，十六日下午从南苑飞到京。次日就蒙总统邀内人和我到官邸晚餐，给我们做生日。十二年过去了，总统的厚意，至今不能忘记。"③

胡适说："中国刊物常有请名人题词的习惯。我个人向来不赞成这种题词。"④ "我向不赞成出版物请人题词或题字的风气，所以我不能为大作题词，千万请原谅。"⑤ 但是，只要他感到需要，与他自己的利害有关，他却很主动题词、题字。1958年胡适在台湾为了庆祝自己的68岁生日，把身在大陆的罗尔纲写的《师门辱教记》改名为《师门五年记》，自费出版，并亲笔题写书名，已见前述。他为什么这个时候这么积极出版此书？除了前述他一贯的"好名"之外，也因为这个时期大陆进行胡适思想批判，于是利用此书以向世人展示他在学术界的正面形象，以抵消批胡运动可能给他带来的负面影响。1960年6月20日胡适在复周维亮的信中说："先生提及四十三年十月要我题《蹉海述林》书名的事。使我大愧悚！当时必定是手头没有毛笔，一搁就被压积到我的信札里去了。日子久了，就好像已经写了寄出了！六年前旧约，真使我十分惭愧！请先生即将《蹉海述林》的封面样张寄给我，我一定补写……"⑥ 胡适为什么这么积极弥补爽约之事呢？原来周维亮曾经将胡适父亲胡铁花的《台湾日记与禀启》"充分采用作台湾盐务史料"，又写了《胡铁花之台盐治绩》。胡适对于保存、整理及宣传其父之史料非常热衷，因而与对待一般请求题写书名者态度迥异。

1941年4月10日胡适致信江冬秀，说明不希望她来美国的原因，他说："我不叫你来，只是不要你来受罪。……你知道我做了二十年大学教授，第一，我不拜客；第二，我不回拜一个客；第三，我从来不请客。"⑦ 果真如此吗？且看胡适日记所记，1931年1月10日"去看张菊生先生"，"看高梦旦先生，见着仲洽"。"访 Zilliancus [悉廉库斯先生]，他病了，见着 Dr. L. Rajchman [L. 雷奇曼博士]"。1月16日"访祖法夫妇，见着阿瑛"。1

---

① 《胡适日记》全编，合肥：安徽教育出版社，2001年，第252页。
② 前揭颜振吾编《胡适研究丛录》，第249页。
③ 前揭《胡适书信集》，第1572页。
④ 胡适：《致唐富言》(1959年2月5日)，前揭《胡适书信集》，第1374页。
⑤ 胡适：《复某君》(1959年10月26日)，前揭《胡适书信集》，第1435页。
⑥ 胡适：《复周维亮》(1960年6月20日)，前揭《胡适书信集》，第1541—1542页。
⑦ 胡适：《致江冬秀》(1941年4月10日)，前揭《胡适书信集》，第861页。

月 17 日"去访张寿镛先生,谈罗隆基事"。1 月 19 日"访金井羊","到罗隆基家中"。1 月 21 日"访石世磐君。他设立了一个美术照相馆……便道(安乐坊)访他,他为我照了几种不同的姿势"。1934 年 1 月 14 日"往看陈受颐、受康兄弟","往看张奚若夫妇"。①1937 年 4 月 8 日"访莎菲谈四川大学事"。4 月 11 日"前托颜骏人代问徐世昌先生有无关于颜李学派的新材料,骏人来信约我今天去访徐……我大喜,即复电约今日去。今天到天津,下午三点见徐总统,谈了半点钟……今天费了二十多元钱,毫无所得"。5 月 30 日"到魏建功家,小谈"。②1948 年 11 月,胡适从顾廷龙那里得知傅沅叔有沈文起《水经注疏证》一书稿本,于是致信其子傅晋生:"近来沅丈病体如何?念念……顾君托我代请求吾兄准他设法传抄沈氏《水经注疏证》,以广其传。我竟不知文起有此书,故乐为代请。便中请赐一电话,以便走访,并探问沅丈起居。"几天后他致信顾廷龙报告拜访傅沅叔事:"昨日我到傅沅叔先生宅里去看他,晋生世兄也在座。"③1958 年 12 月 31 日致张承醮:"回国已两月,还没有能来看老兄。……倘老同学能供给一点资料,我当来走访,或请吴相湘先生来奉访。"④1961 年 1 月 31 日致李济:"早知道你昨天来了,时刻想来看你。……先写几个字欢迎你出院的大喜!待我赶回来时就来看你。"⑤他说自己从来不拜客,是因为大多数情况下是别人有求于他,而当他有求于人时也就不摆什么架子了。

…………

我们无意非议或反对胡适好名、过生日、拜客、不乐意介绍人、不乐意题字等等世俗之人都有的行为,我们只是要指出,胡适每当有某种需要的时候,往往会拿出冠冕堂皇的理由,用"我从来"如何如何,我"一贯"如何如何之类绝对的、自诩的言辞来搪塞、推诿、解释,却往往陷入前后矛盾的境地。联系上文所述他在《独立评论》史上种种言行不一、双重标准的事实,这就向我们提出了一个问题:我们在研究胡适的时候,不能仅看他的言辞,甚至只看他那些美丽的、高尚的言辞,而应当"观其言,察其行",这样才能认识真正的胡适。实际上这也是我们研究任何历史人物时都应采取的态度和方法。重温一下胡适关于"易卜生主义"的一段话也许不是没有裨益的:"他(易卜生)有一本戏,叫作《社会的栋梁》(Pillars of Society)。戏中的主人名叫褒匿,是一个极坏的伪君子……这样一个大奸,面子上却做得十分道德,社会上都尊敬他,称他做[作]'全市第一个公民''公民的模范''社会的栋梁'!他谋害他兄弟的那一天,本城的公民,聚了几千人,排起队来,打着旗,奏着军乐,上他的门来表示社会的敬意,高声喊道,'褒匿万岁!社

---

① 前揭《胡适日记全编》6,第 8、27、29、33、36、292 页。
② 前揭《胡适的日记》,第 553、567 页。
③ 前揭《胡适书信集》,第 1164—1165 页。
④ 前揭《胡适书信集》,第 1367 页。
⑤ 前揭《胡适书信集》,第 1600 页。

会的栋梁褒匿万岁!'"①

有的研究者在面对不符于胡适"圣人"面目的资料或对胡适提出的异议时,或采取不屑一顾的态度,认为这些不过是蚍蜉撼树;或采取"特殊照顾政策",认为对此应当给予"理解""同情"。按照这些"理论",胡适是动不得的,只能继续在"圣人"的框架内添枝加叶;胡适的过错是应当略而不计,或视而不见的,似乎对于"圣人"反倒要降低要求。古训云:"勿以恶小而为之,勿以善小而不为。"②"圣人"之所以成为"圣人"是由积德累善而成的。"名者,难立而易废也。千里之堤,以蝼蚁之穴漏;百寻之屋,以突隙之烟焚……是故人皆轻小害,易微事,以多悔。"③"凡人"都应以此戒慎自己,何况"圣人"呢?佛家的教义是众生平等,法制的精神是在法律面前人人平等。一桩功罪,一种是非,不论对于"圣人"还是"凡人",都应一视同仁。对"圣人"的要求或许应当高于"凡人",而不是低于"凡人"。观察胡适的方式除了仰视之外,还应当俯视,俯仰结合才能比较完整地看清胡适。现在的问题恐怕不是对于胡适这样的"圣人"缺少"理解"和"同情",而是应当把"理解"和"同情"给予被胡适侵害的"凡人"一些吧?

(原刊于《江汉论坛》2007年第2期,收入本书时作者有所补充)

作者简介:王炜民(1953—   ),河北涿鹿人,包头师范学院历史文化学院二级教授。主要从事中国文化史和地方史研究。

---

① 胡适:《易卜生主义》,前揭《胡适文集》2,第480—481页。
② [晋]陈寿撰,[南朝·宋]裴松之注:《三国志》卷三二《先主传》注引《诸葛亮集·先主遗诏敕后主》,北京:中华书局,1959年,第891页。
③ 《诸子集成》第七册《淮南子》卷一八《人间训》,北京:中华书局,1959年,第305页。

胡适在人才问题上的言与行
——以黎昔非个案为中心

马寒梅

提携和关爱人才是当今加在胡适头上的无数光环之一,"对于青年人才奖掖与培植,最具热情"①。罗尔纲讲到他与胡适的关系时,用的是"煦煦春阳的师教"②。戴季陶曾经送了一副对联给胡适:"天下文章,莫大胡适;一时贤士,皆出其门。"③然而胡适总是像上面讲的这样提携和关爱学生的吗?其实不然,在这光环之下还隐藏着鲜为人知的另一面。最近从上海档案馆发现的一则史料——《中国公学大学部文理学院庚午级毕业纪念刊》,暴露了胡适在提携和关爱人才的漂亮言辞后面的真相。

黎昔非1929年从持志大学转学中国公学,胡适时任中国公学校董、校长,于是与胡适有了师生关系。1930年黎昔非大学毕业,毕业同学们印制了一个《中国公学大学部文理学院庚午级毕业纪念刊》,请校长胡适题字写刊名。胡适在纪念刊上发表了对即将毕业的同学们所作的临别《赠言》,他说:"诸位毕业同学:你们现在要离开母校了,我没有什么礼物送给你们,只好送你们一句话吧。这一句话是:'不要抛弃学问'……少年是一去不复返的,等到精力衰疲时,要做学问也来不及了。即为吃饭计,学问决不会辜负人的。吃饭而不求学问,三年五年之后,你们都要被后进少年淘汰掉的。到那时再想做点学问来补救,恐怕已太晚了。"④

这一段赠言,可谓切中肯綮,语重心长。在这段赠言中,胡适讲了两个方面的重要性,一是学问是立身之本;二是时间宝贵,要抓紧时间研究学问,光阴一旦流逝,则会被淘汰。谁看了这段赠言,都会为胡适的师长风范所感动。

但从后来胡适让黎昔非"抛弃学问",反复邀请黎昔非担任《独立评论》的经理人,不许他辞职,最终断送了黎昔非的学者之路的史实。在对待黎昔非这件事上,胡适并未表现出他的真知灼见、师长风范。

---

① 闻畦之:《胡适的人际世界揭秘》,北京:中国友谊出版公司,2005年,第260页。
② 《师门五年记》,第40页。以下引用此书,直接简称"《师门五年记》"。
③ 前揭《胡适的人际世界揭秘》,第352页。
④ 胡适:《赠言》,《中国公学大学部文理学院庚午级毕业纪念刊》,上海档案馆藏,1930年5月。

一

　　黎昔非在大学期间便基本坚定了"学问便是铸器的工具"的信念,已经开始对《诗经》等进行系统的研究,并取得了一些成果。大学三年级时,黎昔非就发表了《〈采芑〉时代的质疑》,后又发表过《从"其军三单"说到古代兵农之分》等关于《诗经》研究的论文。其研究功力为后来的学者所称道:"应该指出的是,老先生这篇考释文字,不但立论严实,行文亦汪洋恣肆,举重若轻,大量的文献资料,旁征博引,信手拈来,表现出相当深厚的功力。"

　　在《中国公学大学部文理学院庚午级毕业纪念刊》上总共刊登了八篇论文,除了两篇时论性的和一篇译文之外,还有五篇为古代方面的,包括《安徽省六十县之成立年代及其沿革》《柳永评传》《老子研究》《读春秋左传杂记六则》以及黎昔非的《唐以前的七言诗》。从这五篇论文题目我们可以看到黎昔非这个选题是最有新意和学术价值的。本文对唐以前的七言诗的源起、演进做了系统、深入的研究。特别是对从汉以前一直到隋的七言诗都依据史料进行了详细的考证。应当是当时唐以前七言诗研究的集大成者。在黎昔非此文之前论述七言诗起源的专题论文,除了 1925 年《晨报副刊》龚慕兰《七言诗概谈》之外,几乎是一片空白。黎文可以说是 20 世纪第一篇认真探讨七言诗起源的有分量的专题论文。1930 年之后这方面的论文逐渐增加,如王耘庄《七言诗起源考》(1931 年)、张长弓《七言诗的兴起说》(1931 年)、罗根泽《七言诗之起源及其成熟》(1933 年)等,及至 1943—1944 年余冠英等《七言诗起源新论》《关于七言诗起源问题的讨论》等问世,掀起了第一波高潮。黎文可以说是 20 世纪 30 年代关于七言诗起源问题讨论高潮的先驱之作。黎昔非 80 年前提出的这个问题,今天仍然是文学界研究的一个重点。可以看出这个研究课题的价值。比如《汉代七言诗研究》(2002 年),《先唐七言诗的流变》(2006 年),《再论七言诗源于楚辞体》(2008 年),等等,仍然研究的是唐以前七言诗的起源及演进,仍然是在黎昔非提出的问题基础上的继续或发展。在《中国公学大学部文理学院庚午级毕业纪念刊》上刊登的八篇论文中,黎昔非的论文无疑是突出的,当时他的同学罗尔纲发表了《读春秋左传杂记六则》,为杂记而非系统的研究文章,其中如《老子研究》等课题则难有新意,其他如《化学战争和中国》则是时论性的文章。

　　可见当时黎昔非已经具有相当的研究功底,并取得了一些具有相当学术水平的成果。

二

　　中国公学毕业后,为了进一步深造,按照胡适赠言中指引的路子,黎昔非即来到北京,准备继续把学问作为自己的立身之本,把自己"铸造成器"。在北京的日子里,黎昔非"整天沉醉在北平图书馆的经史籍中"①,准备研究生的考试,当时中国公学的同学吴晗、罗尔纲也来到北京,前者去考清华大学历史系本科,后者在胡适家当家庭教师。1931年春天,黎昔非通过自己的努力,考取了北京大学研究生考试文学专业第一名②,当年北大文学专业研究生仅仅录取八名。在黎昔非的自传中讲了当时的情况,当罗尔纲告诉他这一喜讯后,"我把报纸看了一下,知道了我与王越的导师都是黄节先生。我按期去注了册,领了研究证,并拟好研究的大纲,经导师同意后,便整天在北平图书馆翻阅着自己想要看的书,企图一年下去能拿出点见得人的东西来"。③考取研究生让黎昔非走上了做学问的坦途,当时别说是研究生,就是大学本科生也是非常少的。黎昔非能考上全国第一流最高学府文科第一名,无疑是当时同龄人中的佼佼者,也足见其当时的学术已经有相当功底。

如果按照这条路子走下去,已经具有相当功底的黎昔非成为当时国内知名的大学者应当是指日可待。但历史就是这样,因为胡适的关系,他的研究之路中断了。

三

黎昔非考取北京大学研究生,准备以学问把自己"铸造成器"。学生按照老师说的去做了,然而同年辞去中国公学校长到北京大学当文学院院长的胡适,会言行一致,提携已经考取北大研究生的黎昔非,让他在学问上有所建树吗?可能黎昔非也没有想到他敬重的老师胡适会给他演绎一段与其"赠言"完全相反的路子。胡适为了自己的需要,让黎昔非"抛弃了学问",中断了黎昔非学者之路。

《独立评论》在胡适的政治生涯中具有重要的作用。在创刊之初,胡适即对其抱有很大的期望,第一期刊登了他所作的《引言》,说:"我们叫这个刊物《独立评论》,因为我们都希望永远保持一点独立的精神,不依傍任何党派,不迷信任何成见,用负责任的言论来发表我们各人民团体思考的结果:这是独立的精神。"④以独立的精神发表负责任的言论来影响社会,是其创办《独立评论》的宗旨。从结果上看,《独立评论》也在胡适等人的政治生涯中起了重要作用,有的研究者指出:"《独立评论》是三十年代最有影响的刊物之一。在某种程度上,胡适等一些自由知识分子正是通过创办这一刊物,从社会的'边缘'走向了社会的'中心'。它的销售不但遍布全国各地,而且远及日本、法国、德国、美国

---

① 黎昔非:《自传》(1951年7月),《黎昔非与〈独立评论〉》,第441页。
② 《北大日刊》,第2645号,1931年6月5日。
③ 黎昔非:《自传》(1951年7月),《黎昔非与〈独立评论〉》,第443页。
④ 胡适:《独立评论》"引言",1932年第1号。

等国；每期销量多时达一万三千份，比历史上的《新民丛报》《新青年》等刊物的销量还要大。"①

胡适之所以有那样的社会地位，能担任驻美大使，蒋廷黻等出任国民政府要职，均和《独立评论》的影响有关。1947年，蒋介石又拟让胡适出任驻美国大使。当时胡适提出了三点不愿做大使的理由，其中一个重要的理由是前一次做大使前，有过做行政事务的训练，"我1937—1938年出任外交事，确有了点准备——五年编辑《独立评论》，三次参加P. R. 会议，都是好训练"②。可见《独立评论》在胡适政治生涯中的重要地位。

《独立评论》这样重要，所以从它的诞生那一刻起，为了找到一个合适的负责社务工作的经理人，胡适是费了一番周折的。《独立评论》从提议到创刊，经过了很长时间，也没有物色到合适的负责社务工作的人选，为此事，《独立评论》的积极倡导者蒋廷黻同样发愁。1932年4月24日，吴晗在致胡适的信中就提到这件事："今午同蒋廷黻先生谈话，他说他正在发愁，因为独立周报预备在下星期出版，第一期稿件已齐，却还找不到一个合式的经理人。生因此想起五星期前同黎昔非君到协和来看先生的时候，先生曾提过此事，并问黎君愿否帮忙，就把这话告诉蒋先生，他很高兴，叫生即刻写信，请先生决定并征求昔非同意（他住银匣大丰公寓）。"③从这一封信中我们可以看出，当时能否找到一个合适的社务部门的负责人，已经成为制约《独立评论》能否正常出版的一个重要原因。在吴晗写此信五周前胡适就征求过黎昔非的意见，但当时黎昔非考虑到自己的学业，迟迟没有答复。我们也能想见黎昔非的矛盾心理，当时北大研究生的学业已经步入正轨，每天泡在图书馆，"企图一年下去能拿出点见得人的东西来"，黎昔非就是希望通过一年一年的努力，日积月累，成为做学问的大师。而去担任《独立评论》的经理人，当然会影响到自己的学业。

在胡适邀请他担任《独立评论》经理人，在他犹豫徘徊的这段时间，胡适也并未物色到合适的人选，同时他也期望着黎昔非的回复。对胡适的数次邀请，黎昔非最终放弃自己钟爱的学问，答应担任《独立评论》经理人。这既有黎昔非在胡适反复邀请之下，顾及师生关系有关，也有可能与他期冀在胡适身边工作，胡适对自己研究学问有所提携有关。他如果想到胡适为了《独立评论》，三年只去独立评论社一次，为了自己的利益而不考虑黎昔非的前途，黎昔非当时应该是不会答应的。可能胡适那漂亮的"赠言"当时还在黎昔非的头脑中记忆犹新吧。这从他以后的自传中可以看出这一点，他在1951年的自传中写道："一天，胡适突然派人送来一函，要我到他家谈谈。第二天我去了，他说：'我们几个朋友打算办一种杂志，你可否替我帮忙一下，房子已经租好了，你可搬到那里去。'我答应了，

---

① 张太原：《〈独立评论〉经理其人其事》，《黎昔非与〈独立评论〉》，第88页。
② 胡适著，曹伯言整理：《胡适日记全编》（第七卷），合肥：安徽教育出版社，2001年，第691页。
③ 吴晗：《致胡适书简一通》（节录），《黎昔非与〈独立评论〉》，第29—30页。

搬了去,只数间空房,什么也没有,连喝水都不便,心里颇感不舒服。""本来,我打算只干他半年至一年,藉以维持生活,期完成自己的论文便罢了。没想到工作那么烦[繁]忙,有时忙到连报纸都要到夜深才得闲来看,也没想到一再推辞,直到北京沦陷前夕还没和它完全绝了关系。"① 黎昔非当时以为是短期工作,干个半年一年即可结束,但没想到他多次请辞胡适却不答应,让他足足干了五年多。

为什么黎昔非一再推辞,而胡适却不顾及他的前途,难道胡适忘了自己所说的:"吃饭而不求学问,三年五年之后,你们都要被后进少年淘汰掉的。到那时再想做点学问来补救,恐怕已太晚了。"而胡适则让黎昔非整整耽误五年多的光阴,这五年多的光阴无疑会影响黎昔非的一生。我想这主要是因为黎昔非对《独立评论》的巨大作用所致,在纪念《独立评论》创刊三周年时,胡适说:"在这贺周岁的日子,我们不要忘了这个孩子还有一位忠心的看护妇。我们创办这刊物的时候,就请黎昔非先生专管发行所的事务。说也惭愧,我是实行我的无为政治的,我在三年中,只到过发行所一次!这三年的发行,校对,杂务,全是黎昔非先生一个人支持。每到星期日发报最忙的时候,他一个人忙不过来,总有他的许多青年朋友赶来尽义务,帮他卷报,装封,打包,对住址。"②

三年来,胡适只到过一次发行部,实行无为而治。所以,尽管胡适在《赠言》中说的那样恳切,但官样的文章好做,当考虑到自己的利益时,胡适就将自己的"金玉良言"置之脑后了。在黎昔非多次要求辞去经理人职务的时候,胡适以各种理由推辞也就好理解了,《独立评论》对胡适的重要性、黎昔非对《独立评论》的重要性决定了这一点。黎昔非当时已经步入学术研究的康庄大道,正向着自己成为学者的目标迈进。对于胡适的提议,当然是为难得很了。但胡适是非常"知人善任"的,他看中了黎昔非是个人才,肯定能担当好这个角色的。在邀请黎昔非担任经理人时,他已经忘记了自己给黎昔非的临别《赠言》了!他教导黎昔非等毕业学生"不要抛弃学问",却让一个难得的在读研究生纠缠于行政事务当中,逼迫他生生抛弃学问;他告诫"三年五年以后,你们都要被后进少年淘汰掉的。到那时再想做点学问来补救,恐怕已太晚了"。却硬让黎昔非担任《独立评论》经理五年有余,一直到抗战全面爆发。

而罗尔纲的学术地位就是在这几年中奠定的。从1932年入手研究太平天国,到1936年就在国内已经有相当影响,1936年,蒋廷黻出任驻苏联大使,即推荐罗尔纲讲授清华大学的中国近现代史课程。但这几年的光阴中,本来从学术前景、学历水平均高于罗尔纲的黎昔非却把生命都奉献给了胡适主编的《独立评论》,不能不说是一件憾事。而胡适为了自己,却把黎昔非锁在《独立评论》的具体事务上,与自己钟爱的学问基本作别,一是学问,一是五年多的光阴。正如胡适所说,由于这几年的耽误,黎昔非在这几年中无法成

---

① 黎昔非:《自传》(1951年7月),《黎昔非与〈独立评论〉》,第443—444页。
② 胡适:《又大一岁了》,《独立评论》第151号。

什么器。从胡适的表面一套,对黎昔非所做的又是另外一套,不能不说通过这些史实证明了胡适也有扼杀人才的事实。

四

胡适长期以来隐瞒黎昔非因为担任《独立评论》经理人而耽误学业的史实,是其试图掩盖让黎昔非"抛弃学问",给黎昔非一生造成重大负面影响的又一证据。以黎昔非为首的发行部对于《独立评论》及胡适是十分重要的。但在相当长的时间内,这一史实却鲜为人知。究其原因,笔者认为主要的还在于胡适的自私。笔者翻阅了目力所及的所有的胡适日记,发现了这样一个规律,在黎昔非任《独立评论》经理人之前,胡适曾在他的日记中两次提到黎昔非,但此后,就再没有在他的日记里发现有关于黎昔非的记载。按照常理,在黎昔非担任《独立评论》的经理人之后,和胡适的联系更加紧密了,反倒没有关于黎昔非的记载。那就只能有一个答案,就是胡适一直在隐瞒着什么。黎昔非对《独立评论》的贡献,胡适是最有发言权的。而通过现在发现的史料,除了在《独立评论》上为了鼓励黎昔非留任而作过一些极少的评价外,在以后的历史长河中,胡适从来就没有对黎昔非及以其为首的发行部对《独立评论》的重要性提只字,甚至在提到《独立评论》时,故意回避黎昔非,以至于黎昔非与《独立评论》的关系长期难为人所知。胡适是大家,在国内外均享有崇高的声望,其提携弟子吴晗、帮助林语堂等,均为世人所称道。但对于黎昔非为他为《独立评论》做出的重要贡献,却多年故意回避,而唯恐外人知道。

原因主要在于胡适出于维护自己名誉的考虑。胡适从任北大教授时就"暴得大名"。是名人当然就要受到各方面的高度关注,而对于这样的名誉,胡适也是十分爱惜,当然处处注意维护。就像唐德刚所说:"须知胡适之先生在中国享有盛名,历四十年而不稍衰。因此他的一生,简直就是玻璃缸里的一条金鱼;他摇头摆尾、浮沉上下、一言一笑……都被千万只眼注视着。稍有一点关于'胡适'小故事,在报章杂志上不是'头条',也是'花边'。全国上下——尤其是茶余酒后——对他都有极浓的兴趣。"① 像这样的名人,一直是以提携学生而著名。而任何一个人,包括像胡适这样的大人物,同样有他自己不为人知的一面,对待黎昔非胡适是自私的。办《独立评论》的那几年,是胡适人生的又一个高点。在当时好评如潮的情况下,胡适将功劳揽在自己身上应当是他的打算。但通过考察胡适的性格,胡适对黎昔非也是有歉疚的。黎昔非这样一个在当时凤毛麟角的研究生,长期做《独立评论》社务工作,应当说不应该长久,否则会影响他的学业直至一生。但胡适用黎昔非用得太得心应手了,对《独立评论》他可以无为而治,是黎昔非帮助《独立评论》

---

① 胡适述,唐德刚整理:《胡适口述自传》,合肥:安徽教育出版社,2005年,第3页。

度过初创时的困难阶段,在这个时候,是让他继续学术研究,还是继续为他胡适自己的事业作铺路石呢?胡适最终还是选择了后者。在这一点上,他心里是有愧的,所以他始终也不愿意将黎昔非推到前台,尽管黎昔非在《独立评论》时期,和胡适的接触是最紧密的,但忽然从胡适的日记及以后的回忆中消失了也就不足为怪了。其间,黎昔非多次提出要辞去不干。在1958的自传中,黎昔非写道:"关于'独立评论'发行的工作,我曾几次拟辞而未果。到了1937年春,我即向胡适表示暑期以后决不再干了。"① 罗尔纲在与黎昔非儿子黎虎见面时,也强调:"不是他求人的问题,而是胡先生求了他,欠了他的!"② 这应是一种十分客观的说法。因为罗尔纲也是胡适的学生,长期住在胡家,又和黎昔非是同学,因此他的说法是权威的。一个北京大学的研究生,因从事《独立评论》的行政工作而停止学业。如果这一事实公之于众,胡适难免成为众矢之的。这也是胡适虽然对于黎昔非的贡献最有发言权却长期隐瞒的原因所在。

结果黎昔非放弃了学问,但长期以来胡适连一个黎昔非在《独立评论》的身份也不给,在其晚年回忆办《独立评论》时,只说:"校对是我家中住的朋友章希吕先生负责。"③ 而笔者发表于《北京社会科学》2007年第6期的《论〈独立评论〉的另一个核心》则对谁是《独立评论》的校对做了研究,黎昔非是《独立评论》主要校对者之一,章希吕偶尔协助胡适做一些"末校"工作,和黎昔非是不能比的。④

从胡适这样的所为,让我们看到直到晚年他还在掩盖让黎昔非"抛弃学问"的事实。

结　语

黎昔非本来是以学者作为自己人生目标的,自己也向着这个目标进行了切实的努力,并且考取了北京大学研究生文学的第一名,如果按照这个轨道走下去,没有人相信他不会成为一个学者的。胡适尽管口口声声要求学生抓紧时间做学问,但他却为了自己的《独立评论》的行政事务,耽误了黎昔非五年多的光阴,直接导致其人生目标无法实现,从而耽误了他的一生,在这篇动听的《赠言》后面,我们看到的铁的事实是:正是胡适本人亲手"毁了"自己的学生,"毁了"一个可以"成器"的人才;"眼睁睁地"看着一个可以"成器"之才在"三年五年之后""被后进少年淘汰掉","眼睁睁地"看着一个可以"成器"

---

① 黎昔非:《自传》(1958年4月30日),《黎昔非与〈独立评论〉》,第470页。
② 黎虎:《先父黎昔非与〈独立评论〉——从我与罗尔纲先生的一次会面谈起》,《黎昔非与〈独立评论〉》,第138页。
③ 胡适:《丁文江的传记》,合肥:安徽教育出版社,1999年,第144页。
④ 马寒梅:《论〈独立评论〉的另一个核心——黎昔非主持的发行所》,《北京社会科学》2007年第6期。

之才在"十年之后"没有实现自己学者之"器"的目标!

　　胡适扼杀黎昔非的问题虽然是一个个案,但是它却向我们提出了一个不算太小的问题:研究胡适这样的历史人物究竟应当采取怎样的态度和方法?胡适毕生以大量的日记、书信和杂文等包装了自己,在这方面堪称古今中外无出其右者,这也许可以说是胡适这个历史人物与其他历史人物不同的一个最大特色吧!那么,我们今天对于胡适的种种危谈高论、金玉良言、娓娓说辞应当如何分析取舍呢?应当如何评价胡适这样的历史人物呢?是完全以胡适自己的说法来评价他,还是通过弃文存质、去伪存真、听其言察其行的方法来评价探求一个真实的胡适呢?在这个问题上,我们的学术界还有没有需要加以反思和改进的地方呢?

(原刊于《宜春学院学报》2013年第5期)

　　作者简介:马寒梅(1969—　),北京人,历史学硕士,廊坊师范学院副教授,主要从事中国现代史研究。

历史的篡改与真相

——以《独立评论》"经理人"黎昔非个案为中心

王炜民

《独立评论》是 20 世纪 30 年代中国最有影响的政论刊物之一，从 1932 年 5 月 22 日创刊于北平，至 1937 年 7 月 25 日停刊，共出版了 244 号，以其连续出版五年有余，不仅发行于全国各地，而且远及美、日、德、法等国，其销售量最高时达 13000 份，比历史上的《新民丛报》《新青年》等刊物的销量还要大，成为在中国现代历史上的重要刊物之一。由此可知经理其出版、发行等社务工作是多么繁重的任务。自 2002 年《黎昔非与〈独立评论〉》一书出版，揭开了掩盖着《独立评论》的面纱之后，人们才知道隐藏在《独立评论》后面的历史真相：《独立评论》之所以成为胡适毕生创办的刊物中存在时间最长、影响最大，从而成为 20 世纪 30 年代中国报刊史上最著名的刊物之一，重要原因在于除了有以胡适为首的强势编辑部之外，还有以黎昔非为首的得力的社务部门——"发行部"。

一、《独立评论》后面的历史真相

首先，黎昔非是应胡适的一再邀请去独立评论社工作的。

黎昔非（1902—1970），广东兴宁人，1930 年 7 月毕业于上海中国公学大学部文理学院文史系。时胡适任中国公学校长兼文理学院院长，故黎昔非与胡适有了师生关系。1930 年 8 月黎昔非从上海赴北平，准备报考北京大学研究所。1931 年春考取了北京大学研究所国学门文学专业研究生[①]，指导教授为黄节先生，研究课题为"诗经学史"。恰巧 1930 年 11 月胡适也从上海迁北平，出任北京大学文学院院长，于是黎昔非与胡适再度有了师生关系。黎昔非在北京大学读研究生一年之后的 1932 年 3、4 月间，胡适两次出面邀请黎昔非帮助他办理《独立评论》，于是他不得不中止了在北京大学研究所的学业，从而开始了

---

① 《北大日刊》1931 年 6 月 5 日，原件藏北京大学校史室。

他在独立评论社长达五年的办刊生涯。关于这方面的情况,1932年4月24日吴晗致胡适的信,为我们提供了有力的证据。吴晗在这封信中说:

> 今午同蒋廷黻先生谈话,他说他正在发愁,因为独立周报预备在下下星期出版,第一期稿件已齐,却还找不到一个合式〔适〕的经理人。生因此想起五星期前同黎昔非君到协和来看先生的时候,先生曾提过此事,并问黎君愿否帮忙,就把这话告诉蒋先生,他很高兴,叫生即刻写信,请先生决定并征求昔非同意(他住银匣大丰公寓)。①

1932年4月24日之前的五个星期是3月20日。由此可知早在3月20日,当黎昔非与吴晗一同去协和医院看望胡适先生时,胡适已经在为《独立评论》物色"经理人",并已经向黎昔非提出请他来帮忙这件事了。此时的黎昔非正在升入研究生二年级。但是时间已经过去一个多月了,胡适等人还没有为独立评论社物色到合适的"经理人",黎昔非也没有答应胡适的请求去就《独立评论》"经理人"的职位。吴晗这封信寄出之后,便有了黎昔非《自传》中所说到的4月的一天胡适派专人送信给他,请他帮助办理《独立评论》以及他应允此事的情况的发生。②

其次,黎昔非是独立评论社的"经理人"。

黎昔非在《独立评论》的工作被称为"经理人",这是民国时期对于报刊、出版社社务负责人的称呼。独立评论社的社务部门在当时被称为"发行部"。胡适在纪念《独立评论》创刊三周年的总结——《又大一岁了》中这样写道:

> 在这贺周岁的日子,我们不要忘了这个孩子还有一位忠心的看护妇。我们创办这刊物的时候,就请黎昔非先生专管发行所的事务。说也惭愧,我是实行我的无为政治的,我在三年中,只到过发行所一次!这三年的发行,校对,杂务,全是黎昔非先生一个人支持。每到星期日发报最忙的时候,他一个人忙不过来,总有他的许多青年朋友赶来尽义务,帮他卷报,装封,打包,对住址。③

由此可知,黎昔非是当时独立评论社"发行部"的负责人。而所谓"发行部"并非仅仅负责刊物的发行,而是包括校对、发行及所有出版、印刷等杂务在内的一个专门的社务部门。由于他总管了独立评论社的全部社务,因而使胡适这样的"大忙人"得以实行"无为政治"。黎昔非在中国公学的同学、胡适的同乡胡不归在《胡适之传》中写道:"适之先

---

① 原件藏于中国社会科学院近代史研究所,又见于《人民日报》1966年6月3日转载。
② 黎昔非:《自传》(1951年7月、1958年4月30日),《黎昔非与〈独立评论〉》第443、469页。
③ 胡适:《又大一岁了》,《独立评论》第151号。

生的朋友、学生遍天下，但中国公学的同学，只有罗尔纲、黎昔非和我，比较跟随适之先生最久。"胡适于民国"二十一年五月，与蒋廷黻、丁文江、翁文灏、傅斯年、吴景超等合办了一个独立评论，他一手主编，我的同学黎昔非先生替他负出版校对和发行的责任"①。这个记载基本上与胡适在《又大一岁了》中的说法是一致的。黎昔非在办理《独立评论》期间给胡适的信函，信笺左下侧均有"独立评论社用笺"字样，其中有两通是直接关于《独立评论》工作方面的②。第一通全文如下：

  适之先生：
    第六期报卅五册，照收。
    送上一期三册，四期五册，七、八期各十册，乞查收。三期已无存书，——二、四所存也不过数十册——现在写信问各代派处收回一些，想是可能。
    寄报的封袋，据沙滩一个铺子说，那种大的每万份二五元，小的二四元。现在打算明天到前门去问问，看看如何。
    赠阅的，当照寄。
    敬候
  早安

                学生
                昔非覆上
                十一日早

第二通全文如下：

  适之先生：
    丁先生的原稿，那天因排字工人不在，没取回。当时即嘱印刷所的杨君保留，如要用，明早取回送上。即问
  晚安

                学生
                昔非呈覆

  杨本贤广告部的价目，附。

这两个函件表明，"发行部"除了发行之外还有印刷、广告和其他杂务等社务工作在内。正如黎昔非1934年12月23日的日记中所说，他在《独立评论》的工作是"包办一

---

① 胡不归：《胡适之传》，合肥：安徽教育出版社，2002年，第5页。
② 黎昔非：《致胡适书简七通》，《黎昔非与〈独立评论〉》，第15、17页。

切，除编辑"①。事实上除了编辑以外的所有与《独立评论》有关的社务工作均由"发行部"负责。可见这个所谓"发行部"就是总管《独立评论》全部社务的部门，仅胡适所列举的就有"发行，校对，杂务"等工作。这是独立评论社的一个专门的、常设的办公场所和机构。这个办公场所和机构是在后门慈慧殿北月牙胡同2号租来的一处民房里，这就是每期《独立评论》上面都必登的那个"社址"的所在地。这里是与胡适和其他作者，与印刷所、邮局、银行，与全国各地乃至国外的读者、订户和寄售处、代派处联系的一个枢纽。当时它承担着排印、校对、发行、资料、广告、财务、公共关系等方面工作，的确是囊括除编辑以外的所有社务，名副其实的"包办一切"。在20世纪前半叶中国的报刊运作中，一般报刊分别设置有经营部、编辑部、服务部、发行部、广告部等②，《独立评论》"发行部"实际上是除编辑部之外集经营部、服务部、发行部、广告部等工作于一身。它上面与胡适和编委联系；横向与邮局、银行、广告部门、业界同行等联系；下面与代派处、寄售处、订户、读者联系；内部的行政管理虽限于编制而并不复杂，但也涉及财务陈晋祺、工友老宋以及义务协助人员等。

历史的事实是：独立评论社除了以胡适为首的编辑部以外，还存在着以黎昔非为首的社务部门——"发行部"，这是独立评论社长期正常运转的两个核心。黎昔非从1932年5月《独立评论》创办之前直至1937年7月终刊，自始至终是这个"发行部"的负责人，总揽全部社务，从而构成独立评论社的另一个核心。独立评论社的两个核心图示如下③：

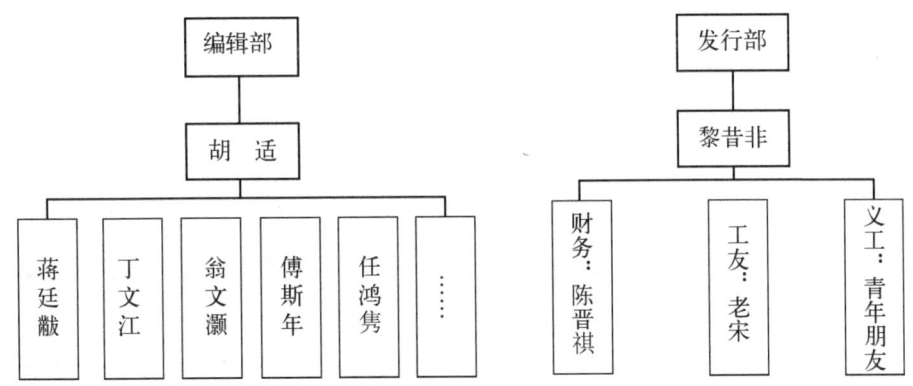

这两个核心犹如车之两轮、鸟之两翼，缺一不可，共同推动《独立评论》取得了成功。故《独立评论》的成功，是以胡适为首的编辑部和以黎昔非为首的社务部"通力合作的产物"④。

---

① 黎昔非：《日记》(1934年12月23日)，《黎昔非与〈独立评论〉》，第526页。
② 戈公振：《中国报学史》，北京：生活·读书·新知三联书店，1955年，第199、266页。
③ 马寒梅：《论〈独立评论〉的另一个核心——黎昔非主持的发行所》，《北京社会科学》2007年第6期。
④ 唐志勇：《〈黎昔非与独立评论〉的史料价值》，《江汉论坛》2005年第6期。

二、《独立评论》历史真相之被掩盖和篡改

历史的事实本来是如此确凿,但是,长期以来学术界却只知道有以胡适为首的编辑部,而全然不知道还有以黎昔非为首的社务部门的存在,从而流行着种种有悖历史事实的混乱说法和误解。

误解之一是:有的学者以为"那时候一切也比较简单,几个读书人,只要将自己月收入5%拿出,就可撑起一份杂志来。而杂志一经出版,往往很快成为一个公众舞台,《独立评论》正是如此"①。也就是说《独立评论》这样一个发行量大、办刊时间长、影响甚大的刊物是不需要也不存在社务部门的,不过是主编胡适召集几个文人,筹集一些经费,轻易就办起来了,而且可以办得红红火火、长盛不衰。

误解之二是:有的学者虽然觉得应该有人协助胡适,才能够把《独立评论》办起来,不过他们误以为是胡适躬亲其事或请他的老乡章希吕或罗尔纲等人帮帮忙而已。有的说:"胡适在谈到《独立评论》时多次称赞当时住在他家中的朋友章希吕,章氏负责刊物的编务、发行与校对等杂务。"②或者说《独立评论》的"编辑杂务及校对等事由胡适本人、罗尔纲、章希吕义务效劳"③。诸如此类,不一而足。这些说法综合起来就是说《独立评论》的社务工作是由胡适亲自动手,不过有时请他的老乡或朋友,如章希吕、罗尔纲等人帮帮忙而已。

历史的真相就这样被搅得面目全非并掩盖起来了:《独立评论》的社务部门——"发行部"被完全抹杀了;黎昔非所做的一切被张冠李戴到章希吕、罗尔纲等人头上,完全抹杀了他的存在和作用。

《独立评论》终刊到现在不过七十余年,历史的事实为什么竟然就被篡改得如此面目全非,为什么会出现如此离奇、荒诞的历史现象呢?这不能不令人惊悚和深思。其原因主要有两个方面。

一方面与有的学者治学不够严谨,没有很好地深入研究相关史料,人云亦云,有一定的关系。有的学者无视《独立评论》社务部门的存在和作用,是对于中国近现代新闻报刊史缺乏基本的了解,自不足深论;有个别胡适和《独立评论》研究专家是否真的认真阅读了《独立评论》原文也是令人怀疑的。上述表明黎昔非是《独立评论》社务部门负责人的诸多资料中以胡适在《独立评论》三周年发表的《又大一岁了》中的那段话说得再明确不过了,同时也是并不难于发现和读到的资料。但是上述种种误解表明有的研究《独立评

---

① 章清:《学术社会的建构与知识分子的权势网络》,《历史研究》,2002年第4期。
② 胡明:《胡适传论》,北京:人民文学出版社,1996年,第725页。
③ [美]贾祖麟著,张振玉译:《胡适之评传》,海口:南海出版公司,1992年,第246页。

论》的专家、学者并没有很好地阅读《独立评论》的原文,因为《又大一岁了》是刊登于《独立评论》三周年特大号上的第一篇重头文章,是胡适对于《独立评论》创刊三周年的一个总结。其地位之重要和醒目是不言而喻的。还有的却是听信某些坊间小册子中的不实之词,从而轻率做出论断。例如有位胡适的老乡石原皋在谈到《独立评论》的办理时说:"无人代他照料排印、发行,乃请他的老友章希吕到北平,住在他家,主持发行事情。"[1] 上述某些著作显然有袭用石氏说法之嫌。然而石氏的说法是不符合历史事实的。罗尔纲曾经撰文指出:石氏乃"杜撰主持《独立评论》排印发行的人为章希吕",他根据章希吕本人的日记,指出:"据此,知章希吕是于1933年11月19日才到北平胡适家的,他是亚东图书馆汪原放派他去的,其目的是催胡适编《胡适文存第四集》,取书稿回上海的。并非胡适请他来主持排印、发行《独立评论》的。据《章希吕日记》,他于1934年9月中旬从北平回他的家乡前,他是亚东图书馆的职员,做亚东图书馆的工作。到1935年初夏来胡适家,此后是帮胡适工作。"[2] 可知章希吕只能在1935年初夏再次到胡适家之后才有可能参与独立评论社的工作,而这时《独立评论》已经创办整整三年了。那么,他1935年初夏来胡适家以后主要为《独立评论》做些什么工作呢?章秋宜、徐子超在《章希吕日记》的"说明"中说:章做的是"《独立评论》末校"[3]。何谓"末校",它在《独立评论》运转中处于哪一个环节呢?根据黎昔非《自传》,当时《独立评论》的运作情况是这样的:"他们编好送我,我负责付印及校对,复校多由他们。印好后由我负责发行……"[4] 这里简明扼要地说明了《独立评论》两个核心的分工合作关系:"他们"指以胡适为首的编辑部,其所负的工作责任是"编好"稿件和"复校";"我"指以黎昔非为首的"发行部",其所负的工作责任是"付印""校对""发行"。由此可知"复校"这一环节是编辑部的职责,也就是胡适的职责,所谓"复校"实际上就是最后审查、签发稿件这个环节。黎昔非所说的"复校"就是《章希吕日记》所说的"末校"。由此可知章希吕1935年初夏开始介入《独立评论》工作,就是协助胡适做他本人应当做的"末校",是在替胡适分担任务。黎昔非说"复校多由他们",意味着有时"复校"也由黎昔非负责,这可能是在胡适忙不过来或帮助他"复校"的罗尔纲、章希吕不能帮助他做之时。

在这方面,台湾地区的一些学者较大陆地区的一些学者略胜一筹,例如邵铭煌在《抗战前北方学人与〈独立评论〉》中谈及独立评论社组织时将主编胡适与发行黎昔非并列[5];

---

[1] 石原皋:《闲话胡适》,合肥:安徽人民出版社,1990年,第142页。
[2] 罗尔纲:《读〈闲话胡适〉》,《社会科学战线》1993年第6期。
[3] 《章希吕日记》,颜振吾编:《胡适研究丛录》,北京:生活·读书·新知三联书店,1989年,第245页。
[4] 黎昔非:《自传》(1958年4月30日),《黎昔非与〈独立评论〉》,第469页。
[5] 邵铭煌:《抗战前北方学人与〈独立评论〉》,台湾政治大学历史研究所硕士学位论文,1979年,第27页。

赖光临在《中国近代报人与报业》中论述《独立评论》的人事组织时也是将总编辑胡适与发行黎昔非并列①。表明他们起码是看了《独立评论》三周年纪念专号那篇《又大一岁了》的。但是邵、赖二氏亦浅尝辄止，误将校对安在罗尔纲、章希吕二人头上，并将校对与编辑部、发行部并列。

另一方面，更主要的是胡适的误导，是胡适掩盖、歪曲、篡改这段历史而造成的。

那么，胡适是如何掩盖、歪曲、篡改这一历史的呢？我们先通过下表来进行对照、分析：

日期	胡适论著篇名	黎昔非	章希吕、罗尔纲	出处
1935年5月19日	《又大一岁了》	在这贺周岁的日子，我们不要忘了这个孩子还有一位忠心的看护妇。我们创办这刊物的时候，就请黎昔非先生专管发行所的事务。说也惭愧，我是实行我的无为政治的，我在三年中，只到过发行所一次！这三年的发行，校对，杂务，全是黎昔非先生一个人支持。每到星期日发报最忙的时候，他一个人忙不过来，总有他的许多青年朋友赶来尽义务，帮他卷报，装封，打包，对住址。	还有我的朋友罗尔纲先生，章希吕先生，他们帮我做最后一次的校对，也都是这孩子应该十分感谢的。	《独立评论》第151号（三周年纪念特大号）
1936年5月17日	《独立评论的四周年》	我们借这个机会谢谢黎昔非先生和章希吕先生。他们终年勤勤恳恳的管理独立评论的发行，校对，印刷的事务。他们对于这个刊物的爱护和勤劳，常常给我们绝大的精神上的鼓舞。	（见左栏）	《独立评论》第201号（四周年纪念特大号）
1956年3月	十五《独立评论（1932—1935）》		当时排字工价不贵，纸价不贵，校对是我家中住的朋友章希吕先生负责，所以开销很省。最大的节省是我们写文字的人……都不取稿费……所以我叫这个时代做［作］"小册子的新闻事业的黄金时代"。	《丁文江的传记》（《胡适文集》7，北京：北京大学出版社1998年，第502页）

---

① 赖光临：《中国近代报人与报业》（上），台北：台湾商务印书馆，1979年，第660页。

从上表可见，在胡适的笔下，从 1935 年至 1956 年的 21 年间，一方面黎昔非在《独立评论》中的工作和作用逐步缩水乃至完全消失；而另一方面章希吕的作用则逐步升级乃至完全取代黎昔非。

1935 年的时候我们基本上还可以看到《独立评论》社务工作的真实面貌，《独立评论》有一个社务部门——"发行部"，而黎昔非是这个"发行部"的主持人以及承担着主要的、繁重的社务工作；章希吕、罗尔纲的工作也是清楚的，不过是帮助胡适本人做"最后一次的校对"而已，也就是黎昔非《自传》中所说"复校多由他们"中的一个环节，以及《章希吕日记》中所称"末校"。

那么，我们应当怎样来看待 1935 年胡适这样的介绍呢？欲明了个中缘由和奥妙，还得从黎昔非与《独立评论》的关系谈起。1932 年 3—4 月间胡适一再邀请黎昔非出任《独立评论》经理人时，黎昔非正在北大研究所读二年级研究生，他之所以不得不答应胡适的要求，除了胡适的一再邀请之外，还因为他"以为很简单，每天不用花几小时尽可对付"①，"本来，我打算只干他半年至一年，藉以维持生活，期完成自己的论文便罢了"②。但是实际情况完全出乎黎昔非的预料和初衷，"没想到那种工作这么繁忙，有时忙到连报纸都要到夜深才得闲来看，也没想到一再推辞，直到北京沦陷前夕都还没和它完全绝了关系"③。"后来事实证明，它对于我的研究工作是有极大妨碍的，几次欲辞掉不干，终于为生活所关而未果。"④ 他"几次欲辞掉不干"，但是都没有成功，"再三推却，都以不易找到相当接替的人而被留住了"⑤！黎昔非是从什么时候开始萌生辞职念头的呢？1932 年 9 月黎昔非在中国公学大学部文史系的同学、同乡丁白清等人来到北平，与黎昔非合作筹办《昙华》文艺半月刊，直至 1933 年 4 月停刊为止，丁白清一直在北平与黎昔非密切相处，目睹黎昔非办理《独立评论》的情况。他说："我知道他当时很痛苦，又不敢走，薪水只三四十元，又不够用，我建议他：叫胡适介绍中学教员，教书兼职，他始终都不愿这样做。"⑥ 丁白清所述黎昔非的心态，显然是在 1932 年 9 月至 1933 年 4 月间的情况，此期间正好是黎昔非在独立评论社干了"半年至一年"的时间，按照他的初衷：这是他为胡适帮这个忙的最大时限。因此我们可以断定此期间他已经到了"很痛苦"的程度，他在《自传》中多次谈到"一再推辞""再三推却""几次欲辞掉不干""几次拟辞而未果"，应当从此期间已经开始了。但是胡适始终坚持不许他辞职，理由则始终只有一条，就是"都以不易找到相当接替的人而被留住了"！此后再迁延两年，到了 1935 年 5 月，黎昔非的请辞

---

① 黎昔非《自传》(1958 年 4 月 30 日)，《黎昔非与〈独立评论〉》，第 470 页。
② 黎昔非《自传》(1951 年 7 月)，《黎昔非与〈独立评论〉》，第 444 页。
③ 黎昔非《自传》(1951 年 7 月)，《黎昔非与〈独立评论〉》，第 444 页。
④ 黎昔非《自传》(1958 年 4 月 30 日)，《黎昔非与〈独立评论〉》，第 470 页。
⑤ 黎昔非：《自传》(1951 年 7 月)，《黎昔非与〈独立评论〉》，第 444 页。
⑥ 丁白清：《黎昔非学友二三事》，《黎昔非与〈独立评论〉》，第 48 页。

必定更为迫切而频繁了，其心情也更为"痛苦"而无奈了。胡适就是在这个背景下在《又大一岁了》一文中写下关于黎昔非在独立评论社中工作情形的那些话的。对此，有学者已经指出这是胡适"需要加以安抚，以求稳住他"①。

到了1956年的时候，当胡适撰写《丁文江的传记》从而对《独立评论》进行总结时，他就彻底"忘了"这位"忠心的看护妇"了，这里不见了黎昔非，而当年在表彰黎昔非时被附带提及的章希吕不仅赫然而在，而且取代了黎昔非而成为《独立评论》社务工作的唯一一人；这里不见了社务工作及其部门，没有了当年他列举过的"发行""印刷""杂务"以及由黎昔非"一个人支持"的"发行所"了，而以"校对"一事、章希吕一人取代了一切社务工作及其机构。

那么，胡适在1956年总结《独立评论》工作时为什么采取如此明目张胆的掩盖和篡改历史的惊人之举呢？对此，有的研究者为其辩解道："在20多年后，他写《丁文江的传记》中有关《独立评论》这一章时，提及《独立评论》校对的事，他只提及章希吕一人，而未及昔非先生。这显然是记忆上的错误，不足深怪。"②这是一种不顾基本历史事实的主观猜想，显然不足为据。

首先应当指出，胡适只提及章希吕一人而未及黎昔非绝不是"记忆上的错误"。考胡适在撰写《丁文江的传记》时，曾经广泛搜集了他所能找到的各种资料，其中包括全套《独立评论》。他说："一九五五年的冬月里，我把Columbia Univ.所存的《独立评论》全份，及《科学与人生观》等等，全借在我寓里，细细读一遍。又把我的日记细细翻查一遍。我先做了一个'年表'看看缺什么重要材料。"③他不仅借来了全套的《独立评论》，而且将它"细细读一遍"。那么，上述表彰黎昔非内容的《独立评论》三周年、四周年特大号上头版头篇他自己撰写的社评——《又大一岁了》和《独立评论的四周年》，他能够不"细细"阅读吗？在这种情况下，即使胡适晚年记忆不及从前，也不可能记不得黎昔非其人其事了吧？胡适对于自己撰写《丁文江的传记》的严格和细致颇为自得，他说："我检查了我手里的材料，我决定用严格的方法：完全用原料，非万不得已，不用second hand sources．这是材料的限制。……其实这是我平生自己期许的工作方法，就是'述学'的工作最法。'述学'最好是充分保存本人的文字语言。"④《丁文江的传记》出版之后四年，1960年再版时胡适又对此书做了认真的校勘，他说："我借这个重印的机会，仔细校勘一

---

① 刘佐泉：《只因"师恩"误平生——黎昔非与胡适关系探释》，《江汉论坛》2005年第6期。
② 耿云志：《黎昔非先生与〈独立评论〉》，《安徽史学》2003年第1期。
③ 胡适：《复陈之藩》(1957年4月9日)，《胡适书信集》，北京：北京大学出版社，1996年，第1299—1300页。
④ 胡适：《复陈之藩》(1957年4月9日)，《胡适书信集》，北京：北京大学出版社，1996年，第1300页。

遍。新校出的错误，都在重印本上改正了。"① 他如此认真对待、严格撰写和反复推敲磨勘的《丁文江的传记》，在论述和总结《独立评论》一事时居然完全抹杀黎昔非，"显然"不是"记忆上的错误"，而是有意识、有目的的作伪。1935年告诫大家说"我们不要忘了这个孩子还有一位忠心的看护妇"的胡适，到1955年的时候却带头全然"忘记了"黎昔非，"显然"是别有用心的。

其次，胡适这样来总结《独立评论》也绝对不是偶然的疏忽，而是经过深思熟虑之后才下笔的。且看他这段文字："当时排字工价不贵，纸价不贵，校对是我家中住的朋友章希吕先生负责，所以开销很省。最大的节省是我们写文字的人……都不取稿费……所以我叫这个时代做'小册子的新闻事业的黄金时代'。"② 胡适不愧是玩弄文字游戏的高手，这是一种模棱两可、进退自得的笔法，在这里他只提"校对"而不提其他社务工作，"进"可以让人以为当时的社务工作大概主要就是这些了，以达到掩人耳目的目的；"退"可以推脱他掩盖历史事实的责任，如果有人追究此事也无可奈何，因为我胡适根本就没有提及全部社务工作的事情嘛！在这里他只提章希吕而不提黎昔非，其奥妙也是完全相同的，"进"可以让人以为当时《独立评论》的社务就是章希吕负责的，"退"可以堵人的嘴巴，万一有人追究也可以抵赖一通，因为我根本就没有全面谈《独立评论》社务部门的问题嘛！这段文字还暴露了胡适极力独占或突出其办理《独立评论》功劳的心态：《独立评论》之所以办得红红火火，重要原因之一是"校对是我家中住的朋友章希吕先生负责，所以开销很省"。是他胡适为《独立评论》省出了很大开销。

最后，还必须指出，胡适掩盖、歪曲、篡改《独立评论》历史并非始于1956年出版《丁文江的传记》时，而是早在办理《独立评论》期间已然，也并非只是掩盖黎昔非一人，还掩盖了《独立评论》社务部门中另一成员陈晋祺。

胡适是在《独立评论》创办整整三年之后才不得不第一次公开黎昔非与《独立评论》关系的。三年中，黎昔非作为《独立评论》的经理人，不论在《独立评论》的封面、封底、扉页，还是在《编后记》或其他任何场合中，都没有出现有关他的片言只字，都没有出现他的任何踪影，而在20世纪的三四十年代报刊或其他出版物都会在适当场合公开这方面信息的。也就是说，黎昔非在胡适手下竟然打了三年的"黑工"！如果不是黎昔非一再提出辞职，胡适能否在第三年公开黎昔非的信息是令人怀疑的；如果黎昔非在1935年4月就离开了《独立评论》，胡适能否向世人补报黎昔非为《独立评论》做过什么贡献，也是大可怀疑的。他居然告诫世人"不要忘了"这位"忠心的看护妇"可谓滑天下之大稽，不是别人，正是他自己"忘了"这位"忠心的看护妇"整整三年之后才突然"想起"需要"表彰"一下他了！

---

① 《胡适文集》7，北京：北京大学出版社，1998年，第548页。
② 《丁文江的传记》，《胡适文集》7，第502页。

再看看胡适是如何掩盖《独立评论》社务部门——"发行部"的另一成员陈晋祺的。1955年任教于兴宁一中的陈晋祺给组织上写的一份材料中说：他"于1935年春自南京走到北京，由黎昔非介绍入胡适办的独立评论社工作"①。他在独立评论社担任什么工作呢？1936年9月1日的《重修兴宁邑馆募捐簿》②中不仅有"独立评论发行人黎昔非捐法币二十元"的记载，同时还有"独立评论会计陈晋祺捐法币二十元"的记录。可知陈晋祺在独立评论社的职务是会计。黎昔非的同乡林钧南1932年至1937年在北平求学，目睹了黎昔非办理《独立评论》的全过程，他1998年8月11日致黎虎的信中说：黎昔非"是总其成的，包括财务、校对、发行等在内。1933年后，（陈）晋祺到北平，才由昔非提出让晋祺任财务人员，经胡（适）同意才到社的"。③"时值评论社忙于各种工作，需要人，故昔非取得胡先生同意后，即以他搞财务工作。"④林钧南回忆陈晋祺在独立评论社负责财务，与1936年《重修兴宁邑馆募捐簿》中谓其为会计，两者是一致的。据林钧南的回忆，陈晋祺在担任会计的同时也还协助黎昔非进行校对⑤等工作，他"协助您爸爸昔非兄处理独立评论的发行事宜"⑥。由此可知，陈晋祺是由黎昔非介绍，经胡适批准成为独立评论社职员的，其具体职务是会计，但除了负责社中财务之外，也协助黎昔非进行校对及其他发行等方面事宜。1937年抗战事起，陈晋祺"于四月底离开北京到贵州伪第四军九十师"⑦师长、其叔父陈侃处从军。陈晋祺在独立评论社任职时间自1935年春至1937年四月，整整两年，对于独立评论社的工作也是做出了贡献的。但是1935年5月19日《独立评论》三周年纪念特大号（第151号）胡适发表的《又大一岁了》中表彰了1935年初夏、较陈晋祺稍晚参与《独立评论》"末校"的章希吕，认为"也都是这孩子应该十分感谢的"；而不见比章希吕稍早参与独立评论社工作，而且是社中正式职员的陈晋祺。其不公平是显然的。1937年3月15日胡适在致章希吕的信中曾说："社中那位陈君已走了。"⑧这里提到的"陈君"就是陈晋祺，这是陈晋祺唯一的一次以有姓无名的方式出现在胡适的笔下。章希吕是胡适的同乡，并引以为"朋友"，住在胡适家中任他的"秘书"，同时协助他做《独立

---

① 陈晋祺：《我与〈独立评论〉的关系》，《黎昔非与〈独立评论〉》，第44页。
② 林钧南：《重修兴宁邑馆募捐簿》，《黎昔非与〈独立评论〉》，第74页。
③ 林钧南：《忆昔非兄与〈独立评论〉——致黎虎书简九通》，《黎昔非与〈独立评论〉》，第58页。这里"33年后"的回忆有误，应为35年。
④ 林钧南：《忆昔非兄与〈独立评论〉——致黎虎书简九通》，《黎昔非与〈独立评论〉》，第68—69页。
⑤ 林钧南：《忆昔非兄与〈独立评论〉——致黎虎书简九通》，《黎昔非与〈独立评论〉》，第63、65页。
⑥ 林钧南：《忆昔非兄与〈独立评论〉——致黎虎书简九通》，《黎昔非与〈独立评论〉》，第54页。
⑦ 陈晋祺：《我与〈独立评论〉的关系》，《黎昔非与〈独立评论〉》，第44—45页。
⑧ 胡适：《致章希吕》（1937年3月15日），耿云志、欧阳哲生编：《胡适来往书信选》中册，北京：北京大学出版社，1996年，718页。

评论》的"末校"。章希吕于1936年底至1937年6月期间离开北平回家,故胡适与他通信提到独立评论社中的这一情况。显然,胡适对于独立评论社的工作是公私有别、内外分明的。章希吕、罗尔纲都是住在他家中的亲信,或是同乡兼秘书,或是家庭教师,因而都属于他的"朋友"这个层级和范围之内;而黎昔非及其主持的"发行部",以及"发行部"其他成员都是外人,都是"公家"的人,因而也就不属于他的"朋友"这个层级和范围之内的人。1935年5月胡适首次不得不公开黎昔非与《独立评论》关系的同时,他可以"顺便"表彰刚刚开始协助他做"末校"的章希吕,而完全不提早于章希吕并被聘为《独立评论》正式的、全职的职员陈晋祺。因此,到了1956年出版《丁文江的传记》时一笔抹杀黎昔非及其主持的"发行部",而以其同学、朋友章希吕取代一切,也就不难理解了。

胡适篡改历史的伎俩果然得逞。于是学者们在谈到胡适或《独立评论》问题时,纷纷按照胡适的谎言撰写论著,或者根本无视《独立评论》社务部门的存在,无视黎昔非的存在,只知有胡适为首的编辑部,甚至将社务工作也加到胡适身上,或者将社务工作张冠李戴到章希吕或罗尔纲等人头上。诸如此类,不一而足。历史就被篡改得如此面目全非了。

胡适何以在1956年胆敢如此赤裸裸的篡改历史呢?

第一,他不敢公开黎昔非与《独立评论》的关系。如果在《独立评论》创办十几二十年后突然公开黎昔非与《独立评论》的关系,必定令世人讶异,引起世人的关注和怀疑,黎昔非何许人?他与胡适是什么关系?他与《独立评论》是什么关系?他现在的情况如何?其中隐藏着多少不足为外人道的丑恶与卑鄙,尽管外界不了解,但胡适心中是有数的:他如何将一个富有学术前途的青年活活扼杀的,他如何将一个在读的北大研究生拉去当"长工"①以成就他自己的辉煌的,他如何将这位"忠心的看护妇"令自己和世人都彻底"忘了"的。……不仅如此,如果公开黎昔非其人其事,则势必将《独立评论》的社务部门——"发行部"带了出来,而这个"发行部"也是胡适长期加以掩盖的历史真相,以致一些研究胡适与《独立评论》的专家、学者根本不知道《独立评论》还有一个重要的社务部门。他掩盖黎昔非也是为了掩盖这个社务部门。如果把这个社务部门公开,他将如何向世人解释这个部门何以长期不为人知以及它的作用如何等问题。

第二,他不愿承认黎昔非对《独立评论》的贡献。《独立评论》的成功大出乎胡适的预料,通过《独立评论》的成功,胡适及其为代表的自由派知识分子得以从社会的"边缘"进入社会的"中心"②,他们不仅掌握着舆论资源,成为当时舆论界的明星和中心人物,而且在政治上纷纷任职于国民政府,或掌控了高等学校、研究部门的要津,形成了以胡适为首的新的权势集团,而胡适则俨然登上了无冕之王的宝座。而从《独立评论》创办以来的二十多年间,人们纷纷将《独立评论》创办成功的功劳完全加在了胡适的头上,他也乐

---

① 刘佐泉:《只因"师恩"误平生——黎昔非与胡适关系探释》,《江汉论坛》2005年第6期。
② 张太原:《〈独立评论〉经理其人其事》,《黎昔非与〈独立评论〉》,第88页。

得顺水推舟，不愿意自找麻烦，再改变这样的既成事实。

　　第三，他的侥幸心理驱使。一是从大的历史背景来说，当时两岸敌对、阻隔，两岸人员、信息的交换、流通几乎断绝，一时也看不到改变的可能。加以大陆地区正在批判胡适，胡适的著作，包括《独立评论》均不可能在大陆广泛公开流通。他正是利用这种人员、信息流通的障碍和隔膜以售其奸。二是他将黎昔非与《独立评论》的关系压制了二十多年，已经取得成功，已经令世人不了解事情的真相了，今天有的胡适和《独立评论》研究专家声称关于黎昔非的事迹"很少有人知道，即使到今天，也仍是知之甚少"。"他在《独立评论》的工作和事迹，仍是没有什么具体的记载。"① 这种现象本身就是胡适掩盖黎昔非与《独立评论》关系的表现和结果。黎昔非参与《独立评论》之前的1931年曾经两次出现在胡适的日记中②，1932年参与《独立评论》之后则从胡适的日记中完全消失，只在《独立评论》三周年、四周年中出现过两次，此外就从胡适的一切文字中彻底消失了。这种既成事实为胡适的作伪造成了极其有利的环境，因此他也就没有必要再自找麻烦把它翻腾出来了。三是他洞悉黎昔非的性格与为人，他的内向、厚道、老实可欺，加以黎昔非一直默默无闻，这一切都使胡适有恃无恐，以为黎昔非不可能知道他的这一行径，即使知道也奈何他不得。四是他一贯操弄舆论、呼风唤雨的屡屡奏效和得逞，使他以为这一次的作伪仍然能够成功。

三、历史的胜利

　　应该说胡适篡改历史的行径的确是得逞了一时的，于是胡适在《丁文江的传记》中关于《独立评论》的这个说法便被作为当事人提供的第一手的权威资料而被研究者广泛征引采纳，《独立评论》的社务部门——"发行部"及其主持人黎昔非就这样从历史上消失了，这种被歪曲、掩盖和篡改了的历史便大行其道。但是，毕竟人算不如天算，聪明过人如胡适也万万没有料到日后这个历史真相有被揭露出来的一天。在黎昔非的有生之年，他与《独立评论》关系的历史真相的确被胡适成功地掩盖了，如果黎昔非没有一个研究历史的后人，广泛搜集原始资料，编撰出版了《黎昔非与〈独立评论〉》一书，则这一历史真相可能将被掩盖得更久一些，但是历史真相之被揭露却是历史的必然，只是时间早晚的问题，黎昔非后人编纂的《黎昔非与〈独立评论〉》的出版只是使这个被掩盖的历史真相得以提早一些被揭露，这虽然有一定的偶然性，但归根结底还是历史必然性的体现。被掩盖、篡改的历史被揭露和历史真相之被还原，是历史的必然。现在黎昔非与《独立评论》

---

① 耿云志：《黎昔非先生与〈独立评论〉》，《安徽史学》2003年第1期。
② 胡适：《胡适的日记》手稿本，台北：远流出版实业股份有限公司，1990年。

关系问题已经成为学术界关注的焦点之一,"学者已达成共识:《独立评论》办刊成功是胡适等与黎昔非的通力合作"的结果,因而"在肯定《独立评论》乃至胡适为中国文化事业的贡献时,也应当肯定黎昔非在其中所做出的牺牲和贡献"。而"近年来研究黎昔非与《独立评论》的文章众多的"原因之一"是还历史的本来面目"。学术界已将黎昔非与《独立评论》关系作为"研究《独立评论》的两个新趋向"之一①。这是历史的胜利。这个事件给世人提出了一些值得反思和鉴戒的警示:一方面对于企图掩盖、歪曲、篡改历史者足资引以为戒,自不待言;另一方面今天风行的以胡适的日记、自述之类来写胡适传记,以胡适对自己的评论来评论胡适者,应当有所警醒了,毕竟"听其言观其行"是我们认识任何历史人物的一条基本原则。

(原刊于《宜春学院学报》2016年第8期)

---

① 黄波粼:《近三十年来国内〈独立评论〉研究综述》,《民国档案》2008年第4期。

历史的困惑与复原
——《黎昔非与〈独立评论〉》的前前后后

黎 虎

2002年适值在中国现代历史上发生过重大影响的《独立评论》创刊70周年、与《独立评论》相始终的"忠心的看护妇"①——家父黎昔非100周年诞辰,②当年10月《黎昔非与〈独立评论〉》由学苑出版社出版发行,中国现代文化史上一个鲜为人知的名字——黎昔非进入人们的视野,一幅被掩盖了近70年的历史帷幕被揭开,一个尘封的历史真相亦随之而显露……

这是一本什么样的书？它的编撰、出版的前前后后有些什么历史的启示值得关注呢？

一、历史的困惑——《黎昔非与〈独立评论〉》的编撰

1966年6月3日《人民日报》发表了史绍宾《吴晗投靠胡适的铁证》通栏大标题文章,其中公布了1932年4月24日吴晗致胡适的一封信：

> 今午同蒋廷黻先生谈话,他说他正在发愁,因为独立周报预备在下下星期出版,第一期稿件已齐,却还找不到一个合式（适）的经理人。生因此想起五星期前同黎昔非君到协和来看先生的时候,先生曾提过此事,并问黎君愿否帮忙,就把这话告诉蒋先生,他很高兴,叫生即刻写信,请先生决定并征求昔非同意（他住银匣大丰公寓）。③

《人民日报》编者将胡适邀请黎昔非担任《独立评论》经理人的那段话全部印成黑

---

① 胡适,《又大一岁了》,《独立评论》第151号。
② 《独立评论》创刊于1932年5月22日,黎昔非先生诞生于1902年5月31日（农历四月二十四日）。
③ 原件藏于中国社会科学院近代史研究所,又见于《人民日报》1966年6月3日转载。

体字，而且加了黑体字的按语："吴晗能够参与机密，为这个反动刊物推荐'合适的经理人'，显然已是胡适进行反革命活动的一名伙计。"史绍宾这篇文章不仅充当了全国性"文化大革命"的急先锋，而且掀开了黎昔非的故乡广东省兴宁县的"文化大革命"。黎昔非立即遭到揪斗、抄家，被打成"三家村黑帮""反革命分子"，成了全县第一个揪斗对象，而且是"重点对象"。在受尽三年非人的凌辱和折磨之后含冤辞世。

僻处岭南的黎昔非何以被株连而遭此飞来横祸？黎昔非1930年7月毕业于胡适任校长的上海中国公学大学部中国文学系，故他们有了师生关系。1931年春黎昔非考取了北京大学研究院研究生，恰巧1930年11月胡适也从上海迁平，出任北京大学文学院院长，于是黎昔非与胡适再度有了师生关系。1932年4月胡适邀请黎昔非帮助他办理《独立评论》，上文所揭就是黎昔非在中国公学的低年级同学、时在清华上学的吴晗当时为斡旋黎昔非出任《独立评论》"经理人"而致胡适的信函。他的"经理人"工作主要是校对、发行以及全部社务工作，由于这个工作极其繁忙，对于他的研究生学业妨碍极大，于是他一再向胡适提出辞职，但均以"找不到合适的人"而被推辞，迁延至"七七事变"《独立评论》终刊。嗣后即与其同班同学、曾任胡适家庭教师的罗尔纲以及吴晗三人结伴南行，罗尔纲前往中央研究院、吴晗前往云南大学任职，三位中国公学同学中唯一读了研究生的黎昔非却回到故乡任中学教师。中华人民共和国成立后，黎昔非继续在家乡任中学教师，同时历任兴宁县政协常委、人大委员等职，并加入了中国共产党。他唯一的"历史问题"就是这段《独立评论》的经历。至于与吴晗，中华人民共和国成立后就没有任何联系了。党的十一届三中全会拨乱反正的春风终于吹进了粤东的重峦叠嶂，时任广东省委书记在1979年8月24日《人民日报·群众来信摘编·增刊》第52期《平反受"三家村"株连的冤案，阻力在哪？》这份黎昔非子女的上诉信做了批示，于是于1979年11月26日兴宁市召开了黎昔非的平反昭雪大会，推倒了横加在他身上的一切诬蔑不实之词。

如果说随着党的拨乱反正政策的胜利，这一历史困惑得以消弭的话，那么另一桩历史的困惑又随之而生。时值《独立评论》创刊70周年、与《独立评论》相始终的家父黎昔非100周年诞辰的日子即将来临，把我们所保存的家父历经劫难而孑遗的一些资料整理出来，辑为一书，自然提上日程，这不仅保存了家父个人的，而且于中国现代文化史亦有所裨益的珍贵资料，深惧世易时移，蠹蚀灰灭。于是我着手搜集整理相关资料。

随着编撰工作的深入，家父与胡适、《独立评论》关系的真相，逐渐由模糊而清晰，我的困惑与日俱增。我儿时就从家母那里知道家父为胡适办理《独立评论》的事情，他们1933—1934年之际在北平结婚，她是这段历史的见证人；待我上学时又从一些中学老师那里听到家父与胡适关系以及胡适曾为家父母担任证婚人等说法，因为中华人民共和国成立前兴宁文化教育事业就较发达，在北平求学的人很多，他们将在北平的所见所闻带回家乡是很自然的事情。因此我一直对于胡适有一种亲近乃至亲情般的感觉。而"文化大革命"期间，家父又因为胡适和《独立评论》的问题而遭到迫害，所以在我们的家乡，家父与胡适和《独立评论》的关系可谓妇孺皆知，我以为学术界对此也应当是不存疑义的。但是，实际情况大大出乎我的意料。由于我研究的是中国古代史，对于现代史自然较少关注，亦无暇顾及。当我翻阅学术界关于胡适和《独立评论》的论著时，这才发现不仅没有一字提到黎昔非，而且公然说协助胡适办理《独立评论》的是章希吕或罗尔纲等人，或者干脆说《独立评论》根本不存在一个社务部门，如果有什么社务工作的话，也是胡适躬亲其事，不过偶尔找人帮帮忙而已；不仅如此，在胡适本人的文字中也难觅黎昔非的踪影。胡适的日记中除了黎昔非出任《独立评论》经理人之前的1931年曾经两处记载了他的事情之外，他于1932年加入独立评论社之后便只字皆无了，胡适在1956年出版的《丁文江的传记》中回忆《独立评论》创办历史时也只是含糊其词地说"校对是我家中住的朋友章希吕先生负责"云云，只字不提黎昔非。再查查《独立评论》的封面、封底、扉页以及《编后记》等中也都找不到关于黎昔非的片言只字……显然，从胡适到一些学者们的笔下，历史的真相被掩盖了。

随着资料搜集的日益丰富和深入，一个令人饶有兴味的现象亦随之而产生，那就是我以前从家母和乡人中所听到的情况不断得到历史资料的印证，而且处处吻合，所向无碍，这就充分证明我以往所闻是符合历史事实的。一个历史的感悟亦油然而生：凡是符合历史事实的问题，则各种各样的新旧历史资料（口述的、文字的）链条均能够环环相扣，若合符契，左右逢源，无远弗届。但是，学术界占统治地位的历史表述却是与历史事实如此大相径庭，而我所面对的却是已逝的和在世的权威，本专业、本课题的专家、教授、研究员，乃至一些海外名流、学者。

在这种情况下，我确定了编撰本书的两个基本原则：一是一切从历史事实出发，即用第一手资料说话。所谓第一手资料，包括当事人、当时人的文字、手稿、书信、日记和图片等。这个问题的当事人主要有两位，一位是胡适。在编撰本书过程中发现了胡适在《独立评论》创刊三周年特大号（1935年第151号）上发表的《又大一岁了》中的一段话：

> 在这贺周岁的日子，我们不要忘了这个孩子还有一位忠心的看护妇。我们创办这刊物的时候，就请黎昔非先生专管发行所的事务。说也惭愧，我是实行我的无为政治的，我在三年之中，只到过发行所一次！这三年的发行、校对、杂务，全是黎昔非先生一个人支持。每到星期日发报最忙的时候，他一个人忙不过来，总有他的许多青年朋友赶来尽义务，帮他卷报，装封，打包，对住址。

这条原始资料历来写胡适和《独立评论》问题者从未引用，它的"发现"，不仅颠覆了以往学术界的种种不实之词，以及胡适本人在后来对这个问题的遮盖、掩饰，从而得以复原历史的本来面目。

另一位当事人就是黎昔非本人，例如至今保存于中国社会科学院近代史研究所的黎昔非在《独立评论》期间致胡适的关于社务工作的三封信,以及我们所保存的他在办理《独立评论》期间的日记、1951年7月、1958年4月30日他写给组织上的两篇自传……这些资料不仅与上述胡适的相关文字相互印证,而且也被其他相关资料证明是确凿无疑的。

所谓当事人,就是1932年至1937年黎昔非在《独立评论》工作期间的目击者、知情人,包括他的同学如罗尔纲等,他的同乡如林钧南、丁白清等,他在《独立评论》的同事、同乡陈晋祺等,当然还有共同走过这段历程的家母。他们当时的文字和后来的回忆,无不与当事人的记载吻合,起到了相辅相成、相得益彰的作用。

第二个基本原则就是尽可能不加个人的感情色彩和评判。由于越来越多的资料揭示了家父与胡适、家父与《独立评论》关系的真相,于是幼小心灵中存留下来的亲近感完全破灭;又由于我与书中主人公的这种父子关系,因此心中的义愤是不可避免的。但是理智和多年治史的训练告诉我,在这种情况下更需要冷静,于是我决定主要是把客观的历史资料摆出来,而由撰稿人、读者自行根据历史事实做出自己的评判。

二、历史的复原——《黎昔非与〈独立评论〉》出版以后

《黎昔非与〈独立评论〉》出版以后,其反响之强烈和广泛虽然事先有所估计,但还是超出了我的预料。其实,这种强烈的反应,在《黎昔非与〈独立评论〉》一书出版之前就已经显露,那就是出版前诸位撰稿人的强烈反应。由于黎昔非其人其事不为学术界所知,而有关他的资料涉及面又比较广泛,除了与胡适、《独立评论》的关系之外,还有从未公布过的他的学术研究和文学创作等方面的资料,如他的一些《诗经》研究遗稿,他创办的《昙华》文艺半月刊等,这些资料于《诗经》研究和20世纪30年代文学史研究均有一定价值。于是需要约请有关专家、学者评论这些遗稿和资料,以裨广大读者进一步解读。为此,我将手头掌握的这些资料复印给有关撰稿人。当他们看过有关资料之后,无不为之动容,都表示乐于为本书撰稿,于是珠玑鸿文络绎见赐,真有一种人同此心的感觉。

本书出版之后广大读者和有关专家学者的热烈反响更是空前的。《黎昔非与〈独立评论〉》出版之后,各种评介、论述黎昔非与《独立评论》的文章便陆续出现于各种报刊或网络,逐渐形成一个热潮,持续至今。据不完全统计到目前为止相关文章大约已有五六十篇[①],它们包括学术论文、书评、杂文、综述、介绍、资料等,网络上面的文章更不计其数,一时难以完全统计。

从众多撰稿人和广大读者、专家学者的反应中,表明他们对于历史真相的复原以及所做出的历史评判,有如下一些共识。

---

① 这是撰写此文时的约略统计,其后未进行统计。

1.《独立评论》同当时其他大型刊物一样也是有一个社务部门的,这个社务部门就是被称为"发行部"的单位。民国时期的大报馆、书局普遍有了一套编辑、印刷、出版、发行的出版体制,如20世纪20年代的《新闻报》,其组织结构大致分为营业部、编辑部、服务部和发行部,在各部门之下还设分部各司其职①。独立评论社的"发行部",实际上就是囊括了编辑部之外的其他社务部门,负责《独立评论》的出版、印刷、发行乃至如经营部之下的广告、代派、订阅等业务。并非如有的学者笔下《独立评论》并不存在一个社务部门,而有关社务是由胡适躬亲其事的,或者如胡适所轻描淡写的只是住在他家的章希吕帮帮忙即可。历史事实是:"独立评论社除了以胡适为首的编辑部外,还存在着以黎昔非为首的社务部———发行部。编辑部和发行部组成了独立评论社的两翼两轮,共同推动《独立评论》取得了成功。"②

2.《独立评论》社务部门的负责人是黎昔非。《独立评论》筹备之时胡适即邀请黎昔非担任"经理人"。由于黎昔非的辛勤、负责和超负荷工作,《独立评论》从最初每期印刷2000册,逐步增至14000册,发行至全国各地乃至欧美等国家和地区。随着销路增加,一年多以后社员的捐款便停止了,而且有了结余,1935年已有"银行存款约七八千元"③。著名报人戈公振认为报刊之成功端赖经理人,经理人为"一馆之领袖",需"编辑、营业、印刷"多方面的综合才能方能胜任④。《独立评论》的成功,与有了黎昔非这样得力的经理人密不可分。历史事实是,《独立评论》的社务并非如一些文章所说是章希吕或罗尔纲等人承担的。

3.《独立评论》的成功是胡适与黎昔非通力合作的产物。《独立评论》由于有了胡适为首的编辑部和以黎昔非为首的社务部门,两个得力的部门密切合作,从而取得了成功,两者缺一不可。诚如唐志勇先生所指出:"《黎昔非与〈独立评论〉》一书主要的史料价值是揭示了黎昔非对《独立评论》做出的重大贡献,为全面考察《独立评论》成功的原因从一个崭新的方面提供了充分的证据。《独立评论》之所以办得如此成功,过去只知道胡适等编辑和撰稿人,而不知道还有黎昔非的作用。黎昔非出任该刊经理人,直接关系着《独立评论》的顺利创刊、高质量的出版发行和保质保量、善始善终地存在了5年多时间,表明《独立评论》的成功是胡适等与黎昔非通力合作的产物。""对于《独立评论》的成功,黎昔非的贡献并不亚于胡适等人。"⑤这些已经基本上成为学术界的共识。因此,"在肯定《独立评论》乃至胡适为中国文化事业的贡献时,也应当肯定黎昔非在其中所做出的牺

---

① 戈公振:《中国报学史》,北京:生活·读书·新知三联书店,1955年,第199、266页。
② 马寒梅:《论〈独立评论〉的另一个核心——黎昔非主持的发行所》,《北京社会科学》2007年第6期,第104—108页。
③ 陈晋祺:《我与〈独立评论〉的关系》,《黎昔非与〈独立评论〉》,第44页。
④ 戈公振:《中国报学史》,第245页。
⑤ 唐志勇:《〈黎昔非与独立评论〉的史料价值》,《江汉论坛》2005年第6期。

牲和贡献"①。

4. 胡适与黎昔非的个人品格在《独立评论》问题上形成鲜明对照。学者们一方面高度评价和赞扬黎昔非的品格，"这些材料给出的事实真相是：黎昔非有大志于学术研究，始终并不情愿做《独立评论》那样的事务性工作。他之所以始终没有离开《独立评论》，主要在于'不易找到相当接替的人'（笔者按：此为胡适拒绝黎昔非辞职所说的话）。他是为了《独立评论》的出版发行会因他离开受到影响而留下来的。正是由于他牺牲了自己做学术研究的大好时光，才使《独立评论》得以保质保量、善始善终地出版发行了5年多时间"②。"尤其是该刊的经理人——胡适的学生黎昔非默默无闻、事无巨细、甘于奉献，使《独立评论》高质出版发行、保质保量、善始善终地存在了5年多时间。而他自己的学业因此受到很大影响，'文革'中也因与胡适和《独立评论》的特殊关系而受到无穷迫害，含冤而逝。可以说，黎昔非为《独立评论》而牺牲了自己的毕生。"③另一方面学者们对于胡适在对待黎昔非和《独立评论》问题上的一些表现提出批评和谴责。有的学者指出："《黎昔非与〈独立评论〉》一书揭示了《独立评论》后面一些鲜为人知的内幕，从而提出了一些发人深思和值得探究的问题，其中胡适究竟何如人？就是需重新探讨的问题之一。"④有的学者指出："他与胡适的关系又让我们看到胡适性格的另一面。""从1933年开始黎昔非多次提出卸任，要求把主要精力投入学业当中，都遭到胡适的拒绝。迫于压力，黎昔非提了几次之后，终于不敢再提了，以致放弃自己的研究生学业。黎昔非为《独立评论》付出了沉重代价，这对于他是非常不公的！如果相比较于胡适的另两个学生，这种不公就让人感到不解而终于心里也打抱不平了。""大家都知道胡适对人慷慨热情，连一个从未谋面的人只要夸耀他几句，他也乐于帮忙，成人之美，如为他人写学历证明、介绍工作等，故时人都说'我的朋友胡适之'。其实这里面不乏表面的热情，并有虚荣心作怪。若继续考察黎昔非与胡适的交往，胡适这种性格弱点更是暴露无遗！"⑤

黎昔非与胡适的关系及其悲剧命运，除了胡适个人性格原因之外，也是那个特定时代社会变动的反映，它"折射了社会阶层的流动及胡适等社会精英的成功在某种程度上是建构在那些（由普通民众走向社会中间阶层）普通知识分子艰辛的劳作甚至是被迫默默无闻的'奉献'基础上的。黎昔非不平凡的人生经历与社会文化氛围，为全面、深刻考察处在动荡的社会嬗变历程中的近代自由知识分子群体成功的背后不被人注意的（甚至是有意被

---

① 黄波鄢：《近三十年来国内〈独立评论〉研究综述》，《民国档案》2008年第4期。
② 唐志勇：《〈黎昔非与独立评论〉的史料价值》，《江汉论坛》2005年第6期。
③ 黄波鄢：《近三十年来国内〈独立评论〉研究综述》，《民国档案》2008年第4期。
④ 王炜民：《胡适何如人——以黎昔非个案为中心》，《江汉论坛》2007年第2期。
⑤ 眉睫：《从黎昔非的命运看胡适性格的另一面》，《粤海风》2007年第6期。

掩盖）另一面提供了独特视角"①。

  这些共识，表明被掩盖、歪曲的历史得以还原其真相，这是历史公正性的体现和胜利。直书与曲笔是贯穿于中国史学中的一条主线，虽然曲笔者代有其人或可以得逞于一时，但是直书始终是中国史学的主流而且是最终的胜利者，这是任何人也改变不了的历史定律。

（原刊于《博览群书》2010 年第 8 期）

---

  ① 王天根：《从〈独立评论〉经理到〈昙华〉主编的黎昔非》，《徐州师范大学学报》（哲学社会科学版）2006 年第 2 期，第 87—91 页。

还原历史真相：论近代文化人黎昔非
——《黎昔非与〈独立评论〉》一书读后

郑永福　吕美颐

　　黎昔非（1902—1970），广东兴宁人。1930年7月毕业于上海中国公学大学部文史学系，1931年考取北京大学研究院研究生，指导教师为诗学大家黄节教授。早在中国公学读书期间，黎昔非即已展示出在学术研究方面的过人才华，并在《诗经》研究方面取得一定成就，如果沿着这条学术道路走下去，他极有可能成为《诗经》学史研究的大家。黎昔非在中国公学读书时，胡适是该校校长兼文理学院院长，及至黎昔非到北京大学研究院读研究生时，胡适是北京大学文学院的院长，因此，黎昔非与胡适有着双重的师生关系。众所周知，在中国近代文化史上，如果有谁能够和胡适攀上关系，特别是与之有过师生之谊，则可能借此而平步青云，例如黎昔非中国公学同学罗尔纲、年级低于黎昔非的吴晗，都曾因为得到胡适的大力提携而成就了他们的学业，胡适也因此留下了奖掖后学的美名。然而，这只是事情的一面，胡适还有不为人知的另一面，那就是他并非对所有的人都是这样，至少在黎昔非的问题上，他非但没有任何的关心和帮助，反而是无情地压制与戕害，从这个意义来说，假如黎昔非与胡适之间没有这层师生关系，以及由此引发的一系列事件，则黎昔非的悲剧性人生肯定可以避免，他也一定会有着截然不同的人生轨迹。此事于黎昔非而言，真可谓"只因师恩误平生"！

　　黎昔非一生最重要的活动，就是在胡适带有诱迫性的邀约之下，出任《独立评论》的经理人。在独立评论社长达五年的时间里，黎昔非为该杂志的成功创办和卓越经营，做出了无与伦比的、不可磨灭的贡献，这也是他对中国近代文化所做出的最重要的贡献。然而，就是这样一位本应在中国近代史上有着显赫声望的文化名人，黎昔非竟然曾经长期被世人所遗忘。直到2002年黎虎先生主编的《黎昔非与〈独立评论〉》一书出版以后，黎昔非及其与《独立评论》的关系，才渐渐为世人所了解。《黎昔非与〈独立评论〉》一书，以近800页的篇幅，对黎昔非与《独立评论》、黎昔非与胡适、黎昔非与近代学术文化圈的关系等问题皆有所揭示，不仅厘清了《独立评论》创办经营过程中的是非曲直，一定程度上还原了相关历史事件的本来面目，也让我们对于黎昔非这一曾经被长期掩盖的近代文化名人有所了解,以此言之,该书的出版对于推动和深化中国近代文化史领域的学术研究,具有积极意义。

以下为笔者阅读《黎昔非与〈独立评论〉》一书所产生的一些粗浅想法,今公之于众,是否允当,尚祈读者诸君有以教正。

一、黎昔非人生命运的假设

有学者指出:"历史当然不是假设,而确实是'昨天的现实',是'无法更改和逆转的客观存在',或者更准确地说,是客观存在过的事实。人们正是在这个意义上说,历史不能假设。但这并不意味在历史研究中就不能假设,这是完全不同的两个概念。在科学研究中提出假设,是对客观事物及其发展规律的假定的说明。"[①] 历史无法假设,但历史研究中可以提出假设,对于上述学者的这一观点,笔者深表赞同。循此思路,笔者认为,黎昔非的人生已经成为历史,当然无法假设,但我们在研究"黎昔非人生何以然"这一历史命题的时候,却可以进行如下假设:

(1)黎昔非在中国公学大学读书期间,即已展示其在学术研究方面的过人才华,且公开发表过诗学研究的专业论文,毕业后旋即考取北京大学文学研究院的研究生,师从诗学泰斗黄节教授。因此,黎昔非如果不是后来被迫在独立评论社担任经理人长达五年时间,从而浪费了学术研究的黄金时期,如果他能够按照自己的人生设想,沿着诗学研究这条学术道路走下去,则其成为《诗经》研究方面的大家,乃是可期而必然的结果。

(2)黎昔非在中国公学的同学罗尔纲,年级较低的校友吴晗,在黎昔非已经考取北大研究生时,一个是中国公学的毕业生,一个尚未毕业。然而,后来罗、吴二人皆成为学有专攻的研究专家,黎昔非却落得个以中学教师为业的结局。其中缘由,皆在于黎昔非既定的人生之路被胡适强行中断,如果他能够按自己原先设想的路子前行,则中国近代学界应该会再添一位学问家,而且他的学问至少能够和罗、吴比肩。

(3)黎昔非为上海中国公学学生时,胡适当时是校长;黎昔非在北京大学文学院读研究生时,胡适任北京大学文学院的院长。黎昔非的人生轨迹,因为遇到胡适而彻底改变。因此,假如黎昔非与胡适没有师生这层关系,以及由此所引发的一系列事件,则黎昔非的人生,肯定要重新书写。

当然,无论笔者怎样假设,黎昔非的悲剧性人生也早已成为无法改变的历史了。那么,笔者为何还是要在这里提出上述假设呢?

[①] 曹大为:《历史研究中的假设、臆想与编造——兼论端正学风问题》,《社会科学论坛》2001年第1期。

五、历史的评判

笔者提出上述假设，既是读《黎昔非与〈独立评论〉》一书有感而发，也是受到耿云志先生的启发所致。耿先生在评论黎昔非研究时写下了这样的话："或许有人认为，若昔非先生不为独立评论社做经理，而是做研究工作，也可与罗尔纲、吴晗一样成为有名于时的专家学者。我认为这样想法是不必要的。我们评论一个人，总是看他做过什么，做得怎么样，而不是看他没有做过什么。"① 说句实在话，当笔者看到素所尊敬的耿先生的这番话时，真的是吃惊匪小！揣摩耿先生之语的意蕴，大概就是黎昔非先生无论怎样，都不会成为罗尔纲、吴晗那样的专家学者的。不过，耿先生的这番表述，令人无法信服。诚然，我们评论一个人，是要看他做过什么，做得怎么样，而不是看他没有做过什么，那么，黎昔非又是为什么"没有做过什么"的呢？这一点诚如李文才先生所说的那样，耿先生所言"只是问题的一个方面，还有更重要的另一方面是，他为什么'做过什么'，'而没有做过什么'"②？很显然，耿先生在评论黎昔非"做过什么""没有做过什么"这一问题的时候，有意无意地回避或疏漏这一重要方面，因此，也就很难说明历史的真相，也与史学研究"求实求真"的精神相悖。

恩格斯曾说："我们要求把历史的内容还给历史，但我们认为历史不是'神'的启示，而是人的启示，并且只能是人的启示。"③ 对于黎昔非一生的命运，无论我们做出多少种假设，都无法改变既有的历史，黎昔非的人生也不可能有任何的改变。不过，我们在讨论黎昔非人生命运的形成时，却不妨进行一些符合逻辑的假设，因为我们所做出的这些假设，并非无端的遐想，而是有坚实的史料作为支撑。从这方面来说，《黎昔非与〈独立评论〉》一书的出版，就具有了特别的意义，其意义不仅在于为世人提供了许多有价值的史料，同时也进一步拓展了学者思考和探索中国近代社会文化史发展历程的空间，为我们深入讨论和分析黎昔非的学术人生，进而反思那个时代知识群体的精神面貌，提供了可资参考的第一手素材。

人是社会的人，社会是人的社会。社会历史的发展，会受到各种力的制约，其走向和结局是历史合力作用的结果。作为社会个体的人，也是遵循这一规律。恩格斯在致约·布洛赫的信中明确地指出："历史是这样创造的：最终的结果总是从许多单个的意志的相互冲突中产生出来的，而其中每一个意志，又是由于许多特殊的生活条件，才成为它所成为的那样。这样就有无数互相交错的力量，有无数个力的平行四边形，由此就产生出一个总的合力，即历史结果，而这个结果又可以看作一个作为整体的、不自觉地和不自主地起

---

① 耿云志：《黎昔非先生与〈独立评论〉》，《安徽史学》2003年第1期，第78—83页。
② 李文才：《评耿云志先生〈黎昔非与〈独立评论〉〉一文》，原载《史学月刊》2004年第5期，第85—91页。后收入所著《史海探赜：文献考索视阈下的中国史研究》，南京：江苏人民出版社，2017年，第354—355页。
③ 恩格斯：《英国状况——评托马斯·卡莱尔的〈过去和现在〉》（1843年，伦敦）（1844年2月中—3月中），《马克思恩格斯全集》第3卷，北京：人民出版社，2002年，第520页。

着作用的力量的产物。因为任何一个人的愿望都会受到任何另一个人的妨碍，而最后出现的结果就是谁都没有希望过的事物。所以到目前为止的历史总是像一种自然过程一样地进行，而且实质上也是服从于同一运动规律的。"① 历史是由无数个力的平行四边形，由无数相互交错的力产生的合力来推动发展的。学过中学物理的人都知道，在做力的分解与合成的时候，必须使用平行四边形。我们可以把历史看作各种各样力的作用的结果，如果我们这样看待历史，就可能少一些偏颇。力对物体的作用效果取决于力的大小、方向与作用点。此性质称为力的三要素。可用一个有向线段来描述其方向与大小，用该有向线段的起点或终点描述其作用点，线段所在的直线称为力的作用线。我们不妨把每一个历史事变、历史过程中的各种各样的力做一个客观的考察，看看作用于它的各种各样的"力"的大小、方向、作用点，然后综合起来看看这些力产生的合力及在这个合力作用下产生的历史结局、结果。恩格斯接着指出："但是，各个人的意志——其中的每一个都希望得到他的体质和外部的、终归是经济的情况（或是他个人的，或是一般社会性的）使他向往的东西——虽然都达不到自己的愿望，而是融合为一个总的平均数，一个总的合力，然而从这一事实中决不应做出结论说，这些意志等于零。相反地，每个意志都对合力有所贡献，因而是包括在这个合力里面的。"②

"因为任何一个人的愿望都会受到任何另一个人的妨碍，而最后出现的结果就是谁都没有希望过的事物。"——恩格斯的这个论断，便可以通过黎昔非这一中国近代文化史的"个案"加以诠释和佐证，因为黎昔非个人"愿望"，受到了胡适"另一个人的妨碍"，从而造成了所"出现的结果"是"谁都没有希望过的事物"。不过，通过对《黎昔非与〈独立评论〉》一书中相关细节性记述的思索，可知：黎昔非的人生结局，确实是他本人所"没有希望过的"，却不能说是胡适所"没有希望过的事物"，因为可能正相反，黎昔非的悲剧性人生，不仅是胡适一手所造成，而且他可能一直怀有这个明确的动机。

二、黎昔非的人际网络

为了表达一个人的愿望会受到"另一个人"的"妨碍"，而影响其历史走向和结局，有必要考察一下黎昔非的人际脉络。社会是人的社会，人是社会的人。人生活在社会网络中，结成经由人际往来而形成的人际关系，我们姑且称之为"人际网络"，也可以简单称

---

① 《恩格斯致约瑟夫·布洛赫》（1890年9月21—22日，伦敦），《马克思恩格斯选集》第4卷，中共中央马克思恩格斯列宁斯大林著作编译局编译，北京：人民出版社，2012年，第605页。
② 《恩格斯致约瑟夫·布洛赫》（1890年9月21—22日，伦敦），《马克思恩格斯选集》第4卷，中共中央马克思恩格斯列宁斯大林著作编译局编译，北京：人民出版社，2012年，第605页。

之为如今人们所常说的"人脉"。人际网络具有多重性，如有因血缘关系形成，有因地缘关系形成，有因学缘关系形成，有因业缘关系形成。社会网络是经过个人之间的社会互动所形成的，这种社会网络又在一定程度上反映出了个人和社会关系的本质。而马克思早在1845年写的《关于费尔巴哈的提纲》中明确指出："全部社会生活在本质上是实践的。凡是把理论引向神秘主义的神秘东西，都能在人的实践中以及对这种实践的理解中得到合理的解决。"①

《黎昔非与〈独立评论〉》一书，为我们从学缘关系及地缘关系这两层来追寻、钩稽黎昔非的人际网络，提供了可靠的丰富的资料。"地缘"与"学缘"形成的这个网络中的"人脉"，对黎昔非的学术志趣、走向乃至人生成败产生了直接或间接的影响。从黎昔非人际网络关系的形成与发展中，我们可以从一个个案，窥探并展现中国近代文化史中学人的学术与生活的一个侧面，这对于研究中国近代文化史、社会史，显然很有意义。下面，我们根据《黎昔非与〈独立评论〉》一书中所提供的资料，大略梳理一下黎昔非"人脉"中重要的、关系密切或者比较密切的人物，这对我们进一步深入理解和分析黎昔非及其所处的那个时代，无疑很有必要。

1926年黎昔非中学毕业后，考入上海的持志大学，后转入上海的中国公学，1930年7月毕业于中国公学大学部文史学系。时中国公学的校长兼文理学院院长是胡适。教师中有沈从文、陆侃如等。黎昔非和沈从文同岁，比陆侃如长一岁，黎昔非入学中国公学时，沈从文、陆侃如已经是该学校的教授了，黎昔非则是学生。黎昔非认识、交往较多的同学中有罗尔纲等。

同学中，黎昔非与罗尔纲关系密切。1931年春在北平，是罗尔纲最先持报纸告之黎氏考取北大研究院。在文学系录取的研究生中，黎昔非名列第一，也是当年中国公学考取北京大学文学院的唯一一名研究生。吴晗则是中国公学时低于黎昔非两个年级的同学，吴晗转学清华大学后，"渐渐接近而常相过从了"②。

黎昔非与广东同乡王越的导师都是黄节。王越③，黎昔非同乡，广东兴宁人。研究课题是"汉魏六朝乐府研究"，黎昔非的研究课题是"诗经学史"。

在黎昔非北平经理《独立评论》期间，1935年春，低于黎昔非几个年级的中国公学的广东兴宁人陈晋祺来北京找黎昔非，经黎昔非向胡适推荐，经批准加入独立评论社工

---

① 《路德维希·费尔巴哈和德国古典哲学的终结》"附录"，《马克思恩格斯选集》第1卷，中共中央马克思恩格斯列宁斯大林著作编译局编译，北京：人民出版社，2012年，第135—136页。

② 黎昔非：《自传》（1951年7月），《黎昔非与〈独立评论〉》，第442页。

③ 王越（1903—2011），广东兴宁人。1921年，考入南京国立东南大学教育科，师从陶行知。1930至1932年，进入燕京大学研究院和北京大学国学研究所深造，师从黄节。1933年至1946年，在中山大学、广东文理学院和湖南蓝田国立师范学院任教。1946年回到广州，任中山大学教授兼教育系主任，1952年任中山大学教务长。1958年任暨南大学副校长，1978年暨南大学复办，重新任副校长。

作，任会计。1937年4月离开北平。①

1944年2月，黎昔非经闻一多介绍，赴昆明就任国立中国医药研究所助理研究员（至1945年7月该所解散为止）。黎氏1951年写的《自传》中云："在这期间，工余曾有来往的，除彭丽天②及联大同乡外，就只有闻一多、吴晗、沈从文数人而已。"黎氏1958年写的《自传》中说："每个星期日，我多数到昆明市丽天先生处谈谈，有时也去看看闻一多先生，顺便去吴晗那里谈一谈（因他和闻先生的住房正相对）。外此，并没有什么熟人了。"③

根据《黎昔非与〈独立评论〉》一书提供的资料，我们可以对黎昔非的师友圈中的主要人物有个大概的了解。即，在中国公学时，有胡适（校长兼文理学院院长）；有教师沈从文、陆侃如、冯沅君；同年级同学罗尔纲、丁白清，低年级同学陈菲村、陈晋祺、吴晗。在北京（北平）的师友圈中有胡适（北大文学院院长）、黄节（北大研究院教授，黎昔非导师）、罗尔纲（北京大学文科研究所助理员、助教，兼任中央研究院社会研究所助理员）、吴晗（清华大学史学系工读生）、王越（北大研究院研究生）等。在昆明时的师友有彭丽天（西南联大讲师）、闻一多（西南联大教授）、吴晗（西南联大教授）等。上述三个师友圈外，黎昔非交往中，还有一个明显的因地缘关系形成的人际脉络。黎昔非上述三大师友圈中，王越、陈晋祺、彭丽天等为广东兴宁人，导师黄节系广东顺德人。

从以上罗列的材料可以看出，黎昔非的人际网络主要有两个大圈子，一个是学缘脉络，一个是地缘脉络，而不少师友，在几个圈子中又多有交叉。以上这些师友，有的既是中国公学圈内的成员，又是北平圈内的成员；有的既是广东地缘圈的，又是中国公学圈的，还是北平师友圈中之人，甚至昆明圈中之人。

笔者在这里简单勾画黎昔非的人际脉络，旨在说明，黎昔非一生的学术旨趣、人生发展轨迹，和上述提及的这些人物有相当的干系。另外还想强调，这种"文化圈"现象，在中国近代文化史、学术史上，绝非仅有，而是带有一定的普遍性，在研究中国近代知识分子群体的特征时，不可不注意。

三、黎昔非的文学创作与学术研究

黎昔非有深厚的国学根底，在其可专注从事自己喜好的文史领域不太多的时间里，取

---

① 黎虎：《前言》，《黎昔非与〈独立评论〉》，第15页。
② 彭丽天，广东兴宁人，时任西南联大中文系讲师。黎在昆明任职期间与在美的胡适通信，所留地址由彭收转（《黎昔非与〈独立评论〉》，第27页）。
③ 黎昔非：《自传》（1957年7月），《黎昔非与〈独立评论〉》，第446页。

得了值得瞩目的成就。

（一）组织昙华艺术社，主编《昙华》文艺半月刊

黎昔非在中国公学时，就萌生了当一名作家的愿望。文学创作，是他人生奋斗的目标之一。1932年9月，黎昔非与同人丁白清、陈菲村、潘齐平、刘在海在北平成立昙华文艺社，筹办文艺刊物《昙华》（半月刊），黎昔非被推举为主编。该刊第一期于1933年元旦正式出版，由于时局变幻，人员流动，经费难筹，当年4月出版了第七期后停刊。

《昙华》创刊号上刊载了主编黎昔非撰写的发刊词，其中云：

> 当朝阳初升时候，散在天上的几抹锦霞是鲜艳的罢？当细雨新晴，拱在空中的一弯彩虹是美丽的罢？然而像闪电一样，只一会儿就消灭了；小鸟儿婉转的歌声是悦耳的罢？梵娥琳扬抑的音调也是醉人的罢？然而像风一样，吹过就失踪了；什么东西都是"暂"的啊！——不过这又有什么关系？只要它在某一瞬间真实地存在过，且曾给了人们的心中留下一个清晰的印象，并传达过一点所谓"情感"的作用：这就够了。
>
> 昙花的取义近乎此，我们只知向"美"（不要误会这个美字，丑恶的描写，黑暗的曝露，也都可以表现美的。）向"真"的路上走，努力着走，其他我们就无暇顾及了。
>
> 我们不标榜什么漂亮的主义，因为，我们以为与其空洞地大吹大擂，不如着实地去做出一点事情来。
>
> 希望我们的昙花能开！咱们都来培植她罢！①

迄今人们能见到的七期《昙华》半月刊有六期，缺第六期。黎昔非在该杂志上发表的作品，除发刊词外，能确定的有小说三篇，计署名艮心的《南旋》（第一期）、署名胡谭的《友谊》与署名甘村的《活财产》（第四期）。

由于种种原因，《昙华》只出版了七期，真可谓"昙花一现"，令人扼腕叹息。如何评价《昙华》半月刊的价值及黎昔非发表的几篇小说作品，非笔者能力所及。好在《黎昔非与〈独立评论〉》一书中及该书出版后一些媒体上已经有学者发表了见仁见智的文章，读者自可判断。这里想引用北京大学孙玉石教授②的两段文字，供研究者参考。

> 黎昔非在《独立评论》时期，业余主要在做古代文学研究。他虽热爱文学创作却无意成为一个作家。发表在《昙华》上的这篇小说（指小说《活财产》——

---

① 黎昔非：《〈昙华〉文艺半月刊（影印件）》，《黎昔非与〈独立评论〉》，第242页。
② 孙玉石，1935年生，辽宁省海城人，北京大学中文系教授。

引者注），不仅看出他关注现实重大问题，特别是熟悉和关注农村现状与农民命运的正义感，他在揭露现实丑恶中的求真求美的心灵追求，也在小说作品的尝试中显示了他文学创作的认真态度，他的经过沉思默想而获得的文学创作才华。可惜，他的这种精神与才华，由于当时和后来的生活境遇限制，都没有可能得到充分的发展。①

凝视着黎昔非先生和他的友人们远去的身影，我想起我所景仰的法国大作家纪德说过的一句名言："开花在时间之外"。这张发黄了的照片②，穿越历史，饱蘸风霜，弥足珍贵。它留住了《昙华》同人们青年时代的面影，留住了一段永远值得纪念的历史沧桑，也留住了那在短暂时间里绽开的朴素小花中最美好的一瞬：一首永远活着的诗！③

行文至此，我们自然想到了沈从文先生对黎昔非的影响。1930 年黎昔非从上海去北平的前一天晚上，沈从文曾为他写了几封介绍信，其中一封信就是介绍他去找作家黎锦明④。此外，黎昔非 1951 年《自传》中谈到了当年创办《昙华》半月刊一事，云："这里应说一说，我所以想从事创作，一固然是由自己喜欢它，一也是受沈从文的鼓励：因我来自农村，深知农民大众的痛苦，每所暴露的都是当时社会的黑暗面。他认为这比那些坐在上海亭子间的'普罗作家'所写的还较真切，故极力怂恿我走创作这路。只因自己意志不专一，想新旧兼为，结果一无所就，除深自疚惭，又还有什么可说！"⑤还有一事值得提及，后来到了 1945 年，黎昔非在昆明时曾因工作问题处于困顿之中，沈从文曾经专门写信给钟恂，拜托他为黎昔非介绍工作，信中有云："得教言，始悉在昆工作。工作想极顺手。中公同事在此似不多。另一黎昔非兄，适之先生身边做过事，在此失业，不知兄能否为寻一工作否？"⑥此事表明沈从文与黎昔非之间有着密切的关系，对黎昔非依然心存师生情谊，与胡适的冷漠无情，形成了鲜明对照。

实际上，尽管黎昔非在经理《独立评论》期间极其忙碌和辛苦，但还是在学术研究和文学创作方面取得了一些成绩。黎昔非 1951 年 7 月自传中有这样一段话：北平沦陷以后，

---

① 孙玉石：《一首永远活着的诗——黎昔非及其主编的〈昙华〉半月刊》，《黎昔非与〈独立评论〉》，第 390 页。
② 按，指陈菲村女士保存的 1932 年昙华文艺社五位同人的合影。
③ 孙玉石：《一首永远活着的诗——黎昔非及其主编的〈昙华〉半月刊》，《黎昔非与〈独立评论〉》，第 393 页。
④ 黎锦明，1905 年生，湖南湘潭人，作家。1930 年春曾经长兄时任国立北平大学第一师范学院院长黎锦熙介绍任北平中国大学讲师。
⑤ 黎昔非：《自传》（1957 年 7 月），《黎昔非与〈独立评论〉》，第 445 页。
⑥ 沈从文：致钟恂信（1945），中国社会科学院中国近代史研究所中华民国史组编：《胡适来往书信选》（下）"附录一"，北京：中华书局，1979 年，第 538 页。

"我等到平津恢复交通,才和罗尔纲、吴晗结伴南旋。可是,我因妻儿牵累,不得不而回家来了。自此即为经济所困,不能外出,于是和北大研究院脱了节。还有,当我离平时,将数年来草成的诗经学史初稿及曾经发表和未发表的诗、史论文约四五万言,小说约十万字——其中有刚草成约五万字的中篇,是描写小资产阶级青年男女的生活颓废,思想动摇的,拟修改后与出版商接洽印行的——为避免日寇检查,邮寄广州(潘)齐平代收,不料付邮时候他已别往,致在平所写的稿就这样下场而无复存留了"。① 由此可知,黎昔非彼时已经草成了《诗经学史》的初稿、已发表和未发表的诗史论文 4 万—5 万字、小说约 10 万字(其中新创作 5 万字的中篇小说)等。然而,令人痛惜的是,黎昔非的这些稿件都不幸丢失了,我们今天已经无法见到其面目了。

(二)史学研究及诗学研究

据诸《黎昔非与〈独立评论〉》一书,可知黎昔非现存学术著述有如下几种。
(1)论文:《〈采芑〉时代的质疑》
发表在中国公学大学部《中国文学季刊》创刊号(1929 年夏),系黎昔非大学三年级时所撰写。对于此文的学术价值和意义,史学大家李学勤先生有所评论,略云:
"黎昔非先生是从史学途径创新《诗经》研究的先驱者之一。他在《〈采芑〉时代的质疑》文中,不同意陆侃如先生根据《汉书·古今人表》以方叔为厉王时人之说,举诗称'方叔元老''是宣王时以他为先朝的年纪高大的老成人的称呼',作为内证,又引《后汉书·南蛮传》载'宣王中兴,乃命方叔南伐蛮方',作为外证。由此说明,《诗序》'《采芑》,宣王南征也'是正确的。这一考证,可谓实事求是,方法完全是史学的。"②
黎昔非认为,《采芑》一诗应该是周宣王时期的作品,而否定了陆侃如先生的观点。如果考虑到此时陆侃如是中国公学中文系的教师,而黎昔非仅是大学三年级的学生这一情况,则黎昔非这种"吾爱吾师,吾更爱真理"的学术勇气,以及他勤于探索、敢于坚持真理的治学态度,不能不令人感佩。
(2)论文:《从"其军三单"说到古代兵农之分——读诗偶记之一》
发表于天津《益世报·史学周刊》第 46 期(1937 年 1 月 24 日)。对于这篇论文,中国古代史著名专家朱绍侯教授做了认真严肃的评论。朱先生指出,这篇文章较诸上一篇论文,不仅所要解决的问题复杂得多,难度也相当大,这是因为汉代"大经学家毛亨、郑玄,是经学领域最权威的学者,因此他们对经文的解释,都奉为圭臬,但黎先生却不迷信名人,敢于攻毛、郑之谬误,而独抒己见"。"黎先生以上的立论,应该说确有新义,但是否完全正确,还有待于进一步深入研究。笔者认为最难能可贵的是,黎先生并不固执己

---

① 黎昔非:《自传》(1951 年 7 月),《黎昔非与〈独立评论〉》,第 445 页。
② 李学勤:《〈诗经〉研究的吉光片羽》,《黎昔非与〈独立评论〉》,第 174 页。

见，而是择善而从。这种精神完全体现在本文的《后记》中：昨晚检查旧日笔记，发现了郭沫若先生对'其军三单'这句诗，曾有一种很好的解释，特附录在下面：'三单'当读为三战。金文《公伐郤钟》：'攻战无敌'，战作单。'其军三单'，犹言其军百战，盖古人以三为众。（《中国古代社会研究》页一二〇）此种解说，是比那些自诩'毛郑功臣'的高明得多的，如果读者以我的解释为毫无道理，则我也愿意把牠［它］取消而从此说。"①

（3）《读〈诗〉札记》

残存于黎昔非1945年1月12日致胡适的书简中。该信中有如下词语："生对于诗经的研讨，本妄想将整部诠释，近来觉得那不单是艰巨不易的工作，且往袭旧说，亦没有多大意思，于是采用札记式，只将那些认为不很满意或有疑义的加以讨论。现摘录数则于下，未敢云当，惟乞吾师不弃，详加指示，俾不致入迷途，实为衷心所最希望啊！……然有许多，一般解释固未敢苟同，可是自己亦无法解释，这固由于自己学识粗浅，而此间参考书籍亦非常缺乏，尤其是这研究所里所有的书籍多属医药方面的，生之所需者几等于零。如有机会，敬乞代为介绍，至祷，至幸。"该信中有读诗札记三条，一为"羔羊素丝五紽"；二为"驺虞五豝五豵及齐南山葛屦五两的五，意亦当作午"；三为"江有氾其后也处"。② 不过，对于《诗经》研究中这几个"老大难"问题的解读以及黎昔非贯穿于其中所体现出来的深厚小学功底和音韵学素养，胡适是否真有水平和能力认识，读者是不能不持怀疑态度的。

（4）《读史札记》

残存的黎昔非《读史札记》，共有五则。分别为：《章甫——殷冠》《束脩》《三年之丧》《壁画与春宫及裸舞》《犬子》，篇幅都比较简短，撰写时间为1936年。熊铁基教授评论说：黎昔非的"读书札记，既有提出深研的问题，可作为发明或发现，又有一定的针对批判性"③。张传玺教授也认为，这5条札记，约有四百字，"内容以两汉的史事为主，有的涉及先秦和后代。文字虽不多，但都非信手随笔，而有意义、深度和目的，是份研究性记录"④。

（5）《诗经学史》与《诗地理考》

1930年黎昔非先生抵达北平后，力图致力于《诗经》学史的研究。1931年，胡适的日记中，有如下记载："黎君欲作《诗经学史》，拟一细目来问我，我为他谈汉儒所以曲

---

① 朱绍侯：《不迷信名人不固执己见的学者风度——黎昔非先生遗著读后感》，《黎昔非与〈独立评论〉》，第215—216页。
② 黎昔非：《读〈诗〉札记》，《黎昔非与〈独立评论〉》，第168—169页。
③ 熊铁基：《缅怀先辈黎昔非先生》，《黎昔非与〈独立评论〉》，第234页。
④ 张传玺：《读黎昔非先生"劄记"残稿的体会》，《黎昔非与〈独立评论〉》，第218页。

说《诗经》的背景。此种曲说都是'合理化'的趋势，不足奇怪。"① 前揭黎昔非1951年自传中，言及曾有草成的《诗经学史》初稿，因往广州邮寄时丢失，不复得见。又，1945年黎昔非在昆明国立中国医药研究所工作期间所填《大学及独立学院教员资格审查履历表中》中云："早完成之《诗经学史》及《诗地理考》，因七七事变遗失"，知黎昔非另有《诗地理考》，可惜遗失。② 关于《诗地理考》，可以从1944年9月6日黎昔非给胡适的信中得到佐证，其信中有如下的文字："适之吾师赐鉴：许久没有写信候安，真是很对不起，乞多多原谅。生现在昆明国立中国医药研究所，做本草纲目之本草产地考释，及考订古医籍。工馀[余]仍然继续研读诗经，刻已草成诗地理考的初稿，只因参考书籍非常缺乏，有时很普通的都不可得到，所以还有许多地方须要补正，待二稿完成后，拟呈乞指正。"③

（6）《本草纲目之本草产地考释》

1944年，经时任西南联大中文系讲师的兴宁同乡彭丽天函告，闻一多先生为黎昔非联系到了昆明国立中国医药研究所的一个职位。在此工作期间，黎昔非撰写了《本草纲目之本草产地考释》。1945年10月12日黎昔非写给胡适的信中说："生在国立中国医药研究所做本草纲目之本草产地考释——日本白井光等曾有考释，惟纰缪迭出，生曾草文辨正——初稿几将完成。教部倏令裁撤该所，不胜怅怅！"④ 据此，可知黎昔非曾撰有《本草纲目本草产地考释》稿，可用于订正前此学者之误。

（7）《唐以前的七言诗》

《黎昔非与〈独立评论〉》一书出版后，人们又发现了黎昔非一篇佚文《唐以前的七言诗》。这篇文章，对唐以前的七言诗的起源、演进进行了比较系统的考察与分析。作者在"余说"部分有如下文字说明："这篇东西的材料来源，自汉至隋是依丁福保的《全汉三国晋南北朝诗》和《八代诗选》等，而在汉以前，是零碎找来的，因为是可依的书，冯惟讷《古逸》里虽有几首，但诸多不可靠的，像《击壤歌》《禹玉牒辞》，别说在那时有无文字还成问题，即尧禹其人，在现代史家也尚不承认，已没其人，那里来了是歌呢？这是伪作，当无可疑。此外如《楚聘》《获麟》……早为人证明伪托，毋庸赘言，他如《灵宝谣》《巴谣歌》……则所谓《灵宝要略》和《茅盈内传》，我未曾和牠[它]们晤面过，不敢强以为知而妄断言了。计我也不是说在我举出的是没有错误和遗漏，因为时间的匆促，时间的急迫，使我没有从头再读一遍的余暇，则其错误与遗漏之多，不待事实来证明也就可知了。更有一言，这篇稿是新年假期里草成的，草时也是很马虎的。现在把牠[它]登在所谓'毕业纪念刊'上，并不是我自己认为是满（意）的东西，不过因为我自己的身体和各

---

① 《胡适的日记》手稿本，台北：远流出版实业股份有限公司，1990年版。此处转引自《黎昔非与〈独立评论〉》，第9页。
② 黎昔非：《大学及独立学院教员资格审查履历表》，《黎昔非与〈独立评论〉》，第489页。
③ 黎昔非：《致胡适书简七通》，《黎昔非与〈独立评论〉》，第20页。
④ 黎昔非：《致胡适书简七通》，《黎昔非与〈独立评论〉》，第27页。

种的关系,不许我写所要写的文字,而纪念刊又限定必投稿,逼得我不得不借牠[它]来塞责!十九,五,十二下午抄完。"①

该文披露后,立刻引起了学界的注意,学者们陆续发表了几篇相关的研究论文。如徐宝余指出:"黎昔非先生《唐以前的七言诗》是目前可知最早的研究七言诗源诗史的现代论文。其对于七言诗源诗史的研究,奠定了后来研究的基本框架,在七言研究领域内具有开拓意义,应该引起当前学术史界的重视,然而至今尚不为人所知。深入探讨其文献价值,将会为学术史研究提供应有的借鉴。"②马鸿雁也认为,《唐以前的七言诗》探讨了唐以前七言诗的起源和演进,是20世纪30年代七言诗研究的先期探索,在民国学术史上具有史料价值。经过对七言诗研究历史及现状的整理,可以发现佚文中的《饭牛歌》起源说促进了此后民间歌谣说的正式提出;唐前七言诗演进结论的得出得益于穷尽式检索、随文附注按语、数字统计等研究方法的首次使用,这些都是值得研究者注意的。③

四、光环与阴影之下——黎昔非与胡适

中华民国史上,胡适主编的《独立评论》(周刊),是一个颇为引人瞩目的政论性杂志。该杂志于1932年5月22日创刊于北平,终刊时间1937年7月18日。主编胡适之外,主要编辑人有丁文江、傅斯年、翁文灏等10余人;经理人为黎昔非。该刊头两年的经费由独立评论社社员自行集资。标榜"独立"精神,发刊词称:不倚傍任何党派,不迷信任何所见,用负责的言论发表各人思考的结果。1936年底《独立评论》因著论反对日本策划"华北政权特殊化",一度被迫停刊。1937年4月复刊,同年7月18日终刊,《独立评论》共出了244期,发表了1309篇文章,最高发行数达1.3万份。

本文无意对《独立评论》的性质、得失进行评价,旨在重点说明黎昔非与《独立评论》杂志之间的关系。理由是,黎昔非一生中最重要的贡献是经理《独立评论》,黎昔非为之不仅全身心地付出了五年的宝贵时光,而且为此牺牲了自己在北大研究院读研究生的学业。而《黎昔非与〈独立评论〉》一书的最大亮点之一,也是厘清了含糊不清的历史,还原了作为《独立评论》经理人的真实面貌。旧时报刊的经理人,在一份报刊中是什么角色呢?著名报人戈公振说,经理人为报刊中"一馆之领袖"。胡适称黎昔非是《独立评论》杂志的"忠心的看护妇",虽然是一个肯定的评价,但也仅仅是个比喻,可以从不同方面

---

① 原载于《中国公学大学部文理学院庚午级毕业纪念刊》(1930年),上海档案馆藏。
② 徐宝余:《20世纪七言诗源、诗史研究的开山之作——黎昔非先生〈唐以前的七言诗〉》《扬州大学学报》2013年第3期,第100—106页。
③ 马鸿雁:《20世纪30年代对七言诗起源与演进的有益探索——黎昔非和他的〈唐以前的七言诗〉》。

或轻或重地去理解,实际上,胡适"忠心的看护妇"一语,并不能准确表达作为经理人的黎昔非在《独立评论》创办过程中所起到的无可替代的地位与作用。

黎昔非1929年转学到中国公学大学部文史系三年级,时胡适是中国公学校长。1931年黎昔非考取北京大学研究院的研究生,而胡适也北上转任北京大学文学院院长。胡适与黎昔非师生关系的脉络,是十分清晰的。至于黎昔非与胡适当时的关系,在罗尔纲看来,应该是比较密切的,据罗尔纲1931年9月15日给胡适的信中说:"自从我到了先生的府上,家父就训示我'谨慎勤敏'四个字。所以在上海时候,就拒绝我的同乡们到府上访我,一则恐怕他们来搅扰先生,二则恐怕他们会借先生的名出外招摇。到北京后,虽然只有三个同乡,但我也向他们表示不愿意他们到来的意思。为的是因为先生这里是个大学者的家庭,我是不愿俗人到来的。**现在常到先生府上来的只有昔非和春晗两人,因为他们都是先生知道的学生,而且是好学的青年,所以我敢叫他们来。**"① 唯其如此,胡适才在创办《独立评论》时,委黎昔非以重托。

1935年,胡适在《独立评论》三周年特大号上撰文《又大一岁了》,其中写道:"在这贺周岁的日子,我们不要忘了这个孩子还有一位忠心的看护妇。我们创办这刊物的时候,就请黎昔非先生专管发行所的事务。说也惭愧,我是实行我的无为政治的,我在三年中,只到过发行所一次!这三年的发行,校对,杂务,全是黎昔非先生一个人支持。每到星期日发报最忙的时候,他一个人忙不过来,总有他的许多青年朋友赶来尽义务,帮他卷报,装封,打包,对住址。"② 请注意,胡适这里坦承《独立评论》前三年的运行过程中,他自己仅仅到过杂志社发行部一次,而这期间,该杂志的发行、校对、杂务,全是由作为杂志经理人的黎昔非一人所完成。

黎昔非在《独立评论》期间的工作,罗尔纲先生有如下回顾:"我于九一八事变前几天回广西。到1934年3月才再来北平。那时《独立评论》已经出版将两年了。社址在后门慈慧殿北月牙胡同二号。经理是黎昔非,广东兴宁人,中国公学同学,同吴晗和我都是熟人。从《独立评论》出版至抗日战争停刊时止都是他主持排印、发行工作。我每星期天都去看顾他。他很忙,从来没有工夫去玩。我就坐在他办公室里翻看那些交换来的乱七八糟的刊物。……北平沦陷后,黎昔非同吴晗和我一同在天津南归。"③

黎昔非在经理《独立评论》的五年时间里,可谓与之相始终的唯一一人,其间所经历的人与事,《黎昔非与〈独立评论〉》一书以及媒体发表的相关评论,已经有比较详尽的说明,此处不再过多重复,只想强调一点,即:黎昔非在《独立评论》担任经理人,全面负

---

① 罗尔纲:《致胡适书简三通》,《黎昔非与〈独立评论〉》,第31页。笔者按:时罗尔纲先生到胡适先生家工作。引文中一句话的加黑系笔者所为,意在醒目。文中的昔非指黎昔非,春晗系吴晗,吴晗原名吴春晗。
② 胡适:《又大一岁了》,《黎昔非与〈独立评论〉》,第7页。
③ 《师门五年记》,第119页。

责发行部的实际工作，奉献多多，成绩卓著。

但当初，黎昔非并非情愿去承揽这份工作。关于事情的缘起，1932年4月24日吴晗致胡适的信中有这样的话："今午同蒋廷黻先生谈话，他说正在发愁，因为独立周报预备在下下星期出版，第一期稿件已齐，却还找不到一个合适的经理人。生因此想起五星期前同黎昔非君到协和来看顾先生的时候，先生曾提过此事，并问黎君愿否帮忙，就把这话告诉蒋先生，他很高兴，叫生即刻写信，请先生决定并征求昔非同意（他住银匣大丰公寓）。"① 此时，胡适在协和医院时已经提出请黎昔非帮忙经理《独立评论》，黎昔非并不情愿，黎昔非1951年《自传》中有如下文字：

> 一天，胡适突然派人送来一函，要我到他家谈谈。第二天我去了，他说："我们几个朋友打算办一种杂志，你可否替我帮忙一下，房子已经租好了，你可搬到那里去。"我答应了，搬了去，只数间空房，什么都没有，连喝水都不便，心里颇感不舒服。本来，我打算只干他半年至一年，藉以维持生活，期完成自己的论文便罢了。没想到那种工作这么烦忙，有时忙到连报纸都要到深夜才得闲来看，也没想到一再推辞，直到北京沦陷前夕都还没和它完全绝了关系。这种工作老实说，当时有许多人认为是不易得的机会，因为那个集团的成员——胡适、翁文灏、蒋廷黻、周贻春、傅斯年、任鸿隽夫妇、吴景超、陶孟和等——都是当时社会上有"名望"有"地位"的，且一个接一个都跑到南京去做部长处长以至院长或大使等要职，至不肖的都在学术机关把持了有"单位"的，如善巴结奉承的，这倒是"飞黄腾达"的好门径！可是生性狷介的我实耻趋伺，也不愿做那"朘民自肥"的官。于是再三推却，都以不易找到相当接替的人而被留住了！②

在经办《独立评论》期间，由于庶务繁忙，黎昔非不可能完成研究生学业，只是挤时间写些小论文和短文。大约到了第五个年头，"北大研究院须聘请一助理研究员，胡适便问我愿意就否，如果愿意就要先缴交一篇最近写的论文。我将一篇读诗杂记——《从"其军三单"说到古代兵农之分》——交给他。后经研究院委会审查合格，才由校长给我聘书"③。1937年"七七事变"爆发，北平沦陷后，黎昔非与罗尔纲结伴南旋，黎昔非"因妻儿牵累，不得不而回家来了。自此即为经济所困，不能外出，于是和北大研

---

① 《黎昔非与〈独立评论〉》"前言"第3页原注释如下："原件藏于中国社会科学院近代史研究所，又见于《人民日报》1966年6月3日转载，以及《历史研究》1966年第3期《评注吴晗胡适通信》。"笔者按：该信的公之于世，给黎昔非先生引来大祸，本文后面将有论及。
② 黎昔非：《自传》（1951年7月）《黎昔非与〈独立评论〉》，第443—444页。
③ 黎昔非：《自传》（1951年7月）《黎昔非与〈独立评论〉》，第444页。

究院脱了节"①。此后，黎昔非一直在家乡任中学教员。1944年，"彭丽天由昆明函要，前去一个国立研究所（即国立中国医药研究所）担任史地工作。抵昆后才知道是闻一多先生介绍的"。在那里，黎昔非提升为助理研究员。"在这时期，工余曾有来往的，除彭丽天及联大同乡外，就只有闻一多、吴晗、沈从文数人而已了。"②闻一多先生给黎昔非镌刻了一枚图章，骨质，篆文，"黎昔非之印"。闻一多先生还题赠条幅《耕夫谣》给黎昔非。③

值得注意的是，黎昔非在医药研究所工作并不顺心，他极想到一所大学或一个学术研究机构任职，从事自己喜欢的工作。1944年到1945年，黎昔非先后给胡适写了三封信，表达了这个愿望，希望得到老师胡适的帮助。1944年9月6日的信中说："适之吾师赐鉴：许久没有写信候安，真是很对不起，乞多多原谅。生现在昆明国立中国医药研究所，做本草纲目之本草产地考释，及考订古医籍，工馀[余]仍然继续研读诗经，刻已草成诗地理考的初稿，只因参考书籍非常缺乏，有时很普通的都不可得到，所以还有许多地方须要补正，待二稿完成后，拟呈乞指正。本草产地考释预料年底亦可完成。但终觉此不是本行，很希望能够转入另一学术机关，如有机会，敬乞吾师代为介绍。"④急切之情，不难看出。但令人不解的是，对于黎昔非这样一个不算高的要求，胡适并没有回应。1945年1月12日，黎昔非在给胡适的信中，再次表达了请老师提携介绍到学术机关之意："适之吾师赐鉴：前奉一书，谅邀垂察。教部举办大学及独立学院教员资历审查，去年九月间，本所主持人曾代生呈请审核讲师或副教授，昨得教部批示：服务年限及著述二项已予，惟饬补北大研究院修业证书。生于是前往谒郑秘书长天挺（原书编者注：郑天挺先生原为北京大学秘书长，抗战时任西南联大总务长），他意须有相当证件，而生之注册等件，已遗在平，此间又无当年熟识师长可代证明。窃念吾师知生最悉，爱生最深，同时亦只有吾师片言可使他们深信不疑，敬乞，赐示几行，俾持以请发修业证明，此关系于生非常重要，素爱生有逾父兄如吾师者，谅必俯允所求吧。""如有机会，敬乞代为介绍，至祷，至幸。"信末尾还特附说明："生进研究院是民廿年春至廿一年夏，其实以后亦曾注过册。赐示，请寄昆明东升街二十四号。"⑤对于这样一件可看作例行公事的请求，胡适还是不予理睬。1945年10月12日，黎昔非又在给胡适的信中说："适之吾师道席：前奉二函，谅早有收到。日昨报载吾师荣长北大，非常高兴，并深深为北大前任庆幸。闻联大三校拟于明春分别迁返平津，不知吾师何时回国，幸祈示知。生在国立中国医药研究所做本草纲目之本草产地考释——日本白井光等曾有考释，惟纰缪叠出，生曾草文辩正——初稿几将完成。教部俟

---

① 黎昔非：《自传》（1951年7月）《黎昔非与〈独立评论〉》，第445页。
② 黎昔非：《自传》（1951年7月）《黎昔非与〈独立评论〉》，第446页。
③ 黎虎：《家父与闻一多先生的交谊——从〈耕夫谣〉题诗说起》，《黎昔非与〈独立评论〉》，第512页。
④ 黎昔非：《致胡适书简七通》，《黎昔非与〈独立评论〉》，第20页。
⑤ 黎昔非：《致胡适书简七通》，《黎昔非与〈独立评论〉》，第22—24页。

令裁撤该所，不胜怅怅！……生的工作尚未觅定，殊觉茫茫与皇皇，素知关注，谨以奉闻，肃此敬叩近安。"信末尾注明："赐教请寄：昆明西南联大彭丽天先生转。"① 惶惶无措的黎昔非，向胡适提出了一个绝对不能说过分的期盼，希望老师胡适写一纸黎昔非在北大肄业的经历，帮自己一把，但黎昔非的设想最终落空了，因为胡适始终没有任何的回音。是胡适没有接到黎昔非的三封信吗？还是胡适不肯帮忙？胡适又为何不肯为这位帮过他"大忙"并为此耗费五年光阴以至荒废了自己研究生学业的黎昔非帮忙？笔者不愿意在这里猜想这些问题，只是以常人之心揣测，黎昔非对这一结果是多么的寒心！多么失望！也因如此，黎昔非不得不告别学术研究，回到老家兴宁，继续他的中学教师生涯，直到去世。

黎昔非在胡适主编的《独立评论》发行部任经理人长达五年，说这是他一生的幸运与殊荣，亦不为过。但在胡适大名的大大光环之下，人们却忽略了黎昔非在《独立评论》创办过程中的重大作用。这还不说，后来黎昔非一个小小的、急切的愿望，也没有得到胡适的响应；而1949年后，在特定的历史背景下，在胡适的阴影下，黎昔非却蒙受了一场大大的劫难！又真可谓世事难料！

中华人民共和国成立以后，黎昔非长期在广东省兴宁县一中教书，曾任语文教研组长。1960年，还光荣地成为一名中国共产党党员，并先后担任兴宁县政协第一、二、三、四届委员，第三、四届常委。1966年6月3日，《人民日报》发表了署名史绍宾的文章，《吴晗投靠胡适的铁证》，公布了一批30年代吴晗给胡适的信件，其中就包括了本文前面提到1932年4月24日吴晗给胡适的信。信中披露了胡适当年欲请黎昔非担任《独立评论》经理事。一夜之间，黎昔非被打成"三家村黑帮""反动学术权威"，成为全县重点批斗对象。由于"文革"中黎昔非在精神上和肉体上都受到摧残，不幸于1970年含冤去世。1979年8月24日，《人民日报》在群众来信摘编增刊上登载了黎昔非子女上诉信的内容，题目是《平反受"三家村"株连的冤案，阻力在哪？》，时任广东省委书记对上诉信做了批示。1979年11月26日，黎昔非同志追悼会在兴宁召开。悼词中说："黎昔非同志是中国共产党的好党员，是我县教育界的老前辈。"②

五、《黎昔非与〈独立评论〉》一书的史学价值

通过以上所述，可知《黎昔非与〈独立评论〉》一书在学术史上具有特殊的史料价值，

---

① 黎昔非：《致胡适书简七通》，《黎昔非与〈独立评论〉》，第27页。
② 林钧南：《清白一世　奉献毕生——忆故友黎昔非同志》，《黎昔非与〈独立评论〉》，第501页。按：林钧南（1915年生），广东兴宁人。1932年5月到1937年7月在北京上学，先后就读于东城大同中学、辅仁大学历史系、北京大学历史系，与黎昔非过从甚密。

无论从中国近代社会史、文化史，还是学术史研究的角度进行考察，都可以从这部书中找到丰富的第一手文献资料，这一点可由学术界近年发表的大量相关学术论著得到证明[①]。即以笔者而言，也从该书中多所受益，如笔者撰写的《近代中国新法接生的引进与推广》[②]一文，就曾引用该书中附录的北平协和医院"婴儿出生记录"档案资料。这里，笔者还想就《黎昔非与〈独立评论〉》一书的史学价值，再多说几句。

主编黎虎先生，系著名中国古史研究的大家，其在先秦、秦汉、魏晋南北朝及隋唐史等领域的研究，著述多多，为学界所重。黎虎先生以其深厚扎实的史学功底和严谨的治学风格，策划主编的《黎昔非与〈独立评论〉》，就史学研究而言，有非常鲜明显著的特点。

第一，是该书的编撰方式，颇多值得称道。主编者既汲取了传统史家的经验，又体现了现代精神，经过精心的策划，全书谋篇布局气势恢宏，视野开阔，厚重独到。全书近800页之巨，虽以黎昔非与《独立评论》为中心，实涉及中国近代社会文化的方方面面，但阅读起来并不感到冗长，而是十分耐看，这和全书布局和写作方式、方法及体例，有极大关系。

全书分甲、乙、丙、丁、戊五编，分别命名为"《独立》岁月""学术研究""文学创作""生平事略""家庭生活"。甲编"《独立》岁月"，系全书的"戏核"、重头戏。编者以全方位的确凿文献，证实了黎昔非与《独立评论》的关系，即：黎昔非作为《独立评论》的经理人，是一位五年间全身心投入《独立评论》事业并为此放弃了自己学业的一流的"忠心的看护妇"。此前，人们只知道胡适，只知道胡适主编《独立》杂志，也知道参与策划的丁文江等人，但这位幕后英雄黎昔非却一直默默无闻。因此，全书一开篇，就振聋发聩，并使研究者自然想认识一下这位黎先生的学术水准。乙编"学术研究"，集中介绍了黎昔非残存的科研成果，并附有诸多专家权威对这些成果的鉴定与评价。丙编"文学创作"，则向读者展示了另一个黎昔非，即富有文艺创作才华的黎昔非，集中介绍、评析他主办的《昙华》半月刊及黎昔非发表的小说作品。上述三编之后，读者必然还想知道黎昔非更多的方面，比如，他经营《独立评论》周报、创办《昙华》半月刊之外，一生中还有

[①] 按，限于篇幅本文无法将上述论文一一具列，值得注意的是，一些博士、硕士学位也竟相以《独立评论》为题目，据黄波鄞《近三十年来国内〈独立评论〉研究综述》中说："专门以《独立评论》为题进行研究的硕士、博士论文和博士后报告已达10篇以上，学术论文达60篇以上，间接对其有研究的硕、博论文和学术论文，则汗牛充栋。"（《民国档案》2008年第4期，第132页）黄波鄞的论文发表于2008年，尽管其"近三十年来"是指1978—2008年期间，但其所综述的相关论著中，凡涉及黎昔非与《独立讨论》、黎昔非与胡适之间关系者，则皆为2002年《黎昔非与〈独立评论〉》一书出版之后所发表者。如今距离黄波鄞的统计又过去十余年，在新增的数十篇相关研究论著中，多数与黎昔非有所关涉，或以其为讨论主题，或以其为关键词汇，至于间接涉及黎昔非的论著，则数量更多，盖因黎昔非作为《独立评论》的经理人，凡以《独立评论》或胡适为讨论主题者，黎昔非都是无法回避的重要内容。

[②] 吕美颐、郑永福：《近代中国新法接生的引进与推广》，《山西师范大学学报》2007年第5期，后收入郑师渠等主编《文化视野下的近代中国》，北京：中国传媒大学出版社，2009年。

哪些遭遇,他的家庭生活又如何,丁编"生平事略"、戊编"家庭生活",较翔实地说明了一切,而这两编无疑又加深了人们对黎昔非其人其事的认识。甲编突出了全书重点,其他诸编,是围绕重点的扩展和补充,逻辑严密,既立体地、多维地展现了黎昔非先生的学术人生和生活经历,也从一个侧面展现了他所处的时代特征,强化了这部著作的学术价值。

第二,全书体现了编者严谨的治学态度和扎实的史学功底,主编者恪守史学规范,不惮辛劳,尽可能多地占有资料,特别是第一手资料,并进行了实事求是的辨析。梁启超在《清代学术概论》中指出:"盖吾辈不治一学则已,既治一学,则第一步须将此学之真相,了解明确,第二步乃批评其得失。"① 历史学是一门实证性极强的科学,处处要讲证据。不仅要讲本证,还要有旁证。不仅要"证明",必要时还要"证伪"。这一点《黎昔非与〈独立评论〉》一书有很多令人称道的地方。例如,为了证明黎昔非在《独立评论》的实际作用,既引用了胡适在该杂志三周年纪念特大号上胡适的文章,还引用了吴晗、罗尔纲等当事人的相关文献作为佐证,并引用了一些知情者的回忆录作为旁证或参考。其中有的资料,非常重要。如"黎昔非先生致胡适书简现已发现七通,原件藏于中国近代史研究所。其中有三通(1944—1945年)已刊于耿云志主编《胡适遗稿及秘藏书信》第39册(黄山书社1994年版)。另有四通未刊,本书所著录都是据原件拍摄的"②。即黎虎先生于2001年12月在中国社会科学院近代史研究所资料室查找并拍摄的。此资料,系首次公诸学界,尤为可贵。有的资料则是编者对一些高龄当事人的采访甚至多次采访而得,即人们常说的"口述历史",说属于"抢救性"的史料一点都不过分。对于同一件事的不同记载,编者不回避,也不简单否定,而是对该方面的史料进行了认真的辨析,得出了合乎实际合乎逻辑的结论。对于某些著述中就章希吕先生与《独立评论》关系的不实之词辩证分析,拨乱反正,就是一个典型的例证,值得称道。

第三,《黎昔非与〈独立评论〉》一书,内容丰富,提供了大量的史料,对进一步研究中国近代政治史、社会史、文化史、学术史是有益的。书中内容涉及的中国近代学者,胡适之外,有罗尔纲、吴晗、闻一多、陆侃如、黄节、王越等十数人,对中国近代学术史的研究,提供了新的资料。即以丁编"生平事略"、戊编"家庭生活"所记述的某些内容而言,就极具史料价值。比如,黎昔非的日记等,虽然存量不大,也为研究近代风俗文化的遗存与变迁提供了可资参考的可靠史料。该书中已经有专家文章说明,此处不再赘述。"家庭生活"编中的有关资料,对我们研究中国近现代家族史,也有所裨益。书中涉及的广东兴宁等地的人和事,为地方史的研究提供了大量线索和珍贵的史料。作为《独立评论》的"忠心的看护妇"、经理人,黎昔非五年多时间,与该杂志相始终,凡涉及编辑、校对、印刷、发行、财务、赠书等,事无巨细,黎昔非均亲力亲为,并留下了各方面的记

---

① 梁启超撰,朱维铮导读:《清代学术概论》,上海:上海古籍出版社,1998年,第45页。
② 黎虎:《黎昔非与〈独立评论〉》,第11页。

载。这不仅为中国近代新闻出版史留下了真实丰富的史料,也为我们了解当时的社会风貌提供了可靠的依据。

第四,书中配发了许多照片,有的是作为论据出现,有的则是形象生动的历史资料。有些资料和照片,系首次向公众披露,其中如协和医院的病人档案、黎昔非先生的日记等,对于研究中国近代医疗、卫生史,有独特价值。

第五,《黎昔非与〈独立评论〉》一书的前言及各编的导言,也可看出主编者的匠心。前言繁而不乱,要而不空,寓论于史,文笔流畅,全书大要及宗旨,一目了然。全书五大编前面的导言,文字不多,简而明,实起导读作用,颇便读者。这些都为全书增色不少。凡此种种,对史书的编纂、史学论文的撰写,都有借鉴意义。

《黎昔非与〈独立评论〉》一书的编校中,也有值得进一步改善的余地。如书中的影印版页是计入全书连续页码的,但有的注明页码,有的则省略页码,不便引用。引用者要临时翻检数页时,稍不精心,便易出错。如书中收录的北平协和医院住院病人记录,未注明页码。有学者引用时,所注页码便出现了差错。这固然与引用者不慎有关,也与该书编校有极个别地方不够完备不无关系。书中有的文章引文校对还有小的瑕疵。如该书第638页注释2所引北平协和医院《住院病人档案》第47621号时,云"见本书第602页",实则602页并无此内容,查系611页之误。以上这些小的失误或不完备的地方,虽说瑕不掩瑜,但盼该书有机会再版时精益求精,有所改进。另外,该书长达近800页,涉及中国近现代史上的人物很多,如果下点功夫在书后附一人名索引,既与国际同类出版物通行做法接轨,也是读者的期盼,善莫大焉。

最后,我们再次抄录恩格斯对唯心史观所进行的经典批判,以为本文的结语:"我们要求把历史的内容还给历史,但我们认为历史不是'神'的启示,而是人的启示,并且只能是人的启示。"①

(原刊于吴宏亮主编《近现代河南与中国研究》第六辑,郑州:河南人民出版社,2018年。收入本书时,作者对文字进行了订正与修改)

作者简介:郑永福(1944—),北京人,历史学硕士,郑州大学历史学院教授、郑州大学河南与近现代中国研究中心研究员,博士生导师,主要从事中国近代思想文化史研究;吕美颐(1944—),女,江苏淮安人,郑州大学历史学院教授(已退休),主要从事中国近代妇女史研究。

---

① 恩格斯:《英国状况——评托马斯·卡莱尔的〈过去和现在〉(1843年,伦敦)》(1844年2月中—3月中),《马克思恩格斯全集》第3卷,北京:人民出版社,2002年,第520页。

"胡适是欠债的"

——《黎昔非与〈独立评论〉》读后

彭绍云

编者按：彭绍云与我于1948年下半年在兴宁二中（今罗岗中学）曾有过半年初中同学的时间，此后劳燕分飞各东西，直到分别66年之后的2014年才取得联系。其养父彭丽天（1911—1985），广东省兴宁市罗岗镇溪美村人，学者、诗人。1936年毕业于清华大学，1937年回到家乡兴宁一中任教，1938年应闻一多邀请到昆明西南联大中文系任教员，抗战胜利后先后任广西大学、广东省文理学院、中山大学讲师、副教授。1948年因家乡友人挽留而任兴宁宁中中学教员、兴宁二中校长。1949年调任华南师范学院副教授，期间主动要求参加土改，因对土改中的过左行为提出异议而被安排到广东雷州师范学校任教，后因母亲年迈而调回兴宁一中任语文教师。1969年因健康原因退休，1983年改办离休。1985年5月4日病逝，享年74岁。出版有《晨夜诗集》，闻一多作序。

彭丽天不仅与家父黎昔非为莫逆之交和同事关系，而且是我初中和高中上学时的老师，因此我与绍云可谓有通家之谊。2014年我和绍云取得联系之后将《黎昔非与〈独立评论〉》寄赠给他，这封信是他读完《黎昔非与〈独立评论〉》一书之后的来信。老同学、老乡之间的来往书信，率真无华，与文人学者的文字相比较，遣词造句、逻辑性等方面自然有差距（在此节选部分，文中有些错别字以括号标示），但是其对书中所涉相关问题，特别是黎昔非与胡适关系的性质与要害及其是非善恶的认识，基本上是一种真情实感，故能够切中肯綮。可以说绍云犹如一张白纸，对于胡适其人其事没有任何定式观念与成见，完全是从本真的人性出发感受其中的问题，真实地反映了普通人对于黎昔非及其与《独立评论》、胡适关系的本色认识乃至真知灼见，从而也更确切地点出了问题的是非曲直所在和实质。

黎教授：

....

上个月我就读完了《黎昔非与〈独立评论〉》一书。收到书的当天，午饭后读到夜里一点才停止，面前总放着一卷餐巾纸，以备擦泪，原因，不说您也会明白的。这册几十万字的巨著，不同于演义小说，也不是一般意义上的回忆录，不仅内容十分充实，十分动情感人的家庭历史和书中十分丰富的史料，都极大地提高了她的历史价值，书中虽无多笔墨去描述政治，但，她的每件事，都能以"无声的语言"使你明白了什么。十分精彩的地方，我们这些年纪大的人都如身临其境，情同感受。时间跨渡［度］大，细节翔实，气势恢宏，规模盛大，构成了以您父辈为主线，以新旧社会为时代背景，以家庭成员和许多同人、亲朋好友环绕其中的演进，成为五彩缤纷的史诗！您千万不能以简单的思维和认识看待这部杰作，也不是您个人或局（限）在您家庭范围来评价。她是一部您父辈们这一代人、这个时代所有有志尚的知识分子们的写照。

读完这册书后，我心情有兴奋的一面，或更多的感受是"沉重"！为什么？——很简单——就是好人没有得到好报！怪谁呢？能怪您爸吗？当然是否定的。原因大家自然不用说都明白。

现在就我的读后感想向您汇报一下，想到什么就写什么，想到那［哪］里就写到那［哪］里。为了分类，我列出一、二、三……顺序表述。

一、您是一个大孝子。"孝"不单是物质上的给予，这能力是有限的，也易予［于］满足；精神道义上的孝是无形且无限的。你们子弟和兄长、弟妹们都做到了。父母给你们伟大的爱，寄予无限的希望，你们也没有辜负他们的期待，照我们传统文化的"五子登科"都做到了，"科"者——应该是个个事业有成，为他们光耀门庭，父母在十分艰辛的恶劣环境中，含辛茹苦，他（她）们负［付］出的一切都在一个"孝"字上得到了回报，得到了满足。今天您把几十年中纷繁零碎的资料收集、整理、分类、汇编，如果做子女的没有大孝之心能做到吗？把您父亲的精神财富用文字永载史册，给您家的子孙后代彪炳千秋，比老早以前的叫公偿的是无可比拟的。给家乡，给国家在文教事业上也留下一笔巨大的财富。这就真正实现了丕显家乡、丕显后人了！

二、更加对黎昔非先生全面深刻的了解。以前只知道他是个很有学问的教书先生，具体内容不懂，读了这本书看到了不仅是有高深学问的大知识分子，他是个政治上非常进步，一生追求正义、光明，为国为民，付出一生心血的志士；道德高尚，不追求功名利禄，扶助他人不遗余力；为国家的进步牺牲了进一步深造的机会，一般人是不可能做到的；一生在教育事业上默默地耕耘着，为祖国的文教事业奉献一生；他是一个十分有修养和有担当的男人，对家庭的责任，对工作的负责精神，可以说到了极致的境地；为人谦恭，举止文明，所有和他共过事、交流过的人和事，都能获得赞誉和尊重（我小时候，就从我的养父彭丽天谈话中"认识"了黎昔非，所以我对您也别有 番好感）。

三、《黎昔非与〈独立评论〉》这本书的文学艺术有很高的价值。我读过一些传记、回忆录之类的名人名家事迹述说。他们的体裁和形式和您不一样，多是宣讲式的赞颂。您决然不同。第一，从内容分类排列的顺序上不是通常的一、二、三……，A、B、C……，1、2、3……，而是用了中国传统的甲、乙、丙……，使我耳目一新，很有祖宗在身之感。第二，书中的一切内容全用事实、证据说话，没有一点推演和合乎逻辑的描绘，没有夸张、虚构。第三，丰富、翔实、生动、有趣，日常生活，言谈举止，对人接物……的这些历史细节中，写进书中，看似平淡，却是亲身经历，真人、真事、真话，有血有肉，还带有体温（的）真生活，细细品味，其中每个细节都有深刻的内涵和时代烙印，回味无穷。使人笑、哭、叹、赞，五味杂陈，就我们这辈来说是回味无穷的联想。我想您在编写这本书的过程中少不了泪流满面、不能自持的时候，一定会这样的！第四，丰富翔实的资料照片、文字材料、采访记录、历史物件、来信、回忆……内容五彩缤纷，多角度、多形式、多手段尽可能多地再现黎昔非其人其事。使读者认识他，熟悉他，无陌生感，是生活在我们中间的一个普通又不普通的朋友、长者、智者、师者的感觉。第五，您的全家，特别是您的母亲，由以〔于〕社会的变迁、环境的变化，经历着"伟大的转折"，现代的北京（或其他地方）的女性是无法理解和接受的，如果不是有高尚的、至纯的爱情支撑，能融入广东人的生活吗！这不是一部艺术性极高、浪漫的现在真实的爱情珍品吗！第六，一朵美丽灿烂的花朵，在一场夹杂着冰雹的雨雪中给打落了。如果把童年求学—上海—北大—办"独评"—逃难还乡—教书—婚姻—"文革"—平反—社会评价—后人的纪念与哀思这些人生阶段写成剧本，不是一出艺术性很高（的）精品吗！

四、胡适是欠债的。胡适是一个在新文化运动中有广泛影响的人物，声誉也很佳，（为）抗日战争做出了很大贡献，在政界也是颇有名势的人，也顶上了反动文人的帽子。《独立评论》是进步的刊物，为抗日、先锋文化、文学艺术上有很大贡献很有成就。为办《独立评论》，您父亲不仅付出了艰辛和巨大的劳力、心血，终断了继续深造学术研究的机会和（奉献了）青春。胡适看中了您爸的老实、勤勉。实际上应该说是胡适指定您爸干的，您爸也跟定了他，认定会有前途和成就的。无奈时局突变，国难临头，只好离开北京和胡适分手，回到广东。在1937年—1949年12年的时间中，作为胡适就把您父亲全忘却了，没有打听，没有想着。在这期间，胡适没有临难，日子、官位都很顺畅，如果心中还有黎昔非这个部下，给予应有的一点关照，您父亲也会好得多，可惜没有一星半滴的关怀，（对）其他人倒是多有关照。您父亲"只会埋头拉车，不会抬头看路"（不去索取自己应得的利益和争取最好的结局）。胡适对这样忠实勤勉的人只会利用，不关怀，是从任何角度说都是欠债的。从担〔耽〕误了您父的学业这一点上讲，无法挽回的损失，没有获得任何安慰和补偿。

五、从老一代中国知识分子的身上看到了什么。从小时候，第一个接触到的对教书先生的认识是从我的养父彭丽天，再就是黎昔非。稍大一点脑子中有知识分子的概念。长大了，自己有思想了，新中国成立后称这些人为旧知识分子，属资产阶级，要改造的，我当时也接受的。现在老了，有比较成熟的思想了。看（法）又起了变化了。知识分子，首先他们是有知识，比一般人多、深；再就是个分子——人。知识是无所谓"老""旧"的，1+2=3，大人谁都知道，1+2=3，对两三岁的小孩来说你教他，他认为就是"新"了，物质是由分子组成的，对小学生就是"新"了。同理，黎昔非、彭丽天成长在民国，对清代而言他们何言"旧"。他们对民族、国家对教育事业勤勉一生，努力工作，一世清贫，对新社会寄予厚望，品德高尚，不善索取，忍辱负重不言苦。如果现在的知识分子有黎昔非这样的学识和品德，就是国家和民族之幸了。

六、黎昔非和彭丽天有相似的人生历程。年纪虽相差九岁，俩人同是罗岗文化名人、教书先生。性格相似，很友好尊重，旧时文人相轻，他俩是文人相尊，十分亲密。丽天30年代从青岛转学清华，从此您书中多处提到彭丽天，当时北大还有彭启周，是我同屋下的叔公（后任在梅县人民政府法院院长，1951年终寿），抗战清华并昆明西南联大，您父也到了联大（昆明），都认识了闻一多；再后来回到家乡从教，新中国成立前丽天在宁中教书，参加了解放工作，1949年任二中校长，您在读，至1950年，后又到中山大学任教，自己报名参加土改，因是"旧知识分子"，"你还是教你的书去吧"，到徐闻、海康任教，1953年回兴宁一中任教至终。恰时您父也在一中吧，老朋友最终又走到一起了。彭子健（我亲叔）也在一中，后任校长。丽天在一中时，我去部队了，进了军校，常有通信，后来从信中看出这些"旧知识分子"政治上是不轻松的，精神压力大，虽不敢直说，我从字里行间可以看出来，不久丽天就得了"精神分裂症"，28元/月打发回家。您父有过短暂的"好光景"，1960年10月入党（和我同时入党），不久就灾难临头。彭子健也是成了什么"分子"，被专政，下放劳动改造，回农村放牛，一米八几的大个子，弄到干瘪成一个小老头，我都认不出来了。他参加武装斗争，是兴宁、罗岗和平解放的功臣，新中国成立后罗岗的第一任区长，就这样下场。黎昔非、彭丽天、彭子健，都是罗岗家乡的名人，真惨。他们是阶级斗争的牺牲品。

七、好人黎昔非，成了阶级斗争的牺牲品。书中虽然未有阶级斗争方面的论述，但从开头"独立评论""胡适"，到后来的"三家村黑帮""反动学术权威"，我辈们一提"独立评论""胡适"的字眼就会不由自主地联系到阶级斗争、阶级立场，生怕这些望而生畏的字眼。怕无用，躲不能，最终还是葬送在阶级斗争中，它的危害我就不去讲了……黎昔非在胡适手下办过《独立评论》，当时是进步刊物，与吴晗有过同学关系，何罪之有！

八、您是一个严肃负责的史学家……

九、《双亲旧事》和《清白一世 奉献一生》十分精彩，是一条龙的两只眼睛。使我不停地用餐巾纸抹泪。伟大的父母之爱，没有文学的夸赞，几行浅显的文字，句句都是绵柔的体温（写到这句，我的泪又出来了）！林钧南的那一篇看后，您父亲就站在我面前。它概括了主人公的一生人品、事业，使读者为之肃然起敬，赞叹不止，可又使人叹息。1977年我回老家在兴宁城时，住在朋友家和几个老老师们打听您父的情况，我知道"文革"斗、迫而去以后，我拍桌子骂出来了，他们都同意我的观点，黎昔非、彭丽天、彭子健这样先进和善良的知识分子都团结不了，容不得，哪里还有好人。

十、天伦之乐的幸福家庭。无论在中国，乃至全世界有这样一个家庭都是令人赞美的。您母亲是个伟大的母亲、伟大的女性。中国女性之美都在您母亲身上体现了。家庭的和睦，事业上的成就，可说是典范！家庭史是一部五彩缤纷的史诗。

以上是我的感想而已。我没有水平和资格对书的本身评论，只作读后向您汇报的心得。

……

您父亲的书法也很好，定他为书法家，可以和历史学家、教育家、文学家齐名。

……

您父亲1937年离京返乡后，与胡适就中断了一切联系，两人心中都没有一点牵挂吗？都没有主动想办法再续前缘吗？按人之常情来讲不太合理……

我啰里〔哩〕啰唆这么多，没注意文字简洁，老同学了，不见笑了，随意唠叨。

您父亲是一个高大的学者，一个品德高尚的长者，是个卓越贡献的教育家。——我对本书的总体印象。

占了您很多时间看信，过意不去。

　　祝您

全家幸福安康

彭绍云
2015年8月25日　无锡

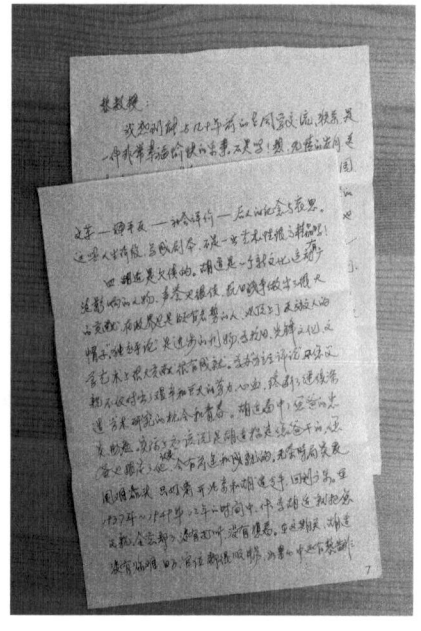
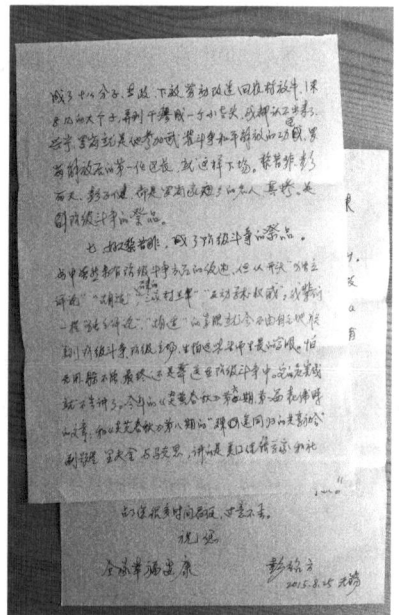

彭绍云书信手稿

作者简介：彭绍云（1934—　　），广东省兴宁人，1953年参军，入军校预科学文化，进初级航校、中级航校、工程学院，1958年提干机械师，任空军15师机务处副主任（副团级），工程师。1982年转业于无锡至今。

独立的知识分子
——读《黎昔非与〈独立评论〉》

刘 丽

学苑出版社最近出版的《黎昔非与〈独立评论〉》一书让我知道了黎昔非——一个长期鲜为人知的名字。与他的名字相连的却是在中国现代文化史上赫赫有名的一个人物、一份刊物：胡适与《独立评论》。

胡适曾在《独立评论》"三周年特大号"上这样写道："在这贺周岁的日子，我们不要忘了这个孩子还有一位忠心的看护妇。我们创办这刊物的时候，就请黎昔非先生专管发行所的事物［务］。说也惭愧，我是实行我的无为政治的，我在三年之中，只到过发行所一次！这三年的发行，校对，杂务，全是黎昔非先生一个人支持。每到星期日发报最忙的时候，他一个人忙不过来，总有他的许多青年朋友赶来尽义务，帮他卷报，装封，打包，对住址。"

在《独立评论》四周年纪念会上则说："我们借这个机会谢谢黎昔非先生和章希吕先生，他们终年勤勤恳恳地管理独立评论的发行，校对，印刷的事务。他们对于这个刊物的爱护和勤劳，常常给我们绝大的精神上的鼓舞。"

那么，胡适如此反复感谢的究竟是何许人呢？黎昔非，广东顺德人，1936年在北大研究生院就读期间，与吴晗、罗尔纲两人师从胡适先生[①]。1932年4月24日，黎昔非与吴晗一同去协和医院看望胡适，胡适正在为《独立评论》物色"经理人"，并向黎昔非提出请他帮忙。事情过去一个多月了，黎昔非还没答应胡适的请求，胡适等人也没有为独立评论社物色到"合适的经理人"。黎昔非先生在1951年的自传中写道："一天，胡适突然派人送来一函，要我到他家谈谈。第二天我去了，他说：'我们几个朋友打算办一种杂志，你可否替我帮忙一下，房子已经租好了，你可搬到那里去。'我答应了，搬了去……他要我准备出版发行上应准备的工作，并说，杂志名称已经商定为'独立评论'，意思即文责自负，定期出版。"

---

① 这两句话有误，顺德为兴宁之误，1936为1931之误，"与吴晗、罗尔纲两人"句不合事实，应删。

从此以后，黎昔非一个人从付印、校对到发行一手包办，使胡适可以"无为而治"，为办好这份在中国现代史上影响重大的刊物《独立评论》付出了大量的心血。不仅如此，黎昔非先生还是《独立评论》这份杂志重要的参与者。从1932年创刊至1937年停刊，他都是机构负责人，负责"管理独立评论的发行，校对，印刷的事务"（胡适语）。黎昔非先生曾这样描述自己的工作，"包办一切，除编辑"。

但是由于这种"有时忙到连报纸都要到夜深才得闲来看"的工作，黎昔非荒废了研究生学业，耽误了成为一个学问家的可能，甚至因为这段历史而被迫害致死。

读完全书，我从黎昔非身上看到中国真正的知识分子的优秀品质：他们总是默默奉献自己的一切，在他们身上，体现出纯正的学术追求与荣辱不惊的超然气度。

书中多处描写到黎昔非先生出身贫寒，然而一生都在为追求学术而努力。若干年后，在昔日的同学已经功成名就时，他却在家乡一所中学任教，过着清苦而默默无闻的生活。但他没有向任何人诉苦，只是在做好自己教学工作的同时，在资料奇缺的条件下默默地做着《诗经》研究。

纵观黎昔非先生的一生，爱因斯坦的这句话似乎可以做个总结：衡量一个人的价值，不应仅仅看他得到了什么，更应该看他付出了什么。

（新浪网，2005年8月17日，10：08 AM by algo666 | 好书解读·73）[1]

---

[1] 刘丽先生大作是《黎昔非与〈独立评论〉》一书出版后我在网上所见最早的文章，故特加收入本书以为纪念，但现在所注的"新浪网"还不是最早的，由于当时我还不熟悉网络的操作，几经辗转而竟不知原来发表于哪个网络了。我曾经在网上一再寻找刘先生，希望与他取得联系，均没有结果，如果刘先生看到此书时，烦请与北京师范大学历史学院黎虎联系为盼。

广东省兴宁市第一中学百年校庆碑志二篇

（2006年10月）

一、百年校庆碑志[①]

吾邑地处天南一隅，向来崇文重教，人物风流。清末科举始废，邑中鸿儒萧惠长、罗蔼其、王蔚奇诸公，先后倡建兴民学堂、简易师范科。自此开新学之先河，播文明于万世。厥后两度合并，三迁校址，四易校名，几经更迭，艰难困苦，玉汝于成，造就今之泱泱一中也。肇基迄今，星霜百易矣！

凡此百年，越清末，跨民国，历抗战，迎建国，遭"文革"，逢盛世，百转千回，曲折坎坷，起落浮沉。其间，倭寇肆虐，毁我南院，转徙乡下，颠沛流离；十年劫难，诬之曰"封资修"堡垒，设施损毁，师长罹祸。然授业诸君，严谨治学，立德树人，启智求真；莘莘学子，舟穷学海，路达书山，上下求索。每每知屈乃勇，自强不息，不异于凤凰浴火，涅槃重生，振翮翱翔。是以薪火流播，弦歌不辍。遥念旧时风雨，岁月之峥嵘，险恶之备尝，能不扼腕长叹，感怀神伤乎？

一百年来家国，百万里地山河。我一中师生为天地立心，为民生立命，忧国是，叹民瘼，休戚相关，荣辱与共。风云变时，革命团体应时而世，崛起于血雨腥风；狼烟起处，铁血男儿前赴后继，出入于枪林弹雨。青年先锋队、三四读书会、悲风剧团，实乃爱国救亡之营垒；刘光夏、蓝胜青、罗屏汉，俱是慷慨赴死之烈士；伍晋南、张中、邓逸凡，均为南征北伐之老兵。取义成仁者，浩气长存；百战疆场者，功膺将星。诚如谓：成则周武三千，败则田横五百！

百载门墙，广延名师，集育英才，振铎一方。由是人杰辈出，功业皇皇，风骚百年，驰誉南天。纵览校史，且不赘言忠魂烈骨之多，亦遑论革命前辈之众，仅居京都为教授者亦近百人，人才之盛，斑豹可窥也；而佼佼于各行业者，更是车载斗量，不可胜数。王越罗孟玮黎昔非者，杏坛翘楚也；罗香林王佛松汪懋华者，学界泰斗也；林若黄华华柳河生者，军政精英也；罗清桢袁文殊罗丹者，文艺才俊也；陈振炎伍肇仁林茂发者，商界名流

[①] 碑文撰稿人杨才珍先生来函称："此文是兴宁一中100周年校庆碑志，镌刻在校门右边的文化墙上。百年风雨砥砺，百年名师辈出。王越，罗孟玮，黎昔非……就是一串光辉灿烂的名字。"

也;郭亿军吴伟英刘德者,体坛健将也;曾健叶志良刘小涛者,后起之秀也。此皆人中龙凤,纵横四海,光耀神州。

沾改革开放之时雨,学子日多,规制日宏,成绩益著,声望益隆,九六年授"省一级学校"。尔后十岁,乘"创建"之长风,荷蒙各级党政重视有加,复承四海贤达捐输不已,募集巨金,征地拆迁,鸠工筑造,充盈馆室,俾我一中占地新增四十有四亩,校园宽敞,广厦巍峨,场室亮堂,陈设完备。遂于零六冬月昂昂然跻身于"国家级示范性高中"之列。

零六岁,会逢百年大庆。四海宾朋,或建言进策,或题词贺喜,或诗画献寿,或寄赠史料,或莅校指导,或慷慨解囊。隆情笃谊,与桃花源水俱深矣!是日,惠风和畅,宾客如云,盛况空前,一时无双。捐者甚众,多寡毋论,热忱无异,集腋成裘,计人民币贰仟伍佰万,为历次校庆之最。中有张庆华、朱孟依、范伟、田家炳诸先生,皆幼承庭训,壮怀大志,货殖有方,丕展鸿猷,重义如泰山,轻利如鸿毛,欣悉庆典事,乃援仁手,鼎力捐助,惠赠至巨。乃于客春动工,置地,新建,修葺,改造,美化,凡十余项工程,昼夜作业,今秋悉数告竣。于是新楼竦峙,美轮美奂,花木扶疏,争妍竞秀,百岁黉宫,风物如画;而于千年古邑,又增胜景矣。

曩者,圣哲有言:天不生仲尼,万古如黑夜。某等亦闻:孟轲成儒早藉三迁慈母力,曾参得道终由一贯圣人功。诚然,国运兴衰,系于教育,兴学育才,功德无量。古今虽异世,千秋同一理也。回首百年,邑内岂无富贵者乎?其有令名者寥寥。然唯兴学树人施惠利民者,名垂竹帛,百世流芳。何哉?崇仁尚义,遐迩咸钦耳!

兹当期颐之庆,谨将史略盛况,勒诸贞石,藉表仁风,彰盛德,记大功,以垂永远。愿我师生,勤勉不倦,善教乐学,勿负期望,再铸辉煌。宜其记取:春风化露润物细无声年年桃李芳黉苑,翰墨写春秋凌云多有志岁岁栋梁耀神州。

二、先贤兴学记[①]

有清末造,邑人萧惠长、罗蔼其、王蔚奇等相继创办兴民学堂及简易师范科,延请丘逢甲为监督。由是新学先开,鸿基始奠,人文蔚起。

尔来百年间,几经并校、易名、迁址,时代更替,历尽沧桑,迨改革开放之尧天舜日,遂成今日兴宁一中也。百年筚路蓝缕,名师迭出,王越、罗孟玮、李善邦、罗元贞、

---

① 署名者陈桂光,时任兴宁市委书记。此碑于兴宁一中百年校庆时树立于校园之中,碑体正面镌刻"先贤高风"四字,背面镌刻《先贤兴学记》碑文。又,当时负责兴宁一中百年校庆及碑文事宜的杨才珍先生来函称:"此文是兴宁一中介绍学校历史沿革的校园石刻文章。黎昔非先生是一代名师,在兴宁一中办学史上乃至在兴宁教育史上有着深刻远大的影响。"

高亚伟、黎昔非、张直心，佼佼于其中焉。百载薪火传承，人杰辈出，刘光夏、罗香林、邓逸凡、伍晋南、罗清桢、袁文殊、廖英鸣、林若、黄华华、王佛松、汪懋华、袁伟时皆出乎其类拔乎其萃者也。

昔孔子居杏坛，弟子三千，贤七十二，传扬千载。吾先贤诸公开新学，启民智，功业长留青史矣；其惠德高风，尤足烛照千秋，昭范后世也。

适此簧园期颐之庆，为记兴学事，彰先贤德，谨勒石于斯。凡我师生，宜共勤勉，育英才，做栋梁，毋负先贤教化兴国之志焉。

丙戌仲秋后学陈桂光谨识

《先贤兴学记》碑正面

《先贤兴学记》碑背面

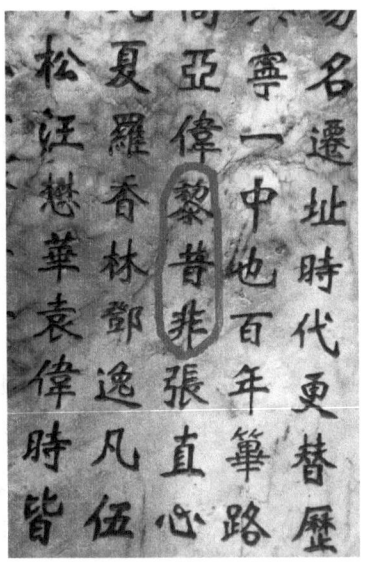
《先贤兴学记》碑局部

昔非今更是

——北京师范大学历史学院教授黎虎先生访谈实录

蒋　晔

北京师范大学历史学院著名教授黎虎先生，今年83岁，是我国古代史研究专家。我在北师大历史系读书时，黎先生是给我们七九届学生上开学第一课的老师，所以，学生对黎先生的印象特别深，当年我17岁。

十余年前，我到北京地坛公园举办的图书展会上去淘书，突然发现黎先生主编的一本书《黎昔非与〈独立评论〉》，由学苑出版社2002年出版，我立即从书架上抽出书来，十分地好奇：一是黎先生是研究中国古代史的史学大家，怎么又研究起了《独立评论》创办时期的中华民国史？二是黎昔非先生与黎虎先生是什么样的特殊关系？三是我读研究生时，读的是中国现代史，这里既包括"中华民国"史，也包括中华人民共和国史，早就知道一代文化大师胡适先生，在中国现代史上的重要地位，以及在两个时代的沧桑沉浮，基于此，也更明白胡适先生创办的《独立评论》在20世纪30年代所产生的重大影响力。我在读研究生时，为了写论文，我还查阅过《独立评论》上的文章。但是，我却从不知道《独立评论》与黎昔非先生还存在何种关系？

正是这三个好奇，我当即买下了这部厚700多页的宝书，我要带回家中认真学习，一览究竟。

读完这部著作，我终于明白了三个好奇的问题到底是怎么一回事：一是我的老师黎虎先生所主编的《黎昔非与〈独立评论〉》，这是一部关于黎昔非先生与《独立评论》创办的文献档案汇编，相当于中国古代史研究中常见的古籍文献整理。他仍然研究的是中国古代史，而没有将研究领域转移到"中华民国"史上。

二是黎昔非先生是我老师的父亲，他在2002年，为了纪念父亲100周年诞辰，也为了纪念《独立评论》创刊70周年，他和兄弟姐妹一道，决定在母亲健在的时候，通过回忆往事，采访有关人士，搜集相关资料，汇编一本纪念性质的书籍。而让黎先生实在没有想到的是，他和兄弟姐妹在筹备这一纪念文集时，竟然发现了许多意料之外的事情，为此他越是往深处挖掘，越是广泛搜集资料，发现的疑点就越多，他父亲与胡适先生在《独立评论》创办时期的关系，就变得更加扑朔迷离。我师黎虎先生此时就像一只老虎一样，被极大的疑团诱惑着，一步步钻进了一个黑黝黝的山洞，他凭着历史学家练就的一身硬功夫，一直往里钻探深究，一点点钩沉出了与《独立评论》相关的所有史料，可以说就这一问题，已达到了竭泽而渔的程度，这样才成就了这部研究胡适先生绕不过去的珍贵文献，其学术价值之大，影响力之巨，不亚于黎虎先生在中国古代史上的研究成就。

三是胡适先生与黎昔非先生共同创办了《独立评论》，而胡适先生故意隐瞒、掩盖这一历史事实，并花许多心思，精心制造了一起"中华民国"史上的千古奇冤，《黎昔非与〈独立评论〉》一书还原了胡适先生不太光彩的一面，这直接涉及对胡适先生道德文章的再次评价问题。真可谓：胡适之先生昨是今非，黎昔非先生昔非今是。历史无情的道理，正在于事实胜于雄辩。可以讲，这是一部深入披露胡适先生人性弱点的重要著作，这对于真实还原一代文化大师胡适先生的本来面貌，具有不可替代的文献价值。

我从1994年开始直到今天，用了25年的时间，访问并研究20世纪以来的文化大家几百位，从人性的角度，研究中国现代史从战争到斗争，再到竞争这100多年来的"三争"时代，这一批具有独立思考能力、最杰出的中国人的心路历程。正是在这个大背景下，我突然读到我师黎虎先生的这部著作后，便产生了要再次向老师求教、求真的冲动。今年恰逢我们北师大历史系七九级同学入学40周年大庆，同学们一致表示再聚北师大以叙友情，再访我们的老师以感恩。为此，邀请了教我们世界史的教授刘家和先生和周启迪先生、教我们中国古代史的教授黎虎先生、教我们中国近代史的北师大原副校长郑师渠先生，以及教我们中国现代史并任班主任的王宗荣先生。

2019年9月19日下午，我们在北师大英东楼与老师见面，并合影留念，我将《黎昔非与〈独立评论〉》一书拿出来让黎虎先生看时，他吃了一惊。第二天，黎先生给我发来短信："蒋晔你好！昨天见到你非常高兴！《黎昔非与〈独立评论〉》续编经五年多的准备，即将交付出版社。作为社会各界人士，对《黎昔非与〈独立评论〉》的反映情况也是本书的内容之一，故拟将昨天跟你要的照片的合影收入本书中，为了照片的说明，请你提供一些相关情况，何时买的？为什么要买？看了此书有何感想？……"

9月21日下午我们同学聚会圆满结束，我第二天下午3点，即按照事先与黎先生约好的时间，到北师大丽泽园8幢202号家中拜访老师。

我问老师："黎先生，您本来是研究中国古代史的，为什么突然研究起胡适先生了？"

黎先生说："我实话告诉你，我从小就对胡适先生有一种特别的亲近感，有一种亲人的感觉，这是因为我小的时候，常在广东老家听一些对我父亲在北京情况有所了解的老人，说我父亲是胡适先生的学生，胡适先生对我父亲很好，说我父亲又和胡先生共同创办了在民国时期影响很大的《独立评论》，我父母结婚时，胡先生又是证婚人。我母亲也提到过这些事，但不是太多。而我父亲只说过一次，说得很简短，没有展开。

"我父亲这一辈子过得很惨，抗日战争全面爆发到内战结束十二年中，我父亲除1944年至1945年短短一年多时间，在云南昆明之外，其余时间都在我们县的中学当老师，我们一家则生活在农村,异常艰难。中华人民共和国成立之后反胡适,我父亲又因为和胡先生的特殊关系而背着'历史包袱',最后在'文革'中又因为和胡先生的特殊关系被诬为'三家村黑帮'而遭受灭顶之灾,在受尽折磨之后,在1970年12月含冤去世,那一年他才68岁。可以讲,我父亲因胡适先生而倒霉了一辈子。正是这个原因,使我产生了一个逆反心理,大陆越是反胡适,我越是对胡先生在感情上更加亲近。改革开放后,大陆对胡适的态度发生了很大变化,我父亲也被时任广东省委书记关注,获得平反昭雪。此后对胡适的学术研究也趋于正常,开始正确评价胡适在历史上的重要贡献,我更是为此感到自豪了。所以,我对胡适先生从小开始,直到60岁左右,一直对他就有一种亲人般的感觉。这是我对胡适先生认识的第一个阶段。

"我对胡适先生看法的转变,是在我60岁之后,为了筹备纪念我父亲在2002年的百年诞辰、以及《独立评论》创办70周年,我在90年代最后几年就开始陆续搜集整理父亲的资料,并采访与我父亲有关的人士,也开始关注学术界对我父亲和胡先生共同创办的《独立评论》的观点,同时更加注意搜集台湾及海外出版的胡适研究资料,如胡适的回忆录、胡适的日记,以及与之相关的档案文献。我越是搜集资料,就越是感到困惑。从1932年4月到1937年七七卢沟桥事变之后的7月25日,出版最后一期为止,这五年中《独立评论》共出版244期,每周一刊,中间由于政治原因停刊几个月。我父亲作为经理人参与共同创办的这一历史事实,怎么被胡适先生抹杀了呢?这是为什么呢?我带着极大的困惑,开始主编《黎昔非与〈独立评论〉》这本书,以便人们去研究。

现在进入了第三个阶段,由对胡适先生所作所为的困惑、疑问,变成了一种愤怒!我的父亲黎昔非,在今天,他不再只是我的父亲,而是一个历史人物,我完全是从一个历史学家的学养的角度,去客观看待这段因特殊原因而闯入我视野的历史公案,我完全可以根据档案历史资料,以事实为基础来评价胡适先生在《独立评论》这个问题上的道德修养品质,从而让我们对胡适先生的历史评价,回归到正常、理性轨道上来,既不是改革开放以前的大批判,也不是近几十年来的溢美吹捧,甚至还有人说他是现代的圣人,可以讲胡适先生根本达不到圣人的道德水准,在人性上存在很多弱点。但是,我们也不能因为胡适先生对黎昔非就《独立评论》的所作所为,而否定胡适在《独立评论》上所发表文章的价值,以及他整个人生对我们国家的贡献。"

我问:"胡适先生是如何有意抹杀黎昔非先生在创办《独立评论》中的贡献的?"

黎先生讲:"主要有几点:一是在《独立评论》创办五年中,在244期全部杂志上不署经理人黎昔非的名字,只署主编胡适等人的名字,这违背了那个时代办刊物的规矩。今天办刊物,也是将社长、总编及各部门主要办刊人,都一一写在杂志上的。

二是胡适在他的日记中,记录的内容非常丰富,也曾记录了他与黎昔非的交往,但自从黎昔非与他创办《独立评论》之后,他的日记中就根本不再记录这五年中他们之间更加密切的交往,他将自己的日记完全看作是他百年后对外公布的第一手史料,所以非常用心地在其日记中不落痕迹,这在世界日记史上是非常罕见的现象,今天研究胡适的学者专家往往陷入了胡适这一圈套,以为他的日记都是真的,其实不是这么一回事。我通过黎昔非来研究胡适的日记,这一点已可以肯定,胡适写日记时,用心很多,是煞费心机!这一点与胡适的历史观有关,他认为历史就像是一个小姑娘,可以随意让人打扮。这种历史观是错误的,他也因此付出了惨痛的代价。

三是胡适在台湾出版的回忆录,在谈起《独立评论》时,完全抹杀了黎昔非,而把黎昔非的贡献,故意转移给了另外一个人。"

我追问:"胡适先生对黎昔非先生,为什么采取这样的态度呢?其道理何在?"

黎先生告诉我:"道理很简单。黎昔非是胡适在上海中国公学任教时的学生,他特别尊重胡适,特别看重师生感情,老师让学生办的事,学生就去办了,没有想这么多,更没有想到老师会故意害学生,黎昔非没有这种心机。他是广东客家人,特别重视天地君亲师这一中华优秀传统文化,是一个厚道人。胡适1932年要在北京创办《独立评论》时,很着急找不到合适的经理人,黎昔非此时正是北京大学的在读研究生,再次成为胡适在北大任教的学生,可以讲是得心应手的好帮手,所以,就邀黎昔非当了经理人,除编辑工作之外,包办了一切,和今天杂志社的社长、总编两个人的职责分工很相似。

"黎昔非本来是想帮老师一个忙,一年半载就可以了,每天的工作量,他估计几个小时就能办完,可以实现半工半读,不影响他的研究生学业,他特别想做学术研究,不愿意做经理人这种特别烦琐、烦心的事。胡适在上海中国公学任教时,特别是黎昔非毕业时曾告诫学生一定不要忘了学术乃立身之本,谁耽误了学术研究,谁就会耽误一辈子。黎昔非也正是这样想的。没有想到的是《独立评论》每周一期,他实际上是总管,天天忙死了。胡适自己就讲,他在前三年,只到过杂志社一次,这三年的发行、校对、杂务,全是黎昔非一个人在办理,每到星期日发行杂志最忙的时候,他一个人忙不过来,总有他的许多朋友赶来尽义务,帮着卷报、装封、打包、对住址。由胡适自己的话,便可看出黎昔非总管《独立评论》时,完全把他的精力给拖住了,他根本没有时间再进行学术研究。

由于他工作起来特别认真,为人可靠老实,绝不夸夸其谈,而又力求完美,所以,《独立评论》办得特别好,错别字极少,在当时的影响非常广泛,它的销售不但遍布全国各地,还远及日本、法国、德国、美国等国,每期销量多时达13000份,比历史上的《新民丛报》《新青年》等刊物的销量还要大。也正是这个原因,胡适称黎昔非是《独立评论》'忠心的看护妇'。可以讲,如果没有黎昔非这个忠心耿耿的'看护妇',勤勤恳恳地工作,这么一份大型刊物要想正常运转数年并发展得这么好,那是不可想象的。为此,他把自己最钟爱的学术研究工作,几乎全部耽误了,他在北大考研究生时,他是他那个专业的第一名,学业特别优秀,他在上海中国公学的同学罗尔纲、吴晗,这一时期都还没有考上研究生,达到这个水准。他给胡适多次提出不想干了,他要继续完成研究生学业,做学术研究工作,结果全被胡适以各种理由拒绝了。

"为了稳住黎昔非，胡适还在一些场合，当着大家的面，给黎昔非戴高帽子，给予高度评价，这让厚道的黎昔非走也不是，留也不是，一直干到日本鬼子 1937 年进入北京才算完，《独立评论》也因黎昔非战乱离京而停刊，胡适也因黎昔非比较耿直的性格，不会给老师说好听的话，而彻底冷落了黎昔非，以至于在后来故意抹杀掉黎昔非对《独立评论》的重要贡献。

"这五年，黎昔非全力以赴，完成了老师胡适的重托，他自己为此付出了巨大的代价，一是北京大学研究生的学位没有拿到。二是中断了自己的研究工作，而他的同学罗尔纲则在太平天国史研究、吴晗在明史研究方面，都取得了不同程度的成就，打下了很好的基础。三是胡适对同为学生的罗尔纲、吴晗做了非常好的安排，而对五年来做出最大贡献、做出最大牺牲的这位学生，基本上采取了不负责任的态度，最后让黎昔非在毫无办法的情况下，逃难回到广东农村老家。而一同逃难南下的吴晗却去了云南大学做教授，罗尔纲前去湖南长沙中央研究院工作。

"同时，胡适对黎昔非创办《独立评论》应获得的经济收入，也采取了特别苛刻的做法，让其无法正常生活。黎昔非结婚前，月薪 30 元。结婚后，月薪 40 元。而此时的罗尔纲每月收入至少 60 元，另一人在胡适家里工作，也给 80 元。在这 5 年中，黎昔非生了两个儿子，生活很紧张，没有留下任何结余，他为《独立评论》天天忙得不可开交，想去兼职挣点外快，也根本没有时间。1937 年'七七事变'后的 7 月 25 日，他还尽职尽责坚持到出版最后一期《独立评论》，以至于因抗日而遭到日本鬼子抓捕，他带着全家急急忙忙逃离北京，此时的胡适，也没有从杂志社经营收入中，多给黎昔非几十元，而此时《独立评论》账户上，因黎昔非把杂志发行得好而存下的钱，还约有 4000 元。黎昔非宁愿冒着逃难中没有钱回不到老家的风险，也没有从账上多取一分钱，更没有向胡适张口要钱，最后的惨状是，走到半路，黎昔非真的没有钱了，只好向同学借了 20 元，才走完后半程逃难的路，而此时我哥才三岁，我一岁。到了老家已弹尽粮绝、身无分文，只好借亲戚的钱才渡过难关。而此时的胡适却送给吴晗 300 元。胡适对因他而学业中断、收入微薄的黎昔非，完全采取了漠不关心的态度，这种老师对忠厚老实学生的做法，已经到了让人难以想象的地步。

"最后，黎昔非带着一家人回到老家广东兴宁县的农村，过的完全是一种农家人的生活，他在当地一所中学当了老师，完全失去了学术研究的环境，我母亲为了一家人的生活，也从一个北京城里人，完全变成了一个客家农妇。这种非常苦难的生活持续到 1944 年，闻一多先生帮助我父亲到了云南昆明。抗战胜利后，我父亲给胡适写了几封非常重要的信，希望得到老师举手之劳的帮助，不知什么原因胡适均未回复，我父亲最后的学术研究希望，因内战爆发完全破灭，不得不再回到老家，仍然做中学老师，直到因胡适而被牵连批斗，在'文革'中含冤去世。我父亲在生前从未向我们谈起过这些事，后来在整理材料时才发现。我一看到这些被埋没尘封的史料，我的心中都有一种愤怒之感。在中国教育史上，非常罕见这种师生之情，黎昔非是因胡适而荒废了北大研究生学业、因胡适而陷入了经济困顿、因胡适而流落回乡当了一名中学老师、因胡适而被批斗、因胡适而含冤去世，真的是千古奇冤！"

谈到此处，80多岁的黎先生嘴唇发颤，手跟着发抖，情绪激动，我怕出点什么事，赶紧端起茶杯让先生喝点茶，以平抚情绪。缓过气来后，黎先生在一张纸上一笔一画、认真写下四个大字："千古奇冤"。

我再问黎先生："胡适如此对待黎昔非，是否还有别的原因？"

黎先生说："有！黎昔非当年在北京大学读研究生时的指导老师是黄节先生，他学问很好，国学底子很厚实，对胡适的学问和洋派不感兴趣，为此常讥讽胡适，胡适对他很不满意，就把气撒在亲近黄节先生的同乡和学生的黎昔非身上。黄先生去世之后，胡适认为黎昔非没有了这个指导老师做靠山，就对黎昔非更加肆无忌惮，更加充分利用黎昔非只会干活、讷于言辞、不善交游的性格特点，其实就是故意欺负在北京无依无靠的学生，完全是实用主义的一套做法，这与胡适服膺美国学者杜威的实用主义哲学有关。所以研究胡适要特别小心，不要被他所讲的话、所写的文字所迷惑，不仅要观其言，更要察其行，要知行合一，做人不能说一套做一套。

"我在1988年曾拜访罗尔纲先生，当谈到我父亲一向不愿求人的性格时，罗老激动地说了一句公道话：'不是他求人的问题，而是胡先生求了他，欠了他的！'他认为我父亲是做出了牺牲的。

"黎昔非最看不起趋炎附势的人，他是一个实实在在做学问的人，当时创办《独立评论》时，他通过工作关系完全可以结识那个时代的学界名流，他讲胡适、翁文灏、蒋廷黻、傅斯年等，都是与《独立评论》有密切关系、有地位、有名望的人，而且后来一个接一个都跑到南京，做了部长、处长、院长或大使等职，如善于巴结奉承，这倒是飞黄腾达的好门径。他自我评价：'可是生性狷介的我实耻趋伺，也不愿做那"脧民自肥"的官'。"

我在阅读《黎昔非与〈独立评论〉》这本书时，发现了一段黎昔非先生非常重要的话："不善于招呼人家，被人误认为是难于接近而骄傲的人，更由于性好静而不喜欢动，人们嘻嘻哈哈，我却常默默不语；人们都喜欢热闹场所，我却常好独坐沉思或散步野外，所以很少过从甚密的朋友，甚至连共班的同学，有的也没交谈过几次话，每相遇见点头示意而已。""我觉得天下虽大，谁是知己？谁可与语？这种思想情况，从当时所写的两句诗就表现出来了：'极目风尘知己少，满怀衷曲向谁弹？'"

由此可知，黎昔非先生当年去北京大学读研究生，是为了更好地寻找知己，但是，他未找到，胡适先生在这位学生心目中，只是老师而已，远远未上升到知己这个心灵契合的境界，胡适所喜欢的爱出名、爱表现、被追随、被学生爱戴和敬仰的心理状态，恰恰是黎昔非所不愿做的，他愿意实打实地去做，而不愿花言巧语去说，他希望寻觅如此知己，他在胡适先生身边没有找到，他真正的痛苦正在于此。

黎虎先生告之："我父亲给我们讲过闻一多，他讲的时候明显是赞赏的。著名作家沈从文是黎昔非在中国公学上学时的老师，沈从文对去北京继续读书的这位学生，提供了不少帮助。后来，他看到黎昔非在《独立评论》时痛苦的处境，实在看不下去了，就在1937年给胡适写了一封信，胡适才最后决定放了黎昔非一马，胡适怕沈从文讲出去。沈从文致胡适的这封信，胡适书信集中没有收进去，他怕影响自己的声誉。我是在沈从文的文集中看到了这封信。"

"那么，如何评价黎昔非在中国现代史上的贡献？"

黎先生最后说："黎昔非的学术底蕴和人生志向是很清楚的，可惜的是，他因胡适而中断了学术研究。胡适邀他担任《独立评论》经理人，这个杂志成为20世纪30年代中国杰出的政论性刊物之一，这是胡适一生中创办时间最长、影响力最大的一本杂志，胡适等人也因这个杂志从历史舞台的边缘，日益走上历史舞台的中心。这正是黎昔非的贡献，这个贡献本属正常现象，也没有什么了不起。只是因为胡适的故意抹杀，而使得这个贡献显得格外特殊，反而更加促进了人们对胡适人性研究的更加深入，更加映衬了黎昔非的人格和贡献更加珍贵。"

谈到这里，我讲："塞翁失马，焉知非福。您父亲虽然失去了自己的学术研究成果，而却拥有了《独立评论》对中国社会更大的影响力。您父亲虽然没有成为大学的著名教授，而一直在县级中学当老师，他却培养了更多的学生，可以讲是桃李满天下。更令他欣慰的是，他当了中学老师，能够有时间更好地培养自己的子女，使子女成为国家栋梁。"

黎先生说："是这样。我哥黎导毕业于中山大学，是著名翻译家，我和大弟弟黎鹗先后考上了北师大、北京大学，黎鹗还成为高级外交家。我的二弟黎宏是经济师，曾任汕头市粮食局副局长兼任粮食企业集团公司副总，我妹黎纪云在广西南宁市工作。我们兄弟姐妹几个都像我父亲母亲那样，老老实实做人，实实在在做事。"

我讲："您父亲的名字，真是名如其人，人生如名啊！黎昔非，昔非今是，昔非今更是！"

黎虎先生哈哈大笑起来："你真是反应快，你写的这篇文章，就用这个题目：昔非今更是！"

2019年10月15日写于北京珠江紫宸山

作者简介：蒋晔（1962— ），祖籍浙江嘉兴，出生于河南商丘，1983年毕业于北京师范大学历史系。曾在河南大学、河南省人民政府省长办公室、新郑县委、漯河市委、双汇集团工作，现任国家文化和旅游部主管的中华社会文化发展基金会执行副秘书长。2008年参与推动全球最大的北京奥运会"中国印"摩崖石刻，为"中国印"摩崖石刻所写的碑文，被北京奥组委所选定，镌刻在密云区云蒙山。蒋晔是目前全国网民高度关注的"今日头条"视频和"喜马拉雅"音频"大师评说"栏目主讲。

五、历史的评判

蒋晔与黎虎先生合影

2019年9月19日北京师范大学历史系79届同学返校日,蒋晔同学特意将他珍藏十几年的《黎昔非与〈独立评论〉》一书带来,请当年给他们讲授《中国古代史》第一课的老师黎虎与他合影并签名留念。

(六) 补 遗

六、补遗

"补遗"所收录的是《黎昔非与〈独立评论〉》出版之后陆续发现的有关黎昔非问题研究的六件重要资料,具有很高的史料价值。其中有五件特别值得注意:

第一件是1930年黎昔非毕业时胡适为这届毕业生所写的《赠言》,作为校长和师长的胡适谆谆告诫毕业生:"不要抛弃学问……抛弃了学问便是毁了你们自己。""少年是一去不复返的,等到精力衰疲时,要做学问也来不及了……吃饭而不求学问,三年五年之后,你们都要被后进少年淘汰掉的。到那时再想做点学问来补救,恐怕已太晚了。""你们的母校眼睁睁地要看着你们十年之后成什么器。"这是头顶着"奖掖与培植"人才光环的胡适以"爱生如子"的"长者心肠"和过人的"睿智"为青年学子设计的人生成败的不二法门——是否"抛弃学问",如果不"抛弃学问"则是成功之路,如果"抛弃学问"则是毁灭之路!犹如慈父之叮咛游子,黎昔非当年能有机会亲聆这一教诲实属三生有幸!自幼即怀抱"做学问"大志的他,正面临"吃饭"还是不要"抛弃学问"的抉择时,他毅然选择了后者而抛弃了前者,坚辞五华县中的聘请而北上报考北大研究生。因此我们也不妨将黎昔非这一抉择视为是响应了胡适的号召。这篇《赠言》胡适一共对三届毕业生讲过并发表,第一次是1929年对黎昔非前一届学生毕业时讲并发表的,第三次是1932年对北京大学毕业生讲的,可见胡适视此文为其得意之作,并烂熟于心。但是,当时不仅黎昔非和中国公学的全体师生想不到,而且举世也不会有人能够料得到的是,仅仅过了不足两年,胡适便身体力行将这一至理名言付诸行动,亲手将很不容易就读于北京大学研究所已经一年多的黎昔非"抛弃了学问",而且坚持"三年五年"之上限而终于使黎昔非"被后进少年淘汰掉"了,"要做学问也来不及了",胡适终于"眼睁睁地看着"黎昔非"十年之后成什么器"了!胡适用自己的"实践"验证了这一"理论"的正确性!

第二件是新近发现的黎昔非1930年中国公学大学毕业前发表的学术论文——《唐以前的七言诗》。这是黎昔非处于人生上升阶段的具体表现之一。20世纪30年代大学生还是十分稀罕的,四年前黎昔非成为甘村黎氏第一位也是唯一一位升入大学的优秀子弟从而得到祖赏的资助,他没有辜负家人和族人对他的期待,这时的黎昔非不仅即将大学毕业,而且在学术上已经开始崭露头角,这篇论文得到中国古典文学研究专家的高度评价,被认为是20世纪"探讨七言诗起源的近代开山之作,亦是对七言诗体发展做出系统描述的最早文章"。"其对于七言诗源诗史的研究,奠定了后来研究的基本框架,在七言研究领域内具有开拓意义。"与此同时黎昔非还发表了《诗经》研究论文《〈采芑〉时代的质疑》。表明他已经在诗学研究方面打下了扎实的基础,无怪乎次年即以优异的成绩考入北京大学研究所而成为诗学研究大家黄节的入门弟子,从而有望成为黄节诗学的传人和发扬光大者。

第三件是《北大日刊》第2645号(1931年6月5日)中登载的研究所国学门的通

告。在这个通告中我们可以看到黎昔非以第一名被录取为文学研究生。这是黎昔非人生之路臻于巅峰的具体体现。20世纪30年代研究生尤其是北大研究生更是凤毛麟角。出身于岭南贫穷落后山区、家境贫寒的黎昔非克服当地教育落后和家庭经济困乏等不利条件和重重困难而跻身全国的一流最高学府,应该是多么不容易而又多么光荣的事情!而且黎昔非在大学阶段已经打下了扎实的诗学研究功底和条件,如今投入一流诗学大师黄节的门下,可谓主客观极其完美的组合,一条学术研究的康庄大道展现在黎昔非的面前,我们有理由期待中国古代诗学研究园地有望绽放异卉奇葩。

  第四件是1937年5月23日沈从文致胡适的信。这封信是黎昔非从人生的上升阶段转变为下降阶段的铁证,也是胡适1930年对于黎昔非这届毕业生《赠言》所提出的"理论"进行"实践"之后的一个"总结"。在这封信中沈从文向胡适转达了黎昔非的申诉以及他自己的看法和态度。从这封信中我们可以看到,五年前处于人生巅峰状态而意气风发、充满学术研究锐气的黎昔非已经完全改变,判若两人,胡适用了五年的时间,终于把黎昔非"改造"成了一个"极可惜,可怜"的"小职员"(蒋廷黻语)了,这时的他已经不敢奢望搞什么高端的学术研究了,只求胡适能够放他一马,"去做个小事,薪水即或不多,至少在工作上有意义点,且可以多学点要学的东西"。或者"有机会离开北平去教中学国文也成"。正是五年前作为北大文学院院长和中文系主任的胡适的介入,从而将黎昔非的人生道路从上升阶段扭转为下降阶段,他把其管辖之下的研究生拽入《独立评论》与学术毫无关系的繁琐事务中,煮鹤焚琴,暴殄天物,从1932年的"很痛苦"(丁白清语)持续至1937年连胡适也"明白"的"痛苦"(沈从文语)中煎熬五年之久而不许辞职,一朵含苞欲放的蓓蕾就这样被硬生生的摧折而化为尘土,从而验证了七年前胡适"抛弃了学问便是毁了你们自己"的神预言。胡适对于黎昔非造成多大的伤害,胡适对于北京大学的研究生教育有多大的罪过,昭然若揭,相信任何有良知的读者都不会无动于衷。

  第五件是1956年胡适写的《丁文江的传记》之十五《独立评论(1932—1935)》(节录)。这是胡适篡改、伪造《独立评论》历史的铁证,也是胡适"戕害"黎昔非的罪证之一。在这里,他当年所说的"发行所"没有了,"专管发行所的事务"的黎昔非没有了,黎昔非"终年勤勤恳恳地管理独立评论的发行,校对,印刷的事务"没有了,"他一个人忙不过来,总有他的许多青年朋友起来尽义务,帮他卷报,装封,打包,对住址"也没有了,"社中那位陈君"也没有了,黎昔非"对于这个刊物的爱护和勤劳,常常给我们绝大的精神上的鼓舞"更化为乌有了。当年煞有介事号召大家"不要忘记了"的黎昔非被胡适带头彻底"忘记了"。于是只得搜索枯肠编造了"校对是我家中住的朋友章希吕先生负责"的谎言,将《独立评论》存在的五年多时间里,仅仅两年时间、只是帮助分担胡适分内职责的"末校"的章希吕取代了上述一切。为了将上述谎言变成"真实",不惜伪造了一个"小册子的新闻事业的黄金时代",把20世纪30年代面临中华民族生死存亡关头、风雨飘摇中的边城北平描绘为世外桃源。

从上述五件第一手资料中，读者即可以清楚地看到黎昔非之从人生的上升阶段进入下行阶段的转折点何在，始作俑者和操刀手为何人，同时也就不难明辨黎昔非与胡适关系中的是非善恶了，更遑论《黎昔非与〈独立评论〉》中已经披露了的更为大量的第一手资料了。

中国公学大学部文理学院庚午级毕业纪念刊（节选）

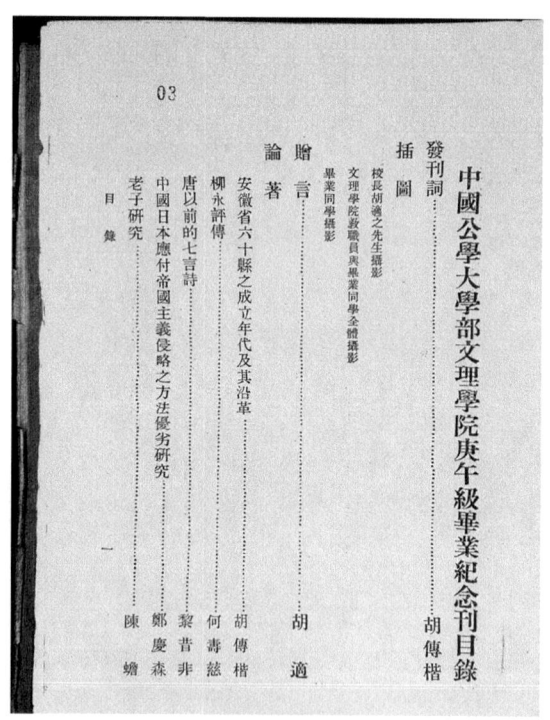

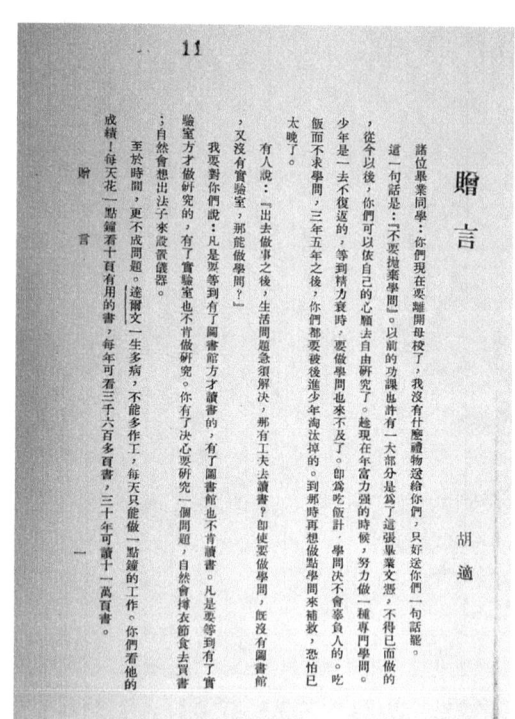

"本校教职员及文理学院毕业同学全体摄影"，后排右一为黎昔非。

中国公学大学部文理学院庚午级毕业纪念刊

胡适题（章）

中国公学大学部文理学院庚午级毕业纪念刊目录

发刊词 ……………………………………………………………… 胡传楷
插图
  校长胡适之先生摄影
  文理学院教职员与毕业同学全体摄影
  毕业同学摄影
赠言 ………………………………………………………………… 胡适
论著
  安徽省六十县之成立年代及其沿革 ……………………… 胡传楷
  柳永评传 …………………………………………………… 何寿慈
  唐以前的七言诗 …………………………………………… 黎昔非
  中国日本应付帝国主义侵略之方法优劣研究 …………… 郑庆森
  老子研究 …………………………………………………… 陈蟾
  化学战争和中国 …………………………………………… 李世源
  读春秋左传杂记六则 ……………………………………… 罗尔纲
  抛射运动中空气抵抗之研究 ……………………………… 江兆铭译
  An Appreciative Study ot Shaw's Man And Superman
  ………………………………………… Chen Ming-shih（陈名世）
文艺
  别了上海 …………………………………………………… 丁强汉
  阿且里司的愤怒 …………………………………………… 蔡悟
  悱初 ………………………………………………………… 胡素行
附录
  本校教职员通讯录
  文理学院庚午级毕业同学会会员录

本会职员录

编辑后话 ·· 罗尔纲

校长　胡适博士（照片）

本校教职员及文理学院毕业同学全体摄影（照片）

本届毕业同学摄影（以姓氏笔画繁简为序）

　　罗尔纲　文学士　Gee Kang Lo　B.A.（照片）

　　蔡　悟　文学士　T'sai Wu　B.A.（照片）

　　郑庆森　文学士　C.S.Cheng　B.A.（照片）

　　赵伟霖　文学士　William Chao　B.A.（照片）

　　黎昔非　文学士　Si Fe Li　B.A.（照片）

　　陈　蟾　文学士　Chen Chan　B.A.（照片）

　　陈名世　文学士　M.S.Chen　B.A.（照片）

　　胡传楷　文学士　Chian Ka Hu　B.A.（照片）

　　胡素瑛　文学士　S.Z.Hu　B.A.（照片）

　　何寿慈　文学士　Show T'zu Ho　B.A.（照片）

　　李世源　理学士　Shih Youn Lee　B.S.（照片）

　　江兆铭　理学士　Chao Ming Kiang　B.S.（照片）

　　丁强汉　文学士　C.H.Ting　B.A.（照片）

中国公学大学部教职员通讯录

姓名	籍贯	履历	职务	通讯处
胡适之	安徽绩溪	美国哥伦比亚大学博士　国立北京大学教授	校长兼文理学院院长兼文史学系主任	上海极司斐而路四十九号A
丁燮音	江西临川	交通大学讲师　法科大学教授	秘书长	
凌舒谟	湖南长沙	美国伊利诺伊大学博士	教务长兼预科主任	本　校
高一涵	安徽六安	国立北京大学教授	社会科学院院长	上海慕尔鸣路德庆里六〇三号
刘秉麟	湖南长沙	商务印书馆法制经济部主任	商学院院长	上海北四川路丰乐南里十七号
张耀曾	云南大理	日本帝国大学法学士—北京大学政治系研究科主任教授	法律系主任	上海白克路大通里五九四号半
罗隆基	江西	威斯康辛大学硕士　哥伦比亚大学博士　伦敦大学研究员	政治经济系主任	上海霞飞路一〇四弄十五号
胡耀楣	江西	美国芝加哥大学数理科硕士	数理系主任	上海北浙江路宁康里三三四号

(续表)

姓名	籍贯	履历	职务	通讯处
崔庶士	安徽太平	美国哥伦比亚大学硕士	普通商学系主任	上海辣斐德路桃源村内八号
黄念远	江西九江	美国印第安省大学硕士	银行会计学系主任	上海静安寺路斜桥总会青路善庆坊六号
马君武	广西	广西大学校长	本科教授	上海昆明路七五〇号
梁实秋	河北北平	东南大学教授 暨南大学外国文学系主任	本科教授	上海霞飞路一〇一四弄十四号
杨鸿烈	云南晋宁	南开暨南大夏法科诸大学教授	本科教授	本 校
陆侃如	江苏太仓	北京大学毕业	本科教授	上海靶子路福生路恺乐里十一号
李权时	浙江镇海	美国哥伦比亚大学哲学博士	本科教授	上海北四川路润德坊一〇〇二号
王孝通	浙江瑞安	浙江公立法政专门学校教授	本科教授	上海霞飞路霞飞坊六五号
郑振铎	福建长乐	商务印书馆小说月报编辑	本科教授	上海东宝兴路八二号
吴颂皋	江苏吴县	复旦大学法学院院长兼政治经济系主任	本科教授	上海施高塔路恒丰里八号
余楠秋	湖南长沙	复旦大学文学院院长	本科教授	上海爱文义路八四三号
戴蔼庐	浙江杭县	日本庆应大学理财学士 银行周报社总编辑	本科教授	上海香港路四号银行周报社
李剑华	四川	日本大学社会学士	本科教授	上海施高塔路吉祥路安吉里六号
应溥泉	浙江吴兴	法国巴黎大学博士 前浙江法专教务长 北京大学教授	本科教授	上海施高塔路恒丰里八三号
全增嘏	浙江绍县	美国哈佛大学硕士	本科教授	上海施高塔路恒丰里三三号
沈有乾	江苏	美国史丹福大学博士	本科教授	上海胶州路胶州坊三〇二号
邵爽秋	江苏东台	哥伦比亚大学博士 中央大学中山大学教授	本科教授	上海戈登路新闸路庆善里一〇四七号B
孙伯謇	安徽寿县	美国普林斯登大学硕士	本科教授	上海巨籁达路东亚大学
刘麟书	江苏镇江	暨南大学理学院院长	本科教授	上海静安寺路底百禄里一三三〇号
杨兆熊	浙江崇德	美国伊利诺伊大学硕士	本科教授	江湾永义里新三十二号
陈蕴石	福建莆田	哥伦比亚大学化学硕士	本科教授	上海劳勃生路致和里二六号
李炳焕	福建闽侯	美国伊利诺伊大学经济硕士	本科教授	上海施高塔路四达里一〇七号
马宗霍	湖南衡阳	暨南大夏同济交通金陵女子大学教授	本科教授	上海施高塔路恒丰里九十一号
冯沅君	安徽安庆	北京女高师毕业 金陵复旦教授 中法暨南讲师	本科教授	上海靶子路福生路恺乐里十一号
戚毓芳	浙江上虞	大夏大学英文系主任兼教授	本科教授	上海戈登善庆里一六八号
沈从文	湖南凤凰		本科教授	本 校

(续表)

姓名	籍贯	履历	职务	通讯处
蔡正雅	浙江吴兴	国立暨南大学教授　社会局统计主任	本科教授	上海贝勒路五七五号
赵少侯	浙江杭县	中法北京等大学教授	本科教授	本　校
谢子尧	福建闽侯	清华东北青岛厦门诸大学教授	本预科教授	本　校
熊子容	湖南长沙	华盛顿大学教育院毕业　中央复旦劳动诸大学教授	本科教授	江湾奎照路庄园熊宅
周新民	安徽桐城	日本明治大学研究科毕业	本科教授	上海金神父路打浦桥贾西义路平安坊六号
王济仁	浙江	日本东京工业大学机械科毕业	本科教授	真茹暨南大学
陈顾远	陕西三原	法科大学教授	本科教授	上海孟纳拉路东口行仁坊一一二八号
洪孟博	安徽歙县	法政大学教授	本科教授	上海赫德路嘉禾里一四二六号
蒋君辉	江苏武进	日本东京高等师范毕业	本科教授	上海北四川路麦拿里五八号
张履成	四川新都	中央大学法科大学教授	本预科教授	上海施高塔路四达里八十三号
林朗培	广东南海	美国纽约大学学士　广东中山大学教授	本预科教授	上海体育会东路五号
朱通九		劳动大学秘书	本科教授	江湾劳动大学
黄素如	湖南资兴	日本东京女子高师毕业　武昌中山大学讲师	本科教授	本　校
区克宣	广东		本科教授	上海横滨路四十四号
康次由		法科大学教授	本科教授	上海法租界西门路润安坊91号
储皖峰	安徽潜山	北京大学研究所国学门毕业　清华研究院毕业　中法大学讲师	本预科教授	本　校
戴君亮			本科教授	上海法租界西门路润安里91号
曹辛汉	浙江嘉兴	北京师范大学毕业	校长室秘书	本　校
郭智石	浙江临海	北京大学文学士	预科教员	本　校
鲁望岩	安徽合肥	北京中国厦门平民诸大学教授	预科教员	上海华德路慧源里一〇六〇号
萧济时	湖北汉川	北京大学理学士　湖北文科大学医科大学教授	预科教员	本　校
吴欣奇			预科教员	江湾永义里新三十二号
过崑源	江苏无锡	大同大学文学士	斋务课主任兼预科教员	无锡东北塘
彭丰根	四川达县	日本爱知医科大学毕业	校医兼预科教员	上海东横浜路一二五号
包畏如	浙江遂昌	艺术师范大学毕业	预科教员	上海西门蓬莱路安乐村十号

六、补遗

（续表）

姓名	籍贯	履历	职务	通讯处
江保和	安徽旌德	烟台海军学校毕业	会计课主任	本　校
魏本廉	江苏如皋	中国公学商学士	体育指导员兼斋务员	本　校
汤公杰	江苏镇江		体育指导员	本　校
张蕙凝	江苏上海	中国公学商学士	注册课主任兼女生指导员	本　校
牟炼先	四川万县	北京朝阳大学毕业	事务课主任	本　校
茅秉常	江苏青浦	曾任本校教务员四年半	注册课主任	本　校
欧阳缉光	四川彭县	北京国立法政大学毕业	图书馆主任	本　校
陈廷桢	浙江绍县	北京中国大学毕业	秘书	本　校
李伯渠	四川彭县	四川大学法政学院政治经济科毕业	事务员	本　校
李仰高	江苏泗阳	中国公学商学士	斋务员兼教务员	本　校
李次民	广东兴宁	中国公学文学士	图书馆馆员	汕头兴宁县里仁街隆昌号转
靳钟恂	江苏淮阴	中国公学文学士	图书馆馆员	本　校
童国垣	江苏上海	广西大学会计	会计员	本　校
彭一觚	湖南	中国公学毕业	书记	本　校
程学祯	江苏江宁	南京女子中学图书馆主任	教务员	上海界路庆长里一七五号
张碧如	安徽	江苏省立第一女子师范毕业	女生指导员兼事务员	本　校
石维祯	四川重庆	本校图书馆馆员三年半	图书馆馆员	本　校
徐芷白	江苏宝山	江苏省立蚕桑学校毕业	教务员	本　校
曹凤池	浙江桐乡		校长室书记	本　校

中国公学大学部文理学院庚午级毕业同学会会员录（以姓氏笔画繁简为序）

姓名	字	性别	年龄	籍贯	学历	在本校何科	永久通讯处
罗尔纲		男	25	广西贵县	广西贵县县立中学校毕业 上海浦东中学高中部 上海大学文理学院修业	文史学系中国文学组	广西贵县城外壚心街罗敦裕堂转
蔡悟	心吾	女	25	浙江鄞县	宁波县立女子师范学校毕业	文史学系中国文学组	上海北河南路南成大弄增裕工业原料行蔡和圭转
郑庆森	岑轩	男	24	辽宁凤城	辽宁凤城旧制中学毕业 辽宁省立师范专修科国文史地部修业	文史学系史学组	辽宁凤城西黄花甸子

(续表)

姓名	字	性别	年龄	籍贯	学历	在本校何科	永久通讯处
黎昔非	展猷	男	24	广东兴宁	广东省立第五中学毕业 上海持志大学修业	文史学系中国文学组	汕头兴宁罗冈琳昌号
赵伟霖		男	24	浙江定海	上海澄衷中学毕业	文史学系外国语文学组	上海岳州路八四号定海高亭同元号
陈蟾	志展	女	23	广东汕头	上海南洋女子师范毕业	文史学系中国文学组	上海法租界三洋泾桥德铭里四号
陈名世		男	21	江苏如皋	复旦大学附中毕业 金陵大学修业	文史学系外国语文学组	泰县海安丁恒大行张宏如君转陈信和号
胡传楷	不归	男	25	安徽绩溪	浙江省立第七中学毕业 曾在吴淞国立政治大学、上海东吴大学法律学院修业	文史学系史学组	浙江金华胡万山号
胡素瑛	素行	女	26	江苏常熟	常熟淑琴女子师范毕业 本校预科毕业	文史学系中国文学组	江苏常熟城内辛峰巷北宅
何寿慈	芳洲	男	22	江苏吴县	江苏省立第二中学高中部毕业	文史学系中国文学组	苏州十梓街一四九号
李世源	道南	男	24	福建闽侯	上海震旦大学预科毕业理科肄业	数理系	福州西门街一七九号
江兆铭	作新	男	24	江苏镇江	上海震旦大学预科毕业理科肄业	数理系	丹阳江恒昌号
丁强汉	白清	男	24	广东兴宁	兴宁兴民中学毕业 上海大夏大学预科毕业	文史学系中国文学组	汕头梅县石马生可回转交

（据上海档案馆所藏原件移录）

赠 言

胡 适

诸位毕业同学：你们现在要离开母校了，我没有什么礼物送给你们，只好送你们一句话罢。

这一句话是："不要抛弃学问"。以前的功课也许有一大部分是为了这张毕业文凭，不得已而做的，从今以后，你们可以依自己的心愿去自由研究了。趁现在年富力强的时候，努力做一种专门学问。少年是一去不复返的，等到精力衰疲时，要做学问也来不及了。即为吃饭计，学问决不会辜负人的。吃饭而不求学问，三年五年之后，你们都要被后进少年淘汰掉的。到那时再想做点学问来补救，恐怕已太晚了。

有人说："出去做事之后，生活问题急需解决，哪有工夫去读书？即使要做学问，既没有图书馆，又没有实验室，哪能做学问？"

我要对你们说：凡是要等到有了图书馆方才读书的，有了图书馆也不肯读书。凡是要等到有了实验室方才做研究的，有了实验室也不肯做研究。你有了决心要研究一个问题，自然会撙衣节食去买书；自然会想出法子来设置仪器。

至于时间，更不成问题。达尔文一生多病，不能多做工，每天只能做一点钟的工作。你们看他的成绩！每天花一点钟看十页有用的书，每年可看三千六百多页书，三十年可读十一万页书。

诸位，十一万页书可以使你成为一个学者了。可是，每天看三种小报也得费你一点钟的功夫；四圈马将也得废你一点半钟的光阴。看小报呢？还是打马将呢？还是努力做一个学者呢？全靠你们自己的选择！

易卜生说："你的最大责任是把你这块材料铸造成器。"

学问便是铸器的工具。抛弃了学问便是毁了你们自己。

再会了！你们的母校眼睁睁地要看着你们十年之后成什么器。

唐以前的七言詩

黎昔非

一，起源

中國的詩到了唐代，是七言很昌盛的時代。然『有開必先，凡事皆然，』牠的演進也當不能例外。我們已知道牠的發達時期，就不可不知道牠的誕生和經過，故七言始自什麼時候？是文學史上一個雖不能說是很大也不能說是很小的問題。這個問題的解答，人異其說：在任昉的文章緣起裏以為是始於漢武帝的柏梁聯句，但考之於史，在牠裏面所說的人名和官名，多與事實不合，當為後代偽託，顧炎武日知錄已辯之詳了。然顧氏對於這個問題的意見則說：

昔人謂招魂大招，去其「些」「只」，即是七言詩。余考七言之興，自漢以前，固多有之：如靈樞經刺節真邪篇：「凡刺小邪日以大，補其不足乃無害，視其所在迎之界。凡刺寒邪日以溫，徐往徐來致其神，門戶已閉氣不分，虛實得調其氣存。」宋玉神女賦：「羅紈綺績盛文章，極服妙采照萬方。」此皆七言之祖。（日知錄卷二十一）

楚騷不單和詩不同體裁，而且不是純為七言，不得引以為例。至於靈樞裏的，那別說是書為唐王冰偽造，（據四庫書目提要說）不足為信，即黃帝，也難信為當時確有是這麼樣萬能的一個人了。故

炎武之說也不確當。

到了現在，陸侃如先生以為是起於魏文帝的燕歌行，張為祺先生則以為起於趙曄吳越春秋裏的窮劫。（陸先生說）然在我看來，魏文後於趙曄，陸先生所舉的例，固是不當，即張先生的主張也不敢贊同，因前於窮劫已有不少七言的作品了。若以單句來說，則三百篇已有：『學有緝熙於光明』（周頌敬之）和大雅召旻：『維昔之富不如時，維今之疚不如茲』等句了：如以純七言的來論，則其屬於騷滑和不可歸的除外，在韓非子裏有：『奔車之上無仲尼，覆舟之下無伯夷。』然這猶可說是一種諺語，不能算之為詩。但淮南子裏的飯牛歌：『滄浪之水白石粲，中有鯉魚長尺半，敝布單衣裁至骭，清朝飯牛至夜半。黃犢上坡且休息，吾將捨汝相齊國』這不是已具了七言古體的雛形嗎？故純七言的起源，怕以這篇還較為近了。至於甯戚下齊桓的是不是事實，我雖不敢決定，但這歌已然收在淮南子裏，則牠至少也與淮南王安同時的了。且楚辭也有：『甯戚歌而飯牛』的話，縱使這「惜往日，」不是屈原所作，但王逸已為牠注，則這歌無論如何也定先於窮劫了。

二，演進

七言詩的起源已經說過，請進而說牠的演進。但欲明瞭牠的演進的趨勢，就非先把牠的篇章和句子的數量列舉出來不可，雖然這是很麻煩而且是枯燥無味的事體。我前本把牠分為詩歌和雜謠兩部，

不過雜謠這類的東西，太半都是零零碎碎三句兩句的，五六句以上的就很少了。在量上來說，自春秋以至隋代，計全七言的都百有五篇，不可說是不多，然在文學上來說，則除了『敕勒川，陰山下。天似穹廬，籠蓋四野，天蒼蒼，野茫茫，風吹草底見牛羊。』的敕勒歌以外，差不多都是沒有些意思的，所以現在為免多佔篇幅起見，就把牠省去只論詩歌。

（一）漢以前的

1. 詩經的周頌我將章句十，七言句一；敬之章句十二，七言一；大雅召旻第五章句五，七言二；第七章句七，七言一；小雅小旻第四章句七，七言一；豳風七月第八章句十一，起二句為七言；鄘桑中三章，章各七句，而末均為：『送我乎淇之上矣』的七言；齊著三章，章各三句，末句也均為七言，魏陟岵三章，章各六句，也各有七言句一。
2. 在詩經以後，當然是要說到楚辭。牠裏面除了有「兮」「只」「些」的句子以外，雖還有不少的七言，但這是另一體裁，不可和詩歌混為一談，故略。
3. 荀子的成相一篇有五十九句七言句，是漢以前最多七言句的一篇。

自西周以至秦末這一時期，除上面所述的三種外，還有好些作品，不過牠們的真偽還沒有斷定，暫且闕疑。

（二）漢代

1. 柏梁詩是二十六句全的七言詩。這詩雖然已斷定其為偽作品，但因後來有許多效作的，所以也寫在這裏，以資備考。
2. 飯牛歌三首。其第二首為六句的全七言，我斷為是最早的純七言，已于起源裏面言之詳了。至其第一首，句六，七言四，第三首句七，七言五，但其中三句有「兮」字。（古詩源古逸）
3. 昭帝的淋池歌五句，均是七言。但起二句有「兮」字。（全漢三國晉南北朝詩卷一頁三）附注，以下凡見此書者，只注某朝詩某卷。
4. 靈帝的招商歌五句，均七言，但起句有「兮」字。（仝上）
5. 燕刺王旦歌一首，句五，七言一。（仝上，頁四）
6. 廣川王去歌二首，第二首，句十一，七言一。
7. 漢郊禮歌十九首：第九首天地句二七，七言句十三；第十首日出入句十三，七言句一；第十二首天門句三三，末八句均是七言；第十三首景星句二五，末十一句均七言。
8. 漢鐃歌十八曲：其思悲翁句十，末句七言，艾如張句八，七言句二；上之回句十二，末二句為七言；戰城南句二十，七言句三；上陵句二十一，七言句一；將進酒句九，末句七言；君馬黃句十，七言句二；芳樹句十五，七言一；有所思句十七，末二句為七言；聖人出句十二，七言句四；臨高軒句八，七言句二；遠如期句十四，末句為七言。（以上均全漢詩卷一）

46

唐以前的七言詩

9. 東方朔的嗟伯夷歌句七，七言句一。（全漢詩卷一）

10. 司馬相如的琴歌二首：第一首句八，純七言句四；第二首六句全是七言，惟起句有「兮」字（全上）

11. 李陵的紫芝歌句十，末為純七言句四。（全漢詩卷一）

12. 李陵的歌一首，句六，末為純七言句。（全漢詩卷一）

13. 馬援的武溪深行句四，起句末二句為七言。（全上）

14. 吳越奉的彈鋤行句十八，全是七言。這篇作者趙嘩他的生卒沒有放出，不過在後漢書杜撫傳中：「詣杜撫受業，絕七年，撫卒乃歸。」據吳越春秋...，著吳越春秋十二卷云云。昔吳越春秋的生於建初初年前，下篇將作張衡生於建初三年，以他寫先於張，所以把輕插寫在這裏。

——漢魏叢書裏的吳越春秋
閩內傳

15. 張衡的四愁詩四首，第一首句七，後三首均是七言，但起句有「兮」字。（全上）

16. 李尤的九曲歌句十，純七言，但沒有「兮」字的句子僅二：第一拍句十二，起二句是純七言；第十七拍也只「胡笳本自出胡中，綠琴翻出」

17. 王逸的胡笳十八拍多半是七言，但起句都有「兮」字。

18. 蔡琰的胡笳十八拍多半是七言，但除句七外，也均是七言，為生（一作烏生）

47

唐以前的七言詩

甲、魏

1. 曹操的氣出唱三首，第一首句三十，七言句十二，七言句一，對酒句三；陌上桑句二十四，七言句八，對酒行（上）的（二十）項（二樣），後來仿作者很多，潛上行（詩紀作魏后）的，陌上桑句十九，七言句八，對酒行（全三國詩卷）的，陌上桑句二十四，七言句八，對酒行五首。

2. 文帝的燕歌二首，這篇有人有寫作偽作，在這裏別分為二首，第一首句十五，為最好的純七言作品。在八代詩選作一首，而在這裏卻分為二首，第一首句十三，「悲風清屬秋氣寒，草木搖落露為霜」，陌上桑行十九，七言句二，桂之樹行十八，七言句八，七言句二。

3. 明帝的燕歌行句八，七言句一。（全上）

4. 曹植的鼙歌五首：苦思行句十二，七言句二：當牆欲高行句二十七；大魏篇句三十三；對酒行二首，第二首僅「蒲稷藹祇示」...

（丙）國

23. 古歌句十，起句為七言。（全上）

24. 古歌銅雀詞句四，前二句為七言。（全上）

唐以前的七言詩

19. 無名氏的古南頭織織詩四句全是七言。這篇在八代時選作二首，但其群句也不過是每句三字不同而已。（全漢詩卷三）

20. 相和歌辭

A. 相和曲的羅敷歌句四，末二句是七言，蒿里曲句四，除起句外，也均是七言，烏生（一作烏生八九子）句二，七言句五，平陵東句十三，七言句三，陌上桑句二四，每三句前二句為三，末句為七言。

B. 吟嘆曲的王子喬句三二，半是七言。

C. 清調曲的豫逸行第一首共六解，其第六解三句均是七言並各加三字第五解第四句為七言。

D. 瑟調曲的西門行第一首共有四解，其第五解四句均是七言，婦病行句二五，七言句三，鷹門太守行共八解，七言句八。（全上）

21. 舞曲歌辭淮南王篇行句十七，起句為七言句八。（全上）

22. 雜曲歌辭難隱驂行句十，起句為七言。

唐以前的七言詩

有刑」一句，陌上桑行也只有「金椎玉杯，不能使海酒更厚」句。（全三國詩卷三）

5. 王粲的矛金新福歌句五，七言句一；行辭新福歌句九，七言句一。（全上）

6. 陳琳的飲馬長城窟句十八，七言句二八，七言句九。（全上）

7. 繆襲的鞞舞歌。繆氏的作品共十有三首，除挽歌外，就是這些改漢曲而製的。——即魏鼓吹曲十二首，代

乙、吳

8. 左延年的泰女休行句三一，七言句一。（全上）

9. 阮籍的大人先生歌句十二，七言句一，樸武功曲十二首，除「季秋十八、秋風句十五、武天命句三、永天命句三、克屹城六句均是七言；關背德句二十，末二句為七言；通荊門句二二，七言句六，吳、真昭只有萆獻，未鼓吹曲十二，代

這也是和繆醫般仿漢曲而製的。

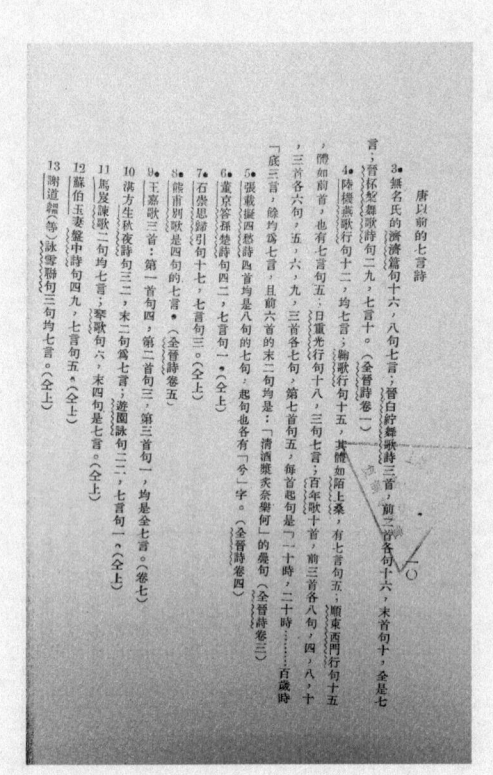

六、补遗

唐以前的七言诗

1. 谢超宗青明堂乐歌赤帝歌三章，皆是二句的七言。（同上）
2. 谢朓齐零祭歌赤帝句一。（同上）

（六）齐

1. 王俭齐白紵辞五首，也为二句的七言。（全齐诗卷一）
2. 无名氏晋世昌辞句六，七言句一。（同上）
3. 江淹齐凤凰衔书伎辞句一，五句全七言。（同上）
4. 昭明太子拟古句七，五句也各为七言，涪三句也作骚文的，句七，五句七言。（同上）
5. 释宝月行路难句十四，七言句九。（同上）
6. 王融奉和织成句四，也为二句的七言。（卷二）
7. 陆厥京兆歌句十八，纯七言句二。李夫人及贵人歌句二，各有七言二句。（卷四）
8. 西曲歌共戏乐四曲，皆是二句的七言。（卷四）
9. 江南弄七曲，前三句也各为七言，涪三殿幼相梁体十二句全七言。东飞伯劳歌句十，全七言。（全梁诗卷一）

（七）梁

1. 武帝白紵辞二首均为四句的七言•河中之水歌，句十，全七言。东飞伯劳歌句十，全七言。采菊篇句六，七言句二十。上留田行句四，乌夜啼句八，均为全七言。鸡鸣篇句十四，纯七言句二。临江王节士歌句十，各有七言二句。

2. 简文帝从军行第二首句二十，七言句八。上留田行句四，乌夜啼句八，均为全七言。鸡鸣篇句十四，纯七言句二。

3. 昭明太子拟古句七•桐柏山句一，均为七言。

4. 王筠烧歌句二十，七言句十一。第二首句八，七言句二。（同上）

5. 刘孝威拟古应教句八，七言句四，全七言•鸡鸣篇句十二，七言句四。从军行句十，七言句四。乌栖曲鹰合三首，皆是四句的七言。（卷十一）

6. 萧子显乐府句二十四，七言十一。第五首句二十，七言句十二。从军行句二十一，第二首句二十，第三首句十六，七言十四，第四首全七言•春别四首，句法一如简文和和的。（卷八）

7. 陆琏三日待宴咏曲水中菊影句四，全七言。（同上）

8. 吴均行路难五首，第一首十二，第二首二十二，两首均全七言。第三首句十六，第四首句八，第五首全七言。（同上）

9. 柳恽芳林篇四句的七言，惟前三句查（今）字•（同上）

（卷十三）

7. 张缵细言应令句二，各句四，第一、二、四、五、四首均句五，第二首句八，第三首均句六，七、八、九，三首均句六，二篇全是七言•（卷七）

6. 萧子云雅颂二曲，前四首各句七，七言句五，二篇全是七言•（卷四）

5. 沈约梁三朝雅歌辞雅八首，乌栖曲四首各句六，奉别应令句四，宴清言殿作柏梁体句十三，以上各曲全七言•梁鼓吹曲惟大架句五，七言句一•五曲曲铜柏山句十九，（也是改曲而製的）•桐柏山句十九，（也是改曲而製的）•（卷三）

4. 元帝燕歌行句十二，全七言•（卷三）

3. 送西归内人句四，乌栖曲四首各句四，别诗三首除第二首句六，余各句四，均全七言•（卷三）

2. 夜望单飞雁句四，全七言•握古，群昭明餞，春情句八，七言句六，伤离新诗句三八，七言句十二，夜望单飞雁句四，全七言•

唐以前的七言诗

14. 读曲歌八十九首，也为二句的七言。第二十二和二十八两首均各句四，而在道理别为「不知乌帽郎是谁」，而求它也均为七言。第三十首句四，末句「良不知……是谁」多闺（良字），咸八字句。秋风（一作秋歌）句六，秋思引作歌思引。

13. 汤惠休白紵歌句二，全七言。（卷五）

12. 与遗绪朝丽句一，全宋诗卷五）

此外，代八代皇哈句十，起二句为七言，第二首句六，均为五句七言。代唯朝飞句十二，体如陌上桑，七言句四。代北风凉句十二，七言句二。代稚南王二首，第一首句九，海花芳句八，三句七言。第十六首句十八，三句七言。第十七首句六，七言句十。除起外皆是七言。第十五首句十一，七言句九，体十四首句二，纯七言句七。第十四首句十二，七言句七。

（六）齐

1. 谢超宗青明堂乐歌赤帝歌三章，皆是二句的七言。（同上）
2. 谢朓齐零祭歌赤帝句一。（同上）

13

11. 陆倕三日侍宴咏曲水中菊影句四，全七言。（同上）
12. 萧子显乐府句二十四，七言十一。第五首句二十，七言句十二。从军行句二十一，第二首句二十，第三首句十六，七言十四，第四首全七言•春别四首，句法一如简文和和的。（卷八）
13. 刘孝威拟古应教句八，七言句四，全七言•鸡鸣篇句十二，七言句四。从军行句十，七言句四。乌栖曲鹰合三首，皆是四句的七言。（卷十一）
14. 王筠烧歌句二十，七言句十一。第二首句八，七言句二。（同上）
15. 刘遵三时行生绾四句全七言。（同上）
16. 陶弘景寒夜怨句六十三，七言句二。（同上）
17. 周拾上云乐句六十一，七言句二。（同上）
18. 徐勉迎客曲和送客曲句六，也有七言句二。（同上）
19. 费昶行路难二首，第一首句十二，七言句十一，第二首句二十，七言句十三。（卷十三）
20. 朱超咏独栖鸟篇句十四，七言句八。赋得荡子出妻七言十，七言句八，（卷十二）

16

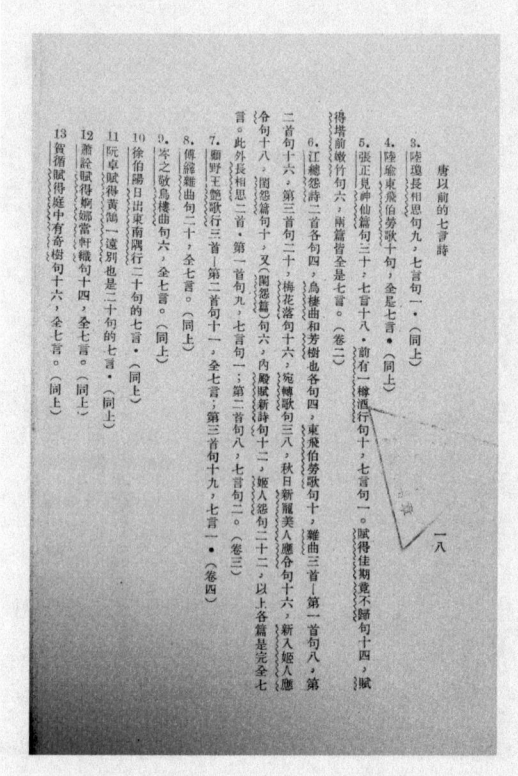
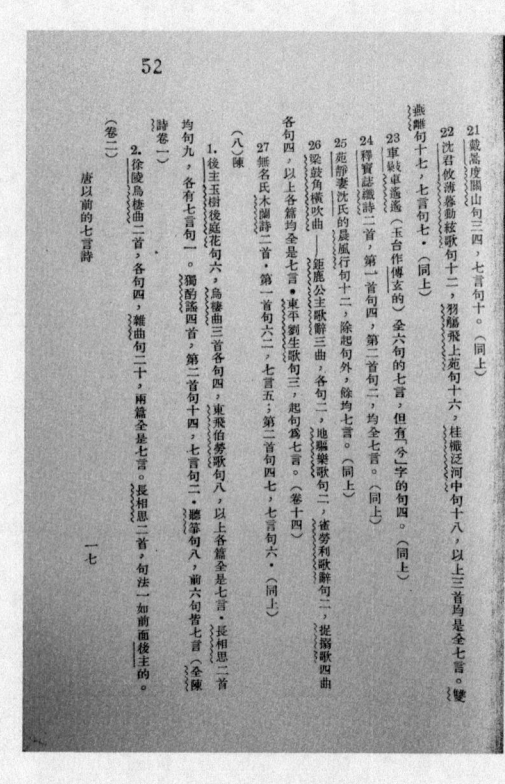
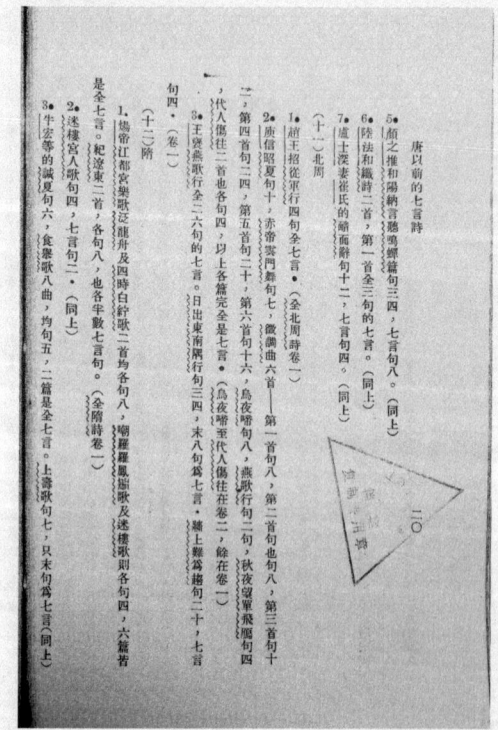
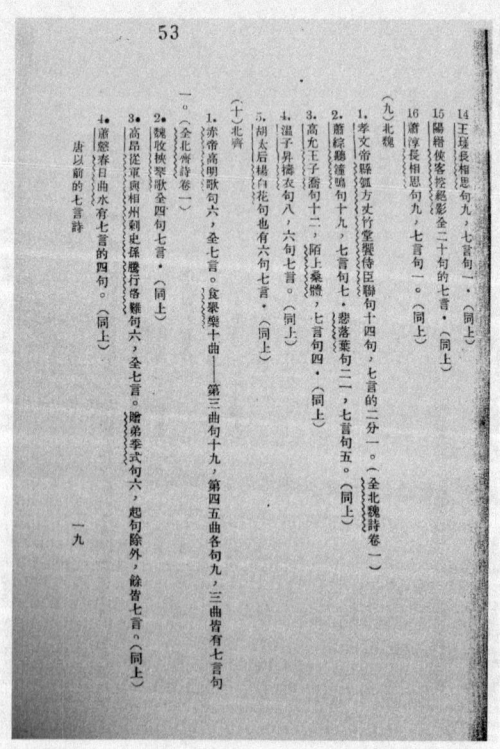

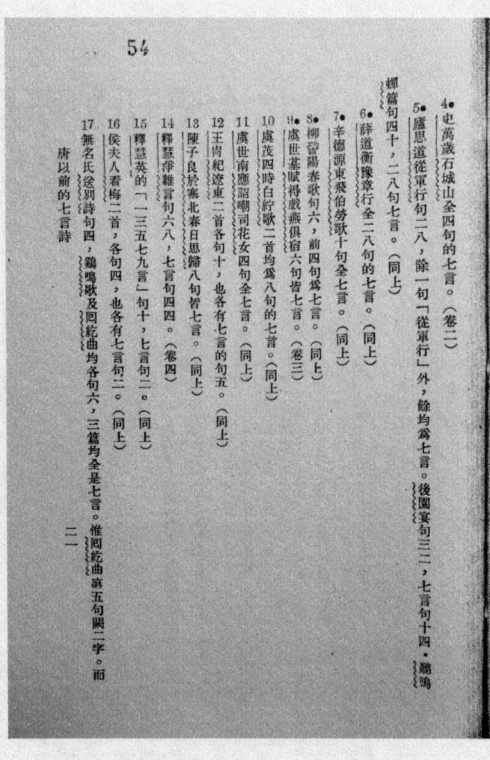

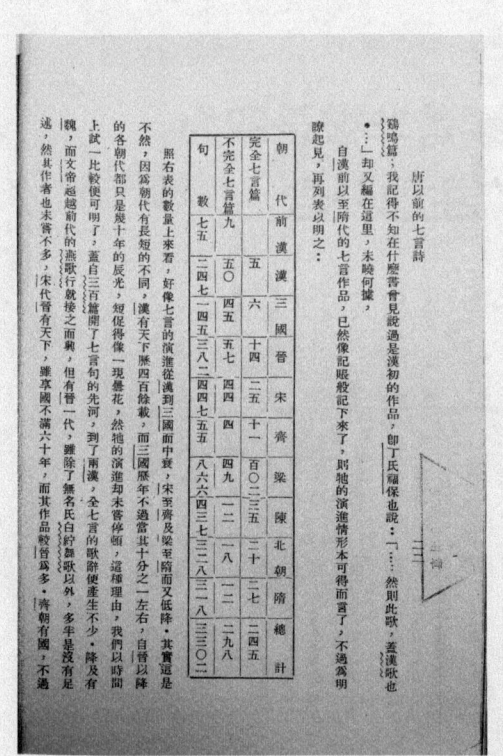

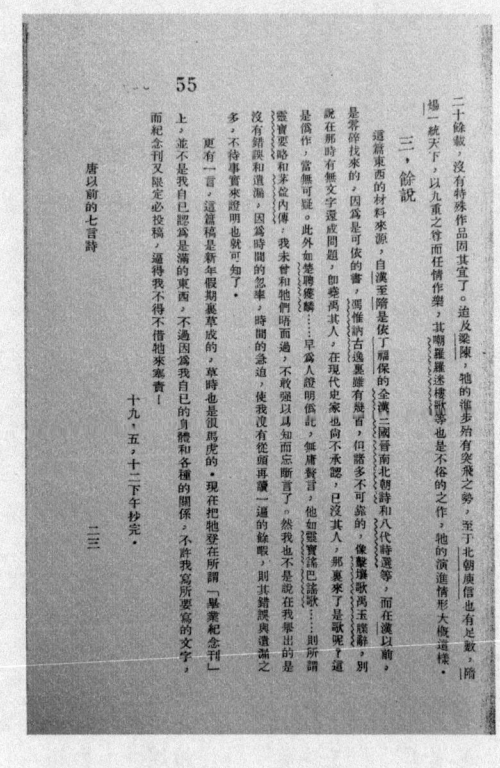

《北大日刊》所登黎昔非被录取为北京大学研究生的公告

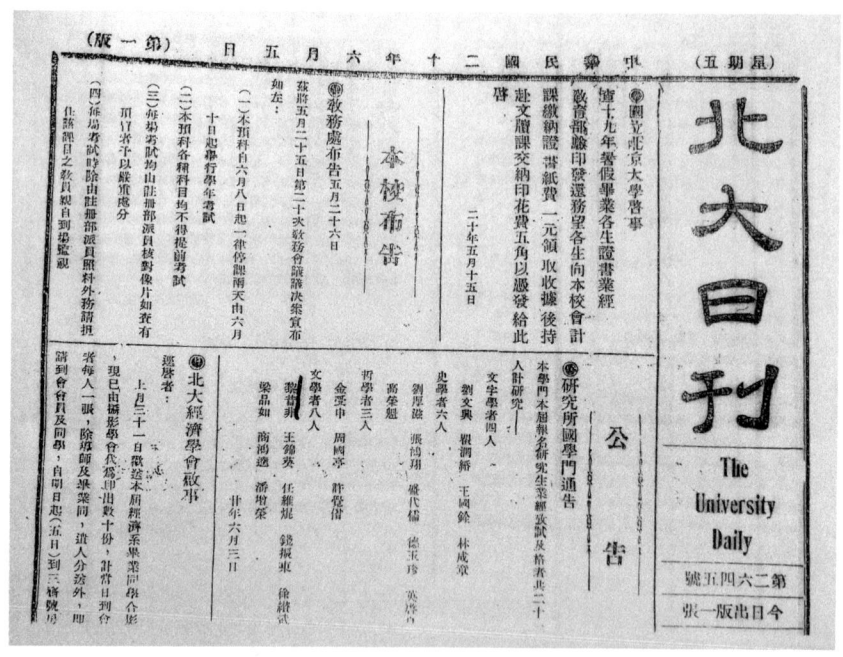

《北大日刊》（The University Daily）1931年6月5日星期五（第一版），第2645号，今日出版一张

公告

研究所国学门通告

本学门本届报名研究生业经考试及格者共二十一人计研究——

文字学者四人

刘文兴　　瞿润缉　　王国铨　　林成章

史学者六人

刘厚滋　　张鸿翔　　盛代儒　　德玉珍　　英启真　　高荣魁

哲学者三人

金受申　　周国亭　　许觉僧

文学者八人

黎昔非　　王锦葵　　任维焜　　钱振东　　徐缵武　　梁品如　　商鸿逵　　潘增荣

廿年六月五日

沈从文两封信中的黎昔非与胡适

沈从文

1937年5月23日沈从文致胡适①

适之先生：

听说您已从南边回来，还不能来看您。商务刊物已出，上海方面似乎有人说："聚集《新月》《现代评论》《学文》三种余孽来个死灰复燃。"不过既已燃了，骂骂也就完事，对刊物前途似无妨！目前最需要的文章是放在前面的论文（这刊物既不能单独用创作来支持，所以论文尤其重要），很希望您能给刊物一篇文章，壮孟实的胆气不少。

黎昔非先生到我这里，说他"在《独立评论》做了五年事，得适之先生信托，谨慎小心做去，幸支持到如今，刊物有了头绪，可是个人若如此下去，实在有点可怕。原因是杂事太多、太琐碎，自己除每日注意刊物外，一本书也不能读，想谋进步无从得到进步。长此下去，不知如何是好。想起来北平的目的，未免惭愧。看看吴晗、罗尔纲诸同学在学业方面的进步，自己不想办法不是事"。这人老实处，适之先生五年来必看得出，他很希望您帮助他一下，给他一个机会，把《独立评论》事务放下，让他到个学术机关里去做个小事，薪水即或不多，至少在工作上有意义点，且可以多学点要学的东西。或者有机会离开北平去教中学国文也成。因为不能做学术上研究，还可多接近点人生，将来或者走创作路。这人痛苦想来先生明白，不知是不是肯帮他个忙尽他从别的工作上试试。我觉得他若这样混下去也极可惜，可怜，但又无力帮他的忙。

专此敬颂安好。

从文敬启

五月廿三

---

① 《沈从文全集》第18卷，太原：北岳文艺出版社，2002年，第231—232页。

1945年沈从文致钟恂[①]

钟恂吾兄：

得教言，始悉在昆工作。工作想极顺手。中公同事在此似不多。另一黎昔非兄，适之身边做过事，在此失业，不知兄能否为寻一工作否？同学似只吴晗兄，不仅在联大为名教授，在昆明亦为极活动人物，然谈及复校问题，或无兴趣也。中公毁去后，即闻在"党"手中，故廿九年曾一度在重庆欲复校，其后即无闻。兄意极佳，惟欲促其实现，恐得在上海与党中强有力者作计（如潘公展先生），方容易着手，否则即有所计划，到成事时亦必为人顺手捞去，此亦自然之势也。

弟住乡下已七年，名桃源新村十二栋，在滇越路线上桃源站附近。茅屋上漏而下湿，粗细事均由家中人亲自动手，故不便邀客人相过。平时星期一二多在城中，城中住师范学院楼上。家中人每年均只进城三五次，已完全如一乡下人矣。

专复颂

安佳

弟沈从文　顿首　廿八

作者简介：沈从文（1902—1988），湖南凤凰县人，中国著名作家、历史文物研究者。

[①] 《沈从文全集》第18卷，第438页。此信又见于中国社会科学院中国近代史研究所中华民国史研究室编《胡适来往书信选》（下）"附录一"，北京：中华书局，1979年，第538页。按：《中国公学大学部文理学院庚午级毕业纪念刊》所载"中国公学大学部教职员通讯录"中有靳钟恂，江苏淮阴人，履历：中国公学文学士，职务：图书馆馆员。

胡不归《胡适之传》中的黎昔非与胡适

胡不归

安徽教育出版社2002年3月出版《胡适传记三种》之第一种为胡不归所写的《胡适之传》，本书出版说明："最早写出《胡适之传》的作者胡不归，原名胡传楷，他不仅是胡适的同乡，而且是胡适在上海担任中国公学校长时的学生，并亲聆胡适讲授的《近代文化》课。……为了给胡适50岁生日祝寿……在1941年11月将《胡适之传》赶编出来，于12月间作为'寿仪'付梓面世。……远在美国的胡适直至1943年10月29日才收到胡传楷寄去的书及信，并在当天的《胡适日记》上写道：'他出这书，为我做"五十岁生日"，其意可感。'……其开山之劳、创始之绩，功不可没，无愧是编撰胡适传记的第一人。正因如此，胡适在收到该书的第二天，即'写长信给胡传楷，讨论他的《胡适之传》'。可见胡适对此《传》是极重视的。"

胡不归《胡适之传》开篇云："绩溪同乡中，要算汪孟邹、汪原放叔侄，章希吕、程仰之、程万孚和我，比较与适之先生最接近。但我所知，不及他们清楚。适之先生的朋友、学生遍天下，但中国公学的同学，只有罗尔纲、黎昔非和我，比较跟随适之先生最久。"（p.4）

"十 再转北大

……

二十一年五月，与蒋廷黻、丁文江、翁文灏、傅斯年、吴景超等合办了一个《独立评论》（周刊），他一手主编，我的同学黎昔非先生替他负出版校对和发行的责任。"（p.23）

胡不归所著《胡适之传》得到胡适本人的评阅，见1943年10月9日《胡适的日记》："今天收到胡传楷四月十五日从龙游寄来的一封信，和他一九四一年十二月印出的《胡适之传》。他出这书，为我做'五十岁生日'，其意可感。""此书分上下卷。下卷为'五十岁年表'，其中有我的著作分年、月、日表，很有用。"（p.377）

（以上均见《胡适传记三种》，合肥：安徽教育出版社，2002年）

作者简介：胡不归（1906—1957），号传楷，安徽绩溪人。1930年毕业于上海中国公学大学部文史学系。

1956年胡适《丁文江的传记》之十五
《独立评论（1932—1935）》（节录）

胡　适

　　《独立评论》是我们几个朋友在那个无可如何的局势里认为还可以为国家尽一点点力的一件工作。当时北平城里和清华园的一些朋友常常在我家里或在欧美同学会里聚会，常常讨论国家和世界的形势，就有人发起要办一个刊物来说说一般人不肯说或不敢说的老实话。

　　在君和我都有创办《努力周报》的经验，知道这件事不是容易的，所以都不很热心。当时我更不热心，因为刚在"九一八"之前四十多天，北平市公安局还依据了天津市党部的决议，派警察到北平新月书店把我和徐志摩、梁实秋等一班朋友创办的《新月》月刊第二卷第八期全部查抄了去，还捉了书店的两个店员去，——为的是那一期里有罗隆基批评约法的一篇文章。这件事是七月三十日发生的，害我在热忙中托人写信给公安局局长鲍毓麟，把两个被拘的店员保释出来。所以在那个时期我真没有创办一个新刊物的热心。

　　但到了二十年的年底，因为几个朋友的热心，在君和我也就不反对了。——有几个朋友，如李四光先生，如陶孟和先生，如唐钺先生，原来也常参加讨论的聚餐，他们始终不赞成办刊物，后来都没有加入独立评论社。——在君提议，仿照《努力周报》的办法，社员每人捐出每月固定收入的百分之五，先积了三个月的捐款，然后出版。后来因为我割治一个溃了的盲肠，在医院里住了四十多天，所以我们积了近五个月的捐款，才出第一期《独立评论》（民国二十一年五月二十二日）。（刊物）出版之后，捐款仍继续。后来刊物销路增加了，捐款减到千分之二五。《独立》出了近两年，社员捐款才完全停止。这都是在君的主张，为的是要使刊物在经济上完全独立。原来的社员只有十一人，捐款总数为四千二百零五元。这个数字小的可怜，但在那个我后来称为"Pamphleteering Journalism（小册子的新闻事业）的黄金时代"，这点钱已很够使我们那个刊物完全独立了。当时排字工价不贵，纸价不贵，校对是我家中住的朋友章希吕先生负责，所以开销很省。最大的节省是我们写文字的人都是因为自己有话要说，并不想靠稿费吃饭养家，所以不但社员撰文不取稿费，外来的稿子也是因为作者愿意借我们的刊物发表他要说的话，也都不取稿费。《独立评论》共出了二百四十四期，发表了一千三百零九篇文章，——其中百分之五十五以上是社外的稿子——，始终没有出一文钱的稿费。所以我叫这个时代做"小册子的新闻事业的黄金时代"。

抗战胜利之后，我回到国内，有许多朋友劝我恢复《独立评论》。我说："不可能了。那个小册子的新闻事业的黄金时代已过去了。货币价值天天变动，文人个个穷到等米下锅，写文章是为卖文吃饭的，所以篇篇文章须出稿费。况且排字工资太贵了，一千字的排工比一千字的稿费还多！我们无法子可以再办一个真正'独立'的刊物了。"

（本文录自欧阳哲生编《胡适文集·7》，北京：北京大学出版社，1998年）

附 录

黎昔非问题学术研究系年

曹万青

《黎昔非与〈独立评论〉》[①]一书于2002年10月出版之后,一个陌生的名字——黎昔非开始进入公众的视野,并引起了广泛的关注。默默无闻的黎昔非与声名显赫的胡适,二人之间围绕《独立评论》的因缘际会,也因此日渐为广大读者所知晓。黎昔非作为《独立评论》的经理人,掌管着《独立评论》的社务部门,与胡适为首的编辑部门并驾齐驱,因此,《独立评论》的成功,不仅取决于胡适掌控的编辑部,同时也取决于以黎昔非为首的社务部,二者之间的这种合作关系如车之两轮、鸟之两翼,缺一不可。胡适与黎昔非二人的密切合作,造就了《独立评论》的巨大成功,现在学术界已经取得共识:《独立评论》的创办及其成功,是胡适与黎昔非"通力合作"的结果。本来这是一个客观存在的历史事实。然而,由于胡适出于某些不可告人的私心而刻意掩盖、歪曲这一事实,把黎昔非与《独立评论》的关系从"有"变成了"无",以致几十年来学术界鲜有人知黎昔非为《独立评论》所做出的巨大贡献,以及他为此付出的巨大的个人牺牲。自2002年《黎昔非与〈独立评论〉》出版以来的20年间,通过学术界和社会各界人士的努力,黎昔非问题的真相日益明了,被掩盖、被歪曲的事实逐步得以复原,黎昔非与"独立评论"的关系终于从"无"回归"有",确立了黎昔非在《独立评论》历史中应有的功绩和地位,显示了历史的公正。黎昔非问题的揭开和突破,有一个突出特点:并非仅仅依靠中国近代史方向专家的研究,还得益于历史专业其他方向学者的努力,乃至普通群众的积极参与。回顾这20年来黎昔非问题研究的学术史历程,对这一研究成果进行梳理和总结,其意义不仅有助于丰富中国近代文化史研究的内涵,而且对于在中国近代历史研究中正本清源,以及树立良好的治史学风都大有裨益。因此,有必要将黎昔非问题研究的来龙去脉,以及逐步取得的进展情况,按照时间顺序具列于下。

1966年

1966年6月3日,《人民日报》第2版头条发表史绍宾《吴晗投靠胡适的铁证——

[①] 黎虎:《黎昔非与〈独立评论〉》,北京:学苑出版社,2002年。

一九三〇年至一九三二年吴晗和胡适的来往信件》一文,其中所公布的吴晗1932年4月24日致胡适书信中,提到胡适拟邀请黎昔非担任《独立评论》"经理人"一事,文曰:"今午同蒋廷黻先生谈话,他说正在发愁,因为独立周报预备在下下星期出版,第一期稿件已齐,却还找不到一个合适的经理人。生(按:吴晗)因此想起五星期前同黎昔非君到协和来看先生的时候,先生曾提过此事,并问黎君愿否帮忙,就把这话告诉蒋先生,他很高兴,叫生即刻写信,请先生决定并征求昔非同意(他住银匣大丰公寓)。"这是第一次向世人披露黎昔非担任《独立评论》"经理人"这一史实。不过,此文完全是出于政治目的,人们并不关心其中所涉及的有关《独立评论》创办历史的学术问题。这一信息的公布,导致黎昔非被广东省兴宁县造反派打成"三家村黑帮",在被折磨四年多后含冤辞世。此后十余年,黎昔非与《独立评论》的关系并没有引起学术界的关注。

1979年

台湾政治大学历史研究所邵铭煌的硕士学位论文《抗战前北方学人与〈独立评论〉》面世,将《独立评论》发行黎昔非与主编胡适并列。其所制独立评论社组织简表如下:

职别	成员
发行	黎昔非
主编	胡适
助编	丁文江、蒋廷黻
…… ①	

研究生学位论文论及黎昔非与《独立评论》关系,此文堪称嚆矢,且较为接近史实。

黎导《平反受"三家村"株连的冤案,阻力在哪?》发表于《人民日报·群众来信摘编》增刊第52期(1979年8月24日)。揭露了当地政府和有关部门因黎昔非与《独立评论》的关系而将其打成"三家村黑帮",最终迫害致死,而"拨乱反正"后继续拒不予以平反昭雪的问题。时任广东省委书记对这份黎昔非子女的上诉信做了批示,于是1979年11月26日兴宁县召开平反昭雪大会,推倒了横加在黎昔非身上的一切诬蔑不实之词。

1980年

台湾学者赖光临的《中国近代报人与报业》(上)出版。该书第五十三章"独立评论的创刊与经营",胪列了《独立评论》的组织结构如下:

总编辑	胡适
编辑委员	丁在君(文江)、蒋廷黻、傅孟真(斯年),三人协助胡适处理社论工作

---

① 邵铭煌:《抗战前北方学人与〈独立评论〉》,台北:台湾政治大学历史研究所硕士学位论文,1979年,第27页。

社员　　　……
发行　　　黎昔非①

作者论述《独立评论》的人事组织时也是将发行黎昔非与总编辑胡适并列，较为接近史实。

1985 年

胡适的老乡、朋友石原皋《闲话胡适》一书出版。该书说"（胡适）请他的老友章希吕到北平，住在他家，主持发行事情"②。错误地将黎昔非担任的工作全盘张冠李戴到胡适的老乡、朋友章希吕头上。1990 年该书第 2 版以及 2011 年再次出版的《闲话胡适》，依然重复这一错误说法。③

1988 年

罗尔纲约见黎昔非哲嗣黎虎，得悉黎昔非与他 1937 年分别之后几十年的情况，黎虎亦从中进一步得知了当年黎昔非与胡适及《独立评论》关系的某些情况。这次会面对于双方都起到了促进回忆、探究黎昔非问题的作用。例如，《胡适传》（人民出版社 1993 年 12 月）作者白吉庵在撰写此书前曾访问过罗尔纲，但是书中介绍《独立评论》的办理时并无一字提及黎昔非，而是说："只请了一个职员负责发行事务，其他事物多以朋友帮忙，如校对等文字工作就由当时在胡适家工作的章希吕负责。"④ 这个记载表明白吉庵仍然重复以前学术界的错误认识，不了解《独立评论》发行部的职责、运转情况以及负责人黎昔非其人其事，只是取消了罗尔纲而保留了章希吕负责校对一事，这显然是得自罗尔纲向他申明自己并非校对负责人。前揭石原皋《闲话胡适》一书出版后曾送罗尔纲，但是未见罗指出《闲话胡适》中的错误说法，而是在这次会面五年之后的 1993 年才在文章中正式纠正石原皋的错误说法（详下）。黎虎在这次会面之后，开始更有意识地、全面系统地搜集关于黎昔非及其与《独立评论》关系的资料。

1993 年

罗尔纲《读〈闲话胡适〉》⑤一文发表，首次向读者介绍了黎昔非其人其事，并根据诸多历史资料以及他自己的亲身经历，否定了石原皋在《闲话胡适》一书中宣称由章希吕

---

① 赖光临：《中国近代报人与报业》（上），台北：台湾商务印书馆，1979 年，第 660 页。
② 石原皋：《闲话胡适》，合肥：安徽人民出版社，1985 年，第 142 页。
③ 石原皋：《闲话胡适》，北京：中国人民大学出版社，2011 年，第 157 页。
④ 白吉庵：《胡适传》，北京：人民出版社，1993 年 12 月，第 332 页。
⑤ 罗尔纲：《读〈闲话胡适〉》，《社会科学战线》1993 年第 6 期，第 175—181 页。

主持《独立评论》发行工作的说法①,明确指出这一工作是由黎昔非负责的:"(《独立评论》的)经理为黎昔非,广东兴宁人,中国公学同学,同吴晗和我都是熟人。他从《独立评论》出版至抗日战争停刊时止都是他主持排印、发行工作。"这是"文化大革命"结束之后大陆地区最早提出并公开黎昔非问题的文章。

1994 年

罗尔纲《师门五年记·胡适琐记》,由三联书店(香港)有限公司初版。1995 年,该书在大陆由生活·读书·新知三联书店出版发行。在该书中罗尔纲明确指出:《独立评论》的"经理人"始终为黎昔非。②1998 年,大陆三联书店出版《师门五年记·胡适琐记》(增补本),2006 年、2014 年三联书店又两次出版该书,记述了一些黎昔非与胡适以及罗尔纲本人关系的其他事实。

1999 年

黎虎发表《先父黎昔非与〈独立评论〉——从我与罗尔纲先生的一次会面谈起》③一文。这是在学术界首次全面、系统而严谨地叙述了黎昔非为《独立评论》经理人及其与胡适等人的关系,以及在学术研究、文学创作等方面的概况。黎虎在与罗尔纲1988年会面之后,一方面搜集整理家传的资料,另一方面则通过黎昔非夫人何昕以及知情人林钧南等了解有关情况,并由黎昔非长子黎导专程回兴宁从有关部门的档案中搜集相关材料,如黎昔非不同时期的《自传》、履历表等。重要知情人林钧南1932年至1937年先后就读于北平东城大同中学、辅仁大学历史系、北京大学历史系,与黎昔非过从甚密,恰与黎昔非办理《独立评论》时间相始终,故他是黎昔非与《独立评论》关系重要的见证人。自1998年5月至2002年4月的四年间,林钧南与黎虎频繁通信,其中有九通信含有黎昔非与《独立评论》及胡适关系的丰富资料,涉及黎昔非负责《独立评论》的校对与发行等各种社务,在工作流程上与胡适的衔接关系,校对、发行等具体工作内容,社内工作人员的情况,特别是林钧南言及他对章希吕的评价④等内容。再一方面则从兴宁有关部门的档案中搜集有关黎昔非的资料。这些信息极大地丰富了黎昔非问题研究的资料。《先父黎昔非与

---

① 石原皋:《闲话胡适》,合肥:安徽人民出版社,1990 年,第 142 页。
② 《师门五年记》,第 165 页。
③ 黎虎:《先父黎昔非与〈独立评论〉——从我与罗尔纲先生的一次会面谈起》,中华书局编辑部编:《学林漫录》第 14 集,北京:中华书局,1999 年,第 11—20 页。
④ 《黎昔非与〈独立评论〉》第 133 页:林钧南说:"章(按:章希吕)先生不在《独立评论》社住宿和吃饭,文化程度不高,没有合适的工作,可能是胡先生叫他帮忙校对,但是他校对过的,令先尊不放心,还要亲自再校对。"关于林钧南评价章希吕"文化程度不高"之事,请参阅《黎昔非与〈独立评论〉》,第 65—66 页。

〈独立评论〉——从我与罗尔纲先生的一次会面谈起》一文追叙1988年黎虎与罗尔纲会面时涉及罗尔纲与黎昔非、吴晗以及胡适关系问题。在此基础上黎虎以黎昔非之子的独特条件和视角，利用家传的黎昔非遗物等资料，以及当年亲历黎昔非主持《独立评论》工作全过程的黎昔非夫人何昕、友人林钧南等人的口述历史资料，在此文中比较全面地介绍、论述了黎昔非与《独立评论》以及胡适的关系。

2001年

林钧南发表《清白一世　奉献毕生——忆故友黎昔非同志》[①]。这篇文章所依据的资料，主要包括：林钧南本人的回忆、在兴宁市档案馆查找到的黎昔非档案以及黎虎提供的一些资料等写成。该文内容丰富，包括黎昔非早年求学的经历、黎昔非经理《独立评论》的始末、黎昔非创办《昙华》文艺半月刊的经过、黎昔非回乡之后几十年的境遇等方面，比较全面系统地介绍了黎昔非的生平事迹。

2002年

黎虎主编《黎昔非与〈独立评论〉》一书出版。该书《前言》以丰富的第一手资料，诸如黎虎在中国社会科学院近代史研究所查找到的黎昔非在办理《独立评论》期间写给胡适的三封信，罗尔纲给胡适的信中涉及黎昔非办理《独立评论》的情况，黎导在兴宁市有关部门的档案中查找到的相关资料，黎宏在"文革"的岁月中保存的黎昔非家传遗物，黎虎搜集的一些当事人或见证人的口述、信函等，全面、系统地论证了黎昔非为《独立评论》经理人的问题。此外，书中对于黎昔非在《诗经》研究和文学创作方面的业绩和贡献，均有详细的介绍和论述，为黎昔非问题研究资料之集大成者。书中还收录了中国古代史、中国现代史、中国文学史以及《诗经》研究专家、学者撰写的有关黎昔非学术研究和文学创作成果的评论。《黎昔非与〈独立评论〉》的出版，引起了学术界和社会各界人士的强烈关注。于是，一个在中国近代史上鲜为人知的历史人物——黎昔非进入了公众视野和学术研究领域，从此掀起了黎昔非问题研究热潮。此书的出版，堪称黎昔非问题研究的里程碑。

本书首次公布了黎昔非之子黎导、黎虎所寻获的大量以前从未公开的文字资料，证明黎昔非为《独立评论》的经理人。如：①黎昔非在担任《独立评论》经理期间，于1932年就《独立评论》工作中的问题写给胡适的三封信。②罗尔纲1931年、1932年、1933年致胡适的三封信，直接涉及黎昔非与《独立评论》的关系。以上两组历史资料均由黎昔非次子黎虎在中国社会科学院近代史研究所资料室发现并拍照的。③黎昔非1951年、1958

[①] 林钧南：《清白一世　奉献毕生——忆故友黎昔非同志》，广东省兴宁市政协文史委员会编《兴宁文史》2001年第26辑，后收入《黎昔非与〈独立评论〉》，第490—509页。

年给组织写的自传。④陈晋祺，曾任《独立评论》会计，1953年应组织上要求填写的材料①，证明了黎昔非在《独立评论》工作，提及了黎昔非对国民党独裁统治和蒋廷黻鼓吹独裁统治言论不满的思想。⑤丁白清1958年给组织所写的关于黎昔非的材料，介绍了他与黎昔非的关系，黎昔非的教育经历，研究方向、成果，在北京期间举办昙华社，创办《昙华》杂志，黎昔非在《独立评论》的工作特别痛苦，等。上述后面三组材料均系黎昔非长子黎导（时任广东外语外贸大学副校长）在广东省兴宁市教育局档案室查找到并复印的。⑥黎昔非在《独立评论》社的工作照及1934—1937年的日记。这些家传材料均为证明黎昔非是《独立评论》经理人的第一手资料。此外，黎虎在北京大学图书馆影印的《昙华》文艺半月刊②，在本书中全部影印，更是丰富了黎昔非研究的内容和价值。

本书以其资料的丰富和编撰的严谨，已经成为研究黎昔非与《独立评论》的集大成之作和不可或缺的参考书。

2003年

张太原《谁是〈独立评论〉的经理人？》③发表。本文系张太原博士学位论文《〈独立评论〉与20世纪30年代的政治思潮》中的一部分。张太原第一次接触黎昔非的某些信息，是他在北京师范大学攻读博士学位期间，从历史系中国近代史教研室张守常先生处获知的。而张守常先生得以了解黎昔非的一些情况，又因为同事黎虎曾向其口述黎昔非与《独立评论》关系并将所撰《先父黎昔非与〈独立评论〉——从我与罗尔纲先生的一次会面谈起》一文相赠。在撰写博士论文过程中，张太原又通过与之同宿舍的黎虎的博士生，向黎虎致意，表示希望能够就黎昔非与《独立评论》的关系等问题，当面向他求教，以期进一步深入了解相关情况。在几次会面中，黎虎将黎昔非与胡适及《独立评论》的关系对张太原做了详细的口述，同时又将数年来所搜集的有关黎昔非的资料提供给他。

于是张太原带着寻找黎昔非是《独立评论》经理人的明确目的，试图在《独立评论》中找到证据。苦心人天不负，在仔细阅读《独立评论》之后，终于发现了胡适在《独立评论》第201号所写的《独立评论的四周年》一文，里面赫然写到黎昔非"终年勤勤恳恳的管理独立评论的发行，校对，印刷的事务"。这是张太原第一次找到了黎昔非与《独立评论》关系的有力的证据。他立即将这一好消息通报了黎虎。这个发现极大地鼓舞了张太原的信心。不久，第二条更重要的证据在《独立评论》创刊三周年的特大号第151号上被发现，那就是胡适在《又大一岁了》中对于黎昔非经理《独立评论》的更为详细的介绍：

---

① 据《黎昔非与〈独立评论〉》第44—45页载，陈晋祺生于1914年，写这份表格年龄一栏填为40，故推断这份材料写于1953年。

② 《昙华》文艺半月刊（影印件）第一卷第一期至第七期（第六期缺）。

③ 张太原:《谁是〈独立评论〉的经理人？》，《浙江学刊》2003年第1期。

"在这贺周岁的日子,我们不要忘了这个孩子还有一位忠心的看护妇。我们创办这刊物的时候,就请黎昔非先生专管发行所的事务。说也惭愧,我是实行我的无为政治的,我在三年之中,只到过发行所一次!这三年的发行,校对,杂务,全是黎昔非先生一个人支持。每到星期日发报最忙的时候,他一个人忙不过来,总有他的许多青年朋友赶来尽义务,帮他卷报,装封,打包,对住址。"张太原的发现,将黎昔非与《独立评论》的关系奠基于更为直接、可靠的证据之上,成为无可怀疑的铁案。这是张太原在黎昔非问题研究上所做出的重要贡献。在此基础上撰写的《谁是〈独立评论〉的经理人?》成为其博士学位论文《〈独立评论〉与20世纪30年代的政治思潮》中的一部分,这篇博士论文遂成为研究黎昔非问题的第一篇博士学位论文。

此文"提要"说"笔者在阅读有关史料的过程中,发现《独立评论》的经理人是一个鲜为人知的人物即胡适在中国公学时的学生黎昔非"①。这个说法遂流传于学术界,但是这个说法与事实不符,故需略加澄清。事实是:《独立评论》经理人是黎昔非而不是章希吕或罗尔纲,并非张太原的"发现",1993年罗尔纲的《读〈闲话胡适〉》和1994年的《师门五年记·胡适琐记》,以及1999年黎虎的《先父黎昔非与〈独立评论〉——从我与罗尔纲先生的一次会面谈起》,2001年林钧南的《清白一世 奉献毕生——忆故友黎昔非同志》,2002年出版的《黎昔非与独立评论》一书中黎虎所撰《前言》等论著中早已有关于黎昔非是《独立评论》经理人明确的、详细的论述。而张太原得知黎昔非其人及其为《独立评论》经理人是在其进入北京师范大学读研究生时期,从黎虎同事张守常老师处听说并阅读黎虎的《先父黎昔非与〈独立评论〉——从我与罗尔纲先生的一次会面谈起》并访问黎虎之后,并不是自己在阅读"有关史料"时"发现"了黎昔非的。而且如果事先没有关于黎昔非是《独立评论》经理人的问题意识,仅凭阅读史料"发现"黎昔非是《独立评论》经理人是困难的,例如,耿云志主编《胡适遗稿及秘藏书信》中收录了黎昔非1944—1945年给胡适的三封信,但是并不知道黎昔非与《独立评论》的关系,故没有收录黎昔非1932年在办理《独立评论》期间给胡适的三封信,实际上这些信件同时都存放于中国社会科学院中国近代史研究所,这就表明当时编撰《胡适遗稿及秘藏书信》有关人士并不知道黎昔非其人其事②,更不知道黎昔非与《独立评论》有这么重要的关系,因而只收录了1944—1945年间黎昔非致胡适的三封信而没有收录1932年黎昔非在办理《独立评论》期间给胡适的三封信③。尽管耿云志在《胡适遗稿及秘藏书信》中收录了黎昔非1944—1945年给胡适的三封信,从而知道了"黎昔非"这一姓名,但是仍然不知道黎昔

---

① 张太原《谁是〈独立评论〉的经理?》,《浙江学刊》2003年第1期。

② 据黎虎先生告知:他在中国近代史研究所资料室看到黎昔非给胡适的一封信中,尽管信纸的左下方有"独立评论社用笺"字样,但是在"昔非"旁边有人用铅笔打了个"?"号,可见这位查阅者并不知道"昔非"是谁。

③ 李文才《评耿云志先生的〈黎昔非先生与《独立评论》〉一文》,《史学月刊》2004年第5期。

非与《独立评论》有什么关系,而要等到 2001 年黎昔非之子黎虎向他讲述并提供黎昔非资料之后才得知这一历史事实的[①]。耿云志先生作为长期研究胡适问题的专家尚且在"阅读史料"时没有发现黎昔非与《独立评论》的关系,张太原作为初学者就通过"阅读史料"而发现黎昔非是《独立评论》经理人,并非实事求是之言。张太原在这个问题上的贡献主要有两个方面,一是带着黎昔非是《独立评论》经理人的问题意识去寻找胡适本人有关黎昔非与《独立评论》关系的记载,终于从《独立评论》中找到了胡适在该刊创刊三、四周年纪念文中关于黎昔非为《独立评论》经理人的说法;二是将黎虎提供的黎昔非资料与自己搜集到的上述胡适在《独立评论》三、四周年所说的那两段话结合起来,论证了黎昔非是《独立评论》经理人的历史事实。

还必须指出,论证清楚并肯定了黎昔非是《独立评论》的经理人而不是章希吕或罗尔纲,固然是一个重要进展,但这只是问题的第一步,现在还应当提出另一个问题,那就是为什么几十年来学术界一直把章希吕或罗尔纲视为《独立评论》社务工作负责人?这一子虚乌有的说法究竟是怎么产生的?这种虚假说法从何而来?为什么这一虚假的说法居然能够统治中国大陆地区的史坛几十年?为什么与《独立评论》相始终并做出了巨大贡献和付出的黎昔非却从《独立评论》历史中完全消失而不被世人所知?制造这一虚假说法并掩盖、抹杀黎昔非与《独立评论》关系的究竟是什么人?何以要掩盖、抹杀这一历史事实?何以要篡改、伪造《独立评论》的历史?进而探讨这一历史事件产生的原因、性质和应当吸取的教训,俾有助于中国近代史研究学风的改善。这是《独立评论》历史研究中不可回避的另一重要课题。

耿云志《黎昔非先生与〈独立评论〉》[②]一文发表。

该文原来是应黎虎编辑《黎昔非与〈独立评论〉》一书时约稿而写,文稿寄来后黎虎对于文中一些不符合事实或论断不妥之处做了一些删除或提出修改意见,诸如"由黎虎教授保存整理的昔非先生的日记(1934 年 12 月 23 日—1937 年 4 月 18 日,中间甚多断缺)竟完全没有记载他在独立评论社工作的事。""在 20 多年后,他写《丁文江的传记》中有关《独立评论》这一章时,提及《独立评论》校对的事,他只提及章希吕一人,而未及昔非先生。这显然是记忆上的错误,不足深怪。""当年每次逢《独立评论》过生日的时候,胡适在写生日贺词时都不忘感谢昔非先生悉心经营的劳苦。""在为《独立评论》工作的几年,每月四十几块钱的工资显然不多。逃难中免不了会有一些额外的花销。以常情论,独立评论社是有责任为他做一些安排的。但胡适先生等当时都不在北平,一切善后事只有江冬秀夫人独力支撑。以昔非先生之狷介性情,平时除了为公事,大约是很少到胡适府上去的,因此可能同师母冬秀夫人不大熟。""或许有人认为,若昔非先生不为独立评论社做经

[①] 黎虎:《关于〈黎昔非先生与《独立评论》〉的两点说明》,《安徽史学》2004 年第 3 期。
[②] 耿云志:《黎昔非先生与〈独立评论〉》,《安徽史学》2003 年第 1 期。

理，而是做研究工作，也可与罗尔纲、吴晗一样成为有名于时的专家学者。我认为这样想法是不必要的。我们评论一个人，总是看他做过什么，做得怎么样，而不是看他没有做过什么"等。将修改意见反馈耿先生后，2002年4月16日耿先生回信说："从删节的部分看来，先生不愿提及您主动邀稿及提供材料之事，对此我尊重先生的意见。其余删节都涉及一些事实，及对这些事实的不同理解，我以为以不删为宜。"对此黎虎又提出一些想法与耿先生商量，此后一直没有收到耿先生的回复，不久就看到《安徽史学》原文发表了此文。

该文的核心观点之一是："昔非先生当年进入独立评论社，并不是胡适先生以师道之尊，勉强他的学生做出牺牲，而完全不考虑学生个人的志愿。据我二十几年来对胡适的研究，我觉得胡适是个非常通情达理的人，他决不会强人所难，勉强别人做他本人不愿做的事，做他不愿做出的牺牲。事实上，当昔非先生表示希望有机会重做研究工作时，胡适即为他介绍和推荐做北大助理研究员的工作。只因'七七事变'发生，未及实现。另一方面，从昔非先生方面说，我们也没有根据认为他是完全没有主见，处处舍己从人，轻易放弃自己明确选定的目标的人。我想，指出这一点是很必要的。这样平心论人，据事推理，可以避免或减少片面性。"

上述说法并不符合事实，事实是黎昔非进入《独立评论》不久就发现这个工作如此繁忙，根本无法边工作边完成自己的论文，于是很早就向胡适提出辞职，一再被拒绝，因此非常痛苦，迁延达五年有余，直到1937年5月沈从文出面干预后才不得不"为他介绍和推荐做北大助理研究员的工作"。

我们不排除胡适多年来所精心向世人展示的材料中，含有其"是个非常通情达理的人，他决不会强人所难，勉强别人做他本人不愿做的事，做他不愿做出的牺牲"的一面，但胡适肯定还有不为世人所知的另外一面，例如在黎昔非问题上诸多表现就是如此。1937年5月23日沈从文在给胡适的信中所揭示，黎昔非向他申诉："在《独立评论》做了五年事……个人若如此下去，实在有点可怕。原因是杂事太多、太琐碎，自己除每日注意刊物外，一本书也不能读，想谋进步无从得到进步。长此下去，不知如何是好。想起来北平的目的，未免惭愧。看看吴晗、罗尔纲诸同学在学业方面的进步，自己不想办法不是事。"因此，沈从文向胡适提出："他很希望您帮助他一下，给他一个机会，把《独立评论》事务放下。""这人痛苦想来先生明白，不知是不是肯帮他个忙尽他从别的工作上试试。"五年来黎昔非多次向胡适提出辞职的请求均被胡适拒绝，竟然不得不求助于沈从文向胡适请求准许他辞职。这种极其反常的骇人听闻的事实与"胡适是个非常通情达理的人"，"决不会强人所难，勉强别人做他本人不愿做的事，做他不愿做出的牺牲"实在相去甚远。至于耿文所说"我们也没有根据认为他（黎昔非）是完全没有主见，处处舍己从人，轻易放弃自己明确选定的目标的人"，连"辞职"这样的最低要求五年时间都做不到而不得不求助于沈从文帮忙求情，这种情况下黎昔非的"主见"和"自己明确选定的目标"如何去实现呢？沈从文在信中向胡适直抒己见："我觉得他若这样混下去也极可惜，可怜，但又无力帮他的忙。"这里的"可惜"意味着一个可造之才之被戕害，"可怜"则蕴含着黎昔非五年中令人悲哀的境遇。事实表明，同许多历史人物一样，胡适也是有两面性而并非仅仅一面性的，既有"非常通情达理""决不会强人所难，勉强别人做他本人不愿做的事，做他不愿做出的牺牲"的一面，也有不"通情达理"，也有"强人所难，勉强别人做他本人不愿做的事，做他不愿做出的牺牲"的一面，这样全面地观察才能够真正做到"平心论人，据事推理，可以避免或减少片面性"。

顺便指出：耿云志先生说"我翻阅了《独立评论》的每一篇《编后记》，胡适1932—1937年的日记，胡适所写《丁文江的传记》中关于《独立评论》的一章以及这一时期的有关书信等。实际上所得材料仍甚少"。实际上不是"甚少"而是根本没有。难道这不正是胡适和《独立评论》研究者应当深究的问题吗？为什么在《独立评论》执掌社务部门五年之久，胡适号召大家"不要忘了"的"忠心的看护妇"竟然在胡适的文字中消失了呢？胡适这种反常的做法出于什么原因和目的呢？

任重、陈仪《评〈黎昔非先生与《独立评论》〉——兼与耿云志先生商榷》[①]发表。对耿云志《黎昔非先生与〈独立评论〉》一文的错误与不足之处提出了商榷，认为耿文存在杜撰结论，歪曲事实；借为胡适辩解，维护胡适的"权威"形象等严重问题。

黎虎发表《"忠心的看护妇"——记〈独立评论〉经理人黎昔非》[②]。文章引证了大量的原始信函、日记等第一手资料以及当事人、见证人的回忆录等，全面、系统地论证了黎昔非是应胡适的邀请担任《独立评论》经理人，负责除编辑以外的其他一切社务，并与《独立评论》相始终，廓清了多年来关于《独立评论》社务工作方面的种种揣测和无根之谈。

黎虎《闻一多为黎昔非题〈耕夫谣〉》[③]发表。文章介绍了闻一多为黎昔非书写徐仲雅五律《耕夫谣》的条幅。讲述1944—1945年，黎昔非与闻一多在昆明结下的深厚友谊。

黎虎《一朵被遗忘的小花——黎昔非主编的〈昙华〉文艺半月刊》[④]发表。文章介绍了黎昔非在繁忙的《独立评论》工作之余，与友人组织了昙华文艺社，创办文艺半月刊《昙华》始末。这是黎昔非在文学创作方面的一次有益探索，虽然如同昙花一现，但在中国近代文学史上留下了反映20世纪30年代追求"真善美"的时代精神的一页。

---

① 任重、陈仪：《评〈黎昔非先生与《独立评论》〉——兼与耿云志先生商榷》，《社会科学评论》2003年第1期。后又以《黎昔非先生与〈独立评论〉考辨——兼与耿云志先生商榷》为题发表于《井冈山学院学报》2005年第4期。
② 黎虎：《"忠心的看护妇"——记〈独立评论〉经理人黎昔非》，《社会科学战线》2003年第3期。
③ 黎虎：《闻一多为黎昔非题〈耕夫谣〉》，《文学遗产》2003年第1期。
④ 黎虎：《一朵被遗忘的小花——黎昔非主编的〈昙华〉文艺半月刊》，《新文学史料》2003年第4期，中国人民大学复印资料《中国现代、当代文学研究》2004年第1期全文转载。

2004年

李文才《也评〈黎昔非先生与《独立评论》〉——与耿云志先生商榷》《评耿云志先生的〈黎昔非先生与《独立评论》〉一文》[①]发表。两文指出了耿云志《黎昔非先生与〈独立评论〉》一文的问题：从维护胡适出发而偏离文章主题与中心，以己意曲解、推测史事，学术规范有所不足等错误。

黎虎《关于〈黎昔非先生与《独立评论》〉的两点说明》[②]发表。针对耿云志《黎昔非先生与〈独立评论〉》中的一些涉及黎虎而与事实不符的说法进行了澄清与更正。

刘佐泉《略论黎昔非在中国现代文化史上的作用和地位》[③]发表。文章指出《独立评论》的成功是胡适等人与黎昔非通力合作的产物，黎昔非的操守和品格堪称世范，由于《独立评论》的工作使得他能够接近胡适、翁文灏、蒋廷黻、周贻春、傅斯年等当时的社会名望人士，如果他是钻营奉承之人，本可飞黄腾达。然而，黎昔非却耻于趋奉，体现了一位狷介高洁之士的高风亮节。此外，指出了黎昔非在《诗经》研究和文学创作等方面的成就。

李秀云《〈独立评论〉的管家——黎昔非》发表，载《学习时报》2004年3月25日。

2005年

刘佐泉《只因"师恩"误平生——黎昔非与胡适关系探释》[④]发表。文章论述了黎昔非因胡适的"师恩"辍学业、做苦工、断学术、死非命，做出了巨大的个人牺牲。而得到的"师恩"之赐何所有？黎昔非为如此浅薄之"师恩"所付出的青春、学术乃至生命的代价是不值得的。针对耿云志《黎昔非先生与〈独立评论〉》一文中所说的胡适"决不会强人所难"，黎昔非"不为独立评论社做经理，而是做研究工作"，也不"可与罗尔纲、吴晗一样成为有名于时的专家学者"之说，文章认为，这是缺乏史实依据有悖情理的臆断，只因"师恩"误平生方才符合史实与逻辑的结论。

卢斯飞《黎昔非和〈昙华〉文艺半月刊》[⑤]发表。文章论述了昙华社同人的审美追求和价值取向，刊物发表的小说具有鲜明的时代特色和浓厚的客家地方特色，艺术方法和风格上的现实主义，作品具有以短取胜的艺术特点等。

[①] 李文才：《也评〈黎昔非先生与《独立评论》〉——与耿云志先生商榷》，《社会科学评论》2004年第1期；李文才：《评耿云志先生的〈黎昔非先生与《独立评论》〉一文》，《史学月刊》2004年第5期。

[②] 黎虎：《关于〈黎昔非先生与《独立评论》〉的两点说明》，《安徽史学》2004年第3期。

[③] 刘佐泉：《略论黎昔非在中国现代文化史上的作用和地位》，《兴宁文史》第二十八辑，2004年12月。

[④] 刘佐泉：《只因"师恩"误平生——黎昔非与胡适关系探释》，《江汉论坛》2005年第6期。

[⑤] 卢斯飞：《黎昔非和〈昙华〉文艺半月刊》，《北京社会科学》2005年第4期。《中国人民大学复印报刊资料·中国现代、当代文学研究》2006年第1期全文转载，此文亦曾发表于网络，题为《现代文学史上最早的客家文学社团及其刊物——黎昔非和他主编的〈昙华〉文艺半月刊》，http://www.crntt.com/crn-webapp/cbspub/secDetail.jsp?bookid=18381&secid=20821。

唐志勇《〈黎昔非与《独立评论》〉的史料价值》[1]发表。文章指出《黎昔非与〈独立评论〉》一书主要的史料价值是揭示了黎昔非对《独立评论》做出的重大贡献，为全面考察《独立评论》成功的原因从一个崭新的方面提供了充分的依据。《独立评论》之所以办得如此成功，过去只知道胡适等编辑和撰稿人，而不知道还有黎昔非的作用。黎昔非出任该刊经理人，直接关系着《独立评论》的顺利创刊、高质量的出版发行和保质保量、善始善终地存在了五年多时间，表明《独立评论》的成功是胡适等与黎昔非通力合作的产物。此外，《黎昔非与〈独立评论〉》一书还披露了黎昔非、胡适与罗尔纲、吴晗的关系，黎昔非与闻一多、沈从文的交往。这些信息对还原史实，了解和研究抗日战争前的中国现代文学史和报刊史、20世纪30年代诗经学史研究，胡适的为人，罗尔纲、吴晗、闻一多等著名学者的生平事业，等等，都是难得的有价值的资料。

任重《黎昔非与〈独立评论〉》[2]发表。文章叙述了黎昔非经理《独立评论》五年的经过，他与胡适及《独立评论》的特殊关系。

根岸智代『1930年代「獨立評論」における高等教育論争』[3]发表，文中论述《独立评论》组织结构时根据《黎昔非与〈独立评论〉》一书提供的资料而指出"発行責任者として黎昔非がいた"，即黎昔非是《独立评论》的发行人。

2006年

2006年广东省兴宁市第一中学百年校庆，在校园中树立百年校庆碑志二通，一为《百年校庆碑志》，列举该校百年来"人杰辈出"者21人，首称"王越、罗孟玮、黎昔非者，杏坛翘楚也"；二为《先贤兴学记》，列举该校百年来"出乎其类拔乎其萃者"19人，首举"名师迭出，王越、罗孟玮、李善邦、罗元贞、高亚伟、黎昔非、张直心，佼佼于其中焉"。黎昔非得到了崇高的评价。

兴宁市第一中学百年校庆期间发表了黎昔非在兴宁一中的同事和学生的纪念回忆文章[4]：刘彦章《黎昔非先生二三事》、朱增麟《兴宁一中教我们做人——忆"一日为师，终身为父"的恩师黎昔非》、谭新贤《缅怀恩师黎昔非先生》、陈福谦《怀念语文老师黎昔非先生》等。

张太原《〈独立评论〉与20世纪30年代的政治思潮》[5]一书出版。本书在其2002年博

---

[1] 唐志勇：《〈黎昔非与《独立评论》〉的史料价值》，《江汉论坛》2005年第6期。
[2] 任重：《黎昔非与〈独立评论〉》，《寻根》2005年第2期。
[3] [日]根岸智代：『1930年代『獨立評論』における高等教育論争』，大阪外国语大学硕士学位论文，2005年。
[4] 这些文章均收录于广东省兴宁市第一中学校志编修委员会编《百年树人——广东省兴宁市第一中学校志》，2006年9月。
[5] 张太原：《〈独立评论〉与20世纪30年代的政治思潮》，北京：社会科学文献出版社，2006年。

士学位论文基础上修订出版,书中第一章特辟专节"《独立评论》的经理人"论述了《独立评论》经理人是黎昔非,而非此前普遍认为的章希吕。

但本书存在若干问题:①有关黎昔非问题研究的新发现的重要资料征引不符合学术规范。第 65 页正文写道:"最近,从兴宁市政府档案室发现了两份黎昔非写的自传材料。"文中征引这两份自传时均注作"《黎昔非档案》,广东省兴宁市政府档案室"。按:这种含糊其词的表述和注释使读者不明白究竟是谁"发现了"这两份自传?而且这两份自传并非从"兴宁市政府档案室"而是从"兴宁市教育局"档案室复印的。这两份自传在此书出版之前四年出版的《黎昔非与〈独立评论〉》①中有原件的复印件和全文对照,究竟是谁"发现了"这两份自传也交待得清清楚楚,张书为什么不注明来自此书呢?第 66 页正文征引 1935—1936 年兴宁同乡会《重修兴宁邑馆募捐簿》所含有关资料时写道:"在兴宁同乡会《重修兴宁邑馆募捐簿序》中,曾提到'独立评论发行人黎昔非'在'本馆住家'。在《募捐簿》中也有'独立评论发行人黎昔非捐法币二十元''独立评论会计陈晋祺捐法币二十元'的记录,这可印证前面几个人的回忆确是属实。"页下注曰:"《重修兴宁邑馆募捐簿序》《重修兴宁邑馆募捐簿》,当时的'北平兴宁同乡会会长'林钧南提供。"按:据黎虎先生告知,这个《募捐簿》是他从在京的兴宁同乡那里搜集到的,并非"林钧南提供"。而且在《黎昔非与〈独立评论〉》中也有原件的复印件。所谓"林钧南提供"是张书的杜撰。第 67 页正文写道:"此外,现在近代史所保存的黎昔非写给胡适的两个便条,可以进一步印证上面的事实。"页下注曰:"未刊信,现存于中国社科院近代史研究所图书馆。"按:这种模棱两可的表述和注释,同样令读者莫名其妙,既然是"未刊信",那么这两个便条是谁发现的?是怎么发现的?其实在《黎昔非与〈独立评论〉》中不仅影印了这些"便条",同时注明"这些均为未刊信件,是笔者(指黎虎)于 2001 年 12 月在中国近代史研究所资料室查找到并拍照的。"(第 6 页)张书如果引用《黎昔非与〈独立评论〉》一书则问题便一清二楚,可惜的是并不这样做。第 68 页正文写道:"当时罗尔纲致胡适的两封信也反映了这一事实",在引用这两封信之后注曰:"以上两封信的原件现存于中国社科院近代史研究所图书馆。"按:这两封信也是学术界从未运用过的新发现资料,也是黎虎先生从中国社科院近代史研究所找到并拍照,公布于《黎昔非与〈独立评论〉》书中的,张书仍然不引此书。第 71 页引用"黎昔非的好友"丁白清 1958 年写的"证明材料"关于他目睹黎昔非办理《独立评论》时状况的材料之后注曰:"见《黎昔非档案》,广东省兴宁市政府档案室。"按:这份材料同样全文复印公布于《黎昔非与〈独立评论〉》,并详细说明丁白清写这个材料的来龙去脉,张太原如果不是看到了《黎昔非与〈独立评论〉》的介绍怎么会知道丁白清是"黎昔非的好友"呢?怎么会知道这是 1958 年写的呢?但张书仍然坚持不说明此材料引自《黎昔非与〈独立评论〉》一书。还必须指出,这份材料同样不是

---

① 黎虎主编:《黎昔非与〈独立评论〉》,北京:学苑出版社,2002 年。

从"兴宁市政府档案室"而是"兴宁市教育局"找到的。

此外,有一些关于黎昔非与《独立评论》关系的资料是黎虎所发现并作出解释的,张书引用之后也不加说明,例如,周炳琳1932年11月23日致胡适信,黎虎在《黎昔非与〈独立评论〉》的《前言》中首次用于作为黎昔非与《独立评论》关系的旁证,并认为信中的"黎君"当是黎昔非,张书也引用了这条材料和黎虎对于"黎君"的说法,但并未注明;张书引用了胡适1937年3月15日致章希吕的信,据黎虎先生告知,这封信与《独立评论》的关系是他发现之后告知张太原的。这两者之间的联系只有黎虎先生才能发现,因为信中提到的"陈君",不了解陈晋祺与《独立评论》关系这种内情的人是不可能知道的。张书对此亦不置一词。张书引用了罗尔纲致胡适的信,注曰"此件写于1932年",这封信不仅是黎虎在中国近代史研究所找到并拍照的,同时他根据罗尔纲当时的行踪而推断写于1932年的①。张书对此同样不加任何说明,而上述相关资料及对某些资料的解释都是黎虎向其提供的。

综上所述可以看到,所有有关黎昔非问题研究的新发现的重要资料张书均刻意回避征引自《黎昔非与〈独立评论〉》一书,于是不得不杜撰材料来源出处,故此书后面所附"主要参考文献"中将黎昔非问题研究的集大成之作《黎昔非与〈独立评论〉》付诸阙如也就不奇怪了。其所以刻意回避早于他的论著出版的《黎昔非与〈独立评论〉》一书的主要目的有二:一是掩盖他在资料方面所做的手脚,使不明底细的读者相信这些资料都是他搜集到的;二是使人们对于是他"发现"了黎昔非是《独立评论》经理人的这个说法更加信以为真,以突显他在黎昔非问题研究中独一无二的"领先"地位。与此形成鲜明对照的是黎虎先生在《黎昔非与〈独立评论〉》一书《前言》中引用胡适在《独立评论》三、四周年关于黎昔非管理该刊社务工作情况的文字时,特意注明"以上两则记载是北京师范大学历史系张太原博士发现的。"②,在其他相关文章中也是如此充分肯定张太原发现这一材料及其意义的。不过张书这种良苦用心读者是能够看得明白的,这种非正常做法的重要目的之一是力图突出自己而淡化乃至消弭他研究黎昔非问题的启蒙者、指路人黎虎先生对于黎昔非与《独立评论》关系研究所作出的开创性的、重要的贡献,事实上黎虎先生不仅在学术界最早关注并研究这个问题,不论从资料的搜集和积累还是相关问题的研究方面来说,黎虎先生都是当之无愧的开创者和带头人。他一直在搜集相关口述资料,抢救到了罗尔纲、林钧南、何昕等见证人、目击者的珍贵口述资料和文字资料;同时身体力行亲自多次前往中国社会科学院近代史研究所、国家图书馆、北京大学图书馆等搜集有关文献资料,查找到并复制了如黎昔非在《独立评论》工作期间给胡适的信件,罗尔纲给胡适信中有关黎昔非与《独立评论》关系的资料等相关珍贵资料;同时带动他的兄弟黎导、黎宏等搜集到了

---

① 罗尔纲:《致胡适书简三通》,《黎昔非与〈独立评论〉》,第34页。
② 见《黎昔非与〈独立评论〉》。

黎昔非与《独立评论》关系的家传资料和兴宁市教育局、老干局所存相关档案资料。这些资料已经构成了证明黎昔非为《独立评论》经理人的完整的证据链。胡适在《独立评论》三、四周年关于黎昔非办理《独立评论》情况的文字对于研究黎昔非与《独立评论》关系固然也有重要意义，但是实际上黎虎先生所搜集到的上述系列资料的重要性不仅不亚于上述胡适那两段话，而且超过了胡适那两段话，诸如黎昔非如何进入《独立评论》，他在《独立评论》的职务，他所担负的工作在《独立评论》中的作用与地位，"发行所"的性质和作用，社务部门的人员构成，《独立评论》运作流程等问题，端赖这些资料而得以明确，这些问题仅靠胡适那两段话而如果没有上述资料是无法弄清楚的。而且胡适那两段话"猫腻"不少，不仅是为了忽悠黎昔非，同时也是为了忽悠世人。1935 年 1 月黎昔非导师黄节去世之后四个月他才首次"公开"被他禁锢了三年之久的黎昔非，表明他对于挖了黄节先生的"墙脚"一事心里是有鬼而不敢直面黄节的；他对于首次亮相的黎昔非其人其事没有作起码的介绍，让读者莫名其妙这是一个什么人？与胡适和《独立评论》究竟是什么关系？只是含糊其辞［词］说"专管发行所的事务"，并没有说明黎昔非在《独立评论》中担任什么职务，而"发行所"究竟是什么性质？与独立评论社是什么关系？诸如此类问题都是不清楚的。他说："还有我的朋友罗尔纲先生，章希吕先生，他们帮我做最后一次的校对，也都是这孩子应该十分感谢的。"也并不完全符合事实，更难说是公平之言，罗尔纲是在《独立评论》创刊之后两年多才从广西来胡家的，据他自己说："没有什么工作给我做，只叫我自己看书"，"叫我每天到北平图书馆去看书"，同年 10 月则应罗的要求而安排他为北大考古室助理。[①] 章希吕 1933 年 11 月至 1934 年 9 月住在胡家，是作为上海亚东图书馆的职员到胡家中帮助整理《胡适文存》并将书稿带回上海，与《独立评论》的工作全然无关；胡适在写《又大一岁了》的时候章希吕才刚刚再入胡家，他帮助胡适做了几次"末校"而且足以令胡适"十分感谢"也是令人怀疑的。罗、章二位所涉及的《独立评论》工作与专职的《独立评论》经理人黎昔非先生是不可同日而语的，他们是出于私人关系而帮助胡适做了一些胡适分内的工作而已，与黎昔非先生所负担的《独立评论》经理人工作不论在性质上还是负担轻重上都是不可同日而语的。如今胡适将这两种性质不同、负担轻重有天壤之别的工作扯在一起，实际上混淆并搅乱了人们对于《独立评论》社务工作的了解和认识，从而为其日后篡改《独立评论》历史，把《独立评论》的社务工作人为地排除于外而进行了前期铺垫。

从黎虎对于黎昔非问题的相关研究方面来说，不论其深度和广度都是处于领先地位的，显示了其开拓者的研究水准和风貌。1999 年发表的《先父黎昔非与〈独立评论〉——从我与罗尔纲先生的一次会面谈起》[②]，是学术界第一篇全面、系统叙述黎昔非与《独立评

---

① 《师门五年记》，第 30、37、38 页。
② 《学林漫录》第 14 集。

论》关系的专题论文,可视为在学术界首次吹响了黎昔非问题研究的冲锋号角。2002年问世的黎虎撰写的《黎昔非与〈独立评论〉·前言》①则是学术界第一篇全面、系统而又严谨论述黎昔非为《独立评论》经理人的学术论文,该文从三个方面展开论证:黎昔非是应胡适的邀请去独立评论社工作的;黎昔非在《独立评论》社所从事的工作;从上述事实中得到几个方面的认识。文章认为黎昔非在《独立评论》社的"头衔"究竟是"经理人"还是"发行人"并不重要,重要的是他实际上承担了什么样的任务,文章完全以历史资料为依据进行论证,首先是胡适和黎昔非两位当事人当时的说法和文字材料;其次是当事人黎昔非后来的回忆;第三是见证人、知情人当时的旁证材料;第四是见证人、知情人后来的回忆。这些材料依据其史料价值层层运用和论证,相互印证和补充,多角度、多层面构成一个完整的体系,条分缕析地将黎昔非对于《独立评论》社务工作的管理、运作和操作进行了深入细致的揭示。最后,通过上述坚实的资料和严密的逻辑论证得出了结论性的认识,所谓"发行所"就是《独立评论》社专门的、常设的社务部门,这个机构的负责人一直是黎昔非,不论这个机构负责人称为"经理人"还是"发行人",其实质就是"包办一切,除编辑",故《独立评论》是黎昔非为首的社务部门和胡适为首的编辑部门通力合作的产物,这就是历史的结论。此外,黎虎其后陆续发表的诸如《关于〈黎昔非先生与《独立评论》的两点说明〉》《"忠心的看护妇"——记〈独立评论〉经理人黎昔非》《一朵被遗忘的小花——黎昔非主编的〈昙华〉文艺半月刊》《闻一多为黎昔非题〈耕夫谣〉》《历史的困惑与复原——〈黎昔非与《独立评论》的前前后后〉》等,多角度、多层面揭示了黎昔非问题的真相和黎昔非的学术与人生。

至此我们可以得出结论,黎虎不仅是黎昔非问题研究的开拓者和集大成者,而且就黎昔非与《独立评论》关系这一专题而言,说黎虎是张太原的启蒙者和指导者并不为过。

②诸多论断有失公允乃至是错误。张书(61—62页)在征引罗尔纲《师门五年记·胡适琐记》中关于他目睹黎昔非在独立评论社工作"很忙"的回忆文字之后说:"这是罗尔纲作为见证人的回忆,只是很少人注意到这一新的说法。"事实上黎虎早在1999年的《先父黎昔非与〈独立评论〉——从我与罗尔纲先生的会面谈起》和2002年出版的《黎昔非与〈独立评论〉》《前言》中均征引了罗尔纲这段文字。张书(62页)写道:"笔者多次采访黎虎先生,承蒙提供各种资料,由此弄清了黎昔非先生生平。"事实是不论"采访黎虎先生"所得还是"各种资料"所载的核心都是关于黎昔非为《独立评论》经理人的问题,"黎昔非先生生平"与其为《独立评论》经理人是密切相关、不可分割的问题,并不存在脱离其作为《独立评论》经理人的单纯的、孤立的"生平"。张书(66页)在征引黎昔非被协和医院收费处人员称为"总管"一事后写道:"这说明黎昔非当时确实承担着'经理人'或'发行人'的角色,只是他自己不好意思向别人明确地说,或者他本人对这

---

① 黎虎:《黎昔非与〈独立评论〉》,第1—27页。

一社会角色的认知并不很清楚。"这种说法表明作者对于《独立评论》及当时报章的实际情况认知并不清楚,首先,当时胡适并没有明确任命黎昔非为什么职称,而是将除了编辑之外的全部社务工作压在黎昔非身上;其次,无论"经理人"还是"发行人"的职称都不能完全概括黎昔非所承担的工作内容,实际上"黎昔非一人身兼经理人、发行人、营业部、服务部于一体,常年独立支撑除编辑之外该社的所有事务,为中国近代报刊史所仅见"。① 张书对于胡适在纪念《独立评论》三、四周年时所说有关黎昔非的那两段话的认识相当肤浅,因而论断失当,不得其要。张书说"胡适在纪念《独立评论》三周年的时候,曾满怀感激地说"云云(66页),其时黎昔非的导师黄节先生刚刚辞世四个月,而自己则被胡适禁锢而"很痛苦"了三年之久,这是胡适在欢庆自己的阴谋得逞还是"感激"黎昔非?如果不将相关资料联系起来全面进行考察是不得其旨的;其时《独立评论》已经有了大量存款,社员早已不用捐钱,在"满怀感激地说"完之后胡适采取了什么措施稍稍改善一下黎昔非的待遇?张书又说"胡适在纪念《独立评论》四周年时也同样提出对黎昔非表示特别感谢"(67页)。胡适是这样来"表示特别感谢"的,他说"我们借这个机会谢谢黎昔非先生和章希吕先生。他们终年勤勤恳恳的管理独立评论的发行,校对,印刷的事务。他们对于这个刊物的爱护和勤劳,常常给我们绝大的精神上的鼓舞。"按照胡适这个说法,章希吕是与黎昔非一样"终年勤勤恳恳的管理独立评论的发行,校对,印刷的事务"的,这符合事实吗?主要负责"末校"的章希吕居然与黎昔非相提并论,这就是对于黎昔非"表示特别感谢"吗?而对于自1935年春至1937年4月在《独立评论》任会计并协助校对和社务的陈晋祺只字不提,这是公平的吗?张书附和胡说而写道"在这里胡适还提到了章希吕,这与前面对章希吕工作性质的判断也是吻合的"(67页),究竟有多少"吻合"的地方呢?张书写道:"难怪黎昔非在1958年写《自传》提到胡适时,特意加上'战犯'二字;大概除了为形势所迫之外,内心里说不定也确有一种对胡适由来已久的怨恨。"(75页)这一说法表明作者对于解放战争及中华人民共和国成立后历史的了解有所不足,在中华人民共和国成立后的一段时间里,写材料时涉及某个"战犯"时一般都会加上这顶帽子的,例如1955年陈晋祺所写材料也在胡适名字之前加上"战犯"二字,所以黎昔非所写材料中出现"战犯胡适"的字样并没有什么特别之处,张书那些猜测之词实为想当然②。张书说:"但是很少人知道,胡适在某种程度上或者仅是无意中也曾耽误过一

---

① 齐辉:《中国近代新闻史视野下的黎昔非与〈独立评论〉周刊——兼论学人论政期刊的经营特色》,《河北学刊》2015年第3期。

② 据黎虎先生告知:前几年我曾经在电视上看到耿云志先生讲胡适并非战犯的问题。我平时很少看电视,那天偶尔打开电视,正好是耿云志先生在讲胡适并非战犯的问题,因为有字幕,故看下去了,耿先生的大意是说根据他的研究,解放战争宣布的战犯名单中并没有胡适,后来传说胡适为战犯,是南方一些小报讹传的。我听了之后非常吃惊,因为1949年我已经上初中了,政治学习中讲到战犯时,一直都是有胡适其人的。南方解放后所出版的都是正规的党报,并没有改革开放以后涌现的那种(转下页)

个人即黎昔非作为学问家的前程。"（75页）首先，所谓"很少人知道"胡适耽误了黎昔非的前程，这一说法完全不符合事实，事实是只要知道黎昔非其人其事者无不知道胡适耽误了黎昔非的前程，罗尔纲不知道吗？林钧南不知道吗？黎虎的《先父黎昔非与〈独立评论〉》和《黎昔非与〈独立评论〉·前言》对此不是有详细的论述吗？至于刘佐泉的《只因"师恩"误平生》则是专题论述胡适对于黎昔非的耽误问题。其次，所谓"胡适在某种程度上或者仅是无意中也曾耽误过一个人即黎昔非作为学问家的前程"，也是完全不符合事实的，一个北大的在读研究生被胡适用五年时间将其"改造"成一个"小职员"（蒋廷黻语），还只是"某种程度上"吗？黎昔非提出辞职的请求被胡适以各种理由搪塞了五年之久，这还是"无意中"吗？著者作为在读研究生，对于同样是在读研究生的黎昔非的这种遭遇应该更能感同身受，居然写出这种既不符合事实而又漠然的文字，令人震惊。事实充分证明胡适"耽误"黎昔非完全是"有意"的，重要的事实可以举出两条：一是黎昔非1930年在中国公学毕业时胡适对于他们的《赠言》。胡适"赠言"的核心就是"不要抛弃学问"。他叮嘱毕业生们"趁现在年富力强的时候，努力做一种专门学问。少年是一去不复返的，等到精力衰疲时，要做学问也来不及了。即为吃饭计，学问决不会辜负人的。吃饭而不求学问，三年五年之后，你们都要被后进少年淘汰掉的。到那时再想做点学问来补救，恐怕已太晚了"。"你们的母校眼睁睁地要看着你们十年之后成什么器"，胡适比谁都知道"三年五年"的耽误对于做学问来说意味着什么。黎昔非1931年考上北京大学研究生就是为了"不要抛弃学问"。需要指出的是，胡适这篇《赠言》，在黎昔非毕业前一届学生毕业时就曾以《中国公学十八级毕业赠言》为题首发，次年在黎昔非毕业时又以《赠言》为题再次发表于这一届毕业纪念刊中，1932年6月胡适在北京大学毕业典礼上的演说第三次重复发表上述赠言内容，显然，胡适视这篇赠言为其得意之作，并烂熟于心。但是，1932年5月黎昔非即被胡适拉入《独立评论》并承担繁重的与"学问"毫无关系的事务性工作，而且一直被禁锢了五年而不许辞职，也就是说在胡适的直接操作下让黎昔非"抛弃学问"达五年之久从而"被后进少年淘汰掉"了。由于每天超强度的事务性工作，五年之后的黎昔非"再想做点学问来补救，恐怕已太晚了"。对于"抛弃学问"有如此精

（接上页）"小报"。不知耿先生是怎么研究出来的？于是关掉电视，后面他怎么讲的我就不知道了。我将这一"新闻"告知家兄黎导，他回信告诉我《南渡北归》第二部第559页有关于这个问题的记载。里面写道：1949年1月20日"中共中央电贺淮海战役胜利结束，经毛泽东修改定稿的电报中称：现在南京城内尚有头等战犯及其他罪大恶极的帮凶们，例如胡适、郑介民、叶秀峰等人。到了1月26日，延安电台广播说：'对于去年十二月二十五日中共权威人士所提出的战争罪犯的初步名单，有人感觉名单遗漏了许多重要战犯，例如军事方面……许多学生和教授们认为名单中应包含重要的战争鼓吹者胡适、于斌和叶青。'从这条广播可以看出，此时的胡适由罪大恶极的'帮凶'，已晋升为重要'战犯'。"（岳南著《南渡北归》第二部，长沙：湖南文艺出版社2015年8月，第559—560页）显然，解放战争宣布的战犯是有两批名单的，胡适是在第二批名单中。作为胡适研究权威者尚且浅陋若斯，张太原作为年轻一代而如此，实不足深怪。

深见解的胡适,迫使黎昔非在他的眼前五年之久只是"吃饭而不求学问",这仅仅是"在某种程度上"吗?能够是"无意中"的吗?看看胡适上面说的这些话,再看看胡适施加于黎昔非身上的所作所为,除了证明胡适是"有意"逼迫黎昔非"抛弃学问"之外,没有任何资料能够证明胡适是"无意中"的。

另一条重要资料是沈从文1937年5月23日致胡适的信①。信中所转述黎昔非向沈从文的申诉,将黎昔非被禁锢五年,陷于事务性工作而彻底"抛弃学问"的事实展露无遗,沈从文还在信中提醒胡适:"这人老实处,适之先生五年来必看得出。……这人痛苦想来先生明白,不知是不是肯帮他个忙尽他从别的工作上试试。"连沈从文都认为这一切事实胡适是"必看得出"的,是"明白"的,这能够是"无意中"的吗?沈从文最后表示了自己的态度:"我觉得他若这样混下去也极可惜,可怜。"显然,所谓胡适只是"某种程度上或者仅是无意中"贻误了黎昔非的说法与历史事实相去甚远。

刘蓓然《20世纪30年代的〈昙华〉》②发表,文章介绍了《昙华》杂志的创刊背景,刊物文章特色:抗日至上、乡村风景、校园生活。此外,由于《昙华》编辑部——昙华文学社的社员多为粤东客家人,因此在《昙华》刊载的作品中,为读者展现了一幅幅近代粤东客家人生存状态的民俗画。

尹文化《胡适为〈独立评论〉所找的"看护妇"》③发表,文章简明扼要地介绍了黎昔非经理《独立评论》的经过,以及因此耽误学业,最终造成人生悲剧的经过。

王炜民《黎虎先生的学术道路与史学成就》④发表,文章在评介黎虎在中国古代史领域的成就同时,特别指出由于特殊的原因,他在中国现代史范畴也做出了重要的学术贡献,这突出地表现在《黎昔非与〈独立评论〉》一书的编著出版。认为该书揭开了深藏70年的历史内幕,展现了《独立评论》"忠心的看护妇"——黎昔非先生非同寻常的人生和伟大的人格,撼人心弦。

王天根《从〈独立评论〉经理到〈昙华〉主编的黎昔非》⑤发表,认为黎昔非"作为一个普通的知识分子同时又兼任《独立评论》经理,是一个在学人与政客之间出淤泥而不染的狷介之士。由此而言,他是并不普通。黎昔非的人生历程反映了他那一代知识分子由社会基层走向社会中间阶层过程⑥独有的辛酸与苦涩,探索他在'新、旧'之间做出的抉择,

---

① 《沈从文全集》第18卷,太原:北岳文艺出版社,2002年,第231—232页。
② 刘蓓然:《20世纪30年代的〈昙华〉》,《兰台世界》2006年第15期。
③ 尹文化:《胡适为〈独立评论〉所找的"看护妇"》,《兰台世界》2006年第16期。
④ 王炜民:《黎虎先生的学术道路与史学成就》,《阴山学刊》2006年第1期。
⑤ 王天根:《从〈独立评论〉经理到〈昙华〉主编的黎昔非》,《徐州师范大学学报》2006年第2期。
⑥ "据社会学家调查,20世纪20年代末,北京市大约有80%家庭年收入在150—300元之间。黎昔非的年薪收入在400—500元之间,属于中等知识分子阶层。"习五一:《北平风俗拾零》,《黎昔非与〈独立评论〉》,第637页。

为我们认识处在中间阶层的普通知识分子在现实谋生与理想的文化追求特有的社会场景，提供了一个生动而鲜明的个案"。文章在详细叙述了黎昔非的生平事迹以及在学术、文学创作追求的基础上指出：黎昔非"由于经营《独立评论》而荒废了学业，重要原因是学生黎昔非与老师胡适的关系被利用为办刊人与经理人的关系，黎昔非付出了人生最宝贵的7年，最后又回到了原来的出发点——中学教师。真个是赤条条而来，又赤条条而去。黎昔非在社会阶层中地位的变动及事业追求中进取与被迫撤退，折射了社会阶层的流动及胡适、蒋廷黻等社会精英成功在某种程度建构在榨取那些（由普通民众走向社会中间阶层）知识分子艰辛的劳作，甚至是被迫默默无闻的'奉献'基础上的"。进而指出："黎昔非一事，不说是千古奇冤，恐怕也是百年不遇的了。为数不多的北大研究生黎昔非被埋没，反映了中国近代自由知识分子精英群体借助《独立评论》而声誉鹊起的背后有部分知识分子在默默无闻中做奉献，甚至是牺牲。"该文从社会阶层流动的角度审视黎昔非的命运，开掘了对黎昔非问题研究的深度。

张长兴《〈独立评论〉经理——黎昔非的辉煌与无奈——兼复黎虎教授》[①]发表，该文2006年7月15日最先发表于"世界客家资讯网"（www.worldhakka.org）《客家联盟·客家研究》，2017年10月17日又发表于作者博客。

2007年

王炜民《胡适何如人——以黎昔非个案为中心》[②]发表，认为胡适在办理《独立评论》问题上撕掉了他展示给世人的伪装而充分暴露了其恶劣的品质。胡适声称对《独立评论》实行"无为政治"的实质，完全是建立在残酷逼迫黎昔非实行"有为政治"基础之上实现的。文章以大量历史事实揭露了胡适以最为刻薄的工资待遇，逼迫北大在读研究生这样高质量的人才变成他私人的长工，长期禁锢于烦琐的社务工作中，实行超负荷的"虐用"，最大限度地榨取，为自己的需要服务。其次揭露了胡适虚伪、恶劣的道德品质。他逼迫黎昔非为他打了三年工不许他辞职，为了稳住黎昔非，于是在《独立评论》三周年特大号中假惺惺地给黎昔非戴上"忠心的看护妇"的高帽子，但是没有采取任何措施改善黎昔非的工作条件和待遇；他自己"忘记了"黎昔非三年之久后，此地无银三百两地号召大家"不要忘记了"黎昔非的辛劳与贡献。但是当《独立评论》停办，流亡台湾之后，却彻底"忘记了"黎昔非，他在总结《独立评论》历史时不仅将黎昔非彻底除名，而且把黎昔非五年多的全部付出和贡献安到了他的老乡章希吕身上。

再结合1944—1945年黎昔非给胡适写了三封信，请胡适写几个字以证明自己曾经在北大研究院上学，因为他已经通过教育部的审查，只要补上这一纸证明就可以获得大学教

---

① 张长兴博客，http://xuehai32.blogchina.com/2296593.html。
② 王炜民：《胡适何如人——以黎昔非个案为中心》，《江汉论坛》2007年第2期。

员的资格,但胡适竟悍然置之不理,未有只字回复。至此,胡适过河拆桥、忘恩负义的恶劣品质遂展露无遗。

文章以此为突破口揭穿了胡适"两面人"的双重人格,最后指出:"观察胡适的方式除了仰视之外,还应当俯视,俯仰结合才能比较完整地看清胡适。"

向华梁《〈独立评论〉:胡适"掩盖"黎昔非》①发表,此文系《大学》杂志记者对于黎昔非之子黎虎的访谈,揭示了黎昔非与《独立评论》的关系以及胡适掩盖黎昔非与《独立评论》关系的行为。

马寒梅《论〈独立评论〉的另一个核心——黎昔非主持的发行部》②发表。文章在深度研究《独立评论》社务部门的基础上得出结论:"历史事实表明,《独立评论》既存在着以胡适为首的编辑部,也存在着以黎昔非为首的社务部——'发行部',它们共同组成了独立评论社的两翼两轮,共同推动《独立评论》取得了成功。《独立评论》的成功,是以胡适为首的编辑部和以黎昔非为首的社务部两个核心通力合作的结果。"

眉睫《从黎昔非的命运看胡适性格的另一面》③发表。文章介绍了黎昔非为《独立评论》鞠躬尽瘁,却因此失去了做研究的最好时光,放弃学业,回乡教书。最终还是被胡适牵连,在"文革"中蒙难,含冤去世。他的悲剧是胡适一手造成的,而这位始作俑者绝不是公众印象中的"圣人"。认为胡适并不是大家印象中的那个对人慷慨热情,连一个从未谋面的人只要夸耀他几句,他也乐于帮忙,成人之美的人,也就是人们常常称呼的"我的朋友胡适之"。实际上这里面胡适不乏表面的热情,并有虚荣心在作怪。曾经帮助胡适经理《独立评论》五年的黎昔非,因为《独立评论》耽误了北京大学国学研究院的研究生学习,胡适难辞其咎。在黎昔非有了到大学教书的机会,唯独缺少研究生学历证明时,他求助于"恩师"胡适。胡适在此时帮黎昔非一把应在情理之中,亦是顺水人情。但黎昔非一连给"恩师"写了三封信,语气委婉恳切,希望胡适能给他写一纸学历证明。可惜,胡适一封信都没回,黎昔非只好又回到老家教中学去了。胡适如此薄情寡义,实难想象。

孔祥宇《简评〈《独立评论》与 20 世纪 30 年代的政治思潮〉》④发表。文章评价张太原《〈独立评论〉与 20 世纪 30 年代的政治思潮》一书,认为"关于谁是《独立评论》的经理人,以往几乎所有的胡适传记著作及相关研究成果,都认为是胡适的老乡章希吕。而

---

① 何华梁:《〈独立评论〉:胡适"掩盖"黎昔非》,重庆市科学技术协会主办:《大学》,2007 年 3 月·上半月号。
② 马寒梅:《论〈独立评论〉的另一个核心——黎昔非主持的发行部》,《北京社会科学》2007 年第 6 期。
③ 眉睫:《从黎昔非的命运看胡适性格的另一面》,《粤海风》2007 年第 6 期,后收入眉睫著《现代文学史料探微》,上海:上海远东出版社,2009 年,题为《黎昔非与胡适——胡适性格的另一面》。又以《胡适也有薄情时》,发表于《财会月刊》(会计版)2008 年第 6 期。2018 年眉睫《文人感旧录》出版(上海:文汇出版社),书中收录《黎昔非与胡适——胡适性格的另一面》。
④ 孔祥宇:《简评〈《独立评论》与 20 世纪 30 年代的政治思潮〉》,《党史研究与教学》2007 年第 2 期。

作者通过考证，认为《独立评论》的经理人是黎昔非，而不是此前认为的章希吕"。此处关于《独立评论》经理人研究问题的论述与事实不符，事实上在张太原论述这一问题之前，已有若干论著指出《独立评论》经理人是黎昔非而不是章希吕，请参看本文的2003年条，这里不拟重复。关于本书的史料问题，文章写道："为了支持这个结论，作者找到了以下材料：(1)多次采访黎昔非的后人、北京师范大学历史系教授黎虎先生，弄清了黎昔非的生平，翻阅了黎虎先生珍藏的黎昔非日记；(2)从兴宁市政府档案室发现《黎昔非档案》，其中有两份黎昔非写的自传材料；(3)中国社会科学院近代史所保存的黎昔非写给胡适的两个便条。"这段关于材料问题的叙述均不符合事实，第一条所称只是从黎虎那里"弄清了黎昔非的生平"的说法不确切，黎昔非的"生平"与胡适和《独立评论》是不可分割的，没有孤立的所谓黎昔非"生平"，因此张太原是从黎虎那里得以全面、系统地弄清了黎昔非是《独立评论》经理人。第二、三条均不符合事实。事实是：第二条"从兴宁市政府档案室发现《黎昔非档案》，其中有两份黎昔非写的自传材料"是黎昔非长子黎导亲自到兴宁市查找并复印的，然后由黎虎提供给张太原使用的。第三条"中国社会科学院近代史所保存的黎昔非写给胡适的两个便条"是黎虎亲自到中国近代史研究所资料室查找到并拍照的，然后由黎虎提供给张太原使用的（详见本文2002年条所述）。

李庆刚《中国现代思想史研究的一朵新葩——读〈《独立评论》与20世纪30年代的政治思潮〉》[①]发表。文章对张太原《〈独立评论〉与20世纪30年代的政治思潮》一书关于黎昔非问题研究的某些论述不确实，例如"在对黎昔非和胡适交往进行'繁密'描述（也是作者贯彻始终的研究方法）的基础上，认为黎是《独立评论》经理人"的说法失实，事实是：黎昔非是《独立评论》经理人此前早已明确，张太原的论述只是在已有研究基础上有所前进而已。文章还说："即使作者采访了黎昔非的后人、现为北京师范大学历史系教授的黎虎先生（魏晋南北朝史专家）时，仅是为了解黎昔非的生平简介，论证问题时还是采用有关史料记载来相互印证。"亦属不实之词。事实是并没有脱离与胡适和《独立评论》关系的孤立的所谓黎昔非"生平"，因此，张太原从黎虎那里了解到的是黎昔非为《独立评论》经理人的全面、系统的认识。张太原从黎虎那里不仅了解了黎昔非的"生平"，同时也从黎虎那里得到大量"有关史料"，例如黎昔非的日记、履历表、自传以及黎昔非在办理《独立评论》期间给胡适的信函，以及罗尔纲1932—1933年致胡适的信函等，这些史料都是黎昔非为《独立评论》经理人的重要证据。张太原在材料方面的主要贡献，在于带着黎昔非是《独立评论》经理人的问题意识，在《独立评论》中找到了胡适在三、四周年时的社评中对黎昔非作为《独立评论》经理人的介绍。作者在这里强调黎虎是"魏晋南北朝史专家"的意图读者是懂的，但是对于学术问题我们务必摆脱"四唯""五唯"框架

---

① 李庆刚:《中国现代思想史研究的一朵新葩——读〈《独立评论》与20世纪30年代的政治思潮〉》,《北京党史》2007年第3期。

的束缚，而应该就学术问题本身的实际情况以论长短得失，如果没有黎虎的引导和帮助，如果没有黎虎提供丰富的口述资料以及其他一系列"相关史料"，黎昔非作为一位从未被学术界所知的人物，任何一个研究者都是不可能轻而易举就能够登堂入室的。历史问题不论古今，其理同一，黎虎以其古史研究方面的深厚功力和史识，在黎昔非问题研究过程中的诸多事实已经一再证明，其在黎昔非问题及其与胡适关系研究方面所掌握的资料和对于问题认识的深刻程度并非凡是专研胡适问题者都能轻易企及更遑论超越的。本文作者对于所论问题研究不足即加以评论，严重背离基本的事实，不仅无助于学术反而将被胡适所搅乱了的《独立评论》历史和黎昔非问题又添加了新的混乱。

《兴宁年鉴2007》人物传略收录陈作新所撰"黎昔非"条①，介绍了黎昔非的生平及其子女情况。

Lit Hiszhushan《黎昔非对〈独立评论〉的特殊贡献》发表，2007-06-11（网络文）。

2008年

黄波粼《近三十年来国内〈独立评论〉研究综述》②发表。文章总结了国内近三十年来围绕《独立评论》的研究，指出了研究《独立评论》的两个新趋势之一是关于黎昔非与《独立评论》的研究，以很大篇幅介绍了学术界近年围绕黎昔非与《独立评论》关系的研究状况，介绍了黎虎、张太原、王天根等人的研究成果。他们围绕黎昔非的研究还原了历史的本来面目，让人们对胡适的为人处事及性格特点有一个更全面的认识，让人们知晓了《独立评论》的成功牺牲了黎昔非的毕生，从而把对《独立评论》的研究"深入到'幕后'了"。指出"学者已达成共识:《独立评论》办刊成功是由于胡适等与黎昔非的通力合作。"因此，在"肯定《独立评论》乃至胡适为中国文化事业的贡献时，也应当肯定黎昔非在其中所做出的牺牲和贡献"。"《独立评论》的成功是合力甚至是牺牲了黎昔非的毕生，使《独立评论》在中国现代史上的重要地位更具凝重感。"

文章对于黎虎主编的《黎昔非与〈独立评论〉》一书给予了高度评价，认为除了以丰富的历史资料证明《独立评论》经理人黎昔非对于《独立评论》的重要贡献之外，"本书对于研究《独立评论》的性质、《独立评论》时期胡适政治思想，该时期出现的冀察政务委员会、西安事变等重大政治事件，以及20世纪30、40年代中国现代报刊史、文学史、诗经学史研究，胡适的为人，罗尔纲、吴晗、闻一多等著名学者的生平事业等，都提供了难得的有价值的资料"。

朱伟杰《〈独立评论〉的"看护妇"黎昔非》③发表。作者作为一位作家和黎昔非的同

---

① http://www.xingning.gov.cn/content/detail/5b4468f77a042b996b413427.html
② 黄波粼:《近三十年来国内〈独立评论〉研究综述》,《民国档案》2008年第4期。
③ 朱伟杰:《〈独立评论〉的"看护妇"黎昔非》,《传记文学》2008年第7期。

乡，以传记文学的体裁介绍了黎昔非经理《独立评论》的前前后后及其生平事迹，对于其学识、贡献和道德品质给予了高度的评价，文笔细腻生动，饱含感情。

罗衍军《时代巨变中的自由主义言说——读张太原教授〈《独立评论》与20世纪30年代的政治思潮〉》[①]发表。认为其书的第四个显著特色是"在资料的搜集利用上颇多创获。该书不仅广泛运用多种旧材料论证新问题，而且注意利用常见史料中前人从未利用过的新材料诠释旧问题、揭示新问题。更可贵的是，著者不辞辛劳搜集口述资料和档案资料，将结论奠基于坚实的史料之上。如在第一章为论证《独立评论》的经理人为黎昔非而非此前普遍认为的章希吕，著者搜集了多方材料加以阐明：1. 多次采访黎昔非之子、北京师范大学历史系教授黎虎先生，并翻阅了黎虎珍藏的黎昔非日记，弄清了黎昔非生平。2. 从兴宁市政府档案室搜集到《黎昔非档案》，其中有黎昔非所写的两份自传材料和黎昔非好友丁白清为其所写的证明材料。3. 中国社会科学院近代史所保存的黎昔非写给胡适的两个便条和罗尔纲写给胡适的两封信。这样所得出的结论，显然澄清了前人的错误看法，具有无懈可击的说服力"。此处所述搜集资料的三个问题均严重失实，关于第一个问题，张太原从黎虎那里不仅"弄清了黎昔非生平"，还得到了大量的资料。所谓"黎昔非生平"的核心就是《独立评论》经理人的问题；张太原从黎虎那里得到的远不止黎昔非日记，文中所说的第二、第三方面的材料全部是黎虎搜集到以后送给张太原的。因此，另外两个问题均与事实不符，第二条所述档案资料均是黎昔非长子、时任广东外语外贸大学副校长黎导专程前往兴宁搜集到并加以复印的，其中包括黎昔非1951年、1958年自传，丁白清所写证明材料，曾任《独立评论》会计陈晋祺给组织上所写材料等；第三条所述从中国社科院近代史研究所资料室搜集到的相关资料，均是黎昔非次子黎虎前往中国近代史研究所并在该所的左玉河先生协助下搜集并拍照的，其中包括黎昔非在《独立评论》经理人期间给胡适的三个便条（信笺左下均有"独立评论社用笺"字样，为当时独立评论社专用信笺），罗尔纲致胡适信件涉及黎昔非与《独立评论》问题的有三通等（详见本文2002年条）。

至于所谓"著者不辞辛劳搜集口述资料和档案资料"云云，不知作者何所指？如果是指黎昔非办理《独立评论》时的目击证人罗尔纲、何昕、林钧南等人的口述资料则是黎虎"不辞辛苦"所搜集，王越的口述资料则是黎导"不辞辛苦"所搜集，张太原只是"不辞辛苦"几次拜访过同一大院中的黎虎。至于张太原"不辞辛苦"搜集的"档案资料"究竟是什么也不得而知，从张太原论述黎昔非的文章中所能看到的只有黎虎兄弟所搜集到的那些"档案资料"。本文作者诸多毫无根据的吹嘘，是当今学术界浮躁虚夸风气的一个反映。

[①] 罗衍军：《时代巨变中的自由主义言说——读张太原教授〈《独立评论》与20世纪30年代的政治思潮〉》，《安徽史学》2008年第5期。

2009 年

黎虎《黎昔非先生故居丕显围记》① 发表。文章通过黎昔非故居的介绍,叙述了黎昔非的家世和成长中的历史片段。

金道林《论理性自由主义者的民族情感及其影响——〈独立评论〉视野下的中日关系》② 发表。在文章第一章第一节"刊行和经营"中以很大的篇幅介绍了黎昔非经理《独立评论》之事的缘起、黎昔非对《独立评论》所做出的巨大贡献,指出"除了编辑以外,《独立评论》其他事务主要由经理人黎昔非主持的发行所负责"。作者认为:"独立评论社的规模虽然很小,但其经营活动却是相当有效率的。以胡适为首的编辑部和黎昔非主持的发行所共同保证了《独立评论》的顺畅发行。"

作者这一论断不够全面,一个强有力的社务部门不仅仅使刊物得以"顺畅发行",同时对于刊物的存在和发展起了至关重要的作用,《独立评论》之所以能够维持五年之久,成为处于危亡时局中发行量和影响最大的刊物之一,黎昔非及其所主持的"发行所"是决定性因素之一。

夏和顺《黎昔非:〈独立评论〉的"总管"》③ 发表。文章介绍了黎昔非经理《独立评论》一事的始末。

2010 年

任睿《全面抗日前夕〈独立评论〉的抗战舆论研究》④ 发表。该文在"国内外研究综述"中专立一节论述"关于黎昔非与《独立评论》关系的研究",指出"对于《独立评论》经理人的讨论,也是学界关注的焦点,在这一论争过程中,有关黎昔非的研究受到诸多学者的关注,学界普遍认为,《独立评论》得以成功创办并在其后的五年间产生了巨大的影响,离不开这位'忠心的看护妇'"。

诸多提法和论断存在错误,例如说:"张太原的《谁是〈独立评论〉的经理人?》在对相关史料整理分析的过程中,提出了黎昔非即是《独立评论》经理人的观点,这一观点,不仅澄清了学界认为章希吕、罗尔纲是经理人的误识,重新摆正了黎昔非'看护妇'的位置,而且运用史料证明'爱惜人才'的胡适在某种程度上或者仅是无意中也曾耽误过黎昔非作为学问家的前程,对胡适研究也是有所补益的。"这段论述的问题主要有如下两

---

① 黎虎:《黎昔非先生故居丕显围记》,《兴宁风采》,2009 年 12 月第 41 期。
② 金道林:《论理性自由主义者的民族情感及其影响——〈独立评论〉视野下的中日关系》,上海:上海师范大学硕士学位论文,2009 年。
③ 夏和顺:《黎昔非:〈独立评论〉的"总管"》,《深圳商报》2009 年 12 月 4 日。
④ 任睿:《全面抗日前夕〈独立评论〉的抗战舆论研究》,合肥:安徽大学硕士研究生学位论文,2010 年。

个方面。

一是：所谓"在对相关史料整理分析的过程中，提出了黎昔非即是《独立评论》经理人的观点"。事实上黎昔非是《独立评论》经理人的问题并非张太原提出来的，早有诸多文章论述，黎虎多次向张太原介绍黎昔非时的核心问题就是黎昔非为《独立评论》经理人的问题。张太原的贡献仅在于将黎虎所提出的这个问题和所提供的资料以及他自己从《独立评论》中找到的胡适在三、四周年纪念刊文章中对于黎昔非的介绍结合起来，从而把黎昔非是《独立评论》经理人的问题论证得更为充实。

二是：所谓"运用史料证明'爱惜人才'的胡适在某种程度上或者仅是无意中也曾耽误过黎昔非作为学问家的前程"。必须指出，张太原的这个说法恰恰是没有"运用史料"加以"证明"，完全是一种想当然的模棱两可的推测之词。随着对于黎昔非与胡适关系研究的日益深入，许多历史资料被陆续发现，胡适不是"无意"而是"有意""戕害"黎昔非已经证据确凿，无可辩驳。

这些新的资料重要的可以举出两条：一是黎昔非1930年在中国公学毕业时胡适对于他们的《赠言》已经从上海档案馆被发现。胡适的"赠言"的核心就是"不要抛弃学问"。他叮嘱毕业生们"趁现在年富力强的时候，努力做一种专门学问。少年是一去不复返的，等到精力衰疲时，要做学问也来不及了。即为吃饭计，学问决不会辜负人的。吃饭而不求学问，三年五年之后，你们都要被后进少年淘汰掉。到那时再想做点学问来补救，恐怕已太晚了"。"你们的母校眼睁睁地要看着你们十年之后成什么器"。黎昔非1931年考上北京大学研究生可以说就是践行了校长胡适"不要抛弃学问"的这个教导。需要指出的是，胡适这篇《赠言》，在黎昔非毕业前一届学生毕业时就曾以《中国公学十八级毕业赠言》为题首发，次年在黎昔非毕业时又以《赠言》为题发表于这一届毕业纪念刊中，1932年6月胡适在北京大学毕业典礼上的演说第三次重复发表上述赠言内容，显然，胡适视这篇赠言为其得意之作，并烂熟于心。但是，1932年5月黎昔非即被胡适拉入《独立评论》并承担繁重的与"学问"毫无关系的事务性工作，而且一直被禁锢了五年而不许辞职，也就是说在胡适的直接操作下让黎昔非"抛弃学问"五年之久而"被后进少年淘汰掉"了。由于每天超强度的事务性工作，五年之后的黎昔非"再想做点学问来补救，恐怕已太晚了"。对于"抛弃学问"有如此精深见解的胡适，迫使黎昔非在他的眼前五年之久只是"吃饭而不求学问"，仅仅是"在某种程度上"吗？能够是"无意中"的吗？看看胡适上面说的这些话，再看看胡适施加于黎昔非身上的所作所为，除了证明胡适是"有意"逼迫黎昔非"抛弃学问"之外，没有任何资料能够证明胡适是"无意中"的。

另一条重要资料是沈从文1937年5月23日致胡适的信[①]。信中所转述黎昔非向沈从文

---

① 沈从文1937年5月23日致胡适，《沈从文全集》卷18《书信》，太原：北岳文艺出版社，2002年，第231—232页。

的申诉,将黎昔非被禁锢五年,陷于事务性工作而彻底"抛弃学问"的事实展露无遗,沈从文还在信中提醒胡适:"这人老实处,适之先生五年来必看得出。……这人痛苦想来先生明白,不知是不是肯帮他个忙尽他从别的工作上试试。"连沈从文都认为这一切事实胡适是"必看得出"的,是"明白"的,这能够是"无意中"的吗?沈从文最后表示了自己的态度:"我觉得他若这样混下去也极可惜,可怜。"显然,所谓胡适只是"某种程度上或者仅是无意中"贻误了黎昔非的说法与历史事实相距甚远。

任睿文又说:"对于胡适是否耽误了黎昔非本应大有作为的学术前程,学界是有争议的,这种争议以黎昔非的哲嗣——黎虎所著《"忠心的看护妇"——记〈独立评论〉经理人黎昔非》和胡适研究者耿云志的《黎昔非先生与〈独立评论〉》为代表。"认为"黎文对黎昔非坎坷的一生颇感遗憾和同情,认为胡适对黎昔非的付出没有给予应有的回报"云云,也存在诸多不实、不妥之处。需要指出的是,认为胡适耽误黎昔非的学业和前途并非黎虎一人,而是众多学者压倒性的普遍认识,例如朱杰人先生在《黎昔非的〈诗经〉研究》一文中说:"这是一位完全可以有大成的学者。但是……为他人做嫁衣"云云①;朱绍侯先生在《不迷信名人不固执己见的学者风度——黎昔非先生遗著读后感》中说:"拜读过黎昔非先生的有关资料之后,对黎老前辈的一生我感到有三个惋惜和遗憾。第一个惋惜和遗憾的是,黎先生在1931年考入北京大学研究院国学研究所读研究生时,从个人素质和客观环境方面,可以说有充分条件使他和他的同学罗尔纲、吴晗等先生一样,成为中国拔尖的一流学者。但由于老师胡适先生一再恳求,而去帮助胡先生主办《独立评论》,改变了他深入钻研学术的道路。"②;张传玺先生在《读黎昔非先生"劄记"残稿的体会》一文中说:"1932年春,胡适创办《独立评论》杂志。他以师长之尊,请黎先生任该杂志社经理,总管财务和出版、发行,前后共五年。关于此事,黎先生在《自传》中说:'本来,我打算只干他半年至一年,藉以维持生活,期完成自己的论文便罢了。没想到那种工作这么烦忙,有时忙到连报纸都要到夜深才得闲来看;也没想到一再推辞,直到北京沦陷前夕都还没有和它完全绝了关系。'黎先生在担任经理的五年中,研究生已不读了,正常地学习与研究也中断了,所付出的代价巨大。"③;安作璋先生在《学习黎昔非先生》一文中写道:"经理这种事务性工作对于他的学术研究并没有多少助益。他是牺牲了自己的学业、研究乃至前途,去从事与学术无关的事务性工作。他是替胡适老师尽义务,为他人作嫁衣裳……"(第227—228页)这些年高望重学者的表述虽然委婉,但是意涵是明确的;而2005年刘佐泉教授发表在《江汉论坛》上的《只因"师恩"误平生》则是公开谴责胡适

---

① 朱杰人:《黎昔非的〈诗经〉研究》,《黎昔非与〈独立评论〉》,第185页。
② 朱绍侯:《不迷信名人不固执己见的学者风度——黎昔非先生遗著读后感》,《黎昔非与〈独立评论〉》,第210页。
③ 张传玺:《读黎昔非先生"札记"残稿的体会》,《黎昔非与〈独立评论〉》,第218页。

"戕害"黎昔非的一篇檄文,该文全面、系统、深刻地揭示了胡适对于黎昔非的学业、前途所造成的无法弥补的巨大戕害;方尤瑜先生的《沧海遗珠的璀璨本色——黎昔非论略》①虽然是全面论述黎昔非的学术与人生的文章,但是笔锋所及直指胡适对于黎昔非的"戕害",写道:"正当黎昔非在为登学者之堂、入作家之室而刻苦努力之际,可以说既是'荣幸'也是'不幸'地被胡适'相中',力邀他出任准备创办的《独立评论》经理人。……更没有想到的是,这半路里杀出来的'程咬金',不但断送了他的学术前途,毁灭了他的作家梦想,彻底改变了他的人生道路和命运";马寒梅先生的《胡适在人才问题上的言与行——以黎昔非个案为中心》②指出,胡适在《赠言》中教导黎昔非等毕业同学"不要抛弃学问",后来他却亲手让黎昔非"抛弃学问";他告诫黎昔非等毕业同学珍惜"一去不复返"的"做学问"的时光,却让黎昔非牺牲了五年的大好光阴为他服务而不能"做学问"。这种言行不一的行为暴露了胡适龌龊的一面。

至于黎虎作为黎昔非之子对于其父亲有感情是人之常情,但是从他的相关论著中人们可以看到关于"胡适对黎昔非的付出没有给予应有的回报",导致他"坎坷的一生",完全是对于客观事实严谨的叙述,并非背离事实而凭感情出发的"遗憾和同情"。一个北大在读研究生,被胡适用于事务性工作长达五年之久不让辞职,亲手将其沦为一个"小职员"(蒋廷黻语),对于这明显的事实,究竟是什么性质的问题,一般的读者均能辨别。更何况从黎虎主编的《黎昔非与〈独立评论〉》一书中一切以事实为准绳,用事实说话的编辑方针和文风中,所体现的严谨和客观的治史态度更是得到学术界的公认和肯定。至于耿云志在《黎昔非先生与〈独立评论〉》中"认为黎昔非进入独立评论社并非是胡适以师道之尊,勉强黎做出牺牲"的说法并没有举出任何史料作为证明,故其遭到"一边倒"的批评是不足为奇的。现在随着越来越多的资料被发现,"胡适以师道之尊,勉强黎做出牺牲"甚至是以雇主之威势虐用雇工似的行径和胡适"耽误了黎昔非本应大有作为的学术前程"的证据已经铁证如山。

黎虎《历史的困惑与复原——〈黎昔非与《独立评论》〉的前前后后》③发表。该文叙述了《黎昔非与〈独立评论〉》一书的编撰背景和过程。《黎昔非与〈独立评论〉》的主编黎虎儿时就从母亲那里知道父亲黎昔非为胡适办理《独立评论》的事情,上学时又从一些中学老师那里听到黎昔非与胡适的关系以及胡适曾为其家父母担任证婚人等说法。因此,他一直对于胡适有一种亲近如同亲人般的感觉。"文化大革命"期间,黎昔非因为与胡适和《独立评论》的关系而遭到迫害,所以在家乡兴宁市,黎昔非与胡适和《独立评论》的

---

① 《广东外语外贸大学学报》2012年第4期。
② 马寒梅:《胡适在人才问题上的言与行——以黎昔非个案为中心》,《宜春学院报》2013年第5期。
③ 黎虎:《历史的困惑与复原——〈黎昔非与《独立评论》〉的前前后后》,《博览群书》2010年第8期。

关系可谓妇孺皆知。黎虎以为学术界对此也应当是不存疑义的。但是，实际情况大大出乎他的意料。作为一位历史学家，虽然不是研究中国近代史，但是关注其父亲与胡适和《独立评论》的关系，是很自然的事情。他翻检学术界关于胡适和《独立评论》的论著时，发现不仅没有一字提到黎昔非，而且公然说协助胡适办理《独立评论》的是章希吕或罗尔纲等人，或者给人以《独立评论》根本不存在一个社务部门的感觉，如果有什么社务工作的话，也是胡适躬亲其事，不过偶尔找人帮帮忙而已。不仅如此，在胡适本人的文字中也难觅黎昔非的踪影。胡适的日记中除了黎昔非出任《独立评论》经理人之前的1931年曾经两处记载了他的事情之外，1932年黎昔非加入《独立评论》之后便只字皆无了。胡适在1956年发表的《丁文江的传记》中总结《独立评论》创办历史时也只是含糊其词地说"校对是我家中住的朋友章希吕先生负责"云云，只字不提黎昔非。再查《独立评论》的封面、封底、扉页以及《编后记》等也都找不到关于黎昔非的片言只字。显然，从胡适到一些学者的笔下，历史的真相被掩盖了。为了还原历史事实，给黎昔非一个公道，黎虎主编了《黎昔非与〈独立评论〉》。该书甫一出版，就因书中丰富的材料，开拓了胡适和《独立评论》研究的新领域，掀起了一股黎昔非研究的热潮，黎昔非与《独立评论》关系被掩盖和歪曲了的历史终于得到复原。

汤景泰著《宁鸣而死，不默而生：胡适言论写作研究》①出版，书中简要介绍了黎昔非的生平以及他担任《独立评论》经理人的事迹，充分肯定了他对于《独立评论》的贡献。书中还采用了《黎昔非与〈独立评论〉》一书中所刊布的黎昔非在《独立评论》时期的工作照一帧。唯文中将黎昔非的籍贯广东兴宁误为"广东顺德兴宁人"。

卢军《从沈从文书信解读沈从文与胡适关系》②发表，文中指出：沈从文深知爱惜人才是胡适博得大名的一个原因，所以他多次写信为罗尔纲、丁玲、卞之琳、李健吾、黎昔非等人求助（按：沈从文为黎昔非求助胡适，就是指恳请胡适允许黎昔非离开独立评论社，回归学术研究之事）。

黄夏《胡适门生黎昔非的青年时期》③发表。文章介绍了黎昔非早年的求学经历。

2011年

李山《〈唐以前的七言诗〉读后》④发表。文章指出："《唐以前的七言诗》是黎昔非先生大学毕业时的论文，其水准绝非今日一般大学生同类论文可比。"认为文章"值得称述之点"为：一、"明确的文学史意识"。二、"观点的可取"。关于七言诗的起源，"古人认

---

① 汤景泰：《宁鸣而死，不默而生：胡适言论写作研究》，成都：巴蜀书社，2010年。
② 卢军：《从沈从文书信解读沈从文与胡适关系》，《中国石油大学学报》2010年第3期。
③ 黄夏：《胡适门生黎昔非的青年时期》，《梅州日报》2010年7月23日。
④ 李山：《〈唐以前的七言诗〉读后》，北京师范大学文学院主办《励耘学刊》（文学卷）2010年第2辑，北京：学苑出版社，2011年。

为汉武帝的'柏梁联句';当时的学者如陆侃如主张起源于曹丕《燕歌行》,张为祺则认为始于后汉赵晔《吴越春秋》所记《穷劫》。对这些说法,文章都进行了辩驳……表明本文在检讨七言诗的起源上,其达到的水准起码不比时贤差"。三、"丰富的资料。文章的学风是朴实的,这主要表现为它的用材料说话。为了表示七言诗体的演进历程,文章对唐前各种文献有关记载进行了广泛的搜罗,从《诗经》到隋代诗篇,共列举150余条资料,各材料下加以简要的按语,以此来条分缕析地展示七言诗从萌芽到成型、成熟的过程。今天的读者或有人会感觉析论不足,其实文章是寓论于述,材料的列举实际已清晰显出七言体随时代推移而上进的大势了"。四、"审慎的态度。……如对顾炎武《日知录》关于七言起源说法的辩驳,就是。……认为不能因为《离骚》中有七个字的句子,就当成'七言诗'来看待,因为其中的'些''兮'都是语气词,忽略这一点就会混同六言与七言的分别"。认为"文章把一切七言的'歌谣'排除在讨论之外了。这也是可取的。七言诗是文人作,其演进也是文人在对前代文人作品学习借鉴之后的后出转精。如是,把歌谣放进来就反觉搅扰"。

马鸿雁《20世纪30年代对七言诗起源与演进的有益探索——黎昔非和他的〈唐以前的七言诗〉》[①]发表。作者认为,黎昔非的《唐以前的七言诗》一文"是20世纪30年代七言诗研究的先期探索,在民国学术史上具有史料价值"。"黎先生以《诗经》作为七言诗的渊源,以《饭牛歌》作为纯七言诗的雏形。"其"探讨具有诸多价值。其一,以继承和批判相结合的质疑精神梳理学界观点","其二,提出《饭牛》说作为自己的学术见解,促进了歌谣说的提出。……黎先生在提出《饭牛歌》之后,能对宁戚干齐桓是否真实提出质疑,并推算其至少与刘安同时,这种对作品时代的考辨思路是走在他们之前的。……黎先生把《饭牛歌》追为纯七言的起源性作品,认为时间上最晚不迟于东汉。这一论断对于此后民间歌谣说的正式提出,是有益的先期探索"。"黎先生把起源问题归结到《饭牛歌》这一具体作品,余先生则断定为委巷歌谣这一类中,从类别划归上来说二者是从属关系。歌谣说已成为时至今日的一种学界主体性观点,由此可以肯定黎先生在此问题上的先导性研究。""其三,开启了学界对七言诗起源的热议。作为20世纪30年代的开端之作,此文促进了这一时期七言诗研究热潮的到来。"

作者对黎昔非《唐以前的七言诗》的研究方法进行了概括和评价:严谨的作品选录标准;采用穷尽式检索;随文附注按语,述中有论;在七言诗研究中首次使用数字统计法;在全文之末,黎昔非大致勾勒了七言诗在唐代以前的发展曲线。作者认为:综观黎文,可以看到这是七言诗研究很好的起步点……这篇重新面世的佚文让我们看到了1930年代的学者对七言诗起源、演进等问题的探索历程。从《唐以前的七言诗》可以看到黎昔非这种严谨的研究态度和扎实的学术功底,正是因为有着黎昔非等民国学者对学术的积极探索,

---

① 马鸿雁:《20世纪30年代对七言诗起源与演进的有益探索——黎昔非和他的〈唐以前的七言诗〉》,《嘉应学院学报》2011年第7期。

20世纪七言诗史研究才能得以逐渐丰富，特别是在文学史上地位很重要、但被忽视的唐前七言诗研究得以传承和发展，黎昔非的文章不仅是弥补缺失的重要一环，对于民国学术史的研究角度来说，黎文的发现和解读也是一项非常重要的史料补充。

2012年

方尤瑜《沧海遗珠的璀璨本色——黎昔非论略》[①]发表。文章对于黎昔非的悲剧人生寄以深沉的同情，对于这一悲剧的制造者予以无声的鞭笞，指出"正当黎昔非在为登学者之堂、入作家之室而刻苦努力之际，可以说既是'荣幸'也是'不幸'地被胡适'相中'，力邀他出任准备创办的《独立评论》经理人。……更没有想到的是，这半路里杀出来的'程咬金'，不但断送了他的学术前途，毁灭了他的作家梦想，彻底改变了他的人生道路和命运，甚至最后还要了他的性命。""正是有了黎昔非，有了黎昔非的恪尽职守，才有了胡适的'无为政治'。""在《独立评论》的五年多时间里，黎昔非勤勤恳恳，殚精竭虑。从某种意义上来说，《独立评论》是幸运的，因为有了黎昔非这位'看护妇'的赤诚付出，成就了它在中国现代文化史上的曾经辉煌。但是，就个人命运来说，黎昔非是不幸的。在他人生最宝贵的黄金青春时期，他不得不停下'凌云之志'理想的追求步伐……"

文章在简要地介绍黎昔非早期的求学经历和经理《独立评论》的同时，着重指出：1. 黎昔非在《诗经》研究上的造诣，这些成就的取得一方面是他深厚的国学功底，另一方面在于他刻苦努力，这说明他具备成为一流学者的可能；2. 黎昔非主办《昙华》杂志，倾心创作，凸显了他作家的身手。文章认为黎昔非本该留于史册，但却阴差阳错地在历史记载上不见片言只语。他本应为中国现代文化学者所熟悉，但却是颇为陌生。他当年被称为《独立评论》的"看护妇"，为其"成长"而呕心沥血，晚年却因此而遭难。他本应名噪遐迩，但却寂寂无闻。他无论对中国现代文化史还是客家文学来说，堪称浩瀚文学沧海中的一颗璀璨遗珠。文章对于黎虎《黎昔非与〈独立评论〉》的出版给予高度赞许，认为此书的出版"披露了大量的史料，掸去历史的尘埃，使黎昔非这颗遗珠的璀璨本色，得以重现并进入人们的视野"。

2013年

徐宝余《20世纪七言诗源、诗史研究的开山之作——黎昔非先生〈唐以前的七言诗〉》[②]发表。文章认为"黎昔非先生《唐以前的七言诗》是目前可知最早的研究七言诗源诗史的现代论文。其对于七言诗源诗史的研究，奠定了后来研究的基本框架，在七言研究

[①] 方尤瑜：《沧海遗珠的璀璨本色——黎昔非论略》，《广东外语外贸大学学报》2012年第4期。
[②] 徐宝余：《20世纪七言诗源、诗史研究的开山之作——黎昔非先生〈唐以前的七言诗〉》，《扬州大学学报》2013年第3期。

领域内具有开拓意义",徐宝余从20世纪三四十年代七言诗源诗史研究论文的排序中,论证了黎昔非《唐以前的七言诗》实为最早探讨这一问题的文章。"故黎先生此文实为探讨七言诗起源的近代开山之作,亦是对七言诗体发展做出系统描述的最早文章。"指出"《唐以前的七言诗》一文采用辨伪方法,对七言诗的写作进行了历史追溯,奠定了后来七言诗探源的基本架构"。《唐以前的七言诗》"注意到先秦七言单句,除《诗经》、楚骚外,还有诸子方面的内容,如《淮南子》《荀子》等书的引用,这在七言诗源及诗史的探讨上,也有其重要的启发意义"。徐宝余认为:《唐以前的七言诗》"注意到了杂谣,依黎先生的初意,应该是将七言作品分为两大部类——诗歌和杂谣,进行收录","虽然黎先生将杂谣这一部分加以省去,从而错过了对于七言起源探讨的重要参照物,但是其对于杂谣的初始关注,却能够引起后之学者的关注。如余冠英先生写于1942年的《七言诗起源新论》便是从歌谣角度出发来考察七言诗的渊源问题"。黎昔非在《唐以前的七言诗》一文中,还注意到了"杂七言"的问题,他对"杂七言"的关注,还是为学术界进一步探讨中国七言诗源流发展的问题,不仅具有启发意义,而且还提供了一个新的观察视角。"黎先生注意到了数字统计与诗史描述之间的复杂关系,一定的创作数量与朝代更迭之间,并非存在着简单的对应关系;与'朝代—诗史'之关系相较,他更注重时段与诗史之间的演进关系,从而避免了朝代分割对于诗史演进描述所产生的误差和偏失,从而能够做到描述更具有客观性。"黎昔非此文实为奠定七言诗源诗史研究基本框架的"开山之作",认为:"如果将七言诗源诗史研究放在20世纪以来百年学术史的视野中来考察,则有几篇论文无疑是非常值得注意的,他们在七言研究领域内的开拓具有划时代的意义。他们分别是:黎昔非《唐以前的七言诗》(1930)、罗根泽《七言诗之起源及其成熟》(1933)、余冠英《七言诗起源新论》(1942)、逯钦立《汉诗别录·考辨第二》乙《七言》(1945)、王运熙《七言诗形式的发展和完成》(1956)、陈允吉《中古七言诗体的发展与佛偈翻译》(1993)、刘跃进《七言诗渊源补证》(1996)、葛晓音《论汉魏三言体的发展及其与七言的关系》(2006)、《早期七言的体式特征和生成原理——兼论汉魏七言诗发展滞后的原因》(2007)、《中古七言体式的转型——兼论'杂古'归入'七古'类的原因》(2008)。黎文作为开山之作,奠定了七言诗源诗史研究的基本框架,功不可没。"徐宝余最后得出的结论:"在现代学术史上,黎昔非先生的《唐以前的七言诗》一文应该具有其开拓疆域的作用。"

梁德林《读新发现的黎昔非佚文〈唐以前的七言诗〉》[①]发表。文章认为"论文所探讨的七言诗起源实为中国文学史上一个较为重要的问题"。"此文是二十世纪七言诗研究的重要文献。""1930年黎昔非《唐以前的七言诗》问世以后,探讨七言诗起源的论文逐渐增多","黎昔非可说是较早参与这一讨论的先驱人物"。黎昔非"认为纯七言诗的最早出处,当数《淮南子》所载宁戚《饭牛歌》……这在当时可以是说探讨七言诗起源的一种值得注

---

① 梁德林:《读新发现的黎昔非佚文〈唐以前的七言诗〉》,《宜春学院学报》2013年第4期。

意的新观点"。黎文认为《楚辞》"里面除了有'兮''只''些'的句子以外,虽还有不少的七言,但这是另一体裁,不可和诗歌混为一谈"。"今人赵敏俐《七言诗并非源于楚辞体之辩说——从〈相和歌·今有人〉与〈九歌·山鬼〉的比较说起》认为:从本质上讲,楚辞体与七言诗是两种不同的诗体,后者不可能是从前者演变而成,与黎昔非、余冠英观点相同。……可见,黎昔非在近八十年前提出的观点至今仍然没有过时,他所提出的问题仍然值得进一步探讨。""黎昔非所采用的方法与19世纪末萌芽于西方的计量史学的方法旨趣相似,但计量史学直到20世纪60、70年代才风靡欧美,而黎昔非却在1930年已运用类似的方法研究中国古代文学,以增强研究工作的科学性、说服力,不仅在当时不多见,就是在七八十年后已进入21世纪的今天也仍然值得大力推崇。"黎昔非撰写此文时身为中国公学学生,陆侃如已是该校教授,黎氏秉承"吾爱吾师,吾更爱真理"的原则,就陆氏将"七言诗的起源归于曹丕《燕歌行》"的观点,大胆与老师商榷,体现了不迷信权威的独立精神和科学求实态度。陆侃如在后来出版的《中国诗史》中,修正了自己的观点,将《荀子》中的《成相》篇称为"后代七言诗不祧之祖"。

马寒梅《胡适在人才问题上的言与行——以黎昔非个案为中心》[1]发表。作者指出提携和关爱人才是当今加在胡适头上的无数光环之一,然而在这光环之下却隐藏着鲜为人知的一面。从上海档案馆发现的一则史料——《中国公学大学部文理学院庚午级毕业纪念刊》,如同一面镜子,暴露了胡适在提携和关爱人才的漂亮言辞后面也有扼杀人才的事实。胡适在此刊《赠言》中教导黎昔非等毕业同学"不要抛弃学问",后来他却亲手让黎昔非"抛弃学问";他告诫黎昔非等毕业同学珍惜"一去不复返"的"做学问"的时光,却让黎昔非牺牲了五年的大好光阴为他服务而不能"做学问"。这种言行不一的行为暴露了胡适龌龊的一面。

袁伟时《忆先师黎昔非先生》(二则),分别节自《铭记家乡的山·水·人》,《宽容,自由,少说蠢话——答〈旅伴〉杂志记者刘雅琴》[2],作者作为黎昔非同乡、著名历史学家,回忆了早年黎昔非先生对他的谆谆教诲和高尚的人品与师德。

2014年

腾讯历史频道报道《〈独立评论〉经理人黎昔非的非常人生》[3],介绍了黎昔非经理《独立评论》之事,以及因此中断学业,贻误终生,最终因经理《独立评论》在"文革"中被迫害致死。

---

[1] 马寒梅:《胡适在人才问题上的言与行——以黎昔非个案为中心》,《宜春学院学报》2013年第5期。
[2] 袁伟时:《忆先师黎昔非先生》(二则),载兴宁市罗岗镇《百年罗岗》编委会编:《百年罗岗》,香港:中国文艺出版社,2013年。今据《旅伴》2009年第8期。
[3] https://view.news.qq.com/a/20140418/007333.htm

章玉政《光荣与梦想：中国公学往事》①出版，书中追忆中国公学往事，指出吴晗、罗尔纲、吴健雄、黎昔非等为该校学生的杰出代表。

朱增燊《悟世录》②出版，作者在书中追述了恩师黎昔非对自己的谆谆教诲和浩荡师恩。

2015年

齐辉《中国近代新闻史视野下的黎昔非与〈独立评论〉周刊——兼论学人论政期刊的经营特色》③发表。

本文的重要性在于首次从近代新闻史和新闻学的视角论述黎昔非为经理人对于《独立评论》的作用与地位。我们从上述某些论著中可以看到，尽管作者对于黎昔非经理《独立评论》的贡献给予了高度的评价，但往往只是局限于认识到其对于《独立评论》发行方面的重要性，而没有认识到其对于《独立评论》得以取得巨大成功的不可分离的重要性，从而没有认识到不少学者所指出的《独立评论》是以胡适为首的编辑部和以黎昔非为首的社务部"通力合作"的结果那样的高度，就是因为他们缺乏对于近代新闻史上的报刊经理人的作用和地位的认识。张太原在研究黎昔非问题的阶段曾经跟黎虎说：某位胡适研究权威曾经对他说"黎昔非问题对于《独立评论》研究并不重要"云云，胡适研究权威尚且对于近代新闻史认识如此不足，后学在这方面缺乏常识就不足为奇了，因此，作为胡适和《独立评论》研究者弥补中国近代新闻史方面的缺失的必要性是不言而喻的。

本文"从'新闻本体'或出版经营视角"探讨《独立评论》的"经营理念与特色"，以"探讨其经理人黎昔非对该刊的独特贡献，通过探讨其成功的内在因素，以期为人们重新认识近代中国学人政论期刊提供新的启示"。

文章指出：《独立评论》在当时全国出版杂志近400种中"以其卓然独立的政论风格和高质量的出版发行在期刊界独树一帜"。④本文制成《独立评论》组织结构和分工如下表：

发行人	黎昔非（北大研究生）
主　编	胡适（社员）
助　编	丁文江（社员）、蒋廷黻（社员）
会　计	竹垚生（浙江兴业银行北平支行经理）
校　对	黎昔非

---

① 章玉政：《光荣与梦想：中国公学往事》，杭州：浙江人民出版社，2014年。
② 朱增燊：《悟世录》，北京：作家出版社，2014年。
③ 齐辉：《中国近代新闻史视野下的黎昔非与〈独立评论〉周刊——兼论学人论政期刊的经营特色》，《河北学刊》2015年第3期。
④ 赖光临：《中国近代报人与报业》，台北：台湾商务印书馆，1979年，第646页。

文章首先论述了"《独立评论》的发行特点与成功经营"。在"发行量大"中指出该刊发行量"超越北平地区的一些日报，这足说明读者对它的厚爱与发行的成功"。在"售价低廉，经营成本低，经济效益良好"中，除了众所周知《独立评论》不支付作者稿酬外，指出"全社除纸张、油墨和房租等必需支出外，仅黎昔非一人以'发行人'名义而完成所有社务工作，月俸40元，其他一切支出全部精简，这使《独立评论》的经营成本始终维持在较低水平，保证了该刊尽管售价低廉但仍有一定利润空间，比较从容的维持出刊"。"与此相匹配《独立评论》的校对主要由'发行人'黎昔非负责，因为他工作认真负责，该刊'印出来是极少有错字的'"，从而保证了刊物的质量。

文章以较大篇幅重点论述了"黎昔非对《独立评论》的贡献与牺牲"。指出："《独立评论》之所以能成功发行五年，形成了鲜明的风格与特色，这很大程度上得益于其背后的发行人黎昔非的出色工作。""在其经营之下，《独立评论》发行质量不断提高，最终成为知名刊物。"对于黎昔非的贡献与牺牲，文章从以下几方面加以论述：1. 出色的期刊经理人。强调指出"《独立评论》作为学人自办的同人杂志显然缺乏扩大市场的商业野心，其发行的五年多时间里，始终只有黎昔非一人身兼经理人、发行人、营业部、服务部于一体，常年独立支撑除编辑之外该社的所有事务，为中国近代报刊史所仅见"。而"在黎昔非经办《独立评论》的五年里绝非一帆风顺。时局和人事的动荡使得该刊常有停刊的风险。从外部环境而言，日本侵略者觊觎热河，威胁平津，人心惶惶，战争一触即发。而独立社内部撰稿人频繁流动，横生意外。……胡适则杂事繁忙分身乏术，几乎无暇关照《独立评论》日常事务。尽管如此，黎昔非依然凭一己之力独撑该刊的经营与发行工作达五年之久，直至抗战全面爆发才最后离开"。2. 贻误学业与收入微薄。指出黎昔非"曾几度试图离开独立评论社，全副身心投入学术研究，但终因经不住胡适的劝说和无人接替其工作而作罢"。然而"《独立评论》社务工作虽繁重，但黎昔非的工资却十分微薄"。胡适聘罗尔纲任家庭教师每月即支付80—100元工资，而后到胡家工作的章希吕每月的收入也有80元，相比之下黎昔非的"待遇"可谓低廉。而从当时报刊行业通行的薪酬来看，多数报刊都有经营部，设部长一人，"纯粹为商人性质，须干练，而长于会计，月薪百元左右"，"黎昔非在《独立评论》虽身兼多职，但其收入并未水涨船高"。"《独立评论》在黎昔非的经营下，经营效益良好，该刊应有能力保证经理人有较高的收入，但黎昔非的薪金始终未见提高。……胡适作为《独立评论》的领导者却未能体察黎昔非工作强度和生活上困难，适当提高薪酬，显示出一种少有的'漠视'，显然有失公允。"3. 因《独立评论》而命运多舛。指出："1944年至1945年，走投无路的黎昔非曾先后三次给胡适去信，希望胡适念及师生之情，证明其在北京大学的求学经历，信中说'生之注册等件，已遗在平，此间又无当年熟识师长可代证明。窃念吾师知生最悉，爱生最深，同时亦只有吾师片言可以使他们深信不疑，敬乞，赐示几行，俾持以请发修业证明，此关系于生非常重要……谅必俯允所求吧'①。黎昔非的这一请求，于公而论，其确曾在北京大学研究院攻读过研究生学业，受过专业的文史训练，胡适作为学界泰斗，又曾是当时北京大学文学院院长，为其做个证明，实属理所应当，甚至介绍他到一个人尽其才的地方工作乃举手之劳。于私而言，黎昔非与胡适曾有师生关系，黎昔非为《独立评论》刊行做出了巨大的贡献，付出了巨大个人牺牲，并因此贻误学业，胡适如念及此，也理当本着对学生负责的态度对黎昔非有所关照。但不知何故，一向'热心'的胡适却对黎昔非的请求置之不理。最终，黎昔非错过了铨叙部的教师资格审查，未能取得大学教员资格。随后其供职的中医药研究所停办，黎昔非再次失业，彻底失去其跻身高等院校任教的机会。"文章进一步指出黎昔非对《独立评论》的巨大贡献与胡适对待黎昔非的冷漠甚至是抹杀形成了鲜明的对照："《独立评论》的巨大成功及影响，与黎昔非人生之落寞似乎形成鲜明比照。历史当事人胡适在对《独立评论》回忆中，对黎昔非的存在与贡献三缄其口，讳莫如深，以至于黎昔非长期以来不为人所知。事实上，1930年代《独立评论》处于动荡时局的风口浪尖，拒绝商业侵蚀，坚持严肃的议政风格，售价低廉，同时缺乏拓展市场的目标和野心。这些都不是成功刊物所具有的'征兆'，但正是在黎昔非的经营、支撑与付出之下，该刊才将这些不利的因素转化为成功的动力和市场竞争的优势。黎昔非为《独立评论》做出了巨大的个人牺牲，赢得了读者的信赖与尊重，最终使该刊成为近代中国政论杂志的经典之作。而反观胡适在领导《独立评论》的过程中，并未对黎昔非有所'善待'，于私而言，罔顾黎昔非与他的师生情谊和同事旧恩；于公而论，违背了1930年代报刊运作的普遍规范。然是非曲直，历史自有公论。"

陈棣芳《一份"独立评论报费收据"》②发表。文章披露作者发现了一张1932年《独立评论》发行部开具给订户洪煨莲的"独立评论报费收据"，洪煨莲（原名洪业）为当时燕京大学历史系教授。收据填写的项目相当详细、繁多，对于发行量高达几千甚至一万几千份的刊物来说，其工作量之大可想而知，由此可见当时发行部的事务之繁重。这张收据为黎昔非亲自开具，因1932年只有黎昔非"一人办公"，而且收据字迹与日后所见黎昔非书写字迹相同。这是目前为止发现的第一张"独立评论报费收据"，是《独立评论》存在发行部及其工作情形的见证。

张海涛《向"美"向"真"的〈昙华〉》③发表。

2016年

唐山《吴晗两度"害"了学长黎昔非》④发表。该文讲述了吴晗两次"害"了黎昔非

---

① 黎虎：《黎昔非与〈独立评论〉》，第22页。
② 陈棣芳：《一份"独立评论报费收据"》，《文史杂志》2015年第2期。
③ 梅州网，www.meizhou.cn2015-05-25 09:59:12，来源：《梅州日报》。
④ 唐山：《吴晗两度"害"了学长黎昔非》，《北京晚报》2016年2月5日。

之事：1932年吴晗为了讨好胡适，将学长黎昔非推荐给胡适做《独立评论》的经理人，黎昔非在《独立评论》工作五年，耗费了大好时光，最终耽误了学业和后半生的前途，此为第一次"害"。1966年6月3日，《人民日报》发表的史绍宾《吴晗投靠胡适的铁证——一九三〇年至一九三二年吴晗和胡适的来往信件》，其中有上述吴晗致胡适信涉及邀请黎昔非出任《独立评论》经理人之事，导致黎昔非被打成"三家村黑帮"，于1970年12月16日被折磨而死，此为第二次"害"。

王炜民《历史的篡改与真相——以〈独立评论〉"经理人"黎昔非个案为中心》①发表。《独立评论》之所以成为胡适毕生创办的刊物中存在时间最长、影响最大，从而成为20世纪30年代中国报刊史上最著名的刊物之一，重要原因在于除了有以胡适为首的强势编辑部之外，还有以黎昔非为首的得力的社务部门——"发行部"。长期以来学术界只知有以胡适为首的编辑部而不知有以黎昔非为首的社务部，《独立评论》的社务部门及其负责人黎昔非被完全掩盖，这除了有的学者治学不够严谨之外，主要是胡适掩盖、歪曲、篡改历史所致。文章揭露了胡适掩盖黎昔非为《独立评论》做出贡献的事实，对其逐步抹杀黎昔非的贡献的细节做了详细的论述，最终在1956年发表《丁文江的传记》时，一笔抹杀黎昔非及其主持的"发行部"。作者探究了他这样做的原因：第一，不敢公开黎昔非与《独立评论》的关系，因其中隐藏着胡适许多不足为外人道的丑恶与卑鄙；第二，不愿承认黎昔非对《独立评论》的贡献，以便继续独占办理《独立评论》的功劳；第三，怀着侥幸心理，当时海峡两岸对峙，信息不畅通，自以为可以屏蔽视听。

习之《吴晗一封信 害苦了黎昔非——吴晗的小故事系列之四十二》②发表。

2017年

习之《我会见了黎昔非的儿子黎虎》③发表。

吴雅山《慈慧胡同百年风云》④发表，文中提及独立评论社位于慈慧胡同，着重介绍了《独立评论》经理人黎昔非的事迹。

2018年

张太原《现代中国的主义与政治——以〈独立评论〉为中心的探讨》⑤出版。第一章专

---

① 王炜民：《历史的篡改与真相——以〈独立评论〉"经理人"黎昔非个案为中心》，《宜春学院学报》2016年第8期。
② 习之博客，http://blog.sina.com.cn/s/blog_3f9331510102xgox.html。
③ 习之博客，http://blog.sina.com.cn/s/blog_3f9331510102xmwg.html。
④ 吴雅山：《慈慧胡同百年风云》，《北京晚报》2017年10月31日。
⑤ 张太原：《现代中国的主义与政治——以〈独立评论〉为中心的探讨》，北京：人民出版社，2018年。

设第三节"谁是《独立评论》的经理人",论证了黎昔非才是《独立评论》经理人的问题。

本书所存在的诸多问题,可参见本文 2006 年条对于其所著《〈独立评论〉与 20 世纪 30 年代的政治思潮》一书的分析,兹不赘述。

李金璇《〈独立评论〉国内政治议题中的舆论导向研究》①发表。文章"绪论"介绍了"关于独立评论派群体及经理人的研究",特辟专题"经理人黎昔非"评介了有关黎昔非问题的研究状况。不过,该文在评介张太原《〈独立评论〉与 20 世纪 30 年代的政治思潮》一书"三个创新之处"时,存在诸多欠妥之处,例如:"第二,史实的创新。首先,是《独立评论》的经理人。以往几乎所有的胡适传记及其相关研究成果都认为,担任《独立评论》发行经理人的是胡适的老乡章希吕。然而经过作者查阅《独立评论》的《编辑后记》,以及相关人物传记后才得知应是胡适的学生黎昔非。"这段论述存在的问题在于:首先,"史实的创新"这一提法不妥,史实本身不可能创新,史实的解读、运用等方面才谈得上创新的问题。其次,关于《独立评论》经理人问题,文章说"经过作者查阅《独立评论》的《编辑后记》,以及相关人物传记后才得知应是胡适的学生黎昔非"。这一提法也不符合事实。《独立评论》的《编辑后记》中根本没有关于黎昔非的片言只语,从中是得不到这方面的相关信息的;查阅"相关人物传记"语意不明,如果是指众多的胡适传记,则除了得到诸如章希吕等人负责社务工作的错误信息之外,是得不到这方面的正确信息的。这方面的问题请参阅本文 2002 年、2003 年、2006 年条。如果是指黎昔非的两篇《自传》,则问题并不如此简单,事实是:张太原是从北京师范大学张守常老师那里第一次听说黎昔非,而张守常老师是从黎虎以及他的《先父黎昔非与〈独立评论〉——从我与罗尔纲先生的一次会面谈起》文章中知道黎昔非其人其事的。这才有了后来"作者又亲自拜访了黎昔非先生的儿子黎虎先生,得到了黎昔非的日记和自传,及其家人、同学的口述"等事情的发生。张太原是带着黎昔非是《独立评论》经理人的问题意识去查找相关资料的。其在资料上的主要贡献是从《独立评论》中找到了胡适在纪念创刊三、四周年文章中有关黎昔非的两处论述,将它与黎虎所提供的资料结合起来,从而论述了黎昔非是《独立评论》经理人的问题。

2019 年

王茜硕士学位论文《建国后胡适形象演变研究》②发表。文章批判了 1966 年 6 月 3 日《人民日报》发表史绍宾《吴晗投靠胡适的铁证——一九三〇年至一九三二年吴晗和胡适的来往信件》一文的"按语",指出:"史绍宾在这篇文章中极尽牵强附会、肆意诋毁之能

---

① 李金璇:《〈独立评论〉国内政治议题中的舆论导向研究》,兰州:兰州大学硕士学位论文,2018 年。

② 王茜:《建国后胡适形象演变研究》,济南:山东大学硕士学位论文,2019 年。

事,如吴晗三二年致胡适的信中,提到蒋廷黻因即将出版的《独立》周报尚未寻到经理人而发愁,吴晗忆起同黎昔非去看胡适时,胡适曾就此事'问黎君愿否帮忙',蒋廷黻听后即着吴晗写信'征求昔非同意'。就是这样一件普通不过的日常小事,在史绍宾的眼里却'非比寻常',他在信后的'按语'中写道:信中所说的《独立》周报,即臭名昭著的《独立评论》周刊。这是胡适纠合蒋廷黻、丁文江等人办的反动刊物。吴晗能够参与机密,为这个反动刊物推荐'合适的经理人',显然已是胡适进行反革命活动的一名伙计。诸如这样的'按语'充斥在对每一封信的解读中,不仅将吴晗彻底诬为美蒋反共反革命的'奴才的奴才',而且连带着'开启'了《历史研究》主编黎澍、'经理人'黎昔非等相关'涉事人员',漫长熬煎的苦难历程。"

2020 年

曹万青《黎昔非问题学术研究系年考释》①发表。

李文才、张卫东《论胡适对〈独立评论〉历史的篡改》②发表。该文指出:胡适不仅利用创办《独立评论》之机对黎昔非进行打击,将其从人生的上升阶段推入下降阶段,从而彻底改变其人生道路,还篡改伪造《独立评论》的历史,企图抹杀黎昔非为《独立评论》所付出的巨大个人牺牲和做出的重要贡献,将其从《独立评论》彻底"扫地出门"。胡适篡改伪造《独立评论》历史的原因主要有四:一是他不愿也不敢公开黎昔非与《独立评论》的关系,二是种种侥幸心理的驱使,三是他"为我主义"人生观的必然,四是他实用主义思想在写史上的运用和必然。黎昔非冤案公之于世十几年来,学术界已从不同角度、不同层面对胡适迫害黎昔非和篡改《独立评论》的历史进行了研究,还原《独立评论》历史的本来面目,对胡适进行"历史审判"的条件已然成熟。

大久保洋子:《黎虎主编〈黎昔非与《独立评论》〉——日本"中国文艺研究会"的"阅读自传和回忆录"解题》③发表。

2021 年

李文才《胡适与黎昔非关系的真相——试析胡适"戕害"黎昔非的原因》④发表。该文指出:胡适对黎昔非的"戕害",不仅表现为诱迫后者为《独立评论》辛苦工作五年、丧

---

① 曹万青:《黎昔非问题学术研究系年考释》,《社会科学动态》2020 年第 2 期。
② 李文才、张卫东:《论胡适对〈独立评论〉历史的篡改》,《三峡大学学报》(人文社会科学版) 2020 年第 5 期,中国人民大学报刊复印资料中心《历史学文摘》2020 年第 4 期摘登。
③ [日]大久保洋子:《黎虎主编〈黎昔非与《独立评论》〉——日本"中国文艺研究会"的"阅读自传和回忆录"解题》,日本《中国文艺研究会会报》2020 年 6 月第 464 号。
④ 李文才:《胡适与黎昔非关系的真相——试析胡适"戕害"黎昔非的原因》,《湖北社会科学》2021 年第 2 期。

失了研究生学业，从而使其前三十年的学术累积归零，还包括1944—1945年间在面对后者求助时的冷漠无情。胡适"戕害"黎昔非的原因主要可以归纳为三点：一是胡适自利的品性，二是胡适排挤黄节的用心，三是黎昔非的"性格"与胡适相左，其中又以第二点最为关键。"戕害"黎昔非是胡适排斥、打击黄节这一情结的延续，也是胡适在北大排挤"旧派"学者一贯作风的延续。胡适在"戕害"黎昔非的同时，对同样毕业于中国公学的罗尔纲、吴晗却不遗余力地大加提携，固然与罗、吴善处人际关系从而赢得胡适欢心有关，但根本原因仍在于黎昔非系黄节入室弟子，在胡适看来和自己属于不同营垒。

李文才：《胡适的戕害与黎昔非的悲剧人生——黎昔非与胡适关系探秘》[①]发表。该文指出：黎昔非（1902—1970）因为《独立评论》而与胡适紧密地联系在一起。黎昔非的人生可以划分为具有强烈反差的两个阶段：1902—1931年是其人生的上升阶段；1932—1970年（逝世）是其人生之下降阶段。1932年胡适的介入成为黎昔非人生的转折点，从此进入第二阶段。1932年黎昔非出于帮助胡适解除办理《独立评论》之困境而出任经理人，从此落入胡适之手，胡适出于私利及其与黄节的矛盾，而无情"戕害"黎昔非，超负荷的工作重担、勉强维持生计的微薄薪俸，多次辞职而不能，被困藩笼长达五年有余，被迫中断研究生学业，直接影响了黎昔非的后半生。直到1937年6月"七七事变"前夕，胡适鉴于时局形势，才同意黎昔非从《独立评论》辞职。不过，此时黎昔非的人生悲剧已然形成。

跋语

自1932年胡适将黎昔非拉进《独立评论》从而产生的黎昔非问题，迄今已经九十年。回望这九十年的历程，黎昔非在《独立评论》的历史中先后经历了从"有"变"无"、从"无"到"有"的两个发展演变阶段。第一阶段，即黎昔非从"有"变"无"，其始作俑者和操盘手为胡适；第二阶段，即黎昔非从"无"到"有"，以2002年《黎昔非与〈独立评论〉》的出版为标志，黎虎则为其中的核心人物。尽管近九十年来风云变幻、世事万千，但天道有常，"不为尧存，不为桀亡"，黎昔非问题所体现出来的永恒的历史法则，永远值得我们总结、记取和借鉴。

其一，天日昭昭，人心灼灼

从上述黎昔非问题的揭示和研究中，我们首先可以清楚地看到胡适对黎昔非的肆意榨取及其对《独立评论》历史的刻意篡改，一方面是胡适为了满足自己的需要而亲手把北大研究生黎昔非变为自己的雇工，让他陷于繁重的事务性工作之中并不许辞职，从而直接造成黎昔非白白丧失五年多的学术研究黄金时期；另一方面，对黎昔非付出惨重代价而为

[①] 李文才：《胡适的戕害与黎昔非的悲剧人生——黎昔非与胡适关系探秘》，《江汉论坛》2021年第1期发表。

《独立评论》所做出的贡献，胡适也处心积虑地玩弄心机并时刻盘算着，在他自己"忘记了"黎昔非三年之后，由于某种客观环境的变化以及他自己当时的需要，突然出来号召人们"不要忘记了"这位"忠心的看护妇"。然而，当胡适办理《独立评论》的目的完全达到之后，却又带头彻底"忘记了"黎昔非，及至1956年胡适总结《独立评论》的历史时，竟公然篡改历史，以"校对是我家中住的朋友章希吕先生负责"取代了他肯定过的"忠心的看护妇"黎昔非，从而把黎昔非从《独立评论》的历史中彻底抹除。

胡适如此"戕害"黎昔非，并公然篡改《独立评论》的历史，乃是一个值得认真研究的课题。胡适少年得志，暴得大名，从文坛到政界均曾长期呼风唤雨、叱咤风云，其人性中的自私自利、舍人为己等劣根性因之日益膨胀，加以他聪明过人，手段高强，遂自以为行事天衣无缝，可以船过水无痕，进而自以为可玩弄历史于股掌之中。事实上，胡适也的确取得了"成功"，因为黎昔非确实被他成功屏蔽而长期不为世人所知，他所伪造的《独立评论》历史也曾经统治史学界数十年之久。然而，天日昭昭，人心灼灼，毕竟人算不如天算，他的那些昧心行径如今已然被揭露于光天化日之下。正所谓世人不可欺，天道不可诬！即便神通广大、权势熏天如胡适，也不可能永远一手遮天，今天黎昔非问题被从胡适蒙上的尘垢中揭示出来，黎昔非对于《独立评论》的贡献业已得到学术界普遍的认可和肯定，胡适伪造的《独立评论》历史终于被扫进了历史的垃圾堆，黎昔非则跻身中国传统清流之士而为世人所景仰。这是历史公正性的铁律又一次发生作用并得以彰显和取得的胜利！

其二，偶然与必然

马克思主义唯物史观指出，人类社会历史乃是必然性与偶然性的辩证统一，社会历史尽管纷繁复杂，但始终贯穿着两者的辩证统一。二十年来的黎昔非问题探索过程，也充分体现了马克思主义唯物史观的这一规律性认识。首先，黎昔非问题的探索过程，可谓充满了一系列的偶然性：假如没有1988年罗尔纲与黎昔非之子黎虎的见面，则两人后来一系列关于黎昔非问题的相关著述能否问世，将是不得而知的；假如黎虎没有将他所写《先父黎昔非与〈独立评论〉——从我与罗尔纲先生的一次会面谈起》一文送给同事张守常并向他介绍了黎昔非其人其事，则张太原何时才能知道黎昔非这个名字，也是未定之天。更主要的是，假如黎昔非没有一个研究历史的儿子，则黎昔非问题能否被提出，也是难以预料的。①当然，假如北师大没有招收到像张太原这样以《独立评论》为研究课题的博士生，或者张太原考上别的高校，则以《独立评论》经理人为研究课题的博士论文何时或能否出现，也是不可预测的……在上述一系列看似偶然性的假设中，其实贯穿着一条必然性的规律：历史真相尽管可能被一时掩盖或篡改，但是不论早晚必然被揭穿并回归真相。

---

① 据黎虎先生告知：他在中国近代史研究所查找资料期间，所里的先生告诉他，张东荪也留下了许多珍贵的历史资料，可惜他的后人没有从事文史的，故无法编撰成书。

黎昔非问题之所以在深埋历史长达半个世纪以上终于得以被揭示、被复原，乃是一系列偶然性所构成的一个必然性过程，具体参与人员及其形态可能千差万别，各有其偶然性，但是黎昔非问题的真相终究被一一揭开并大白于天下，则是历史的必然。

其三，专业与非专业

综观黎昔非问题研究始末，我们还可以看到一幅独特的景观，即黎昔非之子黎虎作为这一历史问题探索和研究中的核心人物，对于黎昔非问题探索研究所起到的关键性、枢纽性的作用，正是他的上挂下联、左提右挈、牵线搭桥，这才推动并掀起了一股黎昔非问题探索研究的热潮。作为一位历史学家，黎虎对于历史问题具有不同于常人的敏锐识见和严谨的治史功力，从而有助于他对黎昔非问题的格外关注并身体力行；作为黎昔非之子，黎虎的这一特殊身份又有助于他在搜罗资料和释读相关史料中拥有其他人所不具备的有利条件。向上而言，黎虎与知情人罗尔纲、林钧南、黎昔非夫人何昕等的联系，从而抢救到相关的第一手口述史料，而这些知情人现在已经先后辞世；横向而言，黎虎带动了其兄弟、友人参与相关资料的搜集和研究，同时推动学术界相关人士广泛而积极地参与，为日后黎昔非问题的进一步扩展和研究准备了条件；向下而言，黎虎通过与张太原等后辈学人的频繁互动，给他们帮助和指导，大大促进了他们认识黎昔非问题的进程和速度……凡此均表明，黎虎乃是黎昔非问题探索和研究，以及黎昔非从"无"到"有"这一发展演变进程的核心人物。诚然，黎虎研究的主要范畴为中国古代史而非中国近代学术史，但我们决不能以是否属于某一专业领域的专家而论长短评得失，历史科学不论古今，其理则一，切勿以"四唯""五唯"观念来看待这一问题。

究竟应该如何衡量或评判黎虎对于黎昔非问题的探索和研究呢？衡量或评判的标准只有一个，那就是要看其探索和研究是否符合历史真实，不应该带着参与者属于哪个专业的偏见以论长短评得失。不宁唯是，一切学术探索和研究，包括对胡适或《独立评论》的探索和研究，不论对于哪个专业的人士，都应该坚持这个唯一标准。综观20年来黎昔非问题及相关的胡适和《独立评论》研究的学术史，可以发现：不少"非专业"甚至是"业余"研究者的某些学术判断力及其成果，反而较诸某些胡适研究权威或名家的研究更具可信度、更接近历史真实，其学术水准甚至并不逊色于某些名家或"权威"。例如，胡适在《丁文江的传记》中彻底抹杀黎昔非对于《独立评论》的一切贡献，而以别的人取代其功劳的问题，其真相并非如某些研究"权威"所说的是什么胡适在"记忆上的错误"所致，事实证明这是与历史事实大相径庭的错误说法；胡适禁锢黎昔非五年之久不许其辞职，从而对于黎昔非造成严重伤害和损失的问题，也绝对不能以胡适"是个非常通情达理的人，他决不会强人所难，勉强别人做他本人不愿意做的事，做他不愿做出的牺牲"的主观臆测之词进行辩解和推脱，因为这种说法与现在所发现的许多史料完全相悖；至于所谓"胡适在某种程度上或者仅是无意中也曾耽误过黎昔非作为学问家的前程"的说法，更是与大量历史事实大相径庭甚至是截然相反。在上述诸多问题的研究中，为何某些专家或专业人士的某些说法往往不符事实并悖情乖理呢？为何普通撰稿人或非专业人士的研究，反而符合历史真实呢？例如刘佐泉教授虽然也是研究中国近代史的，但是并不专研胡适，他在阅读《黎昔非与〈独立评论〉》一书之后撰写了《只因'师恩'误平生》的长篇论文，全面系统地论述了黎昔非因胡适的"师恩"而辍学业、做苦工、断学术、死非命的历史事实，有据有理；唐志勇教授虽然也是中国近代史专家，但并非胡适问题研究专家，他的《〈黎昔非与《独立评论》〉的史料价值》一文不仅全面、系统地总结了此书对于研究中国近代历史的价值与意义，而且敏锐而深刻地指出"《独立评论》的成功是胡适等与黎昔非通力合作的产物"。这一结论因其准确地概括了历史的真实而得到史学界的普遍认同；彭绍云作为一位军队干部更不可能研究胡适问题了，但在阅读《黎昔非与〈独立评论〉》一书之后慨叹"胡适是欠债的"，这些一语破的的真知灼见与某些胡适研究"专家"的忸怩作态、巧言令色的说辞相去不可以道里计，或谓"书读得越多越蠢"，似有几分道理。黎昔非问题、胡适与《独立评论》研究领域所出现的这种"专业"的反而不如"业余"或"客串"的某些反常现象，其因何在？这绝非简单的学术层面的问题，而是反映了某种世风以及学风问题，当下中国学术界的确存在着这样一些"专家""权威"，他们往往因为专业方面的某些包袱或人事关系羁绊，或者为了维护其曾经提出或宣扬过的某些观点，也是为了维护自己在某些问题研究中的"权威"地位，对于那些凡是不利于既有成说的新见史料，往往有意识地予以回避，甚至不惜曲解史料，实在不行，则摆出学术"权威"的架式唬人。这种世风、学风问题同样存在于黎昔非、胡适和《独立评论》的研究领域，某些学者为了维护胡适的形象，更是为了维护其本人胡适问题研究的"权威"地位，对于一些言之凿凿的明显史实或采取视而不见的"鸵鸟心态"，或以"权威"的架势曲解史实并吓唬人，反之，不少普通撰稿人或"业余"研究者，尽管他们没有专业方面的头衔，没有学术"权威"们的"一言九鼎"，甚至在相关领域素无学术积累，却因心无偏私，没有专业方面的包袱和人事关系羁绊，故而能够按照常情、常理来看待问题，反而能秉持公正的学术立场，坚持一切从史实出发，实事求是，从而在胡适与《独立评论》的研究中提出符合历史事实的正确认识或观点。

黎昔非这一千古奇冤绝不是茶余饭后的谈资，而是一个性质极其恶劣、严重而沉重的历史问题，因而是严肃的史学研究者乃至广大读者都应加以关注和深入探究的问题。

（原刊于《社会科学动态》2020年第2期，收入本书时作者又做了一些修改和补充）

作者简介：曹万青（1983— ），黑龙江依安人，扬州大学社会发展学院博士研究生，主要研究方向为汉唐史，同时亦兼涉中国近代学术史。

后　记

　　本书是《黎昔非与〈独立评论〉》一书的续编。编撰本书的主要意图，就是将《黎昔非与〈独立评论〉》出版20年来的后续研究情况以及社会各界人士对于黎昔非问题的反应情况择要汇编和总结。"《独立评论》的'总管'""诗学研究的先驱者""文学创作"等三个专题，分别收录有关专家、学者的论著，以展示黎昔非在这几个方面的贡献与成就及其在中国近代文化史上的作用与地位。现在学术界已达成共识：假如没有黎昔非这样得力的经理人主持《独立评论》的办理，则《独立评论》绝对不可能坚持五年之久并取得如此骄人成绩，主编胡适与经理人黎昔非犹如车之两轮、鸟之两翼，二者缺一不可，因此《独立评论》是黎昔非与胡适通力合作的产物；另外两个专题，则分别阐述了黎昔非学术研究和文学创作方面的成就。"非常人生"和"历史的评判"两个专题，为学者和各界人士对于黎昔非非同寻常人生的论述，其核心则是黎昔非与胡适的关系问题。胡适是黎昔非悲剧人生的制造者。每个人都用自己的行动书写自己的历史。黎昔非的奉献精神和高尚的道德品质，已然得到了普遍的肯定和赞扬。而胡适为了自己的需要，悍然将在读的北京大学研究生黎昔非变为自己的雇工，长达五年多不许辞职，不仅让他丧失了学业，而且严重耽误了他的前途和毕生；尤其是当胡适在还需要利用黎昔非时倡言"不要忘记了"这位"忠心的看护妇"，而当他不需要时，则带头彻底"忘记了"黎昔非并把他从《独立评论》历史中抹去。胡适和黎昔非都用自己的行为书写了自己的历史，两人形成了鲜明的对照。"补遗"这个专题，主要收录《黎昔非与〈独立评论〉》一书出版之后所获得的研究黎昔非问题的重要资料。书后所附《黎昔非问题学术研究系年》，主要梳理了从1979年以来40年间黎昔非问题研究的基本情况及其进展。对于本书所收入的文章，一律尊重作者的本意，不加修改，只有少数做了一些技术性的处理。黎昔非这一千古奇冤今天之所以能够得到昭雪，黎昔非问题终于能够大白于天下，完全得力于学术界和社会各界人士的据理力争、仗义执言，对于他们的热情关注和积极参与，我们谨致以衷心的感谢！

　　《黎昔非与〈独立评论〉》一书出版20年来，黎昔非问题不仅进入了中国近代史的学术研究领域，相关学者纷纷发表论著以阐述黎昔非对于《独立评论》的重要贡献及其在文化学术领域的成就，尤其可喜的是，很多研究生也竞相在自己的学位论文中特辟专题以介绍或论述黎昔非问题。《黎昔非与〈独立评论〉》一书已经成为研究中国近代文化史、胡适与《独立评论》历史的必备资料，是中国近代历史、胡适与《独立评论》历史方向研究生的必备参考书；社会各界人士也对黎昔非问题予以强烈的关注，各种体裁的相关文章散见于报刊或网络，不胜枚举。尽管这些论述体裁不一、形式各异，但有一个共同点，即对于黎昔非的高尚品德和奉献精神无不肃然起敬，对于他所遭遇的不公对待无不表示同情和愤慨，一股黎昔非热，风靡了学术文化领域，以往默默无闻的黎昔非现在已经被社会各界人士所广泛知晓和称道，甚至已远播日本。除了学术界人士已经普遍了解黎昔非其人其事之外，社会各界人士也广泛知道黎昔非其人其事了，网上的相关文字可谓目不暇接，兹略举数例以见之，如《百度词典》中有了"黎昔非"的词条，在"黎虎"的词条中则介绍曰"黎虎先生是著名学者黎昔非先生之子"，甚至黎昔非的名字也被人们所喜爱，或说："前不久看'黎昔非'（著名报人）这个名字，非常喜欢，模仿个'昨非'之类的名字，也好听。""有著名报人黎昔非，还有书法家周昔非"云云①。我在"凤凰卫视"的一次经历，也可以说明这个情况。2012年，"凤凰卫视"编辑人员多次来信来电，邀请我参与他们的一个历史节目，由于当时我手头有急务需要完成，没有时间做这种事情，同时对于在电视上讲历史故事也没有什么兴趣，故一直颇为犹豫。不过，由于我平时喜欢看"凤凰卫视"节目，因此对于他们的邀请还是怀有一点好奇心，也想借此机会去那里看看他们是如何运作的，于是便答应去一次。到了那里，编辑部的负责人见面头一句话就说："你是名人之后。"他所说的"名人"，显然是指家父黎昔非。

谨借本书出版的机会，对旧著《黎昔非与〈独立评论〉》一书所收《双亲旧事》中的某些细节稍事补苴或修正。我在《双亲旧事·〈唐以前的七言诗〉》（第669—670页）中回忆到，小时候看到家父整理从北平带回来的一些材料时，其中有他在中国公学毕业时的同学录，现在这个同学录前几年终于在上海档案馆找到了，其内容与我当年的记忆大体相符（详见本书第六章《补遗》）。《双亲旧事·真正的学者》（第678页）中回忆我十岁时看到家父捧读一本厚厚的书感到好奇，不禁问到怎么能够读得懂呢，于是家父让我指一处给我讲解，当时我随便指了一处，记得第一句是"清谈终日对村尊"。现在查到，原来这是欧阳修《青州书事》一诗中的第一句，作"清谈终日对清尊"（《欧阳修集》卷14，它本"尊"作"樽"）。在《双亲旧事·与家父母的朋友和熟人重逢》（第691—692页）中提到当年我在北京师范大学历史系上学时，张鸿翔教授一再问候我父亲的情况，当时我并不理解他为什么这么关心家父，现在查到了《北大日刊》所登载家父被录取为北京大学研究生的公告（见第六章《补遗》）才知道，原来张鸿翔先生与家父是同年考取北大研究生的，张先生是"史学"门，家父是"文学"门。舍弟告知家父曾跟他们讲道：应考之前他们都是北京图书馆的常客，尽管经常见面，但双方并没有交谈，到考试时才知道原来都是

---

① 天涯社区：［灰常点评］那些我喜欢的女性名字：从古代到民国，到现代。燕子笺0117，发帖时间：2012年2月16日。

来北大应考的，当时北京图书馆的读者很少，故彼此都面熟，因而相见甚欢。后来两人都被录取，成了同学，几十年之后老同学的儿子成了自己的学生，自然有一种非同寻常的亲切感。《双亲旧事·罗岗圩》①（第652—657页）中回忆了我们从北平逃难回到罗岗之后住在罗岗圩几个月期间的一些片段，其中谈到有一天家父带我去住地附近的钟家祠（当时兴宁一中分教处设在那里）拜访在那里任教的刘在海先生时我掉在天井里的事情。2019年10月29日上午利用回故乡的机会，女儿黎惠陪同我特意去参观了钟家祠，只见这座建筑物已经相当残破，无人居住，大门紧锁，那个高耸的顶楼依然如故，只是楼尖上面那个展翅的苍鹰已不复存在。经人指点找到旁边钟屋一位老太太那里借到了大门钥匙，进去以后发现果然有两个砖砌的天井，其布局与砌材质地与我当年留下的印象几乎一模一样。当时家父拎着我跨越第一个天井的井角时成功了，但跨越第二个天井的井角时我却掉下去了，被积水弄湿了一身。那时我也就是一周岁零两三个月，这个地方我只去过这一次，此后再也没有去过，八十多年后故地重游，那两个天井居然宛如昨天所见，没有变化，不禁感慨万千，一方面庆幸有这个难得的机会故地重游，另一方面连自己也对自己的记忆力感到吃惊，使我更加怀疑儿童心理学家所公认人类对于儿时的记忆只及于三四岁时的说法的正确性。

至此，我们可以作出肯定的历史结论：《黎昔非与〈独立评论〉》一书不仅诸如此类细节所具有的真实性，更重要的是其所包含的丰富的口述历史、文字文物遗存也已随着时间的推移而不断被一一证明了其作为史料的可靠性和珍贵性。我们坚信《黎昔非与〈独立评论〉》的续编——《黎昔非的学术与人生》同样将经得起岁月的检验，随着时间的推移而日益显示其所独具的历史价值。由于黎昔非问题所独具的永恒的学术生命力所决定，我们坚信《黎昔非与〈独立评论〉》的第三编……也将继续问世。

历史终究是公正的。最近黎昔非先生故里所在的广东省兴宁市罗岗镇党委决定在黎昔非先生故居——甘村（今名富强村）丕显围建立"黎昔非先生陈列室"，以展出黎昔非先生之事迹。这是人民给予黎昔非先生的历史作用与地位的肯定和最高奖赏。今年适值黎昔非先生诞辰120周年，先考之灵可以含笑九泉了！

值此本书即将付印之时，我们要特别感谢学苑出版社前社长孟白先生和现任社长洪文雄先生。二十多年前，当我将《黎昔非与〈独立评论〉》的书稿交学苑出版社时，时任社长孟白先生果断拍板付梓，不仅由出版社承担全部费用，而且以最高的规格、最好的纸张精装印制。《黎昔非与〈独立评论〉》出版之后，即受到学术界的高度重视和广大读者的强烈关注，从而揭开了中国近代文化史上被掩盖和尘封数十年的一幕，填补了一个历史的空

---

① 这则中有几个名物因使用客家语音而有误：我们租住的"火绞局"是一个以火电推动机器碾米、业已废弃的厂房，"绞"字误，似应为"搅"，客家语音"绞""搅"均读作 gǎo；客家小吃"摺粽"，以大米加入一些佐料经若干工艺蒸熟，切成小长方块在热油锅中使熟，应写作"炸粽"，客家语音"摺""炸"均读作 zhà 的入声。

白，此事充分证明了孟白先生的决定的正确性。作为该书的姊妹篇，也是对该书出版以后的学术进展和反响加以总结的《黎昔非的学术与人生》书稿于两年前交付学苑出版社时，再次得到了时为总编的孟白先生及洪文雄社长的大力支持，继续决定慷慨解囊出版此书，在出版行业日益商业化的今天，不以利润而以学术价值为第一考量的胸怀和眼光不能不令人肃然起敬。责任编辑乔素娟女士在负责此书出版的两年时间里，兢兢业业、耐心细致的工作态度和敬业精神，也是我们所衷心感谢的。我们相信，在《独立评论》的研究史上将永远留下学苑出版社不可磨灭的功绩。

黎昔非做人做事的崇高品质和渊博的学识，已经深深浸润了他的家族后嗣。黎昔非曾孙女黎若菲的命名过程，生动地反映了这一点。黎若菲2011年6月14日诞生之前，全家人就忙着为这个即将降临的新生命起名字了。命名全程采取"民主"协商的方式，每人随意草拟，不限多少，几个月时间所拟名字不下几百个，经过三轮筛选，最后以她姑妈黎惠所拟"黎若非"胜出，因为这个名字的意涵，是要他（她）像曾祖父那样做人做事，继承他的崇高品德和敬业精神，如果是女孩则在"非"字上加草头。这个名字集中表达了黎昔非家族几代人的共同意愿。我们衷心祝愿：黎若菲在今后的人生道路上能够避开风刀霜剑的摧残，在阳光雨露的滋养下顺利地茁壮成长，盛开出绚烂的芳菲之花！

黎虎

谨识于2020年4月25日

再识于2022年2月22日